W9-CFB-542

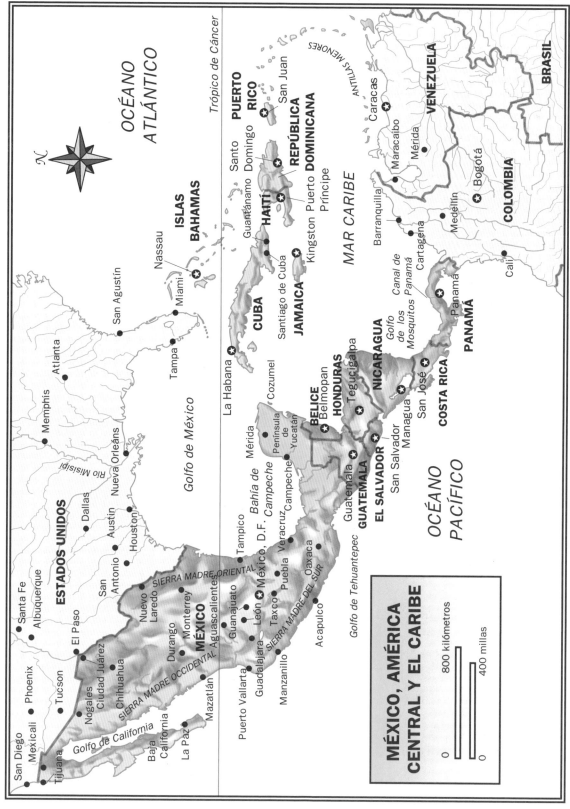

MÉXICO, AMÉRICA CENTRAL Y EL CARIBE

OCÉANO ATLÁNTICO

OCÉANO PACÍFICO

Trópico de Cáncer

MAR CARIBE

Golfo de México

Golfo de California

ESTADOS UNIDOS

MÉXICO

SIERRA MADRE ORIENTAL

SIERRA MADRE OCCIDENTAL

SIERRA MADRE DEL SUR

Baja California

Golfo de Tehuantepec

Península de Yucatán

Bahía de Campeche

ISLAS BAHAMAS

CUBA

HAITÍ

JAMAICA

REPÚBLICA DOMINICANA

PUERTO RICO

ANTILLAS MENORES

BELICE

GUATEMALA

HONDURAS

EL SALVADOR

NICARAGUA

COSTA RICA

PANAMÁ

Golfo de los Mosquitos

Canal de Panamá

COLOMBIA

VENEZUELA

BRASIL

Río Misisipi

Ciudades

San Diego
Mexicali
Tijuana
Nogales
Tucson
Phoenix
Santa Fe
Albuquerque
El Paso
Ciudad Juárez
Chihuahua
Dallas
San Antonio
Austin
Houston
Nuevo Laredo
Monterrey
Durango
Mazatlán
La Paz
Puerto Vallarta
Aguascalientes
Guanajuato
Guadalajara
León
Manzanillo
Taxco
México, D.F.
Puebla
Acapulco
Oaxaca
Veracruz
Campeche
Mérida
Cozumel
Tampico
Memphis
Atlanta
Nueva Orleáns
San Agustín
Tampa
Miami
Nassau
La Habana
Santiago de Cuba
Kingston
Santo Domingo
Puerto Príncipe
Guantánamo
San Juan
Guatemala
Belmopan
San Salvador
Tegucigalpa
Managua
San José
Panamá
Barranquilla
Cartagena
Maracaibo
Caracas
Medellín
Bogotá
Cali
Mérida

Escala

0 ___ 800 kilómetros
0 ___ 400 millas

MAR CARIBE

OCÉANO ATLÁNTICO

Maracaibo
Barranquilla
Caracas
PANAMÁ
GUYANA
VENEZUELA
Medellín
Georgetown
Panamá
Paramaribo
Río Orinoco
Cayena
Bogotá
SURINAME
GUYANA FRANCESA
Cali
COLOMBIA
Quito
Ecuador
Río Amazonas
ECUADOR
Belém
Guayaquil
Manaus
PERÚ
BRASIL
Recife
CORDILLERA
Cuzco
Lima
La Paz
Brasília
Arequipa
BOLIVIA
Sucre
DE
LOS
PARAGUAY
ANDES
Antofagasta
Río de Janeiro
Trópico de Capricornio
CHILE
Asunción
São Paulo
San Miguel
de Tucumán
OCÉANO PACÍFICO
La Serena
OCÉANO ATLÁNTICO
Córdoba
Rosario
URUGUAY
Valparaíso
N
Santiago
ARGENTINA
Montevideo
Concepción
Buenos Aires
Río de la Plata
Bahía Blanca
Puerto Montt
Bariloche
Chiloé

AMÉRICA DEL SUR

Islas Malvinas
0   1500 kilómetros
Estrecho de Magallanes
Punta Arenas
Tierra del Fuego
0   1000 millas
Cabo de Hornos

See back of book for map of Spain.

Dos mundos

DEDICATION

This book is lovingly dedicated to Tracy D. Terrell (1943–1991). Tracy left us an enduring legacy: the Natural Approach, a methodology that has had a significant impact on second language teaching and on the evolution of textbook materials. He also envisioned this book and guided us, the co-authors, to its fruitful completion. Tracy was our inspirational mentor. His ever-generous heart touched many of us— friends, colleagues, teachers, students—in an indelible way. We miss him. And we hope he is proud of our work in this new edition of *Dos mundos*. His kind spirit and brilliant vision infuse every page.

INSTRUCTOR'S EDITION

FIFTH EDITION

Dos mundos

Tracy D. Terrell
Late, University of California, San Diego

Magdalena Andrade
Irvine Valley College

Jeanne Egasse
Irvine Valley College

Elías Miguel Muñoz

Boston Burr Ridge, IL Dubuque, IA Madison, WI New York
San Francisco St. Louis Bangkok Bogotá Caracas Kuala Lumpur
Lisbon London Madrid Mexico City Milan Montreal New Delhi
Santiago Seoul Singapore Sydney Taipei Toronto

McGraw-Hill Higher Education &

A Division of The McGraw-Hill Companies

This is an book.

Dos mundos

Published by McGraw-Hill, an imprint of The McGraw-Hill Companies, Inc., 1221 Avenue of the Americas, New York, NY 10020. Copyright © 2002, 1998, 1994, 1990, 1986 by The McGraw-Hill Companies, Inc. All rights reserved. No part of this publication may be reproduced or distributed in any form or by any means, or stored in a database or retrieval system, without the prior written consent of The McGraw-Hill Companies, Inc., including, but not limited to, in any network or other electronic storage or transmission, or broadcast for distance learning.

This book is printed on acid-free paper.

domestic   2 3 4 5 6 7 8 9 0 VNH VNH 0 9 8 7 6 5 4 3 2
international   1 2 3 4 5 6 7 8 9 0 VNH VNH 0 9 8 7 6 5 4 3 2 1

ISBN 0-07-232618-2 (Student's Edition)
ISBN 0-07-248423-3 (Instructor's Edition)

Editor-in-chief: *Thalia Dorwick*
Publisher: *William R. Glass*
Development editor: *Ina Cumpiano*
Senior marketing manager: *Nick Agnew*
Senior project manager: *David M. Staloch*
Senior production supervisor: *Pam Augspurger*
Freelance design coordinator:
   Matthew Baldwin
Freelance interior and cover designer:
   Amanda Kavanagh
Art editor: *Nora Agbayani*
Senior supplements producer: *Louis Swaim*
Photo research: *Susan Friedman*
Compositor: *TechBooks*
Typeface: *Melior*
Printer and binder: *Von Hoffmann Press*

Because this page cannot legibly accommodate all the copyright notices, credits are listed after the index and constitute an extension of the copyright page.

Library of Congress Cataloging-in-Publication Data

Dos mundos / Tracy D. Terrell . . . [et al.]—5th ed.
      p.   cm
    English and Spanish
    ISBN 0-07-232618-2
    1. Spanish language—Textbooks for foreign speakers—English.   I. Title: Dos mundos.   II. Terrell, Tracy D.

   PC4129.E5 D67   2001
   468.2'421—dc21   2001034515

INTERNATIONAL EDITION ISBN 0-07-112160-9
Copyright © 2002. Exclusive rights by The McGraw-Hill Companies, Inc. for manufacture and export. This book cannot be re-exported from the country to which it is consigned by McGraw-Hill. The International Edition is not available in North America.

http://www.mhhe.com

CONTENTS

TO THE INSTRUCTOR

Welcome to the Fifth Edition of *Dos mundos*! Those of you who are familiar with our textbook know that this is a special kind of text. Through its Natural Approach methodology, *Dos mundos* offers an exciting alternative to the many Spanish-language textbooks available today. The Natural Approach allows instructors to do what they have always wanted to do as educators: help students enjoy the process of acquiring a second language.

Our main objectives have not changed since the First Edition. The **Actividades de comunicación** continue to play a primary role, while grammar serves as an aid in the language acquisition process. The core of our program is communication. But over the years, we have made several changes in *Dos mundos.* With each new edition we bring in fresh, practical ideas from the field of second-language teaching. And we listen to you, the instructors who use *Dos mundos.* Your support is a motivating force.

You asked us for a stronger focus on culture in this Fifth Edition, so we have concentrated our efforts in this regard. Indeed, we are excited about the new cultural content in *Dos mundos,* which will be highlighted in the following pages. Before going any further, however, we invite you to flip through the pages of our newly designed textbook. Note the variety of authentic materials, the new photos. Every chapter now opens with a work of fine art. And this visual wealth is only one of the many design changes we made in this Fifth Edition.

We are pleased with our new "look," which is elegant yet earthy, closer than ever to the ideal textbook we envisioned with Tracy Terrell many years ago. It is our hope that you continue to benefit from all that *Dos mundos* has to offer. Once again, welcome to our program and to the Natural Approach.

FIFTH EDITION: AN OVERVIEW

The Fifth Edition of the main text and its accompanying *Cuaderno de trabajo* begin with three preliminary **Pasos,** as did the previous edition. However, as a result of reviewer feedback, there are now fifteen regular chapters instead of the previous sixteen. These chapters are still divided into three main parts.

Actividades de comunicación y lecturas: Communicative activities and readings

Vocabulario: Thematic vocabulary from the activities, both active and for recognition

Gramática y ejercicios: Grammar explanations and verification exercises

A significant change in the overall structure of *Dos mundos* is the inclusion of a cultural magazine, **Vida y cultura,** which appears after **Capítulos 4, 9,** and **15.** Another new feature is a two-page chapter opener that previews the themes and the grammar in each chapter. For a Guided Tour of the Fifth Edition turn the page!

GUIDED TOUR

ENTRADA AL CAPÍTULO

Each chapter begins with two pages that orient you to the themes and activities of the chapter. On the left-hand page, a **Metas** (Goals) feature provides a brief overview of the objectives, and fine art from the Spanish-speaking world illustrates the chapter theme. **Sobre el artista** introduces the artist and his or her place in the culture of the Spanish-speaking world.

At the top of the right-hand page, three columns detail the communicative activities, readings, culture topics, and grammar exercises included. The **Preguntas de comunicación** can be found below the chapter title. These questions will help professors initiate conversation about the themes of the chapter.

In addition, icons on this page highlight the multimedia materials that accompany the chapter. Go to the *Dos mundos* Website, *www.mhhe.com/dosmundos,* for more activities and practice. The **Videoteca** icon reminds students to watch the corresponding video, which includes informational scenes on the focus country as well as short functional vignettes (e.g., asking for directions, making an appointment). The CD-ROM activities are to be used as a supplement to the text and provide excellent review of chapter themes, vocabulary, and grammar.

ACTIVIDADES DE COMUNICACIÓN Y LECTURAS

These activities and readings are the core of *Dos mundos.* Each chapter is divided into three or four themes. Each theme is introduced with color art illustrating structures and vocabulary. At the top of each art display you will see the instructions **Lea Gramática...** directing students to read or review the grammar point that corresponds to a particular theme. Following the display are the communicative activities. Students will participate in these activities with their instructor and/or their classmates in order to develop their listening and speaking skills in Spanish. They may want to go over these activities at home before beginning to work on them in class.

READING AND CULTURAL MATERIALS

Every chapter has a variety of reading and cultural materials. The types of selections are: **Lectura, Nota cultural, Ventanas culturales,** and **El mundo hispano: La gente.**

LECTURA

Each **Lectura** usually discusses one of the chapter themes and often includes people from the *Dos mundos* cast of characters. (See pages xxxiv–xxxv.) These materials may be read in class or at home. Students should look at the new vocabulary in the **Vocabulario útil** box, and scan the reading for key words before they begin to read. (See page xxxi for other helpful reading techniques.)

NOTA CULTURAL

The **Nota cultural** readings present various aspects of the Spanish-speaking world, such as sports, foods, and leisure activities. Various types of follow-up questions accompany each **Lectura** and **Nota cultural. Comprensión** tests general understanding of the material, **Ahora… ¡usted!** asks students to react personally to what they have read, and **Un paso más… ¡a escribir!** is a creative writing assignment related to the topic of the reading.

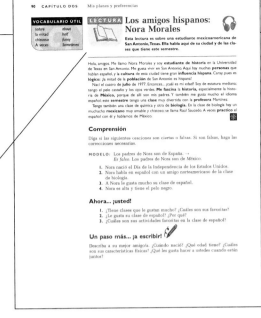

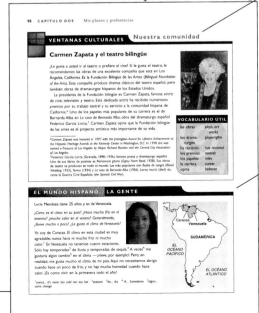

VENTANAS CULTURALES

These cultural readings focus on five aspects of life in the Spanish-speaking world: **Nuestra comunidad** (our community), **La lengua** (language), **La vida diaria** (daily life), **Los sitios** (places), and **Las costumbres** (customs). As with **Lecturas** and **Notas culturales,** the list of words in the **Vocabulario útil** box will help prepare students to understand the cultural content.

EL MUNDO HISPANO… LA GENTE

These short passages written by native speakers allow students to learn about Hispanic culture firsthand. Glossed vocabulary enhances comprehension. These authentic materials may be read at home or as part of in-class instruction.

EN RESUMEN

This section includes activities that summarize the chapter material. **De todo un poco** features one or more communicative activities for students to do in groups. **¡Dígalo por escrito!** is an individual writing activity that requires them to use chapter themes and grammar in a creative way.

VIDEOTECA

This still photo and the accompanying text provide a brief introduction to the video that accompanies each chapter. A summary of the segment and comprehension questions appear in the **Videoteca** section of the *Cuaderno de trabajo.*

VOCABULARIO

At the end of every chapter, before the blue grammar pages, is a one- or two-page list of all the new vocabulary words from the **Actividades de comunicación.** The core thematic vocabulary is shaded. The non-shaded words are for recognition only. All vocabulary words are recorded and included in the audio program.

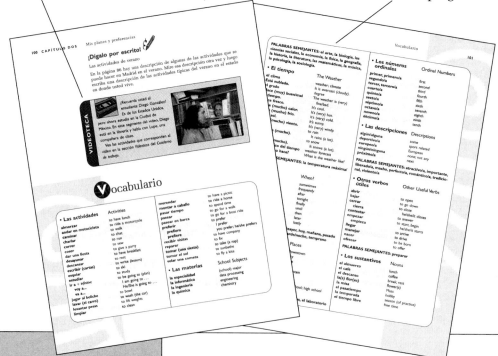

GRAMÁTICA Y EJERCICIOS

The blue pages that follow the **Vocabulario** include explanations of basic grammar and follow-up exercises. **¿Recuerda?** sidebars call attention to previous relevant grammar points. Brief margin notes give you additional input about Spanish grammar. The explanations and exercises are designed to be done outside of class using the key in Appendix 4 to make corrections.

VIDA Y CULTURA

A cultural magazine section, **Vida y cultura**, follows **Capítulos 4, 9,** and **15.** Each one includes articles on various aspects of Hispanic culture from many different countries. Footnotes are provided to clarify unfamiliar vocabulary.

FEATURES AND CHANGES IN THE FIFTH EDITION: MAIN TEXT

- **Chapter Contents: Capítulos 15** and **16** of the previous edition have been combined to form a new **Capítulo 15,** with the title of **El porvenir.** This chapter focuses on personal goals, societal issues, and the role of technology in our world.

- **Chapter Themes: Capítulo 3** of the Fifth Edition combines themes from **Capítulo 3** and **Capítulo 4** of the previous edition: **¿Dónde está? (Capítulo 3)** and **Los lugares (Capítulo 4)** are combined into one theme that relates to places, including the university and the city **(Los lugares).**

- **Chapter openers:** A two-page opener now orients students to the themes and grammar in the chapter and provides thematic communication questions to stimulate class conversation. The opener also includes a multimedia bar that directs students to the **Dos mundos** Website, video, and CD-ROM.

- **Actividades de comunicación:** These communicative activities, which are the heart of **Dos mundos,** have been updated in this edition. New topics reflect current issues and student interests, but the cast of characters has remained the same as in the previous edition. The fictional people who inhabit our program are an integral part of **Dos mundos.** The following changes have been implemented in the **Actividades.**

  - **Organization of Activities:** As in the Fourth Edition, each of the **Actividades de comunicación** is categorized under one of fifteen different types (see page xxv). All activities are sequenced from input to output in order to promote comprehension *before* production. The **Diálogo** and **Diálogo abierto** activities are included only in the **Pasos** and in the first three chapters. Their purpose is to provide practice in using formulaic conversational expressions.

  - **En resumen:** These review sections have been extensively rewritten to match more directly the topics of the chapters. The **¡Dígalo por escrito!** sections are now individual writing activities, suitable for assigning as homework or extra credit.

- **Vocabulario:** The end-of-chapter vocabulary is now organized into **Vocabulario temático,** which includes the core vocabulary from the chapter, and the **Vocabulario para la comprensión,** which includes words for recognition only. The core vocabulary is shaded.

- **Reading Materials:** The Fifth Edition of **Dos mundos** continues to emphasize reading and literacy. Here are the categories of reading selections that appear in the Fifth Edition of **Dos mundos** and its **Cuaderno de trabajo:**

  - **Lecturas:** Readings that showcase the **Dos mundos** cast of characters, and realia-based material such as newspaper ads and magazine articles. Also among the **Lecturas** are short fiction by Hispanic writers and poetry by renowned poets.

  - **Notas culturales:** Segments on Hispanic culture and history, illustrated with photographs.

  - **El mundo hispano... La gente:** First-person accounts of life and culture in Spanish-speaking countries.

  Many of the readings (marked with a headphones icon) are recorded on the *Listening Comprehension* cassette or CD, packaged free with every new copy of the book. As in previous editions, the **Lecturas** and **Notas culturales** are followed by activities. These include **Comprensión,** for checking comprehension; **Ahora... ¡usted!,** with personalized questions; and **Un paso más... ¡a escribir!,** a writing activity that engages students' creativity.

All the **Lecturas** and several **Notas culturales** in the *Instructor's Edition* also feature pre-reading strategies, labeled **Suggestions for Effective Reading.** In these annotations we discuss techniques such as skimming, scanning, cognate recognition, and using context and cues outside the text to guess at meaning.

- **Culture:** In addition to the cultural content previously described in the section on Reading Materials, the Fifth Edition includes three new cultural features.

  - **Vida y cultura:** An attractive magazine section that presents articles on high-interest topics such as music, history, language, and art. There are three "issues" of this **revista,** appearing after **Capítulos 4, 9,** and **15.** Since the magazine is intended for pleasure reading and cultural information, it does not include reading activities.

  - **¡Ojo!:** Brief descriptions of customs in and points of interest about the Hispanic world. In the grammar pages, the **¡Ojo!** feature alerts students to subtleties in the language.

  - **Ventanas culturales:** As the title suggests, these are windows to the culture, society, and history of the Hispanic world. These readings are brief, and the accompanying notes in the *Instructor's Edition* provide suggestions for activities based on the topic. There are five categories of **Ventanas culturales:**

Nuestra comunidad: Portraits of people who have made important contributions or have had a significant impact on Hispanic society, including communities in the United States.

La lengua: Segments on the Spanish language, including colloquial expressions, word variations, borrowings, popular idioms, regional and technical vocabulary.

La vida diaria: Realistic depictions of both individual and social life in the Hispanic world.

Los sitios: Here we showcase interesting places, offering an exciting tour of the Hispanic world.

Las costumbres: Revealing presentations of customs and traditions. Topics are always introduced within their relevant historical context and include the **quinceañera** and the **carnaval.**

- **Grammar:** Here are additional features and changes of note in the Fifth Edition:

  - **Explanations:** Clear and concise explanations and the answer key provided in Appendix 4 allow the grammar component to be used by students outside the classroom. A simple overview of basic grammar, **Some Useful Grammatical Terms,** has been added to **Paso A.**

  - **Margin notes:** These give students quick hints and brief overviews or review of grammar points.

  - **Illustrations:** Many complex grammar concepts are illustrated with a drawing—**Gramática ilustrada**—to help students visualize the grammatical structure.

  - **Review:** The **¿Recuerda?** feature reminds students to review previous relevant grammar sections.

- **Helpful hints:** **¡Ojo!** boxes give students helpful hints for doing the grammar exercises.

- **Verbs:** Simple presentations of **-ar** and **-er/-ir** verbs are in **Paso C** and **Capítulo 1.** The present tense is reexamined more completely in **Capítulos 3** and **4.**

- **Activities and Discussions:** Notes in the *Instructor's Edition,* labeled Optional Grammar Activity **(OGA),** present ideas for grammar activities to be done in class. Optional Grammar Discussion **(OGD)** notes offer suggestions for expanded grammar discussions.

CUADERNO DE TRABAJO (WORKBOOK/LABORATORY MANUAL): A NEW STRUCTURE

The *Cuaderno* is intended for use primarily outside of the classroom. This combined workbook/laboratory manual features listening comprehension passages, which we now call **Actividades auditivas,** and readings. There is also a large variety of written activities, a section that focuses on pronunciation and spelling, and additional grammar points and exercises.

The **Preface** in the *Cuaderno de trabajo* provides a detailed description of all sections and types of activities, as well as an outline of Fifth Edition changes. We have added new readings and one written activity per chapter, called **Resumen cultural,** which reviews the cultural content in the main text. The most important change is the reorganization of the *Cuaderno's* content. Each chapter now follows this sequence:

Actividades escritas: Chapter themes and activities

Actividades auditivas: Chapter themes and activities

Videoteca: Now includes a box with useful new vocabulary, a synopsis of the segment, and comprehension questions

Lecturas: New readings have been added, including several **El mundo hispano... La gente** segments

The **Actividades escritas** and **Actividades auditivas** echo the chapter themes and vocabulary in the student text. The activities have been separated in such a way that students first work on **Actividades escritas,** then on the **Actividades auditivas.** This separation also ensures that both types of activities can be easily assigned and collected.

Additional advanced grammar concepts, along with verification exercises, have been placed in a section of the *Cuaderno* called **Expansión gramatical.**

COMPONENTS OF DOS MUNDOS, FIFTH EDITION

The Fifth Edition of *Dos mundos* offers a complete package of instructional materials for beginning Spanish courses whose primary goal is proficiency in communication skills. In addition to the student text and the *Cuaderno de trabajo,* the following materials are available:

- The annotated *Instructor's Edition* provides notes that offer extensive pre-text activities, teaching hints, and suggestions for using and expanding materials, as well as references to the supplementary activities in the *Instructor's Resource Kit.*

- *The Instructor's Manual* provides a general introduction to the Natural Approach and to the types of acquisition activities found in the program. It also offers step-by-step instructions for teaching the **Pasos** and **Capítulo 1.** There are suggestions for pre-text activities and other ways to implement the Natural Approach as well.

- *The Instructor's Resource Kit* contains supplementary activities and games that correspond to chapter themes. The Fifth Edition also includes Internet activities and a new **Lotería cultural** for each chapter.

- A set of 100 full-color *Overhead Transparencies* displays drawings, color maps, and other illustrations, mostly from the main text.

- The *Testing Program* contains listening comprehension (with *Testing Cassettes* or *Audio CDs*), reading, vocabulary, and grammar tests. It also includes suggestions for testing oral achievement and writing skills. The Fifth Edition provides one sample exam for each chapter, as well as a variety of segments that can be substituted to create different versions of the test.

- The *Audio Program,* available on cassettes or audio CDs, presents oral texts, pronunciation exercises, and chapter vocabulary, all coordinated with the **Cuaderno de trabajo.**

- The *Audioscript* is a transcript of all recorded materials in the *Audio Program.*

- The *Listening Comprehension Cassette* or *CD* contains recordings of many of the readings in the student text.

- The *Training Video* demonstrates how to use **Dos mundos** and the Natural Approach in a variety of classroom settings.

- The *Video to accompany* **Dos mundos,** shot on location in Mexico, Spain, and Ecuador, is coordinated with the **Videoteca** activities in the student text and in the **Cuaderno de trabajo.** The Fifth Edition also includes a cultural montage segment of each of the 21 countries of the Spanish-speaking world.

- *The CD-ROM to accompany* **Dos mundos** offers engaging interactive games, activities, and exercises, all coordinated with chapters of the main text. The Fifth Edition also includes new brief functional video vignettes, set on location in Peru, Mexico, and Costa Rica. These vignettes provide students the opportunity to not only view functional language interactions, but also to simulate these interactions through a recorded video interview (See pages xxxvi–xxxvii for more information about the *CD-ROM to accompany* **Dos mundos.**)

OTHER MATERIALS AVAILABLE

- The *McGraw-Hill Video Library of Authentic Spanish Materials* consists of several volumes of video materials.

- The *McGraw-Hill eTutor,* a tutorial software program based on the text's grammar exercises, is available in IBM and Macintosh formats.

- The *Storyteller's Series* offers high-interest fiction designed for advanced-beginning or intermediate students. There are three books available: **Viajes fantásticos, Ladrón de la mente,** and **Isla de luz.**

- The *Picture File* contains 50 thematically arranged color photographs, designed to stimulate conversation in the classroom.

- The *¡A leer! Easy Reader Series* features two short readers, **Cocina y comidas hispanas,** on regional Hispanic cuisines; and **Mundos de fantasía,** which contains fairy tales and legends. These readers can be used as early as the second semester.

- The **El mundo hispano** reader features five major regions of the Hispanic world, as well as a section on Hispanics in the United States.

- The **Destinos** *Video Modules* provide

footage from the popular *Destinos* television series, as well as segments on vocabulary, functional language, situational language, and culture.

Please consult your local McGraw-Hill sales representative for information about pricing and availability of these supplementary materials.

SECOND-LANGUAGE ACQUISITION: THE FIVE HYPOTHESES

The materials in *Dos mundos* are based on Tracy D. Terrell's Natural Approach to language instruction, which in turn relies on Stephen D. Krashen's theoretical model of second-language acquisition. That theory consists of five interrelated hypotheses, each of which is mirrored in some way in *Dos mundos.* Along with Krashen's research, we have included elements from Natural Learning Theory, a model developed by Brian Cambourne that is very supportive of Natural Approach principles.[1]

Many of you will be familiar with the following concepts already. But if you're not, don't feel obliged to memorize them. As you gradually work with *Dos mundos*, Terrell's and Krashen's ideas will become familiar to you. After outlining the five hypotheses below, we present nine ideas for application of the theory in the foreign-language classroom.

The Acquisition-Learning Hypothesis

This theory suggests that we have two independent ways of developing language ability: acquisition and learning.

---

[1]Portions of this section and the next are quoted by permission of Stephen D. Krashen, *Fundamentals of Language Acquisition,* Laredo Publications, 1992; and Brian Cambourne, *The Whole Story, Natural Learning and the Acquisition of Literacy,* Ashton Scholastic, 1994.

■ **Language acquisition** is a subconscious process; that is, we are not aware that it is happening. Once we have acquired a segment of language, we are not usually aware that we possess any new knowledge; the knowledge is stored subconsciously. Research strongly supports the view that adults can acquire language subconsciously, as do children.

■ **Language learning** is a conscious process; we are aware that we are learning. When you talk about "rules" and grammar, you are usually talking about learning.

2 The Natural Order Hypothesis

This theory states that we acquire parts of a language in a *predictable order.* Some grammatical items, for example, tend to be acquired early while others are acquired late. The natural order appears to be unaffected by deliberate teaching; *we cannot change the natural order by explanation, drills, and exercises.* Indeed, more language acquisition takes place when students are given some responsibility for choosing the themes that interest them, without regard to grammatical acquisition order.

3 The Monitor Hypothesis

This hypothesis attempts to explain how acquisition and learning are used. We normally produce language using our acquired linguistic competence. The main function of conscious learning is as *monitor* or *editor.* After we produce language using the acquired system, we sometimes inspect it and use our learned system to correct errors. This self-correction can happen internally before we speak or write, or after we produce a sentence.

4 The Input Hypothesis

This concept proposes that we acquire language when we *understand messages* or obtain comprehensible input. Comprehensible input can be aural or written: Reading is an excellent source of comprehensible input. According to the Input Hypothesis, production (talking and writing) is a *result* of language acquisition, not a cause.

5 The Affective Filter Hypothesis

This theory suggests that attitudes and feelings do not impact language learning directly but can prevent students from acquiring language from input. If a student is *anxious* or does not perceive the target culture in a positive light, he or she may understand the input but a *psychological block* (the Affective Filter) will prevent acquisition.[2]

THE NATURAL APPROACH AND *DOS MUNDOS*: FROM THEORY TO ACTION

The principles of the Natural Approach follow from the preceding hypotheses. Our goal is to make the theory work for us in the classroom. Here is how we do it:

1 Aiming for Meaning

The primary goal of the Natural Approach classroom is to provide comprehensible aural and written input, the components necessary for language acquisition. These components help students do what Cambourne calls "creating meaning." *Dos*

mundos helps students create meaning through both acquired and learned knowledge.

ACQUISITION	LEARNING
Actividades de comunicación	**Gramática y ejercicios**
Pre-text activities	
All readings	**En resumen**
Actividades auditivas	**Actividades escritas**
Video segments	**Ejercicios de pronunciación y ortografía**

2 I'm Listening!

While the ability to produce language is the result of acquisition, comprehension precedes production. Thus, students' ability to use new vocabulary and grammar is directly related to the opportunities they have had to listen to and read that vocabulary and grammar in meaningful and relevant contexts. These meaningful contexts are what Cambourne calls "demonstrations." Students need many demonstrations of meaningful language before being presented with opportunities to express their own meanings.

3 Taking Our Time

Because speech emerges in stages, *Dos mundos* allows for three stages of language development: comprehension; early speech; and speech emergence.

The activities in **Paso A** are designed to give students the opportunity to develop initial comprehension ability without being required to speak Spanish. The activities in **Paso B** encourage the transition from comprehension to the ability to

---

[2]For more detailed information see the section on Natural Approach theory in the *Instructor's Manual.* See also Stephen D. Krashen and Tracy D. Terrell, *The Natural Approach: Language Acquisition in the Classroom,* Prentice Hall, 1983.

respond naturally in single words. By the end of **Paso C** and through **Capítulo 1,** most students are making the first transitional steps from short answers to longer phrases and complete sentences. Students will continue to pass through these same three stages with the new material of each chapter. It is important to keep in mind that the vocabulary and structures presented in **Capítulo 1** may not be fully acquired until **Capítulo 5** or later.

The Pre-Text and Additional Activities as well as the Follow-Up and Optional Grammar Activities in the *Instructor's Edition,* the **Actividades de comunicación** and **Lecturas** in the student text, and the **Actividades auditivas** in the *Cuaderno de trabajo* all provide opportunities for understanding Spanish before production is expected. As students become more fluent listeners and speakers, native speakers and teachers will automatically raise the ante and challenge students' skills with higher-level language. It is this process that helps students continue to acquire higher-level lexical and grammatical structures.

4 We All Make Mistakes

Errors in form are not corrected in classroom activities that are aimed at acquisition. We anticipate that students will make many errors as speech emerges. Given sufficient exposure to Spanish, these early errors do not become permanent, nor do they affect students' future language development. We recommend correcting only factual errors and responding naturally to students' communication, expanding only when it feels normal and natural to do so, when the correction or expansion can easily be woven into the conversational thread.

In contrast, students can and should correct their responses to the self-study grammar exercises using the key in the back of the text, and to the **Actividades auditivas** and the **Actividades escritas** using the key in the back of the *Cuaderno de trabajo.*

5 Relax and Let It Happen Naturally!

Students acquire language only in a low-anxiety environment and when they are truly engaged with the material. A low-anxiety atmosphere is created when the instructor: (1) provides students with truly interesting, comprehensible input, (2) does not focus excessively on form, and (3) lets students know that acquiring a new language is "doable" and is expected of them. *Dos mundos* creates such a positive classroom atmosphere by sparking student interest and encouraging involvement in two sorts of activities: those that relate directly to students and their lives, and those that relate to the Hispanic world. Hence, the **dos mundos** referred to in the title. Input and interaction in these two areas—along with the expectation from the instructor that students will be able to communicate their ideas—create a classroom environment wherein the instructor and students feel comfortable listening and talking to one another.

6 It Takes a Community

Group work encourages interaction and creates classroom community. In a Natural Approach classroom, students are encouraged to speak and interact. Group work provides valuable opportunities for students to interact in Spanish during a given class period and helps create a sense of classroom community that facilitates communication.

7 Speak Your Mind!

Speaking helps language acquisition indirectly in several ways by encouraging comprehensible input via conversation. Speaking also gives students the positive feeling of engaging in real language use as the instructor and students share opinions and information about themselves.

8 A Place for Grammar

Although *Dos mundos* focuses on acquisition through oral, listening, and written activities, there are practical reasons for grammar study. Formal knowledge of grammar does not contribute to second-language fluency, but it may help some students edit their written work. Also, some language students derive great satisfaction when they learn about what they are acquiring. Finally, very adept language learners can utilize grammatical knowledge to make the input they hear and read more comprehensible.

9 Language With a Purpose

The goal of the Natural Approach is proficiency in communication skills: listening, reading, speaking, and writing. Proficiency is defined as the ability to understand and convey information and/or feelings in a particular situation for a particular purpose. Grammatical accuracy is one part of communicative proficiency, but it is not a prerequisite.

DOS MUNDOS METHODOLOGY: SPECIFICS

Each of the fifteen regular chapters of *Dos mundos* opens with the **Actividades de comunicación y lecturas,** which stimulate the acquisition of vocabulary and grammar. The following types of communicative activities appear in most chapters.

TPR (Total Physical Response) Activities (*Instructor's Edition*)
Student-centered input (*Instructor's Edition*)

Photo-centered input (*Instructor's Edition*)
Definitions (**Definiciones**)
Association activities (**Asociaciones**)
Discussions (**Conversación**)
Realia-based activities (**Del mundo hispano**)
Description of drawings (**Descripción de dibujos**)
Interactions (**Intercambios**)
Narration series (**Narración**)
Dialogues (**Diálogos** and **Diálogos abiertos**)
Identification activities (**Identificaciones**)
Situational dialogues (**Situaciones**)
Personal opinion activities (**Preferencias**)
Interviews (**Entrevistas**)
Polls (**Encuestas**)
Culminating activities (**En resumen**)
Creative writing activities (**Un paso más…, ¡a escribir!,** and **¡Dígalo por escrito!**)

The **Vocabulario** list that follows each **Actividades de comunicación y lecturas** section contains most of the new words that have been introduced in the vocabulary displays and activities. Students should recognize these words when they are used in a clear communicative context. Many will also be used actively by students in later chapters as the course progresses.

The readings in *Dos mundos* are by no means exhaustive; we recommend that instructors read aloud to students and, when students are ready for independent reading, allow them to select material of interest to them. Teachers may find the ¡A leer! series, the *El mundo hispano* reader, or the *Storyteller's Series* appropriate for second-, third-, or fourth-semester accompaniment to *Dos mundos.*

The **Gramática y ejercicios** sections, in the "blue pages," are designed for quick reference and ease of study. (The answer key to the grammar exercises is in Appendix 4.) The purpose of the grammar exercises is for students to verify that they have understood the explanation; we do not believe that students acquire grammar by doing exercises.

Most new topics in the **Actividades de comunicación y lecturas** sections begin with references (marked **Lea Gramática...**) to the pertinent grammar section(s) of the chapter. All activities can be done without previous grammar study; it is desirable to do all **Actividades de comunicación** in a purely communicative way, with both instructor and students focusing on the meaning of what is being said.

ACKNOWLEDGMENTS

A special note of gratitude is due to Stephen D. Krashen for his research on second-language acquisition theory. Dr. Krashen has given us many valuable insights into creating more natural activities and providing more comprehensible input for students.

We are also grateful to Professor Brian Cambourne at the University of Wollongong, Australia, for his annotated reading of the *Instructor's Manual,* Fourth Edition, and his many comments that have helped us to refine the Natural Approach theory.

Thanks also go to Dr. Joseph Goebel for his careful, annotated reading of the Third Edition of **Dos mundos,** *Instructor's Edition,* and **Cuaderno de trabajo,** as well as for his review of manuscript of the Fourth Edition.

We would like to thank Dr. Karen Christian for her contributions to the first *Instructor's Resource Kit* (with the Third Edition). Heartfelt thanks go to Beatrice Tseng (Irvine Valley College) for her creative work on the Fourth and Fifth Editions of the *Instructor's Resource Kit,* and for her tireless search for authentic materials. Dr. Polly Hodge (Chapman College) deserves special thanks for her reading strategies and techniques in the Fourth Edition.

The authors would like to express their gratitude to the many members of the language-teaching profession whose valuable suggestions through reviews and focus group participation contributed to the preparation of this revised edition. The appearance of their names here does not necessarily constitute an endorsement of the text or the Natural Approach methodology.

Glenn Alan Ameling, Columbia Gorge Community College

Maria A. Bonifacino, Portland Community College

Julia Call, Shawnee State University

Carlos J. Cano, University of Tampa

Elsy Cardona-Johnson, Saint Louis University

Lil Castro-Rosabal, University of Hartford

James Crapotta, Barnard College

Juan José Cuadrado, Long Island University

Lucy W. DeFranco, Southern Oregon University

Lynda Durham, Casper College

Ivelise Faudez-Reitsma, The College of William and Mary

Robert K. Fritz, Ball State University

Alma García-Grubbs, American River College

Adriana Gentry, Highland Community College

Josef Hellebrandt, Santa Clara University

Aida Heredia, Connecticut College

Ray Horst, Eastern Mennonite College

Tia Huggins, College of the Mainland

Joanne Hughes-Allen, Cabrillo College

Bertha Ibarra Parle, Montgomery College

Kuang-Lin Ke, University of MN, Duluth

Anne Key, Tillamook Bay Community College

Richard Z. Kristin, College of Santa Fe

Celia S. Lichtman, Long Island University–Brooklyn Center

John B. Llorens, American River College

Lora L. Looney, University of Portland

Oscar R. López, Saint Louis University

Sylvia A. Martínez, Cal State University, Stanislaus

Mary Bajo Menéndez, University of Toledo

William I. Miller, The University of Akron

M.E. Mistry, University of Colorado–Colorado Springs

Linda Morgan, Arizona Western College

Jeanne Mullaney, Community College of Rhode Island

Duane C. Nelson, Cloud County Community College

Nancy Nieman, Santa Monica College

M. Patricia Orozco, University of North Dakota

Teresinha Pereira, Bluffton College

Carole Permar, Marshalltown Community College

Ana M. Piffardi, Eastfield College

Kati Pletsch de Garcia, Texas A&M International

Jorge Porras, Sonoma State University

Mario A. Pozada-Burga, City College–Fashion Institute of Technology

Alicia Ramos, Hunter College

Marisol Rodríguez, Concordia University

Carmen Romig, California Baptist University

Ana Isabel Rueda, Tennessee State University

Dori Schwartz, Front Range Community College

Theresa Ann Sears, University of Missouri–St. Louis

Terry D. Sellars, Nashville State Tech

Clementina Tang, Long Island University

Jerry Traughber Smartt, Friends University

Lourdes Torres, University of Kentucky

Stan Whitley, Wake Forest University

Susan J. Yoder-Kreger, University of Missouri–St. Louis

Lucía Varona, Santa Clara University

Marcela Zappi, Fordham University

Many other people participated in the preparation of the Fifth Edition of **Dos mundos.** We feel indebted to Dr. Thalia Dorwick for the guidance and the opportunities she has provided for us. As editor of the First Edition, Thalia gave the text its initial push, and she continues to be an advisor on all major decisions regarding changes. We are also deeply grateful to Dr. William Glass, the executive editor for this project, who brought a wealth of fresh ideas to **Dos mundos.** Dr. Glass helped us envision the new design and encouraged us to strengthen the cultural content of our textbook. Most importantly, he guided us patiently through the revision process.

Our Fifth Edition editor, Ina Cumpiano, was immensely helpful. We thank her for infusing our program with authentic, up-to-date language and culture. We are also grateful to Ina for her care and support. She brought a comforting human touch to our project, making our workload enjoyable in spite of the pressing deadlines.

We would like to acknowledge the sales and marketing support we have received from McGraw-Hill, and specifically from Nick Agnew and Rachel Amparo. We are also very grateful to the following McGraw-Hill staff and associates for their excellent work. Our invaluable Editorial Assistant, Fionnuala McEvoy, worked tirelessly on the art manuscript for the main text. Special thanks go to Sally Richardson, the gifted artist who made our cast of characters come to life in previous editions. In addition, we wish to thank Laura Chastain for her help with questions of language usage and cultural content, and the production team, especially David Staloch and Holly Rudelitsch, for their tireless and careful work throughout the entire process.

And, finally, we would like to thank each other for many years of moving the Natural Approach from idea into print. We hope our contributions continue to be worthwhile.

TO THE STUDENT

The course you are about to begin is based on a methodology called the Natural Approach. It is designed to help you develop your ability to understand and speak everyday Spanish and to help you learn to read and write in Spanish.

Researchers distinguish two ways of developing ability in another language: (1) through a subconscious process called *language acquisition*—like "picking up" Spanish while living in Mexico or Spain; and (2) through a conscious process called *language learning,* which has to do with memorizing and applying grammar rules. *Language acquisition* gives us our fluency, much of our accuracy in speaking, and our ability to understand authentic language when we hear it. You know you've acquired a word when it "feels" and sounds right in a given context. *Language learning* is not as useful in oral communication, but it helps us edit our speech and writing. You know you've *learned* a rule when, for example, you can recall it in order to produce the right form of a verb.

The **Actividades de comunicación y lecturas** of *Dos mundos* will help you acquire Spanish through listening to your instructor and interacting with your classmates; the **Actividades auditivas** of the *Cuaderno de trabajo* also provide opportunities to practice your listening comprehension skills. The **Gramática y ejercicios** section of the text and many sections of the *Cuaderno* will offer opportunities for learning Spanish and for applying the rules you have learned. Our goal in *Dos mundos* is to make it possible for you to *acquire* the language, not just *learn* it. Keep in mind that *language acquisition* takes place when we understand messages; that is, when we comprehend what we read or what we hear. The most effective ways for you to improve your Spanish are to listen to it, read it, and interact with native speakers of the language as much as possible!*

Classes that use *Dos mundos* provide you with a great deal of language you can understand. Your instructor will always speak Spanish to you and will use gestures, photos, real objects, and sound effects to make himself or herself understood. To get the most out of a class session, you only need to focus on what your instructor is saying; that is, on the *message.* You do not have to think *consciously* about grammar or try to remember all the vocabulary that is being used.

You will also have plenty of opportunities for reading. The more you read, the better your Spanish will become. When you are reading, just pay attention to the message. You don't have to know every word or figure out every grammatical structure in order to understand and enjoy what you read!

You will be speaking a lot of Spanish in the classroom, both with your instructor and with your classmates. And when you speak, you will make mistakes. Don't be overly concerned about these mistakes; they are a natural part of the language-acquisition process. The best way to eliminate your errors is not to worry or think hard about grammar when you talk, but to continue to get more language input through listening, conversation, and reading. In time, your speech will become more accurate.

GETTING STARTED WITH THE PASOS

Understanding a new language is not difficult once you realize that you can comprehend what someone is saying without knowing every word. The key to communication

*For a more in-depth understanding of the terms *acquisition* and *learning* you may wish to read the *To the Instructor* section of this preface.

is *understanding the ideas, the message* the speaker wants to convey.

Several techniques can help you develop good listening comprehension skills. First and most important, *you must guess at meaning!* In order to improve your ability to guess accurately, pay close attention to the context. If someone greets you at 3:00 P.M. by saying **Buenas tardes,** chances are they have said *Good afternoon,* not *Good morning* or *Good evening.* You can make a logical guess about the message being conveyed by focusing on the greeting context and time of day. If someone you don't know says to you, **Hola. Me llamo Roberto,** you can guess from context and from the key word **Roberto** that he is telling you his name.

In class, ask yourself what you think your instructor has said even if you haven't understood most—or any—of the words. What is the most likely thing to have been said in a particular situation? Be logical in your guesses and try to follow along by paying close attention to the flow of the conversation. *Context, gestures, and body language will all help you guess more accurately.*

Another strategy for good guessing is to *listen for key words.* These are the words that carry the basic meaning of the sentence. In the class activities, for example, if your instructor points to a picture and says in Spanish, **¿Tiene el pelo castaño este hombre?** (*Does this man have brown hair?*), you will know from the context and intonation that a question is being asked. By focusing on the key words **pelo** (*hair*), **castaño** (*brown*), and **hombre** (*man*), you will be able to answer the question correctly.

Remember: *You do not need to know grammar rules* to understand much of what your instructor says to you. For example, you wouldn't need to know the words **Tiene, el,** or **este** in order to get the gist of the previous question. Nor would you have needed to study verb conjugations. However, if you do not know the meaning of the key vocabulary words, **pelo, castaño,** and **hombre,** you will not be able to make good guesses about what is said.

Vocabulary

Because comprehension depends on your ability to *recognize the meaning of key words* used in the conversations you hear, the preliminary chapters of **Dos mundos** —the **Pasos**—will help you become familiar with many new words in Spanish, probably several hundred of them. *You should not be concerned about pronouncing these words perfectly;* saying them easily will come with more exposure to spoken Spanish. Your instructor will write all key vocabulary words on the board. You may want to copy them in a vocabulary notebook as they are introduced, for future reference and study. Copy them carefully, but don't worry now about spelling rules. Include English equivalents or small drawings if they help you remember the meaning.

Go over your vocabulary lists frequently: Look at the Spanish and try to *visualize the person* (for words such as *man* or *child*), *the thing* (for words such as *chair* or *pencil*), *a person or thing with particular characteristics* (for words such as *young* or *long*), *or an activity or situation* (for phrases such as *stand up* or *is wearing*). You do not need to memorize these words; concentrate on recognizing their meaning when you see them and when your instructor uses them in conversation with you in class.

Classroom Activities

In the preliminary chapter, **Paso** (*Step*) **A,** you will be doing three types of class activities: (1) *TPR;* (2) *descriptions of classmates;* and (3) *descriptions of pictures.*

TPR is our version of **Total Physical Response,** a technique developed by Professor James Asher at San Jose State University in Northern California. In TPR activities your instructor gives a command that you act out. This type of activity may seem somewhat childish at first, but if you relax and let your body and mind work together to absorb Spanish, you will be surprised at how quickly and how much you can understand. Remember that you do not have to understand every word your instructor says, only enough to perform the action called for. If you don't understand a command, sneak a look at your fellow classmates to see what they are doing.

Descriptions of students: On various occasions, your instructor will describe students in your class. You should try to remember the name of each of your classmates and identify who is being described.

Descriptions of pictures: Your instructor will bring pictures to class and describe the people in them. Your goal is to identify the picture being described.

In addition, just for fun, *you will learn to say a few common phrases of greeting and leave-taking* in Spanish. You will practice these in short dialogues with your classmates. Don't try to memorize the dialogues; just have fun with them. Your pronunciation will not be perfect, but if you are able to communicate successfully with native speakers, then your accent is good enough. Your accent will continue to improve as you listen and interact in Spanish.

Lecturas

Reading is a valuable activity that will help you acquire Spanish and learn about the Spanish-speaking world. When you read in Spanish, *focus on the meaning;* that is, "get into" the context of the story or reading selection. You do not need to know every word to understand a text. There may be a word or two that you will have to look up occasionally, to aid comprehension. But if you find yourself looking up many words and translating into English, *you are not reading.* As your ability to comprehend spoken Spanish improves, so will your reading ability, and as reading becomes easier you will, in turn, comprehend more spoken Spanish.

You may want to keep the following techniques in mind as you approach all of the reading materials in *Dos mundos*:

1. Look at the title, pictures, and any other clues outside the main text for an introduction to what the reading is about.

2. Scan the text for cognates and other familiar words.

3. Skim over the text to get the gist of it without looking up words.

4. Use context to make intelligent guesses about unfamiliar words.

5. Read in Spanish, picturing the story instead of trying to translate it in your mind as you go.

Many readings in the main text of *Dos mundos* are presented within the **Actividades de comunicación y lecturas** sections. There are also articles in the **Vida y cultura** magazines following chapters 4, 9, and 15. Additional readings are included in the *Cuaderno de trabajo.* It is a good idea to read as much Spanish as possible. Don't wait for your instructor to assign a particular selection; feel free to explore and enjoy the many **Lecturas** featured in *Dos mundos.* And try reading Spanish newspapers, comic strips, and magazines as soon as you are able.

Gramática y ejercicios

The final section of each chapter is a grammar study and reference manual. The grammar exercises are meant to be completed at your own pace, at home, in order to allow you time to check the forms of which you are unsure. Your reference tools are the grammar explanations, the Verb Charts, appendices, and the Answer Key to grammar exercises in Appendix 4. We advise you to use your knowledge of grammar when it does not interfere with communication; for example, when you edit your writing. If you do so, your writing will have a more polished feel. Also, some students find that studying grammar helps them understand classroom activities better.

The beginning of most **Actividades de comunicación y lecturas** sections has a reference note (**Lea** [*Read*] **Gramática...**) that tells you which subsection of grammar in that chapter to read. Keep in mind that grammar explanations teach you *about* Spanish; they do not *teach* you Spanish. Only real comprehension and communicative experiences will do that. Grammar references are there to help you look up any information you may need or to help you clear any doubts you may have.

Remember that your instructor and the text materials can open the door to communicating in Spanish, but you must enter by yourself!

TIPS FOR SUCCESS

Here are some suggestions for a successful experience acquiring Spanish.

Getting Started

- Familiarize yourself with the ***Dos mundos*** text and the ***Cuaderno de trabajo.***
- Do not expect to be able to communicate as clearly in Spanish as you do in your native language.
- Remember that each individual will acquire Spanish at a different rate.
- Be patient, it is not possible to fully acquire a new language in one or two semesters of study.
- Celebrate your accomplishments; it is possible to communicate with native speakers even though your Spanish is not yet fluent.

Listening

- Focus on understanding the general meaning.
- Listen for key words.
- Use contextual clues and body language to help you understand native speakers.
- Listen to the **Actividades auditivas** four or five times each before checking the answer key.
- Listen to the feedback you get from your instructor and native speakers.

Continued on next page

Reading

- Concentrate on the topic and the main ideas.
- Use context to make logical guesses at meaning.
- Read in Spanish as much as possible.
- Listen to the readings on the *Listening Comprehension Program's* cassette or CD.

Speaking

- Go over the **Actividades de comunicación** before going to class.
- Don't rush through activities, use them to develop natural conversations in Spanish with your classmates.
- Use gestures and act out ideas and messages.
- Ask: **¿Cómo se dice _____ en español?**
- Speak Spanish to your instructors and classmates whenever possible.
- Don't be afraid to make mistakes; beginners are not expected to speak perfectly.
- Don't be overly concerned about your pronunciation.
- Use the *Audio Program* that accompanies the **Cuaderno** to listen for correct pronunciation of vocabulary and do the pronunciation exercises included in each chapter.

Writing

- Keep your sentences simple and direct.
- Refer back to the grammar points you have studied to edit and refine your writing.
- Use the reference tools in the appendices: Verb Charts; Grammar Summary Tables; Syllabication, Stress, and Spelling.

Spanish Outside the Classroom

- Watch Spanish-language movies, video, and television.
- Listen to Spanish-language radio.
- Read newspapers in Spanish (available on the Internet).
- Talk with native speakers.
- Explore Internet sites in Spanish.

TO THE INSTRUCTOR AND THE STUDENT

THE *DOS MUNDOS* CAST OF CHARACTERS, VIDEO, AND INTERACTIVE MULTIMEDIA

Many of the activities and exercises in *Dos mundos* are based on the lives of a cast of characters from different parts of the Spanish-speaking world. Here they are, followed by a description of the innovative Video and CD-ROM that accompany the Fifth Edition of *Dos mundos.*

Cast of Characters: The Textbook and the *Cuaderno de trabajo*

Two groups of characters appear in activities and exercises throughout the print materials for *Dos mundos.*

Los amigos norteamericanos (North American friends), a group of students at the University of Texas at San Antonio. Although they are all majoring in different subjects, they know each other through Professor Adela Martínez's 8:00 A.M. Spanish class.

You will also get to know Raúl Saucedo and his family. Raúl lives with his parents in Mexico City but is currently studying at the University of Texas at San Antonio; he knows many of the students in Professor Martínez's class. You will meet Raúl's grandmother doña María Eulalia González de Saucedo, as well as other members of his extended family: his three older siblings, Ernesto, Andrea and Paula (who are twins), and their families.

doña María Eulalia y Raúl

Raúl's older brother Ernesto is married to Estela Ramírez. They have three children, Amanda, Guillermo, and Ernestito. Andrea is married to Pedro Ruiz, and they have two young daughters, Marisa and Clarisa. Paula is a single travel agent who lives and works in Mexico City.

la profesora Martínez
Luis   Alberto
Mónica Carmen Esteban Nora Lan Pablo

la familia Saucedo
Ernesto
Estela
Ernestito   Amanda y Guillermo

Los amigos hispanos (Hispanic friends) live in various parts of the Spanish-speaking world. In **México** you will meet Silvia Bustamante and her boyfriend, Ignacio (Nacho) Padilla.

Silvia y Nacho

la familia Ruiz
Pedro →
Clarisa   Paula
Marisa
Andrea

The Saucedo children have school friends. Amanda's best friend is Graciela Herrero, whose brother is Diego Herrero. Amanda has a boyfriend, Ramón Gómez, and Graciela's boyfriend is Rafael Quesada.

Graciela   Diego   Ramón   Rafael

There are also friends and neighbors of the Saucedo and Ruiz families: don Eduardo Alvar and don Anselmo Olivera; doña Lola Batini; and doña Rosita Silva and her husband, don Ramiro.

don Eduardo   don Anselmo   doña Lola   doña Rosita   don Ramiro

Carla   Rogelio   Marta

In **Puerto Rico** you will meet Carla Espinosa and her friend Rogelio Varela, students at the University of Puerto Rico in Río Piedras. You will also meet Marta Guerrero, a young Mexican woman living in Puerto Rico.

In **España** (Spain) you will accompany an American student, Clara Martin, on her travels. Her friends in Spain are Pilar Álvarez and Pilar's boyfriend, José Estrada.

Pilar   Clara   José

Ricardo

You will get to know Ricardo Sícora in Caracas, **Venezuela.** He is 19 years old and has recently graduated from high school.

In **Argentina** you will meet Adriana Bolini, a young woman who works for a computer company, and her boyfriend, Víctor Ginarte.

Adriana y Víctor

On the radio you will listen to Mayín Durán, who is from **Panamá.** Mayín works as an interviewer and reporter for KSUN, Radio Sol de California, in Los Angeles.

Mayín

Susana

Armando y Andrés

You will meet the Yamasaki family in **Perú:** Susana Yamasaki González and her two sons, Armando and Andrés.

In **Miami** you will meet Professor Rubén Hernández Arenas and his wife, Doctora Virginia Béjar de Hernández.

Rubén y Virginia

THE VIDEO

The two-hour video consists of a cultural montage on each of the twenty-one countries in the Spanish-speaking world, and a two- to three-minute vignette filmed on location in Mexico, Ecuador, and Spain. An introduction to each vignette can be found in the **Videoteca** section of **En resumen,** (at the end of the **Actividades de comunicación y lecturas** sections of the textbook). Viewing activities are located in the **Videoteca** sections in the *Cuaderno de trabajo.*

Here are some of the characters you will meet in the vignettes.

México

Diego González, an American graduate student living in Mexico City.

Lupe Carrasco, an anthropology student from Mexico City.

Antonio Sifuentes, a graduate student from Mexico City.

Ecuador

Elisa Velasco, a travel writer from Quito.

José Miguel Martín Velasco (son of Elisa), a university freshman.

Paloma Velasco, José Miguel's cousin, also a university freshman.

España

Manolo Durán García, a university professor of literature in Seville.

Lola Benítez Guzmán, Manolo's wife, a Spanish professor for American students in Seville.

Marta Durán Benítez, their 8-year-old daughter.

THE ELECTRONIC *CUADERNO DE TRABAJO*

Available for the first time on interactive CD-ROM, the Electronic *Cuaderno de trabajo* offers feedback, correction and a fully integrated audio program.

THE CD-ROM

Available in both IBM and Macintosh formats, the CD-ROM continues the emphasis on the meaningful use of Spanish that characterizes the *Dos mundos* program. Throughout the CD-ROM's

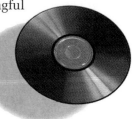

innovative and visually appealing activities, students will be able to understand what they are reading or hearing, and exercise critical thinking skills. Many activities focus on the thematic sections of a given chapter. A new video feature provides students with the opportunity to view functional language scenarios, filmed on location in Peru, Mexico, and Costa Rica. In addition, students are able to recreate the interactions by participating in a recorded video interview with characters from the video scenarios, further developing listening and speaking skills. Finally, the CD-ROM format is utilized to make the thematic vocabulary displays interactive. Recording and printing capabilities make the CD-ROM a true four-skills ancillary. The CD-ROM also contains a link to the **Dos mundos** Website on the World Wide Web.

THE WORLD WIDE WEB

Bringing the Spanish-speaking world more directly into the classroom, the **Dos mundos** Website provides links to other culturally authentic sites and offers additional activities for each chapter of the text. It also includes links to sites related to many of the topics covered in the activities and readings. The **Dos mundos** Web page can be accessed at *www.mhhe.com/dosmundos*.

Paso A

La clase y los estudiantes

METAS

In **Paso A** you will learn to understand a good deal of spoken Spanish and get to know your classmates. The listening skills you develop during these first days of class will enhance your ability to understand Spanish and will also make learning to speak Spanish easier.

Sobre los artistas: The Cunas live on the San Blas Islands, on the north coast of Panama. The women make the **mola** fabrics for their own dresses by cutting and sewing various layers of cloth together.

Goals—Paso A
Paso A has four goals: (1) to convince students that they will understand the Spanish you speak in class, (2) to help lower their anxiety by letting them get to know their classmates, (3) to begin binding meaning to key words in the input, and (4) to teach students to listen *(cont. on p. 16)*

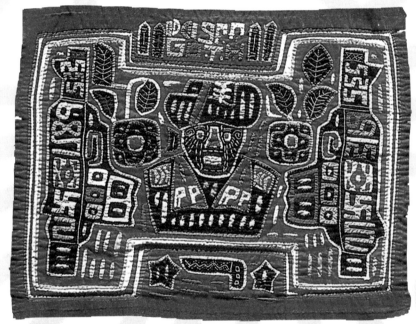

Una mola, artesanía de los indígenas cuna de Panamá

Multimedia. The *Dos mundos* video includes a cultural segment on Panama.

ACTIVIDADES DE COMUNICACIÓN

- Los mandatos en la clase
- Los nombres de los compañeros de clase
- ¿Quién es?
- Los colores y la ropa
- Los números (0–39)
- Los saludos

GRAMÁTICA

A.1 Responding to Instructions: Commands

A.2 Naming: The Verb **llamarse**

A.3 Identifying People and Things: Subject Pronouns and the Verb **ser**

A.4 Describing People and Things: Negation

A.5 Identifying People and Things: Gender (Part 1)

A.6 Describing People's Clothing: The Verb **llevar**

A.7 Identifying People and Things: Plural Forms (Part 1)

Actividades de comunicación

✳ Los mandatos en la clase

Los mandatos en la clase. Professor Martínez's 8:00 A.M. Spanish class will appear frequently in all components of *Dos mundos*. Review all commands with TPR (see IRK for TPR: *Mandatos en el salón de clase*). Add the following commands: *Las mujeres, pónganse de pie; Los hombres, pónganse de pie y caminen; Las mujeres de pelo largo, pónganse de pie y salten; Los estudiantes de ojos azules, escriban su nombre.* Recombine most vocabulary introduced in Pre-Text Oral Activities. Explain these words: *mandatos, página, actividad, paso, estudie, gramática, bolígrafo, comunicación, profesora, texto.*

Lea Gramática A.I.

Many of the words in this display may be familiar to students from the TPR sequences that you have done in class. For review, you may want to mime their meaning as students look over the display.

See IRK for additional activities: *Mandatos.*

ACTIVIDAD I   Identificaciones: Los mandatos

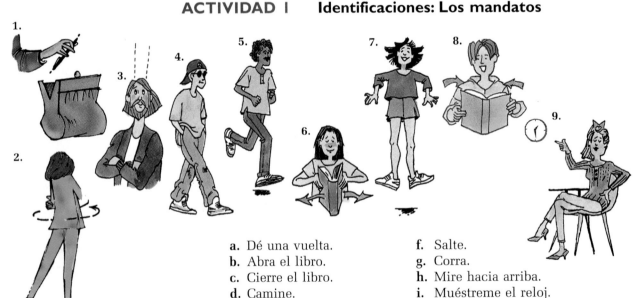

a. Dé una vuelta.
b. Abra el libro.
c. Cierre el libro.
d. Camine.
e. Saque un bolígrafo.

f. Salte.
g. Corra.
h. Mire hacia arriba.
i. Muéstreme el reloj.

✳ Los nombres de los compañeros de clase

Lea Gramática A.2.

ACTIVIDAD 2   Diálogos: Los amigos

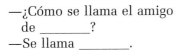

—¿Cómo se llama el amigo
de _____ ?
—Se llama _____ .

—¿Cómo se llama la amiga
de _____ ?
—Se llama _____ .

Act. 1. **Identificaciones** (Whole-class). Give the commands and have students point to the appropriate sketches. Point out that command forms without *-n* are used when addressing one person.

Most of the words in this activity will be new to your students. Mime the meaning of new words as you pronounce them. You may also want to write other unfamiliar vocabulary on the board.

Los nombres de los compañeros de clase. Review the names of all students in the class, using the techniques in items 2 and 3 of Pre-Text Oral Activities on p. 16. Include comments on what students say. (See IM, expanding student responses.)

Have students look at the drawings in the text and introduce *¿Cuál es su nombre?* as a synonym of *¿Cómo se llama?* Use photos of famous people from your PF. Ask for names, using all four structures: *¿Quién es? ¿Cómo se llama? ¿Cuál es su nombre? ¿Cuál es el nombre de… ?*

Most of the words in this section will also be new to your students. Write unfamiliar vocabulary on the board. Before starting activities always ask the entire class: *¿Comprenden el vocabulario?* or *¿Hay palabras que no comprenden?* Review and/or model all activities before having students participate.

Act. 2. **Diálogos** (whole-class; pair). Introduce the structure *el amigo / la amiga de _____*. Ask: *¿Quién es (¿Cómo se llama) el amigo / la amiga de _____?* Have students answer with a name only or with the pattern *Se llama _____*. Use pictures from your PF of famous people and students in the class, and ask: *¿Cómo se llama este hombre (señor) / esta mujer (señora, señorita)?*

✳ ¿Quién es?

¿Quién es? Give input that contains sentences such as: *Yo soy alto. Ella* (point to someone in the class) *es de estatura mediana. No es alta,* and *No es baja.* Use your PF to introduce a wider variety of physical types and ages. Pass photos out to students and ask questions: *¿Quién tiene la foto de un hombre alto?* Include questions about the clothing people are wearing: *¿Quién tiene la foto de la niña que lleva un suéter azul?* Ask *sí/no* questions about the pictures: *¿Es joven este hombre? ¿Es bonita esta mujer?* Point as you say *este/a/os/as.* Then ask *sí/no* questions about the display: *¿Es alto Pedro Ruiz?* The subject pronouns *yo, él, ella, ellos, ellas, nosotros/as,* and *usted(es)* and forms of the verb *ser* (*soy, es, somos,* and *son*) are introduced.
   Verify class comprehension of all vocabulary in the display and the activities as you proceed through these materials.

Lea Gramática A.3–A.4.

Act. 3. Asociaciones (whole-class). Ask students to identify well-known people who fit these descriptions. Encourage a variety of responses and introduce additional descriptive adjectives when possible.

ACTIVIDAD 3   Asociaciones: Las descripciones de las personas famosas

¿Quién es _____?

1. rubio/a ~ moreno/a
2. alto/a ~ bajo/a
3. guapo/bonita ~ feo/a
4. joven ~ viejo/a
5. delgado/a ~ gordo/a

Roseanne
Sammy Sosa
Lauren Bacall
Antonio Banderas
Matt Damon
Sharon Stone
Oprah Winfrey
Brad Pitt
Barbra Streisand
Kobe Bryant
Sandra Bullock
Paul Newman
Danny DeVito
Jennifer López

Estudiantes de medicina en la Universidad de Buenos Aires, Argentina

✳ Los colores y la ropa

Lea Gramática A.5–A.6.

Los colores y la ropa. Use your PF to introduce the words *ropa* and *color* and other new words for clothing and colors: *abrigo, blusa, botas, camisa; camiseta, chaqueta, corbata, falda, pantalones, pantalones cortos, saco, sombrero, suéter, traje, vestido, zapatos, zapatos de tenis; amarillo/a, anaranjado/a, azul, blanco/a, café, color café, gris, morado/a, rosado/a.* Ask *sí/no* questions about the illustrations in the text. Then ask a volunteer to stand up. Ask the class *sí/no* questions about the clothes he/she is wearing: *¿Lleva Lisa una falda azul? ¿Es roja su blusa?* The articles *un* and *una* appear for the first time. Note that native speakers use both *pantalón* and *pantalones.*

Verify student comprehension of vocabulary in this display and in the activities by asking, *¿Comprenden el vocabulario?* or *¿Hay palabras que no comprenden?*

Ernesto Guillermo Amanda

Ernestito Estela

ACTIVIDAD 4   Asociaciones: Los colores

¿De qué color es _____?

Act. 4. Asociaciones (whole-class; individual). Have students match logical colors with these items. Students may answer with just the number, but most will say the color words. Allow more than one color for each item (for example, a house can be white, brown, yellow, etc.) and colors not listed. Example: *Sí, una gata es blanca o negra. Un perro es blanco y negro.* Although students are many hours away from producing gender agreement spontaneously, they will hear gender agreement when you comment on their answers.

a. un automóvil

b. una casa

c. un lápiz

d. una planta

e. un gato

f. una rosa

g. el libro de español

h. un perro

i. un arco iris

j. una naranja

k. la puerta

1. rojo/a   **4.** color café   **6.** azul   **8.** anaranjado/a
2. amarillo/a   **5.** blanco/a   **7.** morado/a   **9.** ¿ ?
3. verde

Act. 5. Identificaciones (whole-class). Ask students to write the names of five classmates on a separate sheet of paper, following the format in the text. Write on the board a list of clothing and colors from which to choose, then have students fill in the chart individually, while you circulate to help. You may ask for volunteers to read from their charts: (*Terry, lleva chaqueta, negro*). *Sí, Terry lleva una chaqueta negra.*

Follow-Up: Ask *sí/no* questions about each student: *¿Lleva Mary falda? ¿Es azul? ¿Es larga? ¿Lleva John pantalones cortos?*

ACTIVIDAD 5   Identificaciones: Mis compañeros de clase

Mire a cuatro compañeros de clase. Diga el nombre de cada estudiante, la ropa y el color de la ropa que lleva.

NOMBRE		ROPA	COLOR
1. *Carmen*	lleva	*una blusa*	*amarilla.*
2. _____	lleva	_____	_____
3. _____	lleva	_____	_____
4. _____	lleva	_____	_____
5. _____	lleva	_____	_____

✳ Los números (0–39)

Los números (0–39). Count as many different categories of people and descriptions in the classroom as you can, then ask *sí/no* questions to verify. For example, first count aloud the number of men, then ask: *¿Cuántos hombres hay en la clase? ¿Hay 15? ¿Hay 16?* Count categories: *¿Cuántos hombres de pelo castaño hay?* Do not force students to say numbers, but rather follow your questions immediately with *¿Hay cinco? ¿Hay siete?* **Optional:** Distribute 10 numbers between 0 and 39 on construction paper at random to students in the class. Then call out numbers and have students point to the correct number.

Lea Gramática A.7.

0 cero	10 diez	20 veinte
1 uno	11 once	21 veintiuno
2 dos	12 doce	22 veintidós
3 tres	13 trece	23 veintitrés
4 cuatro	14 catorce	24 veinticuatro…
5 cinco	15 quince	30 treinta
6 seis	16 dieciséis	31 treinta y uno
7 siete	17 diecisiete	32 treinta y dos
8 ocho	18 dieciocho	33 treinta y tres…
9 nueve	19 diecinueve	39 treinta y nueve

Act. 6. Identificaciones (whole-class). Count with the class the number of students who fit the descriptions used in this activity. Ask questions such as *¿Cuántos llevan lentes?* (cuatro) *Sí, hay cuatro que llevan lentes. ¿Quiénes son?* (*John, Lisa, Susan, Betty*) *¿Cuántas mujeres lleven lentes?* (tres) *Sí, tres mujeres llevan lentes. ¿Y cuántos hombres?* (uno) *Sí, uno solamente. ¿Cuántos llevan pantalones?* The words *llevan* and *tienen* appear in plural for the first time. You may want to use other words for *aretes: argollas, aros,* or *pendientes.*

ACTIVIDAD 6   Identificaciones: ¿Cuántos hay?

Cuente los estudiantes en la clase que…

LLEVAN		TIENEN	
_____	pantalones	_____	barba
_____	lentes	_____	bigote
_____	reloj	_____	el pelo largo
_____	blusa	_____	el pelo castaño
_____	falda	_____	el pelo rubio
_____	botas	_____	los ojos azules
_____	aretes	_____	los ojos castaños

✳ Los saludos

Los saludos. Use the TPR command *digan* to introduce *buenos días, buenas tardes,* and *buenas noches.* Introduce yourself to various students by asking *¿Cómo se llama usted?* Students demonstrate comprehension by responding *Me llamo _____; mucho gusto.* Have students practice dialogues of two or three lines. For example: *—Buenos días. —Buenos días. —Hasta luego. —Buenas tardes. ¿Cómo está usted? —Bien, gracias.* Then have students stand, circulate, and practice these greetings with classmates: *Pónganse de pie y saluden a tres o cuatro compañeros.*

¡OJO!

En el mundo hispano los saludos son muy importantes. También es importante preguntar por la familia.

The *¡Ojo!* features throughout *Dos mundos* help students to understand cultural similarities and differences in the Spanish-speaking world. Use cognates to help students read unfamiliar words.

Act. 7. Diálogos (pair; small-group). These dialogues are routines and patterns memorized as "chunks" (fixed phrases). (See IM, section on dialogues in Stage 1.)

Read each line aloud with appropriate intonation while students follow along in their books. Act out any new words or phrases they cannot understand from context. Then pair students and assign roles. You may find the "read, look up, and say" technique helpful. Circulate from pair to pair, helping with only the most salient pronunciation problems. Finally, ask for volunteers to perform the dialogue from their seats.

Suggestion: Do only 2–3 dialogues a day. Note that dialogues 4 and 5 will need three students.

ACTIVIDAD 7   Diálogos: Los saludos

1. Nacho Padilla saluda a Ernesto Saucedo.

NACHO: Buenos días. ¿Cómo está usted?

SR. SAUCEDO: Muy bien, gracias. ¿Y usted?

NACHO: Muy bien.

2. La señora Silva habla por teléfono con el señor Alvar.

SRA. SILVA: Señor Alvar, ¿cómo está usted?

SR. ALVAR: Estoy un poco cansado. ¿Y usted?

SRA. SILVA: Regular.

3. Amanda habla con doña Lola Batini.

DOÑA LOLA: Buenas tardes, Amanda.

AMANDA: Buenas tardes, doña Lola. ¿Cómo está la familia?

DOÑA LOLA: Bien, gracias.

4. Rogelio Varela presenta a Carla.

ROGELIO: Marta, ésta es mi amiga Carla.

CARLA: Mucho gusto.

MARTA: Igualmente.

5. Un amigo nuevo / Una amiga nueva en la clase de español.

USTED: _____, éste/ésta es mi amigo/a _____.

AMIGO/A 1: _____.

AMIGO/A 2: _____.

Estudiantes en la Universidad de Michoacán, México

Vocabulario. New to the fifth edition of *Dos mundos* is "shaded" vocabulary in end-of-chapter vocabulary lists. The shading prominently highlights *Vocabulario temático*, those vocabulary items that are deemed essential, or "core," active vocabulary items. The shading of *Vocabulario temático* allows students to focus quickly and easily on these core vocabulary terms. Nonshaded vocabulary words and phrases are *Vocabulario para la comprensión*, lexical items that help round out students' overall interpersonal communication in Spanish.

Vocabulario

• Los mandatos — Commands

abra(n) (el libro)	open (the book)
baile(n)	dance
camine(n)	walk
cante(n)	sing
cierre(n)	close
corra(n)	run
cuente(n)	count
dé/den una vuelta	turn around
diga(n)	say
escriba(n)	write
escuche(n)	listen
estudie(n)	study
hable(n)	talk
lea(n)	read
mire(n) (hacia arriba/abajo)	look (up/down)
muéstre(n)me	show me
pónga(n)se de pie	stand up
salte(n)	jump
saque(n) (un bolígrafo)	take out (a pen)
siénte(n)se	sit down

• Las preguntas y las respuestas — Questions and Answers

¿Cómo está usted?	How are you?
(Muy) Bien, gracias.	(Very) Well, thanks.
Estoy bien (regular).	I am fine/OK.
Estoy un poco cansado/a.	I am a little tired.
¿Cómo se llama?	What is his/her name?
Se llama...	His/Her name is . . .
¿Cómo se llama usted?	What is your name?
Me llamo...	My name is . . .
¿Cuál es su nombre?	What is your name?
Mi nombre es...	My name is . . .
¿Cuántos/as... (hay)?	How many . . . (are there)?
¿De qué color es... ?	What color is (it) . . . ?
¿Quién (es)? / ¿Quiénes (son)?	Who (is it)? / Who (are they)?

• La descripción física — Physical Description

Es...	He/She is . . .
alto/a	tall
bajo/a	short
bonito/a	pretty
de estatura mediana	of medium height
delgado/a	thin
famoso/a	famous
feo/a	ugly
gordo/a	fat
guapo/a	handsome
joven	young
moreno/a	brown (dark)-skinned
nuevo/a	new
rubio/a	light-skinned
viejo/a	old
Tiene...	He has . . .
barba	(a) beard
bigote	(a) moustache
Tiene el pelo...	His/Her hair is . . . (He/She has . . . hair.)
castaño	brown
corto	short
lacio	straight
largo	long
mediano	medium (length)
negro	black
rizado	curly
rubio	blond
Tiene los ojos...	His/Her eyes are . . . (He/She has . . . eyes.)
azules	blue
castaños	brown
negros	black (dark brown)
verdes	green

• Los colores — Colors

amarillo/a	yellow
anaranjado/a	orange
azul	blue
blanco/a	white
color café	brown
gris	gray
morado/a	purple
negro/a	black
rojo/a	red
rosado/a	pink
verde	green

- **La ropa** — Clothes

¿Quién lleva... ? — Who is wearing . . . ?
- **un abrigo** — a coat
- **una blusa** — a blouse
- **botas** — boots
- **una camisa** — a shirt
- **una camiseta** — a T-shirt
- **una chaqueta** — a jacket
- **una corbata** — a tie
- **una falda** — a skirt
- **los pantalones** — pants
  - **los pantalones cortos** — shorts
- **un saco** — a sports coat
- **un sombrero** — a hat
- **un suéter** — a sweater
- **un traje** — a suit
- **un vestido** — a dress
- **los zapatos (de tenis)** — (tennis) shoes

- **Las personas** — People

- **el amigo / la amiga** — friend
- **el compañero / la compañera de clase** — classmate
- **don** — *title of respect used with a man's first name*
- **doña** — *title of respect used with a woman's first name*
- **el / la estudiante** — student
- **la familia** — family
- **el hombre** — man
- **el muchacho / la muchacha** — boy, young man / girl, young woman
- **la mujer** — woman
- **el niño / la niña** — boy / girl
- **el profesor / la profesora** — professor
- **el señor / la señora** — man; Mr. / woman; Mrs.
- **la señorita** — young lady; Miss

- **Los saludos y las despedidas** — Greetings and Goodbyes

- **Buenos días.** — Good morning.
- **Buenas tardes.** — Good afternoon.
- **Buenas noches.** — Good evening. / Good night.
- **Hasta luego.** — See you later.
- **Hola.** — Hi.
- **Adiós.** — Goodbye.

- **Las presentaciones** — Introductions

- **Ésta es mi amiga... / Éste es mi amigo...** — This is my friend . . .

Mucho gusto. — Pleased to meet you.
Igualmente. — Same here.

- **Los verbos** — Verbs

- **es** — is
- **habla (por teléfono)** — speaks (on the telephone)
- **hay** — there is / there are
- **lleva(n)** — is (are) wearing
- **presenta** — introduces
- **saluda** — greets
- **tiene** — he / she has / you have
- **tienen** — they have

- **Las cosas** — Things

- **el arco iris** — rainbow
- **los aretes** — earrings
- **la casa** — house
- **el gato** — cat
- **el lápiz / los lápices** — pencil / pencils
- **los lentes** — glasses
- **el libro (de español)** — (Spanish) book
- **la naranja** — orange
- **el perro** — dog
- **la puerta** — door
- **el reloj** — watch; clock

PALABRAS SEMEJANTES (*Cognates*): **el automóvil, la planta, la rosa**

- **Palabras del texto** — Words from the Text

- **¿Comprende(n)?** — Do you (all) understand?
- **el español** — Spanish
- **la gramática** — grammar
- **no** — no, not
- **¡Ojo!** — Attention!
- **la página** — page
- **el paso** — step
- **¿Qué?** — What?
- **¿Quién(es)?** — Who?
- **sí** — yes

PALABRAS SEMEJANTES: la actividad, las asociaciones, la comunicación, la descripción, el diálogo, las identificaciones

- **Los números** — Numbers

cero	0
uno	1
dos	2
tres	3
cuatro	4

cinco	5
seis	6
siete	7
ocho	8
nueve	9
diez	10
once	11
doce	12
trece	13
catorce	14
quince	15
dieciséis	16
diecisiete	17
dieciocho	18
diecinueve	19
veinte	20
veintiuno	21
veintidós	22
veintitrés	23
veinticuatro	24
veinticinco	25
veintiséis	26
veintisiete	27
veintiocho	28
veintinueve	29
treinta	30
treinta y uno	31
treinta y dos	32
treinta y nueve	39

• Palabras útiles   Useful Words

cada	each, every
con	with
de	of, from
el, la, los, las	the
en	in, on
grande	big
mi(s)	my
pequeño/a	small
un(a)	a, an
¿Verdad?	(Is that) true? Really?
y	and

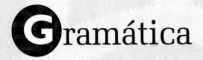
Gramática

Introduction

The **Gramática y ejercicios** sections of this book are written for your use outside of class. They contain grammar explanations and exercises that are presented in nontechnical language, so it should not be necessary to go over all of them in class.

The **Lea Gramática...** notes that begin most new topics in the **Actividades de comunicación y lecturas** sections give the grammar point(s) you should read at that time. Study them carefully, then do the exercises in writing and check your answers in the back of the book. If you have little or no trouble with the exercises, you have probably understood the explanation. Remember: It is not necessary to memorize these grammar rules.

Keep in mind that successful completion of a grammar exercise means only that you have understood the explanation. It does not mean that you have *acquired* the rule. True acquisition comes not from study of grammar but from hearing and reading a great deal of meaningful Spanish. Learning the rules of grammar through study will allow you to use those rules when you have time to stop and think about correctness, as during careful writing.

If you have trouble with an exercise or do not understand the explanation, ask your instructor for assistance. In difficult cases, your instructor will go over the material in class to be sure everyone has understood but probably won't spend too much time on the explanations, in order to save class time for real communication experiences.

The grammar explanations in **Paso A** contain basic information about Spanish grammar. **Paso A** has no exercises because most of the information will be explained again in subsequent chapters.

Introduction. The grammar explanations in *Paso A* can be used as advance organizers to help students understand written material and your input. Students are not yet expected to produce the forms and structures that are explained. Since *Paso A* aims to develop listening strategies, it contains no grammar exercises. All grammar points in *Paso A* appear in later chapters, either in activities or as more detailed grammar points.

Some Useful Grammatical Terms

You may recall from your study of grammar in your native language that sentences can be broken down into parts. All sentences have at least a subject (a noun, or pronoun) and a verb.

Monica   runs.
| |
noun, subject *verb*

In addition, sentences may have objects (nouns and pronouns), modifiers (adjectives and adverbs), prepositions, conjunctions, and/or articles.

Monica is tall.
         |
         adjective

Monica runs quickly.
             |
             adverb

La clase y los estudiantes

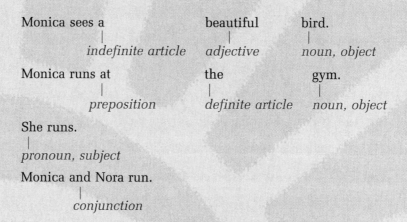

Monica sees a | beautiful | bird.

indefinite article | *adjective* | *noun, object*

Monica runs at | the | gym.

preposition | *definite article* | *noun, object*

She runs. |

pronoun, subject

Monica and Nora run. |

conjunction

Singular commands (to one person) end in **-a** or **-e**. Plural commands (to more than one person) end in **-an** or **-en**.

A.2. Students usually memorize this question/answer pattern. This information is included to help some students avoid the incorrect combination *Mi llama es...*
Optional Grammar Activity (OGA): Write the appropriate pattern on the board with blanks for names and have students practice asking each other's name in a

To ask someone's name:
  ¿Cuál es su nombre?
  or
  ¿Cómo se llama usted?
To tell someone your name:
  Mi nombre es...
  or
  Me llamo...

whole-class autograph activity. All students circulate with pen and paper. Each student asks five classmates their name and has them sign their paper (*Firme, por favor*).
  Follow-Up: Ask: *¿Quiénes son los estudiantes de su lista?* or *¿Cómo se llaman los estudiantes de su lista?*

A.1 Responding to Instructions: Commands

Your instructor will give you commands during the Total Physical Response activities, as well as for instructions.*

In English the same form of the verb is used for giving commands, whether to one person (singular) or to more than one person (plural).

> Steve, please stand up.
> Mr. and Mrs. Martínez, please stand up.

In Spanish, however, singular commands end in **-a** or **-e,** while plural commands add an **-n.**

Esteban, **abra** el libro.	*Esteban, open the book.*
Alberto y Nora, **saquen** un bolígrafo, por favor.	*Alberto and Nora, take out a pen, please.*

A.2 Naming: The Verb *llamarse*

The most common way to ask someone's name is to use the verb form **llama** (*call*).

—¿Cómo **se llama** usted?†	—*What is your name?*
—Nora.	—*Nora.*

You may answer the question either briefly, by saying your name (as in the preceding example), or in a complete sentence with the pronoun **me** (*myself*) and the verb **llamo** (*I call*).

Me llamo Nora.	*My name is Nora.*

To ask what someone else's name is, use the following question-and-answer pattern.

---

*You will learn more about how to give commands in **Gramática 11.1** and **14.1.**
†Literally, this means *How do you call yourself?*

—¿Cómo **se llama** el amigo de
Nora?
—**Se llama** Luis.

—*What's Nora's friend's name?*

—*His name is Luis.*

Here is another way to ask someone's name.

—**¿Cuál es su nombre?**
—**Mi nombre es Esteban.**

—*What is your name?*
—*My name is Esteban.*

A.3 Identifying People and Things: Subject Pronouns and the Verb *ser*

A. Spanish uses the verb **ser** (*to be*) to identify things or people.

—¿Qué **es** eso?
—**Es** un bolígrafo.

—*What is that?*
—*It's a pen.*

—¿Quién **es**?
—**Es** Luis.

—*Who is it?*
—*It's Luis.*

> **ser** = *to be* (identification)
> **Soy estudiante.** (*I am a student.*)

B. Personal pronouns are used to refer to a person without mentioning the person's name. Here are some of the most common personal pronouns that can serve as the subject of a sentence, with the corresponding present-tense forms of **ser**. It is not necessary to memorize these pronouns. You will see and hear them again and again.

yo	soy	I	am
usted	es	you (*singular*)	are
él*/ella	es	he/she	is
nosotros/nosotras	somos	we	are
ustedes	son	you (*plural*)	are
ellos/ellas	son	they	are

yo = *I*
usted = *you* (singular)
él = *he*
ella = *she*
nosotros = *we* (masculine)
nosotras = *we* (feminine)
ustedes = *you* (plural)
ellos = *they* (masculine)
ellas = *they* (feminine)

¿Usted es profesor?   *Are you a professor?*

A.3. This section introduces the first of several uses of *ser*. We keep formal explanations of *ser* and *estar* as separate as possible at first, avoiding contrast (*es listo / está listo*) until meanings are acquired. In later chapters we contrast the various functions (*Gramática 3.4* and *Gramática 14.2*).

A few personal subject pronouns are included for reference, but students will not begin to understand them well until after *Paso B*. We do not think it is worthwhile to point out the verb endings of *ser*. The concept of verb + endings is introduced in *Gramática A.6*.

---

*The pronoun **él** (*he*) has an accent to distinguish it in writing from the definite article **el** (*the*).

C. It is often not necessary in Spanish to use a subject pronoun (**yo, usted, nosotros, ellas,** etc.). The verb itself or the context usually tells you who the subject is.

Soy profesor de matemáticas.	*I'm a mathematics professor.*
Son estudiantes de la clase de la profesora Martínez.	*They are students in Professor Martínez's class.*

A.4 Describing People and Things: Negation

A.4. Most students acquire negation in Spanish without explicit instruction, but some students will want to know that the Spanish equivalent of "don't" is simply *no.*

> **no** = *not*
> To say that something is not true, put **no** in front of the verb.

OGA: Use your PF to make a series of negative statements: *Esta señorita no lleva vestido. ¿Lleva pantalones? Los pantalones no son rojos. ¿Son verdes?*

In a negative sentence in Spanish, the word **no** comes in front of the verb.

Ramón **no es** mi novio. Es el novio de Amanda.	*Ramón isn't my boyfriend. He's Amanda's boyfriend.*

There are no additional words in Spanish corresponding to the English negatives *don't* and *doesn't.*

Guillermo **no tiene** el pelo largo ahora.	*Guillermo doesn't have long hair now.*

A.5 Identifying People and Things: Gender (Part I)

> Masculine nouns usually end in **-o.**
> Feminine nouns usually end in **-a.**

A. Nouns (words that represent people or things) in Spanish are classified as either masculine or feminine. Masculine nouns often end in **-o** (**sombrero**); feminine nouns often end in **-a** (**falda**). In addition, words ending in **-ción, -sión,** or **-dad** are also feminine.

> You will acquire these endings later. For now, don't worry about them as you speak. You can refer to your text if you have any doubts when you are editing your writing.

Madrid es una ciu**dad** bonit**a**.	*Madrid is a pretty city.*
La civiliza**ción** maya fue muy avanzad**a**.	*The Mayan civilization was very advanced.*

But the terms *masculine* and *feminine* are grammatical classifications only; Spanish speakers do not perceive things such as notebooks or doors as being "male" or "female." On the other hand, words that refer to males are usually masculine (**amigo**), and words that refer to females are usually feminine (**amiga**).

> **El** and **la** both mean *the.* **El** is used with masculine nouns and **la** is used with feminine nouns.

Esteban es mi **amigo** y Carmen es una **amiga** de él.	*Esteban is my friend and Carmen is a friend of his.*

B. Because Spanish nouns have gender, adjectives (words that describe nouns) *agree* with nouns: They change their endings from **-o** to **-a** according to the gender of the nouns they modify. Notice the two words for *black* in the following examples.

Lan tiene el pelo **negro**.	*Lan has black hair.*
Luis lleva una chaqueta **negra**.	*Luis is wearing a black jacket.*

> **Un** and **una** both mean *a/an.* **Un** is used with masculine nouns and **una** is used with feminine nouns.

C. Like English, Spanish has definite articles (*the*) and indefinite articles (*a, an*). Articles in Spanish also change form according to the gender of the nouns they accompany.

	DEFINITE (*the*)	INDEFINITE (*a, an*)
Masculine	**el** suéter	**un** sombrero
Feminine	**la** blusa	**una** chaqueta

Hoy Mónica lleva **un** vestido nuevo.
La chaqueta de Alberto es azul.

Today Mónica is wearing a new dress.
Alberto's jacket is blue.

A.6 Describing People's Clothing: The Verb *llevar*

The Spanish verb **llevar** corresponds to the English verb *to wear*.

Mónica **lleva** un suéter azul.   *Mónica is wearing a blue sweater.*

Notice that Spanish verbs change their endings according to the subject of the sentence.

Yo **llevo** pantalones grises. Mis amigos **llevan** pantalones negros.

I'm wearing gray pants. My friends are wearing black pants.

Here are some of the common endings for Spanish verbs.* The subject pronouns are in parentheses because it is not always necessary to use them.

llevar (*to wear*)		
(yo)	llev**o**	*I wear*
(usted, él/ella)	llev**a**	*you (sing.) wear; he/she wears*
(nosotros/as)	llev**amos**	*we wear*
(ustedes, ellos/as)	llev**an**	*you (pl.) wear; they wear*

These endings are used on most Spanish verbs, and you will soon become accustomed to hearing and using them.

In **Paso C** you will see the forms of the verb **tener** (*to have*), which you have also heard in class.

La profesora Martínez **tiene** el pelo negro.
Yo **tengo** los ojos azules.

Professor Martínez has black hair.
I have blue eyes.

A.7 Identifying People and Things: Plural Forms (Part 1)

Spanish and English nouns may be singular (**camisa**, *shirt*) or plural (**camisas**, *shirts*). Almost all plural words in Spanish end in **-s** or **-es**: **blusas** (*blouses*), **pantalones** (*pants*), **suéteres** (*sweaters*), **zapatos** (*shoes*), and so

*You will learn more about verb endings in **Gramática C.5, 1.3,** and **3.2.**

Spanish verbs change endings. These endings tell you who is performing the action.

---

llevar = *to wear*

---

tengo = *I have*
tiene = *he/she has*

A.6. This section acquaints students with verb endings and subject/verb agreement. We do not expect them to produce forms here; if they know that verbs change form and you focus on the message, they may not be confused when you use various forms in your own speech. We have purposely not yet included all possible pronouns in this chart. (Note that in the verb displays we use the abbreviations *ellos/as, nosotros/as,* and *vosotros/as*. Students may need to have this clarified.)

Your input will, of course, include singular (*lleva*) and plural (*llevan*) forms: *¿Lleva esta muchacha sombrero? Y estos señores, ¿también llevan ellos sombrero?* Students will begin to use the first- and second-person verb forms in *Paso B* when they begin to speak and engage in dialogue.

A.7. Plural nouns and plural agreement are normally easy concepts for English-speaking students.

OGA: Use input based on pictures from your PF to help students acquire plural agreement: *¿Hay cinco niños en esta foto? ¿Son grandes estos niños? ¿Son pequeños? ¿Llevan pantalones? ¿Son bonitos los pantalones?*

on.* In Spanish, unlike English, articles before plural nouns and adjectives that describe plural nouns must also be plural. Notice the plural ending on the Spanish word for *new* in the following example.

Nora tiene dos **faldas nuevas.**   *Nora has two new skirts.*

Here are some singular and plural nouns, accompanied by the corresponding definite articles and adjectives.

> Almost all plural words in Spanish end with **-s** or **-es**. Articles and adjectives agree with the nouns they modify.

	SINGULAR	PLURAL
Masculine	el vestido gris	**los** zapato**s** blanco**s**
Feminine	la chaqueta roja	**las** blusa**s** amarilla**s**

(cont. from p. 1)
primarily to key words and context. All activities are designed to make input comprehensible. To provide comprehensible input you will use three principal techniques that do not require students to produce Spanish words: Total Physical Response (TPR), descriptions of students, and descriptions of pictures from your picture file (PF). (Each technique is described in detail in the *Instructor's Manual* [IM].)

By the end of *Paso A* students should understand your "teacher talk." They will recognize the meaning of about 250 words when used in context. Above all, students will learn to understand words, grammatical forms, and structures they have not previously heard or studied. Keep in mind that not every word that you use nor every word in the communicative activities will be listed in the end of chapter *Vocabulario*. The chapter *Vocabulario* includes thematic and comprehension vocabulary that will help your students understand and converse with native speakers. In addition, remember that students may not remember every word you introduce, so they may need to review words prior to beginning an activity.

Pre-Text Oral Activities
1. Classroom commands: TPR. (See IM, how to introduce TPR commands. See Instructor's Resource Kit [IRK] for TPR: *Mandatos en el salón de clase.*)

Introduce the following actions in the first class session: *pónganse de pie* (or *levántense*), *siéntense, caminen, salten, corran, miren, canten, bailen,* etc. Later, add commands like *abran los libros, cierren los libros, saquen un bolígrafo, escriban su nombre* (in the air),

hablen (have students make talking noises or actions), *escuchen* (have students cup their hand behind their ear), *lean* (have students pantomime reading a book), *miren hacia arriba/abajo, muéstrenme la puerta.* Finally, introduce the command *digan* with brief greetings: *digan «hola», digan «buenos días», «buenas tardes», «buenas noches».* Have students say *hola* to each other and shake hands.

2. Names and descriptions of students. (See IM, how to give student-centered input in Stage 1.)

The purpose of this activity is to learn the names of the students in the class and provide good, comprehensible input. Ask students to concentrate on learning as many classmates' names as possible in the first class session. Phrase all questions and comments so that students are required to produce only the name of another student. Write key nouns and adjectives on the board. Introduce the following words for people: *profesor(a), el/la estudiante, hombre/mujer;* for physical characteristics: *pelo* (or *cabello*) (*largo, corto, mediano, castaño, rubio, negro*), *ojos* (*azules, verdes, castaños, negros*), *barba, bigote;* for clothing: *blusa, camisa, pantalones, falda, zapatos, chaqueta, suéter;* and for other colors: *rojo, blanco, gris, amarillo.* We have used *castaño* for both hair and eye color, but many native speakers say *color café.* We have not included *pelirrojo* because of the difficulty of the form. Your choice of words to introduce will depend on the level of your students.

Other words and expressions: *¿Quién es... ? ¿Cómo se llama el/la estudiante que lleva (que tiene)... ?,*

sí/no, ¿verdad? You will also use *este/a* and *estos/as* frequently in the Pre-Text Oral Activities of *Paso A.*

3. Names and descriptions of people. (See IM, how to give input based on photos from your PF.)

This activity uses pictures to continue learning the names of students in the class. (We refer to magazine pictures as *fotos:* you may prefer other terms, such as *láminas.*) Include the nouns *hombre(s), mujer(es), muchacho/a, niño/a,* and *profesor(a)* and the adjectives *joven, viejo/a, delgado/a, gordo/a, bonito/a, guapo/a, feo/a, alto/a, bajo/a, de estatura mediana, grande,* and *pequeño/a.*

4. Numbers. Introduce numbers by counting men, women, total students, women with skirts, men with beards, women with brown hair, etc. Normally this will include numbers under 30. Use *hay* in sentences such as *Hay siete muchachas de pelo castaño en la clase.* Teach *sí/no,* then ask students to react to statements with numbers: *¿Hay 15 hombres en esta clase?* (no) *¿Hay 13?* (sí) Write numbers on the board, as with other key words, or prepare a large number chart (or cards) and place it in a visible location.

Numbers take a long time to acquire. Do not expect students to achieve complete comprehension or to be able to produce numbers immediately. Give students many opportunities to acquire numbers. See IRK for a blank *lotería* grid that can be used at all levels of number practice. Do not place great emphasis on numbers in tests, especially early in the semester.

---

*You will learn more about how to make nouns and adjectives plural in **Gramática B.5.**

Paso B

Las descripciones

In **Paso B** you will continue to develop your listening and speaking abilities in Spanish. You will learn more vocabulary with which to describe your immediate environment. You will also get to know your classmates better as you converse with them.

Sobre la artista:
Frida Kahlo (1907–1954) was born in Coyoacán, Mexico. At the age of 18, she was seriously injured in a bus accident, and, while recuperating, taught herself to paint. She became a surrealist, most often painting self-portraits.

Goals—Paso B
The purpose of *Paso B* is to continue to provide comprehensible input that will help students acquire basic interpersonal communication abilities. Continue to emphasize development of students' ability to comprehend Spanish, but also encourage them to
(cont. on p. 32)

Autorretrato con monos, por Frida Kahlo, de México

Multimedia. The *Dos mundos* video includes a cultural segment on Mexico.

ACTIVIDADES DE COMUNICACIÓN

- Hablando con otros
- Las cosas en el salón de clase y los números (40–69)
- El cuerpo humano
- La descripción de las personas

EN RESUMEN

GRAMÁTICA Y EJERCICIOS

B.1 Addressing Others: Informal and Polite *you* (**tú/usted**)

B.2 Describing People: More about Subject Pronouns

B.3 Identifying People and Things: Gender (Part 2)

B.4 Expressing Existence: **hay**

B.5 Describing People and Things: Plural Forms (Part 2)

B.6 Describing People and Things: Adjective-Noun Agreement

Actividades de comunicación

Hablando con otros. You may have to make a few comments in English about *tú* and *usted*, especially if you have many students who have not had experience with polite and informal pronouns of address in other languages. Refer students to *Gramática B.1* for a more detailed explanation. (For suggestions about using second-person pronouns in this approach, see IM, Classroom Management, Modes of Address.)

✳ **Hablando con otros**

When you assign grammar exercises, remind students to check their work against the answers in Appendix 4. We expect students to acquire grammar through input from oral activities and reading, not from hearing explanations and doing grammar exercises in class. Remember to provide a lot of interesting and comprehensible input in Spanish for every thematic section before expecting student output.

Verify class comprehension of all vocabulary in the display and the activities of this section as you proceed through these materials.

Lea Gramática B.1–B.2.

¡OJO!

El uso de *tú* varía mucho en los países hispanos. En Colombia, por ejemplo, los miembros de la familia se hablan de *usted*, mientras que en España prefieren usar *tú*.

Work with students as they read the *¡Ojo!* feature. Encourage them to use cognates (*palabras semejantes*) whenever possible. Add additional cultural information about other forms of address used in Spanish-speaking countries.

ACTIVIDAD 1   Identificaciones: *¿Tú o usted?*

Usted habla con estas personas. ¿Usa **tú** o **usted**?

1. un amigo de la universidad
2. el profesor de matemáticas
3. una niña de diez años
4. un amigo de su papá
5. una señora de treinta y nueve años
6. una recepcionista
7. su doctor
8. su hermano/a

ACTIVIDAD 2   Diálogos: **¿Cómo está usted? ¿Cómo estás tú?**

El señor Olivera saluda a su joven vecina Amanda.

DON ANSELMO: Hola, Amanda.
AMANDA: Buenos días, señor Olivera. ¿Cómo está usted?
DON ANSELMO: Muy bien, gracias. ¿Cómo está tu mamá?
AMANDA: Ella está bien, gracias.

Amanda saluda a su amiga Graciela.

AMANDA: Buenas tardes, Graciela. ¿Cómo estás?
GRACIELA: Regular. ¿Y tú?
AMANDA: Un poco cansada.

ACTIVIDAD 3   Diálogos abiertos: Más saludos

▶ **PALABRAS ÚTILES**

regular, (muy) bien, un poco cansado/a
castaño, rubio, lacio
la recepcionista, la estudiante, la profesora

EL NUEVO ESTUDIANTE

E1: Hola _Mónica_. ¿Cómo estás?
E2: _Bien_. ¿Y tú?
E1: _Regular_.
E2: ¿Quién es el chico de pelo _negro rizado_?
E1: Es un amigo de _Esteban_. Se llama _Luis_.

EN LA OFICINA

E1: Buenos días, _profesora Martínez_. ¿Cómo está usted?
E2: Estoy _muy bien_. ¿Y usted?
E1: _Un poco cansado_. ¿Cómo está la familia?
E2: _Bien_, gracias. ¿Quién es la señorita de pelo _castaño_?
E1: Es la señorita _Luna_. Es la nueva _secretaria_.

Act. 1. Identificaciones (whole-class). Have students respond by saying only _tú_ or _usted; Usted está hablando con un amigo de la universidad. ¿Qué dice, tú o usted?_ We have tried to avoid problematic areas with _tú/usted;_ for example, there is considerable variation in usage between parents and children. Expand the discussion to include differences between _tú_ and _usted_ in Spanish-speaking countries.

Act. 2. Diálogos (pair). These dialogues are not to be memorized. Have students work in pairs. You may find the "read, look up, and say" technique helpful.

Act. 3. Diálogos abiertos (pair). This is the first open dialogue of the text. (For suggestions on the use of open dialogues, see IM, Using the Communication Activities; Dialogues.)
   Read aloud the open dialogue _El nuevo estudiante_. Check whether students understood the dialogue. Point out the _Palabras útiles_ and read the dialogue again, using different words in place of the italicized words. Then, have students practice the dialogue in pairs while you go from group to group helping with comprehension and obvious pronunciation problems. Follow this same procedure for _En la oficina_.

✱ Las cosas en el salón de clase y los números (40–69)

Lea Gramática B.3–B.4.

Las cosas en el salón de clase y los números (40–69). Ask questions such as the following: (holding a book) *Esto es una silla, ¿verdad?* (no) *No, no es una silla; es un libro.* (holding an eraser) *¿Esto es una mesa?* (no) *No, no es una mesa; es un borrador. ¿Es un borrador?* (sí), *Sí, es un borrador.* Review common adjectives to describe items in the classroom: *bonito/a, feo/a, grande, pequeño/a, largo/a, corto/a, alto/a, bajo/a.* Ask either/or and *sí/no* questions: *¿Es nueva o vieja la mesa? Y las paredes son verdes, ¿verdad?* This activity is not intended to develop productive mastery of these words; it is only a brief initial exposure.

Verify class comprehension of all vocabulary in the display and the activities as you proceed through this thematic section.

See IRK for additional activities: *Las cosas en el salón de clase y los números 0–69.*

AA 1 TPR. (For AAs [*Actividades adicionales*] and their uses, see IM, Using the Communication Activities, *Actividades adicionales*.)

Use classroom objects with commands such as *muéstreme un libro* (*una silla, un cartel*), *toque la puerta* (*una camisa azul, la silla, el libro del profesor / de la profesora*), *camine hacia la puerta* (*hacia una chica rubia*), *recoja el libro* (*un bolígrafo*), *ponga un bolígrafo* (*un lápiz, un libro*) *en la mesa* (*el piso*). Remember that you can also give com-

mands in sequence: *Tome un libro de la silla de la persona a su izquierda, muéstreme un libro amarillo,* etc. Keep in mind that since AAs are optional we have not included their vocabulary in the chapter *Vocabulario.*

Act. 4. Identificaciones (individual: whole-class). (See IM Matching Activities.)

Have students pick adjectives from the lettered column to describe the items in the numbered column. They may choose more than one adjective and you may wish to add others. Focus on description of items in the classroom: students will acquire gender agreement as they hear more input. *En mi clase hay una pizarra...* (*viejo*) *Sí, la pizarra es vieja, Hay una pizarra vieja y...* (*negro*) *Sí, es vieja y es negra.*

ACTIVIDAD 4   Identificaciones: ¿Qué hay en el salón de clase?

MODELOS: En mi clase hay... → *un lápiz amarillo.*
En mi clase hay... → *una pizarra grande.*

1. una computadora	a. azul ~ color café
2. una ventana	b. moderno/a ~ antiguo/a
3. una pizarra	c. interesante ~ aburrido/a
4. un reloj	d. fácil ~ difícil
5. un bolígrafo	e. blanco/a ~ negro/a ~ gris
6. una mesa	f. largo/a
7. un libro	g. viejo/a ~ nuevo/a
8. una puerta	h. pequeño/a ~ grande
9. un mapa	i. ¿ ?
10. un cartel	

ACTIVIDAD 5   Intercambios: El salón de clase

MODELO: E1: ¿Cuántos/as _____ hay en el salón de clase?
E2: Hay _____.

1. estudiantes	5. ventanas
2. mesas	6. paredes
3. borradores	7. puertas
4. pizarras	8. luces

Act. 5. Intercambios (pair). This is the first really interactive activity in the text. (See IM, Interactions.) Point to the objects and have students count aloud with you.

ACTIVIDAD 6   Intercambios: ¿Cuánto cuesta?

MODELO: E1: ¿Cuánto cuesta *la mochila*?
E2: Cuesta *$39.50* (*treinta y nueve dólares y cincuenta centavos*).

40 cuarenta	50 cincuenta	60 sesenta
41 cuarenta y uno	52 cincuenta y dos	63 sesenta y tres
45 cuarenta y cinco	58 cincuenta y ocho	69 sesenta y nueve

el cuaderno   la calculadora   el diccionario   la silla

el reloj   la mesa   el cartel   la patineta

✳ El cuerpo humano

Lea Gramática B.5.

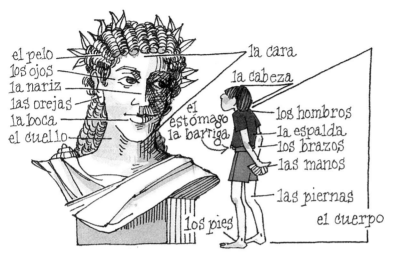

El cuerpo humano. Use TPR to introduce parts of the body. Begin with the hand: *Esto es la mano. Esto es la cabeza. Pónganse la mano en la cabeza,* demonstrating the command at the same time. Add other parts, one by one, making sure to repeat each new word several times: *Pónganse la mano en los hombros, pónganse la mano izquierda sobre la boca (en el hombro derecho, en la pierna izquierda).* Alternate with *tóquense.* See IRK for TPR sequences and for *Crucigrama—El cuerpo.* **Note:** Creative recombination of TPR commands will make this more fun and interesting: *Tóquense los pies y salten. Pónganse las manos al lado de la cabeza y muevan los dedos; saluden a sus compañeros de clase así. Pónganse la mano derecha en la nariz y la mano izquierda en el estómago, díganle «hola» a su compañero/a. Cierren los ojos, abran los ojos. Cierren los ojos y caminen lentamente por el salón de clase… digan perdone/disculpe* (as students bump into each other).

Verify class comprehension of all vocabulary in the display and the activities as you proceed through this thematic section.

ACTIVIDAD 7   Descripción de dibujos: ¿Quién es?

Mire a estas personas. Escuche la descripción que da su profesor(a), y diga cómo se llama la persona.

1. Rosa   2. el robot   3. Lupe   4. Reinaldo   5. Víctor   6. María

AA 2 (whole-class). Mix either/or questions with *sí/no* questions as in the following example. Holding an eraser say: *Esto es tiza, ¿verdad? ¿Es esto una pared o el reloj?* Expand all responses: *¿Es esto un lápiz o un bolígrafo?* (*bolígrafo*) *Sí, es un bolígrafo. No es un lápiz. Esto es un lápiz.* Review the numbers 0 to 39 using techniques described in the margin notes of *Paso A,* on page 6. Introduce the numbers 40 to 69 by first pronouncing them while students read along in the display. Distribute cards with random numbers from 40 to 69 written on them. Ask: *¿Quién tiene el 44?* The class answers with the name of the student. See IRK for *Los números: ¡A practicar!* introduce *¿Cuánto cuesta?* with photos of items or actual items. Place the photos in the chalkboard tray and write prices above them, or put price tags on items and place them on a table on desk at the front of the room. **Suggested items:** notebook, book, pen, pencil, radio, watch or clock, chair, articles of clothing, plant, telephone, or any other items that might be priced under $70.00. Go over each item, telling students: *El teléfono cuesta $59.29. Las botas cuestan $45.69.* Then ask questions that require one-word answers: *¿Qué cosa cuesta $38.00?* The whole class answers: (*la*) *silla.* Students may be paired up to practice the question-answer pattern. *¿Cuánto cuesta el radio?* (*Cuesta*) *55 dólares.* You may want to teach both *dólares*, and *centavos.*

Act. 6. Intercambios (whole-class: pair). Ask questions such as: *¿Qué cosa cuesta $66.00? Sí, la silla. Y ¿qué cuesta $39.50? Sí, la mochila.* Continue until students have heard all the prices in the activity. Then ask students to look at the model: *Miren el modelo.* Ask: *¿Cuánto cuesta la mochila?* Let the whole class respond. Then pair students to ask each other questions about the remaining items in the activity.

Follow-Up: Play *lotería* using the blank grid from the IRK or do *Crucigrama—Los números y los objetos en el salón de clase* from IRK.

Act. 7. Descripción de dibujos (whole-class). Ask questions that require only the names of people in the drawing. For example: *¿Quién es delgada y lleva lentes?* (*Lupe*) Concentrate on common body parts and physical characteristics. **Note:** Characteristics have been deliberately exaggerated.

✳ La descripción de las personas

La descripción de las personas. Use your PF to show photos of various sizes, ages, and types of people. Refer to a photo of a girl: *Es bonita. Es una muchacha bonita.* Review: *joven, viejo/a; alto/a, de estatura mediana, bajo/a; bonito/a (guapo/a), feo/a; gordo/a, flaco/a (delgado/a).* Ask either/or questions using adjectives in the display. Introduce adjectives like *tímido/a* with pantomime or your PF. Although the display is included to introduce descriptive adjectives, this activity will be much more interesting if you integrate famous people (from your PF) and your own students as quickly as possible, as in AA 3.

Some of the words are cognates and others have been introduced in various Pre-Text activities. Verify student comprehension of these words and of other words in this thematic section. Introduce the words, with gestures and simple line drawings.

See IRK for additional activities: *La descripción de las personas.*

AA 3 (individual: whole-class). (See IM. Affective Activities.) Instruct students to write the names of five classmates on a separate sheet of paper and, under each name, to number blanks from 1–5 to answer these questions: **1.** *¿Tiene el pelo rubio/rojo/negro/castaño?* **2.** *¿Tiene el pelo largo/corto?* **3.** *¿Tiene barba/bigote?* **4.** *¿Tiene los ojos azules/castaños/verdes/negros?* **5.** *¿Lleva lentes?* Have them answer the questions with a single word for each student named.

Follow-Up: Ask questions like: *¿Cuántos compañeros tienen barba? ¿Cuántos tienen ojos azules? ¿Tiene _____ pelo corto o largo? ¿De qué color son los ojos de _____?*

Act. 9. Diálogo abierto (pair). This open dialogue focuses on describing people. Mention that gender and number agreement are important in this context, since gender mistakes like *Ella es bonito* could be confusing to native speakers. (A mistake like *la camisa es bonito* never causes native speakers comprehension problems.) Write 8–10 cognate adjectives from Actividad 10 on the board and use them with this open dialog.

Lea Gramática B.6.

Act. 8. Diálogo (pair). Note that the sentences in these dialogues are much longer than in previous dialogues. Model both parts of the dialogue, acting out new words before pairing students. Allow ample time for students to practice in pairs.

ACTIVIDAD 8   Diálogo: La nueva amiga

ESTEBAN: ¿Cómo es tu nueva amiga, Luis?
LUIS: Es alta, delgada y de pelo castaño. ¡Y muy inteligente!
ESTEBAN: ¿Cómo se llama?
LUIS: Cecilia Teresa.
ESTEBAN: Es un nombre muy bonito.
LUIS: ¡Es una chica muy bonita también!

ACTIVIDAD 9   Diálogo abierto: Los nuevos amigos

E1: ¿Tienes nuevos amigos?
E2: Sí, tengo dos.

E1: ¿Cómo se llaman?
E2: Se llaman _____ y _____ y son muy _____.

E1: ¿Y son _____ también?
E2: ¡Claro que sí! (¡Claro que no!)

ACTIVIDAD 10   Intercambios: Mis compañeros y yo

Diga cómo es usted con tres descripciones, dos ciertas y una falsa.

MODELO: E1: ¿Cómo eres?
           E2: Soy *simpático/a.*
           E1: Es cierto.
           E2: También soy *materialista.*
           E1: ¡No es cierto! (¡Es falso!)
           E2: Y soy *trabajador(a).*
           E1: Es cierto.

agresivo/a	entusiasta	materialista	simpático/a
antipático/a	filosófico/a	nervioso/a	sincero/a
atlético/a	generoso/a	optimista	tacaño/a
cómico/a	idealista	perezoso/a	tímido/a
conservador(a)	impulsivo/a	pesimista	tonto/a
considerado/a	inteligente	práctico/a	trabajador(a)

▶ **EXPRESIONES ÚTILES**

¿Es cierto?	¡No es cierto!
Es cierto.	¡Es falso!

ACTIVIDAD 11   Entrevista: Mi mejor amigo/a

ESTUDIANTE 1

1. ¿Cómo se llama tu mejor amigo/a?
2. ¿De qué color tiene los ojos?
3. ¿Es alto/a, bajo/a o de estatura mediana?
4. ¿De qué color tiene el pelo?
5. ¿Tiene bigote/barba?
6. ¿Cómo es? ¿Es simpático/a? ¿tímido/a? ¿trabajador(a)? ¿ ?

ESTUDIANTE 2

Se llama _____.
Tiene los ojos _____.
Es _____.
Tiene el pelo _____.
(No) Tiene _____.
Es _____.

En resumen

De todo un poco

A. Un mundo ideal

Use su imaginación y complete estas descripciones.

1. El salón de clase ideal es _____ y _____.
2. En el salón de clase ideal hay _____.
 No hay _____.

Act. 10. Intercambios (whole-class; pair). Ask questions: *¿Es usted perezoso/a? ¿Es usted generoso/a?* Have students write down two or three adjectives that describe them and one or two that don't. *Soy inteligente y considerado/a. Y también soy deportista.* Model the interaction by playing both parts before pairing students.

AA 4 (individual; whole-class). Give students a list of famous people (for example, Einstein, Saddam Hussein, Gloria Estefan, Shakira, Al Pacino, Hillary Rodham Clinton, Chris Rock, Columbus, Shakespeare) and ask them to write a single descriptive word (adjective) that comes to mind when they think of that person. Share volunteers' responses on the board, if possible. Introduce the expression *¿Cómo se dice _____ en español (inglés)?*

¡OJO!

Para expresar la palabra «tacaño/a», uno se puede tocar el codo con la mano.

AA 5 (whole-class). Bring articles of clothing from home. Teach or review the Spanish words for each article, then pass them to various students. Use TPR techniques to ask students to give their article of clothing to other students: use *llévele, déle,* and *tráigame.* Then ask: *¿Quién tiene _____? ¿Tiene John el/la _____?*

Act. 11. Entrevista (pair). This is the first use of an interview in this text. (See IM, Interviews.)
 Go through the question/answer sequence once yourself, taking both parts. Use a picture of someone well known to students such as your best friend or a colleague on campus (one students would know). Then have students practice in pairs as you help individuals with obvious pronunciation problems.
 Follow-Up: Ask students questions about the person they interviewed: *¿Cómo se llama el amigo / la amiga de _____?*

De todo un poco. This is the first *De todo un poco* activity in the text. (See IM, *De todo un poco*). These activities are intended to recapitulate and integrate concepts from *Paso B.* New vocabulary from these activities may not be included in the chapter *Vocabulario* list.

3. El amigo / La amiga ideal es _____, _____ y _____.
4. El/La estudiante ideal es _____, _____ y _____.
5. El profesor / La profesora ideal es _____, _____ y _____.

B. Su opinión

Exprese su opinión con su compañero/a.

MODELO: E1: La clase de español *es interesante.*
              E2: Estoy de acuerdo. La clase de español *es muy interesante*
              (*no es aburrida*).

▶ **EXPRESIONES ÚTILES**

(No) Estoy de acuerdo.

1. La clase de español es (interesante ~ aburrida).
2. Hay muchos estudiantes (inteligentes ~ tontos) en esta clase.
3. El profesor / La profesora de español es (reservado/a ~ entusiasta).
4. El salón de clase es (bonito ~ feo).
5. Yo soy (tacaño/a ~ generoso/a).

Vocabulario

• **Las cosas en el salón de clase**	Things in the Classroom	• **El cuerpo humano**	The Human Body
el bolígrafo	pen	la barriga	belly
el borrador	eraser	la boca	mouth
el cartel	poster	el brazo	arm
el cuaderno	workbook; notebook	la cabeza	head
el diccionario	dictionary	la cara	face
el escritorio	desk	el cuello	neck
la luz / las luces	light/lights	la espalda	back
la mesa	table	el estómago	stomach
el papel	paper	el hombro	shoulder
la pared	wall	la mano	hand
el piso	floor	la nariz	nose
la pizarra	board	el ojo	eye
la pluma	pen (*Mex.*)	la oreja	ear
el pupitre	(student) desk	el pie / los pies	foot/feet
la silla	chair	la pierna	leg
el techo	ceiling; roof		
la tiza	chalk	• **Las personas**	People
la ventana	window	el chico / la chica	young man / young woman
REPASO (*Review*): **el lápiz, el libro, la puerta, el reloj, el texto**		el hermano / la hermana	brother/sister
		el vecino / la vecina	neighbor

PALABRAS SEMEJANTES (*Cognates*): **el doctor / la doctora, la mamá, el papá, el/la recepcionista, el robot, el secretario / la secretaria**

• Las descripciones — Descriptions

¿Cómo es él/ella?	What is he/she like?
¿Cómo es usted? /	What are you like?
¿Cómo eres tú?	
abierto/a	open
aburrido/a	boring; bored
antiguo/a	antique
antipático/a	unpleasant
de... años	. . . years old
derecho/a	right
difícil	difficult
divertido/a	fun
entusiasta	enthusiastic
fácil	easy
izquierdo/a	left
mejor	best; better
perezoso/a	lazy
simpático/a	nice, pleasant
tacaño/a	stingy
tímido/a	shy
tonto/a	silly, dumb
trabajador(a)	hard-working

PALABRAS SEMEJANTES: agresivo/a, atlético/a, artístico/a, cómico/a, conservador(a), considerado/a, filosófico/a, generoso/a, ideal, idealista, impulsivo/a, inteligente, interesante, materialista, moderno/a, nervioso/a, optimista, pesimista, práctico/a, reservado/a, sincero/a

• Los verbos — Verbs

complete(n)	complete (*command*)
conteste(n)	answer (*command*)
da	gives
eres	you (*sing. inf.*) are
exprese	express (*command*)
mueva	move (*command*)
son	are
soy	I am
¿Tienes... ?	Do you have . . . ?
Tengo...	I have . . .
usa	uses

• Expresiones útiles — Useful Expressions

Claro que sí/no.	Of course (not).
¿Cómo estás tú?	How are you? (How do you feel today?)

¿Cuánto cuesta(n)?	How much is (are) . . . ?
Cuesta(n)...	It costs (They cost) . . .
De nada.	You are welcome.
(No) Estoy de acuerdo.	I (do not) agree.

• Palabras del texto — Words from the Text

cierto/falso	true/false
de todo un poco	a bit of everything
el dibujo	drawing
el ejercicio	exercise
en resumen	to sum up
la entrevista	interview
hablando	talking
intercambios	interactions
el modelo	model

• Palabras útiles — Useful Words

la calculadora	calculator
el centavo	cent
la computadora	computer
este, esta, esto	this
yo, tú, usted, él/ella	I, you (*inf.*), you (*pol.*), he/she
nosotros/as, ustedes, ellos/ellas	we, you (*pl.*), they
la mochila	backpack
el mundo	world
muy	very
la patineta	skateboard
su	his/her/your (*pl.*)
también	also
tu	your (*inf.*)

PALABRAS SEMEJANTES: el dólar / los dólares, la imaginación, el mapa, las matemáticas, la oficina, la opinión, la universidad

• Los números — Numbers

cuarenta	40
cuarenta y uno	41
cuarenta y dos	42
cincuenta	50
cincuenta y uno	51
cincuenta y dos	52
cincuenta y ocho	58
sesenta	60
sesenta y nueve	69

Gramática y ejercicios

B.1. Students who have never encountered the polite/informal distinction in other languages may need further explanation in class. You may wish to provide situations in English and ask students whether they would use *tú* or *usted:* with a teenage neighbor, a receptionist, a bank teller, your cousin/uncle/grandmother, someone else's grandmother, etc. Keep in mind that the use of polite and informal address varies greatly from country to country in the Hispanic world.

Both **tú** and **usted** mean *you* (singular). **Tú** is used with family, friends, and children. **Usted** is used with people you don't know well and people older than you.

Use **tú** with your classmates. Use **usted** with your instructor (unless he/she asks you to use **tú**).

Present-tense verb forms for **tú** always end in **-s**.

B.1 Addressing Others: Informal and Polite *you* (*tú/usted*)

A. English speakers use the pronoun *you* to address a person directly, whether or not they know that person well. In older forms of English, speakers used an informal pronoun—*thou*—among friends, but today *you* is used with everyone.

Spanish has two pronouns that mean *you*, singular: **usted** and **tú**. The polite (*pol.*) pronoun **usted** is appropriate for people you do not know well, such as salespeople, receptionists, and other professionals, and especially for people older than you. The informal (*inf.*) pronoun **tú** is reserved for friends, peers, children, and other people you know well. In some places in Latin America, including Argentina and Central America, speakers use **vos** instead of **tú** as the informal pronoun for *you*. Everyone who uses **vos**, however, also understands **tú**.

In the activities and exercises, **_Dos mundos_** addresses you with **usted**. You should use **tú** with your classmates. Some instructors address their students with **tú**; others use **usted**.

Soy puertorriqueño. ¿Y **tú**? ¿De dónde eres?	*I'm Puerto Rican. And you? Where are you from?*
Soy profesora de español. ¿Y **usted**? ¿Es **usted** estudiante?	*I'm a professor of Spanish. And you? Are you a student?*

B. Although both **tú** and **usted** correspond to *you*, the verb forms used with each are different. Present-tense verb forms for **tú** always end with the letter **-s**. Present-tense verb forms for **usted** end in **-a** or **-e** and are always the same as the forms for **él/ella**.

¿Tiene**s** (**tú**) una blusa gris?	*Do you have a gray blouse?*
¿Tiene **usted** un vestido blanco?	*Do you have a white dress?*

We introduced some forms of the verb **ser** (*to be*) in **Gramática A.3**. The **tú** form of **ser** is **eres**; the **usted** form of **ser** is **es** (the same as the form for **él/ella**).

(**Tú**) **Eres** un buen amigo.	*You are a good friend.*
Usted es muy amable, señora Saucedo.	*You are very nice, Mrs. Saucedo.*

C. Spanish distinguishes between singular *you* (**tú** or **usted**) and plural *you* (**ustedes**). Many American speakers of English make this distinction by saying "you guys" or "you all." The verb forms used with **ustedes** end in the letter **-n** and are the same as those used with the pronoun **ellos/as**.

—¿Cómo **están ustedes**?	*—How are you (all)?*
—Bien, gracias.	*—Fine, thanks.*

Most speakers of Spanish do not distinguish between informal and polite address in the plural. **Ustedes** is used with everyone. In Spain, however, most speakers prefer to use **vosotros/as** for the informal plural *you* and reserve **ustedes** for the polite plural *you*.

The regional pronouns **vos** and **vosotros/as** do not appear in the exercises and activities of *Dos mundos*. You will learn them quickly if you travel to areas where they are frequently used. The verb forms corresponding to **vosotros/as** are listed with other verb forms and are given in Appendix 1. The verb forms corresponding to **vos** are footnoted in the grammar explanations. In the listening activities of the *Cuaderno de trabajo*, the characters from countries where **vos** and **vosotros/as** are prevalent use those pronouns. This will give you an opportunity to hear **vos** and **vosotros/as** and their accompanying verb forms, even though you will not need to use them yourself.

The plural of both **tú** and **usted** in Latin America is **ustedes**. In Spain, the plural of **tú** is **vosotros/as** and the plural of **usted** is **ustedes**.

EJERCICIO 1

Usted habla con estas personas: ¿usa **tú** o **usted**?

1. una amiga de su clase de español
   a. ¿Tiene usted dos clases hoy?
   b. ¿Tienes dos clases hoy?
2. la recepcionista
   a. ¿Cómo estás?
   b. ¿Cómo está usted?
3. un niño
   a. Tú tienes una bicicleta nueva.
   b. Usted tiene una bicicleta nueva.

4. una persona de cuarenta y nueve años
   a. ¿Cómo se llama usted?
   b. ¿Cómo te llamas?
5. un vecino de setenta años
   a. Estoy bien. ¿Y tú?
   b. Estoy bien. ¿Y usted?

Ej. 1. Included in this exercise are two forms of tener: *tienes/tiene*. Students will have heard *tiene* many times in input from *Paso A. Tener* will be formally introduced in *Gramática C.1*.

B.2 Describing People: More about Subject Pronouns

A. Gramática A.3 introduced some of the personal pronouns that can serve as the subject of a sentence. Here is a complete list, using the verb **ser** as an example.

B.2. In this section all subject pronouns except *vos* are provided. (*Vos* and its verb forms are included as footnotes to the grammar.) Point out that only women can use the pronoun *nosotras*, and that the pronoun *vosotras* is only used when addressing two or more women. Note the abbreviation *nosotros/as*, *vosotros/as*; some students may need to have this clarified.

ser (to be)		
(yo)	soy	I am
(tú)	eres*	you (inf. sing.) are
(usted, él/ella)	es	you (pol. sing.) are; he/she is
(nosotros/as)	somos	we are
(vosotros/as)	sois	you (inf. pl., Spain) are
(ustedes, ellos/as)	son	you (pl.) are; they are

ser = *to be*

Remember that most subject pronouns are optional in Spanish.
(Yo) Soy estudiante. (*I'm a student.*)
(Nosotros) Somos amigos. (*We're friends.*)

The pronouns are in parentheses to remind you that Spanish verbs are generally used without an expressed subject. In fact, as the chart indicates,

*Recognition: **vos sos**

Spanish does not have a subject pronoun for *it* or for *they*, referring to things. When subject pronouns *are* used in Spanish, they often express emphasis.

¿Mi automóvil? Es pequeño.   *My car? It's small.*
¿Las faldas? Son caras.   *The skirts? They're expensive.*
Yo soy de Atlanta.   *I am from Atlanta.*

B. Subject pronouns may be used by themselves without verbs, either for emphasis or to point someone out.

¿Quién, **yo**? Yo no soy de Texas;   *Who, me? I'm not from Texas;*
  soy de Nueva York.   *I'm from New York.*

—¿Cómo estás?   *—How are you?*
—Estoy bien. ¿Y **tú**?   *—I'm fine. And you?*

C. The pronouns **ellos** (*they*), **nosotros** (*we*), and **vosotros** (*you, inf. pl.*) can refer to groups of people that consist of males only or of males and females. On the other hand, **ellas** (*they, fem.*), **nosotras** (*we, fem.*), and **vosotras** (*you, inf. pl. fem.*) can refer only to two or more females.

—¿Y **ellos**? ¿Quiénes son?   *—And those guys (they)? Who are they?*

—¿Esteban y Raúl? Son amigos.   *—Esteban and Raúl? They're friends.*

—¿Y **ellas**? ¿Son amigas?   *—What about them? Are they friends?*

—Sí, Nora y Carmen son   *—Yes, Nora and Carmen are*
  compañeras de mi clase   *classmates from my Spanish*
  de español.   *class.*
—¿Y Esteban y Alicia?   *—And what about Esteban*
  ¿Son amigos?   *and Alicia?*
—Sí, son muy buenos amigos.   *—Yes, they are very good friends.*

EJERCICIO 2

Escoja el pronombre lógico.

MODELO: —Y *ella*, ¿lleva pantalones? →
—¿Quién, Mónica? Lleva una falda azul.

1. —¿_____ es profesor aquí?   **a.** ellos
   —¿Quién, Raúl? No, es estudiante.   **b.** usted
2. —¿_____ son mexicanos?   **c.** ellas
   —Sí, Silvia y Nacho son mexicanos.   **d.** él
3. —¡Viejos, _____! No, doña María Eulalia   **e.** nosotros
   y yo somos muy jóvenes.
4. —Señor Ruiz, _____ tiene bigote, ¿verdad?
5. —¿Y _____? ¿Son estudiantes aquí?
   —No, Pilar y Clara son estudiantes en Madrid.

B.3. This section stresses that gender is a grammatical phenomenon related mainly to the last letter in a noun. There are more detailed rules for determining gender, but we feel that only the -o/-a correlation is helpful to beginning students.

B.3 Identifying People and Things: Gender (Part 2)

How can you determine the gender of a noun? The gender of the article and/or adjective that modifies the noun will tell you whether it is masculine or feminine. In addition, the following two simple rules will help you determine the gender of a noun most of the time.

Rule 1: A noun that refers to a male is masculine; a noun that refers to a female is feminine. Sometimes they are a pair distinguished by the endings **-o/-a**; other times they are completely different words.

un muchacho	una muchacha	*boy/girl*
un niño	una niña	*(male) child / (female) child*
un amigo	una amiga	*(male) friend / (female) friend*
un hombre	una mujer	*man/woman*

For some nouns referring to people, the masculine form ends in a consonant and the feminine form adds **-a** to the masculine noun.*

un profesor	una profesora	*(male) professor / (female) professor*
un señor	una señora	*a man (Mr.) / a woman (Mrs.)*

Other nouns do not change at all; only the accompanying article changes.

un elefante	*(male) elephant*
una elefante	*(female) elephant*
un estudiante	*(male) student*
una estudiante	*(female) student*
un joven	*young man*
una joven	*young woman*
un recepcionista	*(male) receptionist*
una recepcionista	*(female) receptionist*

Rule 2: For most nouns that refer to things (rather than to people or animals), the gender is reflected in the last letter of the word. Nouns that end in **-o** are usually grammatically masculine (**un/el cuaderno**), and nouns that end in **-a** are usually grammatically feminine (**una/la puerta**).†

Words that end in **-d** (**una/la universidad**) or in the letter combination **-ión** (**una/la nación**) are also usually feminine.

MASCULINE: -o	FEMININE: -a
un/el bolígraf**o**	una/la civiliza**ción**
un/el cuadern**o**	una/la mes**a**
un/el libr**o**	una/la sill**a**
un/el tech**o**	una/la universi**dad**

---

*This rule includes a few common animals. Some pairs end in **-o/-a;** others end in consonant / consonant + **-a.**

un gato	una gata	*(male) cat / (female) cat*
un perro	una perra	*(male) dog / (female) dog*
un león	una leona	*lion/lioness*

†Three common exceptions are **la mano** (*hand*), **el día** (*day*), and **el mapa** (*map*).

¿RECUERDA?

In **Gramática A.5** you learned that Spanish nouns are classified grammatically as either masculine or feminine. The articles change according to grammatical gender and agree with the nouns they modify.

un techo = *a ceiling*

una oficina = *an office*

una universidad = *a university*

el libro = **the** *book*

la mesa = **the** *table*

Nouns that end in **-o** are usually masculine; nouns that end in **-a** are usually feminine.

Don't worry if you can't remember all these rules! Note where they are in this book so you can refer to them when you are editing your writing and when you are unsure of what gender a noun is.

You will develop a *feel* for gender as you listen and read more in Spanish.

Words that refer to things may also end in **-e** or in consonants other than **-d** and **-ión**. Most of these words that you have heard so far are masculine, but some are feminine.

un/el borrador	*eraser*	una/la clase	*class*
un/el cartel	*poster*	una/la luz	*light*
un/el lápiz	*pencil*		
un/el pupitre	*desk*		
un/el reloj	*clock*		

EJERCICIO 3

Conteste según el modelo.

MODELO: —¿Es un bolígrafo? (lápiz) →
                  —No, no es un bolígrafo. Es *un* lápiz.

1. ¿Es una pizarra? (pared)
2. ¿Es una oficina? (salón de clase)
3. ¿Es una silla? (escritorio)
4. ¿Es un borrador? (cuaderno)
5. ¿Es una ventana? (silla)

EJERCICIO 4

Ej. 4. The purpose of this exercise is to discover whether students understand gender by matching the final letter of nouns. Remind students that in addition to the last letter of nouns, gender is marked on many adjectives and that they can often determine the gender of a noun by listening to the adjective used with it (see, for example, 1, 4, 5, 6 and 8).

Esteban describe diferentes cosas de su universidad. Complete las oraciones con **el** o **la**.

1. _____ estudiante es rubia.
2. _____ profesor de matemáticas es inteligente.
3. _____ clase es buena.
4. _____ reloj es moderno.
5. _____ papel es amarillo.
6. _____ universidad es buena.
7. _____ motocicleta es negra.
8. _____ automóvil es nuevo.
9. _____ plaza es grande.
10. _____ sombrero es nuevo.

B.4 Expressing Existence: *hay*

hay = there is/there are
Hay is used with singular or plural nouns.

The verb form **hay** expresses the idea of existence. When used with singular nouns it means *there is*; with plural nouns it means *there are*.

—¿Qué **hay** en el salón de clase?   —*What is there in the classroom?*
—**Hay** dos puertas y una ventana.   —*There are two doors and a window.*

B.4. The difference between *ser* and *haber* is mentioned but not stressed. Most students intuitively know the difference without explicit instruction because English makes the same distinction: "There is a pen on the table. It's a pen."

Whereas the verb **ser** (*to be*) identifies nouns (see **Gramática A.3**), **hay** simply states their existence.

—¿Qué **es**?   —*What is that?*
—**Es** un bolígrafo.   —*It's a pen.*

—¿Cuántos **hay**?   —*How many are there?*
—**Hay** tres.   —*There are three.*

EJERCICIO 5

Imagínese qué cosas o personas hay o no hay en el salón de clase de la profesora Martínez.

MODELOS: lápices → Sí, *hay* lápices en el salón de clase.
                  perros → No, *no hay* perros en el salón de clase.

1. libros en la mesa
2. un reloj en la pared
3. una profesora
4. un automóvil
5. un profesor

6. papeles en los pupitres
7. un bolígrafo en el pupitre de Alberto
8. muchos cuadernos
9. una bicicleta
10. una ventana

¿**RECUERDA**?

In **Gramática A.4** you learned how to make sentences negative.

—Hay perros en el salón de clase.

—No, no hay perros en el salón de clase.

B.5 Describing People and Things: Plural Forms (Part 2)

B.5. Students normally acquire plural formation easily in Spanish.

A. Here are the basic rules for forming plurals in Spanish. Words that end in a vowel (**a, e, i, o, u**) form their plural by adding **-s**.

SINGULAR	PLURAL
el braz**o**	los brazo**s**
el oj**o**	los ojo**s**
el pie	los pie**s**
la piern**a**	las pierna**s**

Words that end in a consonant add **-es**.

SINGULAR	PLURAL
el borrado**r**	los borrador**es**
la pare**d**	las pared**es**
el profeso**r**	los profesor**es**

¿**RECUERDA**?

In **Gramática A.7** you learned that both nouns and words that modify nouns (articles and adjectives) may be plural. Plural words usually end in **-s** or **-es**.

If the consonant at the end of a word is **-z**, it changes to **-c** and adds **-es**.

SINGULAR	PLURAL
el lápi**z**	los lápi**ces**
la lu**z**	las lu**ces**

To form plurals: Words ending in vowels add **s**; words ending in consonants add **-es**; words ending in **-z** change to **-c** and add **-es**. In time, you will acquire a feel for the plural formations.

B. Adjectives that describe plural words must also be plural.

ojo**s** azul**es**	*blue eyes*	oreja**s** grande**s**	*big ears*
brazo**s** largo**s**	*long arms*	pie**s** pequeño**s**	*small feet*

(cont. from p. 17) respond with single words and short phrases. In some activities, students will work with class-mates in pairs or small groups. The semantic focus continues to be on identification and descrip-tion of common items and people in students' environment. (See IM, discussion of input tech-niques in Stages 1 and 2.)

Pre-Text Oral Activities
1. Classroom commands. Use TPR to review classroom com-mands from *Paso A* and to intro-duce some parts of the body (*ca-beza, brazos, piernas, pies*) and classroom items (*lápiz, bolígrafo, libro, cuaderno, reloj, papel*). **Sample sequence:** *Pónganse de pie, tóquense los pies, den una vuelta, muéstrenme el reloj (or se-ñalen el reloj), muéstrenme el pelo, canten, bailen, hablen, le-vanten los brazos, bájenlos, bus-quen un lápiz (un bolígrafo, un cuaderno), siéntense, saquen un papel (un bolígrafo, un libro, un cuaderno), escriban su nombre en el papel, saquen su libro, ábranlo, ciérrenlo, escuchen al profesor / a la profesora, digan «buenos días», digan «¿cómo está usted?» contesten «muy bien, gracias».* See IRK for additional TPR se-quences. Repeat and recombine commands during the sequence. Reduce the size of the participa-ting group by giving selective commands. *Los estudiantes de pelo castaño pónganse de pie y den una vuelta. Ahora siéntense. Los estudiantes que llevan camisa blanca, pónganse de pie y bailen.*
(cont. on p. 33)

En mi salón de clase hay dos **ventanas grandes, varias sillas viejas**, cinco **pizarras verdes** y diez **luces**.

In my classroom there are two large windows, several old chairs, five green chalkboards, and ten lights.

EJERCICIO 6

Marisa y Clarisa tienen muchas cosas. ¡Pero Marisa siempre tiene una y Clarisa dos!

MODELO: Marisa tiene un suéter azul, pero Clarisa tiene dos... →
suéteres azules.

   1. Marisa tiene un par de zapatos, pero Clarisa tiene dos...
   2. Marisa tiene un perro nuevo, pero Clarisa tiene dos...
   3. Marisa tiene una chaqueta roja, pero Clarisa tiene dos...
   4. Marisa tiene un lápiz amarillo, pero Clarisa tiene dos...
   5. Marisa tiene una amiga norteamericana, pero Clarisa tiene dos...

EJERCICIO 7

¡Ahora Clarisa tiene una y Marisa tiene dos!

MODELO: Clarisa tiene un sombrero grande, pero Marisa tiene dos... →
sombreros grandes.

   1. Clarisa tiene un cuaderno pequeño, pero Marisa tiene dos...
   2. Clarisa tiene un gato negro, pero Marisa tiene dos...
   3. Clarisa tiene una fotografía bonita, pero Marisa tiene dos...
   4. Clarisa tiene un reloj bonito, pero Marisa tiene dos...
   5. Clarisa tiene un libro difícil, pero Marisa tiene dos...
   6. Clarisa tiene una amiga divertida, pero Marisa tiene dos...

B. 6 Describing People and Things: Adjective-Noun Agreement

A. Adjectives must agree in gender and number with the nouns they de-scribe; that is, if the noun is singular and masculine, the adjective must also be singular and masculine. Adjectives that end in **-o** in the masculine form and **-a** in the feminine form will appear in the vocabulary lists in *Dos mundos* like this: **bonito/a**. Such adjectives have four possible forms.

	SINGULAR	**PLURAL**
Masculine	viej**o**	viej**os**
Feminine	viej**a**	viej**as**

A singular adjective is used to describe a singu-lar noun. A plural adjec-tive is used to describe a plural noun.

Carmen lleva un suéter **bonito** y una falda **nueva**.
Mis zapatos de tenis son **viejos**.

Carmen is wearing a pretty sweater and a new skirt.
My tennis shoes are old.

B. Adjectives that end in a consonant,* the vowel **-e,** or the ending **-ista** have only two forms because the masculine and feminine forms are the same.

	SINGULAR	PLURAL
Masculine/Feminine	jove**n**	jóven**es**
	interesant**e**	interesant**es**
	pesim**ista**	pesim**ista**s
	azu**l**	azul**es**

Luis lleva una camisa **azul** y un sombrero **azul.**

Mi amigo Nacho es **pesimista,** pero mi amiga Silvia es **optimista.**

Luis is wearing a blue shirt and a blue hat.

My friend Nacho is pessimistic, but my friend Silvia is optimistic.

EJERCICIO 8

Seleccione todas las descripciones posibles.

MODELO: Alberto → *chico, guapo, estudiante*

Nora   Alberto   Esteban   Carmen   la profesora Martínez   Luis   Pablo   Mónica

1. Nora	**a.** mujer	**i.** estudiante
2. Alberto	**b.** chico	**j.** profesor
3. Esteban y Carmen	**c.** secretaria	**k.** mexicana
4. la profesora Martínez	**d.** chica	**l.** altas
5. Luis	**e.** guapo	**m.** bajo
6. Mónica y Carmen	**f.** niñas	**n.** morena
7. Pablo	**g.** amigos	**o.** rubio
	h. estudiantes	

---

*Adjectives of nationality that end in a consonant are an exception to this, since they (like adjectives that end in **-o/-a**) have four forms: **inglés, inglesa, ingleses, inglesas.** See **Gramática C.4** for more information.

(cont. from p. 32)

2. Use topics from *Paso A* to continue providing comprehensible input. (If your students seem ready, see IM, input techniques in Stage 2.)

Talk about numbers, clothes, and colors. Hold up your fingers and ask either/or questions: *¿Son cinco o seis? ¿Son siete o nueve?* Expand students' answers: *Sí, es verdad son tres.* Create sequences in which several question types are used: *¿Quien lleva una camisa verde?* (Robert) *Sí, Robert lleva una camisa verde. ¿Lleva Tom pantalones amarillos?* (sí) *¿Es blanca o roja la blusa de Martha?* (blanca) *Sí, la blusa de Martha es blanca. ¿De qué color es la blusa de Ann?* (amarillo) *Sí, la blusa de Ann es amarilla.* Make sure all questions can be answered with *sí/no* or single words. Emphasize either/or questions: *¿Es castaño o rubio el pelo de Cristina?*

3. Classroom objects. Introduce or review names of several classroom items. *Esto es un libro; bolígrafo (pluma), papel, cuaderno, lápiz, borrador, tiza,* (Mexico: *gis:* Central America: *yeso).* Distribute items to students. As you distribute, ask: *Ahora, ¿quién tiene _____?* Have one student with an item give it to a student who doesn't have an item: *Robert, dele el lápiz a Margaret.* The student receiving the item should thank the student giving it: *—Gracias. —De nada.* After several items have been exchanged, ask: *Y ahora, ¿quién tiene _____?* Vary the activity by directing the student to give the item to another student without mentioning the second student's name: *Robert déle el lápiz a la persona que lleva una blusa azul.* Use *muéstrenme* to introduce words like *escritorio, pared, puerta,* and *ventana.*

Paso C

Mi familia y mis amigos

METAS

In **Paso C** you will discuss your family, things you own, and people's ages. You will also talk about different languages and nationalities.

Sobre el artista:
Fernando Botero (1932–) was born in Medellín, Colombia. His work, characterized by the plump figures of his subjects, is shown in museums and galleries around the world.

Goals—Paso C
The goals of *Paso C* are (1) to continue to expand listening comprehension, and (2) to enable students to discuss family and friends, including age and nationality. The verb *tener* is introduced both with possession and with age, as is the present tense of *-ar* verbs. (A more complete presentation of the present tense *(cont. on p. 51)*

Familia, por Fernando Botero, de Colombia

Multimedia. The *Dos mundos* video includes a segment on Colombia.

ACTIVIDADES DE COMUNICACIÓN

- La familia
- ¿Qué tenemos?
- Los números (10–100) y la edad
- Los idiomas y las nacionalidades

EN RESUMEN

GRAMÁTICA Y EJERCICIOS

C.1 Expressing Possession: The Verbs **tener** and **ser de(l)**

C.2 Expressing Possession: Possessive Adjectives

C.3 Expressing Age: The Verb **tener**

C.4 Describing People: Adjectives of Nationality

C.5 Talking about Habitual Actions: Present Tense of Regular **-ar** Verbs

Actividades de comunicación

✳ La familia

Lea Gramática C.1.

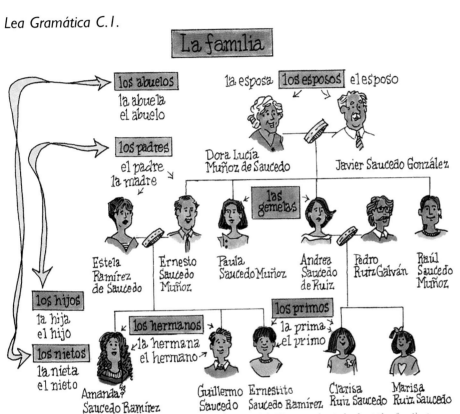

La familia

los abuelos
la abuela
el abuelo

los padres
el padre
la madre

la esposa   los esposos   el esposo

Dora Lucía
Muñoz de Saucedo   Javier Saucedo González

las gemelas

Estela   Ernesto   Paula   Andrea   Pedro   Raúl
Ramírez   Saucedo   Saucedo Muñoz Saucedo   Ruiz Gálván   Saucedo
de Saucedo   Muñoz   de Ruiz   Muñoz

los hijos
la hija
el hijo

los nietos
la nieta
el nieto

los hermanos
la hermana
el hermano

los primos
la prima
el primo

Amanda   Guillermo   Ernestito   Clarisa   Marisa
Saucedo Ramírez   Saucedo   Saucedo Ramírez Ruiz Saucedo Ruiz Saucedo
                  Ramírez

La familia. Use this display to talk about family relationships—hermanos, abuelos, hijos, nietos, primos, etc.—and the traditional Hispanic system of last names. Ask questions that can be answered with people's names: ¿Cómo se llama la abuela de Marisa y Clarisa? Make sure students have heard all relevant family terms in your input before they do Actividad 1.

You may want to use your own family to teach this vocabulary. If so, when preparing the family tree, use the symbols ♂ for male and ♀ for female, a heart for marriage and a broken heart for divorce.

Verify class comprehension of all vocabulary in the display and the activities of this section as you proceed through these materials.

See IRK for additional activities: La familia.

¡OJO!

Las personas solteras llevan el apellido de su padre y el apellido de su madre. Vea la diferencia entre los nombres de Paula Saucedo Muñoz y Andrea Saucedo de Ruiz. En el caso de Andrea, Saucedo es el apellido de su padre y Ruiz el de su esposo.

¡Ojo! Work with students as they read the ¡Ojo! feature. Mime casado/a and soltero/a by pointing to your ring finger. Write your own last name and the last names of several students on the board to teach apellido. Use the display or your own family tree to show how the Hispanic system of last names works. You might want to have students come to the board and write their names in Hispanic fashion, using both father's and mother's surnames.

Act. 1. Identificaciones (whole-class: pair). Have students look at the family tree. Read the statements aloud and have the whole class answer cierto or falso. Variation: Do the first six in this manner and then pair students to do the rest, with one student reading the statement and the other answering cierto or falso.

ACTIVIDAD 1   Identificaciones: La familia Saucedo (Parte 1)

¿Cierto o falso? Conteste según el dibujo.

1. Dora es la esposa de Javier.
2. Dora y Javier tienen cuatro hijos: tres hijas y un hijo.
3. Estela es soltera.
4. Raúl es casado.
5. Estela, Paula, Andrea y Raúl son hermanos.
6. La esposa de Pedro se llama Paula.
7. Amanda no tiene primos.
8. Dora tiene cinco nietos: tres nietas y dos nietos.
9. Pedro y Raúl son hermanos.
10. Amanda tiene dos hermanas.

ACTIVIDAD 2   Intercambios: La familia Saucedo (Parte 2)

Conteste según el dibujo de la familia Saucedo.

Act. 2. **Intercambios** (pair). Model both types of question. Then pair students and have them ask each other 6–8 questions for the activity. For homework, have students draw their own family tree with names of relatives. The next class hour, ask questions such as: *¿Cómo se llama su _____? Descríbalo/la.* (See IRK.)

AA 1 (whole-class). Have the whole class look at the family tree and give family terms to match your definitions: *la esposa de mi padre* (*madre*), *la madre de mi madre* (*abuela*), *el hijo de mi madre* (*hermano*), *el padre de mis hijos* (*esposo*), etc.

AA 2 (whole-class). Make a family tree using all the students in the class. If the class is large, you will need to make large families and create divorces with ex-spouses to use all the students. When all relatives are labeled with names, ask questions such as: *¿Cómo se llama el _____ de _____? ¿Quién es la _____ de _____?*

Act. 3. **Diálogo** (pair). Have students practice the dialogue in pairs. For the line *¿Quién es ese señor?*, have students point to someone while saying *ese*.

Act. 4. **Diálogo abierto** (pair). This activity is for married students who may have children. **Optional:** Ask other students to invent marital status and children.

Act. 5. **Entrevista** (pair). Have students work in pairs; then ask them questions about information they obtained from their partner: *¿Quién es (fue) su compañero/a?* (*Felipe*) *¿Cómo se llama su padre?*

MODELOS:
E1: ¿Cómo se llama *el hermano de Ernesto, Paula y Andrea*?
E2: Se llama *Raúl*.

E1: ¿Cuántos *hermanos* tiene *Amanda*?
E2: Tiene *dos*.

ACTIVIDAD 3   Diálogo: ¿Quién es?

Don Eduardo Alvar habla con Paula Saucedo.

DON EDUARDO: Perdón, señorita Saucedo. ¿Quién es ese joven (muchacho)?
PAULA SAUCEDO: Su nombre es Jorge Saucedo.
DON EDUARDO: ¿Saucedo? ¿Es su hermano?
PAULA SAUCEDO: No. Su apellido es Saucedo también, pero no es mi hermano. Mis hermanos se llaman Raúl y Ernesto.

ACTIVIDAD 4   Diálogo abierto: Mis hijos

E1: ¿Cómo se llama usted, *señor* (*señora, señorita*)?
E2: Me llamo _____.

E1: ¿Es usted *casado/a* (*soltero/a, viudo/a, divorciado/a*)?
E2: Soy _____.

E1: ¿Tiene usted hijos?
E2: Sí, tengo _____ hijo(s) y _____ hija(s). (No, no tengo hijos.)

ACTIVIDAD 5   Entrevista: Mi familia

1. ¿Cómo se llama tu *padre* (*madre, hermano/a, abuelo/a*)?
Mi *padre* se llama _____.
2. ¿Cuántos *hermanos* (*primos, abuelos, hijos, nietos*) tienes?
Tengo *dos hermanos*. (Tengo *un primo*. Tengo *una nieta*. No tengo *hijos*.)

✳ ¿Qué tenemos?

¿Qué tenemos? All signals of possession have been used in the activities of *Pasos A* and *B*, and *C* up to this point, as new words rather than as a formal part of a grammatical set. Ask questions based on the display in which you use *tener, de, mi,* and *su*. It is not necessary that students use these words yet, only that they understand sentences in which they are used. Ask: *¿Qué tiene doña Lola?* (*coche*) *Sí, tiene un coche. El coche de doña Lola, ¿es viejo o nuevo?* (*nuevo*) *Sí, su coche es nuevo. Tiene un coche nuevo. ¿Quién en esta clase tiene un coche nuevo? Mi coche no es nuevo, es viejo. ¿Qué tiene Ernestito?* (*perro*) *Sí, tiene un perro. ¿Quién en esta clase tiene un perro? ¿Es grande o pequeño su perro? ¿Cómo se llama su perro?*, etc.

Bring various items to class—clothing, stuffed animals, school items, anything from the vocabulary presented so far. Distribute the items and ask: *¿Quién tiene el perro?* (*Russ*) *Sí, Russ lo tiene. / Russ tiene el perro.* Verify comprehension of all vocabulary in the display and the activities of this section as you proceed through these materials.

See IRK for additional activities: *¿Qué tenemos?*

Lea Gramática C.1–C.2.

doña Lola
Doña Lola tiene un coche nuevo.

Amanda
Los discos compactos son de Amanda.

Ernestito
Ernestito y su perro Lobo son amigos.

ACTIVIDAD 6   Diálogo: **El coche de don Eduardo**

ERNESTITO: ¿Tiene usted coche, señor Alvar?
DON EDUARDO: Sí, tengo un coche azul, un poco viejo.
ERNESTITO: Yo no tengo coche pero tengo una bicicleta nueva.
DON EDUARDO: Sí, y tu bicicleta es muy bonita.

Act. 6. Diálogo (pair). Model the dialogue first (see suggestions in IM), then pair students to practice. Remember that dialogues in *Dos mundos* are not for memorization.

ACTIVIDAD 7   Descripción de dibujos: **¿De quién... ?**

Act. 7. Descripción de dibujos (whole-class; pair). Ask questions based on the drawings: *¿Qué tiene doña Lola?* (perro) *Sí, ella tiene dos perros grandes. ¿Quién en esta clase tiene un perro? ¿Cómo se llama su perro? ¿Es grande o pequeño su perro? El perro de _____ es grande. Yo no tengo perro.* Then ask the whole class questions in the activity, or pair students and have them ask each other questions.

1. ¿Quién tiene dos camisas nuevas?
2. ¿Quién tiene dos perros?
3. ¿De quién es el vestido nuevo?
4. ¿Quién tiene una computadora?
5. ¿De quién es el carro nuevo?
6. ¿Quiénes tienen helados?

ACTIVIDAD 8   Entrevista: **Mi perro y mi carro**

1. ¿Tienes perro (gato)?
   Sí, tengo _____. (No, no tengo perro/gato.)
2. ¿Cómo es tu perro (gato)?
   Mi perro (gato) es _____.
3. ¿Tienes carro?
   Sí, tengo un _____. (No, no tengo carro. Tengo bicicleta.)
4. ¿Cómo es tu carro (bicicleta)?
   Mi carro (bicicleta) es _____.

Act. 8. Entrevista (pair: whole-class). Model the interview questions and answers using your own personal information, then have students work in pairs.
   Follow-Up: Ask questions addressed to the whole class and let volunteers answer: *¿Cómo se llama su perro? ¿Es grande o pequeño su perro? ¿Es inteligente? ¿Es simpático (manso) o feroz (pantomine)? ¿De qué marca es su carro?* (Suggest a few: *¿Ford?, ¿Chevrolet?, ¿Toyota?) ¿Es nuevo o viejo su carro? ¿De qué color es?*

✳ Los números (10–100) y la edad

Los números (10–100) y la edad.
Use pictures from your PF of people of various ages. Ask questions:
¿Es joven o viejo/a? ¿Cuántos

Lea Gramática C.3.

10	diez	76	setenta y seis
20	veinte	80	ochenta
30	treinta	82	ochenta y dos
40	cuarenta	90	noventa
50	cincuenta	94	noventa y cuatro
60	sesenta	100	cien
70	setenta	110	ciento diez

años tiene, más de 25 o menos de 25? (Students can answer with *más* or *menos*.) *¿Tiene don Eduardo más de 30 años? ¿más de 40? ¿Cuántos años tiene? ¿43? ¿Y Andrea?* Review *mayor/ menor.*
Verify class comprehension of all vocabulary in the display and the activities of this section as you proceed through these materials.
See IRK for *Los números, ¡A practicar!,* and for additional activities for *Los números y la edad.*

ACTIVIDAD 9   Diálogos: ¿Cuántos años tienen?

GRACIELA: Amanda, ¿quién es esa niña?
AMANDA: Es mi prima, Clarisa.
GRACIELA: ¿Cuántos años tiene?
AMANDA: Tiene sólo seis años, y es muy inteligente.

Act. 9. Diálogos (pair). The "read, look up, and say" technique may be helpful.

DON EDUARDO: Señor Ruiz, ¿cuántos hijos tiene usted?
PEDRO RUIZ: Tengo dos hijas.
DON EDUARDO: ¿Y cuántos años tienen?
PEDRO RUIZ: Bueno, Clarisa tiene seis años y Marisa tiene cuatro.
DON EDUARDO: ¡Sólo dos hijas! ¡Cómo cambia el mundo!

ACTIVIDAD 10   Diálogo abierto: ¿Cuántos años tienes?

E1: ¿Cuántos años tienes?
E2: Tengo _____ años.

E1: ¿Tienes hermanos?
E2: Sí, tengo _____ hermanos y _____ hermanas. (No, no tengo hermanos, pero tengo _____.)

E1: ¿Cuántos años tiene tu hermano/a mayor/menor?
E2: Mi hermano/a _____ tiene _____ años.

Act. 10. Diálogo abierto (pair). Remind students that if they have only one brother or sister, they say *un hermano* or *una hermana.*

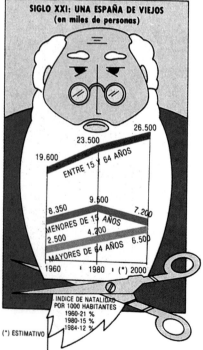

¡OJO!

Los niños son el centro de la familia hispana. Reciben mucha atención de sus padres y abuelos. Con frecuencia, los abuelos viven con la familia y todos los respetan.

✳ Los idiomas y las nacionalidades

Lea Gramática C.4–C.5.

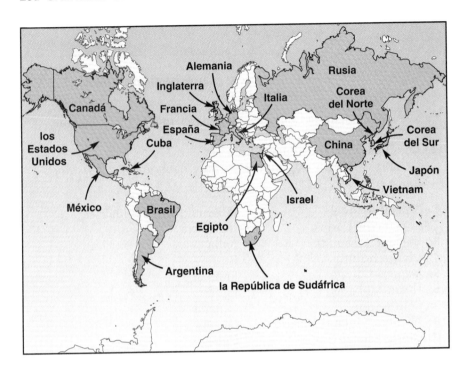

Hans Schumann
es alemán y
habla alemán.

Gina Sfreddo es
italiana y habla
italiano.

Iara Gomes
y Zidia
Oliveira son
brasileñas y
hablan
portugués.

Masato
Hamasaki
y Goro
Nishimura
son
japoneses
y hablan
japonés.

PAÍS	NACIONALIDAD	IDIOMA(S)
Alemania	alemán, alemana	alemán
Argentina	argentino/a	español
Brasil	brasileño/a	portugués
Canadá	canadiense	inglés/francés
China	chino/a	chino
Corea (del Norte/ del Sur)	coreano/a	coreano
Cuba	cubano/a	español
Egipto	egipcio/a	árabe
España	español(a)	español
los Estados Unidos	(norte) americano/a	inglés
Francia	francés, francesa	francés
Inglaterra	inglés, inglesa	inglés
Israel	israelí	hebreo
Italia	italiano/a	italiano
Japón	japonés, japonesa	japonés
México	mexicano/a	español

Los idiomas y las nacionalidades.
The purpose of this section is to
introduce the names of some
countries, adjectives of nationality, and languages. Words representing other Spanish-speaking
countries will be introduced in
Capítulo 3. Direct students' attention to the display and give input
that includes relevant vocabulary,
with short-answer questions
mixed in: *Una mujer de Canadá
es canadiense, ¿verdad? Y ¿cómo
llamamos a un hombre de Francia? ¿Hablan español en México?
¿Qué idioma hablan en Alemania?* (You may also want to introduce the impersonal expression
*¿Qué idioma se habla en
_____? Se habla
_____.)*
All of the vocabulary of countries, nationalities, and languages
will be new. Do not forget to verify class comprehension of all vocabulary in the display and the
activities of this section as you
proceed through these materials.
See IRK for additional activities: *Los idiomas y las nacionalidades.*

PAÍS	NACIONALIDAD	IDIOMA(S)
la República de Sudáfrica	sudafricano/a	afrikaans/lenguas africanas/inglés
Rusia	ruso/a	ruso
Vietnam	vietnamita	vietnamés

Act. 11. Asociaciones (whole-class). First ask the questions in random order: *¿Habla Arantxa Sánchez japonés? ¿Es mexicana Celine Dion? ¿De qué país es Nelson Mandela?* Comment about each person mentioned.

ACTIVIDAD 11   Asociaciones: ¿Qué nacionalidad? ¿Qué idioma?

Diga cuál es la nacionalidad de estas personas y qué idiomas hablan.

MODELO: Ricky Martin… Puerto Rico →
Ricky Martin es *puertorriqueño* y habla *inglés y español.*

PERSONA	PAÍS
1. Nelson Mandela	la República de Sudáfrica
2. el príncipe Carlos	Inglaterra
3. Luciano Pavarotti	Italia
4. Vladimir Putin	Rusia
5. Jacques Chirac	Francia
6. Hosni Mubarak	Egipto
7. Celine Dion	Canadá
8. Arantxa Sánchez Vicario	España
9. Gloria Estefan	Cuba

Act. 12. Diálogo abierto (whole-class; pair). Before doing this open dialogue, review the languages spoken in the countries in the display map on page 39. You may want to add new ones students suggest: *India* (*indio/a*), *Irán* (*persa o iraní*), *Suecia* (*sueco/a*).

ACTIVIDAD 12   Diálogo abierto: Amigos internacionales

E1: ¿Tienes un amigo *japonés* (una amiga *japonesa*)?
E2: Sí, se llama _____.

E1: ¿Hablas *japonés* o *inglés* con él (ella)?
E2: Hablamos *inglés.* (Normalmente hablamos *inglés,* pero a veces hablamos *japonés.*)

ACTIVIDAD 13   Intercambios: Las vacaciones

MODELO: E1: Quiero viajar *a París* durante las vacaciones.
      E2: ¿Hablas *francés*?
      E1: Sí, hablo *un poco de francés.* (No, no hablo *nada de francés.* / Sí, hablo *francés muy bien.*)

CIUDADES

Roma	Madrid	Río de Janeiro
Londres	Buenos Aires	Montreal
Toronto	Moscú	Berlín
Los Ángeles	Pekín	Tokio

IDIOMAS

italiano	ruso	francés
inglés	chino	alemán
español	portugués	japonés

▶ FRASES ÚTILES

un poco de	nada de	muy bien

En resumen

De todo un poco

Entrevista: Su familia y sus amigos

Entreviste a su compañero/a.

1. —¿Son norteamericanos tus padres?
   —Sí/No, mis padres son _____.
2. —¿Cuántos años tienen ellos?
   —Mi padre tiene _____ años y mi madre tiene _____ años.
3. —¿Qué idiomas hablan?
   —Mis padres hablan _____. (Mi padre habla _____ y mi madre habla _____.)
4. —¿Cuántos años tienen tus abuelos?
   —Mi abuelo tiene _____ y mi abuela tiene _____. (Mis abuelos están muertos.)
5. —¿Qué idiomas hablan tus abuelos?
   —Hablan _____. (Mi abuelo habla _____ y mi abuela habla _____.)
6. —¿Tienes muchos hermanos?
   —Sí, tengo _____. (No, tengo sólo _____. / No, soy hijo único / hija única.)

Act. 13. Intercambios (whole-class). Go through the exchange two or three times to be sure students understand the context. Each time pick a different city, corresponding language, and useful expression. Then have students practice in pairs, switching parts after a couple of minutes or so. Some students may not recognize the names of the cities or know where they are located. You may want to review countries they are in and languages spoken there. *¿En qué país está Pekín? (China) Sí, y ¿qué idioma se habla en China? (chino) Sí, hablan chino en China.*

AA 3 (whole-class). Write the names of all the countries on the chart on pp. 39–40 on the board. Then write either a nationality (*alemán/alemana*) or a famous person of that nationality on cards or strips of paper, and tape them to students' backs. Have students circulate, asking others to help them identify their nationality (and/or eventually identifying the famous person). Write *¿Soy chino/a?* and other possible *sí/no* questions on the board for reference. When students have identified their nationalities, instruct them to gather under the appropriate country label on the board. Ask questions such as: *¿Cuántos alemanes hay? (tres) Sí, hay tres. Y ¿cuántos españoles hay? (cinco) Sí, hay cinco.*

De todo un poco (whole-class; pair). Model all questions for this interview by asking and answering them yourself, using information from your own life. This serves as a model for students and also lets them get acquainted with you, which in turn makes them more open to sharing their lives with the class.

7. —¿Cómo se llaman tus hermanos?
   —Mis hermanos se llaman _____ y _____. (Mi hermano/a se llama _____.)

8. —¿Tienes amigos de (*país*)?
   —Sí, tengo amigos (un amigo / una amiga) de _____.

9. —¿Cómo se llaman tus amigos? (¿Cómo se llama tu amigo/a?)
   —Se llaman _____ y _____. (Se llama _____.)

10. —¿Qué idiomas hablan ellos? (¿Qué idiomas habla él/ella?)
    —Hablan _____. (Habla _____.)

VIDEOTECA

In this first segment of the *Video to accompany* **Dos mundos,** you will meet two students at **la Universidad Nacional Autónoma de México.**

   See the *Videoteca* section of the *Cuaderno de trabajo* for the activities that correspond to the video.

Vocabulario

• **La familia**	The Family
el abuelo / la abuela	grandfather/grandmother
los abuelos	grandparents
el esposo / la esposa	husband/wife
el hermano / la hermana	brother/sister
el hijo / la hija	son/daughter
el hijo único / la hija única	only child (only son / only daughter)
los hijos	sons; children (sons and daughters)
la madre	mother
el nieto / la nieta	grandson/granddaughter
los nietos	grandsons; grandchildren (grandsons and grand-daughters)
el padre	father
los padres	parents
el primo / la prima	cousin

• **Los países**	Countries
Alemania	Germany
Corea del Norte / del Sur	North/South Korea
España	Spain
(los) Estados Unidos	United States
Inglaterra	England
(la) República de Sudáfrica	South Africa

PALABRAS SEMEJANTES: Argentina, Brasil, Canadá, China, Cuba, Egipto, Francia, Israel, Italia, Japón, México, Puerto Rico, Rusia, Vietnam

• **Las nacionalidades**	Nationalities
alemán/alemana	German
brasileño/a	Brazilian
chino/a	Chinese

coreano/a	Korean
egipcio/a	Egyptian
español(a)	Spanish
francés/francesa	French
inglés/inglesa	English
norteamericano/a	North American
puertorriqueño/a	Puerto Rican
ruso/a	Russian
sudafricano/a	South African
vietnamita	Vietnamese

PALABRAS SEMEJANTES: americano/a, árabe, argentino/a, canadiense, cubano/a, israelí, italiano/a, japonés/ japonesa, mexicano/a, portugués/portuguesa

• Los idiomas — Languages

el alemán	German
el chino	Chinese
el español	Spanish
el francés	French
el hebreo	Hebrew
el inglés	English
las lenguas africanas	African languages
el ruso	Russian

PALABRAS SEMEJANTES: el afrikaans, el árabe, el coreano, el italiano, el japonés, el portugués, el vietnamés

• Las ciudades — Cities

Londres	London
Moscú	Moscow
Pekín	Beijing

PALABRAS SEMEJANTES: Berlín, Buenos Aires, Los Ángeles, Madrid, Montreal, Río de Janeiro, Roma, Tokio, Toronto

• Los adjetivos — Adjectives

casado/a	married
divorciado/a	divorced
mayor	older
menor	younger
muerto/a	dead
soltero/a	single, unmarried
viudo/a	widowed

• Los verbos — Verbs

hablar	to speak
¿Hablas... ?	Do you speak . . . ?
Hablo...	I speak . . .
quiero	I want
tener	to have
viajar	to travel

• Expresiones útiles — Useful Expressions

¡Cómo cambia el mundo!	How the world changes!
¿Cuántos años tiene(s)?	How old are you?
Tengo... años.	I am . . . years old.
¿Cuántos... tiene(s)?	How many . . . do you have?
¿De quién es/son... ?	Whose is/are . . . ?
nada de	nothing, not any (at all)
perdón	pardon me; excuse me
un poco de	a little
¿Qué tiene(n)... ?	What do/does . . . have?
¿Quién(es) tiene(n)?	Who has . . . ?

REPASO: mi(s), tu(s), su(s)

• Palabras útiles — Useful Words

el apellido	last name
a veces	sometimes
la bicicleta	bicycle
bueno...	well . . .
el carro / el coche	car
¿Cuál?	Which?; What?
de la	of the
del (de + el)	of the (required contraction)
durante	during
la edad	age
el gemelo / la gemela	twin
el helado	ice cream
el (la) joven	young person
mucho/a(s)	a lot; many
pero	but
según	according to
sólo	only
la videoteca	videolibrary

PALABRAS SEMEJANTES: el disco compacto, internacional, normalmente, vacaciones

• Los números — Numbers

setenta	70
ochenta	80
ochenta y cuatro	84
noventa	90
noventa y siete	97
cien	100
ciento uno	101
ciento diez	110

Gramática y ejercicios

C.1. This section presents two gramatical structures that express possession. Using *tener* to express possession is not a problem for students: they have heard the forms in your input and in the oral activities of *Pasos A and B* in sentences like *¿Quién tiene los ojos azules?* and *¿Quién tiene la*

C.I Expressing Possession: The Verbs *tener* and *ser de(l)*

Just like English, Spanish has several ways of expressing possession. Unlike English, however, Spanish does not use an apostrophe and *s*.

A. Perhaps the simplest way of expressing possession is to use the verb **tener*** (*to have*). Like the verb **ser, tener** is classified as an irregular verb because of changes in its stem.† The endings that attach to the stem, however, are regular.

---

tener = *to have*

¿RECUERDA?

In **Gramática A.6** you learned some of the forms of **tener**.

La profesora Martínez **tiene** el pelo negro. Yo **tengo** los ojos azules.

In **Gramática B.2** you learned some of the forms of **ser**.

El libro **es del** profesor.

Los cuadernos **son de** mis compañeros.

tener (to have)		
(yo)	tengo	*I have*
(tú)	tienes	*you (inf. sing.) have*
(usted, él/ella)	tiene	*you (pol. sing.) have; he/she has*
(nosotros/as)	tenemos	*we have*
(vosotros/as)	tenéis	*you (inf. pl., Spain) have*
(ustedes, ellos/as)	tienen	*you (pl.) have; they have*

—Profesora Martínez, ¿**tiene** usted un automóvil nuevo?
—Sí, **tengo** un Toyota verde.

—*Professor Martínez, do you have a new automobile?*
—*Yes, I have a green Toyota.*

B. The verb **ser** (*to be*) followed by the preposition **de** (*of*) can also be used to express possession. The equivalent of the English word *whose* is **¿de quién?** (literally, *of whom?* or *to whom?*).

—¿**De quién es** el cuaderno?

—**Es de** Carmen.

—*To whom does the notebook belong?*
—*It's Carmen's.*

English: *'s*
  Mike**'s** new car
  Sarah**'s** friends
Spanish: **de** + person
  el carro nuevo **de Miguel**
  los amigos **de Sara**

C. The preposition **de** (*of*) followed by the masculine article **el** (*the*) contracts to **del** (*of the*).

—¿**De quién es** el bolígrafo?
—**Es del** profesor.

—*Whose pen is this?*
—*It's the professor's.*

The other combinations of **de** + article do not contract: **de la, de los, de las.**

---

de + **el** = **del**
de + **la** remains **de la**

Los zapatos **de la** niña son nuevos.

The girl's shoes are new.

foto de…? Use of *ser* + *de* + noun is similarly not difficult; it also provides an opportunity to review *ser* (*es/son*) and to introduce the contraction *del*. Students have already heard you use the "noun + *de* + person" construction many times in your input in *Pasos A and B* in sentences like *La blusa de Kelly, ¿es roja o azul?* Most English speakers have no trouble understanding or producing this structure, since it also exists in English. They often have trouble asking the question. *¿De quién es…?*, however, because they think first of "whose" in English and want a direct translation.

*Recognition: **vos tenés**
†See **Gramática C.5** for more information on verb stems.

EJERCICIO 1

Diga qué tienen estas personas. Use las formas del verbo **tener**.

MODELO: Luis *tiene* una bicicleta negra.

1. Pablo _____ una chaqueta negra.
2. Esteban y yo _____ un coche viejo.
3. Mónica, tú no _____ el libro de español, ¿verdad?
4. (Yo) _____ dos lápices y un cuaderno sobre mi pupitre.
5. Nora y Alberto no _____ hijos, ¿verdad?

EJERCICIO 2

Diga de quién son estas cosas.

MODELO: Mónica / bolígrafo → El bolígrafo *es de* Mónica.

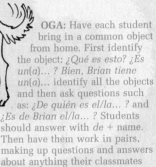

1. la profesora Martínez / carro

2. Luis / camisa

3. Nora / perro

4. Esteban / lentes

5. Alberto / saco

6. Carmen / bicicleta

OGA: Have each student bring in a common object from home. First identify the object: *¿Qué es esto? ¿Es un(a)... ? Bien, Brian tiene un(a)...* identify all the objects and then ask questions such as: *¿De quién es el/la... ?* and *¿Es de Brian el/la... ?* Students should answer with *de* + name. Then have them work in pairs, making up questions and answers about anything their classmates have or are wearing.

C.2. The use of possessive adjectives is the most important point in this section. Students have heard possessives extensively in your speech during the activities of *Pasos A* and *B*. The most difficult thing about possessive adjectives is the multiple-reference potential of *su* (his, her, their, your). The fact that *su* corresponds to various English possessives is usually no problem to comprehension, since its meaning is clear from context. When students begin to produce Spanish, however, many will search for a single equivalent for "his" or for "her." The other problematic point is plural agreement. A beginner expects *su* to correspond to "his" and *sus* to "their." You will probably have to re-explain the meanings of *su/sus* in class and give several additional examples.

C.2 Expressing Possession: Possessive Adjectives

Possession can be indicated by the following possessive adjectives. The particular adjective you choose depends on the owner, but the adjective itself, like other Spanish adjectives, agrees in number and gender with the word it describes: that is, with the *object owned,* not with the owner.

su = his, her, your, their (one item)
sus = his, her, your, their (multiple items)

Remember that you will acquire much of this material in time as you listen to and read Spanish.

SINGULAR OWNER		PLURAL OWNER	
mi	my	nuestro/a	our
tu*	your (inf. sing.)	vuestro/a	your (inf. pl., Spain)
su	your (pol. sing.), his/her	su	your (pl.); their

¿**Mi** hermano? Tiene el pelo negro.

Nuestro carro nuevo es rojo.

Nuestra profesora es Adela Martínez.

My brother? He has black hair.

Our new car is red.

Our professor is Adela Martínez.

SINGULAR POSSESSION (PLURAL POSSESSIONS)		SINGULAR POSSESSION (PLURAL POSSESSIONS)	
mi(s)	my	nuestro(s)/a(s)	our
tu(s)	your (inf. sing.)	vuestro(s)/a(s)	your (inf. pl., Spain)
su(s)	your (pol. sing.), his/her	su(s)	your (pl.); their

Mi falda es vieja pero **mis** zapatos son nuevos.

Clarisa y Marisa tienen una casa grande. **Su** casa es grande.

Raúl, ¿**tus** hermanas son gemelas?

Clarisa y Marisa tienen dos tías y un tío. **Su** tío se llama Raúl.

My skirt is old but my shoes are new.

Clarisa and Marisa have a big house. Their house is big.

Raúl, are your sisters twins?

Clarisa and Marisa have two aunts and one uncle. Their uncle's name is Raúl.

Keep in mind that the pronoun **su(s)** can have various meanings: *your, his, her,* or *their.* The context normally clarifies to whom **su(s)** refers.

Luis no tiene **sus** libros.

El señor y la señora Ruiz tienen **su** coche aquí.

Luis doesn't have his books.

Mr. and Mrs. Ruiz have their car here.

Generally speaking, use **usted** and **su(s)** when addressing a person by his or her last name.

Señor Saucedo, ¿es **usted** mexicano? ¿Y **sus** padres?

Mr. Saucedo, are you Mexican? And your parents?

When using a first name to address someone, use **tú** and **tu(s)**.

Raúl, **tu** amiga es inglesa pero **tú** y **tus** padres son mexicanos, ¿no?

Raúl, your friend is English but you and your parents are Mexican, aren't you?

---

*__Tú__ (with an accent mark) corresponds to *you*; **tu** (without an accent mark) corresponds to *your*.

EJERCICIO 3

Complete estas oraciones con la forma apropiada del adjetivo posesivo:
mi(s), **tu(s)**, **su(s)** o **nuestro(s)/a(s)**.

Ej. 3. Several answers are possible; instruct students to choose the best one.

MODELO: Estela, ¿dónde están *tus* hijos?

1. Mi novia no tiene _____ libro de matemáticas.
2. El profesor no tiene _____ botas.
3. No tienes _____ reloj, ¿verdad?
4. No tengo _____ zapatos de tenis.
5. No tenemos _____ cuadernos.
6. —Señores Ruiz, ¿dónde están _____ hijas?
   — _____ hijas, Clarisa y Marisa, están en casa.
7. Guillermo no tiene _____ chaqueta.
8. Estela y Ernesto no tienen _____ automóvil todavía.
9. Graciela, _____ ojos son muy bonitos.
10. No tengo _____ bicicleta aquí.

> **los señores Ruiz** = Mr. and Mrs. Ruiz

EJERCICIO 4

Complete los diálogos con la forma apropiada del adjetivo posesivo.

MODELO: RAÚL: ¡Qué inteligente es *tu* amiga!
          ALBERTO: Sí, y ella es idealista, también.

1. RAÚL: Silvia, _____ perro, Sultán, es muy inteligente.
   SILVIA: Gracias, Raúl, pero no es _____ perro. Es de Nacho.

2. CLARA: Pilar, ¿tienen carro _____ padres?
   PILAR: Sí, _____ padres tienen un Seat rojo.

3. JOSÉ: ¿Cómo se llama la novia de Andrés?
   PILAR: _____ novia se llama Ana.

4. ABUELA: Marisa y Clarisa, ¡qué bonitas son _____ faldas! ¿Son nuevas?
   MARISA: Sí, abuelita. Y _____ zapatos son nuevos también.

Possession may also be indicated by the use of possessive pronouns. These pronouns agree in gender and number with the noun they describe; that is, with the item possessed.

¿Es ésta tu blusa?	*Is this one your blouse?*
No, no es **mía**; es **tuya**.	*No, it's not mine; it's yours.*
¿Son de Alfredo estos zapatos?	*Are these shoes Alfredo's?*
Sí, son **suyos**.	*Yes, they are his.*
¿Es de Carmen este libro?	*Is this book Carmen's?*
No, no es **suyo**; es mío.	*No, it's not hers; it's mine.*
¿Son de ustedes estos cuadernos?	*Do these notebooks belong to you (all)?*
Sí, son **nuestros**.	*Yes, they are ours.*

For more practice with these pronouns see the **Expansión gramatical 1** in the *Cuaderno de trabajo*.

SINGULAR OWNER (SINGULAR AND PLURAL POSSESSIONS)		PLURAL OWNER (SINGULAR AND PLURAL POSSESSIONS)	
mío(s)/mía(s)	*mine*	nuestro(s)/nuestra(s)	*ours*
tuyo(s)/tuya(s)	*yours (inf. sing.)*	vuestro(s)/vuestra(s)	*yours (inf. pl., Spain)*
suyo(s)/suya(s)	*his/hers/yours (pol. sing.)*	suyo(s)/suya(s)	*theirs/yours (pol. pl.)*

C.3 Expressing Age: The Verb *tener*

In English, the verb *to be* is used for telling age (*I am 21 years old*), but in Spanish the verb **tener** expresses age. To ask about age, use the question **¿Cuántos años... ?** (*How many years. . . ?*)

English: **I am** 24 (years old).
Spanish: **Tengo** 24 (años).

—Señora Saucedo, ¿**cuántos años tiene** usted?
—**Tengo** treinta y cinco (años).

—*Mrs. Saucedo, how old are you?*
—*I'm 35 (years old).*

¿RECUERDA?

In **Gramática C.1** you learned the present-tense forms of the verb **tener**. Review them now, if necessary.

EJERCICIO 5

Escriba la edad de estos amigos.

MODELO: Rogelio Varela/21 → Rogelio Varela *tiene 21 años.*

1. Adriana Bolini / 35
2. Carla Espinosa / 22
3. Rubén Hernández Arenas / 38
4. Susana Yamasaki González / 33
5. doña María Eulalia González de Saucedo / 79
6. yo / _____ años

EJERCICIO 6

Escriba la edad de estas personas.

don Eduardo Alvar (n.1922)   Estela Saucedo (n.1967)   Ernestito Saucedo (n.1994)   Amanda Saucedo (n.1988)   doña Lola Batini (n.1960)

¿RECUERDA?

In **Gramática B.6** you learned that adjectives that end in **-o/-a** have four forms.
roj**o** *masc. sing.*
roj**a** *fem. sing.*
roj**os** *masc. pl.*
roj**as** *fem. pl.*

C.4 Describing People: Adjectives of Nationality

A. Adjectives of nationality that end in **-o/-a**, just like other adjectives that end in **-o/-a**, have four forms.

	SINGULAR	PLURAL
Masculine	chino	chinos
Feminine	china	chinas

Victoria no es **china,** pero habla chino muy bien.

Victoria is not Chinese, but she speaks Chinese very well.

B. Adjectives of nationality that end in a consonant have four forms also.

	SINGULAR	PLURAL
Masculine	inglés*	ingleses
Feminine	inglesa	inglesas

John es **inglés,** pero su madre es **española.**

John is English, but his mother is Spanish.

C. Adjectives of nationality that end in **-e** have only two forms.

	SINGULAR	PLURAL
Masculine/Feminine	canadiense	canadienses

Do capitalize names of countries in Spanish.
  Colombia
  Panamá
  Inglaterra
Do not capitalize nationalities or languages in Spanish.
  colombiano
  panameñas
  español
  inglés

D. Adjectives of nationality and the names of languages are not capitalized in Spanish. Names of countries, however, are capitalized.

EJERCICIO 7

Ej. 7. Instruct students to make a guess based on the name.

¿De qué nacionalidad son estas personas?

MODELO: el señor Shaoyi He → *Es chino.*

1. _____ la señorita Fernández
2. _____ los señores Watanabe
3. _____ el señor Hartenstein
4. _____ las hermanas Lemieux
5. _____ la señorita Cardinale y la señorita Lomeli
6. _____ la señorita Tang
7. _____ el señor Thatcher

a. alemán/alemana
b. chino/china
c. español/española
d. francés/francesa
e. inglés/inglesa
f. italiano/italiana
g. japonés/japonesa

*See the *Cuaderno de trabajo*—**Capítulos 2, 3, 5, 8,** and Appendix 3—for details on written accent marks.

infinitive = verb form ending in **-ar, -er,** or **-ir**

You will not find the conjugated forms of a verb—**hablo, hablas, habla,** and so forth—as main entries in a dictionary. You must know the infinitive in order to look up a verb.

¿RECUERDA?

In Spanish the forms of a verb change to show who is performing the action. You have already seen the forms of **ser (Gramática A.3), llevar (Gramática A.6),** and **tener (Gramática C.1).** Now look at the drawings on this page and notice the forms of the verb **hablar** (*to speak*).

C.5. This section expands the idea of verb conjugation and person/number agreement. The concept of verb endings was introduced in *Gramática A.6* and reentered with the verb *tener* in *Gramática C.1*. Remind students that in order to use a dictionary they must look up the infinitive; the conjugated form will not be found.

OGA: Write on the board the five forms of *hablar*, followed by various languages (or use any other regular *-ar* verb). Tell students that you will begin sentences, and they must choose the correct verb to end the sentences: *Nora y su madre no...* (*hablan chino*). *Mi hermana y yo...* (*hablamos inglés*).

C.5   Talking about Habitual Actions: Present Tense of Regular -ar Verbs

A. The verb form listed in the dictionary and in most vocabulary lists is the *infinitive.* In Spanish many infinitives end in **-ar (llamar, llevar),** but some end in **-er (tener)** or in **-ir (vivir).** The forms of the verb are called its *conjugation.* Here is the present-tense conjugation of the regular **-ar** verb **hablar.*** Regular verbs are classified as such because their *stem* (the infinitive minus the ending) remains the same in all forms; the only change is in the endings, which are added to the stem.

hablar (to speak)

(yo)	habl**o**	*I speak*
(tú)	habl**as**	*you (inf. sing.) speak*
(usted, él/ella)	habl**a**	*you (pol. sing.) speak; he/she speaks*
(nosotros/as)	habl**amos**	*we speak*
(vosotros/as)	habl**áis**	*you (inf. pl., Spain) speak*
(ustedes, ellos/as)	habl**an**	*you (pl.) speak; they speak*

B. Remember that Spanish verb endings indicate, in many cases, who or what the subject is, so it is not always necessary to mention the subject explicitly. That is why the pronouns are in parentheses in the preceding table.

—¿**Hablas** español?   —*Do you speak Spanish?*
—Sí, y **hablo** inglés también.   —*Yes, and I speak English too.*

These endings take time to acquire. You can understand and communicate with an incomplete knowledge of them, but they are important; make sure you include them when you write.

---
*Recognition: **vos hablás**

EJERCICIO 8

Estamos en una fiesta en casa de Esteban. Complete estas oraciones con la forma correcta del verbo **hablar.**

　1. Esteban, las dos chicas rubias _____ alemán, ¿verdad?
　2. Mónica, ¿_____ francés tu padre?
　3. Alberto y Luis no _____ francés.
　4. Nora, ¿_____ tú chino?
　5. No, yo no _____ chino, pero _____ un poco de japonés.

EJERCICIO 9

¿Qué idiomas hablan estas personas? Complete cada oración con la forma correcta del verbo **hablar** y el idioma apropiado.

　1. Adriana Bolini es argentina y _____ italiano y _____.
　2. Los señores Saucedo son mexicanos y _____ _____.
　3. Li Yuan Tseng y Mei Chang son chinos y _____ _____.
　4. Kevin Browne y Stephen Craig son ingleses. _____ _____.
　5. Talia Meir y Behira Sefamí son israelíes. _____ _____.
　6. ¿Eres rusa? Entonces, tú _____ _____.

(cont. from p. 34) appears in *Capítulo 3*.) Students will still make many errors in speech and will only gradually string three, four, and five words together spontaneously.

Pre-Text Oral Activities
1. Review. (See IRK for review TPR sequences: *Los mandatos en el salón de clase* and *Los dibujos*.)
2. Family vocabulary. Draw your own family tree on the board and/or use pictures to introduce *padres, padre, madre hijos, hijo/a. hermanos, hermano/a, abuelos,* and *abuelo/a.*
3. Numbers 0 to 100. Use a large number chart or the one on page 38 (*Paso C*) to have students listen to and look at numbers as you pronounce them. Write various numbers from 0 to 100 on the board. Point to a number (62) and ask: *¿Es el sesenta y dos o el cincuenta y dos? ¿Es el cuarenta y dos?, ¿verdad?* Use the *Los números ¡A practicar!* sheet from IRK.
4. Age. Write *¿Cuántos años tiene usted?* on the board. Pronounce the question and respond with your own age, if you are comfortable with that: *Tengo 45 años.* (This makes older students more willing to share their age.) Ask for volunteers to tell their age; they need respond only with a number, and you can expand their response. Student: *24.* Instructor: *Usted tiene 24 años.* Write on the board: *Lan tiene 24 años.* After you have written several names and ages on the board, ask: *¿Cuántos años tiene David?* Introduce *mayor/menor* by comparing ages of people in the class: *David es menor que Lan. Lan es mayor que David. ¿Quién es mayor, Shelly o Nathan?*

Capítulo 1

In **Capítulo 1** you will learn to tell time and give personal information: your address, your phone number, and your birthday. You and your classmates will talk about sports and other leisure-time activities you enjoy.

Sobre el artista: Casimiro González nació en La Habana, Cuba. Estudió arte en la Escuela Nacional de Bellas Artes y ahora vive en los Estados Unidos. Sus pinturas se exhiben en Francia, Italia, España, México, Colombia, Argentina, Puerto Rico, Alemania y Canadá.

CHA, CHA, CHA, por Casimiro González, de Cuba

Goals—Capítulo 1

Capítulo 1 has two goals: (1) to enable students to understand and give personal information and (2) to enable them to understand and use a relatively large number of infinitives with *gustar* to express likes and dislikes. Semantic areas are personal data: birthdays, address, telephone number, and recreational activities. Most infinitives introduced will reoccur in the input of subsequent chapters. A brief introduction to *-er/-ir* verbs is included, so that students will have a better idea of verb endings and person/number agreement, but emphasis on present-tense forms is postponed until *Capítulo 3*.

Pre-Text Oral Activities

1. Input with infinitives. The *Vocabulario* lists only infinitives specifically mentioned in activities in the text itself. Since most Pre-Text Oral Activities are open-ended, students will suggest activities they want to talk about, and you will generate many more infinitive forms than are listed in the *Vocabulario*. These should be written on the board and included in students' vocabulary notebooks. Infinitives are included in the *Vocabulario* even when these verbs have been previously introduced in command forms via TPR.

Use an association activity to introduce students to a larger number of infinitives. (See IM, Association Activities.)

Students can recognize *me/le gusta* + infinitive without grammatical analysis. The goal of the

Los datos personales y las actividades

PREGUNTAS DE COMUNICACIÓN

- ¿Cuándo es su cumpleaños? ¿Es en enero o en abril? ¿En junio o en septiembre?

- ¿Dónde vive usted? ¿Vive en un apartamento, en una casa o en una residencia estudiantil?

- ¿Qué le gusta hacer? ¿Ir al cine? ¿Ver la televisión? ¿Explorar el Internet? ¿Cocinar? ¿Leer el periódico? ¿Practicar algún deporte?

MULTIMEDIA ▼

Visit the *Dos mundos* Website at www.mhhe.com/dosmundos for additional activities, links, and other resources.

The video to accompany *Dos mundos* includes cultural footage on Cuba.

The multimedia **CD-ROM** to accompany *Dos mundos* offers a variety of activities to review vocabulary and grammar from this chapter. You will also find additional cultural information and video clips.

introductory activities is to use 15–30 infinitives in the input, in about 20 minutes. This introduces concentrated listening practice with infinitives. Do not, at first, ask questions that force students to produce infinitives or *me/le gusta* constructions. Students do not need to use *te gusta* until later in the chapter. Spend 5–10 minutes on *gustar* + infinitive in association activities during each class period devoted to this chapter.

2. Sports vocabulary. Use photos from your PF of people playing various sports. Ask questions such as: *¿Qué le gusta jugar/hacer/practicar a esta mujer?* Introduce names of sports that did not appear in Pre-Text Oral Activity 1. You may want to include associated vocabulary: *bate, equipo, partido, ganar, perder,* etc.

ctividades de comunicación y lecturas

✳ Las fechas y los cumpleaños

Many of the words in this art display and in subsequent activities will be new to students. Be sure to verify class comprehension of all vocabulary in the display and the activities of this section as you proceed through these materials.

Las fechas y los cumpleaños. Seasons/months: Use your PF to introduce the seasons. Write the names of the seasons on the board, point to the pictures, and ask: *¿Qué estación es?* Expand, using activities, colors, or other vocabulary from your file. Sample input: *¿Qué hay (ven) en la foto? ¿Qué estación es? ¿Cuáles son los colores asociados con la primavera? Mi estación favorita es la primavera. ¿Cuál es su estación favorita?* Then use the display to introduce months and birthdays. Write on the board: *¿Cuándo nació usted? (¿Cuándo es su cumpleaños?)* Write your own information as an answer: *Nací el 16 de octubre.* Point out that Spanish gives dates using *el _____ de _____*. Ask questions to many volunteers. Students need answer only with date and month; you may expand their sentences. Student: *23, mayo.* Instructor: *Usted nació el 23 de mayo.* To class: *Russell nació el 23 de mayo.* Write all birthdays on the board. After every fourth

Lea Gramática 1.1.

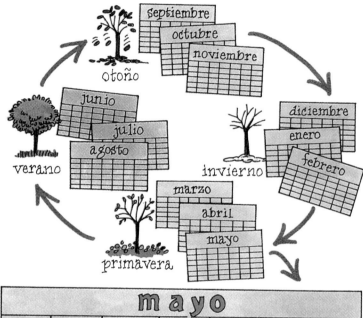

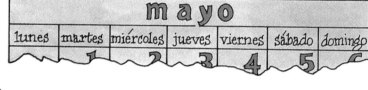

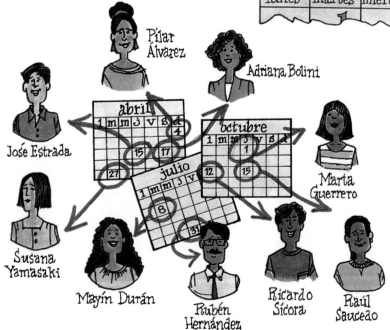

or fifth, ask: *¿Quién nació el 23 de mayo?* See if they can remember without the names. Call students' attention to the birthday card on page 55.

Days of the week: Use a large calendar or write the days of the week on the board. Teach *semana*, the days of the week, and *hoy, ayer mañana, anteayer, pasado mañana.* Pointing to the calendar or to the days of the week written on the board, ask: *¿Qué día es hoy? Si hoy es martes, ¿qué día es mañana? Si hoy es viernes, ¿qué día fue ayer? Si hoy es lunes, ¿qué día es pasado mañana? ¿Qué día fue anteayer?*

See IRK for TPR sequence: *Los meses y las actividades* and for additional activities: *Las fechas y los cumpleaños.*

ACTIVIDAD 1   Intercambios: El cumpleaños

Hágale preguntas a su compañero/a sobre los dibujos de la página anterior.   Act. 1. Intercambios (pair). Have students do interaction in pairs.

MODELOS: E1: ¿Cuándo nació *José Estrada*?
E2: Nació el *15 de abril*.

E1: ¿Quién nació el *15 de octubre*?
E2: *Raúl Saucedo*.

Felicidades en tu día

Feliz cumpleaños a mi querido esposo

Virginia

ACTIVIDAD 2   Intercambios: Los estudiantes de la profesora Martínez

MODELO: E1: ¿Quién nació el 19 de agosto de 1984?
E2: Mónica Clark

E1: ¿Dónde nació?
E2: Nació en Ann Arbor, Michigan

NOMBRE	LUGAR DE NACIMIENTO	FECHA DE NACIMIENTO
Carmen Bradley	Corpus Christi, Texas	23 de junio de 1983
Mónica Clark	Ann Arbor, Michigan	19 de agosto de 1984
Albert Moore	Seattle, Washington	22 de diciembre de 1971
Nora Morales	San Antonio, Texas	4 de julio de 1977
Luis Ventura	Albuquerque, Nuevo México	1 de diciembre de 1981
Lan Vo	Long Beach, California	5 de noviembre de 1982

Act. 2. Intercambios (whole-class: pair). Have students look at the chart while you ask: *¿De dónde es Lan Vo? ¿Cuál es el apellido de Carmen? ¿Quién nació en San Antonio? ¿Quién nació el día 23? ¿En qué mes nació Nora?* Expand and personalize: *¿Quién en la clase nació en julio también?* Then pair students to do interaction.

AA 1 (whole-class; pair). Write about 15 dates on the board. Ask for three volunteers to come up and point to the dates as you read them. (Write out numbers by hundreds from 100 to 1000 on the board or overhead as reference.) Then dictate dates to students to write on a sheet of paper. Have them pair off and give "point-to" commands: *Muéstreme mil novecientos cincuenta y ocho.*

ACTIVIDAD 3   Intercambios: ¿Qué quieres para tu cumpleaños?

MODELO: E1: ¿Quieres *un reloj* para tu cumpleaños?
E2: Sí, quiero *un reloj*. (No, no quiero *un reloj*, quiero *una mochila*.)

Act. 3. Intercambios (whole-class; pair). Write: *Para mi cumpleaños, quiero...* on the board. List two or three things you would like: *Quiero un disco compacto nuevo, un teléfono de bolsillo, una bicicleta nueva.* (Pick cognates or words whose meaning you can easily act out or draw.) Review items in the sketches in the activity, making sure students understand vocabulary. Model the activity by playing both parts or by doing the activity with a student. Encourage students to use other vocabulary they know, or to ask you *¿Cómo se dice?* to learn new items. **Optional *mini-diálogo:*** E1: *¿Quieres un/una _____ para tu cumpleaños? E2: Sí (No). E1: ¿Cuánto cuesta un/una _____? E2: No cuesta mucho, sólo _____ dólares / Cuesta mucho, _____ dólares.*

1. un reloj

2. una computadora

3. una bicicleta

4. un reproductor para discos compactos

5. una patineta

6. un suéter

7. unos esquíes

8. entradas para un concierto

Lectura
Suggestions for Effective Reading.
This is the first formal narrative
and can serve as a basis for an involved and enjoyable class discussion. Remind students of the
following reading techniques,
which should be kept in mind as
they approach all of the reading
materials in *Dos mundos:* (1)
Look at the title, pictures, and
any other cues outside the main
text for an introduction to what
the reading is about; (2) scan the
text for cognates and familiar
words; (3) skim the text to get the
gist of it without looking up
words; (4) use context to make intelligent guesses regarding unfamiliar words; (5) read in Spanish
picturing the story instead of trying to translate it in your mind as
you go; (6) read through a second
or third time and if there are still words you do not recognize, now is the time to look them up.

9. un coche

10. una mochila

11. una cámara digital

12. un televisor

13. discos compactos

14. un equipo de música

VOCABULARIO ÚTIL

todos	everyone
Lea	Read
¡descubra!	discover!
el sentido	sense

LECTURA

El horóscopo

Aquí está el horóscopo, con información para todos. Lea la descripción de su signo y ¡descubra su personalidad!

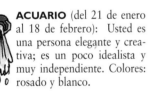
CAPRICORNIO (del 22 de diciembre al 20 de enero): Usted es una persona muy organizada; tiene buen sentido del humor y una personalidad muy atractiva. Su color es el verde claro.

ACUARIO (del 21 de enero al 18 de febrero): Usted es una persona elegante y crea-tiva; es un poco idealista y muy independiente. Colores: rosado y blanco.

PISCIS (del 19 de febrero al 20 de marzo): Usted es muy independiente y entu-siasta. No es una persona idealista, pero sí muy trabajadora. Color: amarillo.

ARIES (del 21 de marzo al 19 de abril): Usted tiene una personalidad muy expresiva; es una persona activa, enérgi-ca ¡y un poquito impulsiva! Su color es el rojo brillante.

TAURO (del 20 de abril al 20 de mayo): Usted es un poco temperamental. ¡Pero tiene buen sentido del humor! Es una persona muy generosa con sus ami-gos. Colores: café y negro.

GÉMINIS (del 21 de mayo al 20 de junio): Usted es versátil y sociable. No es muy sentimen-tal. La familia y los amigos son muy importantes para usted. Su color favorito es el azul.

CÁNCER (del 21 de junio al 22 de julio): Usted es una per-sona romántica y un poco sentimental. Pero también es muy activa y trabajadora. Colores: crema y blanco.

LEO (del 23 de julio al 22 de agosto): Usted tiene una per-sonalidad agresiva; es persis-tente en todas sus actividades. Tiene pocos, pero buenos, amigos. Color: anaranjado.

VIRGO (del 23 de agosto al 22 de septiembre): Usted es de carácter serio y práctico. ¡Tiene mucha energía! Es una persona muy selectiva en sus relaciones. Colores: café oscuro y verde.

LIBRA (del 23 de septiembre al 22 de octubre): Usted es una per-sona artística y un poco tímida. Es muy jovial y tiene muchos buenos amigos. Su color favorito: azul.

ESCORPIÓN (del 23 de octubre al 22 de noviembre): Usted tiene una personalidad reservada. Es una persona intuitiva, organi-zada y persistente. Colores: rojo y negro.

SAGITARIO (del 23 de noviembre al 21 de diciembre): ¡Usted es muy optimista! Es una persona sociable y sincera. También es idealista y un poco impulsiva. Colores: azul oscuro y violeta o morado.

Culture/History. In this section we will provide cultural and/or historical information that we consider relevant to the topic. You may choose to share this data with your students as part of a pre-reading discussion or as a wrap-up, once they've read the passage.

Comprensión

Todas las siguientes oraciones son falsas. Cambie las palabras incorrectas para decir la verdad, según la lectura.

MODELO: Capricornio es del *21 de junio al 22 de julio.* →
Capricornio es del *22 de diciembre al 20 de enero.*

1. Libra es del *23 de julio al 22 de agosto.*
2. Las personas del signo Sagitario son *muy pesimistas.*
3. Un hombre del signo Virgo normalmente es *impulsivo.*
4. El signo de una mujer que nació el 25 de marzo es *Piscis.*
5. Si una muchacha es del signo Leo, entonces es *muy tímida.*
6. Los colores del signo Acuario son *el café oscuro y el negro.*
7. Una joven del signo Cáncer es *muy práctica.*
8. Generalmente, las personas del signo Géminis son *aburridas.*
9. Las personas del signo Libra tienen *pocos amigos.*
10. Un joven del signo Escorpión probablemente es *agresivo.*

Ahora... ¡usted!

1. ¿Le gusta leer el horóscopo? ¿Por qué?
2. ¿Cree usted que el horóscopo dice la verdad?
3. ¿Tiene amigos del mismo signo que usted? ¿Qué aspectos de la personalidad tienen ustedes en común?

Un paso más... ¡a escribir!

Lea su signo y díganos, ¿es usted así? ¿Qué características de su personalidad *no* se mencionan? Escriba una breve descripción de su signo con más características.

MODELO: Mi signo es _____. ¡Soy muy _____! Soy una persona _____ y _____. También soy _____ y un poco _____. Mi color favorito es el _____.

tre el 22 de diciembre y el 20 de enero? (Karen) ¡Ah! Entonces el signo de Karen es Capricornio. ¿Quién más en la clase es Capricornio? After the second line, ask those students if they feel they fit the description: *¿Son ustedes personas organizadas?*

After you have gone through several of the signs, have students reread the entire text silently. Remind them to concentrate on comprehension without translating.

Post-Reading. Retell some of the passages in your own words, stressing main vocabulary and modeling pronunciation. Pause frequently to see if students can finish the sentence you have started: *Las personas del signo Libra son artísticas y...* (*un poco tímidas*). Ask comprehension questions: *¿Cuáles son las fechas para Piscis? Digan dos características de las personas del signo Acuario (Cáncer, Géminis,* and so on). *¿Cuál es el color de Tauro* (and other signs)? Ask if students feel the description given applies to themselves: *¿Quiénes son Piscis?* (Mary) *Mary, ¿es verdad que usted es muy trabajadora? Pero, no es muy idealista.* Have other students guess if a particular student has a characteristic mentioned in the reading: *¿Creen ustedes que John es muy temperamental? ¿Ustedes piensan que Helen es muy impulsiva?* Describe yourself and have students guess your sign.

Finally, do the post-reading activities in class: *Comprensión* and *Ahora... ¡usted!* (AU); and assign *Un paso más... ¡a escribir!* (UPM) as written homework. Innovative and engaging formats have been provided for these activities. In many cases they consist of personalized questions that further explore the topic presented in the reading and stimulate students' participation and creativity. Do not feel obligated to do all the post-reading activities. Assign or do in class only those that you think will spark student interest.

Answers to *Comprensión*. We suggest you assign *Comprensión* questions in "El horóscopo" to be done individually or in pairs, then allow volunteers to respond. **Answers: 1.** *del 23 de septiembre al 22 de octubre* **2.** *son muy optimistas* **3.** *es práctico* **4.** *Aries* **5.** *es agresiva* **6.** *rosado y blanco* **7.** *es romántica* **8.** *sociables* **9.** *muchos buenos amigos* **10.** *reservado.*

However, don't feel obligated to present this background material to your students, especially if there are time constraints. But we do hope you enjoy these interesting bits of information!

Astrology most probably originated in Chaldea, the coastal lands south of Babylonia, or the Persian Gulf. In ancient times astrology was used to predict the future. In Rome, astrologers were consulted before military maneuvers were undertaken and when new rulers were to be crowned. Astrology still plays a role in contemporary society. Daily newspapers always feature an astrology section.

Pre-Reading. Ask students *sí/no* questions regarding horoscopes as a warm-up: *¿Leen ustedes el horóscopo? ¿Creen que el horóscopo dice la verdad?* (On board: *la verdad* = the truth.) Then have students scan the text for the general topic and for cognate recognition. Ask whether the following words from the text are cognates: *horóscopo, Capricornio, tiene, enero, color, amarillo, sociable, agresivo, impulsivo.* Allow them to scan again and to mention a few more cognates.

Read some passages aloud very slowly, pausing frequently. Use exaggerated intonation and gestures wherever possible to make meaning clear. Read key words and cognates slowly (*artístico/a, organizado/a, creativo/a, independiente*), but quickly pass over function words and other words and phrases not essential to the main points (*pero, también*). Pause and add comments or ask questions that will aid comprehension. For example, after the first line of *Capricornio* (dates), add: *¿Quién en la clase nació en-*

✳ Datos personales: El teléfono y la dirección

Datos personales. Do an association activity with the question *¿Dónde vive usted?* Students should answer with *en* + name of

Lea Gramática 1.2–1.4.

Many of the words in this display and in subsequent activities will be new to students. Be sure to verify class comprehension of all vocabulary in the display and the activities of this section as you proceed through these materials.

UNIVERSIDAD NACIONAL AUTÓNOMA DE MÉXICO

Nombre: Ignacio Padilla León
Dirección: Calle Juárez 528, México D.F.
Teléfono: 5-66-57-42
Fecha de Nacimiento: 26-II-81
Sexo: M   Edo. Civil: soltero
Ojos: negros   Pelo: castaño
Ciudadanía: mexicana
N°. de Estudiante: 156-87-40-94

UNIVERSIDAD COMPLUTENSE DE MADRID

Nombre: Pilar Álvarez Cárdenas
Dirección: Calle Almendras 481, Madrid
Teléfono: 4-71-94-55
Fecha de Nacimiento: 4-IV-80
Sexo: F   Edo. Civil: soltera
Ojos: castaños Pelo: castaño
Ciudadanía: española
N°. de Estudiante: 115-38-95-42

the city. Because many will live in the same city, ask: *¿Y sus abuelos?* Also ask: *¿Vive usted en un apartamento, en una casa o en las residencias estudiantiles?* Introduce: *¿Cuál es su dirección? ¿En qué calle vive usted?* Then have students look at ID cards and ask questions such as: *¿Quién vive en la calle Montes? ¿Cuál es el número de teléfono de Carlos Padilla?* Utilize numbers as much as possible. As you ask questions, include numbers such as *ciento cincuenta y seis* and *ciento quince.* Students may still need help saying numbers in the hundreds in display and activities.

See IRK for additional activities: *Los datos personales.*

Act. 4. Del mundo hispano (whole-class; pair). Have students scan the passport and try to figure out meanings of technical words from the context. Ask the whole class: *¿De dónde es Susana? ¿Cuánto mide Susana? ¿Es casada ella? ¿Cuál es su signo del zodíaco (horóscopo)?* Then pair students and let them ask each other questions in the activity.

Follow-Up: Use the blank passport from the IRK and have students fill in their own information. Then have students exchange passports and ask: *¿Quién tiene el pasaporte de _____? ¿Dónde vive? ¿Cuál es la fecha de nacimiento de _____?*, and so on.

Variation: Distribute blank passports and pair students. One student is the tourist; the other is the passport agent. The agent asks questions of the tourist to fill out the passport. Write a list of appropriate questions on the board before students begin.

ACTIVIDAD 4   Del mundo hispano: El pasaporte

N°. M56 44937 26257
CIUDADANÍA peruana
ESTADO CIVIL
☐ casado(a)   ☐ soltero(a)
☒ divorciado(a) ☐ viudo(a)
NOMBRE DE ESPOSO(A) _____
PROFESIÓN **secretaria / guía de turistas**
OJOS **negros**   PELO **negro**
ESTATURA **1.62** mts. PESO **59** kg.
FIRMA *Susana Yamasaki González*

NOMBRE Susana Yamasaki González
DIRECCIÓN Carabaya 883
            Calle   No.
           Cuzco   Perú
           Ciudad   País
FECHA DE NACIMIENTO
    27 abril 1969
    Día   Mes   Año
LUGAR DE NACIMIENTO
        Lima, Perú

1. ¿Cómo se llama la señora? **2.** ¿Dónde vive? **3.** ¿En qué mes nació? **4.** ¿Cuál es su estado civil? **5.** ¿De qué color tiene los ojos?

ACTIVIDAD 5   Intercambios: ¿Cómo se escribe?

Usted habla por teléfono con el operador / la operadora.

MODELO: OPERADOR(A): Su nombre y apellido, por favor.
USTED: Ben Affleck

OPERADOR(A): Perdón, no entendí bien. ¿Cómo se escribe su apellido?
USTED: A-efe-efe-ele-e-ce-ca

OPERADOR(A): Su nombre y apellido, por favor.
USTED: _____.

OPERADOR(A): Perdón, no entendí bien. ¿Cómo se escribe su apellido?
USTED: _____.

ACTIVIDAD 6   Diálogo abierto: ¿Dónde vives?

E1: ¿Cómo te llamas?
E2: _____. ¿Y tú?
E1: _____. ¿Dónde vives?
E2: En la calle _____, número _____. ¿Y tú?
E1: Vivo en la calle _____, número _____.
E2: ¿Cuál es tu número de teléfono?
E1: Es el _____. ¿Y tu número de teléfono?
E2: Es el _____. ¿Tienes correo electrónico?
E1: Sí, es _____. (No, no tengo.) ¿Y tú?
E2: Sí, es _____. (No, no tengo.)

Ventanas culturales: Nuestra comunidad. This is the first of the *Ventanas culturales* segments in *Dos mundos*. The readings in this feature are shorter than the *Lecturas* and *Notas culturales*. Some of the annotations will provide further information on the subject.

There are five categories of *Ventanas culturales*: 1. *Nuestra comunidad* (featuring Hispanic people who are making important contributions to their communities); 2. *La vida diaria* (descriptions of daily life); 3. *Los sitios* (which showcases interesting places); 4. *Las costumbres* (about customs and traditions); 5. *La lengua* (essays on language and regional vocabulary).

Act. 5. Intercambios (pair). Review the alphabet with students. Introduce expressions *sin/con* (h). Read model dialogue; then have students do this interaction several times with their own and fictitious names. **Variation:** Have the partner write down the *apellido* as spelled by the first person. You may also wish to present *alfabeto* (*abecedario*) and *letra*.

Act. 6. Diálogo abierto (pair). Tell students that names for e-mail vary in Spanish-speaking countries. *Correo electrónico, correo e.,* and *email* are used. Note that the @ sign in Spanish is *arroba*. Students do not have to give out their real phone numbers or e-mail—they may create numbers and addresses for this activity.

VENTANAS CULTURALES   Nuestra comunidad

Rigoberta Menchú

Rigoberta Menchú es de Guatemala. Es una mujer maya quiché* muy fuerte. Está casada y tiene un hijo. Su misión personal es ayudar a la gente indígena de su país. Ella viaja mucho, visitando escuelas y universidades para hablar de sus experiencias y para describir la situación de los indígenas guatemaltecos.

Esta mujer excepcional es ganadora del Premio Nobel de la Paz de 1992. Narra su historia en el libro *Yo, Rigoberta Menchú* (1984). Es una historia autobiográfica muy humana, con episodios trágicos: El hermano y los padres de Rigoberta murieron, víctimas de la violencia militar. Pero la famosa indígena Menchú continúa trabajando con pasión. Ella tiene una meta muy importante: Quiere justicia social para Guatemala y toda la América Latina.

---

*The ancient Maya people lived in the tropical forests of what today is the southeast of Mexico and the countries of Belize, Guatemala, El Salvador, and Honduras. They were highly advanced in the arts and in their knowledge of astronomy. There are 4 million Maya today. The ancient traditions and languages are still alive among many of them. The **quichés** are Mayas who inhabit western Guatemala.

VOCABULARIO ÚTIL

ayudar	to help
la gente indígena	indigenous people
la ganadora	winner
la meta	goal, mission
murieron	died
el Premio Nóbel de la Paz	Nobel Peace Prize
trabajando	working

EL MUNDO HISPANO... LA GENTE

Ana Lilia Gaitán es de Chile y tiene 31 años.
¿Cuáles son sus gustos y pasatiempos?
Me encanta[1] escuchar todo tipo de música,
especialmente la latinoamericana. A veces[2]
me gusta leer algún libro de Isabel Allende[3]
o artículos de revistas[4] que, por lo general,
son muy interesantes y son otra forma de
aprender sobre otras culturas.

[1]Me... I really like [2]A... Sometimes [3]Isabel... Famous Chilean novelist, author of the novel La casa de los espíritus (House of the Spirits), published in 1982. The film version was made in 1993. [4]magazines

SUDAMÉRICA

EL OCÉANO PACÍFICO

Chile

EL OCÉANO ATLÁNTICO

El mundo hispano. This feature consists of written responses to questions asked of a group of Hispanic people. Their answers are reproduced here with only minor editing for spelling, punctuation, and grammar. Thus the vocabulary and structures are those that Hispanics actually use. Words that students will not know and words that are idiomatic expressions or *localismos* used in a particular area will be glossed. There are no reading activities for these passages, since the idea is to provide authentic material for the students' reading pleasure and for cultural input. Instructor's Notes (INs) will be short and will mostly emphasize topics of cultural and/or historical interest. (Not all the selections will have INs.)

For this passage, ask students if they've heard of novelist Isabel Allende, the niece of the late Chilean president Salvador Allende. Most of her novels are international best-sellers: her first, *La casa de los espíritus* (*The House of the Spirits*) became a major Hollywood film in 1993, starring Jeremy Irons, Meryl Streep, and Glenn Close. The novel tells the story of three generations of Chilean women in the Trueba family. The plot concludes with the (factual) military coup in Chile in 1973, when President Allende was assassinated and General Augusto Pinochet seized power. Isabel Allende's latest works are very popular novels. The latest ones: *Hija de la fortuna (Daughter of Fortune)*, 1999, and *Retrato en sepia (Portrait in Sepia)*, 2000.

La hora. Use a clock with movable hands to teach how to tell time in Spanish. Begin with time on the hour. Teach the standard pattern: *Son las _____.* Then add *Son las _____ y _____.* On different days teach *cuarto/media*, and either *para* or *menos* to tell time before the hour.

See IRK for additional activity: *La hora*.

Many of the words and expressions in this display and in subsequent activities will be new to students. Be sure to verify class comprehension of all vocabulary in the display and the activities of this section as you proceed through these materials.

✳ La hora

Lea Gramática 1.5.

¿Qué hora es?

Es la una.

Son las nueve menos diez.

Es la una y media.

Son las tres.

Es mediodía.

Es medianoche.

Son las diez menos veinte.

Son las once y cuarto.

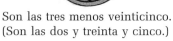

Son las tres menos veinticinco.
(Son las dos y treinta y cinco.)

Son las siete y seis.

ACTIVIDAD 7   Diálogo: ¿Qué hora es?

▶ **EXPRESIONES ÚTILES**

Es mediodía	Es hora de comer
Son las 5:00 de la mañana	¡Es (muy) temprano!

SRA. SILVA: Perdón, don Anselmo, ¿qué hora tiene?
DON ANSELMO: *Son las siete y cuarto.*
SRA. SILVA: Muchas gracias.

PAULA SAUCEDO: Oye, Ernesto, ¿qué hora tienes?
ERNESTO SAUCEDO: *Es casi medianoche.*
PAULA SAUCEDO: *¡Ya es tarde!*

ACTIVIDAD 8   Intercambios: ¿Qué hora es?

Escuche a su profesor(a). Diga el número del reloj que corresponde a la hora que él/ella dice. Luego, hágale preguntas a su compañero/a según el modelo.

MODELO: E1: ¿Qué hora es?
E2: Es la _____./ Son las _____.

¡OJO!

En muchas partes del mundo hispano se usa el reloj de 24 horas. Después del mediodía, 1:00 = 13:00, 2:00 = 14:00, 3:00 = 15:00, etcétera. La medianoche (12:00) = 00:00.

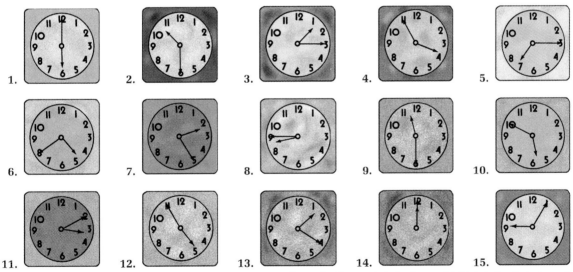

1.   2.   3.   4.   5.
6.   7.   8.   9.   10.
11.   12.   13.   14.   15.

ACTIVIDAD 9   Del mundo hispano: Programas de televisión

Hágale preguntas sobre la siguiente teleguía a un compañero / una compañera.

1. ¿A qué hora es el programa «El nuevo Show de Popeye»?
2. ¿A qué hora es el programa «Salto al infinito»?
3. ¿A qué hora es «Luchando por los animales»?
4. ¿En qué canal se presenta la película *María Emilia*?
5. ¿En qué canal se presenta «El informativo territorial»?
6. ¿En qué canal se presenta la película *Corazón de verano*?

Act. 7. Diálogo (pair). Have students work in pairs and vary the hours in these two dialogues.
Show students how to replace the expressions in italics with ones from the *Expresiones útiles* box. You may want to add more of your own.

Act. 8. Intercambios (whole-class; pair). Say a specific time and have students point to the appropriate clock on their page. Then pair students and let them practice, asking ¿Qué hora es? and answering Son las... or Es la... .

Act. 9. Del mundo hispano (whole-class; pair). This is the first piece of realia from the Spanish-speaking world (*Del mundo hispano*) that students use as a basis for interaction with classmates. Although the information provided is fairly easy, tell students that they do not have to understand every word. Have students scan the TV schedule from Spain on page 62 as you ask: ¿A qué hora es el programa? **Expansion:** Have students practice converting from 24-hour time to 12-hour time.
Television guide vocabulary is not included in this chapter's vocabulary lists.

Most of the words and expressions in this display and in subsequent activities will be new to students. Be sure to verify class comprehension of all vocabulary in the display and the activities of this section as you proceed through these materials. Your use of TPR and Association Techniques will allow students to acquire a large number of infinitives in Spanish.

Las actividades favoritas y los deportes. Use association techniques to review the set of predicates already introduced with the *le gusta* construction in Pre-Text Oral Activity 1. Then introduce the negative form, *Me gusta _____ / No me gusta _____* by reacting truthfully to each predicate you have written on the board. For example: *No me gusta jugar al béisbol, pero me gusta jugar al tenis.* Then ask students *sí/no* and either/or questions.

Follow-Up: Ask individual students: *John. ¿a usted le gusta andar en bicicleta?* (*sí*) *¿Tiene usted bicicleta?* (*sí*) *¿Es muy buena?* (*no*) *¿A quién más le gusta andar en bicicleta?* (*Martha*) *Martha, ¿también a usted le gusta andar en bicicleta?* (*sí*) *¿Le gusta andar en bicicleta los sábados?* (*no*) *¿los domingos?*, and so on.

See IRK for additional activities: *Las actividades favoritas y los deportes.* There are three different TPR activities for this section. You may want to do a different one on each of three days.

AA 2 (whole-class). Have students guess whether these statements are true for you. *Mis actividades favoritas: En mi tiempo libre me gusta...* **1.** *ver la televisión* **2.** *ir al cine* **3.** *hablar por teléfono* **4.** *leer* **5.** *estudiar* **6.** *jugar al voleibol* **7.** *comer en restaurantes chinos* **8.** *correr.*

AA 3 (whole-class). Favorite activities: *me gusta.* Ask both positive and negative questions about recreational activities. Use your PF and include both previous activities and any important new ones that by chance have not yet come up in the input. Integrate other comprehensible input into your conversation about these pictures. For example: *¿Qué hay en esta foto?* (*mujer*) *Sí, hay una mujer. ¿Cómo es ella?* (*bonita, joven*) *Sí, es muy bonita y joven también. ¿Dónde está?* (*playa*) *Sí, esta en la playa. Entonces, ¿a ella le gusta ir a la playa?* (*sí*) *Y en esta clase, ¿a quién le gusta ir a la playa?* (Several students respond positively.) *¿A qué playa le gusta ir?* and so on.

Martes, 12 de septiembre

MAÑANA

06.00 Canal 24 horas
07.30 Telediario nacional
09.00 TPH Club
Las aventuras de Gura, María y Supereñe, personajes virtuales.
09.30 El nuevo show de Popeye
10.00 Digimon
Las aventuras de los digimons y las niñas
10.30 La nueva familia Addams
11.15 Los rompecorazones
Episodio 182. Ryan y Drozin no estudian para llegar a los exámenes más relajados. No recomendada para menores de 13 años.
12.05 Xena, la princesa guerrera
La llave del reino. Estéreo. No recomendada para menores de 7 años.
13.05 Los vigilantes de la playa en Hawaii
Marcas en la arena. Para todos los públicos.
14.00 Informativo territorial

06.00 Euronews
06.30 Enciclopedia audiovisual. Estéreo.
07.30 Ciudades perdidas
China, de Quilun a Suchan: historia, naturaleza y pintura. Presentado por Vicente Simón.
08.30 Vietnám, país del sur
Episodio 3. Guerra química, ofensiva de Tet, masacre de My Lai, expulsión de los EEUU de Vietnám.
9.30 Los pueblos
Revista de distintas culturas en España: su historia, sus monumentos, su cultura y sus tradiciones. Dirección: Eduardo Delgado. Música: Miguel Ángel Tallante.
10.00 Paraísos cercanos, Isla Mauricio
Se presenta el universo verde de esta isla del Índico con sus montañas, playas, casas coloniales y jardines botánicos. Estéreo.
11.00 La película de la mañana
Este que lo es (España 82 minutos) Dirección: Ramón Fernández con Lina Morgan, Arturo Fernández, Tomás Zori y Guadalupe Muños Sampedro. La historia de una chica pobre y sus amoríos.
12.30 Vuelta ciclista de España

TARDE

14.30 Corázon de verano
Dirección: Miguel Cruz. Programa sobre la vida de los famosos: su trabajo, sus pasatiempos, la belleza y la moda.
15.00 Telediario 1
16.00 El tiempo
16.05 Vuelta ciclista en España, 16a etapa
17.15 María Emilia
Película con Juan Soler y Coraina Torres.
18.00 Toros
Desde Valladolid con los toreros: David Luguillano, Morante de la Puebla y Miguel Abellán.
20.00 Gente

16.00 China salvaje
Los insectos de China. El mundo fascinante de los insectos, los animales mejor adaptados para la supervivencia.
17.00 Luchando por los animales
Mujeres y animales. Varias mujeres se dedican la vida por especies en peligro: un rinoceronte, elefantes y los leones.
17.30 Norte-Sur
Se presentan Palestina, Chad y Mozambique.
18.30 Harry y los Hendersons
El profesor Dupond está en París.
19.10 Salto al infinito
Episodio 10. La utopía tiene su precio.
20.00 Informativo territorial

NOCHE

20.30 Fútbol
En el intermedio se emitirá Telediario 2.
1.00 Telediario 3
1.25 Sombras de Nueva York
No recomendado para menores de 13 años.
2.20 Corazón de verano (R)
2.50 Cine de madrugada
4.50 Gente (R)
5.00 Despedida y cierre

20.30 *No hay dos sin tres*
21.00 Quatro
Concurso de conocimiento de cultura general. Competición de 2 parejas.
21.40 Vuelta ciclista de España
Resumen de la etapa del día.
22.00 Las 2 noticias
22.25 El tiempo
22.30 El cine de la 2
Mar de luna (España 86 minutos) Direccíon: Manuel Matji. Historia de un amor entre hermano y hermana. No recomendada para menores de 13 años.
00.30 Días de cine
Discusion de películas: *Las reglas del compromiso* con Tommy Lee Jones, *El hombre sin sombra* con Kevin Bacon y *El portero* de Gonzalo Suárez.
1.35 Cine Club
Carne de horca. (España, 84 minutos) para todos los públicos.
3.00 Cine
Gayarre (España, 110 minutos) Biografía del gran tenor español Julián Gayarre. Para todos los públicos.
4.55 Despedida y cierre

130 Guía del Ocio

✳ Las actividades favoritas y los deportes

Lea Gramática 1.6.

AA 4 (whole-class; pair). Use pictures of people doing various activities as the basis for your input. Ask: *¿A usted le gusta _____?* Students answer *Sí* or *no*. Review about 50 pictures rapidly, then pass out several pictures to each student. Pair students and write a question/answer pattern on the board. *¿Te gusta _____? Sí/No, (no) me gusta _____.* Explain that *te gusta* is informal for *le gusta*. Have students practice asking questions with their pictures; then tell them to exchange pictures with another group. Continue the activity until they have each asked and answered about 20 questions.

Un fin de semana típico de los Saucedo

A Guillermo y a sus amigos les gusta jugar al fútbol.

A Estela le gusta ir de compras.

A Amanda y a Graciela les gusta jugar al tenis.

A Ernesto le gusta leer.

A Ernesto y a Guillermo les gusta ver un partido de béisbol en el estadio.

A Ernestito le gusta andar en bicicleta.

A Amanda le gusta ver su telenovela favorita.

A los Saucedo les gusta cenar en un restaurante italiano.

REFRÁN

No puedes andar y quieres correr.

(*You're biting off more than you can chew.* Literally, *You can't walk and you want to run.*)

Refrán. Starting in *Capítulo 1*, this feature is included at least once in each chapter. You will also find a reading on *refranes* (popular sayings) in *Capítulo 14*. A *refrán* is a vivid expression of the culture from which it emerges. Some are based in superstition, some originated in classic works of literature, and some are examples of word-play arising from observation or common sense. *Refrán* is usually accompanied by an English equivalent and a literal translation. Define the term *refrán* before you have students read the feature.

ACTIVIDAD 10   Intercambios: El fin de semana

MODELOS: E1: ¿A quién le gusta *jugar al basquetbol*?
E2: A *Ricardo Sícora.*

E1: ¿Qué le gusta hacer a *Ricardo los sábados*?
E2: Le gusta *ir al cine.*

AA 5 (individual; whole-class). Ask students to think of interesting things their family members like to do. They can give information in English if they wish. Write the pattern on the board: *A mi _____, le gusta _____.* Ask questions to see how much information students can remember about each other's family. For example, *¿Qué le gusta hacer al padre de Mike?*

Act 10. Intercambios (whole-class; pair). (See IM, Interactions.) Warm up with questions, such as: *¿Cuántos años tiene Nacho Padilla? ¿De dónde es Carla? ¿Es venezolana Adriana? ¿A quién le gusta salir a bailar? ¿A quién en esta clase le gusta bailar?*

NOMBRE	LOS SÁBADOS LE GUSTA	LOS DOMINGOS LE GUSTA...
Ricardo Sícora, 18 años Caracas, Venezuela	ir al cine	jugar al basquetbol
Adriana Bolini, 35 años Buenos Aires, Argentina	explorar el Internet	jugar al tenis
Raúl Saucedo, 19 años México, D.F., México	salir a bailar	ver un partido de fútbol
Nacho Padilla, 21 años México, D.F., México	ver la televisión	andar en patineta
Carla Espinosa, 22 años San Juan, Puerto Rico	ir de compras	ir a la playa

Act. 11. Preferencias (whole-class; pair). (See IM, Preference Activities.) Read options aloud to students, who answer *sí/no*. Encourage students to guess the meaning of new words from context.

Follow-Up: Students may be paired to state their and others' likes and dislikes. Their partner may comment from the list under *Y tú, ¿qué dices?* Teach the meaning of expressions before pairing students. Make sure they understand they do not have to ask a question, but only make a statement from the list.

AA 6. (individual). Have students write down as many weekend activities as they can in two minutes. They then select from these activities to write a small composition using the following rubric: *Los fines de semana, me gusta _____. Los viernes por la noche, me gusta _____. Los sábados (domingos) por la mañana / por la tarde / por la noche, me gusta _____. También me gusta _____ con _____. No me gusta _____.*

ACTIVIDAD 11   Preferencias: Los gustos

Exprese su opinión.

1. Durante las vacaciones (no) me gusta...
   a. viajar.
   b. bailar por la noche.
   c. andar en bicicleta.
   d. dormir todo el día.

2. (No) Me gusta...
   a. nadar en una piscina.
   b. acampar.
   c. jugar en la nieve.
   d. patinar en el hielo.

3. Por la noche, a mis padres (no) les gusta...
   a. ver la televisión.
   b. cenar en restaurantes elegantes.
   c. ir a fiestas.
   d. leer el periódico.

4. A mi profesor(a) de español (no) le gusta...
   a. ir a fiestas.
   b. hacer ejercicio.
   c. cocinar.
   d. llevar ropa elegante.

▶ **Y TÚ, ¿QUÉ DICES?**

¡Qué interesante!	¡No lo creo!	A mí no me gusta.
¡Qué divertido!	A mí sí me gusta.	A mí tampoco me gusta.
¡Qué aburrido!	A mí también me gusta.	

    E1: (A mí) No me gusta acampar.
    E2: A mí sí me gusta. (A mí tampoco me gusta.)

ACTIVIDAD 12   Entrevista: ¿Qué te gusta hacer?

Act. 12. **Entrevista** (pair). Encourage students to answer truthfully and to expand on their answers. Circulate while they work on their interview and provide new vocabulary when needed.

MODELO: E1: ¿Te gusta *viajar*?
  E2: Sí, *me gusta mucho* viajar. (No, *no me gusta viajar.*)

1. ver la televisión
2. cenar en restaurantes
3. pescar
4. bailar en discotecas
5. cocinar
6. viajar en carro
7. escuchar música
8. intercambiar mensajes electrónicos
9. sacar fotos
10. trabajar en el jardín

ACTIVIDAD 13   Intercambios: Los Juegos Panamericanos

Act. 13. **Intercambios** (whole class; pair). This is realia from the Spanish-speaking world about the Panamerican Games, which are held every four years, the summer before the Olympic Games. The idea of the games was conceived in 1932, but economic conditions and World War II prevented them from becoming a reality until 1951 when they were first held in Buenos Aires. Cities that have been the site of the *Juegos Panamericanos* are: Winnipeg, Buenos Aires, Cali, Sao Paulo, Chicago, Caracas, Indianapolis, San Juan, La Habana, Mar del Plata, and Ciudad de México. Have students scan realia and answer any questions they may have about vocabulary or pronunciation. Model the interaction before pairing students. Circulate around the classroom, making comments about the realia and helping students to find information or phrase a question.

MODELOS: E1: ¿Qué días hay competición de *baloncesto* (*basquetbol*)?
  E2: Del *24 de julio al 3 de agosto y del 5 al 8 de agosto.*

  E1: ¿Cuándo son las competiciones de *gimnasia artística el 24 de julio?*
  E2: *Por la mañana, por la tarde y por la noche.*

XII JUEGOS DEPORTIVOS PANAMERICANOS
JULIO-AGOSTO 1999
PROGRAMA DIARIO DE ACTIVIDADES
WINNEPEG, CANADÁ

EVENTO	V 23	S 24	D 25	L 26	M 27	M 28	J 29	V 30	S 31	D 1	L 2	M 3	M 4	J 5	V 6	S 7	D 8
ACTO DE INAUGURACIÓN	●																
ATLETISMO		●	●	●		●	●		●	●							
BALONCESTO		●	●	●	●	●	●	●	●	●	●			●	●	●	●
BÉISBOL			●	●	●	●	●	●	●	●					●	●	
BOXEO						●	●	●	●	●	●	●	●	●		●	●
CICLISMO				●				●				●					
FÚTBOL				●	●		●	●	●	●	●			●	●		
GIMNASIA ARTÍSTICA	●	●	●	●			●	●	●	●							
JUDO							●	●	●	●							
LEVANTAMIENTO DE PESAS			●	●	●	●											
LUCHA					●	●	●		●	●	●						
CLAVADOS		●	●		●												
NATACIÓN											●	●	●		●	●	●
POLO ACUÁTICO				●	●		●	●	●	●							
PATINAJE											●	●	●	●	●		
TENIS				●	●	●	●	●	●	●	●	●					
TENIS DE MESA			●	●	●	●	●	●	●	●							
TIRO CON ARCO					●	●	●										
VOLEIBOL					●	●	●	●	●	●		●				●	●
PELOTA VASCA				●	●		●										
CEREMONIA DE CLAUSURA																	●

(Los deportes CLAVADOS, NATACIÓN y POLO ACUÁTICO aparecen bajo la categoría ACUÁTICOS.)

LEYENDA: ● MAÑANA   ● TARDE   ● NOCHE

Nota cultural Suggestions for Effective Reading. This reading lends itself to the practice of scanning as a reading strategy. Have students scan the title, the photos, and only the highlighted words in the text. Ask what

Los deportes

Los hispanos practican muchos deportes, pero hay dos que son más populares. Antes de leer esta Nota cultural, mire las palabras en negrilla y descubra rápidamente el nombre de esos dos deportes y otros más.

VOCABULARIO ÚTIL

antes de	before
leer	reading
mire	look at
negrilla	boldface
la natación	swimming
el ciclismo	cycling
ha ganado	has won
el fisiculturismo	body building
la Serie Mundial	World Series (baseball)
de hecho	in fact
el pueblo	town
el torneo	tournament
el santo patrón	patron saint

the main idea of the reading will be: ¿Cuál es la idea principal? (los deportes). Then ask: ¿Qué deportes se mencionan? ¿El tenis? (sí) ¿El fútbol? (sí) ¿El voleibol? (no) ¿El

A los hispanos les gusta practicar deportes individuales, como **el esquí** y **la natación,** por ejemplo. El esquí se practica en la Sierra Nevada, que está en España, y también en Chile y Argentina. **El ciclismo** es muy popular en Colombia, México y España. Hay un ciclista español, Miguel Induráin, que ha ganado varias veces la carrera Tour-de-France.*

Todas las ciudades hispanas grandes tienen gimnasios donde es posible **nadar, levantar pesas, hacer gimnasia, ejercicios aeróbicos** y **fisiculturismo,** jugar al **ráquetbol** y al **tenis.** Y hablando del tenis, tres de las mejores tenistas del mundo son hispanas: la joven argentina Gabriela Sabatini y las españolas Arantxa Sánchez Vicario y Conchita Martínez.

Los dos deportes de más popularidad en el mundo hispano son **el fútbol**[†] y **el béisbol**. El fútbol es el favorito de los argentinos, los uruguayos, los chilenos y de los centroamericanos también. El béisbol, deporte de origen norteamericano, es el que más se juega en los países del Caribe: Puerto Rico, Cuba, Venezuela y la República Dominicana. Muchos caribeños miran **la Serie Mundial** en la televisión o la escuchan en la radio. ¡El programa tiene un público enorme en esa región!

ciclismo? (sí) ¿El alpinismo? (no) ¿Los ejercicios aeróbicos? (sí) ¿El fisiculturismo? (sí).

Have students scan the rest of the unhighlighted text and ask them: ¿Qué deportistas se mencionan en la lectura? ¿Gabriela Sabatini? (sí) ¿Arantxa Sánchez Vicario? (sí) ¿Andre Agassi? (no) ¿Babe Ruth? (no) ¿Fernando Valenzuela? (sí) ¿Rudy Galindo? (famous Mexican-American

---

*la... Tour-de-France *race, a bicycle touring race that covers approximately 2,500 miles (4,000 kilometers) in France and neighboring countries such as Spain.*

[†]En español cuando uno dice **fútbol**, habla del *soccer;* lo que en inglés se llama *football,* en español se llama **fútbol (norte)americano**.

Entre los beisbolistas profesionales más famosos en los Estados Unidos, hay tres jóvenes de la República Dominicana: Manny Ramírez, Roberto Alomar y Sammy Sosa. Pero también en México y otros países de la América Latina hay gran entusiasmo por este deporte. De hecho, el famoso jugador profesional de béisbol Fernando Valenzuela es mexicano.

El **basquetbol** se asocia tradicionalmente con los Estados Unidos. Pero el basquetbol —o **baloncesto**— es una parte importante de la cultura de Oaxaca, México. Allí cada pueblo tiene su equipo, y siempre hay un **torneo** durante la fiesta anual del santo patrón. Los basquetbolistas oaxaqueños que viven ahora en Los Ángeles, California, continúan la tradición de este deporte con equipos como «Raza Unida», y con muchos admiradores.

Como usted ve, los hispanos practican una gran variedad de deportes: esquí, natación, ciclismo, fútbol, béisbol y otros más. La pasión por las actividades deportivas es un aspecto esencial del carácter hispano.

iceskater, no) ¿Miguel Induráin? (*sí*) ¿Manny Ramírez? (*sí*) ¿Roberto Alomar? (*sí*) ¿Sammy Sosa? (*sí*).

Culture/History. Even though baseball is considered the national sport of the United States, which traditionally produced the most competitive teams, Cuba showed its expertise in the 1992 and 1996 Olympic Games, winning gold medals. In fact, baseball is the most popular sport in Caribbean countries, where the U.S. World Series is broadcast to an avid audience. Also note the popularity of soccer in South America. It is no longer considered a "male" sport, since many women are now playing soccer in Hispanic countries and in the United States.

Comprensión

Pre-Reading. Explain that *practicar un deporte* is equivalent to "to play a sport." Show pictures of sports in various countries, if possible. For example, skiing (in Argentina or Chile), baseball (in the Caribbean), tennis, cycling, swimming, lifting, and so on. Review the sports with personalized questions: ¿A ustedes les gustan los deportes? ¿Qué deportes practican? ¿Cuáles son los deportes que tradicionalmente se consideran "masculinos"? ¿Cuáles se consideran "femeninos"? ¿Por qué se consideran así? ¿Están basadas estas categorías en estereotipos?

¿Cierto o falso?

1. El fútbol se practica mucho en Chile y Argentina.
2. Es posible esquiar en los gimnasios.
3. Hay muchos jugadores de béisbol en el Caribe.
4. Normalmente, los hispanos no practican deportes individuales.
5. Hay un ciclista español muy famoso.
6. El basquetbol es muy popular en Oaxaca, México.

Ahora... ¡usted!

1. ¿Le gustan los deportes? ¿Cuál(es) practica?
2. ¿Hay deportistas famosos que juegan su deporte favorito? ¿Quiénes son? ¿Es usted admirador(a) de esas personas?
3. ¿Cuál(es) de los deportes mencionados en esta Nota cultural le gusta practicar a usted? Indique si le gusta practicarlo(s) mucho, a veces o nunca.

el basquetbol	el fútbol (norte)americano
el béisbol	la natación
el ciclismo	el ráquetbol
el esquí	el tenis
el fútbol	

Un paso más... ¡a escribir!

Imagínese que usted es un deportista famoso / una deportista famosa. ¿Cuál es su deporte? ¡Descríbase! Puede incluir una descripción física y también de su personalidad.

MODELO: Me llamo _____ y juego al _____. Soy muy famoso/a. Tengo muchos admiradores. Practico este deporte (*frecuencia*). Soy (*descripción física*). ¿Mi personalidad? Pues... soy _____ y _____.

En resumen

Post-Reading. Have students do the *Comprensión* questions briefly. Note that 1 contains an unfamiliar structure: *se practica.* Then have students do AU and follow it up with personalized questions: *¿Practican ustedes muchos deportes? ¿Cuáles? ¿Con qué frecuencia? ¿Es bueno practicar deportes? ¿Por qué? ¿Prefieren ustedes ir a un gimnasio para hacer ejercicio? ¿Es muy caro ser socio* (on board: *caro* = expensive, *socio* = member) *de un gimnasio o de un club? ¿Cuánto cuesta normalmente?*

Answers to *Comprensión*.
1. *cierto* 2. *falso* 3. *cierto* 4. *falso* 5. *cierto* 6. *cierto*

De todo un poco A.
   This is realia from the Spanish-speaking world about authentic places with unfamiliar street, city and state names. Remind students that they do not have to understand

De todo un poco

A. La correspondencia

Estos muchachos y estas muchachas de México quieren entablar correspondencia con otros muchachos y muchachas. Hágale preguntas a su compañero/a acerca de la información que hay sobre ellos.

MODELOS:

E1: ¿Cuántos años tiene _____?
E2: Tiene _____.

E1: ¿Cuál es el deporte favorito de _____?
E2: Su deporte favorito es el/la _____.

E1: ¿Cuál es el correo electrónico de _____?
E2: Es _____.

E1: ¿Cuál es la dirección de _____?
E2: Su dirección es _____.

E1: ¿Qué le gusta hacer a _____?
E2: Le gusta _____.

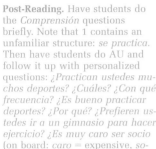

México
EL GOLFO DE MÉXICO
Morelia
México, D.F.
EL OCÉANO PACÍFICO
JALISCO
MICHOACÁN
Acapulco
GUERRERO

every word. Have them scan the realia first and then ask questions about the vocabulary. Write new words on the board. Draw students' attention to the map of México, which shows the four states mentioned in the realia, and also to the box of *Abre-viaturas* below. Model the questions, playing both parts, and then pair students to ask each other questions based on the realia. Circulate around the room to help students to find information, and with vocabulary, pronunciation.

Y TÚ ¿QUIÉN ERES?

❦ MIGUEL ÁNGEL OJEDA CEGUEDA
(21 años)
Apdo. Postal 552,
Col. Centro, C.P. 39300, Acapulco, Gro.
correo e.: migan@uol.com.mx
Pasatiempos: ir a la playa, andar en patineta, jugar al fútbol norteamericano y jugar con la computadora.

❦ JOSÉ GUADALUPE AYALA
RAMÍREZ (18 años)
Julio V. Plata 74, Héroe de Nacozari, C.P. 07780, México, D.F.
Pasatiempos: jugar al fútbol, navegar por Internet y tener amigos por correspondencia.

❦ EFRAÍN MANUEL GALVÁN O.
(20 años)
Motolinía 2317, Centro, Morelia,
C.P. 58000, Mich.
correo e.: emgalvan@correoweb.com.mx
Pasatiempos: ir a los discos, escuchar la música de Maná, ir al cine, jugar al basquetbol y leer *Eres.*

❦ MARÍA CRUZ RODRÍGUEZ P.
(17 años)
Ardilla 341, Col. Benito Juárez, Cd. Neza, C.P. 5700, Edo. De México
Pasatiempos: andar en bici, escuchar la música de Carlos Vives, ir al cine y leer novelas.

❦ GEMA LETICIA VILLANUEVA R.
(24 años)
Calle Carretera a Tesistán 1051, Col. Arcos de Zapopán, Zapopán, C.P. 45130, Jal.
correo e.: gemavilla@micorreo.com.mx
Pasatiempos: ir a la piscina, escuchar música, ver la tele y tener correspondencia con amigos en inglés o en español.

❦ ANA JAZMÍN PRECIADO
MENDOZA (17 años)
Oriente 176, Col. Moctezuma C.P. 15500, México, D.F.
correo e.: ajazpreciado@informamex.com.mx
Pasatiempos: escuchar música, en especial Shakira, bailar en los antros, pasear y tener amigos.

Abreviaturas:

Apdo. – apartado	C.P. – código postal	Edo. – Estado
Cd. – ciudad	D.F. – Distrito Federal	Gro. – Guerrero
Col. – colonia	e. – electrónico	Jal. – Jalisco
		Mich. – Michoacán

B. La curiosidad

Trabaje con otros estudiantes. Escriban dos o tres preguntas para estas personas famosas o interesantes.

1. el presidente de los Estados Unidos
2. un actor de cine muy guapo
3. una actriz famosa y bonita
4. una mujer muy bonita en una fiesta
5. un hombre muy joven en la clase de español
6. su profesor(a) de español

¡Dígalo por escrito!

Descripción de personas

De su revista favorita, seleccione una foto de una o más personas y tráigala a clase. Describa la foto en detalle. ¡Use su imaginación!

- ¿Cómo se llama?
- ¿De dónde es?
- ¿Dónde vive ahora? ¿Con quién(es) vive?
- ¿Cuántos años tiene?
- ¿Cuál es su fecha de nacimiento? ¿su signo?
- ¿Cómo es?
- ¿Qué ropa lleva?
- ¿Qué le gusta hacer?
- ¿ ?

Ahora, escriba una descripción de la foto. Incluya la información básica (vea las preguntas arriba) y otros detalles interesantes/descriptivos.

AA 7 (group). Using *De todo un poco A* as a model, divide students into groups of six. Students make up cards with fictitious names but with their real addresses and hobbies. The group secretary then reads the cards aloud and the group guesses who it is.

AA 8 (group; whole-class). Using *De todo un poco B* as a model, divide students into groups of two or three and ask them to write questions for famous people. After groups finish, ask for volunteers to read questions while you write them on the board in categories. Then have the whole class try to answer them.

¡Dígalo por escrito! The first part of this activity may be done in pairs and in class. The second part may be given as an extra-credit homework assignment.

En este segmento de video, usted va a conocer a dos primos de Ecuador, Paloma y José Miguel. También va a conocer a Gustavo, un amigo de Paloma.

Vea las actividades que corresponden al video en la sección *Videoteca* en el *Cuaderno de trabajo*.

VIDEOTECA

Vocabulario

Los meses del año	Months of the Year
enero	January

PALABRAS SEMEJANTES: febrero, marzo, abril, mayo, junio, julio, agosto, septiembre, octubre, noviembre, diciembre

Las estaciones	Seasons
la primavera	spring
el verano	summer
el otoño	fall, autumn
el invierno	winter

Los días de la semana	Days of the Week
el lunes	Monday
el martes	Tuesday
el miércoles	Wednesday
el jueves	Thursday
el viernes	Friday
el sábado	Saturday
el domingo	Sunday

¿Cuándo?	When?
ahora	now
anteayer	day before yesterday
¿A qué hora?	At what time?
ayer	yesterday
durante	during
hoy	today
mañana	tomorrow
pasado mañana	day after tomorrow
por la mañana / tarde / noche	in the morning / afternoon (evening) / night
temprano	early
todo el día	all day (long)

Los datos personales	Personal Data
la calle	street
la ciudadanía	citizenship
el cumpleaños	birthday
la dirección	address
¿Dónde vive usted (vives tú)?	Where do you live?
Vivo en...	I live in/at . . .

el estado civil	marital status
la fecha (de nacimiento)	date (of birth)
el lugar (de nacimiento)	place (of birth)
el peso	weight

PALABRAS SEMEJANTES: el pasaporte, el sexo
REPASO: el apellido, casado/a, divorciado/a, soltero/a, viudo/a

La hora	Time; Hour
la medianoche	midnight
el mediodía	noon
¿Qué hora es?	What time is it?
Es la una y media.	It is one-thirty.
Son las nueve menos diez (minutos).	It is ten (minutes) to nine.
Oye, ¿qué hora tienes?	Hey, what time do you have?
Perdón, ¿qué hora tiene?	Excuse me, what time do you have?
y cuarto / menos cuarto	quarter after / quarter to
y media	half past

Los deportes y los juegos	Sports and Games
el básquetbol (baloncesto)	basketball
el equipo	team
el estadio	stadium
el fútbol	soccer
el fútbol (norte)americano	football
jugar	to play
nadar (en una piscina)	to swim (in a pool)
el partido	game (in sports), match
patinar (en el hielo)	to skate (on ice)
pescar	to fish
practicar un deporte	to play a sport

PALABRAS SEMEJANTES: el bate, el béisbol, la competición, el tenis, el vóleibol

Las actividades	Activities
acampar	to camp (go camping)
andar en bicicleta/ en patineta	to ride a bicycle/ skateboard
cenar	to dine, have dinner
cocinar	to cook
comer	to eat
dormir	to sleep

escuchar (música)	to listen (to music)
hablar por teléfono	to talk on the phone
hacer	to do, to make
hacer ejercicio	to exercise
intercambiar mensajes electrónicos	to exchange e-mail
ir	to go
a fiestas	to parties
a la playa	to the beach
al cine	to the movies
de compras	shopping
jugar (en la nieve)	to play (in the snow)
leer	to read
el periódico	the newspaper
novelas	novels
revistas	magazines
sacar fotos	to take photos
salir (a bailar)	to go out (dancing)
trabajar	to work
ver	to see, to watch
la televisión	television
un partido de...	a . . . game of
una película	a movie
una telenovela	a soap opera

PALABRAS SEMEJANTES: explorar el Internet

• Palabras y expresiones del texto
Words and Expressions from the Text

el capítulo	chapter
describa(n)	describe (command)
¡Dígalo por escrito!	Say it in writing!
la firma	signature
Hágale preguntas a...	Ask . . . questions
la lectura	reading (n.)
se presenta	is shown
el refrán	saying
siguiente	next; following
sobre	about
trabaje(n)	work (command)
traiga(n)	bring (command)
vea(n)	see (command)

PALABRAS SEMEJANTES: corresponde, en detalle, incluya(n) (command), la nota cultural, la preferencia, use(n) (command)

• Palabras útiles
Useful Words

acerca de	about
casi	almost
correo electrónico	e-mail

las entradas (para un concierto)	tickets (for a concert)
el equipo de música	stereo
los esquíes	skis
el fin de semana	weekend
el/la guía de turistas	tourist guide
el jardín	garden
la mochila	backpack
navegar (por) el Internet	to surf the Internet
querer	to want
quiero	I want
quieres	you want
el reproductor para discos compactos	CD player
la teleguía	television guide
el televisor	television set

PALABRAS SEMEJANTES: el actor / la actriz, básico/a, la cámara digital, el canal, la correspondencia, la curiosidad, descriptivo/a, la discoteca, elegante, explorar el Internet, famoso/a, favorito/a, hispano/a, información, interesante, el operador / la operadora, panamericano/a, el presidente / la presidenta, la profesión, el programa, el restaurante, típico/a, las vacaciones

• Expresiones útiles
Useful Expressions

¿A quién le gusta... ?	Who likes to . . . ?
¿Cómo se escribe... ?	How do you spell . . . ?
¿Cómo te llamas (tú)?	What is your name?
¿Cuándo (Dónde) nació?	When (Where) were you (was he / she) born?
Nací el (en)...	I was born on (in) . . .
¡Felicidades!	Congratulations!
¡Feliz cumpleaños!	Happy Birthday!
No entendí bien.	I didn't understand well.
No lo creo	I don't believe it.
Por favor.	Please.
¡Qué aburrido!	How boring!
¡Qué divertido!	How fun!
¿Qué le/te/les gusta hacer?	What do you (pol. sing. / inf. sing. / pl.) like to do?
Le gusta...	He/She likes (You [pol. sing.] like) (to) . . .
Les gusta...	They/You (pl.) like (to) . . .
Te gusta...	You (inf.) like (to) . . .
(No) Me gusta...	I (don't) like (to) . . .
A mí también/ tampoco	I do too . . . / I don't either.
Ya es tarde.	It's late already.
Y tú, ¿qué dices?	And you? What do you say?

Gramática y ejercicios

100 = cien
101 = ciento uno
161 = ciento sesenta y uno
doscientos (200) hombres
doscientas (200) mujeres
quinientos (500) edificios
quinientas (500) sillas

1.1 **Counting: Numbers 100–1000 and Dates**

A. Here are the hundreds, from 100 to 1000. Note particularly the pronunciation and spelling of 500, 700, and 900. The word for *one hundred* is **cien**, but when combined with other numbers it is usually **ciento(s)**. From 200 to 900, there is also a feminine form.

154 ciento cincuenta y cuatro
200 doscientos/as
300 trescientos/as
400 cuatrocientos/as
500 quinientos/as
600 seiscientos/as
700 setecientos/as
800 ochocientos/as
900 novecientos/as
1000 mil

—¿Cuántos estudiantes de España hay en el grupo? ¿Hay **cien**?
—No, hay **ciento cincuenta y cuatro**.

—*How many students from Spain are in the group? Are there a hundred?*
—*No, there are one hundred and fifty-four.*

—¿Cuántas sillas hay?
—Hay **doscientas diez**.

—*How many chairs are there?*
—*There are two hundred and ten.*

B. To state a year in Spanish, use **mil** (1000) followed by hundreds in the masculine form (if necessary).

1832 mil ochocientos treinta y dos
1993 mil novecientos noventa y tres
2002 dos mil dos

1.1. This section focuses on dates. Here is additional information about using numbers in Spanish that we have *not* included in 1.1.; we recommend that you use it only if questions about these points arise. Spanish uses masculine forms to count: *cuatrocientos setenta y nueve* (479). Number words with hundreds agree in gender with the noun they modify: *doscientas mujeres*. The number *uno* (and its combinations) becomes *un* before a masculine noun and *una* before a feminine noun: *sesenta y un libros, noventa y una casas*.

5 = cinco
15 = quince
50 = cincuenta
500 = quinientos

7 = siete
70 = setenta
700 = setecientos

9 = nueve
90 = noventa
900 = novecientos

EJERCICIO 1

Diga las siguientes fechas.

1. 1876
2. 1588
3. 1775
4. 1991
5. 2000
6. 1945
7. 1011
8. 1929
9. 1615
10. 2025

Ej. 1. OGA: Dictate students' birthdays or famous dates in history and have students write down dates in numerals. The answers to this exercise in the answer key are written out to enable students to check themselves, but normally large numbers are not written out in Spanish or English.

1.2 Spelling: The Spanish Alphabet

LETTER	NAME	EXAMPLE	LETTER	NAME	EXAMPLE
a	a	Ana	ñ	eñe	Íñigo
b	be, be grande	Bárbara	o	o	Olga
c	ce	Celia	p	pe	Pedro
d	de	David	q	cu	Quintín
e	e	Ernesto	r	ere	Mario
f	efe	Franco	rr	erre, doble ere	Roberto
g	ge	Gerardo	s	ese	Sara
h	hache	Hortensia	t	te	Tomás
i	i	Isabel	u	u	Úrsula
j	jota	Juan	v	uve, ve chica	Vicente
k	ca	Kati	w	doble ve, uve doble	Walter
l	ele	Laura	x	equis	Ximena
m	eme	Miguel	y	i griega	Yolanda
n	ene	Nora	z	zeta	Zulema

> Learn how to spell your first and last names in Spanish; that is what you will be expected to spell most frequently.

1.2. This section is mainly for reference. Make sure students understand that Spanish speakers normally do not spell out complete words as English speakers do. Nor do Spanish-speaking children study spelling as a separate subject. (As far as we know, "spelling bees" do not exist in the Spanish-speaking world.) Keep in mind that the *Real Academia de la Lengua Española* recommends no distinction in pronunciation between the letters *b* and *v*, although many educated native speakers in Latin America have been taught that there should be a distinction, as there is in English or French.

Have students scan the *idiomas* ad below for the following information: *Esta escuela está en la Calle Purísima, ¿verdad? ¿Qué número? ¿Hay clases de inglés?*

A. Letters are feminine: **la «ele», la «i», la «equis».** The letter combinations **ll** (often referred to as **doble ele**) is pronounced like a *y*. The letter combinations **ch, ll,** and **rr** cannot be divided when splitting a word into syllables.*

B. **B** and **v** are pronounced identically, so speakers use different devices to differentiate them; the most common is to call one **la be grande** and the other **la ve chica** (or **la be larga** and **la ve corta**). Many people say **la be de burro, la ve de vaca** (b as in **burro**, v as in **vaca**). The letters **k** and **w** are used mostly in words of foreign origin: **kilo, whisky.**

C. Spanish speakers do not normally spell out entire words, but rather tend to refer only to the letters that might cause confusion. For example, if the name is **Rodríguez**, one might ask: **¿Se escribe con *zeta* o con *ese*?** (*Is it written with a z or with an s?*) Common spelling questions asked by most Latin Americans are the following.

s, z	¿Con **ese** o con **zeta**?		y, ll	¿Con **i griega** o con **doble ele**?
c, s	¿Con **ce** o con **ese**?		g, j	¿Con **ge** o con **jota**?
c, z	¿Con **ce** o con **zeta**?		v, b	¿Con **ve chica** o con **be grande**?

Because the letter **h** is never pronounced in Spanish, a common question is: **¿Con o sin *hache*?** (*With or without h?*)

Only with foreign words (or perhaps very unfamiliar Spanish words) do Spanish speakers spell out the entire word.

ÁPRENDER IDIOMAS

es más fácil entre amigos

CURSOS
INTENSIVOS
DE VERANO
inglés
alemán
francés
castellano

Inscripciones
abiertas

Purísima 53 Teléfono 773294

¿de español? ¿Es el número de teléfono el 773296? (Repeat the number several times, making a mistake each time.) Note that the word *castellano* (from the provinces of Castille in Spain) is used in several countries as a synonym for *español*.

---

*Until recently, the letter combinations **ch** and **ll** were considered single units, had separate names (**che** and **elle**), and affected alphabetization (for example, **chico** after **cumpleaños, llamar** after **luna**). You will still see this pattern of alphabetization in many dictionaries and textbooks.

—¿Cómo se escribe *Dorwick,* por favor?
—Se escribe: **de, o, ere, doble ve, i, ce, ca.**
—Gracias.

Ej. 2. This exercise can be successfully done in class if questions are read aloud so students can hear the word in question. The whole class answers.

EJERCICIO 2

Escoja la respuesta correcta.

MODELO: ¿Cómo se escribe _____ apato?
      ⓐ con zeta
      b. con ese

1. ¿Cómo se escribe _____ ien?
   a. con ce
   b. con zeta
2. ¿Cómo se escribe _____ aponés?
   a. con ge
   b. con jota
3. ¿Cómo se escribe nue _____ o?
   a. con ve chica
   b. con be grande
4. ¿Cómo se escribe _____ iudad?
   a. con ce
   b. con ese
5. ¿Cómo se escribe _____ amar?
   a. con doble ele
   b. con i griega (y)

6. ¿Cómo se escribe _____ ermano?
   a. con hache
   b. sin hache
7. ¿Cómo se escribe amari _____ o?
   a. con doble ele
   b. con i griega (y)
8. ¿Cómo se escribe _____ ombre?
   a. con hache
   b. sin hache
9. ¿Cómo se escribe piza _____ a?
   a. con ere
   b. con erre
10. ¿Cómo se escribe ma _____ or?
    a. con doble ele
    b. con i griega (y)

¿RECUERDA?

In **Gramática A.6** you learned that Spanish verbs change endings, letting you know who is performing the action. You saw these endings for regular **-ar** verbs, like **hablar,** in **Gramática C.5.** The verb form that appears in the dictionary and in most vocabulary lists, however, is the *infinitive;* Spanish infinitives always end in **-ar, -er,** or **-ir.** The endings are added to the *stem* (the infinitive minus **-ar, -er,** or **-ir**).

1.3 Talking about Habitual Actions: Present Tense of Regular -er and -ir Verbs

Following are the present-tense conjugations of the regular **-er** and **-ir** verbs **leer** and **vivir.**[*]

1.3. The emphasis in this section is on the verbs *vivir* and *leer;* *-er* and *-ir* endings occur again in the grammar of *Capítulo 3.*

leer (to read)		
(yo)	le**o**	I read
(tú)	le**es**	you (inf. sing.) read
(usted, él/ella)	le**e**	you (pol. sing.) read; he/she reads
(nosotros/as)	le**emos**	we read
(vosotros/as)	le**éis**	you (inf. pl., Spain) read
(ustedes, ellos/as)	le**en**	you (pl.) read; they read

[*]For recognition: **vos leés, vivís**

vivir (to live)	
(yo) **vivo**	*I live*
(tú) **vives**	*you (inf. sing.) live*
(usted, él/ella) **vive**	*you (pol. sing.) live; he/she lives*
(nosotros/as) **vivimos**	*we live*
(vosotros/as) **vivís**	*you (inf. pl., Spain) live*
(ustedes, ellos/as) **viven**	*you (pl.) live; they live*

It takes time to acquire these endings. As you read, listen, and interact more in Spanish, you will be able to use them with greater accuracy.

Remember that, because Spanish verb endings indicate in many cases who or what the subject is, it is not necessary to use subject pronouns in every sentence.

—¿Dónde vives?   —*Where do you live?*
—Vivo en San Juan.   —*I live in San Juan.*

EJERCICIO 3

Complete estas oraciones con la forma correcta del verbo **leer.**

leer = *to read*

1. Muchos españoles _____ el periódico *El País.*
2. ¿_____ (tú) muchas novelas?
3. Mi amigo _____ la Biblia todos los días.
4. (Yo) _____ libros en español.
5. Profesora, ¿_____ (usted) muchas composiciones?

EJERCICIO 4

Complete estas oraciones con la forma correcta del verbo **vivir.**

vivir = *to live*

1. Pablo _____ en Texas.
2. (Nosotros) No _____ en México.
3. Susana y sus hijos _____ en Perú.
4. ¿_____ (vosotros) en España?
5. (Yo) _____ en los Estados Unidos.
6. ¿_____ (ustedes) en Panamá?

1.4 Asking Questions: Question Formation

You have already seen and heard many questions in Spanish.

¿Cómo se llama usted?
¿Qué hora es?
¿Cuándo nació José?
¿Es alto Guillermo?
¿Habla usted español?
¿Tienen (ustedes) hijos?
¿Eres (tú) sincera?
¿Qué tiene Amanda?

1.4. Although English-speaking students have seen and heard many questions in Spanish by now, when they compose they often search for the English question markers *do* and *does.*

OGD: Remind students that Spanish does not use *do* or *does* to form questions and that one simply inverts the verb and the subject.

¿RECUERDA?

As you saw in **Gramática C.5** and **1.3,** Spanish verb endings usually indicate who the subject is, so it is generally not necessary to use subject pronouns (**tú, usted, él/ella, nosotros/as, vosotros/as, ustedes, ellos/as**) in questions.

¿Tienes (tú) teléfono?
¿Dónde vive (ella)?
¿Cómo se llaman (ustedes)?

A. Statements in Spanish are normally formed by using a subject, then the verb, and then an object and/or description.

Ernestito tiene un perro grande.

subject *verb* *object* *adjective*

Amanda es delgada.

subject *verb* *adjective*

Negative statements are formed by using a negative immediately before the verb.

Ernestito no tiene un perro grande.

Amanda no es delgada.

Questions, however, are generally formed by placing the subject after the verb, with any object and/or description either following or preceding the subject. Here are some examples of questions and answers or statements.

QUESTION: ¿Vive en Perú Susana? *Does Susana live in Peru?*
ANSWER: Sí, Susana vive en Perú. *Yes, Susana lives in Peru.*

QUESTION: ¿Tiene Ernestito un perro grande? *Does Ernestito have a large dog?*
ANSWER: Sí, Ernestito tiene un perro grande. *Yes, Ernestito has a large dog.*

QUESTION: ¿Es gorda Amanda? *Is Amanda fat?*
ANSWER: No, Amanda no es gorda; es delgada. *No, Amanda is not fat; she's thin.*

QUESTION: ¿(Tú) Lees muchas novelas? *Do you read a lot of novels?*
ANSWER: Sí, leo muchas novelas. *Yes, I read a lot of novels.*

QUESTION: ¿Hablan español ellos? *Do they speak Spanish?*
ANSWER: No, ellos no hablan español; hablan árabe. *No, they don't speak Spanish; they speak Arabic.*

Note that in Spanish no additional words, such as *does* or *do,* are needed to turn a statement into a question.

B. Sometimes interrogative (question) words like **¿Qué?, ¿Cuándo?, ¿(De) Quién?, ¿Dónde?, ¿Cuántos?, ¿Cómo?, ¿Cuál?,** or **¿Por qué?** are used. These words are placed at the beginning of the question, before the verb.

¿**Cuántos** años tiene Guillermo?   ¿**Cómo** está usted?
¿**Qué** tiene Ernestito?   ¿**Quién** es ese muchacho?
¿**Dónde** vive Susana?   ¿**Cuándo** nació usted?
¿**De quién** es el coche nuevo?   ¿**Por qué** no hablamos inglés en
¿**Cuál** es tu número de teléfono?   clase?

> Question words always
> have a written accent.
> **¿Qué?** = What?
> **¿Cuándo?** = When?
> **¿Quién(es)?** = Who?
> **¿De quién?** = Whose?
> **¿Dónde?** = Where?
> **¿Cuánto/a/os/as?** =
>   How much? / How
>   many?
> **¿Cómo?** = How?;
>   What?
> **¿Cuál(es)?** = Which?;
>   What?
> **¿Por qué?** = Why?

EJERCICIO 5

Cambie las siguientes oraciones por preguntas.

MODELO: Amanda tiene 14 años. →
¿Cuántos años tiene Amanda?

1. Rubén Hernández vive en Florida.
2. Susana habla japonés.
3. Usted se llama Pedro Ruiz.
4. Ernesto y Estela tienen tres hijos.
5. Tú eres estudiante.

EJERCICIO 6

Haga todas las preguntas posibles según los dibujos.

MODELO: →
¿Estás cansado? / ¿Cómo estás?

Ej. 6. This exercise may be done in class in pairs.

1. 2. 3.

4. 5.

1.5 Telling Time: Hours and Minutes

The phrase **¿Qué hora es?** is often used in Spanish to ask what time it is. Another common question is **¿Qué hora tiene usted?** (*What time do you have?*) In both cases, the answer usually begins with **son.**

—¿Qué hora es? —*What time is it?*
—**Son** las tres. —*It's three o'clock.*

¿Qué hora es? = *What time is it?*
1.15: Es la una y cuarto.
2.30: Son las dos y media.
3.25: Son las tres y veinticinco.
5.45: Son las seis menos cuarto.

1.5. Some Spanish speakers prefer the *menos* construction, others the preposition *para.*

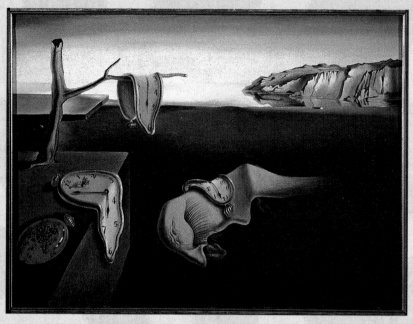

Salvador Dalí, pintor español, *La persistencia de la memoria*

Es (not **son**) is used to tell the time with one o'clock and between one o'clock and two o'clock.

—¿**Es** la una?	—*Is it one o'clock?*
—No, **es** la una y veinte.	—*No, it's one twenty.*

Use **y** (*and*) to express minutes after the hour.

—¿Son las seis **y** diez?	—*Is it ten after six?*
—No, son las seis **y** veinte.	—*No, it's twenty after six.*

Use **menos** (*less*) or **para** (*to, till*) to express minutes before the hour.

Son las siete **menos** veinte.	*It's twenty to seven. (Literally: It's seven less twenty.)*
Son veinte **para** las siete.	*It's twenty to (till) seven.*

Use **cuarto** (*quarter*) and **media** (*half*) for fifteen and thirty minutes, respectively.

—¿Qué hora tiene usted?	—*What time do you have?*
—Son las tres y **cuarto** (**media**).	—*It's a quarter after (half past) three.*

a **la una** = *at one o'clock*
a **las siete menos cuarto** = *at six forty-five*

Use **a** to express *when* (*at what time*) an event occurs.

a la una	*at one o'clock*
a las cuatro y media	*at four thirty*
Tengo clase **a** las nueve.	*I have class at nine.*
El concierto es **a** las ocho.	*The concert is at eight.*

EJERCICIO 7

¿Qué hora es?

MODELOS: 2:20 → *Son las dos y veinte.*
2:40 → *Son las tres menos veinte.*

I. 4:20	**5.** 7:07	**9.** 12:30
2. 6:15	**6.** 5:30	**10.** 5:15
3. 8:13	**7.** 3:00	
4. 1:10	**8.** 1:49	

EJERCICIO 8

¿A qué hora es?

MODELO: ¿A qué hora es el concierto? (8:30) → El concierto es a las ocho y media.

I. ¿A qué hora es la clase de español? (11:00)
2. ¿A qué hora es el baile? (9:30)
3. ¿A qué hora es la conferencia? (10:00)
4. ¿A qué hora es la clase de álgebra? (1:00)
5. ¿A qué hora es la fiesta del Club Internacional? (7:30)

1.6 Expressing Likes and Dislikes: *gustar* + Infinitive

A. The Spanish verb **gustar** expresses the meaning of English *to like.* From a grammatical point of view, however, it is similar to the English expression *to be pleasing to someone.**

Me gusta leer.	*I like to read. (Reading is pleasing to me.)*

Gustar is usually used with pronouns that tell *to whom* something is pleasing. Here are the pronoun forms.†

SINGULAR		PLURAL	
me	*to me*	nos	*to us*
te	*to you (inf. sing.)*	os	*to you (inf. pl., Spain)*
le	*to you (pol. sing.); to him/her*	les	*to you (pl.); to them*

—¿Qué **te** gusta hacer?
—**Me** gusta aprender cosas nuevas.

—*What do you like to do?*
—*I like to learn new things.*

—¿Qué **les** gusta hacer?
—**Nos** gusta cocinar.

—*What do you like to do?*
—*We like to cook.*

---

*You will learn more about the verb **gustar** and similar verbs in **Gramática 8.2.**
†Recognition: **(A vos) Te gusta**

1.6. Students normally only learn to produce the singular forms as memorized patterns (*me gusta, te gusta, le gusta*). Oral activities focus on comprehension and production of a large number of activities, not on indirect object pronouns or on *gustar* itself. Point B introduces prepositional

Gustar is used to express likes and dislikes.

Me gusta bailar. (*I like to dance.*)

¿Te **gusta patinar?** (*Do you like to skate?*)
A Ernestito *le* gusta jugar al fútbol.
(*Ernestito likes to play soccer.*)
A Estela y a Ernesto *les* gusta ir al cine.
(*Estela and Ernesto like to go to the movies.*)
Nos **gusta cocinar.**
(*We like to cook.*)

phrases as clarifiers of the indirect object pronoun, since you will often need to use them in your input. We do not expect most students to produce prepositional phrases with *gustar. Gustar* will reoccur, emphasizing pronoun use, in *Gramática 8.2.* The *gusta/gustan* contrast is not described in this chapter.

B. Since **le gusta** can refer to *you* (*pol. sing.*), *him,* or *her,* and **les gusta** can refer to *you* (*pl.*) or *them,* Spanish speakers often expand the sentence to be more specific. They use phrases with **a** (*to*), such as **a mi papá** (*to my father*), **a Juan** (*to Juan*), or **a los estudiantes** (*to the students*), in addition to using the pronoun **le** or **les.***

A Carmen le gusta cantar.	*Carmen likes to sing.*
—¿**A usted le** gusta lavar su carro?	—*Do you like to wash your car?*
—No, no **me** gusta.	—*No, I don't like to.*
—¿**Les** gusta acampar **a Guillermo y a Ernestito?**	—*Do Guillermo and Ernestito like to go camping?*
—Sí, **les** gusta mucho.	—*Yes, they like to very much.*

C. The verb form that follows **gustar** is an infinitive, such as **hablar** (*to speak*), **leer** (*to read*), or **vivir** (*to live*).

PRONOUN	+	*gusta*	+	INFINITIVE
me				estudiar (*to study*)
te				jugar (*to play*)
le				comer (*to eat*)
nos	+	gusta	+	correr (*to run*)
os				competir (*to compete*)
les				escribir (*to write*)

EJERCICIO 9

¿Qué les gusta hacer a Ernestito y a Guillermo? Complete los diálogos con **me, te, les** o **nos.**

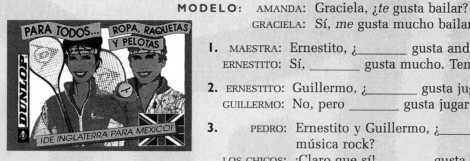

> **MODELO:** AMANDA: Graciela, ¿*te* gusta bailar?
> GRACIELA: Sí, *me* gusta mucho bailar.

1. MAESTRA: Ernestito, ¿_____ gusta andar en bicicleta?
ERNESTITO: Sí, _____ gusta mucho. Tengo una bici nueva.

2. ERNESTITO: Guillermo, ¿_____ gusta jugar al béisbol?
GUILLERMO: No, pero _____ gusta jugar al fútbol.

3. PEDRO: Ernestito y Guillermo, ¿_____ gusta escuchar la música rock?
LOS CHICOS: ¡Claro que sí! _____ gusta mucho.

---

*You will learn more about phrases with **a, le,** and **les** in **Gramática 7.4, 8.2, 10.5, 13.4,** and **13.5.**

EJERCICIO 10

¿Qué le(s) gusta hacer a las siguientes personas?

1. A Ernestito _____ gusta _____.

2. A Estela (la madre de Ernestito) no _____ gusta _____.

3. A Clarisa y a Marisa (las primas de Ernestito) _____ gusta
_____.

4. A Ernestito _____ gusta _____.

5. Al perro _____ gusta _____.

6. A mí _____ gusta _____.

Capítulo 2

M E T A S

In **Capítulo 2** you will discuss your plans for the future and your preferences. You will also talk about your classes and the weather.

Sobre el artista:
Miguel Suárez-Pierra nació en Ecuador. Este premiado artista se graduó de arquitecto en la Universidad Católica de Guayaquil. También tiene experiencia como profesor de arte para jóvenes. Su arte se expone en muchas galerías en Ecuador y los Estados Unidos.

Green Bananas, por Miguel Suárez-Pierra, de Ecuador

Goals—Capítulo 2
The purpose of this chapter is to expand students' ability to understand and produce longer utterances. They will learn to use *ir + a, querer,* and *preferir* + infinitive to discuss plans, desires, and preferences. Ordinal numbers and weather expressions are also introduced.

Pre-Text Oral Activities
1. Use an association activity to introduce *ir* in the "informal future" construction: *ir + a +* infinitive. Ask students to think about something they are going to do during the weekend. Write on board: *El próximo fin de semana, yo voy a _____.*
   Encourage students to name the activity in English so that you can give the Spanish equivalent and introduce new infinitives. Expand each response. Sample input: *Ricardo, ¿qué va a hacer el próximo fin de semana?* (go to a party) *Se dice «Voy a ir a una fiesta.» ¡Qué alegre! Una fiesta. ¿Va solo o con amigos?*
2. Use an association activity to introduce the names of classes students are taking. We suggest using the expression *¿Qué clases tienen este semestre/trimestre?,* although native speakers use a variety of expressions (*llevar/tener/tomar clases/cursos/materias*). Have each student name one class; then supply the Spanish equivalent. Point out that curricula in Hispanic countries are not exactly equivalent, so sometimes classes do not correspond exactly. Try to include common core

ACTIVIDADES DE COMUNICACIÓN	LECTURAS Y CULTURA	GRAMÁTICA Y EJERCICIOS
• Los planes • Las clases • Las preferencias y los deseos • El tiempo **EN RESUMEN**	• **Lectura** Los amigos hispanos: Nora Morales • **Nota cultural** ¡Vamos a pasear! • **Ventanas culturales** Nuestra comunidad: Carmen Zapata y el teatro bilingüe • **El mundo hispano** La gente	**2.1** Expressing Future Plans: **ir** + **a** + Infinitive **2.2** Sequencing: Ordinal Adjectives **2.3** Stating Preferences and Desires: **preferir** and **querer** + Infinitive **2.4** Making Suggestions: *Let's* **2.5** Describing the Weather: Common Expressions

Mis planes y preferencias

PREGUNTAS DE COMUNICACIÓN

- ¿Qué va a hacer usted hoy después de clases? ¿Va a estudiar en la biblioteca o va a trabajar?

- ¿Qué le gusta hacer en su tiempo libre? ¿Prefiere salir a cenar o ver una película en casa?

- Si hace buen tiempo, ¿pasea por el centro o prefiere andar en patineta?

- ¿Qué prefiere hacer cuando llueve? ¿Le gusta salir a pasear o prefiere leer un buen libro en casa?

subjects: *biología, sociología, antropología, literatura*. The term *la informática* is used here to mean data processing. **3.** Use your PF to introduce weather terms (*hace frío/calor*) as you review vocabulary and structures from previous lessons. Sample input: ¿*Qué hay en esta foto?* (*mujer*) *Sí, hay una mujer.* ¿*Qué le gusta hacer?* (*nadar*) *Sí, le gusta nadar.* ¿*Hace frío?* (use gestures) (*no*) *No, no hace frío, ¿verdad? Hace calor* (use gestures).

MULTIMEDIA ▼

 Visit the *Dos mundos* Website at www.mhhe.com/dosmundos for additional activities, links, and other resources.

 The video to accompany *Dos mundos* includes cultural footage on Ecuador.

 The multimedia CD-ROM to accompany *Dos mundos* offers a variety of activities to review vocabulary and grammar from this chapter. You will also find additional cultural information and video clips.

Actividades de comunicación y lecturas

Los planes. These are the Ruiz's weekend activities. Ask questions such as: *¿Qué van a hacer Pedro y Andrea el viernes?* Then ask students the same questions: *Y ustedes, ¿van a ir al cine el viernes también?*

✳ Los planes

Some of the activities in this display may have come up in Pre-Text Oral Activity 1 or other previous association activities. However, many of the words in this display and in subsequent activities will be new to students. Be sure to verify class comprehension of all vocabulary in the display and the activities of this section as you proceed through these materials.

See IRK for additional activities: *Los planes.*

Lea Gramática 2.1.

Andrea Ruiz habla de los planes de su familia para el fin de semana

También vamos a bailar en una discoteca.

El viernes por la noche Pedro y yo vamos a ver una película.

El sábado Pedro y las niñas van a lavar el carro.

El sábado por la tarde, Pedro y yo vamos a dar una fiesta.

El domingo por la mañana, vamos a ir a misa con las niñas.

Luego vamos a almorzar en un restaurante.

El domingo por la tarde Pedro va a escribir una carta.

Act. 1. Preferencias (whole-class; pair). Students answer *sí/no* and write in their own personal variants.

Follow-Up: Suggest whole-class discussion of personal variants or pair students to make statements and comments using expressions under *Y tú, ¿qué dices?* You may want to write expressions from a previous *Y tú, ¿qué dices?* activity on the board. (See page 64.) E1: *Durante las vacaciones mis amigos y yo vamos a descansar.* E2: *Yo también.*

ACTIVIDAD 1   Preferencias: Los planes

Hable de sus planes. También agregue otra actividad en cada caso.

1. El sábado por la mañana voy a...
   a. reparar mi carro.
   b. pasear por el centro.
   c. dormir.
   d. ¿ ?

2. El viernes por la noche mis amigos van a...
   a. salir a cenar.
   b. bailar en un club.
   c. dar una fiesta.
   d. ¿ ?

3. El domingo por la tarde voy a...
   a. limpiar mi cuarto.
   b. practicar algún deporte.
   c. ir al cine.
   d. ¿ ?

4. Durante las vacaciones mis amigos y yo vamos a...
   a. viajar.
   b. descansar.
   c. jugar al tenis.
   d. ¿ ?

5. Este invierno voy a...
   a. esquiar.
   b. estudiar mucho.
   c. patinar en el hielo.
   d. ¿ ?

▶ **Y TÚ, ¿QUÉ DICES?**

¡Qué aburrido!	¿Dónde?	Yo también.
¡Qué divertido!	¿Con quién?	Yo no.
¡Qué buena idea!	¿Cuándo? / ¿A qué hora?	

MODELO: E1: El domingo por la tarde voy a *limpiar mi cuarto.*
E2: *¡Qué aburrido!*

ACTIVIDAD 2   Narración: ¿Qué va a hacer Carmen el sábado?

▶ **PALABRAS ÚTILES**

primero	por la tarde
luego	por la noche
después	finalmente
más tarde	por último
por la mañana	

Act. 2. Narración (whole-class; pair) (See IM, Narration Series.) Students in pairs may alternate narrating these activities, drawing by drawing or row by row. You may find it helpful to use the overhead transparency to review this activity on the same day or the following day. *¿Qué va a hacer Carmen el sábado?* **1.** *Va a dormir hasta las 9:00.* **2.** *Va a desayunar cereal y café.* **3.** *Va a hablar por teléfono con una amiga.* **4.** *Va a leer el periódico.* **5.** *Va a jugar con su perro.* **6.** *Va a lavar el carro.* **7.** *Va a charlar con su amigo Alberto.* **8.** *Va a almorzar en un restaurante.* **9.** *Va a descansar (tomar una siesta).* **10.** *Va a jugar al tenis.* **11.** *Va a ir a la piscina para nadar.* **12.** *Va a limpiar su cuarto.* **13.** *Va a ir de compras.* **14.** *Va a ver su programa favorito en la televisión.* **15.** *Va a salir a bailar en una discoteca.*

Act. 3. Entrevista (pair). Have students scan the activity for unfamiliar vocabulary. Model both parts and then divide students into pairs.

ACTIVIDAD 3   Entrevista: Tus planes

Pregúntele a su compañero/a qué va a hacer en las siguientes ocasiones.

MODELO: E1: ¿Qué vas a hacer *en tu próximo cumpleaños?*
E2: Voy a *salir a cenar con mi familia.*

OCASIONES	ACTIVIDADES	
en tu próximo cumpleaños	acampar	viajar
hoy, después de clases	ir al cine	salir a cenar
esta noche	descansar	estudiar
el próximo fin de semana	ir a la playa	nadar en un lago/río
durante las próximas vacaciones	trabajar	ir a muchas fiestas
el próximo verano	ver la televisión	ir de compras
el viernes por la noche	leer un buen libro	

Act. 4. Intercambios (whole-class; pair). Have students scan the realia first and allow them to ask questions about vocabulary. This authentic material has large amounts of vocabulary; remind students that they do not need to understand every word. Model the interaction by playing both parts several times. Pair students and circulate to help with pronunciation and answer any questions they may have.

You may want to refer students to the Internet and ask them to explore other activities available in Madrid.

ACTIVIDAD 4   Intercambios: Madrid en el verano

Imagínese que usted está en Madrid en el mes de julio. Mire la lista de actividades posibles y decida qué va a hacer.

MODELO: E1: Voy a *nadar en la piscina.*
E2: ¿Dónde?
E1: En *el Polideportivo de San Blas.*

Actividades posibles: jugar al boliche, levantar pesas, nadar, pasear en barca, salir a bailar, salir a cenar, tomar el sol, ver los animales, viajar a la ciudad en tren

▶ **PREGUNTAS Y RESPUESTAS ÚTILES**

¿Cuánto cuesta la entrada?	Cuesta *650* pesetas.
¿Dónde está?	Está en *la calle Alcalá.*
¿A qué hora abren/cierran?	Abren/Cierran a *las 9:00.*
¿A qué hora sale/llega el tren?	Sale/Llega a *las 10:30.*
¿En qué restaurante (piscina, ...)?	En *el Café de Oriente.*

Madrid en verano

Barcas

En los lagos del Retiro y la Casa de Campo y en el río Manzanares, a la altura del puente de Segovia. Desde las 10 de la mañana a la puesta del sol. El precio oscila entre 340 pesetas que cuesta una barca para dos personas y 220 pesetas por persona cuando son tres o más. Paseos de una hora.

Trenes turísticos

•Trenes de ida y regreso en el día: «Ciudad de Toledo» (electrotrén, domingos). Salida de Chamartín a las 9,05 h.; regreso de Toledo a las 19,45 h. Precio: adultos, 2.050 pesetas; niños de cuatro a doce años, 1.400 pesetas.
«Murallas de Ávila» (sábados). Salida de Chamartín a las 9,15 h.; regreso de Ávila a las 19,40 h. Precios: adultos, 1.650 pesetas; niños de cuatro a doce años, 1.200 pesetas.
•Trenes de fin de semana: «Tierras del Cid» (TER). Salida de Chamartín el sábado a las 8,30 h.; regreso de Burgos el domingo a las 17,45 h. «Ciudad Encantada de Cuenca» (TER). Salida de Atocha

los sábados a las 9,30 h.; regreso de Cuenca, el domingo a las 19 h.

Parques acuáticos

Acuópolis. Toboganes, Rompeolas, Atlantic-Surf, Lago de la Aventura, Poblado del Oeste. Restaurantes, Terrazas, Parking gratuito. Abierto todos los días de 1 a 20 h. Precios: adultos, 1.750 ptas.; menores de catorce años, 1.150 ptas.
Lagosur. Km. 9 carretera de Toledo a Leganés (Leganés). Abierto de 11 a 19 h. Precios: adultos, 1.550 ptas. Viernes y sábado abierto también desde las 23 h. hasta la madrugada. Precios: hombres, 1.400 ptas.; mujeres, 900 ptas., con derecho a consumición.

Boleras

Bolera Club Stella. Arlabán, 7. Tel. 231 01 92.
Bowling Chamartín. Estación de Chamartín. Tel. 91 315 71 19.

Gimnasios

Gimnasio Ángel López. Primer Centro Polaris de España. Squash (nueva instalación), karate, gimna-

sia, pesas, aerobic, gim-jazz, ballet infantil y adulto, baile español y rítmica. Amparo Usera, 14.
Gimnasio Argüelles. Karate, squash, aerobic, gimnasia, jazz, culturismo, musculación. Máquinas Polaris. Andrés Mellado, 21-23.

Piscinas

Municipales
Los precios de estas piscinas del Ayuntamiento son de 400 pesetas para los adultos y 175 para los niños. El horario de las piscinas es de 10 a 20 h., ininterrumpidamente.
Centro. Polideportivo de la Latina (plaza de la Cebada, 1), una piscina climatizada.
Ciudad Lineal. Polideportivo de la Concepción (Virgen del Portillo, s/n.), una piscina climatizada y una olímpica.
San Blas. Polideportivo de San Blas (avda. de Hellín, 79), una piscina climatizada, una olímpica, una para nadadores no expertos, una infantil y una piscina de 1.875 metros cuadrados.

Discotecas al aire libre

La Fiesta. Paseo Virgen del Puerto (puente Segovia).
El Jardín Del Sur. Disco-piscina. Ctra. Toledo, km. 8. Tels. 91 688 13 35 y 688 92 83.
Oh! Madrid. Disco-piscina. Ctra. Coruña, km. 8,700 (dirección Madrid). Tel. 91 207 86 97.

Restaurantes con terraza

Café Oriente. Pza. de Oriente, 2. Tels. 91 241 39 74 y 91 247 15 64.
Casa Domingo. Alcalá, 39. Tel. 91 276 01 37.
Casa Mingo. Pº. de la Florida, 2. Tel. 91 247 79 18.
Casa Rafa. Narváez, 68. Tel. 91 273 10 87.
Cuarto y Mitad. Bolivia, 21. Tel. 91 250 83 84.
Currito. Pabellón de Vizcaya de la Feria del Campo. Tel. 91 464 57 04.

Zoo

Casa de Campo. Tels. 91 711 98 50/ 54 16. Metro Batán. Horario apertura, 10 h. Cierre del parque, 21, 30 h. Menores de ocho años, 690 pesetas; mayores, 880 pesetas. Pases delfinario: mañana y tarde.

✳ Las clases

Las clases. Use display to introduce the names of classes you did not introduce in Pre-Text Oral Activities. Introduce the pattern *¿A qué hora tiene(s) clase de _____?* Ask questions about the two schedules. Expand questions to compare schedules with your students. **Suggestion:** Have two students write their schedules on the board. Ask *¿A qué hora tiene _____ clase de _____?* Pair students and have them ask each other questions based on the two schedules in the text or the two schedules on the board. *¿A qué hora tiene clase de informática Rogelio? ¿Qué clase tiene Carla los lunes a las 9:00?*

Lea Gramática 2.2.

Some of the subjects in this display may have come up in Pre-Text Oral Activity 2. However, many of the words in this display and in subsequent activities will be new to students. Be sure to verify class comprehension of all vocabulary in the display and the

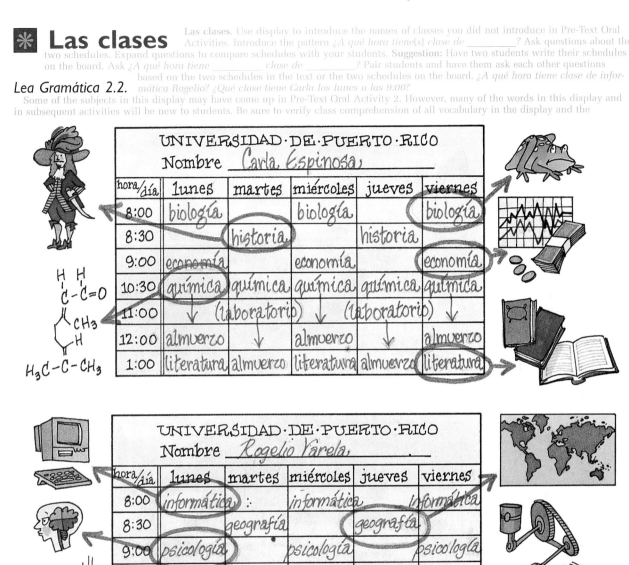

UNIVERSIDAD · DE · PUERTO · RICO
Nombre _Carla Espinosa_

hora/día	lunes	martes	miércoles	jueves	viernes
8:00	biología		biología		biología
8:30		historia		historia	
9:00	economía		economía		economía
10:30	química	química	química	química	química
11:00	↓	(laboratorio)	↓	(laboratorio)	↓
12:00	almuerzo	↓	almuerzo	↓	almuerzo
1:00	literatura	almuerzo	literatura	almuerzo	literatura

UNIVERSIDAD · DE · PUERTO · RICO
Nombre _Rogelio Varela_

hora/día	lunes	martes	miércoles	jueves	viernes
8:00	informática	:	informática		informática
8:30		geografía		geografía	
9:00	psicología		psicología		psicología
11:00					
12:00		física		física	
2:00	ingeniería		ingeniería		ingeniería

$H_3C - C - CH_3$

$a = \dfrac{F}{m}$

activities of this section as you proceed through these materials.
See IRK for additional activities: *Las clases.*

ACTIVIDAD 5   Diálogo abierto: Las clases

Hable de sus clases con su compañero/a.

E1: Tengo _cuatro_ clases este semestre (trimestre).

E2: Yo tengo _cinco._

E1: ¿Son muy difíciles?

E2: Solamente la clase de _física_ es difícil. Las otras son fáciles. (Todas son difíciles.)

E1: Mi clase de _arte_ es _difícil_ pero muy _interesante._

E2: No tengo clase de _arte,_ pero sí tengo una clase de _sociología_ que me gusta mucho.

Act. 5. Diálogo abierto (whole-class; pair). Model with entire class, then write possible filler words on the board: *difícil, aburrida, interesante, divertida,* etc. Have students work in pairs to change the dialogue to fit their own situations, using the classes they are currently taking.

COLEGIO
ANGLO
MEXICANO
DE COYOACAN
Secundaria-Preparatoria

Buscamos la eficiencia a la primera vez, así
como el liderazgo de excelencia.

El colegio te incluye las asignaturas de oratoria,
cultura empresarial y computación, que son las
materias que te darán apoyo, cultura y desarrollo
pleno de tu potencial.

EXÁMENES DE ADMISIÓN:
18 y 25 de julio y 1 de agosto

INICIO DE CURSOS:
1° de septiembre

H. Escuela Naval Militar 42
(casi esquina con Taxqueña)
Col. San Francisco Culhuacán
(a 1 kilómetro del metro Taxqueña)

¡OJO!

En México, los estudiantes asisten primero a la escuela primaria por seis años. Luego, pasan a la escuela secundaria donde cursan primer, segundo y tercer año de secundaria. Después, van a la preparatoria, que ofrece las materias necesarias para entrar a la universidad. Al terminar, entran a la universidad para seguir los cursos profesionales.

ACTIVIDAD 6   Intercambios: Las clases

Ramón tiene muchas clases en su primer año de preparatoria. Pregúntele a su compañero/a cuál es la primera (segunda, tercera, cuarta, etcétera) clase de Ramón, a qué hora es y quién es el profesor/la profesora.

Act. 6. Intercambios (whole-class; pair). Use this activity to provide input containing ordinal numbers and to review classes. Ask class several questions: *¿Cuál es la tercera clase de Ramón?* (geografía) *Sí, su tercera clase es geografía. Y ¿quién es el profesor?* (Daniel Contino) *Sí, es el profesor Contino.* Model interaction so students understand what questions they are to ask and answer and then pair them up.

MODELO: E1: ¿Cuál es la *primera* clase de Ramón?
E2: Su primera clase es la clase de *inglés.*
E1: ¿A qué hora es?
E2: Es a *las 7:45.*
E1: ¿Quién es el profesor o la profesora?
E2: Es *el señor García.*

Explain that in Mexico *preparatoria* is not a prep school but more like a community college

SAGRADO CORAZÓN

Nombre: Ramón Gómez   Año: Primero de preparatoria

hora	materia	salón de clase	profesor(a)
7:45→8:30	inglés	403	Manuel García
8:40→9:25	matemáticas	207	Eugenia Ibarra
9:35→10:20	geografía	201	Daniel Contino
10:30→11:05	alemán	402	Alma Morales de Braun
11:05→11:20	descanso		
11:30→12:15	literatura española	405	Consuelo Acuña de Ramos
12:25→1:10	historia de México	408	Héctor Magaña M.
1:20→3:20	almuerzo		
3:30→4:15	biología	214	Isabel Santizo de Barragán
4:25→5:10	música	311	Víctor Álvarez

ACTIVIDAD 7   Entrevista: Las clases

where university-bound students take classes roughly equivalent to lower division requirements in U.S. colleges.

1. E1: ¿Qué clases tienes este semestre/trimestre?
   E2: Tengo _____, _____ y _____.

2. E1: ¿Cuál es tu clase favorita? ¿A qué hora es?
   E2: Mi clase favorita es la de _____. Es a la(s) _____.

3. E1: ¿Cuál es tu clase más fácil (difícil) ¿A qué hora es?
   E2: Mi clase más fácil (difícil) es la de _____. Es a la(s) _____.

ACTIVIDAD 8   Del mundo hispano: La Universidad del Valle de México

Éstas son las especialidades más importantes en el México de hoy. Trabaje con un compañero / una compañera para contestar las preguntas.

1. ¿Qué campus ofrece todas las especialidades? ¿Cuál ofrece menos especialidades?

2. ¿Cuántos campus ofrecen la especialidad en ingeniería química? ¿en informática?

3. Nombren las especialidades más atractivas, en su opinión.

4. ¿Se ofrecen esas especialidades en su universidad? ¿Estudian ustedes alguna de esas especialidades?

5. ¿Cuáles son las especialidades en el área de ciencias sociales?

6. En su opinión, ¿cuáles son las especialidades más importantes en el presente? ¿Por qué?

Act. 8. Del mundo hispano (whole-class; pair). The courses of study presented here are authentic majors at the Universidad del Valle de México. You may refer your students to the Internet for more information. Have students scan realia and allow them to ask questions before pairing them to do the activity.

UNIVERSIDAD DEL VALLE DE MÉXICO

ESPECIALIDADES - LICENCIATURA

| | CAMPUS | | | | | |
| | CENTRO | | SUR | | EDO. MEX. | QRO. |
ESPECIALIDADES - LICENCIATURA	SAN RAFAEL	INSURGENTES NORTE	SAN ÁNGEL	TLALPAN	LOMAS VERDES	QUERÉTARO
AREA ECONÓMICA - ADMINISTRATIVA						
ADMINISTRACIÓN	•	•	•	•	•	•
ADMINISTRACIÓN DE EMPRESAS TURÍSTICAS	•	•		•	•	•
COMERCIO INTERNACIONAL	•		•	•	•	•
CONTADURÍA PÚBLICA	•	•	•	•		•
ECONOMÍA	•			•	•	•
MERCADOTECNIA	•	•		•	•	
RELACIONES INTERNACIONALES	•		•	•		
RELACIONES PÚBLICAS	•					
AREA DE CIENCIAS Y TECNOLOGÍA						
ECOLOGÍA					•	
INFORMÁTICA				•	•	•
INGENIERÍA CIVIL				•	•	•
INGENIERÍA EN SISTEMAS	•		•		•	
INGENIERÍA EN TELECOMUNICACIONES	•			•	•	
INGENIERÍA INDUSTRIAL ELECTRÓNICA				•	•	
INGENIERÍA MECÁNICA	•			•	•	
INGENIERÍA QUÍMICA				•	•	
INGENIERÍA EN PRODUCCIÓN				•	•	
SISTEMAS DE COMPUTACIÓN ADMINISTRATIVA	•	•	•	•	•	
AREA DE CIENCIAS SOCIALES						
CIENCIAS DE LA COMUNICACIÓN	•			•	•	•
CIENCIAS DE LA EDUCACIÓN	•				•	
DERECHO	•	•	•	•	•	
PSICOLOGÍA	•		•	•	•	
AREA DE ARTES Y HUMANIDADES						
ARQUITECTURA	•			•	•	•
DISEÑO GRÁFICO	•			•	•	•

AA 1 (whole-class). Have the whole class match an item from column A with a subject from column B: *Empareje una cosa de la columna A con una de las materias de la columna B.* **A:** *un poema, un microscopio, un mapa, las ecuaciones, una computadora.* **B:** *la geografía, la biología, la literatura, la física, la informática.*

Estudiantes mexicanos en un laboratorio de biología en México, D.F.

VOCABULARIO ÚTIL

sobre	*about*
la mitad	*half*
chistoso	*funny*
A veces	*Sometimes*

LECTURA  # Los amigos hispanos: Nora Morales

Esta lectura es sobre una estudiante mexicoamericana de San Antonio, Texas. Ella habla aquí de su ciudad y de las clases que tiene este semestre.

Lectura
Suggestions for Effective Reading. Practice the technique of scanning as specified in the IN for the *Nota cultural: Los deportes,* in *Capítulo 1.* Students will focus on scanning for cognates and predicting the gist of the reading. **Variation:** Have students scan the reading keeping in mind only certain items of information, not reading word by word. For example, you may ask them to scan in search of the answers to the following two questions: *¿Quién es Nora Morales? ¿Quién es Raúl Saucedo?* When students know what they are looking for in a reading selection, the process of scanning becomes natural. **Culture/History.** In the reading, Nora states that the history of Mexico is fascinating to her. You may want to explore this topic and provide input: rich Aztec culture and civilization; the legend of Quetzalcóatl and its relationship with the Spanish conquest led by Hernán Cortés in 1519; the Spanish colonial period (1521–1821); the fight for independence led by Padre Miguel Hidalgo, and so on. **Pre-Reading.** Preview the reading by reviewing the topic of classes. Ask questions such as: *¿Tienen ustedes clases que les gustan mucho? ¿Cuáles son sus favoritas?* Then, as background for Nora, discuss the Mexican heritage of the Southwest. For example, point out that about half the population of San Antonio is of Hispanic descent and that Spanish is widely spoken there. Ask students if they know of other U.S. cities with a strong Hispanic heritage (e.g., Miami, with a large Cuban population, New York, with a substantial Puerto Rican population, or Los Angeles's and San Diego's flourishing Mexican communities). **Post-Reading.** Use the incomplete sentence technique to check comprehension: *Nora es estudiante en la universidad, ¿no? Sí, en la Universidad de... (Texas, en San Antonio). Nora tiene varias clases, ¿verdad? Sí, pero hay una que le fascina, es la clase de... (la historia de México).* At this point you may want to relate the cultural information on the history of Mexico.

Hola, amigos. Me llamo Nora Morales y soy **estudiante de historia** en la Universidad de Texas en San Antonio. Me gusta vivir en San Antonio. Aquí hay muchas **personas** que hablan español, y la **cultura** de esta ciudad tiene gran **influencia hispana**. Caray, pues es **lógico:** ¡la mitad de la **población** de San Antonio es hispana!

Nací el cuatro de **julio** de 1977. Entonces... ¿cuál es mi edad? Soy de estatura mediana; tengo el pelo castaño y los ojos verdes. **Me fascina** la **historia,** especialmente la historia de **México,** porque de allí son mis padres. Y también me gusta mucho el idioma español; este **semestre** tengo una **clase** muy divertida con la **profesora** Martínez.

Tengo también una clase de química y otra de **biología.** En la clase de biología hay un muchacho **mexicano** muy amable y chistoso; se llama Raúl Saucedo. A veces **practico** el español con él y hablamos de México.

Comprensión

Diga si las siguientes oraciones son ciertas o falsas. Si son falsas, haga las correcciones necesarias.

MODELO: Los padres de Nora son de España. →
Es falso. Los padres de Nora son de *México.*

1. Nora nació el Día de la Independencia de los Estados Unidos.
2. Nora habla en español con un amigo norteamericano de la clase de biología.
3. A Nora le gusta mucho su clase de español.
4. Nora es alta y tiene el pelo negro.

Ahora... ¡usted!

1. ¿Tiene clases que le gustan mucho? ¿Cuáles son sus favoritas?
2. ¿Le gusta su clase de español? ¿Por qué?
3. ¿Cuáles son sus actividades favoritas en la clase de español?

Un paso más... ¡a escribir!

Describa a su mejor amigo/a. ¿Cuándo nació? ¿Qué edad tiene? ¿Cuáles son sus características físicas? ¿Qué les gusta hacer a ustedes cuando están juntos?

Remember that you do not have to do all the post-reading activities. Assign only those that you feel will spark your students' interest. In this case, we suggest you have students work on *Comprensión* and that you correct the answers with the entire class. Follow up with personalized questions in AU and assign UPM as homework.
Answers to *Comprensión.* 1. *Cierto* 2. *Falso: Nora habla con un amigo mexicano.* 3. *Cierto* 4. *Falso: Nora es de estatura mediana y tiene el pelo castaño.*

✳ Las preferencias y los deseos

Some of the activities in this display may have come up in various Pre-Text Oral Activities. However, many of the words in this display and in subsequent activities will be new to students. Be sure to verify class comprehension of all vocabulary in the display and the activities of this section as you proceed through these materials.

Lea Gramática 2.3–2.4.

Los planes para el sábado

Doña Lola quiere coser.

Guillermo y sus amigos prefieren andar en patineta.

El señor Saucedo prefiere nadar.

Doña Rosita quiere ir al parque.

Don Anselmo y don Eduardo quieren pescar.

Ramón prefiere andar en motocicleta.

¡Vamos a descansar y charlar!

¡Vamos a merendar en el parque!

Las preferencias y los deseos. *Gramática 2.3* gives a detailed explanation for conjugations of *preferir* and *querer*; at this point, however, we expect students to use primarily the singular forms *prefiero, prefiere(s)* and *quiero, quiere(s)* as memorized forms, with no discussion of them as stem-changing verbs. Use an association activity to introduce the construction *Prefiero/prefiere _____ r. (Quiero/quiere _____ r* as in AA 3.) Ask general questions about what students prefer to do on weekends (*los fines de semana*), mornings (*por la mañana*), afternoons (*por la tarde*), and evenings (*por la noche*).

See IRK for additional activities: *Las preferencias y los deseos.*

AA 2 (whole class). See IRK for TPR: *Las actividades favoritas y las preferencias.* Use entire class and selective TPR to add variety and provide more comprehensible input about favorite activities. Include forms from previous chapters: *naden, bailen, duerman, patinen, esquíen, jueguen al (golf, tenis,* etc.), *cocinen, tomen (café), escriban, lean, escuchen, coman, hablen por teléfono, dibujen, saquen fotos, toquen (la guitarra), monten a caballo, caminen,* etc. Repeat this activity on different days, varying sequence.

AA 3 (whole-class; individual). Use an association activity to introduce *quiero/quiere* + infinitive. Have students think of one thing they would like to do this weekend. Write each student's activity on the board, as in the *me/le gusta* introduction.

AA 4 (whole-class; individual). Use photos from your PF to show people doing different activities. Ask: *¿A usted le gusta _____?* for each activity. Then ask: *¿Prefiere _____ o _____?*

Act. 9. Diálogo abierto: (whole-class; pair). It is helpful to brain-storm a list of possible activities for use in this activity. Write these on the board and remind students that the same activity will repeat in the first and third lines. Have students practice in pairs. Students should change sport, time, and place for varia-tion.

Act. 10. Intercambios (pair). Stu-dents can choose from items given or supply their own. Con-tinue conversation: *¿Qué prefiere usted hacer a las tres de la tarde?* (*cocinar*) Judy prefiere cocinar. *¿Sabe usted cocinar bien?* (*sí*) *¿Qué le gusta cocinar?* (students will probably respond in English with a food), and so on.

AA 5 (pair). Use your PF to re-view sports terms. Pair students. Each student should find out which sports his/her partner plays or watches. Write the fol-lowing interview questions on the board: *¿Qué deporte prefieres practicar? ¿Qué deporte prefieres mirar?*

Act. 11. Entrevista (pair). Model all possible rejoinders. For stu-dents who finish quickly you may want to write these addi-tional questions on the board: *¿Prefieres jugar al boliche o al billar? ¿Prefieres lavar el carro o trabajar en el jardín? ¿Prefieres ir a la playa o a la montaña? ¿Prefieres jugar al basquetbol o al fútbol?*

Act. 12. Intercambios (pair). Work through the *Modelo* with the whole class. Then have students work in pairs. Encourage them to personalize by asking each other questions: *¿Qué quieres hacer hoy después de clases? ¿Qué quieres hacer durante las próximas vaca-ciones?*

ACTIVIDAD 9   Diálogo abierto: Una invitación

E1: ¿Te gusta *jugar al tenis*?
E2: Sí, me gusta mucho.
E1: ¿Quieres *jugar al tenis en el parque* el *domingo*?
E2: ¿A qué hora?
E1: A *las once*.
E2: Perfecto. Nos vemos el *domingo* a *las once*.

ACTIVIDAD 10   Intercambios: ¿Cuáles son sus actividades favoritas?

Converse con su compañero/a sobre sus preferencias.

MODELO: E1: ¿Qué prefieres hacer *los lunes a las cuatro de la tarde*?
E2: Prefiero *escribir cartas*.

HORA Y DÍA

1. ¿... los sábados, a las siete de la mañana?
2. ¿... los viernes, a las ocho de la noche?
3. ¿... los lunes, a las cuatro de la tarde?
4. ¿... los domingos, a las diez de la mañana?
5. ¿... los sábados, a las tres de la tarde?

ACTIVIDADES

a. jugar al tenis.
b. cocinar.
c. descansar.
d. correr.
e. escribir cartas.
f. montar a caballo.
g. bailar.
h. ver la televisión.
i. dormir.
j. leer el periódico.
k. ¿ ?

ACTIVIDAD 11   Entrevista: Mis actividades favoritas

MODELO: E1: ¿Prefieres *nadar en la piscina o en el mar*? →
E2: Prefiero *nadar en el mar*./
Me gustan *las dos actividades*./
No prefiero *ninguna de las dos*.

1. ¿cenar en casa o en un restaurante?
2. ¿andar en patineta o en bicicleta?
3. ¿hablar por teléfono o usar el correo electrónico?
4. ¿leer el periódico o ver la televisión?
5. ¿merendar en un parque o comer en casa?
6. ¿leer una novela o explorar el Internet (la red mundial)?

ACTIVIDAD 12   Intercambios: ¿Qué quieres hacer?

Miren los dibujos. ¿Qué sugerencias hacen las personas? Inventen su diálogo.

MODELO: E1: ¿Qué quieres hacer?
E2: Vamos a *jugar al voleibol*.

Act. 13. Del mundo hispano
(whole-class; pair). Have students
scan this realia for unfamiliar vocabulary. Model both parts first,
then divide students into pairs.

ACTIVIDAD 13   Del mundo hispano: ¿Qué prefieren hacer los españoles en su tiempo libre?

Converse con un compañero / una compañera sobre los pasatiempos de los españoles y los europeos.

MODELOS: E1: ¿Cuál es la *primera preferencia* de los *españoles*?
E2: *Pasar tiempo con la familia y los niños.*

E1: En general, ¿los *europeos* prefieren *recibir visitas* o *escuchar la radio*?
E2: Prefieren *recibir visitas.*

LOS PLACERES COTIDIANOS DE LOS ESPAÑOLES
Por orden de preferencia

LOS PLACERES COTIDIANOS DE LOS EUROPEOS
Por orden de preferencia

Act. 14. Conversación (group). Students enjoy working with stereotypes and finding the humor in them. Go over the idea of a stereotype first, then read a few of the different attributes in the two columns and ask students which of the two types of men they describe. Before dividing the class into small groups, comment on liberated men vs. macho men, and explain what students have to do. Write two column headings on the board: *EL MACHO* and *EL HOMBRE LIBERADO.* Then start the two lists with students' help. Once they are working, circulate to help with pronunciation and answer vocabulary questions. After 5–7 minutes, ask groups to share results by completing the lists you started on the board or by reading attributes out loud so the class can comment, agree, or disagree. Ask them for other attributes (since some of the easiest or more obvious ones have been left out).

Expansion: *el novio / la novia perfecto/a, un don Juan, el profesor/la profesora perfecto/a.*

ACTIVIDAD 14   Conversación: El hombre perfecto

Trabajando en grupos, organicen estas descripciones en dos columnas: (1) el macho y (2) el hombre liberado.

- Le gusta ver películas violentas.
- Prefiere jugar al fútbol americano.
- Sale a bailar con frecuencia.
- Le gusta jugar al tenis.
- Prefiere montar en motocicleta.
- Le gusta escuchar la música rock.
- Prefiere la música romántica.

- Prefiere manejar un jeep.
- Prefiere salir con los amigos.
- Prefiere llevar ropa deportiva.
- Le gusta mucho salir por la noche.
- Prefiere cenar en familia.
- Siempre quiere llevar vaqueros, botas y chaqueta negra.

Ahora, escriban una lista para describir uno de los siguientes estereotipos de la mujer.

1. la mujer tradicional
2. la mujer liberada
3. la mujer perfecta
4. la supermujer

REFRÁN

Querer es poder.

(*Where there's a will, there's a way.* Literally, *To want is to be able to.*)

¡Vamos a pasear!

En esta Nota cultural se describen dos lugares en las ciudades hispanas donde hay mucha actividad social: las calles y la plaza. La plaza, especialmente, es el lugar que muchos hispanos prefieren para estar con los amigos.

Nota cultural
Culture/History. Point out that Hispanics generally prefer to socialize informally, which results in much street activity: people taking walks, talking, window shopping. After the reading ask students if they know of differences between neighborhoods in the U.S. and in Spanish-speaking countries. Contrast street activity of neighborhoods in Spanish-speaking countries with typically quiet and even deserted (from a Hispanic perspective) non-Hispanic U.S. neighborhoods.

VOCABULARIO ÚTIL

planificar	*to plan*
disfrutar de	*to enjoy*
la fuente	*fountain*
los bancos	*benches*
las damas	*checkers*

En las calles de las ciudades hispanas siempre hay mucha actividad de todo tipo: hay personas que conversan, que caminan, que van de compras. Los hispanos, en general, prefieren no planificar demasiado su tiempo libre. A muchos les gusta disfrutar del momento presente y hacer las cosas de un modo espontáneo. La gente sale con el pretexto de visitar a un amigo, de comprar algo o para pasear por la plaza.

La plaza está generalmente en el centro de la ciudad. Muchas plazas tienen una fuente, árboles y bancos. En algunos pueblos, la gente juega allí a diferentes juegos como el dominó, las damas o las cartas. Pero a la mayoría de los hispanos les gusta ir a la plaza para sentarse y conversar o simplemente para mirar a las personas que pasan.

¿Le gustaría a usted caminar por una plaza? Pues... ¡vamos a pasear!

¡Me gusta la lluvia en la plaza!

Comprensión

Complete las siguientes oraciones lógicamente según la Nota cultural. Puede haber más de una respuesta correcta.

1. Generalmente los hispanos prefieren...
   a. planificar todas sus actividades.
   b. ser espontáneos respecto al tiempo libre.
   c. pensar más en el momento presente.
2. A los hispanos les gusta pasear por...
   a. las calles.
   b. la plaza.
   c. su casa.
3. Normalmente, en la plaza, las personas...
   a. juegan a varios juegos y conversan.
   b. hacen su tarea o trabajan.
   c. se sientan y miran a otras personas.

Ahora... ¡usted!

1. ¿Tiene esta ciudad un lugar donde la gente puede ir a pasear? ¿Qué lugar es? ¿Qué le gusta hacer a usted allí normalmente?
2. ¿Qué le gusta hacer en su tiempo libre?
3. Generalmente, ¿planifica muy bien sus actividades? ¿Por qué?

Un paso más... ¡a escribir!

Describa su lugar favorito. ¿Dónde está? ¿Por qué le gusta pasar tiempo allí? ¿Prefiere estar solo/a en ese lugar o con otras personas? ¿Con quién(es) prefiere estar?

You may want to mention the names of some of the more famous streets and plazas in major Hispanic cities: El Zócalo in Mexico City and the Paseo de la Reforma, fashioned after Paris's Champs Elysées; Seville's Barrio de Santa Cruz and Madrid's Gran Vía and Plaza Mayor (the Plaza Mayor will be mentioned in *Capítulo 3: Tarjetas postales*).

Pre-Reading. Discuss the two main places of social activity mentioned in the reading, *las calles y las plazas* by having students focus on activities and items associated with each place. First, have them look at the *Vocabulario útil* and ask: *¿Qué actividades y objetos se asocian con las calles? ¿y con las plazas? ¿Hay algunos que se asocian con las dos?* Expand the discussion by asking: *¿Cuáles son otras actividades y objetos que se asocian con las calles? ¿y las plazas? ¿Hay una plaza en la ciudad donde usted vive? ¿Cómo se llama? ¿Cómo es? ¿Hay una calle donde la gente prefiere pasear? ¿Cómo se llama? ¿Por qué es especial esa calle?*

Post-Reading. Do *Comprensión* as a group or in pairs. Check answers together. Follow up with personalized questions in AU. You may want to add: *¿Con quién le gusta salir? ¿Qué prefiere hacer por la noche? ¿Le gusta planificar su tiempo?*

Answers to *Comprensión*. 1. b, c **2.** a, b **3.** a, c

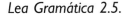

✳ El tiempo

El tiempo. Use your PF to provide more comprehensible input about weather. Some of the vocabulary in this display may have come up in Pre-Text Oral Activity 3. However, some of the words in this display and in subsequent activities will be new to students. Be sure to verify class comprehension of all vocabulary in the display and the activities of this section as you proceed through these materials.

AA 6 (whole-class). Ask students about local weather during various months: *¿Qué tiempo hace en agosto donde usted vive?*

Lea Gramática 2.5.

¿Qué tiempo hace?

Hace buen tiempo.   Hace sol.   Hace mucho calor.   Hace mucho frío.   Nieva.

Llueve.

Hace viento.

Hace fresco.

Está nublado.

Act. 15. Definiciones (pair; whole-class). Have students scan for unfamiliar vocabulary. Students may work individually or in pairs. Follow up with the whole class.

ACTIVIDAD 15   Definiciones: Las estaciones y el clima

Lea estas descripciones y diga qué estación representa cada una: la primavera, el verano, el otoño o el invierno.

1. Hace mucho frío y a veces nieva.
2. Llueve mucho, a veces hace viento, nacen muchos animales y hay muchas flores y plantas nuevas.
3. Las clases empiezan y hay árboles de hojas amarillas, anaranjadas y de color café. Es la temporada del fútbol norteamericano.
4. Es la estación de las vacaciones. Hace mucho calor y muchas personas van a nadar al lago o a la piscina.

Ahora, mire el país y los meses y diga qué estación es.

1. España: diciembre, enero, febrero. Es _____.
2. Chile: diciembre, enero, febrero. Es _____.
3. México: septiembre, octubre, noviembre. Es _____.
4. Perú: septiembre, octubre, noviembre. Es _____.
5. Uruguay: marzo, abril, mayo. Es _____.
6. Argentina: junio, julio, agosto. Es _____.

Act. 16. Intercambios (whole-class; pair). This table of temperatures can provide additional input with numbers and can be used to introduce the word *centígrados*. Refer students to the spot map of Mexico to locate cities. Preview with questions like *¿Cuál es la temperatura máxima (mínima) en Chihuahua para hoy? ¿En qué ciudades hace mucho calor?* Although *fue* is new and the past tense has not yet been introduced, the word is used here to facilitate practicing temperatures. You may explain that it is the past of *es*. Students are not expected to use *fue* in other contexts. The adverbs *mañana* and *ayer* in E1's questions can also begin the sentence.

ACTIVIDAD 16   Intercambios: El clima

MODELOS: E1: ¿Cuál va a ser la temperatura *máxima* en *Mexicali mañana*?

E2: Va a ser de *treinta y nueve grados.*

E1: ¿Cuál fue la temperatura *mínima* en *Acapulco ayer*?

E2: Fue de *veinticinco grados.*

CLIMA				
CIUDAD	TEMPERATURA DE AYER		PRONÓSTICO	
	MÁXIMA	MÍNIMA	MÁXIMA	MÍNIMA
DF	21	12	22	12
Mexicali	37	25	39	24
Mérida	34	22	33	23
Toluca	18	8	18	8
Chihuahua	33	30	34	19
Monterrey	34	22	36	22
Guadalajara	26	16	25	16
Acapulco	32	25	32	24
Veracruz	25	23	29	24

ACTIVIDAD 17   Descripción de dibujos: ¿Qué tiempo hace?

Escuche la descripción y diga el número del dibujo.

Act. 17. Descripción de dibujos (whole-class; pair). Describe these drawings to the whole class. Have them point to or say the number of the drawing that you describe. Then pair up students for practice. **Example:** Instructor: *En este dibujo hace calor. Vemos a una persona en la piscina. Toma el sol, lee y toma té frío. El termómetro indica 38 grados centígrado.* Students: *Dibujo 3.*

1.

2.

3.

4.

5.

6.

Ahora, hágale preguntas sobre los dibujos a su compañero/a.

MODELO: E1: ¿Qué tiempo hace en el *tercer dibujo?*
E2: *Hace mucho calor.*
E1: ¿Qué estación es?
E2: Es *el verano.*

VENTANAS CULTURALES   Nuestra comunidad

Ventanas culturales: Nuestra comunidad

Carmen Zapata y el teatro bilingüe

Carmen Zapata has been knighted by His Majesty King Juan Carlos of Spain for her theater work and community service. She also received an Ovation Award from Theatre L.A. in 1992, the Drama-Logue Award for Best Production in 1994, and the Award for Lifetime Achievement at the Hispanic Heritage Awards in 1997. Zapata was named Treasure of Los Angeles in 1998.

Carmen Zapata was the co-founder of the Bilingual Foundation of the Arts. The other co-founders are Cuban-American director Margarita Galbán and Argentine set designer Estela Scarlata. Both Galbán and Scarlata were knighted by His Majesty King Juan Carlos of Spain with *La cruz oficial de la orden de Isabel la católica* for their commitment to preserve the Hispanic language and culture through art and literature.

¿Le gusta a usted ir al teatro o prefiere el cine? Si le gusta el teatro, le recomendamos las obras de una excelente compañía que está en Los Ángeles, California. Es la Fundación Bilingüe de las Artes (*Bilingual Foundation of the Arts*). Esta compañía produce dramas clásicos del teatro español, pero también obras de dramaturgos hispanos de los Estados Unidos.

La presidenta de la Fundación bilingüe es Carmen Zapata, famosa actriz de cine, televisión y teatro. Esta dedicada actriz ha recibido numerosos premios por su trabajo teatral y su servicio a la comunidad hispana de California.* Uno de los papeles más populares de su carrera es el de Bernarda Alba en *La casa de Bernarda Alba*, obra del dramaturgo español Federico García Lorca.† Carmen Zapata opina que la Fundación Bilingüe de las Artes es el proyecto artístico más importante de su vida.

───────────

*Carmen Zapata was honored in 1997 with the prestigious Award for Lifetime Achievement at the Hispanic Heritage Awards at the Kennedy Center in Washington, D.C. In 1998 she was named a Treasure of Los Angeles by Mayor Richard Riordan and the Central City Association of Los Angeles.

†Federico García Lorca (Granada, 1898–1936), famoso poeta y dramaturgo español. Uno de sus libros de poemas es *Romancero gitano* (*Gypsy Poem Book*, 1928). Sus obras de teatro se producen en todo el mundo. Las más populares son *Bodas de sangre* (*Blood Wedding*, 1933), *Yerma* (1934) y *La casa de Bernarda Alba* (1936). Lorca murió (*died*) durante la Guerra Civil Española (*the Spanish Civil War*).

VOCABULARIO ÚTIL

las obras	*plays, art works*
los dramaturgos	*playwrights*
ha recibido	*has received*
los premios	*awards*
los papeles	*roles*
la carrera	*career*
opina	*believes*

EL MUNDO HISPANO... LA GENTE

Lucía Mendoza tiene 25 años y es de Venezuela.

¿Cómo es el clima en su país? ¿Hace mucho frío en el invierno? ¿mucho calor en el verano? Generalmente, ¿llueve mucho o poco? ¿Le gusta el clima de Venezuela?

Yo soy de Caracas. El clima en esta ciudad es muy agradable; nunca hace ni mucho frío ni mucho calor.[1] En Venezuela no tenemos cuatro estaciones. Sólo hay temporadas[2] de lluvia y temporadas de sequía.[3] A veces[4] me gustaría algún cambio[5] en el clima —¡nieve, por ejemplo! Pero, en realidad, me gusta mucho el clima de mi país. Aquí no necesitamos abrigo cuando hace un poco de frío, y no hay mucha humedad cuando hace calor. ¡Es como vivir en la primavera todo el año!

Caracas
Venezuela

SUDAMÉRICA

EL OCÉANO PACÍFICO

EL OCÉANO ATLÁNTICO

[1]nunca... *it's never too cold nor too hot* [2]*seasons* [3]de... *dry* [4] A... *Sometimes* [5]algún... *some change*

n resumen

De todo un poco

De todo un poco (pair; group). Have students scan the activity for unfamiliar vocabulary. Model parts A and B then divide students into pairs for practice. Model your plans for 1 in part C. Ask the class to invent one or two forecasts for 4. Write these on the board. Divide students into pairs or groups of three for practice. Then have each student write his/her own forecast and read it to his/her partner. The partner should make plans based on the weather forecast. These weather forecasts can also be shared with the whole class; students can then use them to come up with their own plans.

A. La ropa y el clima

MODELO: E1: ¿Qué ropa llevas cuando *hace frío*?
              E2: Cuando *hace frío llevo abrigo y botas.*

¿Qué ropa llevas...

    1. cuando hace fresco?
    2. cuando hace mucho calor?
    3. cuando hace viento?
    4. cuando nieva?
    5. cuando llueve?
    6. cuando hace mucho sol?

B. ¿Qué actividades asocia usted con el tiempo?

MODELO: E1: ¿Qué te gusta hacer cuando *hace viento*?
              E2: Cuando *hace viento* me gusta *volar una cometa en la playa.*

¿Qué te gusta hacer...

    1. cuando hace fresco?
    2. cuando hace mucho calor?
    3. cuando hace mucho frío?
    4. cuando nieva?
    5. cuando llueve?
    6. cuando hace mucho sol?

C. ¡De vacaciones!

Imagínese que usted está de vacaciones. Lea estos pronósticos del tiempo y diga cuáles son sus planes. Luego, invente un pronóstico para la ciudad y el día de su preferencia, y léaselo a la clase para ver cuáles son los planes de sus compañeros.

    1. Madrid, 2 de agosto: Va a hacer mucho calor. La temperatura máxima va a ser de 40°C.
    2. México, D.F., 22 de julio: Va a hacer fresco y va a estar nublado por la mañana. Va a llover toda la tarde.
    3. Los Ángeles, California, 28 de diciembre: Este fin de semana va a nevar en las montañas. Aquí en la ciudad va a hacer mucho frío y va a llover casi todos los días. La temperatura va a bajar a 51°F.
    4. ¿ ?

¡Dígalo por escrito! This activity may be assigned or done in class as a paired activity; it may also be assigned as an extra-credit homework activity.

¡Dígalo por escrito!

Las actividades de verano

En la página 86 hay una descripción de algunas de las actividades que se puede hacer en Madrid en el verano. Mire esa descripción otra vez y luego escriba una descripción de las actividades típicas del verano en el estado en donde usted vive.

VIDEOTECA

¿Recuerda usted al estudiante Diego González? Es de los Estados Unidos, pero ahora estudia en la Ciudad de México. En este segmento del video, Diego está en la librería y habla con Lupe, una compañera de clase.

Vea las actividades que corresponden al video en la sección *Videoteca* del *Cuaderno de trabajo*.

Vocabulario

• Las actividades	**Activities**
almorzar	to have lunch
andar en motocicleta	to ride a motorcycle
caminar	to walk
charlar	to chat
correr	to run
coser	to sew
dar una fiesta	to give a party
desayunar	to have breakfast
descansar	to rest
escribir (cartas)	to write (letters)
esquiar	to ski
estudiar	to study
ir a + *infinitive*	to be going to (plan)
voy a...	I am going to . . .
va a...	He/She is going to . . .
jugar al boliche	to bowl
lavar (el carro)	to wash (the car)
levantar pesas	to lift weights
limpiar	to clean

merendar	to have a picnic
montar a caballo	to ride a horse
pasar tiempo	to spend time
pasear	to go for a walk
pasear en barca	to go for a boat ride
preferir	to prefer
prefiero	I prefer
prefiere	you prefer; he/she prefers
recibir visitas	to have company
reparar	to fix
tomar (una siesta)	to take (a nap)
tomar el sol	to sunbathe
volar una cometa	to fly a kite

• Las materias	**School Subjects**
la especialidad	(school) major
la informática	data processing
la ingeniería	engineering
la química	chemistry

PALABRAS SEMEJANTES: el arte, la biología, las ciencias sociales, la economía, la física, la geografía, la historia, la literatura, las matemáticas, la música, la psicología, la sociología.

• El tiempo — The Weather

el clima	weather; climate
Está nublado.	It is overcast (cloudy).
el grado	degree
Hace (muy) buen/mal tiempo.	The weather is (very) fine/bad.
Hace fresco.	It's cool.
Hace (mucho) calor.	It's (very) hot.
Hace (mucho) frío.	It's (very) cold.
Hace sol.	It's sunny.
Hace (mucho) viento.	It's (very) windy.
llover	to rain
Llueve (mucho).	It rains (a lot).
nevar	to snow
Nieva (mucho).	It snows (a lot).
el pronóstico del tiempo	weather forecast
¿Qué tiempo hace?	What is the weather like?

PALABRAS SEMEJANTES: la temperatura máxima/mínima

• ¿Cuándo? — When?

a veces	sometimes
con frecuencia	frequently
después	after
esta noche	tonight
finalmente	finally
hasta	until
luego	then
más tarde	later
por último	lastly

REPASO: ahora, ayer, anteayer, hoy, mañana, pasado mañana, por la mañana/tarde/noche, temprano

• Los lugares — Places

el centro	downtown
la ciudad	city
el lago	lake
el mar	sea
la montaña	mountain
el parque	park
la playa	beach
la preparatoria	prep school; high school
el río	river

PALABRAS SEMEJANTES: el campus, el laboratorio

• Los números ordinales — Ordinal Numbers

primer, primero/a	first
segundo/a	second
tercer, tercero/a	third
cuarto/a	fourth
quinto/a	fifth
sexto/a	sixth
séptimo/a	seventh
octavo/a	eighth
noveno/a	ninth
décimo/a	tenth

• Las descripciones — Descriptions

algún/alguna	some
deportivo/a	sport related
europeo/a	European
ningún/ninguna	none; not any
próximo/a	next

PALABRAS SEMEJANTES: atractivo/a, importante, liberado/a, macho, perfecto/a, romántico/a, tradicional, violento/a

• Otros verbos útiles — Other Useful Verbs

abrir	to open
bajar	to go down
cerrar	to close
cierra	he/she/it closes
contestar	to answer
empezar	to start, begin
empieza	he/she/it starts
llegar	to arrive
manejar	to drive
nacer	to be born
ofrecer	to offer

PALABRAS SEMEJANTES: preparar

• Los sustantivos — Nouns

el almuerzo	lunch
el café	coffee
el descanso	break; rest
la(s) flor(es)	flower(s)
la misa	Mass
el pasatiempo	hobby
la temporada	season (of practice)
el tiempo libre	free time

PALABRAS SEMEJANTES: el animal, el área, el cereal, el estereotipo, la invitación, la lista, el plan, el presente, la radio, el semestre, el trimestre

• Palabras del texto — Words from the Text

conversar	to converse
decidir	to decide
el dibujo	drawing
imagínese	imagine
intercambios	interactions
Pregúntele...	Ask him/her . . .

PALABRAS SEMEJANTES: asociar, la columna, la conversación, la definición, describir, inventar, la narración, la ocasión, organizar, representar

• Palabras y expresiones útiles — Useful Words and Expressions

agregue	add (*command*)
algo	something

¿Dónde está... ?	Where is . . . ?
en general	in general
fue	(it) was
los dos / las dos	both
Nos vemos.	See you.
otra vez	again
otro/a	other, another
el perfil	profile
¿Por qué... ?	Why . . . ?
solamente	only
la sugerencia	suggestion

PALABRAS SEMEJANTES: el club, especial, la idea, posible, el tren, la universidad, usar

Gramática y ejercicios

2.1   Expressing Future Plans: *ir* + *a* + Infinitive

The most common way of expressing future plans is to use the verb **ir** (*to go*) plus the preposition **a** (*to*) followed by an infinitive. This construction is commonly referred to as the *informal future,* because Spanish has another future tense, generally reserved for talking about more long-term future plans.*

—¿Qué **vas a hacer** mañana?

—**Voy a esquiar.**

—¿Qué **van a hacer** ustedes este fin de semana?

—**Vamos a ir** al cine.

—¿Qué **van a hacer** Esteban y Alberto después de la clase?

—**Van a jugar** al basquetbol.

—*What are you going to do to-morrow?*

—*I am going to ski.*

—*What are you going to do this weekend?*

—*We're going to go to the movies.*

—*What are Esteban and Alberto going to do after class?*

—*They're going to play basketball.*

> **ir** = *to go*
> **¿Qué vas a hacer esta noche?** (*What are you going to do tonight?*)
> **Voy a estudiar.** (*I'm going to study.*)

2.1 This section follows up on the *gustar* + infinitive construction introduced formally in *Gramática 1.6.*

OGA: Practice *ir* + *a* + infinitive with simple interviews. Write on the board: *¿Qué vas a hacer esta noche* (*después de clase, el sábado, el próximo fin de semana, durante las vacaciones de... , el próximo... , durante el/la...)?* Pick two or three to use as interview questions; students may report their partner's plans back to the class.

Here are the forms of the irregular verb **ir.**†

ir (to go)		
(yo)	voy	I am going; go
(tú)	vas	you (inf. sing.) are going; go
(usted, él/ella)	va	you (pol. sing.) are going; he/she is going; go; goes
(nosotros/as)	vamos	we are going; go
(vosotros/as)	vais	you (inf. pl., Spain) are going; go
(ustedes, ellos/as)	van	you (pl.) are going; they are going; go

EJERCICIO 1

A continuación tiene usted una conversación sobre los planes de algunos compañeros de clase. Complete las oraciones con las formas correctas del verbo **ir.**

MODELO: Luis *va* a hacer ejercicio en el parque.

1. —¿Qué _____ a hacer tú después de la clase?
   —(Yo) _____ a ir de compras con una amiga.

---

*You will learn how to form the future tense in **Gramática 15.1.**
†Recognition: **vos vas**

2. —¿Y qué _____ a hacer Esteban y Carmen?

    —Esteban _____ a estudiar y Carmen _____ a trabajar.

3. —¿Y la profesora Martínez? ¿Qué _____ a hacer ella?

    —Creo que _____ a leer la tarea de sus estudiantes, pero nosotros _____ a ir al cine.

4. —Pablo, ¿cuándo _____ a estudiar tú?

    —(Yo) _____ a estudiar más tarde, probablemente esta noche.

5. —¿Y tú, Alberto? ¿Cuándo _____ a hacer la tarea para la clase de español?

    —(Yo) _____ a hacer mi tarea mañana por la mañana.

2.2. Students should be able to recognize ordinal numbers, but they usually have little need to produce them except for *primero*, *segundo*, and *tercero*. Remind students that except for *primero*, Spanish does not use ordinals in dates.

primer, primero/a = *first*
segundo/a = *second*
tercer, tercero/a = *third*
cuarto/a = *fourth*
quinto/a = *fifth*
sexto/a = *sixth*
séptimo/a = *seventh*
octavo/a = *eighth*
noveno/a = *ninth*
décimo/a = *tenth*

2.2   Sequencing: Ordinal Adjectives

Ordinal adjectives are used to put things and people into a sequence or order. The ordinals in English are *first, second, third, fourth,* and so on. Here are the ordinals from *first* to *tenth* in Spanish.

primero/a	sexto/a
segundo/a	séptimo/a
tercero/a	octavo/a
cuarto/a	noveno/a
quinto/a	décimo/a

Mi **segunda** clase es difícil.   *My second class is difficult.*

As with **uno** (*one*), the words **primero** and **tercero** drop the final **-o** when used before a masculine singular noun.

Estoy en el **primer** (**tercer**) **año.**   *I am in the first (third) grade.*

EJERCICIO 2

Ej. 2. Point out that the feminine form of the ordinal is used if the referent is *la persona: Guillermo es el cuarto,* but *Es la cuarta persona.*

Conteste las preguntas según el dibujo.

Ernesto   doña Lola   Amanda   don Anselmo
Estela   Guillermo   Ramón

1. ¿Quién es la primera persona*?

2. ¿Quién es la segunda persona?

3. ¿Es Guillermo la quinta?

4. ¿Es Amanda la primera?

5. ¿Es doña Lola la tercera?

6. ¿Quién es la sexta persona?

7. Don Anselmo es la quinta persona, ¿verdad?

8. ¿Quién es el primer hombre?

9. ¿Quién es la segunda mujer?

10. ¿Es don Anselmo el tercer hombre?

****Persona** is a feminine word, even when it refers to a man.

2.3 Stating Preferences and Desires: *preferir* and *querer* + Infinitive

The verbs **preferir*** (*to prefer, would rather*) and **querer*** (*to want*) are used to express preferences and desires. They are often followed by an infinitive. (Remember that infinitives are the nonconjugated verb forms that end in **-ar, -er,** or **-ir**.)

—¿Qué **quieres** hacer este invierno?
—**Quiero** esquiar.
—¿Qué **prefiere** hacer Pablo?
—**Prefiere** viajar.

—What do you want to do this winter?
—I want to ski.
—What does Pablo prefer to do?
—He would rather travel.

Note that the **e** of the stem of these verbs changes to **ie,** except in the **nosotros/as** and **vosotros/as** forms.†

querer (to want)		preferir (to prefer)	
(yo)	quiero	prefiero	I want/prefer
(tú)	quieres	prefieres	you (inf. sing.) want/prefer
(usted, él/ella)	quiere	prefiere	you (pol. sing.) want/prefer; he/she wants/prefers
(nosotros/as)	queremos	preferimos	we want/prefer
(vosotros/as)	queréis	preferís	you (inf. pl., Spain) want/prefer
(ustedes, ellos/as)	quieren	prefieren	you (pl.) want/prefer; they want/prefer

preferir = to prefer, would rather
querer = to want
  ¿Qué quieres hacer ahora? (What do you want to do now?)
  Quiero descansar. (I want to rest.)
  ¿Qué prefieres hacer? (What do you prefer to do? [What would you rather do?])
  Prefiero comer ahora. (I prefer to eat now.)

EJERCICIO 3

Complete estas oraciones según el modelo.

MODELO: Nora *quiere* patinar, pero Luis *prefiere* jugar al tenis.

1. Yo _____ ir al cine, pero Esteban _____ salir a bailar.
2. Nora _____ ver la televisión, pero Alberto _____ ir de compras.
3. Lan _____ pasear por el parque, pero yo _____ dormir todo el día.
4. Nora _____ comer comida china, pero Carmen y Pablo _____ cocinar en casa.
5. Mónica _____ dar una fiesta, pero Alberto _____ bailar en una discoteca.
6. El padre de Esteban _____ acampar, pero yo _____ ir a la playa.
7. Carmen _____ sacar fotos, pero Lan _____ escribir una carta.
8. Luis _____ dibujar, pero yo _____ tocar la guitarra.
9. Mónica y Pablo _____ ir a pasear por el centro, pero yo _____ dormir toda la tarde.
10. Luis y Alberto _____ descansar, pero Esteban _____ leer el periódico.

2.3. This section expands the verb + infinitive constructions. Although the six-form conjugations of *querer* and *preferir* are given, students should concentrate on the use of singular forms with a variety of infinitives. The stem-vowel change is noted but not emphasized. Stem-changing verbs will be introduced formally in *Gramática 4.1*. Some students may benefit from being shown the traditional "boot" formation that stem-changing verbs follow. *Querer* can be used as a signal of future desires: *¿Qué quieres hacer esta noche (mañana, la próxima semana)?* etc. *Preferir* can be used in various time frames: *¿Qué prefieres hacer los sábados?* (Reinforce use of plural with days of the week to emphasize habitual action.) *¿Qué prefieres hacer cuando llueve? ¿Qué prefieres comer, las hamburguesas o los tacos?*, and so on.

Ej. 3. All answers are verb forms with stem vowel *ie*.

*Recognition: **vos preferís, querés**
†Verbs like **preferir** and **querer** that use more than one stem in their conjugation are known as *irregular verbs*. You will learn more about this type of verb beginning in **Gramática 3.3.**

EJERCICIO 4

¿Qué quieren hacer estas personas? Conteste según el modelo.

MODELO: ¿Qué quiere hacer Guillermo? → *Quiere jugar al basquetbol.*

1. ¿Qué quiere hacer Ernestito?

2. ¿Qué prefiere hacer usted, señor Saucedo?

3. ¿Qué quieren hacer Estela y Andrea?

4. Luis y Nora, ¿qué prefieren hacer ustedes?

5. ¿Qué prefieren hacer Diego y Rafael?

6. ¿Qué quiere hacer Amanda?

EJERCICIO 5

Escriba los planes y las preferencias de estas personas.

	PLANES		PREFERENCIAS/DESEOS
MODELO: Nora	*va a leer*	pero	*prefiere (quiere) dormir.*

1. Lan

2. Carmen

3. Esteban

4. Alberto

5. Pablo

6. Mi compañera

7. Yo

2.4   Making Suggestions: *Let's*

To make a suggestion in Spanish, most speakers use the expression **vamos a** + infinitive.

> No tengo ganas de estudiar esta noche. **¡Vamos a dar** una fiesta!
>
> *I don't feel like studying tonight. Let's give a party!*
>
> No quiero quedarme en casa este fin de semana. **¡Vamos a salir** a bailar!
>
> *I don't want to stay home this weekend. Let's go out dancing!*

The use of **nos** makes the **¡vamos!** command more emphatic. When **nos** is added, the **-s** of **vamos** is dropped.

> **¡Vámonos!**   *Let's go! (Let's get going!)*

> **¡Vamos a** + infinitive! = Let's _____!
>
> **¡Vamos a escuchar música!** (Let's listen to music!)
>
> **¡Vámonos!** (Let's go!)

2.4 This section presents *vamos a* infinitive for making suggestions. Note that only affirmative commands are used with this construction.

EJERCICIO 6

Usted está hablando con unos amigos después de clase. Haga sugerencias usando **vamos a** + infinitivo.

MODELO: Hace mucho calor. (nadar en la piscina) →
    Vamos a nadar en la piscina.

1. Hace frío.
2. Necesito hacer ejercicio.
3. No tengo comida en casa.
4. Estoy cansado/a.
5. Tenemos un examen mañana.

a. hacer la compra
b. estudiar esta noche
c. preparar café
d. nadar en la piscina
e. descansar en el parque

2.5 Describing the Weather: Common Expressions

Spanish speakers use several verbs to describe weather conditions.

> Most Spanish weather expressions use either **hacer** or **haber**.
> **Hace frío.** (*It's cold.*)
> **Hace calor.** (*It's hot.*)
> **Hace buen/mal tiempo.** (*The weather is good/bad.*)
> **Hay neblina.** (*It's foggy.*)
>
> But to talk about resultant states, use **estar** + adjective.
> **Está nublado.** (*It's cloudy.*)
>
> **Nevar** and **llover** use just the verb.
> **Nieva.** (*It's snowing.* [*It snows.*])
> **Llueve.** (*It's raining.* [*It rains.*])

A. If a weather expression refers to a phenomenon that can be felt (good weather, heat, cold, wind), use **hacer**.

—¿Qué tiempo **hace** hoy?   —*What's the weather like today?*
—**Hace frío.**   —*It's cold.*

Other weather expressions with **hacer** are **hace calor** (*it's hot*), **hace buen/mal tiempo** (*the weather is good/bad*), **hace viento** (*it's windy*), **hace sol** (*it's sunny*), and **hace fresco** (*it's cool*).

B. If a weather expression refers to a phenomenon that can be seen, use **haber**.

—**Hay neblina** por la costa.   —*It's foggy (There is fog) along the coast.*

—**Hay nubes** hoy.   —*It's cloudy (There are clouds) today.*

C. For resultant states (that is, conditions that result from a specific phenomenon, such as **Hay nubes** or **Hace sol**), use **estar** with the appropriate adjective.

—**Está nublado** hoy.   —*It's cloudy today.*
—**Está soleado** en las montañas.   —*It's sunny in the mountains.*

D. To talk about rain and snow, use only the corresponding verb (**llover** or **nevar**).

—Siempre **llueve** aquí por la tarde.   —*It always rains here in the afternoon.*
—**Nieva** mucho en Montana.   —*It snows a lot in Montana.*

Note in all of these weather expressions that Spanish does not use a pronoun corresponding to English *it*.

EJERCICIO 7

Diga qué tiempo hace.

1.   2.   3.   4.   5.   6.

EJERCICIO 8

Diga si son posibles o imposibles estas combinaciones.

1. —¿Hace sol?
—Sí, y también hace calor.

2. —¿Hace mal tiempo?
—Sí, y llueve mucho.

3. —¿Hace buen tiempo?
—Sí, y hace mucho frío.

4. —¿Hace calor?
—Sí, y también nieva.

5. —¿Hace frío?
—Sí, y también hace mucho calor.

EL CLUB DE TITO

Restaurante y salón de baile
Avenida Jalapa 1475, México, D.F.
Teléfono: 2-46-98-71

SÁBADOS: Baile

Desde las 8:00 de la noche hasta las 5:00 de la mañana
Especialidad de la casa: *PIÑA COLADA*
¡**ORQUESTA DE BETO RODRÍGUEZ!**

el domingo, 5 de octubre
Escuche la música de JORGE MANRICO
¡directamente de Guadalajara!
¡Baile hasta las dos de la mañana!

VIERNES: Baile

Desde las 6:00 de la tarde
con la música de PEPE FUENTES

El Club de Tito. Scanning activity. (See IM, Newspaper Ads.) Remind students that it is not necessary to read and understand the entire ad, only to look for information you request. Ask: *¿Cuál es la dirección del club? ¿A qué hora empieza el baile? ¿Cuál es la especialidad de la casa? ¿Quién toca los viernes? ¿Cuándo toca Jorge Manrico?* (pantomime *tocar*).

Goals—Capítulo 3
In this chapter students will talk about places they go and daily activities. This focus requires use of present-tense forms. In addition, students will talk about origin and nationality (with *ser*). Finally, they will describe ongoing events, using the present progressive, a tense most students easily acquire.

Pre-Text Oral Activities
1. Location: estar. Until now *estar* has been used only in greetings (*¿Cómo está usted?*) and *ser* has been used for all other functions of "to be" (identification and description). This section introduces the use of *estar* for location. Pass out classroom objects: pencils, erasers, paper, books, or other items you can bring easily to class. Give commands such as: *Los estudiantes que tienen lápices, pónganlos en la mesa (en el piso, enfrente de la puerta). Pongan sus libros debajo de la mesa (al lado de los lápices, encima del papel).* Introduce three or four locative prepositions found in display.

2. Use your PF to talk about community locations and activities associated with them. Use the structure *ir + a +* location. Point out the contraction **al**. **Sample input:** *¿Adónde van ustedes los sábados por la noche* (cine) *¿Van al cine? ¿Qué hacen en el cine?* (películas) *¿Ven películas? Mi esposo/a (novio/a, amigo/a) y yo también vamos al cine... Vemos películas románticas (de misterio, cómicas...).*

3. Habitual activities: present tense. Use an association activity to introduce third-person singular present-tense forms in your input. (See IM, Association Activities.) The first time you do this activity, introduce about 15 verbs in third-person singular form. To facilitate comprehension, we tend to limit input at this stage to third-person singular. Emphasize daytime activities at school or weekend activities. (Reflexive constructions are needed to talk about most grooming activities such as *bañarse* and *peinarse* and the first and last activities of the day: *levantarse* and *acostarse*.) If activities that use reflexive constructions come up in the list of verbs generated, simply note briefly that *se* is approximately equivalent to "self" and must be used with verbs that convey the subject doing something to himself/herself. Keep in mind that throughout this chapter reflexive constructions will be for recognition only. Most of the verbs generated for daily activities are regular: *lee, estudia, escucha, come, trabaja,* etc. The few irregular ones are usually not irregular in the third-person singular form. (This holds true also for any stem-changing verbs such as *almorzar* that might be suggested; simply supply the correct form: *él/ella almuerza.*) The irregular verbs *hacer, salir,* and *jugar* may be used here; additional information is in *Gramática 3.3.* The reflexive construction, other irregular verbs, and stem-changing verbs are presented in the grammar of *Capítulo 4.*

4. Origin: association activity. (See IM, Association Activities.) Introduce your own birthplace (use the city and state) with *Soy de _____, _____.* Write *¿De dónde es usted? Soy de _____, _____.* on the board. Ask each student *¿De dónde es usted?* The object is to associate city and state (and possibly a country) with the name of each student. Use review questions: *¿De dónde es Mike? Susan es de Ontario, ¿verdad? ¿Es Steve de Houston o de Dallas?* Make the sequence as conversational as possible by adding comments about the cities (*grande, pequeño/a, bonito/a*).

Capítulo 3

M E T A S

In **Capítulo 3** you will discuss daily activities as well as activities happening at the moment. You will talk about places in the city and on your campus. You will also talk about where you and others are from.

Sobre el artista:
Antoni Gaudí i Cornet (1850–1926) fue un arquitecto famoso de España. Sus edificios y estructuras muestran influencias góticas e islámicas. Gaudí tenía gran interés en mantener la armonía con la naturaleza. En Barcelona y en León hay varios edificios famosos diseñados por él, como la iglesia de La Sagrada Familia y la Casa Gaudí.

Iglesia de La Sagrada Familia, diseñada por Antoni Gaudí

AA 1 (TPR). **Activities after school or work.** See IRK for two TPR sequences on daily activities. Have students pantomime with you possible activities after work or school.

AA 2 (whole-class). Have students think about each activity they usually do from waking up in the morning to going to bed at night: *Vamos a hablar de las actividades típicas de un día. Por ejemplo, en la mañana...* As students suggest activities (in English or Spanish), write these in the third-person form on the board. After you have 10 or so daily activities on the board; ask questions using the hour as an organizing principle. *¿A qué hora _____ usted?* (*a las _____*) *¿A qué hora sale usted para la escuela?* (*a las nueve*) **Note:** Answers should be restricted to time in order to avoid requiring production of conjugated verb forms before students are ready.

Gaudí. Some examples of his creations are La Sagrada Familia (Barcelona; see photo above), *la Casa Gaudí* and *el parque Güell* (also in Barcelona). León boasts *la Casa de los Botines*. In these and many other buildings—testimony of his great creativity—one can see his unusual style, known as *Art Nouveau*.

Los lugares y las actividades

PREGUNTAS DE COMUNICACIÓN

- ¿Es grande la biblioteca en su universidad? ¿y la librería?
- ¿Hay un café cibernético en su ciudad? ¿Va allí con frecuencia? ¿Qué hace?
- ¿Va al cine con frecuencia? ¿Qué tipo de películas prefiere?
- ¿Lee usted el periódico todas las mañanas? ¿Qué sección le gusta leer primero?
- ¿Sale a cenar con sus amigos? ¿Cuál es su restaurante favorito?
- ¿De dónde es usted? ¿y sus padres? ¿Habla otro idioma o solamente inglés? ¿y sus padres?

(lavo); maneja su carro (manejo). Then pair students and give them
the following pattern to create questions; remind them to be truthful
(or suggest they tell outrageous lies!). Have them pretend they don't
know each other well and must use the usted form: ¿_____ usted? Sí, (yo) _____ o. (No, no _____ o.) This activity will
provide input with first-person singular, but do not expect students to
always produce correct forms.

MULTIMEDIA ▼

Visit the *Dos mundos* Website at www.mhhe.com/dosmundos for additional activities, links, and other resources.

The video to accompany *Dos mundos* includes cultural footage on **Spain** and **the United States.**

The multimedia **CD-ROM** to accompany *Dos mundos* offers a variety of activities to review vocabulary and grammar from this chapter. You will also find additional cultural information and video clips.

Actividades de comunicación y lecturas

Los lugares. Use the display to introduce any prepositions of location that you didn't introduce in the Pre-Text Oral Activities. Ask questions about the display, such as: *¿Dónde está el cuaderno?* (*al lado de los libros*) *Sí, está al lado de los libros.* Use your PF and/or realia to give more input.
Many of the words in this display and in subsequent activities will be new to students. Be sure to verify class comprehension of all vocabulary in the display and the activities of this section as you proceed through these materials. You may want to teach *afuera de* and *adentro de* as well as the adverbs *cerca* and *lejos*.
See IRK for additional activities: *Los lugares.*

✳ **Los lugares**

Lea Gramática 3.1.

Act. 1. Intercambios (whole-class; pair). Have students scan the campus map (p. 113) while you explain all the words. Have them listen to your description and write the names of the appropriate school buildings in the blanks: *Miren el plano de la página 113 y escuchen la descripción que les voy a hacer. Entonces, escriban el nombre del edificio en el lugar correcto.* **Sample descriptions:** *La biblioteca está enfrente de la Facultad de Filosofía y Letras. El gimnasio está al lado de la piscina en la avenida de Las Rosas. El teatro está enfrente de la Facultad de Bellas Artes. La Facultad de Medicina está entre el hospital y la rectoría en la calle Quinta. La Facultad de Ciencias Sociales está detrás de la Facultad de Ciencias Naturales. La cafetería está al lado de la biblioteca en la avenida de Las Rosas.* Next, ask questions such as *¿Cómo se llama la calle enfrente del gimnasio? ¿Está en la calle Séptima el edificio de Ciencias Naturales?* Mention the organization of Hispanic universities into *facultades,* roughly equivalent to schools of U.S. universities (e.g., school of medicine). Finally, have students practice the interaction in pairs.

AA 4 (whole-class). With the participation of the whole class, draw a map of your campus on the board. Have students help you label school/departmental buildings (*facultades*) and other locations on campus as you ask *¿Dónde está la Facultad de Bellas Artes? ¿Dónde está la piscina?* (Students may point or come up and locate places on the board.)

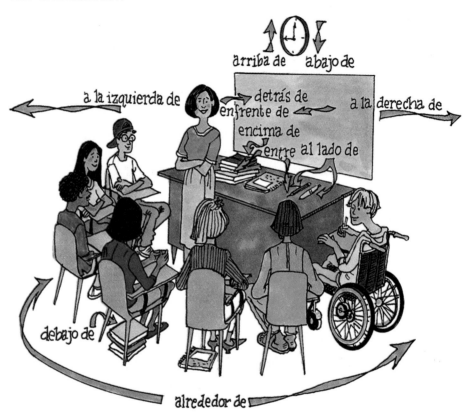

ACTIVIDAD 1   **Intercambios: La Universidad Estatal del Oriente**

Mire el plano de la página siguiente. Escuche mientras su profesor(a) describe dónde están varios edificios. Escriba el nombre del edificio en el espacio en blanco.

Edificios: la biblioteca, la cafetería, la Facultad de Ciencias Sociales, la Facultad de Medicina, el gimnasio, el teatro

Ahora, pregúntele a su compañero/a dónde están los edificios en el plano.

MODELOS: E1: ¿Dónde está *el teatro*?
E2: Está *enfrente de la Facultad de Bellas Artes.*

E1: ¿En qué calle está *la cafetería*?
E2: Está en la *avenida de las Rosas,* al lado de la librería.

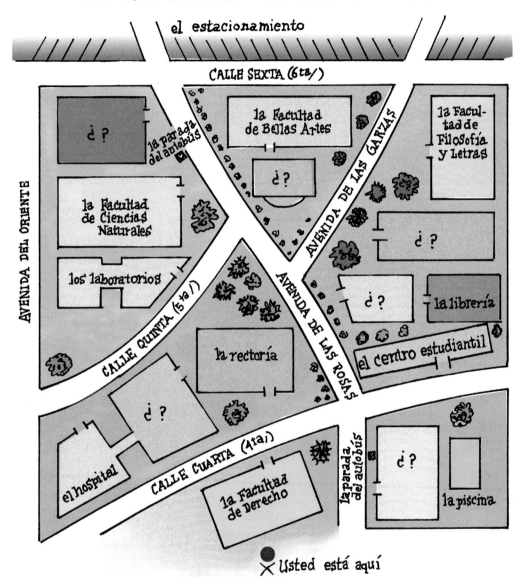

LA·UNIVERSIDAD·ESTATAL·DEL·ORIENTE

ACTIVIDAD 2 Entrevista: En nuestra universidad

Act. 2. Entrevista (pair). Have students substitute campus locations of their own choice.

Pregúntele a su compañero/a dónde están los siguientes lugares en su universidad. Use **al lado de, enfrente de, detrás de, entre, en el edificio de...**

MODELO: E1: ¿Dónde está *la cafetería*?
E2: Está *detrás de...*

1. la biblioteca
2. el gimnasio
3. la librería
4. el teatro
5. la Facultad de _____
6. ¿ ?

Act. 3. Descripción de dibujos
Have students write in the names of places you describe on their map. **Sample description:** *El videocentro está en la Avenida de la Independencia, entre el mercado de discos y la Panadería Neptuno.* **1.** Café Cibernético **2.** Museo Nacional **3.** Biblioteca Nacional **4.** Farmacia Cruz Blanca **5.** Videocentro **6.** Hotel Los Cabos **7.** Bar El Gato Verde
Now ask them to find various buildings and locations: *¿Dónde está la biblioteca? (Está al lado del Hospital San Benavente.)* For each location ask: *¿Qué hay en un(a) _____?* and *¿Para qué vamos a un(a) _____?*
Suggestions: 1. *la biblioteca: libros, revistas, periódicos; para sacar libros, para buscar información, para leer* **2.** *el correo: cartas, para enviar paquetes, para comprar estampillas* **3.** *las tiendas: cosas (name some); para comprar, para ir de compras* **4.** *la playa: arena, gente, lanchas, agua, toallas: para nadar, para caminar, para jugar deportes, para tomar el sol* **5.** *la discoteca: música, bar, sillas, mesas; para bailar, para escuchar música, para beber* **6.** *el hospital: pacientes, doctores, cuartos, camas; para visitar a los pacientes, para consultar con el médico* **7.** *el mercado: comida, frutas, verduras, carne; para hacer la compra* **8.** *cine: para ver películas* **9.** *restaurante: comida; para comer, para cenar* **10.** *parque: árboles, bancos, fuente, tiendas; para caminar, para conversar, para mirar a la gente.*

ACTIVIDAD 3 Descripción de dibujos: ¿Dónde está?

Escuche a su profesor(a) y escriba el nombre de estos lugares en los cuadros correspondientes.

Videocentro
Hotel Los Cabos
Bar El Gato Verde
Farmacia Cruz Blanca
Café Cibernético
Biblioteca Municipal
Museo Nacional

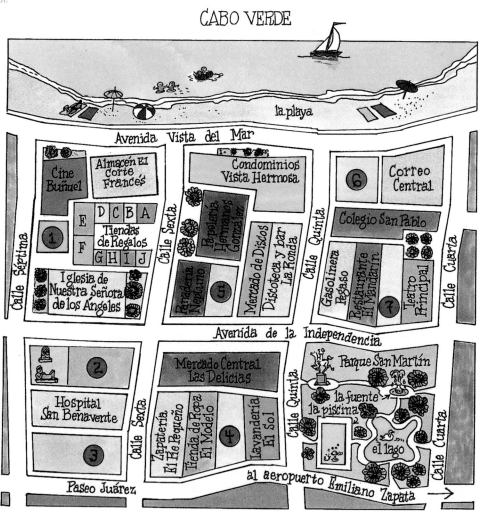

ACTIVIDAD 4   Asociaciones: ¿Para qué vamos a estos lugares?

Act. 4. Asociaciones (individual; pair). Students may work individually or in pairs. Follow up with whole-class discussion.

Empareje estas actividades con los lugares.

MODELOS: el parque →
Vamos al parque *para merendar con nuestros amigos.*

la papelería →
Vamos a la papelería *para comprar papel, lápices y cuadernos.*

LUGAR	ACTIVIDAD
1. el cine	a. para bailar
2. una tienda de ropa	b. para comprar zapatos
3. la playa	c. para ver las exhibiciones
4. el mercado	d. para comprar estampillas y para mandar cartas
5. una discoteca	e. para rezar
6. una panadería	f. para ver una película
7. un museo	g. para comprar pan o pasteles
8. la iglesia	h. para tomar el sol y nadar
9. el correo	i. para comprar vestidos y camisas
10. un hospital	j. para comprar comida
11. una zapatería	k. para leer y estudiar
12. la biblioteca	l. para visitar a un enfermo

ACTIVIDAD 5   Preferencias: ¿Cuándo?

Act. 5. Preferencias (whole-class; pair). Most of the time expressions are review. Go through each activity as students answer *sí/no* and write in their own personal variants.
   Follow-Up: Whole-class discussion of personal variants or pair students to make statements and comments using expressions under *Y tú, ¿qué dices?* You may want to write expressions from previous *Y tú, ¿qué dices?* activity on the board (see page 85). E1: *Voy a estudiar en la biblioteca esta noche.* E2: *¡Qué aburrido!*

Exprese los planes. Complete cada oración con una de las frases.

1. Voy a estudiar en la biblioteca...
   a. este fin de semana. c. después de clase.
   b. esta noche. d. ¿ ?
2. Mis amigos van a ir a una discoteca...
   a. mañana por la noche. c. el próximo sábado.
   b. esta noche. d. ¿ ?
3. Mi profesor(a) de español va a explorar el Internet...
   a. hoy. c. mañana por la noche.
   b. pasado mañana. d. ¿ ?
4. Mi novio/a va a ir conmigo al cine...
   a. el próximo sábado. c. el lunes por la tarde.
   b. este viernes. d. ¿ ?
5. Voy a salir de vacaciones...
   a. el próximo mes. c. el próximo fin de semana.
   b. mañana por la mañana. d. ¿ ?

▶ Y TÚ, ¿QUÉ DICES?

¿De veras?	Buena idea.	¡Qué aburrido!
¿De verdad?	Yo también.	¡Qué interesante!
¡No lo creo!	¡Qué divertido!	

Act. 6. Intercambios (whole-class; pair). Use these listings as a scanning activity. (Students need not understand all movie titles.) Ask questions such as: *¿Qué películas ponen en el cine Cervantes?* (*Todo sobre mi madre, Un embrujo, El hombre sin sombra, El portero*) *¿A qué hora ponen* Todo sobre mi madre? (*A las 18:00, 20:00, 22:00 y 00:00.*) You may use this time to review the 24-hour clock, if necessary. *¿Cómo se llama el director de* Un embrujo? (Luis Carlos Carrera). *¿Cuánto cuesta la entrada para* La película de Tigger? (*1.140 pesetas*) *¿Qué evaluaciones se usan?* (*No recomendada para menores de 14 años/18 años* and *Para todos los públicos.*) Model interaction once and then pair students.

If you wish, you may have students find other Websites where they can look up more information on these and other current films.

MODELO: E1: Voy a estudiar en la biblioteca a las 5:00 de la mañana.
              E2: *¡No lo creo!*

ACTIVIDAD 6   Intercambios: El cine en Sevilla

Lea esta guía del cine en Sevilla. Luego, hágale preguntas sobre la guía a su compañero/a.

MODELO: E1: ¿Quieres ir al cine?
              E2: Hummm... no sé. ¿Qué película quieres ver?

              E1: En el *cine Cervantes* ponen *Todo sobre mi madre.*
              E2: ¿A qué hora?

              E1: A *las 18.00, 20:00, 22:00 y 00:00 horas.*
              E2: ¿Cuánto cuesta?

              E1: *1330 pesetas.*
              E2: Perfecto.

Guía de ocio — el cine en Sevilla

Cervantes Multicines 4 salas
  Tel. (95) 427-80-64 / Amor de Dios 33, Sevilla Centro
Todo sobre mi madre. De Pedro Almodóvar. Comedia/drama ganadora del Oscar a la mejor película extranjera; con Cecilia Roth y Penélope Cruz. 18:00, 20:00, 22:00, 00:00. No recomendada para menores de 18 años. 1330 pesetas.
Un embrujo. De Luis Carlos Carrera. Romance e intriga. Ganadora de 9 Arieles. No recomendada para menores de 18 años. 1330 pesetas.
El hombre sin sombra. De Paul Verhoeven. Drama futurista con Kevin Bacon y Elisabeth Shue. 12:15, 18:15, 20:30, 22:30, 00:30. No recomendada para menores de 14 años. 1500 pesetas.
El portero. De Gonzalo Suárez. Drama, con Antonio Resines y Maribel Verdu. 12:05, 14:00, 16:00, 18:05, 20:20, 22:30. No recomendada para menores de 18 años. 1330 pesetas.

Cristina Multicinemas 2 salas
  Tel. (95) 422-66-80 / Avda. General Sanjurjo s/n
La película de Tigger. De Jun Falkenstein. Animación, con Jim Cummins. 12:15, 16:00, 18:00, 20:15. Todos los públicos. 1140 pesetas.
Moebius. De Gustavo Mosquera. Misterio/ciencia ficción, con Roberto Carnaghi y Annabella Levy. 12:15, 18:15, 20:30, 22:30, 00:30. No recommendada para menores de 14 años. 1330 pesetas.
Regina 2 salas
  Tel. (95) 421-42-12 / Jerónimo Hernández 19.
Año Mariano. De Barath Nalluri. Comedia con Karra Elejalde, Fernando Guillén Cuervo y Silvia Bel. 18:00, 20:00, 22:00, 00:00. No recomendada para menores de 14 años. 1330 pesetas.
Evasión en la granja. De Peter Lord y Nick Park. Animación con Mel Gibson y Julia Sawalha. Todos los públicos. 1200 pesetas.

Alameda Multicines 4 salas
  Tel. (95) 438-01-56 / Alameda de Hércules 9-10
Buena Vista Social Club de Wim Wenders. Documental con Ibrahim Ferrer, Ry Cooder Joachim Cooder. 12:30, 18:00, 20:00, 00:10 Para todos los públicos. 1330 pesetas.
Bajo California, el límite del tiempo. De Carlos Bolado. Documental ganador de 7 Arieles Con Damián Alcaraz y Jesús Ochoa. 17:45 20:00, 22:15. Para todos los públicos. 1200 pesetas.
El chacotero sentimental. De Cristián Galaz. Comedia/drama con Daniel Muñoz y Lorene Prieto. 12:05, 14:00, 16:00, 18:05, 20:20 22:30. No recomendada para menores de 18 años. 1330 pesetas.
Más que amigos. De Edward Norton. Comedia romántica con Anne Bancroft, Ben Stiller y Edward Norton. 12:05, 14:00, 16:00, 18:05 20:20, 22:30. No recomendada para menores de 18 años. 1550 pesetas.

Tarjetas postales

Clara Martin es una joven norteamericana que ahora estudia en Madrid. El año pasado ella fue estudiante de la profesora Martínez. Gracias a esa clase, ahora Clara habla muy bien el español. Éstas son las dos primeras tarjetas postales que ella le manda a su profesora. ¡Adela Martínez va a recibir muchas postales más!

VOCABULARIO ÚTIL

fue	was
manda	she sends
Estoy ansiosa por	I'm looking forward to
el mercado al aire libre	open-air (flea) market
¡Hasta la próxima!	Until the next time!

Lectura
Suggestions for Effective Reading. Have students practice the scanning and visualizing techniques. This time have them read selectively, looking only for the places mentioned in the readings. As they read the name of a place, they should visualize it in their minds instead of translating the word.

Culture/History. Madrid, Spain's capital since 1561, is one of Europe's cosmopolitan cities. It is situated on a plateau about 2,150 feet above sea level, making it the highest capital in Europe. Three popular spots in Madrid for Spaniards as well as tourists are mentioned in the first postcard (*27 de septiembre*). The *Parque del Retiro*, the largest park in Madrid, is known for its beautiful trees, vast area, and the lake where visitors may canoe. It is most crowded on Sundays with people who enjoy strolling, picnicking, and gathering with the family.

The Museo del Prado houses approximately 3,000 paintings. The best of these represent artists from the 1500s, 1600s, and early 1800s. Paintings by El Greco, Diego Velázquez, and Francisco de Goya are the pride of the collection. The Plaza Mayor is a popular spot to lunch or dine at an outdoor cafe, or to have a drink and simply people-watch. Strolling vendors, musicians, and artists frequent the Plaza Mayor. Madrid is also well known for its outdoor fleamarket, the Rastro (featured in Chapter 13.)

Pre-Reading. Preview the reading by providing input on the topic of travels: *¿Les gusta a ustedes viajar?* Talk about places in the Hispanic world you have visited, and if you have postcards or slides of

El Rastro, Madrid

La Plaza Mayor

these places, bring them to class and describe them: *Yo normalmente les mando tarjetas postales a mis amigos. ¡Y también recibo tarjetas! Miren, ésta es de mi viaje a... y la foto muestra...* Then ask personalized questions: *Y ustedes, ¿también mandan tarjetas? ¿A quiénes? ¿Qué describen en las tarjetas? ¿Sus experiencias? ¿los lugares que visitan?*

Estimada profesora:

¡Por fin estoy en Madrid! Es una ciudad muy grande y tiene mucho más tráfico que San Antonio. Estoy ansiosa por verlo todo. Me gusta mucho el Parque del Retiro. ¡Y el Museo del Prado es impresionante! Esta tarjeta es de la Plaza Mayor, un lugar interesante adonde va mucha gente a tomar café y a conversar. (Es mi lugar favorito.) Bueno, hasta muy pronto.

Un abrazo,

Clara

P.D. ¡Estoy hablando muchísimo español!

MADRID · CCP - CHAMARTIN · 27 de septiembre 2001

Estimada profesora:

¡Qué divertido es vivir en Madrid! La ciudad es grande, pero es fácil llegar a todos los lugares porque el transporte público es muy bueno. Me gusta mucho ir de compras aquí. Lo ideal es que cerca de mi apartamento hay de todo: una plaza muy bonita, varias tiendas, una panadería (qué rico es el pan caliente, ¿verdad?), un cine, una discoteca... ¡de todo! Ah, y la foto en esta postal es del Rastro, un mercado al aire libre muy popular en Madrid. ¡Hasta la próxima!

Un abrazo,   Clara

MADRID · CCP - CHAMARTIN · 21 de octubre 2001 · 28 ·

Prof. Adela Martínez
Department of Foreign Languages
University of Texas at San Antonio
San Antonio, TX 78285
USA

Ask students if they have ever studied in another country. Then have them scan the *Vocabulario útil* section and the paragraph that introduces the postcards. Use the incomplete sentence technique to elicit information: *Clara Martin es... (una joven norteamericana); ella estudia ahora en... (Madrid); Clara le escribe estas tarjetas a... (Adela Martínez, su profesora de español).*

Additional activity: Write two categories on the board: *LUGA-RES* on the left, *ACTIVIDADES* on the right. Ask students what places interest them most when they travel to big cities: *¿Qué lugares les gustan más cuando ustedes viajan a ciudades grandes? ¿los cines? ¿los restaurantes?* List their responses under *LUGARES.* Then ask: *¿Cuáles son las actividades que hacemos normalmente en estos lugares? ¿Mirar (ver) una película? ¿comer?* This information may then be compared to Clara's favorite places after reading the two postcards.

Post-Reading. Ask students to name the places in Madrid that Clara mentions in her postcards: *¿Qué lugares menciona Clara en sus tarjetas?* As students respond, list the places on the board under *LUGARES* (*el Parque del Retiro, el Museo del Prado, la Plaza Mayor; la panadería, la plaza, el cine, la discoteca, el Rastro*). If possible, show pictures or slides of the Retiro, the Prado, and the Plaza Mayor, as well as other places of interest in Madrid. (You could also show similar places in other Hispanic cities that you have visited.)

Now draw attention to the salutations on the postcards. Point out that the initial greeting, *Estimada profesora,* is a formal address. Tell students that *Querido/a* is a more intimate greeting. In closing the second postcard, Clara writes, *Hasta la próxima, Un abrazo, Clara.* Tell class that *Un abrazo* is an affectionate way to close a personal letter. List other expressions for closing letters: *Con cariño, Cariñosamente, Hasta pronto, Un beso, Cordialmente.* These may be used as an adaptation to UPM.

Have students do *Comprensión* in pairs, taking turns asking and answering the questions. Then briefly review the answers with the class. Use AU to generate whole-class discussion. Assign UPM as homework: Students purchase a postcard and write on it; they may also design their own postcard, picture and all!

Answers to *Comprensión.*
1. *Cierto* 2. *Falso* 3. *Cierto*
4. *Cierto* 5. *Falso* 6. *Cierto*

Comprensión

¿Cierto o falso?

1. San Antonio tiene menos tráfico que Madrid.
2. Clara va a ver pocos lugares.
3. En la Plaza Mayor la gente toma café y conversa.
4. El transporte público en Madrid es muy bueno.
5. A Clara no le gusta mucho ir de compras.
6. Hay tiendas cerca del apartamento de Clara.

Ahora... ¡usted!

1. Cuando usted viaja, ¿les manda tarjetas postales a su familia y amigos? Por lo general, ¿le gusta escribir mucho en las postales o prefiere decir poco?
2. ¿Le gusta recibir tarjetas postales de sus amigos y familiares cuando viajan? ¿Por qué?
3. ¿Va de compras con frecuencia? ¿Prefiere los almacenes grandes o las tiendas pequeñas? ¿Por qué?

Un paso más... ¡a escribir!

Imagínese que usted está de vacaciones en una ciudad que le gusta mucho, y que va a mandarle una tarjeta postal a alguien. ¿Qué va a decirle a esa persona? Usando las tarjetas de Clara como guía, mencione sus lugares favoritos en la ciudad y sus actividades más divertidas.

MODELO:

Querido/a _____:

Por fin estoy en _____. Es una ciudad muy _____ y tiene _____. Mis lugares favoritos son _____ y _____. Aquí hago varias actividades divertidas. Por ejemplo, me gusta _____, _____ y _____. La foto en esta postal es de _____.

Bueno, ¡hasta la próxima!

Un abrazo,

(su firma)

✳ Las actividades diarias

Las actividades diarias. Many of the words in this display and in subsequent activities will be new to students. Verify class comprehension of all vocabulary in the display and the activities of this section as you proceed through these materials.

Las actividades diarias. Review daily activities introduced in the Pre-Text Oral Activity. Ask: ¿Quién estudia todos los días? ¿Cuándo estudia Jenny? ¿Qué lee

Lea Gramática 3.2–3.3.

Un día típico en la vida de la familia Saucedo

Ernesto lee el periódico todas las mañanas.

Los Saucedo y sus hijos desayunan juntos.

Ernesto espera el autobús.

Ernesto sale de la casa a las 8:30.

Amanda y sus hermanos caminan al parque.

Guillermo juega al fútbol con sus amigos.

Berta limpia la casa.

Mark en la mañana?, and so on. Add other words according to context. For example, if one verb choice is *comer,* include a few foods (those that the student actually suggests). Students may produce Spanish words, but you should not require correct production of the conjugated verb forms. Ask brief questions about activities illustrated in the display.

See IRK for additional activities: *Las actividades diarias.*

AA 5 (whole-class). Review the daily activities associations from Pre-Text Oral Activity 2. Write each on the board; after you have 8–10, go through the list and react personally: *Yo también _____. Yo no _____, pero yo _____.*

Estela prepara la cena.   La familia Saucedo cena a las 8:00.

REFRÁN

Al que madruga, Dios lo ayuda.

(*The early bird gets the worm.* Literally, *God helps those who get up early.*)

Act. 7. Intercambios (whole-class; pair). Preview the chart with questions such as: *¿Cuántas personas hay? ¿De dónde es _____?* (Comment on countries or cities in Spanish.) Then ask questions that can be answered with the name of the person: *¿Quién asiste a una reunión?* (*Adriana*) Follow with questions answered with days and times: *¿Cuándo hace ejercicio Mayín?* (*viernes, por la mañana*) *Sí, ella hace ejercicio el viernes por la mañana.* Finally, ask questions such as *¿Qué hace Silvia los miércoles por la tarde?* Have students do interaction in pairs.

ACTIVIDAD 7   Intercambios: Las actividades diarias

MODELOS: E1: ¿Quién *va a misa?*
                E2: *Silvia.*

                E1: ¿Cuándo *hace ejercicio Mayín?*
                E2: *Los viernes por la mañana.*

	SILVIA BUSTAMANTE MÉXICO, D.F.	ADRIANA BOLINI BUENOS AIRES	MAYÍN DURÁN LOS ÁNGELES
los lunes, por la mañana	va en metro al trabajo	maneja y habla por celular	va en coche a la estación de radio
los miércoles, por la tarde	trabaja en la estación de autobuses	diseña sitios Web	escribe un reportaje
los viernes, por la mañana	estudia	asiste a una reunión	hace ejercicio en el gimnasio
los sábados, por la mañana	lleva su ropa a la lavandería	pasea por el parque	lee el periódico
los domingos, por la mañana	va a misa	juega al tenis	ve la televisión

Act. 8. Asociaciones (individual; whole-class). Have students scan this activity for unfamiliar vocabulary. Students work individually to match activity to person.
    Follow-Up: Whole-class discussion.

ACTIVIDAD 8   Asociaciones: Las actividades típicas

¿Cuáles son las actividades típicas de estas personas?

1. un profesor / una profesora
2. una ama de casa
3. un hombre / una mujer de negocios
4. un(a) estudiante
5. un(a) recepcionista

Actividades posibles: almuerza en un restaurante, charla con un amigo en la cafetería, cocina, habla por teléfono, lee las tareas de los estudiantes, lee una revista, limpia la casa, prepara las lecciones, trabaja en su oficina, va a la biblioteca, va al correo

Act. 9. Narración (whole-class; pair). Narrate Carla's day. **Suggestions: 1.** (*A las 7:00*) *Desayuna con su familia.* **2.** (*A las 7:15*) *Lee el periódico.* **3.** (*A las 7:25*) *Recoge sus libros.* **4.** (*A las 7:30*) *Sale de la casa.* **5.** (*A las 7:30*) *Carla camina a la parada del autobús.* **6.** (*A las 7:35*) *Espera el autobús* (*guagua*, in Puerto Rico). (*Va en autobús a la universidad.*) **7.** (*A las 8:00*) *Asiste a la clase de biología.* **8.** (*A las 8:55*) *Charla con un amigo.* **9.** (*A las 9:00*) *Asiste a la clase de economía.* **10.** (*A las 10:00*) *Toma un refresco.* **11.** (*A las 10:15*) *Estudia en la biblioteca.* **12.** (*A las 12:00*) *Regresa a casa.* **13.** (*A las 12:30*). *Almuerza.* (*Come una ensalada.*) **14.** (*A las 2:00*) *Juega al tenis.* **15.** (*De las 3:00 hasta las 5:30 de la tarde*) *Trabaja en una tienda de ropa.* **16.** (*A las 7:30 de la tarde*) *Carla ¿_____?*

ACTIVIDAD 9   Narración: Un día en la vida de Carla Espinosa

▶ **PALABRAS ÚTILES**

primero	después	finalmente
luego	más tarde	por último
¿A qué hora?	A la(s)...	

AA 6 (pair). Write on board a list of 15 daily activities, using the first-person singular form. Have each student select 10 activities that he/she does and write them on a sheet of paper. Then pair students so they can compare lists. One student reads the first activity: *Yo estudio todos los días.* The second student searches his/her list to see if there is a match. If the second student also does the activity, he/she responds: *Yo también (estudio todos los días).* If the second student has not included the activity in his/her list, he/she responds: *Yo no estudio todos los días.* Let students work about 5 minutes on this activity while you circulate, commenting and participating.

Act. 10. Preferencias (individual; whole-class). Have students scan for unfamiliar vocabulary. Students work individually and need only write an appropriate time expression for each activity.
Follow-Up: Whole-class discussion and questions: *¿Ve usted la televisión con frecuencia por la noche? ¿Qué programas ve? ¿Sale usted mucho con sus amigos? ¿Come usted en el carro?* Students may be paired to read each other 4–5 of their own activities.

Comic Strip. Introduce Mafalda to your students. Tell them as much as you wish about her family, then tell them that this comic strip has a lot of similarities with *Peanuts.* Like Charlie Brown, Mafalda and her playmates are wise as only adults can be. Explain the idiom *hacer lío (create problems; make a mess)* and the word (command) *descuidá,* then let them read the strip. After one or two minutes, ask them to explain the political criticism in their own words.

ACTIVIDAD 10   Preferencias: ¿Con qué frecuencia?

Diga con qué frecuencia usted hace estas actividades durante la semana. Use **siempre, con frecuencia, a veces, varias veces** y **nunca.**

1. Veo la televisión por la noche.
2. Salgo a cenar con amigos.
3. Juego al basquetbol.
4. Voy al cine.
5. Lavo el carro.
6. Hago ejercicio aeróbico.

7. Preparo la cena.
8. Como en el carro.
9. Escucho un disco compacto mientras estudio.
10. Visito sitios Web.

Act. 11. Asociaciones (individual: whole-class). This activity uses third-person plural forms, but students may want to answer with *y yo*; if so, supply the first-person plural forms.

AA 7 (whole-class). Encourage students to talk about their activities with others, asking: *¿Qué hace usted con sus hermanos? ¿con sus padres? ¿con sus amigos?*, and so on.

ACTIVIDAD 11 Asociaciones: Las actividades de mi familia

En su familia, ¿quién hace las siguientes actividades?

MODELOS: estudia(n) en la universidad →
Mis hermanos estudian en la universidad.

trabaja(n) los sábados →
Nadie en mi familia trabaja los sábados.

Mi esposo/a	Mi(s) hermano(s)/a(s)	Mi(s) hijo(s)/a(s)
Mis padres	Mi(s) primo(s)/a(s)	Nadie

1. sale(n) mucho con sus amigos
2. esquía(n) en el invierno
3. ve(n) la televisión
4. va(n) al cine los fines de semana
5. lee(n) el periódico por la mañana
6. escucha(n) música clásica
7. trabaja(n) los sábados
8. nada(n) en el verano

Act. 12. Entrevista (pair). You may want to remind students that verbs ending in *-s* indicate the familiar *tú* form. Do interviews in pairs. These interviews may be split up over two class sessions.

ACTIVIDAD 12 Entrevista: El fin de semana

GENERALMENTE LOS VIERNES POR LA NOCHE...

1. ¿Sales con tus amigos? ¿Vas al cine? ¿Vas a una discoteca o a un club?
2. ¿Trabajas? ¿Hasta qué hora?
3. ¿Cenas en algún restaurante?
4. ¿Lees un libro? ¿Exploras el Internet?
5. ¿Vas a (Das) una fiesta? ¿Dónde? ¿Con quién(es)?

GENERALMENTE LOS SÁBADOS...

1. ¿Practicas algún deporte? ¿Cuál prefieres?
2. ¿Ves la televisión? ¿Qué programas te gustan?
3. ¿Vas de compras? ¿Adónde?
4. ¿Trabajas? ¿Dónde? ¿Cuántas horas?
5. ¿Estudias? ¿Dónde? ¿Con quién(es)?

Lectura
Suggestions for Effective Reading. Remind students that as they read they should try to develop the habit of understanding as much Spanish as they can without translating into English. One of the best ways to develop comprehension in Spanish is to try to visualize the meanings of words and phrases. Tell them that when they read a phrase like *conversar con los amigos en algún café*, they should picture a group of friends sitting in a cafe, chatting. Or, when they read *cuando estoy triste*, they could picture a sad face, maybe with a teardrop on the cheek. The following narrative provides many good examples for practicing this reading strategy. You may want to list some phrases from the text on the board (such as *escucho música; cursos de verano; tengo estudiantes árabes, chinos, japoneses*) and ask students what they visualize as they read each phrase.

Culture/History. Guanajuato is the capital city of the state of Guanajuato, located in a mountainous region in the central part of Mexico. It was in this state that the uprising for independence from Spain started in 1810. The city, situated in a valley and on the

LECTURA # Los amigos hispanos: Adela Martínez

La profesora Martínez nació en San Antonio, Texas, de padres mexicanos. Ella nos habla aquí de sus actividades favoritas y de su trabajo de verano en Guanajuato, México.

¡Hola! Ya saben que soy profesora. Me gusta mucho enseñar español, pero no quiero hablarles de mi trabajo solamente. Voy a contarles, primero, de mis pasatiempos y de las actividades que hago en mi tiempo libre. Así llegamos a conocernos un poquito mejor. ¿Qué les parece? Pues bien, uno de mis pasatiempos favoritos es conversar con los amigos en algún café o restaurante. Siempre comentamos una variedad de temas con entusiasmo —la cultura hispana, la literatura, la política. Y también hablamos de cosas personales, por supuesto.

De vez en cuando monto a caballo; es una actividad muy divertida. En mi tiempo libre, también escucho música. Me gusta la música clásica, la folclórica y la popular. Cuando estoy triste, toco la guitarra. ¡La guitarra siempre me pone contenta! A mis estudiantes les fascina escucharme cantar canciones tradicionales como "Cielito lindo". La verdad es que no canto muy bien, pero mis estudiantes piensan que soy una gran cantante. Qué buenos chicos, ¿no? Bueno, como decimos los mexicanos, le hago la lucha.

Durante los veranos doy cursos de español en la ciudad de Guanajuato, México. Guanajuato es la capital del estado del mismo nombre, que está en el centro del país. Es una ciudad pequeña, muy hermosa, de aspecto colonial y con una historia muy interesante. En Guanajuato es fácil llegar a todas partes y la gente es amable y amistosa. Es el sitio ideal para los cursos de verano, creo yo.

Además, estos cursos son muy estimulantes para mí, porque a mis clases llegan personas de diferentes países. Normalmente tengo estudiantes árabes, chinos, japoneses, franceses y un gran número de canadienses y estadounidenses. Juntos hacemos excursiones, salimos por la noche a bailar y visitamos los museos. A veces los invito a mi casa a merendar. ¡Cuánto les gusta hablar de México cuando vienen a mi casa!

Bueno, pero mejor no les hablo más de mí, ¡que no quiero aburrirlos!

VOCABULARIO ÚTIL	
llegamos a conocernos	we'll get to know each other
la política	politics
por supuesto	of course
De vez en cuando	Once in a while
estoy triste	I'm sad
me pone	makes me
le hago la lucha	I try (coll. Mex.)
estadounidenses	U.S. citizens
aburrirlos	to bore you

Comprensión

Complete los siguientes comentarios. ¡Cuidado! A veces hay más de una respuesta correcta.

1. Cuando la profesora Martínez está triste...
   a. conversa con sus amigos en algún café.
   b. toca la guitarra y canta.
   c. monta a caballo.
2. La profesora viaja a Guanajuato todos los veranos porque...
   a. enseña un curso de español en esa ciudad.
   b. sus padres viven en Guanajuato.
   c. no hay cursos de verano en otras ciudades.
3. A los estudiantes de la profesora Martínez les gusta escucharla cantar porque...
   a. ella tiene una voz de soprano fantástica.
   b. ella sabe cantar canciones mexicanas muy bonitas.
   c. con la música, ellos pueden comprender la cultura de México.
4. A la profesora le gusta tener tiempo libre porque...
   a. entonces sale a cenar con sus amigos.
   b. necesita escribir libros sobre la política mexicana.
   c. detesta su trabajo.

Ahora... ¡usted!

1. ¿Qué le gusta hacer, generalmente, durante los veranos? ¿estudiar? ¿trabajar? ¿viajar?
2. Compare las actividades de Adela Martínez con las actividades de verano que a usted le gusta hacer.
3. ¿Le gustaría viajar a otro país para estudiar? ¿Adónde le gustaría ir? ¿Por qué?

slopes of two mountains, is known for its historical politics, colonial style, and beauty. Every year in the fall, Guanajuato attracts international tourists for the Festival Cervantino, the week-long theater festival that pays homage to Miguel de Cervantes. The city also houses the infamous mummies discovered around Guanajuato, displayed in the Panteón museum.

Pre-Reading. Remind students that Adela Martínez is one of the main characters in *Dos mundos:* She is a professor of Spanish at the University of Texas at San Antonio, Texas. As part of her job, Adela teaches *cursos de verano* in Guanajuato. Discuss summer language schools in Mexico, Spain, and other countries: *Hay muchas universidades en países hispanos que ofrecen cursos de verano para las personas que estudian español. En estos programas de verano los estudiantes normalmente van a clase por la mañana, y por la tarde hacen excursiones y visitan a sus amigos hispanos.*

Tell students that they will read about Adela's experiences in Guanajuato as well as her favorite pastimes. Ask students: *¿Qué hacen ustedes en su tiempo libre? ¿Cuáles son sus actividades preferidas?* List them on the board as students respond. This will allow students to compare their favorite pastimes with Adela's after they read the passage.

Post-Reading. You may want to teach students a traditional song in Spanish, such as "Cielito lindo" (mentioned by Adela). You could teach the song as a cloze activity: Give students lyrics on which you have replaced every ninth or tenth word with a blank (mainly words students are familiar with). As students listen to the song, they fill in missing words from the alphabetized list at the top of the page.

Have students do the *Comprensión* and follow up with pairs doing the personalized questions in AU. Assign UPM as written homework or group work.

Answers to *Comprensión*. 1. b **2.** a **3.** b, c **4.** a

Un paso más... ¡a escribir!

Describa la ciudad donde usted nació o la ciudad donde vive ahora. Utilice como guía la descripción de Guanajuato que hace Adela Martínez. Para empezar, ¿es grande o pequeña su ciudad? ¿Cómo se llama? ¿En qué estado del país está? Describa a la gente de allí: ¿es amistosa, indiferente, alegre, amable? Termine su descripción con esta oración: *Mi ciudad es ideal para...*

¿De dónde es usted?

Lea Gramática 3.4.

¿**De dónde es usted?** Many of the words in this display and in subsequent activities will be new to students. Be sure to verify class comprehension of all vocabulary in the display and the activities of this section as you proceed through these materials.

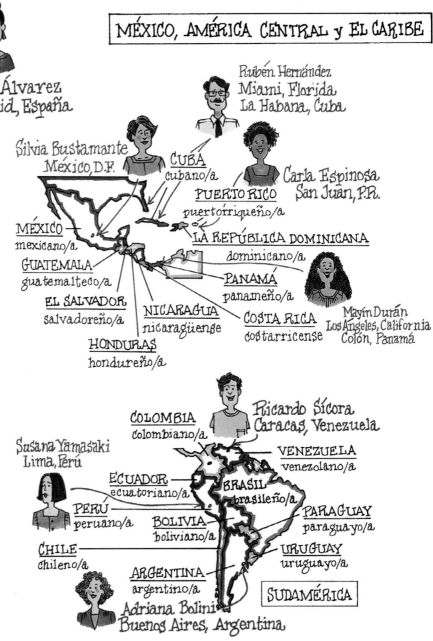

Note: We do not use articles with most country names, although *la Argentina* and *el Perú* are common. Use your PF to introduce names of countries by using pictures of people with physical characteristics or clothing that readily identify their country. Have students look at maps while you call out names of Spanish-speaking countries. Include words for directions: *norte, sur, este, oeste.* Say: *Apunten al país que está al sur de Colombia.* (*Ecuador*) Then introduce names for nationalities: *¿De dónde son los peruanos?* (*de Perú*) Students need not learn names of all countries and nationalities, but they should recognize them and be able to produce the most common. Use the following pattern to ask nationalities that students know well: *Si un hombre (una mujer, una persona) es de _____, ¿cuál es su nacionalidad?*

See IRK for additional activities: *¿De dónde es usted?*

ACTIVIDAD 13   Diálogo: ¿De dónde eres tú?

ROGELIO: Buenos días. Yo soy Rogelio Varela. ¿Cómo te llamas?
MARTA: Me llamo Marta Guerrero. ¿De dónde eres tú?
ROGELIO: Soy de aquí, de San Juan. ¿Y tú?
MARTA: Soy de México, pero vivo en San Juan ahora.

ACTIVIDAD 14   Entrevista: ¿De dónde... ?

1. E1: ¿De dónde eres?
   E2: Soy de _____.
2. E1: ¿De dónde es tu padre?
   E2: Es de _____.
3. E1: ¿De dónde es tu madre?
   E2: Es de _____.
4. E1: ¿Tienes algún amigo de otro país?
   E2: Sí, tengo un amigo / una amiga de _____.
5. E1: ¿Cómo se llama tu amigo/a?
   E2: Se llama _____.

La presencia hispana en los Estados Unidos es fuerte y se expresa de muchas formas. En la foto, un mural en el distrito de La Misión (Mission District) de la ciudad de San Francisco, California.

Los hispanos en los Estados Unidos

NOTA CULTURAL

La palabra *Hispanic* se usa con frecuencia para describir a los hispanos que viven en los Estados Unidos. Pero dentro de la comunidad hispana hay personas de varios países que forman grupos diferentes. En esta lectura se describen varios de esos grupos.

VOCABULARIO ÚTIL

dentro de la comunidad	*within the community*
las raíces (f.)	*roots*
se encuentran	*are found*
será	*will be*
Sea cual sea	*Whatever might be*

Los hispanos que viven en los Estados Unidos contribuyen de manera importante a la vida cultural de este país. Hay hispanos en casi todas las ciudades estadounidenses. Algunos son emigrantes de España, muchos otros de la América Latina. Es importante saber cuáles son estos grupos de hispanos, pues cada uno tiene una historia interesante y muy particular.

El primer grupo es el de los **mexicoamericanos** (o **chicanos**), que viven principalmente en el oeste y suroeste: en los estados de California, Nuevo México, Arizona, Texas y Colorado. Dentro de esta población hay muchas personas con raíces en México.

El segundo grupo lo forman los **puertorriqueños,** muchos de los cuales viven en Nueva York.* Y los **cubanos** forman el tercer grupo. Estos residen especialmente en Florida, Nueva Jersey y California.

El cuarto grupo es el de los **centroamericanos,** que se encuentran principalmente en California y los estados del este. Por ejemplo, hay grandes comunidades de salvadoreños en las ciudades de Takoma Park y Langley Park, Maryland, en el área de Washington, D.C., y en Los Ángeles.

Hay más de 30 millones de hispanos en los Estados Unidos, y se estima que para

Washington, D.C.

Act. 13. Diálogo (pair). Have students practice model dialogue in pairs. They may redo dialogue, making up new identities.

AA 8 (individual; whole-class). Have students sit in a semicircle and participate in a chain activity. Each student says where he/she is from: *Soy de _____* and where the person to the left of him/her is from: *y _____ es de _____.* Occasionally stop and poll the whole class: *¿De dónde es _____?*

Act. 14. Entrevista (pair). Students may want to use cities and states in answers to these questions.

*Los puertorriqueños son ciudadanos (*citizens*) estadounidenses, pues desde 1952 Puerto Rico es un Estado Libre Asociado (*Commonwealth*) de los Estados Unidos.

Suggestions for Effective Reading. This is another good reading passage for students to practice scanning and skimming, focusing on photographs, titles, and highlighted words.

Culture/History. The term *Hispanic* has often proved problematic for many ethnic groups of Hispanic origin in the United States. This is due to political and social forces that tend to lump all of these immigrants under the umbrella term *Hispanic*, discounting cultural diversity. Some prefer *Latino, U.S. Latino,* or the nationality of their family's country of origin.

Pre-Reading. Have students think of Hispanic celebrities. Some suggestions: Jimmy Smits, Jennifer López and Ricky Martin (Puerto Rican), Daisy Fuentes, Andy García and Cameron Díaz (Cuban American), Edward James Olmos and Carlos Santana (Chicano), John Leguizamo and Shakira (Colombian), Rubén Blades (Panamanian). Show pictures of Hispanic groups in the United States, including those mentioned in the reading. Point out that because there are so many Hispanics in this country, it is very practical to learn Spanish and become familiar with Hispanic cultures.

You may wish to practice the reading strategy with the class as a whole. Write the word *Hispanic* on the board and explain the problem with regard to the term, as noted above. Have students scan the reading: titles, *Vocabulario útil*, photos, and highlighted words. Emphasize: Skim for the gist of meaning. Then ask, *¿Cuáles son otras palabras de nacionalidad que prefieren los hispanos en los Estados Unidos?* List these on the board as students respond.

Post-Reading. Do the *Comprensión* activity in pairs. Provide a format for the students on the board and correct answers when they are finished. Do class discussion of AU questions and assign UPM for homework.

Answers to *Comprensión*.
A. Houston: *mexicoamericanos, chicanos;* Miami: *cubanos;* Nueva York: *puertorriqueños;* Albuquerque: *mexicoamericanos, chicanos;* Los Ángeles: *chicanos, mexicoamericanos, centroamericanos;* Takoma Park: *salvadoreños.* B. 1. M 2. M 3. P 4. C

La "Parada" Puertorriqueña en Nueva York.

En la Calle Ocho ("Little Havana") de Miami.

el año 2050, uno de cada cuatro norteamericanos será de origen hispano. Esta enorme comunidad incluye una gran variedad de culturas y de historias nacionales. A algunas personas les gusta llamarse *Hispanic* o *Hispanic American;* otras usan las palabras *Latino* y *U.S. Latino;* también hay quienes prefieren especificar su nacionalidad: salvadoreño, cubano, peruano. Sea cual sea la palabra preferida, la presencia hispana es cada día más visible y vital en los Estados Unidos.

Comprensión

A. Diga qué grupo(s) de hispanos predomina(n) en cada ciudad.

CIUDAD	GRUPO(S)	CIUDAD	GRUPO(S)
Houston	_____	Nueva York	_____
Miami	_____	Albuquerque	_____
Los Ángeles	_____		
Takoma Park	_____		

B. ¿Quién habla en cada caso? Indique si es una persona mexicoamericana (**M**), puertorriqueña (**P**) o cubanoamericana (**C**).

1. _____ Vivo en Nuevo México; mi familia y yo somos descendientes de los primeros colonizadores españoles.

2. _____ Soy bilingüe y vivo en Los Ángeles. Mis padres nacieron en Guadalajara.

3. _____ Soy de una isla que es un estado libre asociado. Me consideran ciudadano de los Estados Unidos.

4. _____ Nací en una isla del Caribe. Ahora vivo con muchos de mis compatriotas en Miami.

Ahora... ¡usted!

1. ¿Tiene amigos hispanos? ¿Son chicanos o de otros grupos?
2. ¿Cuántos hispanos famosos puede mencionar? ¿De qué países son?

Un paso más... ¡a escribir!

Usando **Comprensión B** como guía, describa a algunos de sus amigos hispanos. Si no tiene ningún amigo hispano, describa a dos hispanos famosos.

✳ Las actividades del momento

Lea Gramática 3.5.

Son las 5:00 de la tarde y éstas son las actividades
de algunos de los vecinos mexicanos.

Guau. Guau.

Ramón está
levantando pesas.

Pedro está leyendo
el periódico.

El bebé está
llorando.

El perro está ladrando.

Don Anselmo
está fumando.

Marisa y Clarisa están
masticando chicle.

Doña Lola está
planchando
la ropa.

Las actividades del momento. Activities in progress are described using the present progressive. Students have little trouble understanding and even producing these forms. We encourage their use here because of their utility in talking about ongoing actions in class and in pictures from your PF.

The progressive construction can be made comprehensible in two ways in class: (1) You and/or students act out activities while you describe what is going on; (2) show pictures (or slides, filmstrips, movies, etc.) and ask what is going on. Act out various activities yourself, and ask whole class *¿Qué estoy haciendo?* Students may respond in English. Then write the Spanish equivalent on the board: *¿Qué estoy haciendo? Estoy _____ndo.* Then ask for volunteers to act out an activity and follow the same format; write on the board: *¿Qué está haciendo? Está _____ndo.* Write *estoy* and *está* on the board each time with the present participle so that students get used to seeing and hearing the two together. (This is the first use of *está* except in the patterns *¿Cómo está usted?* and *¿Dónde está?*.) Include 10–30 activities (present participles). Do not worry about irregular verbs; if they come up, simply write them on the board with the rest. Remember that this is a comprehension activity; it may be the first time students have heard progressive forms extensively. Ask questions that can be answered with students' names or words other than the present participle.

See IRK for additional activities: *Las actividades del momento.*

Many of the words in this display and in subsequent activities will be new to students. Be sure to verify class comprehension of all vocabulary in the display and the activities of this section as you proceed through these materials.

ACTIVIDAD 15   Asociaciones: ¿Acciones extrañas?

Un gato buceando

Un caballo fumando

Un bebé
levantando pesas

Una abuela andando en patineta

Diga si estas actividades son extrañas o normales. Después, justifique sus respuestas.

1. una abuela andando en patineta
2. un pez nadando
3. un caballo fumando
4. un bebé llorando
5. una profesora masticando tabaco en clase
6. un hombre planchando
7. un pájaro patinando
8. un perro ladrando
9. un gato buceando
10. un bebé levantando pesas
11. un perro explorando el Internet

Act. 15. Asociaciones (whole-class; individual). Students read descriptions silently (you may read aloud) and, as a class, discuss whether the action is strange or normal. Ask students to invent other strange actions: *un perro cocinando.* If there is someone artistic in the class who can draw each new action on the board, this will enhance the activity.

Act. 16. Narración (whole-class; pair). The focus is on a Saturday in the life of Rogelio Varela who lives in Puerto Rico. **Suggestions:** 1. *A las 9:00 Rogelio está durmiendo (en su cama).* 2. *A las 9:20 está desayunando.* 3. *A las 10:15 está corriendo con su novia en la playa.* 4. *A las 11:00 está buceando en el mar.* 5. *A las 11:45 está sacando fotos.* 6. *A las 12:30 está cantando en la ducha.* 7. *A la 1:00 está almorzando.* 8. *A las 2:00 está descansando y escuchando música.* 9. *A las 4:30 está levantando pesas.* 10. *A las 6:00 está estudiando.* 11. *A las 7:30 está cenando.* 12. *A las 8:30 está conversando (hablando, charlando) con sus amigos.* 13. *A las 9:45 está leyendo el periódico.* 14. *A las 10:30 está tocando la guitarra.* 15. *A las 11:00 está viendo la televisión.* 16. *A las 11:30 está* _____.

AA 9 (TPR). Use TPR to give commands to individuals or small groups of students. Then ask the rest of the class: *¿Qué está(n) haciendo?* See IRK for TPR: *Las actividades del momento.*

ACTIVIDAD 16   Narración: ¿Qué está haciendo Rogelio?

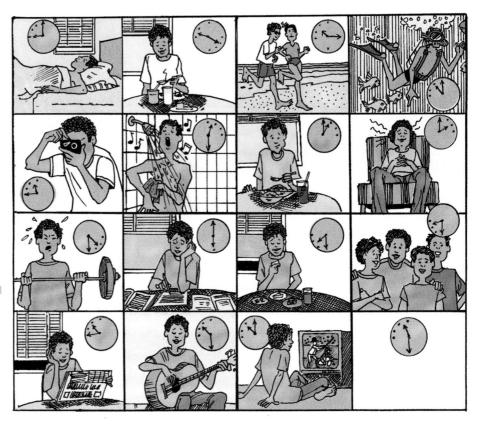

ACTIVIDAD 17   Descripción de dibujos: La hora y las actividades

Diga qué están haciendo las siguientes personas y a qué hora. (Diga la hora usando **menos** o **para**.)

MODELO: A las ocho menos diez Guillermo está haciendo su tarea.
(A las diez para las ocho...)

AA 10. TPR in small groups. Divide students into groups of two or three. Each member of a group is to think of an activity and pantomime it while asking: *¿Qué estoy haciendo?* (This sentence can be written on the board for easy reference.) The other student(s) in the group respond(s): *(Estás) Durmiendo,* etc.

Act. 17. Descripción de dibujos (pair).

1. Estela

2. Guillermo

3. Amanda

4. Ernesto

5. Berta

6. Pedro

Ventanas culturales: Nuestra comunidad. We cannot include all of Olmos's enterprises, films, and awards. If your students are interested, have them go to Olmos's Website. Or you may visit it yourself and then tell them more about the book *Americanos,* about the awards he has received for helping during the L.A. disturbances in 1993, about the honorary doctorates he has received from local California universities. It would be worthwhile to share with students Olmos's commitment to the Latino Family Book Fairs. Some have been held in the Chicago area, and in the Los Angeles and San Diego areas. Although many people reduce Olmos to his acting career, this admirable Latino has achieved much more in many other areas. We hope this short article will highlight his other undertakings, especially his work with the Latino community. His goal of letting other Americans know about the diversity of Latinos, their contributions to this country, as well as their shared desire to make a better life for themselves, their families, and their communities deserves recognition. Perhaps you can get a copy of the book and take it to class to share with your students the beautiful images of Latinos of all walks of life that it contains.

If you have seen some of Olmos's more activist films, *Stand and Deliver* and *The Burning Season,* for example, you may want to share a summary with your students. You may also want to direct your students to Olmos's Websites.

VENTANAS CULTURALES

Nuestra comunidad

Edward James Olmos

Se llama Edward James Olmos y nació en un barrio del este de Los Ángeles, California. Su madre era mexicoamericana y su padre inmigrante mexicano. Es un hombre de múltiples talentos. Empieza su carrera en la música. Luego trabaja de actor en el teatro, en el cine y en la televisión. Tiene éxito en los tres. Lo conocemos como «el Pachuco» de *Zoot Suit* y como el teniente Castillo de *Miami Vice.* Por su trabajo en ese papel recibe tanto un Emmy como un Golden Globe. También recibe reconocimiento por su actuación en el papel de Jaime Escalante en la película *Stand and Deliver* y por su trabajo en la producción de *The Burning Season,* la película de HBO sobre el activista brasileño Chico Mendes.

Ahora, además de ser actor famoso, es productor y director cinematográfico. Pero aunque su carrera es muy importante para él, tiene otros intereses en su vida: su papel de activista en la comunidad, su participación como organizador de ferias del libro y su deseo de ayudar a la gente de Chiapas, México. Como activista, su meta principal es ayudar a los latinos a sentirse «americanos», o sea, parte íntegra del país. En el libro *Americanos,** del que es productor y colaborador, él expresa su deseo de que la gente de los Estados Unidos vea todo lo que son los hispanos y no solamente las imágenes negativas de la calle, del cine y de las noticias. Escribe que «Hay latinos que son médicos, maestros, empresarios, cocineros, políticos, campesinos, jugadores de béisbol en las ligas mayores, astronautas y muchos más que contribuyen a esta sociedad.»[†] Olmos también pasa mucho tiempo llevando su mensaje a los jóvenes en las escuelas y las universidades; visita más o menos 150 por año. Ojalá que en esta misión también tenga éxito.

VOCABULARIO ÚTIL

era	*was*
Tiene éxito.	*He's successful.*
el teniente	*lieutenant*
el reconocimiento	*recognition*
la actuación	*acting*
el papel	*role*
las ferias	*fairs*
aunque	*although*
la meta	*goal*
sentirse	*to feel*
los médicos	*doctors*
los empresarios	*managers, entrepreneurs*

_____

Americanos: Latino Life in the United States. Boston: Little, Brown and Company, 1999.
[†]Ibid, página 10.

EL MUNDO HISPANO... LA GENTE

Ilia Rolón tiene 25 años y nació en Nueva York, de padres puertorriqueños. Ilia vive en la ciudad de Nueva York.

¿Qué hace usted para divertirse o descansar?

Mi pasatiempo favorito es bailar. Cuando estoy bailando, ¡se me olvida casi todo![1] No me gusta bailar en pareja[2] porque me es difícil coordinar mis pasos con los pasos de mi compañero.

Tengo mi propio estilo de baile con influencia latina y africana. A todo el que me ve bailar le impresiona la sensualidad de mi baile. Como puede imaginar, esto a veces causa malentendidos.[3] Pero yo no bailo para impresionar a nadie. El baile me alegra porque me permite una libertad física de la que carezco[4] en mi vida diaria.

[1]*¡se... I forget almost everything!* [2]*en... with a partner* [3]*misunderstandings* [4]*I lack*

En resumen

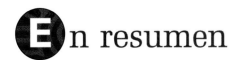

De todo un poco. A. Entrevista (pair). This *Entrevista* incorporates topics and structures from the whole chapter as well as from previous ones. Remind students that questions here are a starting point for conversation. They should feel free to ask other pertinent questions as they converse.

De todo un poco

A. Entrevista: Las actividades favoritas y los lugares

Charle con un compañero / una compañera.

1. ¿Qué te gusta hacer cuando vas a la playa? ¿Te gusta nadar o prefieres tomar el sol? ¿Te gusta andar en velero o prefieres jugar al voleibol?
2. ¿Qué haces cuando estás en una biblioteca? ¿Lees periódicos? ¿Estudias? ¿Usas una computadora?
3. ¿Cómo se llama tu parque favorito? ¿Qué haces allí? ¿Practicas un deporte? ¿Cuál? ¿Caminas? ¿Corres? ¿Cuándo vas al parque?
4. ¿Vas mucho al cine? ¿Con quiénes? ¿Qué tipo de películas te gusta? (*románticas, cómicas, musicales, de acción, de misterio, de horror*)
5. ¿Escuchas mucho la radio? ¿Cuándo y dónde? ¿Por la mañana/tarde/noche? ¿Los fines de semana? ¿Qué emisora escuchas, generalmente?
6. ¿Qué tipo de música prefieres? ¿Cuáles son tus artistas favoritos? ¿Prefieres escuchar la radio o poner discos compactos?

B. El mapa de Sudamérica: ¿Dónde están estos países?

Trabajen en grupos de cuatro. Una persona debe leer las instrucciones a continuación; las otras tres personas deben seguir las instrucciones y escribir los nombres de los países en el mapa que el profesor / la profesora va a darles.

INSTRUCCIONES

1. Miren Venezuela. Está al norte, *arriba de* Brasil. Brasil es un país muy grande que está *al lado derecho del* mapa, *debajo de* Venezuela.
2. Ahora vamos a Colombia. Está *al lado izquierdo* de Venezuela.
3. Ahora escriban «Ecuador» en el país muy pequeño que está al sur, *debajo de* Colombia y al lado del Océano Pacífico.
4. *Al lado izquierdo de* Brasil, *en medio del* mapa, está Bolivia. Está *lejos del* mar.
5. *Al lado izquierdo de* Brasil y *debajo de* Ecuador y Colombia, escriban «Perú.» Este país está *entre* Brasil, Bolivia y el Océano Pacífico.
6. *Debajo de* Perú, al sur, está Chile. Éste es un país largo y angosto (delgado). Está *al lado del* Océano Pacífico.
7. *Al lado derecho de* Chile está otro país muy grande, Argentina.
8. *Al lado derecho de* Argentina, y *al lado izquierdo del* Océano Atlántico, está Uruguay. Éste es un país muy pequeño.
9. *Arriba de* Argentina, al norte, y *debajo de* Bolivia y Brasil está otro país pequeño, Paraguay. No está *cerca del* mar.

Ahora, revisen su trabajo con el mapa que está en la página 124.

¡Dígalo por escrito!

Los pasatiempos y las actividades

Imagínese que usted acaba de recibir una carta de un(a) estudiante de un pueblo pequeño de México. Él/Ella le pregunta: «¿Cómo pasa usted el tiempo libre?» ¿Qué le va a contestar usted? Escríbale una carta al / a la estudiante, contestando su pregunta y también incluyendo algunas preguntas para él/ella.

¡**Dígalo por escrito!** Read the instructions aloud while the class follows along. Put students in groups of two or three and have them come up with questions they can ask each other. Then have each student write a letter to the Mexican friend including answers to the questions and some questions of their own. Show them how to begin a friendly letter with *Querido/a* or *Saludos* and end it with *Saludos* or *Un abrazo,* or *Tu amigo/a.*

Manolo, Lola y su hija Marta, los personajes de este segmento de video, viven en Sevilla, en la región de España que se llama Andalucía. Lola quiere hacer planes para el fin de semana.

Vea las actividades que corresponden al video en la sección *Videoteca* del *Cuaderno de trabajo.*

VIDEOTECA

ocabulario

• ¿Dónde está...? — Where is . . . ?

abajo de	under
adentro de	inside
a la derecha/izquierda de	to the right/left of
afuera de	outside
al lado de	to the side of
allí	there
alrededor de	around
aquí	here
arriba de	above; on top of
cerca de	close to
debajo de	under
detrás de	behind
encima de	on top of
enfrente de	in front of
en medio de	in the middle of
entre	between
lejos de	far from
al norte/sur	to the north/south
sobre	above

• Los lugares de la universidad — Places in the University

la biblioteca	library
el edificio	building
el estacionamiento	parking lot
la Facultad de Bellas Artes	School of Fine Arts
la Facultad de Ciencias Naturales	School of Natural Science
la Facultad de Ciencias Sociales	School of Social Science
la Facultad de Derecho	School of Law
la Facultad de Filosofía y Letras	School of Humanities
la Facultad de Medicina	School of Medicine
la librería	bookstore
la parada del autobús	bus stop
la rectoría	office of the president
el teatro	theater

PALABRAS SEMEJANTES: la cafetería, el centro estudiantil, el gimnasio, el laboratorio

• Los lugares de la ciudad — Places in the City

el almacén	department store
la avenida	avenue
el colegio	private school

el correo	post office
la escuela	school
la fuente	fountain
la iglesia	church
la lavandería	laundromat
el (super)mercado	(super) market
la panadería	bakery
la papelería	stationery store
la tienda de regalos	store, gift shop
la zapatería	shoe store

PALABRAS SEMEJANTES: el aeropuerto, el bar, el café, el condominio, la farmacia, el hospital, el hotel, el museo, el videocentro

REPASO: el cine, la discoteca, el restaurante

• El origen — Origins

¿De dónde es usted (eres tú)?	Where are you from?
Soy de...	I am from . . .
¿De dónde es... ?	Where is . . . from?
Es de...	He/She is from . . .

• Los países hispanos y las nacionalidades — Hispanic Countries and Nationalities

Bolivia	boliviano/a
Chile	chileno/a
Colombia	colombiano/a
Costa Rica	costarricense
Cuba	cubano/a
Ecuador	ecuatoriano/a
El Salvador	salvadoreño/a
Guatemala	guatemalteco/a
Honduras	hondureño/a
Nicaragua	nicaragüense
Panamá	panameño/a
Paraguay	paraguayo/a
Perú	peruano/a
la República Dominicana	dominicano/a
Uruguay	uruguayo/a
Venezuela	venezolano/a

REPASO: Argentina, argentino/a; Brasil, brasileño/a; España, español(a); México, mexicano/a; Puerto Rico, puertorriqueño/a

• Otros lugares — Other Places

el Caribe	Caribbean
Sudamérica	South America

PALABRAS SEMEJANTES: América Central, el Océano Atlántico, el Océano Pacífico, Portugal

• Los verbos — Verbs

andar en velero	to go sailing
asistir (a)	to attend
bucear	to skin-dive/scuba dive, to snorkle
cantar	to sing
comprar	to buy
descansar	to rest; relax
esperar	to wait
fumar	to smoke
ladrar	to bark
llevar	to take, carry
llorar	to cry
mandar	to send
masticar (chicle)	to chew (gum)
mirar	to look
planchar	to iron
poner	to put
discos compactos	to play CDs
una película	to show a movie
recoger	to gather, pick up
regresar	to return
rezar	to pray
tocar la guitarra	to play the guitar
tomar (el autobús, una clase)	to take (the bus, a class)

PALABRAS SEMEJANTES: completar, conversar, expresar, esquiar, preparar, visitar

• Las personas — People

el ama de casa	housewife
el hombre / la mujer de negocios	businessman/businesswoman
nadie	no one, nobody
el novio / la novia	boyfriend / girlfriend

PALABRAS SEMEJANTES: el/la artista, el/la bebé

• Los sustantivos — Nouns

el caballo	horse
la comida	food; meal
la ducha	shower
la estampilla	(postage) stamp
el/la guía	guide
el metro	subway
el pájaro	bird
el pan	bread
el pastel	cake
la peseta	monetary unit of Spain
el pez	fish

el refresco	soft drink
el reportaje	newspaper report, article
la reunión	meeting
la tarea	homework
la vida	life

PALABRAS SEMEJANTES: la acción, el celular, el disco compacto, la estación, la exhibición, el grupo, el programa, el tabaco

• ¿Cuándo? — When?

de las... a las...	from (time) . . . to (time)
generalmente	usually, generally
mientras	while
nunca	never
el próximo (sábado)	next (Saturday)
siempre	always
varias veces	several times

• Los adjetivos — Adjectives

diario/a	daily
extraño/a	strange
juntos/as	together

PALABRAS SEMEJANTES: aeróbico/a, central, cibernético/a, clásico/a, correspondiente, municipal, musical, nacional, normal, principal

• Palabras del texto — Words from the Text

el cuadro	graph
Empareje(n)...	Match . . . (*command*)
el espacio en blanco	blank (space)
la oración	sentence
la respuesta	answer
seguir las instrucciones	to follow directions

PALABRAS SEMEJANTES: la frase, la lección, el momento, la narración

• Palabras y expresiones útiles — Useful Words and Expressions

¿Adónde... ?	Where . . . ? (To what place)
¡Buena idea!	Good idea!
conmigo	with me
¿De veras? / ¿De verdad?	Really?
la emisora	radio station
el plano	map (of a room or city)
¿Qué está haciendo... ?	What are you (is he/she) doing?
Estoy...	I am . . .
Está...	He/She is . . .

Gramática y ejercicios

> **Estar** is used for location.
> **¿Dónde está Susana?**
> (*Where is Susan?*)
> **Está en la escuela.**
> (*She's at school.*)

> **estar =**

3.1 A. This is the first formal discussion of *estar*, although students have been using it in fixed phrases such as *¿Cómo estás?* This explanation focuses on forms of *estar* and its use to indicate the location of a person or thing (but not an event).

OGA: Use your PF to provide more input on the use of *estar* for location. Pass out five pictures to each pair of students. One student asks *¿Dónde está el/la _____?*; the other answers. Then they switch roles for the next picture.

> ## **¿RECUERDA?**
>
> Remember from **Gramática 2.1** that the present-tense forms of **ir** are **voy, vas, va, vamos, vais,** and **van.**[‡] These verb forms can mean *going* or simply *go(es)*.

3.1 B. This section introduces *ir + a* in phrases of location and the associated interrogative, *¿Adónde?*; it also contrasts *ir + a* with *estar + en*. Students have a strong tendency to say *estar + a*: *Estoy a la escuela* (I'm at school). This is also the first formal introduction to the contraction *al*, although students have heard it in your input many times and may even have asked you about it. We also mention the time phrases *este/a* and *próximo/a* since they are frequently used in sentences about going to a place.

3.1 Talking about Location: *estar + en, ir + al / a la*

A. Estar + en

Use the verb **estar*** (*to be*) to locate people and objects.

—¿Dónde **está** la profesora Martínez? — *Where is Professor Martínez?*
—**Está** en clase. — *She's in class.*

—Esteban, ¿dónde **está** su libro? — *Esteban, where is your book?*
—**Está** en casa. — *It's at home.*

Here are the present-tense forms of the irregular verb **estar.**

estar (to be)		
(yo)	est**oy**	*I am*
(tú)	est**ás**	*you (inf. sing.) are*
(usted, él/ella)	est**á**	*you (pol. sing.) are; he/she is*[†]
(nosotros/as)	est**amos**	*we are*
(vosotros/as)	est**áis**	*you (inf. pl., Spain) are*
(ustedes, ellos/as)	est**án**	*you (pl.) are; they are*

B. *Ir + al / a la*

GRAMÁTICA ILUSTRADA

Raúl y Mónica **van al** cine.

Raúl y Mónica **están en** el cine.

---

*Recognition: **vos estás**
[†]Remember that there is no Spanish equivalent for the English subject pronoun *it*. The third-person verb form conveys the meaning of *it* as well as of *he* or *she*.
[‡]Recognition:

¿**Adónde?** ([*To*] *Where*?) is used to ask where someone is going. The verb **ir** (*to go*) followed by the preposition **a** (*to*) is used to express the idea of movement toward a location. Note that **a** + **el** contracts to **al** (*to the*).

adónde = *where* (*to*)
ir a = *to go to*
  Voy al cine. (*I'm going to the movies.*)

—¿**Adónde vas?** —*Where are you going?*
—**Voy al** parque. —*I'm going to the park.*

—¿**Adónde van** ustedes los sábados? —*Where do you go on Saturdays?*
—**Vamos al** trabajo y luego **vamos a la** biblioteca para estudiar. —*We go to work and then we go to the library to study.*

—¿**Adónde va** la profesora Martínez? —*Where's Professor Martínez going?*
—**Va a la** universidad. —*She's going to the university.*

Ir a + infinitive is used to express the future.
  Mañana voy a trabajar. (*Tomorrow I'm going to work.*)
este viernes = *this Friday*
el próximo viernes = *next Friday*
  El próximo mes vamos a empezar las clases. (*Next month we're going to start classes.*)

The expression **ir** + **a** + *location,* used with the following expressions of time, indicates when you are going.

este viernes	*this Friday*	el próximo sábado	*next Saturday*
este fin de semana	*this weekend*	la próxima semana	*next week*
esta primavera	*this spring*	el próximo mes	*next month*

Vamos a ir al restaurante El Tecolote **la próxima semana.**   *We're going to go to the El Tecolote restaurant next week.*

¿**RECUERDA?**

In **Gramática 3.1A** you learned that **estar** + **en** is used to locate people and objects.
  —¿Dónde están los niños?
  —Están en la escuela.

EJERCICIO 1

Diga dónde están estas personas.

MODELO: Mi hijo *está* en la escuela.

1. Yo _____ en la biblioteca.
2. Luis y Nora _____ en su clase de biología.
3. Tú _____ en la rectoría.
4. Esteban y yo _____ en el edificio de Ciencias Naturales.
5. La profesora Martínez _____ en su oficina.
6. Nora y yo _____ enfrente del hospital.
7. Esteban, ¿_____ detrás del teatro?
8. Profesora Martínez, ¿_____ usted en la librería ahora?
9. Alberto y Pablo _____ en la universidad.
10. Nosotros _____ aquí en la Facultad de Derecho.

OGA: Use your PF to ask contrasting questions: *¿Dónde están ahora? ¿Adónde van a ir después?*

EJERCICIO 2

¿Adónde van estas personas? Complete las oraciones con la forma apropiada del verbo **ir** y **al** o **a la.**

MODELO: Usted *va al* parque los domingos.

1. Mis compañeros y yo _____ tienda nueva enfrente de la universidad.
2. Mis hermanos siempre _____ cine los sábados.

a + **el** = **al** (obligatory contraction)
  Voy al mercado.
a + **la** (no contraction)
  Voy a la escuela.

3. (Nosotros) _____ supermercado a comprar fruta.
4. La profesora Martínez _____ oficina a trabajar.
5. (Yo) _____ playa a tomar el sol y nadar.
6. (Yo) Siempre _____ biblioteca a leer y estudiar.
7. Esteban y Carmen _____ restaurante chino que hay cerca de aquí para cenar.
8. Luis _____ plaza a pasear con una amiga.
9. (Nosotros) _____ librería a comprar el libro de español.
10. (Tú) _____ trabajo después de las clases.

3.2 Talking about Habitual Actions: Present Tense of Regular Verbs

As you have seen in **Gramática A.6, C.5,** and **1.3,** Spanish verb endings tell us who is performing the action. The subject pronouns (**yo, tú, usted, ella, nosotros,** etc.) are often omitted.

llegar = to arrive

A. You already know that the endings of Spanish verbs must correspond to the subject of the sentence: that is, to the person or thing that does the action.

—Nora, ¿cuándo estudi**as**? — *Nora, when do you study?*
—Estudi**o** por la mañana. — *I study in the morning.*

—¿Qué hac**en** ustedes los domingos? — *What do you do on Sundays?*
—Visit**amos** a nuestros abuelos. — *We visit our grandparents.*

B. Most Spanish verbs end in **-ar.** Here are the endings for **-ar** verbs.*

3.2. With regard to verb conjugation, our strategy has been to introduce the concept in *Paso A* with the verb *llevar* and then follow up with common and useful irregular verbs: *ser, estar, tener, querer, preferir,* and *ir.* The goal is for students to begin to acquire singular forms of these verbs through comprehensible input and meaningful practice, without focusing too much on conjugation patterns or endings. Our idea is that conjugations are easier to learn if students have already acquired some forms as a reference point. In addition, we have emphasized the verb + infinitive construction prior to extensive practice with the present tense. There are two reasons for this strategy. First, the verb + infinitive constructions are very common in a natural conversation; by acquiring a few auxiliary verbs and many infinitives, students can soon talk about a wide variety of topics. Second, we want students to be exposed to many infinitives to facilitate interaction and make input more meaningful. The present tense is by far the most common verb form in both spoken and written Spanish. In normal conversation, it accounts for a little over 50% of all forms (with the preterite, imperfect, and infinitive accounting for about 10% each). We have not formally introduced irregular verbs in this chapter. (Stem-changing verbs and other common irregular verbs are introduced formally in *Capítulo 4.*

llegar (to arrive)		
(yo)	lleg**o**	*I arrive*
(tú)	lleg**as**	*you (inf. sing.) arrive*
(usted, él/ella)	lleg**a**	*you (pol. sing.) arrive; he/she arrives*
(nosotros/as)	lleg**amos**	*we arrive*
(vosotros/as)	lleg**áis**	*you (inf. pl., Spain) arrive*
(ustedes, ellos/as)	lleg**an**	*you (pl.) arrive; they arrive*

—¿A qué hora lleg**as** a la escuela? — *What time do you arrive at school?*
—Generalmente lleg**o** a las 9:00. — *Generally I arrive at 9:00.*

C. Verbs that end in **-er** and **-ir** use identical endings, except for the **nosotros/as** and **vosotros/as** forms.†

*Recognition: **vos llegás**
†Recognition: **vos comés, escribís**

comer (to eat)		
(yo)	com**o**	I eat
(tú)	com**es**	you (inf. sing.) eat
(usted, él/ella)	com**e**	you (pol. sing.) eat; he/she eats
(nosotros/as)	com**emos**	we eat
(vosotros/as)	com**éis**	you (inf. pl., Spain) eat
(ustedes, ellos/as)	com**en**	you (pl.) eat; they eat

comer = *to eat*

escribir (to write)		
(yo)	escrib**o**	I write
(tú)	escrib**es**	you (inf. sing.) write
(usted, él/ella)	escrib**e**	you (pol. sing.) write; he/she writes
(nosotros/as)	escrib**imos**	we write
(vosotros/as)	escrib**ís**	you (inf. pl., Spain) write
(ustedes, ellos/as)	escrib**en**	you (pl.) write; they write

escribir = *to write*

—¿Dónde com**en** al mediodía?   —*Where do you eat at noon?*
—Com**emos** en casa.   —*We eat at home.*

—¿Escrib**es** la tarea a máquina?   —*Do you type the homework?*
—No, escrib**o** los ejercicios a mano.   —*No, I write the exercises by hand.*

D. The verb form must agree with the subject even when the subject is not explicitly stated. When the subject is expressed, it may be a pronoun, as in the preceding table, or a noun.

La profesora Martínez no **habla** francés.   *Professor Martínez does not speak French.*

The subject may also consist of a noun + pronoun. A subject combining a noun or pronoun with **yo** takes the **nosotros/as** form.

Nora y yo no **hablamos** italiano.   *Nora and I don't speak Italian.*

A subject combining a noun or pronoun with **tú** or **usted** takes the plural form.

Alberto y tú hablan español con Raúl.   *Alberto and you speak Spanish with Raúl.*

E. Central America, Argentina, and Uruguay use a different subject pronoun—**vos**—and verb form for informal singular address.*

—¿Qué hora ten**és vos**?   —*What time do you have?*
—Tengo las 6:30.   —*I have 6:30.*

—¿Cuándo lleg**ás vos**?   —*When do you arrive?*
—Llego a las 9:00 de la noche.   —*I arrive at 9:00 P.M.*

These agreement rules take some time to acquire. Think about them when you are editing your writing; don't be overly concerned about them in speech.

Note that the principal difference between **-ar**, **-er**, and **-ir** verbs are the vowels **a** and **e**.

In Central America, Argentina, and Uruguay, **vos** = **tú**.

*You may learn more about **vos** forms in the **Expansión gramatical** section of the *Cuaderno de trabajo*.

EJERCICIO 3

Combine las personas de la lista A con las actividades de la lista B.

MODELO: Mi hermano y yo jugamos al tenis.

LISTA A	LISTA B
1. la profesora Martínez	a. hacen la tarea para mañana
2. yo	b. maneja un carro nuevo
3. tú	c. jugamos al tenis
4. mi hermano y yo	d. como demasiado
5. mis compañeros de clase	e. habláis español
6. vosotros	f. lees el periódico

EJERCICIO 4

Éstas son las actividades de Amanda, su familia y sus amigos. Escriba la forma correcta del verbo entre paréntesis.

MODELO: Amanda *llama* a Graciela muy temprano en la mañana. (llamar)

1. Graciela y yo _____ las composiciones juntas. (escribir)
2. Mi novio Ramón _____ ropa muy elegante. (llevar)
3. Mi mamá y yo _____ la casa los sábados. (limpiar)
4. Mis padres _____ juntos por la mañana. (desayunar).
5. Mi hermano Guillermo _____ las tiras cómicas los domingos. (leer)
6. Andrea y Pedro Ruiz _____ juntos al mediodía. (comer)
7. Ernestito _____ mucho en su bicicleta. (andar)
8. (Yo) _____ por teléfono con mi amiga Graciela. (hablar)
9. Amanda, Guillermo y Ernestito _____ a la escuela de lunes a viernes. (asistir)
10. Ramón, Graciela y yo siempre _____ los últimos discos en la radio. (escuchar)

EJERCICIO 5

Imagínese que usted es Amanda. Escriba preguntas según los modelos. Use la forma correcta de **tú**, **usted** o **ustedes**.

¡OJO!

Note that the items require **tú, usted,** and **ustedes.** Keep in mind that the person asking the questions is Amanda, a teenager. Remember that the pronoun **tú** is usually dropped, but the pronoun **usted** is normally included.

MODELOS: Pregúntele a doña Lola si va en metro al trabajo. →
Doña Lola, ¿va usted en metro al trabajo?

Pregúntele a Rafael si lee el periódico por la mañana. →
Rafael, ¿lees el periódico por la mañana?

1. Pregúntele a su papá si toma mucho café en el trabajo.
2. Pregúntele a Diego si él y sus amigos juegan al béisbol.
3. Pregúnteles a Graciela y a Diego si tienen una computadora.
4. Pregúntele a Raúl si hace ejercicio en un gimnasio.
5. Pregúntele a Pedro Ruiz si trabaja por la noche.
6. Pregúntele a don Eduardo si prepara café por la mañana.

7. Pregúntele a su mamá si cocina por la mañana o por la tarde.
8. Pregúntele a Clarisa si ve la televisión por la noche.
9. Pregúntele a doña Rosita Silva si asiste a misa los domingos.
10. Pregúntele a doña Lola si lava su ropa en casa o en una lavandería.

3.3 Using Irregular Verbs: *hacer, salir, jugar*

A verb that uses more than one stem in its conjugation is considered irregular. Here are the forms of three common irregular verbs.

A. The present tense of **hacer*** (*to do; to make*) uses two stems: **hag-** for the **yo** form and **hac-** for all others.

hacer (to do; to make)		
(yo)	hag**o**	*I do*
(tú)	hac**es**	*you (inf. sing.) do*
(usted, él/ella)	hac**e**	*you (pol. sing.) do; he/she does*
(nosotros/as)	hac**emos**	*we do*
(vosotros/as)	hac**éis**	*you (inf. pl., Spain) do*
(ustedes, ellos/as)	hac**en**	*you (pl.) do; they do*

—¿Qué **haces** después de clases?　—*What do you do after school?*
—**Hago** mi tarea.　—*I do my homework.*

B. The present tense of **salir**† (*to leave; to go out*) uses the stems **salg-** for the **yo** form and **sal-** for all others.

salir (to leave; to go out)		
(yo)	salg**o**	*I leave*
(tú)	sal**es**	*you (inf. sing.) leave*
(usted, él/ella)	sal**e**	*you (pol. sing.) leave; he/she leaves*
(nosotros/as)	sal**imos**	*we leave*
(vosotros/as)	sal**ís**	*you (inf. pl., Spain) leave*
(ustedes, ellos/as)	sal**en**	*you (pl.) leave; they leave*

To express a point of departure with **salir**, use the preposition **de**, even if the preposition *from* is not used in English.

—¿A qué hora **sales de** tu casa por la mañana?　—*What time do you leave home in the morning?*
—**Salgo** a las 7:30.　—*I leave at 7:30.*

*Recognition: **vos hacés**
†Recognition: **vos salís**

3.3 This section introduces the concept of irregular stems in the conjugation is presented, since it is always used in the question ¿Qué hace usted...? Salir is presented because it is frequently used to talk about daily activities and represents the class of verbs that insert -g- in the first-person singular. Jugar is given because of its relevance to students lives (sports), and because it represents the stem-vowel change of verbs.

¿RECUERDA?

In **Gramática C.5** you learned that verbs that use only one stem in their conjugations—such as **hablar, comer, vivir**—are regular verbs. Irregular verbs, on the other hand, use more than one stem in their conjugations. You saw the forms of two such irregular verbs, **preferir** and **querer**, in **Gramática 2.3**. Review those forms now, if necessary.

hacer = *to do; to make*
(Yo) Hago. = *I do; I make.*
(Tú) Haces. = *You (inf. sing.) do; you make.*
(Nosotros) Hacemos. = *We do; we make.*

salir = *to leave; to go out*
(Yo) Salgo. = *I leave; I go out.*
(Tú) Sales. = *You (inf. sing.) leave; you go out.*
(Nosotros) Salimos. = *We leave; we go out.*

C. The present tense of the verb **jugar*** (*to play*) uses the stem **jug-** from the infinitive for the **nosotros/as** and **vosotros/as** forms and **jueg-** for all other forms. This verb follows the same pattern as **preferir** and **querer** in **Gramática 2.3.**

<table>
<tr><th colspan="3">jugar (to play)</th></tr>
<tr><td>(yo)</td><td>juego</td><td>I play</td></tr>
<tr><td>(tú)</td><td>juegas</td><td>you (inf. sing.) play</td></tr>
<tr><td>(usted, él/ella)</td><td>juega</td><td>you (pol. sing.) play; he/she plays</td></tr>
<tr><td>(nosotros/as)</td><td>jugamos</td><td>we play</td></tr>
<tr><td>(vosotros/as)</td><td>jugáis</td><td>you (inf. pl., Spain) play</td></tr>
<tr><td>(ustedes, ellos/as)</td><td>juegan</td><td>you (pl.) play; they play</td></tr>
</table>

> **jugar** = *to play*
> **(Yo) Juego.** = *I play.*
> **(Tú) Juegas.** = *You (inf. sing.) play.*
> **(Nosotros) Jugamos.** = *We play.*

3.4 The structure *ser + de + country* is not difficult for English-speaking students, but the question with the preposition *de* is more difficult. We also mention the *ser/estar* contrast to signal origin vs. location.

OGA: Practice adjectives of nationality by making open statements. 1. *Un hombre de Cuba es* _____. 2. *Una mujer de España es* _____. 3. *Los hombres de Francia son* _____.

Remember that there are two words spelled **juego: el juego** (*the game*) and **(yo) juego** (*I play*).

Los sábados **juego** al fútbol con mis amigos.	*Saturdays I play soccer with my friends.*
¡Me gusta mucho ese **juego**!	*I like that game a lot!*

EJERCICIO 6

Complete las conversaciones con la forma correcta de **hacer, salir** o **jugar.**

MODELO: —Luis, ¿cuándo *haces* las tareas?
—*Hago* las tareas por la tarde.

1. —Señor Saucedo, ¿a qué hora _____ usted de casa para su trabajo?
   —_____ a las 8:30.
2. —Guillermo, ¿_____ al fútbol por la tarde?
   —Sí, _____ después de clases.
3. —Señor Padilla, ¿_____ usted ejercicio todos los días?
   —No, _____ ejercicio en el gimnasio solamente los lunes y los miércoles.
4. —Ernesto y Estela, ¿_____ ustedes al tenis?
   —Sí, _____ al tenis los sábados.

¿RECUERDA?

In **Gramática A.3** you saw how the verb **ser** is used to identify people and things, whereas the verb **estar** is used to locate people and objects (**Gramática 3.1**). Review those verbs and their conjugations now, if necessary.

The distinction between **ser** and **estar** takes a while to acquire. Keep listening to and reading Spanish and you will develop a feel for it.

3.4 Describing Origin and Location: *ser de / estar en*

A. A form of the verb **ser** (*to be*) followed by **de** (*from, of*) can specify origin. The following questions show you how to ask where someone is from.

—¿**De dónde es** Adriana Bolini?	—*Where is Adriana Bolini from?*
—**Es de** Buenos Aires.	—*She's from Buenos Aires.*
—Raúl, ¿**de dónde eres**?	—*Raúl, where are you from?*
—**Soy de** México.	—*I'm from Mexico.*

---

*Recognition: **vos jugás**

As you know, **ser** can be followed directly by an adjective of nationality (see **Gramática C.4**).

—Sr. Saucedo, ¿**es** usted argentino?
—No, **soy** mexicano.

—*Mr. Saucedo, are you Argentinean?*
—*No, I'm Mexican.*

B. Remember that two verbs in Spanish correspond to the English verb *to be*. **Ser** is used to tell where someone is from; **estar** is used to express location (see **Gramática 3.1**).

Clara **es de** los Estados Unidos, pero este año **está en** España.
Ernesto y Estela **son de** México, pero ahora **están** en Italia.

Clara is from the United States, but this year she's in Spain.
Ernesto and Estela are from Mexico, but now they're in Italy.

4. *Las mujeres de Italia son* _____. 5. *Un hombre de Costa Rica es* _____. 6. *Una mujer de México es* _____. 7. *Las mujeres de Colombia son* _____. 8. *Los hombres de Chile son* _____. 9. *Una mujer de Perú es* _____. 10. *Un hombre de Paraguay es*

ser = origin; **estar** = location
¿De dónde es usted? (*Where are you from?*)
Soy de Perú. (*I'm from Peru.*)
¿Dónde está usted? (*Where are you?*)
Estoy aquí, en el patio. (*I'm here, on the patio.*)

EJERCICIO 7

Diga de dónde son las siguientes personas y dónde están ahora.

MODELO: Adriana es de Argentina, pero ahora está en Washington, D.C.

3.5 Referring to Actions in Progress: Present Progressive

To describe an action that is taking place at the moment, Spanish uses a form of **estar** (*to be*) and an **-ndo** (*-ing*) form called a present participle.* This combination is called the *present progressive.*

> The present progressive (**estar** + verb ending in **-ndo**) is used to express actions in progress.
> **Estoy leyendo un libro.** (*I am reading a book.*)

3.5. The progressive structure is easy for English speakers to acquire and begin using very quickly. We introduce the progressive earlier than most texts in order to facilitate your use of the PF. In addition, we believe that although the Spanish progressive is not as common as the English progressive, especially in written language, it is very common in informal conversation. Point out that the progressive is never used in Spanish to express future action: Contrast *¿Qué vas a hacer?* with *¿Qué estás haciendo?*

estar + -ndo		
estoy		jugando (*playing*)
estás		caminando (*walking*)
está	+	fumando (*smoking*)
estamos		escuchando (*listening*)
estáis		escribiendo (*writing*)
están		comiendo (*eating*)

—¿Qué **está haciendo** Paula?   —*What is Paula doing?*
—**Está lavando** su carro.   —*She's washing her car.*

—Guillermo, ¿qué **estás haciendo**?   —*Guillermo, what are you doing?*
—**Estoy escribiendo** una composición.   —*I'm writing a composition.*

The present participle (**-ando, -iendo**) is formed from the infinitive.

> In present participles of **-ar** verbs: replace **-ar** of infinitive with **-ando**.
> In **-er** and **-ir** verbs: replace **-er/-ir** of infinitive with **-iendo/-yendo**

jug**ar** → jug**ando**   com**er** → com**iendo**

habl**ar** → habl**ando**   viv**ir** → viv**iendo**

When a present participle is irregular, it will be noted as follows: **dormir (durmiendo), leer (leyendo).**

OGA: Sample PF input: *¿Qué ven ustedes en esta foto? ¿Hay un(a)... ? ¿Qué está haciendo? ¿A ustedes les gusta _____ r? ¿Cuándo lo hacen?*

—**¿Está durmiendo** Ernestito ahora?   —*Is Ernestito sleeping now?*
—Sí, está muy cansado.   —*Yes, he's very tired.*

—Estela, ¿qué **estás leyendo**?   —*Estela, what are you reading?*
—**Estoy leyendo** una novela.   —*I'm reading a novel.*

EJERCICIO 8

1. ¿Qué está haciendo Guillermo?

2. ¿Qué están haciendo don Eduardo y don Anselmo?

3. ¿Qué está haciendo Amanda?

---

*Recognition: **vos estás jugando**

4. ¿Qué está haciendo
   la señora Saucedo?

5. ¿Qué están haciendo
   Pedro y Andrea?

6. ¿Qué está haciendo
   Javier Saucedo?

EJERCICIO 9

Don Anselmo tiene curiosidad hoy y le hace muchas preguntas a don
Eduardo. Conteste las preguntas que hace don Anselmo.

MODELO: —¿Y Amanda? ¿Va a ver la televisión más tarde?
         —No, Amanda ya está *viendo la televisión.*

1. —¿Y Raúl? ¿Va a dormir esta noche?
   —No, Raúl ya está _____ .
2. —¿Y Ernestito? ¿Va a jugar con sus amigos esta tarde?
   —No, Ernestito ya está _____ con ellos.
3. —¿Y doña Lola? ¿Va a leer el periódico más tarde?
   —No, doña Lola ya está _____ el periódico.
4. —¿Y Estela Saucedo? ¿Va a lavar la ropa mañana?
   —No, Estela ya está _____ la ropa.
5. —¿Y Guillermo Saucedo? ¿Va a tocar la guitarra esta noche?
   —No, Guillermo ya está _____ la guitarra.

Capítulo 4

In **Capítulo 4** you will discuss daily activities and how you feel. You will share your family's holiday customs with your classmates and you will also learn about holidays and celebrations in the Hispanic world.

Sobre el artista:
Rafael González y González (1908–1996) nació en Guatemala. Es el padre de la pintura Tz'utuhil en ese país. Pinta las costumbres y tradiciones de su pueblo maya, principalmente a la gente en la vida diaria y en sus celebraciones.

Mercadito, por Rafael González y González, de Guatemala

Goals—Capítulo 4
Capítulo 4 provides opportunities to understand and talk about topics related to common activities. It focuses on three areas: (1) holidays, celebrations, and associated activities, (2) grooming activities (which in Spanish are expressed with reflexive constructions), and (3) physical and mental states. All of these topics typically involve use of present-tense verbs: regular, irregular, and stem-changing.

In addition, *Capítulo 4* introduces *estar* + adjective and *tener* + noun constructions used to describe states of being.

Pre-Text Oral Activities
Introduce some morning grooming activities by describing your routine: *Me levanto a las _____, me ducho, me lavo el pelo, me seco con una toalla, me maquillo, me afeito,* etc. Write each verb phrase on the board as you use gestures to clarify the meaning of the verb. Explain that the pronoun *me* means "myself" and that you use it because these are all things you do to yourself. Follow up the next day with an expanded list of activities. Write each one on the board and ask *¿A qué hora se levanta usted?* (or *¿A qué hora te levantas?*)

La vida diaria y los días feriados

PREGUNTAS DE COMUNICACIÓN

- ¿Cuáles son sus días feriados favoritos? ¿Qué le gusta hacer para celebrarlos?
- En Navidad, ¿prefiere dar o recibir regalos?
- ¿Se levanta temprano todos los días? ¿Se acuesta temprano también?
- ¿Desayuna usted en casa? ¿Quién prepara el desayuno en su casa?
- ¿Llora usted cuando está triste? ¿Y cuando está enojado/a?
- ¿Qué hace cuando tiene hambre? ¿Y cuando tiene sed?

MULTIMEDIA ▼

Visit the *Dos mundos* Website at www.mhhe.com/dosmundos for additional activities, links, and other resources.

The video to accompany *Dos mundos* includes cultural footage of Guatemala.

The multimedia CD-ROM to accompany *Dos mundos* offers a variety of activities to review vocabulary and grammar from this chapter. You will also find additional cultural information and video clips.

ctividades de comunicación y lecturas

✳ Los días feriados y las celebraciones

Lea Gramática 4.1–4.2.

Los días feriados y las celebraciones. Many of the words in this display and in subsequent activities will be new to students. Verify class comprehension of all vocabulary in the display and the activities of this section as you proceed through these materials. If you have students who celebrate other holidays, you may want to write these holidays on the board: Ramadán, Holí, Kwanzaa, for example.

Go through each holiday and ask volunteers to give *la fecha*. For each date, ask *¿Dónde están en esa fecha?* or *¿Adónde van en esa fecha? ¿Con quién están? ¿Qué hacen?*

See IRK for additional activities: *Los días feriados y las celebraciones.*

Act. 1. This is a simple matching activity. It is a good idea, though, to make sure that students are familiar with the vocabulary and can recognize all the holidays before they start working on it.

ACTIVIDAD I   Definiciones: ¿Qué día es?

Trabaje con un compañero / una compañera. Lean la descripción y escojan el día feriado que describe.

DESCRIPCIÓN	DÍAS FERIADOS		
1. Una persona celebra el día en que nació. Hay globos, un pastel y regalos para ella.	a. el cumpleaños	b. el Año Nuevo	c. el Día de los Enamorados
2. Tres personas en camellos les traen regalos a los niños el 6 de enero.	a. la Navidad	b. el Día de Reyes (los Reyes Magos)	c. el Jánuca
3. La gente celebra el fin de un año y el principio de otro.	a. la Nochevieja	b. la Independencia	c. el Día de los Muertos

---

4. Los niños se visten de Drácula, de Frankenstein, etcétera y piden dulces.

5. Se celebra durante ocho días en diciembre. Cada día se enciende una vela más y a veces los niños reciben pequeños regalos.

a. el Día de la Madre   b. el día de su santo   c. el Día de las Brujas

a. el Día (de Acción) de Gracias   b. el Jánuca   c. la Semana Santa

---

ACTIVIDAD 2   Definiciones: ¿Qué día es?

1. Generalmente hay regalos y un pastel cuando uno celebra su _____.

2. En México se celebra el 16 de septiembre; en Argentina es el 9 de julio; en los Estados Unidos es el 4 de julio. Es el _____.

3. El _____ es un día de fiesta en los Estados Unidos. Las familias se reúnen y preparan una comida abundante.

4. Los hispanos celebran este día más que los norteamericanos. Es el día antes de la Navidad, _____.

5. Es la semana antes del Domingo de Pascua. Las personas religiosas, especialmente en España y en Latinoamérica, asisten a varias ceremonias en las iglesias. Es la _____.

6. Mucha gente le da la bienvenida a este primer día de enero con bailes y fiestas muy alegres. Esperan la medianoche con impaciencia. Es el _____.

7. En muchos países hispanos, los niños no reciben regalos el 25 de diciembre. Los reciben el 6 de _____, el Día de _____.

8. El _____ es una fiesta de ocho noches. Cada noche se enciende una vela más, hasta 9. A veces los niños reciben un regalo.

ACTIVIDAD 3   Preferencias: Las fiestas

¿Qué prefieres hacer para celebrar...

MODELO: E1: ¿Qué prefieres hacer para celebrar *tu cumpleaños?*
           E2: Durante el día, prefiero *quedarme en casa y ver la televisión.* Por la noche, me gusta *salir a cenar en un restaurante* con mis amigos.

1. tu cumpleaños?
2. el Día de la Independencia?
3. la Navidad u otro día feriado? (el Jánuca, la Pascua, la Pascua Judía, el Ramadán)
4. tu aniversario de boda u otro aniversario importante?
5. el Día de la Madre o el Día del Padre?
6. la Nochevieja o el Año Nuevo?

Actividades posibles: celebrar con mis parientes, cenar en casa, comer pastel, dar una fiesta, ir a la playa, ir al cine, ir a un café, ir de compras, merendar en el parque, quedarme en casa, recibir regalos, salir a bailar, salir a cenar en un restaurante, ver la televisión.

Act. 2. Definiciones (pair; whole-class). Have students work in pairs and match holidays with activities. Then have them write two statements of their own for other holidays. Follow up with whole-class discussion.

AA 1 (whole-class; pair). Write several activities related to holidays on the board and ask students to name the appropriate holiday. Suggestions: 1. *Estamos con la familia. Cenamos todos juntos y miramos el árbol en la casa.* 2. *Salimos con el novio o la novia.* 3. *Le damos regalos a mamá.* 4. *Recibimos regalos y cumplimos un año más.* 5. *Vamos a fiestas, tomamos y comemos mucho. Esperamos la medianoche.* Later, if you think students are ready, write holidays on the board and ask them to work in groups to make a list of activities appropriate for those days.

Act. 3. Entrevista (whole-class; pair). Go through interview questions and answer each with your own personal information before pairing students (write pertinent vocabulary from your answers on the board).

Act. 4. Entrevista (whole-class; pair). Go through interview questions, answering each with your own personal information. You may want to write some of your answers on the board. **Variation:** Have students read through the questions first and then ask if there are volunteers to interview you. After students have heard and seen enough possible answers, pair them up. **Note:** You may want to do *Actividad 3* and *Actividad 4* on different days.

ACTIVIDAD 4   Entrevista: Los días feriados

1. ¿Cómo te gusta celebrar tu cumpleaños? ¿Quién hace los preparativos para celebrar tu cumpleaños?

2. ¿Qué haces el Día de Acción de Gracias? ¿Celebras esta fiesta en casa con tu familia o vas a la casa de otros parientes o amigos? ¿Qué comen ustedes?

3. ¿Qué aspecto del Año Nuevo te gusta más? ¿Qué aspecto te gusta menos? ¿Celebras el Año Nuevo con tu familia o con tus amigos? ¿Qué hacen ustedes para celebrarlo?

4. ¿Con quién celebras el Día de la Independencia, con tu familia o con tus amigos? ¿Van a un parque o se quedan en casa? ¿Celebran solos o invitan a otros parientes/amigos? ¿Ven los fuegos artificiales? ¿De dónde los ven, de casa o de un parque? ¿A qué hora vuelves a tu casa?

5. ¿Qué otras fiestas celebras con tu familia o tus amigos? ¿Qué hacen ustedes para celebrar esas fiestas? ¿Dan muchos regalos? ¿Ponen decoraciones en casa?

Comic Strip. Remind students that the Argentinean *vos* is equivalent to *tú* and that the verb form *tenés* is equivalent to *tienes.* Tell them that *grageas* are pills. Then have students read the *tira cómica* and ask them to explain it to you in their own words.

NOTA CULTURAL   Celebraciones del mes de julio

Julio es un mes de celebraciones en todo el mundo hispano. Los argentinos, los colombianos, los peruanos y los venezolanos celebran **el Día de la Independencia.** En Argentina es el 9 de julio, en Colombia el 20, en Perú el 28 y en Venezuela es el 5. Este mes es muy especial para los argentinos, pues también tienen la emocionante **Fiesta de la nieve de Bariloche,** que se celebra con fuegos artificiales.

Nota cultural
Suggestions for Effective Reading. Remind students of the following reading strategy: Use context to figure out unfamiliar words and

VOCABULARIO ÚTIL

fuegos artificiales	*fireworks*
los artesanos	*craftsmen*
artesanías	*crafts*
toros	*bulls*
salida	*release*
pañuelo	*handkerchief*
faja	*waistband*
cintura	*waist*
arriesgan la vida	*risk their lives*

Bariloche, Argentina: Fiesta de la nieve

Puerto Rico: Feria artesanal de Barranquitas

La gran festividad de julio en Puerto Rico es **la Feria artesanal de Barranquitas.** En esta alegre feria hay bailes folclóricos, música y canciones. Los artesanos de todo el país llevan a vender sus artesanías.

En Pamplona, España, se celebran **las Fiestas de San Fermín,** que empiezan el 7 de julio y duran una semana. En estas fiestas hay un espectáculo impresionante. Varias calles de la ciudad se cierran por la mañana y entonces... ¡salen los

Pamplona, España: Las Fiestas de San Fermín

toros! Muchísimos hombres (dos mil, más o menos) esperan la salida de estos animales. Los hombres van vestidos de blanco, con un pañuelo rojo al cuello y una faja roja a la cintura. Todos corren un kilómetro por las calles, con los toros, y muchos arriesgan la vida. El espectáculo de Pamplona dura sólo cuatro minutos, pero, para mucha gente, ¡son cuatro minutos de pura emoción!

Comprensión

Identifique la descripción correcta.

1. —La Fiesta de San Fermín	**a.** Es un espectáculo breve, pero impresionante.
2. —El 9 de julio	**b.** Los peruanos celebran la independencia.
3. —La Fiesta de la nieve de Bariloche	**c.** Aquí los artesanos venden su trabajo.
4. —La Feria artesanal de Barranquitas	**d.** Dura siete días.
5. —El 28 de julio	**e.** Hay música y bailes.
	f. En esta fiesta los hombres corren con los toros.
	g. Hay fuegos artificiales.
	h. Se celebra la independencia en Argentina.

Answers to *Comprensión*. 1. a, d, f 2. h 3. g 4. c, e 5. b

Ahora... ¡usted!

1. ¿Celebra usted el 4 de julio, Día de la Independencia de los Estados Unidos? ¿Cómo celebra este día feriado? ¿Disfruta de los fuegos artificiales?
2. ¿En qué otras celebraciones participa usted?
3. ¿Conoce fiestas de otros países que se celebran en julio?
4. Mire las fotos que acompañan esta Nota cultural e imagínese que está en esas fiestas. ¿Qué ve? ¿Qué está haciendo?

make intelligent guesses regarding the meaning. You will read faster and understand more if you guess the meanings of unfamiliar words instead of looking them up. Learn to guess intelligently and remember that guessing the exact meaning usually is not crucial to your overall comprehension.

Context, what comes before and after an unknown word, is your key to making intelligent guesses. To the context, you add your own knowledge of the world to limit the possible meanings. If you encounter the term *arriesgan la vida* in a paragraph about running with the bulls, and it says that some people *arriesgan la vida,* you are not likely to guess "eat caviar" as the meaning! Trust the context and yourself when you guess "risk their lives" and continue reading.

Culture/History. Every year the running of the bulls, known as the *Sanfermines,* takes place in Pamplona, Spain, July 7–14. Every morning at 8:00 the *encierro,* or running, takes place. Tourists from all over the world flock to Pamplona during the fiestas for the *encierro,* night life, and lively street activities.

Pre-Reading. Write the word *CELEBRACIONES* on the board and ask students to name the dates of famous celebrations and holidays in this country: ¿*Cuáles son las fechas de algunas celebraciones famosas en este país?* Put the dates on the board as students respond and give the corresponding holiday. Examples: *19 de enero: el cumpleaños de Martin Luther King, Jr.; 14 de febrero: Día de San Valentín; 17 de marzo:*

Día de San Patricio; 4 de julio: Día de la Independencia. Once they suggest the 4th of July, ask: *¿Saben de algunas celebraciones internacionales del mes de julio? ¿Han estado en otro país durante una celebración especial? ¿En cuál, por ejemplo?*

Post-Reading. Use the incomplete sentence technique to briefly check for comprehension: *En esta celebración en Argentina hay fuegos artificiales y se llama... (Sí, es la Fiesta de la nieve de Bariloche.) En Puerto Rico hay bailes, música y artesanías en... (Sí, en la Feria artesanal de Barranquitas.)* Ask students which festival they found most interesting and which they might be interested in attending: *¿Cuál de las fiestas encuentran más interesante? ¿Por qué? ¿Les gustaría ir a esa fiesta algún día?*

Have students do the *Comprensión* out loud, in pairs or groups of three. Remember to divide the class in pairs or groups randomly so that students are working with different classmates each day. Use AU to generate whole-class discussion. **Note:** You may want to convert the AU questions to the *tú* form to be used as an interview. These questions could also be assigned as starters for a small composition.

Assign UPM as written homework. Remind students of how to open and close a letter, as studied in the previous chapter (*Tarjetas postales*).

Un paso más... ¡a escribir!

Usted tiene un amigo o una amiga de otro país. Esta persona quiere saber cuáles son los días feriados que usted celebra. Escríbale una breve descripción de sus dos fiestas favoritas. ¿Por qué le gustan? ¿Qué hace usted en estas fiestas? ¿Las celebra con la familia o con amigos?

MODELO:

> Querido/a _____:
>
> Mis dos fiestas favoritas son _____ y _____. Me gustan porque _____. Estas fiestas se celebran con varias actividades. Por ejemplo, yo _____, _____ y _____. Normalmente, celebro estas fiestas con _____.

VENTANAS CULTURALES   Las costumbres

¡Qué bueno está el carnaval!

Las fiestas del carnaval se celebran en los países caribeños y centroamericanos: en Venezuela, Puerto Rico, Panamá, Colombia y otros. La celebración empieza en febrero o marzo y dura cuatro días. Son los últimos días de diversión antes de la celebración religiosa de la Semana Santa. Hay carnavales famosos, como el de Barranquilla en Colombia y el de Panamá.

En estas festividades siempre hay música y baile. Muchas personas llevan disfraces originales y gritan, al bailar: «¡Qué bueno está el carnaval!» Las carrozas pasan con luces, decoraciones, con bailarines que se mueven al

El desfile de las «polleras» en Panamá.

ritmo de trompetas y maracas. Hay puestos de comida deliciosa por todas partes. El carnaval tiene también fuegos artificiales y desfiles impresionantes, como el de las «polleras», en Panamá. Éste es un desfile de mujeres con hermosos trajes y adornos en el cabello. En fin, que el carnaval es la fiesta más grande y alegre del año.

VOCABULARIO ÚTIL	
disfraces (*m.*)	costumes
Las carrozas	Floats
bailarines (*m.*)	dancers
se mueven	move
puestos de comida	food stands
desfiles (*m.*)	parades
polleras	faldas

Ventanas culturales: Las costumbres
The *carnaval* was introduced by the Spaniards in the New World, but the African culture gave it its unique passion and present-day form. This festivity is celebrated in many Caribbean and Central American countries, and it is similar to Mardi Gras in the United States. The *carnaval* in Panama has a different theme for each day of the festival. For example, the theme for the first day, Monday, is usually fantasy and *los disfraces.*

✳ La rutina diaria

Lea Gramática 4.3–4.4.

Una mañana en la casa de los Saucedo

| Ernesto se afeita. | Estela se maquilla. | Ernestito se lava los dientes. | Amanda se pone la ropa. | Guillermo se levanta. |

ACTIVIDAD 5   Órden lógico: Primero... luego...

Ponga en orden estas actividades. Use las palabras **primero, luego** y **después.**

1. **a.** Me seco.   **b.** Me lavo los dientes.   **c.** Me baño.
2. **a.** Me maquillo.   **b.** Me levanto.   **c.** Me pongo la ropa.
3. **a.** Me peino.   **b.** Me afeito.   **c.** Me ducho.
4. **a.** Me baño.   **b.** Me levanto.   **c.** Me despierto.
5. **a.** Me lavo el pelo.   **b.** Me quito la ropa.   **c.** Me seco el pelo.
6. **a.** Me lavo los dientes.   **b.** Desayuno.   **c.** Preparo el desayuno.
7. **a.** Me pongo el pijama.   **b.** Me acuesto.   **c.** Me quito la ropa.

ACTIVIDAD 6   Conversación: Las actividades diarias

Busque las actividades que no son lógicas.

1. Todas las mañanas (yo) me despierto, me levanto, me acuesto y me ducho.
2. Por la tarde, mis hermanitos regresan de la escuela, juegan con el perro, hacen su tarea y salen para el trabajo.
3. Lobo, el perro de Ernestito, duerme, fuma un cigarrillo, come, se lava los dientes y juega con Ernestito.
4. Todos los domingos mis amigos y yo almorzamos en un restaurante, vamos al cine, nos despertamos, cenamos y nos acostamos temprano.
5. De lunes a viernes, mi profesor(a) de español desayuna, sale para la universidad, lava su ropa y lee en la biblioteca.
6. Después de las diez de la noche, los estudiantes hacen su tarea, ven televisión, asisten a clase, escuchan al profesor / a la profesora, se lavan los dientes y se acuestan.
7. Por la mañana, tú te duchas, te afeitas, te secas, te lavas los dientes, sales para el trabajo y luego te vistes, ¿verdad?

La rutina diaria. Many of the words in this display and in subsequent activities will be new to students. Be sure to verify class comprehension of all vocabulary in the display and the activities of this section as you proceed through these materials.

Have students look at the display while you ask questions: *¿Quién se levanta? ¿Quién se afeita?* Then give students your own daily routine, using *primero, luego, después finalmente. Primero me despierto a las 6:30. Luego...*

See IRK for additional activities: *La rutina diaria.*

Act. 5. Orden lógico (whole-class; pair). Students put these activities in order in pairs or as a whole-class activity. Note that there may be different sequences that are correct. Encourage whole-class participation by discussing differences in routines.

Act. 6. Conversación (whole-class). Read each one of these descriptions of daily routine aloud as students read along silently. Volunteers or the whole class may pick the one or two activities in the sequence that are illogical. Once you get the students' responses, you may expand. Sample exchange: *fuma un cigarrillo → Sí, es verdad, los perros son muy inteligentes y no fuman.*

¡OJO!

En la cultura hispana existe la costumbre de comer con la familia. Al mediodía todos regresan a casa a almorzar. Después de la comida, el padre regresa al trabajo y los niños a la escuela. Porque la vida urbana hace difícil el regreso a casa, ahora en muchas casas no hay almuerzos en familia, solamente desayunos y cenas.

Act. 7. Descripción de dibujos (whole-class; pair). Describe each of these strips of drawings and ask the whole class to identify the strips by title. **Sample description:** *En esta tira de dibujos Lan trota y Alberto se ducha. Esteban y Mónica desayunan, pero Raúl asiste a misa.* (*Un domingo a las 9:00 de la mañana con los amigos norteamericanos.*)
   Follow-Up: Pair students for further practice. One student describes drawings and the other indicates which strip is being described. (Student descriptions will be far from perfect: The goal is for them to be able to communicate.) Provide extra practice in pairs using pictures from your PF.

AA 2 (whole-class). See IRK: *Actividad de firma: La rutina.* Show students how to convert *usted* questions into *tú* questions by adding an *-s* and remind them to replace any occurrence of *se* with *te.* Have everyone circulate and ask each other questions. Limit each student to three questions or this will become an interview activity. After 5–10 minutes, ask class who does certain activities.

Act. 8. Intercambios (whole-class; pair). Briefly describe each drawing out of order, and have students say the number of the drawing. Then work through the *Modelo* with the whole class: *Miren el modelo. ¿Qué hace Amanda después de jugar al tenis?* (*toma un refresco*) *Sí, toma un refresco. Después de practicar un deporte tenemos sed, ¿no? Y Ernesto, en el número 8, ¿qué hace antes de ducharse?* (*se afeita*) *Sí, él se afeita antes de ducharse. Y ustedes, ¿se afeitan antes o después de ducharse?* Divide students in pairs and ask them to work through all the drawings using *antes de* for some and *después de* for others.

ACTIVIDAD 7   Descripción de dibujos: La rutina

Escuche mientras su profesor(a) describe uno de los dibujos a continuación. Diga el título que corresponde al dibujo.

Ahora, escoja uno de los dibujos y descríbaselo a un compañero / una compañera de clase. Él/Ella va a decir qué dibujo es.

ACTIVIDAD 8   Intercambios: Las actividades diarias

Escuche a su profesor(a) mientras él/ella describe los dibujos. Diga quién es la persona en ellos. Luego pregúntele a su compañero/a qué hace cada persona antes o después. Use *antes de / después de.*

MODELO: E1: ¿Qué hace Amanda *después de* jugar al tenis?
      E2: *Después de* jugar al tenis, Amanda toma un refresco.

1. Paula

2. Guillermo

3. Pedro

4. Raúl

5. doña Lola

6. don Eduardo

7. doña Rosita

8. Ernesto

ACTIVIDAD 9　Narración: La rutina de Adriana

▶ **PALABRAS ÚTILES**

primero	por último
luego	a la(s)...
después	desde la(s)...
más tarde	hasta la(s)...
finalmente	

Act. 9. Narración (whole-class; pair). Clocks are included to give more input with time, but are optional; use as appropriate. **Suggestions: 1.** *Se despierta (a las seis).* **2.** *Duerme un poco más.* **3.** *(A las 7:00) Se levanta.* **4.** *(A las 7:10) Se ducha.* **5.** *(A las 7:15) Se lava el pelo.* **6.** *(A las 7:25) Se seca.* **7.** *(A las 7:30) Se peina.* **8.** *(A las 7:45) Se pone perfume y se maquilla.* **9.** *(A las 7:50) Se pone la ropa.* **10.** *(A las 8:15) Va al trabajo.* **11.** *(Al mediodía) Almuerza.* **12.** *(A las 5:30) Vuelve a casa.* **13.** *(A las 7:00) Va de compras.* **14.** *(A las 8:15) Cena en un restaurante con un amigo.* **15.** *(A las 10:30) Adriana...* **16.** *(A las 11:15) Se quita la ropa y se acuesta.*

EL MUNDO HISPANO... LA GENTE

Gregorio Merino Díaz tiene 32 años y es de Chile.

Describa un día típico de su vida.

Un día típico es un día de trabajo. Soy Inspector General[1] de un colegio particular[2] de Santiago. Para mi esposa y para mí el día comienza a las 6:00 de la mañana, pues vivimos muy lejos de nuestro trabajo. Nos duchamos y luego desayunamos café y tostadas. A las 7:00 nos vamos al trabajo. Tomamos locomoción colectiva.[3] Luego de cuarenta y cinco minutos de viaje, llegamos al colegio; yo voy a mi oficina y mi esposa a la biblioteca, donde trabaja. Por lo general tomamos un café alrededor de[4] las 10:00. Regresamos a casa a las 15 horas, cuando termina la jornada de trabajo.[5]

SUDAMÉRICA

EL OCÉANO PACÍFICO

Chile

Santiago

EL OCÉANO ATLÁNTICO

[1]Inspector... *administrator* [2]colegio... *private school* [3]locomoción... *public transportation* [4]alrededor... *around* [5]jornada... *workday*

Act. 10. Entrevista (whole-class; pair). We have used *navaja* for razor (Mexico: *rastrillo*).

ACTIVIDAD 10   Entrevista: Preguntas personales

1. ¿Te gusta levantarte temprano o tarde? ¿Quién se levanta primero donde tú vives?
2. ¿Te bañas o te duchas? ¿Cuándo prefieres bañarte? ¿Qué marca de jabón usas?
3. ¿Te afeitas con navaja o con rasuradora eléctrica?
4. ¿Te maquillas todos los días? ¿Te maquillas más cuando sales de noche?
5. ¿Te lavas el pelo todos los días? ¿Qué marca de champú prefieres? ¿Usas un acondicionador? ¿De qué marca es?
6. ¿Te pones perfume/colonia todos los días? ¿Qué marca prefieres?

✳ Los estados físicos y anímicos

Los estados físicos y anímicos. Except for fixed phrases such as *¿Cómo está usted?*, in the *Pasos* and *Capítulos 1, 2,* and *3* we have used mostly the *ser* + adjective construction to describe inherent characteristics of things and people. Here, *estar* + adjective construction is used to describe how someone is feeling. Use your PF to talk about adjectives that describe physical and mental states. Ask: *¿Cómo está la niña (la muchacha, el perro, el*

Lea Gramática 4.5–4.6.

(Ernesto)

está contento

(Estela)

están tristes

está enojado

está enferma

está aburrido   está ocupada   está preocupado

Ramón   Amanda

tienen hambre   tienen prisa   tiene sueño   tiene sed

tiene calor   tiene frío   tiene miedo

hombre)? Use *estar* + adjectives: *aburrido/a, contento/a, de mal/buen humor, deprimido/a, enamorado/a, enojado/a, enfermo/a, interesado/a, irritado/a, ocupado/a, preocupado/a, triste.* This will be the first of many activities with *estar* + adjectives of state. Use your PF to introduce the following states with *tener: tener calor, frío, hambre, miedo, prisa, sed, sueño.*

Many of the words in this display and in subsequent activities will be new to students. Be sure to verify class comprehension of all vocabulary in the display and the activities of this section as you proceed through these materials.

AA 3 (TPR) See IRK for TPR: *Los estados físicos y anímicos.* **Sample sequence:** *Ustedes tienen frío; pónganse un abrigo. Tienen calor ahora; quítense el abrigo. Tienen prisa; miren su reloj. Recojan sus cosas y corran. Tienen sueño: tomen café o duérmanse. Tienen sed; tomen un refresco. Tienen hambre; coman un taco. Están tristes; lloren. Están enojados; griten. Están alegres; canten. Están contentos: sonrían.*

See IRK for additional activities: *Los estados físicos y anímicos.*

REFRÁN

A mal tiempo, buena cara.

(*Keep a stiff upper lip.* Literally, *In bad times—or bad weather—a happy face.*)

ACTIVIDAD 11   Conversación: Las emociones

Diga si usted está de acuerdo o no con las siguientes afirmaciones.

Act. 11. Conversación (whole-class). (See *Conversación* in the IM.) This is a whole-class discussion. Let students work independently first, then ask for opinions.

▶ **FRASES ÚTILES**

(No) Estoy de acuerdo.
Depende.

1. Es bueno gritar si uno está enojado.
2. Si uno está deprimido, es mejor comer algo.
3. Si uno tiene frío, es mejor tomar una limonada.
4. Si uno está de mal humor, es buena idea hablar con un buen amigo o un pariente.

5. Si uno está aburrido, es preferible ver la televisión.
6. Si uno tiene prisa y va a llegar tarde a clase, es mejor manejar muy rápido.
7. Es recomendable quedarse en casa cuando uno está enfermo.
8. Si uno tiene miedo, es buena idea comerse las uñas.

Act. 12. Preferencias (whole-class; pair). Go through this activity as students answer *sí/no* and write in their own personal variants.

Follow-Up: Whole-class discussion of personal variants or pair students to make statements and comments using expressions under *Y tú, ¿qué dices?* You may want to write expressions from a previous *Y tú, ¿qué dices?* activity on the board. (See page 115) E1: *Cuando tengo prisa, no doy un paseo.* E2: *Yo tampoco. ¡Qué ocurrencia!*

ACTIVIDAD 12   Preferencias: ¿Qué hace usted en estas situaciones?

1. Cuando estoy triste,...
   a. quiero estar solo/a.
   b. escucho música.
   c. compro ropa nueva.
   d. ¿ ?

2. Cuando estoy contento/a,...
   a. salgo en el carro.
   b. voy de compras.
   c. prefiero estar solo/a.
   d. ¿ ?

3. Cuando estoy cansado/a,...
   a. duermo.
   b. leo.
   c. me baño.
   d. ¿ ?

4. Cuando estoy aburrido/a,...
   a. exploro el Internet.
   b. llamo a un amigo / una amiga.
   c. me quedo en casa.
   d. ¿ ?

5. Cuando tengo hambre,...
   a. como hamburguesas.
   b. tomo un vaso de leche.
   c. me lavo los dientes.
   d. ¿ ?

6. Cuando tengo frío,...
   a. me quito la chaqueta.
   b. me baño con agua caliente.
   c. me pongo un suéter.
   d. ¿ ?

7. Cuando tengo calor,...
   a. tomo un refresco.
   b. tomo café caliente.
   c. me ducho.
   d. ¿ ?

8. Cuando tengo prisa,...
   a. camino rápidamente.
   b. tomo el autobús.
   c. doy un paseo.
   d. ¿ ?

▶ Y TÚ, ¿QUÉ DICES?

Sí, yo también. (Sí, a mí también me gusta eso.)	Yo sí.	¡Excelente idea!
Yo tampoco. (A mí tampoco me gusta eso.)	Yo no. Es mejor. Es peor.	¡Qué buena idea! ¡Ni pensarlo! ¡Qué ocurrencia!

Act. 13. Asociaciones (whole-class; pair). Do this association activity with the whole class, writing ideas and vocabulary on the board as the discussion ensues.

ACTIVIDAD 13   Asociaciones: Los estados anímicos

¿Qué estado de ánimo asocia usted con las siguientes ocasiones?

1. Es su cumpleaños.
2. Está tomando un examen de español.
3. Es un sábado de primavera. Hace sol y buen tiempo. Usted está en el parque con su perro.
4. Es la Nochevieja.
5. Usted tiene una entrevista para un trabajo en 10 minutos y de pronto recibe una llamada de su abuela.
6. Usted recibe una buena nota en su examen de biología.
7. Encuentra a su perro comiendo su mejor camisa.
8. Su gato/perro está muy enfermo.

ACTIVIDAD 14   Intercambios: Los estados físicos y anímicos

Lea las situaciones y mire los dibujos. Luego diga cómo está o qué tiene Guillermo.

MODELO: Guillermo quiere hablar con su mamá sobre el Baile de los Enamorados, pero su mamá *está muy ocupada.*

1. Son las 7:55. Guillermo va a llegar tarde a su clase de las 8:00 de la mañana...
2. Guillermo tiene un examen difícil hoy. Él...
3. Guillermo tiene una mala nota en matemáticas. Su padre va a estar muy enojado. Guillermo...
4. Guillermo recibe una invitación para el Baile de los Enamorados. Él...
5. Su padre le dice: —¡NO vas a ir al Baile de los Enamorados porque tienes un 6 en el examen de matemáticas! Guillermo...
6. Su abuela está muy enferma. Guillermo...
7. Después de correr, Guillermo...
8. Después de correr, Guillermo también...

Act. 14. Intercambios (whole class; pair). Briefly describe each drawing out of order, and have students say the number. Then work through the *Modelo: Miren el modelo. ¿Qué quiere hacer Guillermo? ¿Quiere hablar con su mamá? ¿Por qué no le escucha su mamá? Sí, no le escucha porque está muy ocupada.* Divide students in pairs and have them read the situations, then decide how Guillermo feels (*está... / tiene...*).

1.  **2.**  **3.**  **4.**

5.  **6.**  **7.**  **8.**

ACTIVIDAD 15   Entrevista: ¿Qué haces?

¿Qué haces cuando estás...

1. deprimido/a?
2. nervioso/a?
3. de buen/mal humor?
4. enamorado/a?

¿Qué haces cuando tienes...

1. frío?
2. sueño?
3. sed?
4. miedo?

Act. 15. Entrevista (whole-class; pair). As you go over these questions, share your activities for these states with the whole class. In this way students hear possible activities before being paired.

Lectura
Suggestions for Effective Reading. Explain to students that throughout the textbook they will encounter short poems written by well-known Hispanic writers. This material is here mainly for students' enjoyment. These texts, like all reading material in *Dos mundos*, serve as an excellent source of input and cultural information.

One way to approach the reading of poetry is to have students focus on the text's structural features first: lines, rhythm, and rhyme. Have them focus on the number of verses per stanza and the rhyme schemes. Have them read only the last word of each verse first to get the feel for the rhyme. Reading aloud is an effective technique when working with poetry, which has traditionally been an oral art. Read aloud the last words of a few of the stanzas: *sincero, palma, quiero, alma,* emphasizing the rhythmic quality of the words. You may want to have students read aloud in pairs.

Culture/History. This is a poem by one of Cuba's most beloved and famous poets. José Martí was not only a gifted writer but also an active participant in Cuba's independence movement, which culminated in 1898. Point out that some verses from *Versos sencillos* were used in the popular song "Guantanamera" (1968).

Pre-Reading. Have students read the six stanzas aloud in class, as outlined in the Suggestions for Effective Reading section above. Then, play (or sing) the song "Guantanamera." Help students note the intimate connection between poetry and music; ask if they know of other poems set to music.

Post-Reading. Discuss the ideas presented by the poet. Keep discussion at a very basic level. Ask questions such as: *En la primera estrofa* (on the board: *estrofa* = stanza), *el poeta hace una descripción de su personalidad. ¿Qué dice de sí mismo?* (sincero) *Sí, es sincero. Sí, y quiere compartir sus poemas con el mundo*

LECTURA **«Versos sencillos», por José Martí (selecciones)**

Varios de los Versos sencillos de este famoso poeta cubano (1853–1895) son parte de la canción popular «Guantanamera». En las siguientes selecciones, Martí hace una descripción de su personalidad: es un hombre sincero y artístico, a quien le gusta la naturaleza.[1] El poeta también habla de su poesía y de su hijo.

Versos sencillos

Yo soy un hombre sincero
De donde crece la palma,[2]
Y antes de morirme[3] quiero
Echar[4] mis versos del alma.[5]

Yo vengo de todas partes,
Y hacia[6] todas partes voy:
Arte soy entre[7] las artes.
En los montes,[8] monte soy.

Oigo un suspiro,[9] a través
De[10] las tierras y la mar,
Y no es un suspiro, —es
Que mi hijo va a despertar.

Con los pobres de la tierra
Quiero yo mi suerte[11] echar:
El arroyo[12] de la sierra
Me complace[13] más que el mar.

Todo es hermoso y constante,
Todo es música y razón,
Y todo, como el diamante,
Antes de luz es carbón.[14]

Mi verso es de un verde claro
Y de un carmín encendido:[15]
Mi verso es un ciervo herido[16]
Que busca en el monte amparo.[17]

Camagüey, Cuba: Una de las características del paisaje (*landscape*) cubano es la hermosa palma real (*royal*).

[1]*nature* [2]*crece... the palm tree grows* [3]*antes... before I die* [4]*To cast; To express* [5]*soul* [6]*toward* [7]*among* [8]*forests* [9]*sigh* [10]*a... through* [11]*luck* [12]*brook* [13]*Me... Pleases me* [14]*coal* [15]*carmín... bright crimson* [16]*ciervo... wounded deer* [17]*shelter*

Comprensión

Escoja las respuestas correctas. ¡Cuidado! Hay más de una posibilidad.

1. ¿Cómo es la personalidad del poeta? Martí es...
   a. sincero.
   b. agresivo.
   c. artístico.
   d. como el monte.
   e. tímido.
   f. perezoso.

2. ¿De qué color son los versos de José Martí? Son...
   a. rojos.
   b. verdes.
   c. amarillos.
   d. negros.
   e. de color carmín.
   f. azules.

3. ¿Con qué se relaciona el despertar del hijo de Martí? Con...
   a. el llanto.
   b. el suspiro.
   c. la tierra.
   d. el mar.
   e. el bosque.
   f. su casa.

4. ¿Qué elementos de la naturaleza menciona el poeta? Martí menciona...
   a. la palma.   b. el arroyo.   c. el monte.
   d. el árbol.   e. el ciclón.   f. el carbón.

Ahora... ¡usted!

1. ¿Le gusta leer poesía? ¿Por qué? ¿Hay un poeta o una poeta que le guste mucho? ¿Por qué le gusta?

2. ¿Escribe usted poemas u otros tipos de escritura? ¿Cuáles son los temas de su poesía / su escritura en general?

Un paso más... ¡a escribir!

Use los versos de Martí como guía y escriba un poema para expresar sus propios sentimientos.

MODELO: Yo soy _____
          De donde _____,
          Y antes de morirme quiero _____.

          Yo vengo de _____
          Y hacia _____ voy:
          _____ soy entre _____
          En _____, _____ soy.

(*antes de morir*). *En la segunda estrofa, el poeta dice que está en todas partes. ¿Dónde está, por ejemplo? En la quinta estrofa, ¿cómo es su opinión del mundo, positiva o negativa?*

Have students do the *Comprensión* (pair) and AU (whole-class) activities orally. Assign UPM as a creative writing activity in class or for homework: students will write a short poem modeled after Martí's. Discourage them from looking up too many words and getting in over their heads. They should try to use vocabulary already acquired. You may be pleasantly surprised by the quality of their creations!

Answers to *Comprensión*. 1. a, c, d **2.** b, e **3.** b, c, d **4.** a, b, c, f

AA 4 (individual). As homework, have students select their favorite stanza and draw an illustration of it. But first, demonstrate for the class. Use the most salient elements in a particular stanza and draw them on the board. For the stanza beginning with *Todo es hermoso y constante*, for example, draw musical notes, a diamond, and the sun; for the one beginning with *Mi verso es de un verde claro*, draw a hill, a mountain, trees or plants, flowers, and perhaps a deer. Remind students that they can use color in their drawings. They may also wish to illustrate their own verses from the UPM activity.

En resumen

De todo un poco A. The Spanish narration that students have to order includes material from several chapters. It is a review activity in this sense; the sentences, however, are a bit complex. Introduce the activity by telling students that in many Spanish-speaking countries it is the Magi, not Santa Claus, who bring children toys— on January 6. If you grew up with the Magi tradition, tell them about your personal experiences. If possible, do this activity on a different day. Narrate the story with the class, following the drawings in the text. Let them take the initiative but pitch in as much as necessary. The idea is that once the whole class narrates it with you, students can then work in groups of 3–4 to create a paragraph by ordering the list of phrases in the text.

De todo un poco

A. ¡Los Reyes Magos vienen mañana!

Mire los dibujos y ponga en órden las oraciones a continuación para que coincidan con los dibujos.

a. _____ Se lavan los dientes.

b. _____ Finalmente son las siete y media. Se ponen el pijama.

c. _____ Se despiertan a las cinco de la mañana. Tienen miedo de mirar hacia la ventana.

d. _____ Se acuestan pero no se duermen. Hablan de los juguetes que esperan recibir.

e. _____ Su madre quiere llevarlas al museo y a la biblioteca pero ellas prefieren quedarse en casa.

f. _____ Es el cinco de enero. Son las 5:00 de la tarde. Clarisa y Marisa están nerviosas e impacientes.

g. _____ Rezan antes de acostarse.

h. _____ Corren a la ventana. Ahí están los juguetes que quieren. ¡Qué contentas están!

i. _____ Les dicen «Buenas noches» a sus padres con un beso.

j. _____ Ponen los zapatos en la ventana y esperan... ¡Los Reyes Magos van a venir mañana muy temprano!

k. _____ Por fin se duermen. Sueñan que los Reyes Magos no les traen nada.

l. _____ Cenan con sus padres y charlan sobre los juguetes que quieren.

B. Entrevista con su profesor(a)

Trabaje con dos o tres estudiantes. Escriban preguntas para entrevistar a su profesor(a). Cada grupo va a escribir ocho buenas preguntas para saber más sobre él/ella: sobre su vida en casa, su rutina diaria, sus estados de ánimo, sus actividades favoritas, sus preferencias, cómo celebra los días feriados, etcétera.

MODELOS: ¿A qué hora se levanta usted durante la semana?
¿Qué le gusta hacer después del trabajo?
¿Qué hace usted cuando está aburrido/a?
¿Cómo celebra el Año Nuevo?
¿Qué le gusta hacer los viernes por la noche?

Después, cada grupo debe hacerle sus preguntas al profesor / a la profesora. Tomen apuntes sobre la información para luego escribir una composición sobre él/ella.

¡Dígalo por escrito!

Los días feriados

Primero diga cuáles son los días feriados que más le gustan a usted y por qué. Después, describa su día feriado favorito y diga cómo lo celebra, dónde, con quién(es) y cómo se prepara (qué hace) para esa celebración.

En este segmento del video, la familia Durán, de Sevilla, celebra la primera comunión de Marta. Para muchas familias hispanas, la primera comunión es una ceremonia religiosa muy importante.

Vea las actividades que corresponden al video en la sección *Videoteca* del *Cuaderno de trabajo*.

VIDEOTECA

B. Divide students into groups of 2–3 to form interview questions. Circulate to help with vocabulary. Allow each group to ask you 3–5 questions. Answer truthfully and then ask them to write a composition about their professor. This can be an in-class assignment or homework.

¡Dígalo por escrito! Start with a discussion of your favorite holiday. Write pertinent vocabulary on the board. With whole-class participation write a series of questions, phrases, etc., that will help them with this assignment. *¿Cuáles son dos o tres de tus días favoritos? ¿Por qué te gusta ese día? ¿Cómo celebras _____? ¿Con quién celebras _____? ¿Cómo se preparan para _____ en tu casa? ¿Hay aspectos de esa fiesta que no te gustan? ¿Cuál es tu fiesta menos favorita? ¿Por qué?* Divide students into groups of two or three and circulate while they ask and answer questions.

Follow-Up: A composition on this topic can be assigned as homework or for extra credit.

ocabulario

• **Los días feriados y las celebraciones**	Holidays and Celebrations
el aniversario de boda	wedding anniversary
el Año Nuevo	New Year
el Día de Acción de Gracias	Thanksgiving
el Día de las Brujas	Halloween
el Día de los Enamorados	Valentine's Day
el Día de la Independencia	Independence Day
el Día de la Madre	Mother's Day
el Día de los Muertos	All Soul's Day (November 2nd)
el Día del Padre	Father's Day
el Día de los Reyes Magos	Epiphany, Day of the Magi (January 6th)
el día del santo	saint's day
el Día de Todos los Santos	All Saint's Day (November 1st)
el Domingo de Pascua	Easter Sunday
el Jánuca	Hanukkah
la(s) Navidad(es)	Christmas
la Nochebuena	Christmas Eve
la Nochevieja	New Year's Eve (December 31st)
la Pascua Judía	Passover
el Ramadán	Ramadan
la Semana Santa	Holy Week

• **La rutina diaria**	Daily Routine
acostarse (ue)	to go to bed
me acuesto / se acuesta	I go to bed / you (*pol. sing.*) go to bed; he or she goes to bed
afeitarse	to shave
bañarse	to bathe
desayunar	to eat breakfast
despertarse (ie)	to wake up
me despierto / se despierta	I wake up / you (*pol. sing.*) wake up; he or she wakes up
dormir(se)	to sleep (fall asleep)
duermo / duerme	I sleep / you (*pol. sing.*) sleep; he or she sleeps
ducharse	to take a shower
lavarse los dientes	to brush one's teeth
lavarse el pelo	to wash one's hair
levantarse	to get up
maquillarse	to put on makeup

peinarse	to comb one's hair
ponerse (perfume / la ropa)	to put on (perfume/clothes)
quitarse (la ropa)	to take off (one's clothes)
secarse (el pelo)	to dry (one's hair)
venir	to come
vengo/viene	I come / you (*pol. sing.*) come; he or she comes
vestirse (i)	to get dressed
me visto / se viste	I get dressed / you (*pol. sing.*) get dressed; he or she gets dressed
volver (ue)	to return, go back
vuelvo/vuelve	I return / you (*pol. sing.*) return; he or she returns

• **Los estados físicos y anímicos**	Physical and Mental States
el estado de ánimo	mental state
estar...	to be . . .
alegre	happy
contento/a	happy
de buen/mal humor	in a good/bad mood
deprimido/a	depressed
enamorado/a (de)	in love (with)
enfermo/a	sick
enojado/a	angry
ocupado/a	busy
preocupado/a	worried
triste	sad
tener...	to be . . .
calor	hot
frío	cold
hambre	hungry
miedo	afraid
prisa	in a hurry
sed	thirsty
sueño	sleepy

PALABRA SEMEJANTE: nervioso/a
REPASO: aburrido/a

• **¿Cuándo?**	When?
antes de	before
después de	after
desde la(s)... hasta la(s)	from . . . until . . .
mientras	while
tarde	late

REPASO: ayer, después, hoy, luego, mañana, el próximo... (*día, mes*), pasado mañana

• Los verbos — Verbs

comerse las uñas	to bite one's nails
comprar	to buy
dar	to give
doy/da	I give / you (*pol. sing.*) give; he or she gives
dar la bienvenida	to welcome
dar un paseo	to go for a walk
encender	to light, to turn on
encontrar (ue)	to find
encuentro/encuentra	I find / you (*pol. sing.*) find; he or she finds
escoger	to choose
escojo/escoge	I choose / you (*pol. sing.*) choose; he or she chooses
gritar	to yell, scream
llamar	to call (on the phone)
pedir (i)	to ask for; request
pido/pide	I request / you (*pol. sing.*) requests; he or she requests
quedarse (en casa)	to stay (at home)
reunirse	to get together
me reúno / se reúne	I get together / you (*pol. sing.*) gets together; he or she gets together
saber	to know
sé/sabe	I know / you (*pol. sing.*) know; he or she knows
soñar (ue) (con)	to dream (about)
sueño/sueña	I dream / you (*pol. sing.*) dream; he or she dreams
traer	to bring
traigo/trae	I bring / you (*pol. sing.*) bring; he or she brings

PALABRAS SEMEJANTES: asociar, celebrar, corresponder, invitar, recibir

• Palabras y expresiones del texto — Words and Expressions from the Text

en orden lógico	in logical order
sobre	about (a topic)

• La gente — People

el hermanito	little brother
el pariente/ la parienta	relative

• Los sustantivos — Nouns

el acondicionador	conditioner
el agua	water
el árbol (de Navidad)	(Christmas) tree
el baile	dance
el beso	kiss
el camello	camel
la comida	food
los dulces	candy
los fuegos artificiales	fireworks
el globo	balloon
el jabón	soap
el juguete	toy
la leche	milk
la llamada	(telephone) call
la marca	brand
la navaja	razor; razor blade
la nota	note, grade
la rasuradora eléctrica	electric razor
el título	title
el vaso	glass
la vela	candle

PALABRAS SEMEJANTES: América Latina, la asociación, el aspecto, la ceremonia, el champú, la composición, la decoración, la emoción, el examen, la hamburguesa, la impaciencia, la limonada, la ocasión, el pijama, la situación

• Los adjetivos — Adjectives

caliente	hot
hispano/a	Hispanic
solo/a	alone

PALABRAS SEMEJANTES: abundante, impaciente, preferible, recomendable, religioso

• Palabras y expresiones útiles — Useful Words and Expressions

al principio	at the beginning
depende	(it) depends
es mejor/peor	it is better/worse
especialmente	especially
¡Excelente idea!	Excellent idea!
¡Ni pensarlo!	Don't even think about it!
¡Qué ocurrencia!	What a silly idea!
por fin	at last
rápidamente	quickly, rapidly
rápido/a	quick

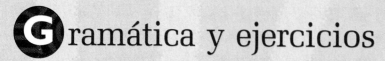

Gramática y ejercicios

4.1. The stem-vowel change *e/ie* was introduced briefly in *Gramática 2.3* for *querer* and *preferir*. Since students have heard and used mostly singular forms, they are not likely to be proficient in using the *nosotros/as* form or the infinitive. Although we have taught neither rule, some students seem to benefit from knowing the "stress rule" (*e/o* change to *ie/ue* when stressed). You may find it helpful to show students the traditional "L" rule or the "boot" rule: *e/o* change to *ie/ue* in the "L" form or the "boot" shape. We have not included the *e/i* alteration verbs (*pedir, mentir, medir, sentir,* etc.) in this section; they will be formally introduced in *Gramática 8.5.*

4.1 Discussing Habitual Actions: Verbs with Stem-Vowel Changes (*ie, ue*) in the Present Tense

A. Here is the present tense of several commonly used verbs that follow the same pattern of stem-vowel changes as **querer** and **preferir:*** **cerrar** (*to close*), **pensar** (*to think*), **empezar** (*to begin*), **perder** (*to lose*), and **encender** (*to light; to turn on*).[†]

	cerrar	**pensar**	**empezar**	**perder**	**encender**
(yo)	c**ie**rro	p**ie**nso	emp**ie**zo	p**ie**rdo	enc**ie**ndo
(tú)	c**ie**rras	p**ie**nsas	emp**ie**zas	p**ie**rdes	enc**ie**ndes
(usted, él/ella)	c**ie**rra	p**ie**nsa	emp**ie**za	p**ie**rde	enc**ie**nde
(nosotros/as)	cerramos	pensamos	empezamos	perdemos	encendemos
(vosotros/as)	cerráis	pensáis	empezáis	perdéis	encendéis
(ustedes, ellos/as)	c**ie**rran	p**ie**nsan	emp**ie**zan	p**ie**rden	enc**ie**nden

¿RECUERDA?

Recall from **Gramática 2.3** that the verbs **querer** (**quiero, quieres, quiere, queremos, queréis, quieren**) and **preferir** (**prefiero, prefieres, prefiere, preferimos, preferís, prefieren**) use two stems in their present-tense conjugations. The stem containing the vowel **e** appears only in the infinitive and in the **nosotros/as** and **vosotros/as** forms. The stem containing **ie** occurs in the rest of the forms.

—¿A qué hora **cierran** ustedes la Nochevieja?
—**Cerramos** a las 5:00 de la tarde.

—*What time do you close on New Year's Eve?*
—*We close at 5:00 P.M.*

—¿**Encienden** ustedes las velas de Jánuca cada año?
—Sí, las **encendemos** por ocho noches seguidas.

—*Do you light Hanukkah candles every year?*
—*Yes, we light them for eight nights in a row.*

B. Three other verbs follow the same pattern as **jugar: dormir** (*to sleep*), **volver** (*to return, go back*), and **almorzar** (*to have lunch*).[‡]

	jugar	**dormir**	**volver**	**almorzar**
(yo)	j**ue**go	d**ue**rmo	v**ue**lvo	alm**ue**rzo
(tú)	j**ue**gas	d**ue**rmes	v**ue**lves	alm**ue**rzas
(usted, él/ella)	j**ue**ga	d**ue**rme	v**ue**lve	alm**ue**rza
(nosotros/as)	jugamos	dormimos	volvemos	almorzamos
(vosotros/as)	jugáis	dormís	volvéis	almorzáis
(ustedes, ellos/as)	j**ue**gan	d**ue**rmen	v**ue**lven	alm**ue**rzan

---

*Recognition: **vos querés, preferís**
[†]Recognition: **vos cerrás, pensás, empezás, perdés, encendés**
[‡]Recognition: **vos jugás, dormís, volvés, almorzás**

—¿A qué hora **vuelven** a casa después de una fiesta?

—A veces no **volvemos** hasta las 3:00 ó 4:00 de la madrugada.

—*What time do you return home after a party?*

—*Sometimes we don't return until 3:00 or 4:00 in the morning.*

> **cierro** = *I close*
> **cerramos** = *we close*
> **empiezo** = *I begin*
> **empezamos** = *we begin*

EJERCICIO 1

¿Qué hacen usted y sus amigos? Complete estas oraciones con la forma correcta del verbo entre paréntesis.

MODELO: —¿*Cierran* ustedes los ojos en clase? (cerrar) →
—No, no *cerramos* los ojos en clase.

> **juego** = *I play*
> **jugamos** = *we play*
> **vuelvo** = *I return*
> **volvemos** = *we return*

1. —¿_____ ustedes en su clase de español? (dormir)
   —¡Claro que no! Nunca _____ en clase, porque nos divertimos.
2. —¿_____ ustedes en casa o en el trabajo? (almorzar)
   —Generalmente _____ en casa con la familia.
3. —¿_____ ustedes al trabajo después de almorzar? (volver)
   —Sí, _____ a las 2:00.
4. —¿_____ ustedes al tenis los fines de semana? (jugar)
   —A veces _____, a veces no.
5. —¿_____ ustedes mucho al tenis en el invierno? (jugar)
   —No, _____ poco porque hace demasiado frío.
6. —¿_____ ustedes frecuentemente cuando _____ al basquetbol? (perder, jugar)
   —No, casi nunca _____ cuando _____ al basquetbol.
7. —¿_____ ustedes ir al cine por la tarde? (preferir)
   —No, _____ ir por la mañana con los niños.
8. —¿_____ ustedes las vacaciones en mayo o en junio? (empezar)
   —Normalmente _____ las vacaciones en junio.

> These forms may be difficult to remember, but they will feel more natural as you hear and read more Spanish. Therefore, don't try to memorize all this, but do refer to the rules when you edit your writing.

4.2 Discussing Habitual Actions: Irregular Verbs

A. As you know, an irregular verb is one that uses more than one stem to form its conjugation. (In many cases the irregularity is only in the **yo** form.) Here are some common verbs that add a **g** in the **yo** form: **tener** (*to have*), **venir** (*to come*), **salir** (*to leave; to go out*), and **poner** (*to put*).*

4.2. Students have already heard some of these verbs and their irregular forms in previous oral activities. The purpose of this section is to display eight of the most common irregular Spanish verbs. We do not expect students to memorize the forms.

	tener	venir	salir	poner
(yo)	tengo	vengo	salgo	pongo
(tú)	tienes	vienes	sales	pones
(usted, él/ella)	tiene	viene	sale	pone
(nosotros/as)	tenemos	venimos	salimos	ponemos
(vosotros/as)	tenéis	venís	salís	ponéis
(ustedes, ellos/as)	tienen	vienen	salen	ponen

> **vengo** = *I come*
> **viene** = *he/she comes; you come*
> **venimos** = *we come*

*Recognition: **vos tenés, venís, salís, ponés**

—¿Siempre **viene** usted temprano?
—Sí, casi siempre **vengo** a las 8:00.

—*Do you always come early?*
—*Yes, I almost always come at 8:00.*

—¿Dónde **pongo** mi ropa?
—Aquí mismo, encima de esta silla.

—*Where do I put my clothes?*
—*Right here, on this chair.*

---

digo = *I say*
dice = *he/she says; you say*
decimos = *we say*

B. The verbs **traer** (*to bring*) and **oír** (*to hear*) insert **ig** in the **yo** form.* In addition, **oír** adds a **y** in all but the **yo**, **nosotros/as**, and **vosotros/as** forms. The verbs **hacer** and **decir** change the **c** to **g** in the **yo** form. **Decir** (*to say, tell*) also changes the stem vowel **e** to **i** in all but the **nosotros/as** and **vosotros/as** forms.†

	traer	oír	hacer	decir
(yo)	trai**go**	oi**go**	ha**go**	di**go**
(tú)	traes	oyes	haces	di**ce**s
(usted, él/ella)	trae	oye	hace	di**ce**
(nosotros/as)	traemos	oímos	hacemos	decimos
(vosotros/as)	traéis	oís	hacéis	decís
(ustedes, ellos/as)	traen	oyen	hacen	di**ce**n

—¿Qué **traes** a las fiestas?
—**Traigo** mis discos compactos y algo de comer.

—*What do you bring to parties?*
—*I bring my CDs and something to eat.*

—¿No **oyes** un ruido extraño?

—*Don't you hear a strange noise?*

—No, no **oigo** nada.

—*No, I don't hear anything.*

EJERCICIO 2

Un amigo le hace preguntas sobre su clase de español. Contéstele según el modelo.

MODELO: —Generalmente, ¿vienes temprano a la clase de español?
—Sí, *vengo* temprano todos los días.

1. —¿Traes tu perro a la clase de español?
—¡Claro que no! _____ solamente el libro y el cuaderno.
2. —¿Pones tu libro de español debajo de la mesa?
—No, _____ el libro encima de la mesa.
3. —¿Le dices «Buenos días» en español al profesor / a la profesora?
—¡Qué va! A las 2:00 de la tarde le _____ «Buenas tardes».

---

*Recognition: **vos traés, oís**
†Recognition: **vos hacés, decís**

4. —¿Oyes música en tu clase?

—Sí, _____ canciones en español, naturalmente.

5. —¿Sales de tu clase a las 3:00?

—No, _____ a las 2:50.

6. —¿Siempre vienes a la clase preparado/a?

—Sí, casi siempre _____ preparado/a.

7. —¿Tienes mucha tarea?

—Sí, _____ tarea todos los días excepto el domingo.

8. —¿Qué haces en tu clase?

— _____ un poco de todo: converso, leo, escribo.

4.3 Describing Daily Routine: Reflexives

A. In English, pronouns that indicate that the subject of a sentence does something to himself or herself are called *reflexive;* they end in *-self* (*-selves*).

He cut himself.   Babies often talk to themselves.

She looked at herself in the mirror.   We didn't blame ourselves.

Some actions that the subject does to himself or herself are not expressed with reflexive pronouns in English. For example, *I get up at 7:00. I take a bath and then get dressed.* In such sentences, Spanish always uses a reflexive pronoun: **Yo me levanto a las 7:00. Me baño y luego me pongo la ropa.**

B. Here is the present tense of the verb **levantarse** (*to get up*) with reflexive pronouns.*

> Actions done to oneself are expressed using reflexive words.
> **Me afeito.** (*I shave [myself]*.)
> **Nos ponemos la ropa.** (*We put on our clothes.*)

4.3. Reflexive pronouns are introduced before any other object pronouns because of their simple form and because they are indispensable for understanding and discussing daily or habitual activities, the primary function of the present tense.

levantarse (to get up)		
(yo)	me levanto	*I get up*
(tú)	te levantas	*you (inf. sing.) get up*
(usted, él/ella)	se levanta	*you (pol. sing.) get up; he/she gets up*
(nosotros/as)	nos levantamos	*we get up*
(vosotros/as)	os levantáis	*you (inf. pl., Spain) get up*
(ustedes, ellos/as)	se levantan	*you (pl.) get up; they get up*

C. Following is a list of verbs with the reflexive pronouns **me** (*myself*) and **se** (*himself, herself, yourself* [*pol. sing.*]) that you can use to describe your daily routine or that of someone else. Notice that the infinitives with the reflexive pronoun end in **se.**

---

*Recognition: **vos te levantás**

	INFINITIVE	
Me acuesto. / Se acuesta.*	acostarse	I go to bed. / He/She goes to bed; You (pol. sing.) go to bed.
Me despierto. / Se despierta.†	despertarse	I wake up. / He/She wakes up; You (pol. sing.) wake up.
Me levanto. / Se levanta.	levantarse	I get up (out of bed). / He/She gets up; You (pol. sing.) get up.
Me baño. / Se baña.	bañarse	I take a bath. / He/She takes a bath; You (pol. sing.) take a bath.
Me ducho. / Se ducha.	ducharse	I take a shower. / He/She takes a shower; You (pol. sing.) take a shower.
Me lavo el pelo. / Se lava el pelo.	lavarse el pelo	I wash my hair. / He/She washes his/her hair; You (pol. sing.) wash your hair.
Me seco. / Se seca.	secarse	I dry off. / He/She dries off; You (pol. sing.) dry off.
Me afeito. / Se afeita.	afeitarse	I shave. / He/She shaves; You (pol. sing.) shave.
Me lavo los dientes. / Se lava los dientes.	lavarse los dientes	I brush my teeth. / He/She brushes his/her teeth; You (pol. sing.) brush your teeth.
Me peino. / Se peina.	peinarse	I comb my hair. / He/She combs his/her hair; You (pol. sing.) comb your hair.
Me maquillo. / Se maquilla.	maquillarse	I put on makeup. / He/She puts on makeup; You (pol. sing.) put on makeup.
Me pongo la ropa. / Se pone la ropa.	ponerse la ropa	I put on my clothes. / He/She puts on his/her clothes; You (pol. sing.) put on your clothes.
Me quito la ropa. / Se quita la ropa.	quitarse la ropa	I take off my clothes. / He/She takes off his/her clothes; You (pol. sing.) take off your clothes.

Me levanto temprano y **me ducho** en seguida. Generalmente **me lavo** el pelo. Luego **me seco** y **me peino.**
Alberto **se levanta** tarde. **Se ducha** rápidamente, pero no **se afeita. Se pone la ropa** y **se peina.**

I get up early and I take a shower immediately. Generally I wash my hair. Afterward I dry off and I comb my hair.
Alberto gets up late. He showers quickly, but doesn't shave. He dresses and combs his hair.

D. Reflexive pronouns are normally placed directly before the verb (**me seco**), but they may be attached to infinitives (**secarme**) and present participles (**secándome**).

---

*Acostarse is a stem-changing verb: the stem vowel **o** changes to **ue** in all but the **nosotros/as** and **vosotros/as** forms.
†Despertarse is also a stem-changing verb: the stem vowel **e** changes to **ie** in all but the **nosotros/as** and **vosotros/as** forms.

Me gusta **afeitarme** primero y luego **bañarme.**

I like to shave first and then take a bath.

Ernesto va a **levantarse** y **bañarse** inmediatamente.

Ernesto is going to get up and take a bath immediately.

—Amanda, ¿qué estás haciendo?

—Amanda, what are you doing?

—Estoy **lavándome** los dientes.

—I'm brushing my teeth.

EJERCICIO 3

¿Qué oración describe mejor los siguientes dibujos?

1. _____

2. _____

3. _____

4. _____

5. _____

6. _____

7. _____

a. Él se quita la camisa, pero ella se pone los zapatos.

b. Él sale para el trabajo a las 8:00, pero su hijo sale para la escuela a las 8:30.

c. Ella lee novelas después de trabajar, pero él prefiere ver la televisión.

d. Este joven se ducha por la mañana, pero las niñas prefieren bañarse por la noche.

e. Él se afeita la cara, pero su esposa se afeita las piernas.

    f. A él no le gusta bañarse, pero le gusta bañar al perro.

    g. Se acuesta a las 11:30 y se levanta a las 6:00.

EJERCICIO 4

Imagínese que su hermanito de tres años le hace estas preguntas tontas. Contéstele correctamente.

MODELO: ¿Te lavas los dientes con jabón? →
                 No, me lavo los dientes con pasta de dientes.

1. ¿Te bañas antes de las 5:00 de la mañana?
2. ¿Te lavas el pelo con detergente?
3. ¿Te afeitas en la lavandería?
4. ¿Te levantas temprano los domingos?
5. ¿Te quitas la ropa en la universidad?
6. ¿Te peinas en la biblioteca?
7. ¿Te maquillas en la clase de español?
8. ¿Te duchas por la noche?

4.4 Ordering Events: Infinitives after Prepositions

A. When telling a story or relating a sequence of events, speakers use "sequencing" words to let listeners know the order in which the events occur. You have already used many of these sequencing words in the **Narración** activities, for example:

primero	*first*		antes	*before*
luego	*then*		finalmente	*finally*
después	*afterward*		por último	*at last*
más tarde	*later (on)*			

Primero me baño y **luego** me cepillo los dientes. **Después,** preparo el desayuno. **Luego** voy al trabajo y trabajo hasta las 6:00 de la tarde. **Finalmente** vuelvo a casa a eso de las 8:00.

First I take a bath and then I brush my teeth. Afterward, I fix breakfast. Then I go to work and work until 6:00 P.M. Finally I return home about 8:00.

B. The words **después** and **antes** by themselves express the meanings *after(ward)* and *before*.

Después, vamos a cenar con Pedro y Andrea Ruiz.

Afterward, we're going to have dinner with Pedro and Andrea Ruiz.

C. The preposition **de** follows **antes** and **después** before a noun or an infinitive. (English uses the *-ing* form instead of the infinitive.) Don't forget to attach any object pronouns to the end of the infinitive.

Antes de acostarme, quiero terminar la tarea.

Before going to bed, I want to finish my homework.

Vamos a terminar la tarea **antes de (después de) la comida.**

We are going to finish our homework before (after) the meal.

Después de jugar al béisbol, voy a ir a la playa.

After playing baseball, I'm going to go to the beach.

4.4. This section emphasizes *después de* and *antes de* + infinitive because this construction is so common, especially when describing daily activities and in narration.

OGD: You may wish to point out that the infinitive is used after all prepositions in Spanish.

OGA: Ask *¿Qué hace después de/antes de... ?*, filling in daily activities: *bañarse, afeitarse, llegar al trabajo, almorzar,* etc.

---

antes de + infinitive
  Antes de ducharse, Ramón se afeita.
  (*Before showering, Ramón shaves.*)
después de + infinitive
  Después de estudiar, vamos a salir a bailar. (*After studying, we are going out dancing.*)

EJERCICIO 5

¿Qué oración describe mejor cada dibujo?

1. _____ 2. _____ 3. _____

4. _____

5. _____

  a. Prepara la cena después de trabajar.
  b. Limpian la casa antes de salir a jugar.
  c. Siempre se lava los dientes después de comer.
  d. Después de hacer ejercicio se ducha.
  e. Antes de acostarse, apaga la luz.

EJERCICIO 6

Complete las oraciones lógicamente.

1. Nos gusta lavar el coche después de...
2. El señor Saucedo lee el periódico antes de...
3. Pedro Ruiz dice: «Después de levantarme por la mañana, me gusta... »
4. Antes de acostarse, es necesario...
5. Guillermo siempre hace la tarea antes de...

  a. desayunar.
  b. apagar las luces.
  c. almorzar.
  d. salir a jugar con sus amigos.
  e. salir a pasear.

EJERCICIO 7

Haga una oración lógica con **antes de** o **después de**.

MODELO: hacer la tarea / ver la televisión (nosotros) →
Después de hacer la tarea, vamos a ver la televisión.
(Antes de ver la televisión, vamos a hacer la tarea.)

1. preparar la comida / hacer la compra (Estela)
2. limpiar la casa / invitar a unos amigos (Pedro y Andrea Ruiz)
3. dormir una siesta / ir al videocentro (Guillermo)
4. correr / bañarse (tú)
5. salir a bailar / ponerse la ropa (nosotros)

4.5 Describing States: *estar* + Adjective

Use **estar (estoy, estás, está, estamos, estáis, están)** to describe how someone is, or is feeling, at a particular time.

—¿Cómo **estás**?
—**Estoy** un poco deprimido.
—*How are you?*
—*I'm a bit depressed.*

—¿Cómo **está** José Luis hoy?
—**Está** enfermo.
—*How is José Luis today?*
—*He's sick.*

—¿Cómo **están** ustedes?
—**Estamos** muy bien, gracias.
—*How are you?*
—*We are fine, thank you.*

4.5. This is the first formal introduction of *estar* + adjective. Students have heard and used *estar* + *bien* in fixed phrases used as greetings: ¿*Cómo estás?* — *Bien, gracias.* We have avoided explicit mention of *estar* + adjective to give students a chance to connect *ser* with adjectives: *es grande, es bonita, es nuevo.*

OGA: Mention that *estar* implies "state of being" and that the familiar question ¿*Cómo está usted?* means "What is your state of being at this moment?" Write these two questions on the board: ¿*Cómo está* (name of famous person)? ¿*Cómo es* (name of same famous person)? Brainstorm with the whole class for at least five adjectives to classify the person in each question. Emphasize that *estar* corresponds to present state and *ser* to inherent qualities. Place adjectives unambiguously under one question or the other without going into detail about their contrastive uses. (For example, place *nervioso* with *estar* even though it could be used with *ser*.)

> **Estar** (*To be*) describes a state (how someone is at a particular time).
> —¿Cómo **estás**?
> (*How are you?*)
> —**Estoy cansada**.
> (*I'm tired.*)

Remember that **ser** is used to identify or describe the inherent characteristics of someone or something, *not* to tell how that person or thing is (feeling) at a particular moment.

Alberto **es alto, delgado, joven y muy guapo.**	*Alberto is tall, thin, young, and very handsome.*
Hoy **está confundido y cansado.**	*Today he's confused and tired.*

EJERCICIO 8

Describa el estado físico o anímico de estas personas.

MODELOS: Carmen → Carmen *está nerviosa.*
yo → Yo *estoy cansado.*

1. yo	**a.** está nervioso
2. mi primo	**b.** están ocupados
3. Luis y yo	**c.** estoy enojado/a
4. Nora	**d.** estamos preocupados
5. tú (*f.*)	**e.** estás contenta
6. Pablo y Mónica	**f.** está deprimida

EJERCICIO 9

Graciela

Mire los dibujos y haga preguntas. Use la forma correcta de **estar** y adjetivos como **(un poco) triste, ocupado/a, cansado/a, enojado/a, deprimido/a, alegre, irritado/a, contento/a, enamorado/a,** etcétera.

MODELO: ¿Está cansada Graciela?

¡OJO!

Look at these sketches and form questions about them.

Clarisa y Marisa
1.

Ernesto
2.

Ramón Amanda
3.

Guillermo
4.

AGENCIA DE VIAJES
Silvia Nacho
5.

4.6. Describing States: *tener* + Noun

Some states of being are described in Spanish with the verb **tener** (*to have*), although they correspond to the verb *to be* in English. Common states expressed with **tener** are **tener hambre** (*to be hungry*), **tener sueño** (*to be sleepy*), **tener sed** (*to be thirsty*), **tener prisa** (*to be in a hurry*), **tener frío** (*to be cold*), **tener calor** (*to be hot*), and **tener miedo** (*to be afraid*).

¿ R E C U E R D A ?

Recall from **Gramática C.1** the forms of **tener:** **tengo, tienes, tiene, tenemos, tenéis, tienen.**

—Ernesto, ¿cuándo quieres comer? **Tengo** mucha **hambre.**

—*Ernesto, when do you want to eat? I'm very hungry.*

—Estela, ¿quieren ir al cine tú y Ernesto esta noche?

—*Estela, do you and Ernesto want to go to the movies tonight?*

—No, gracias. **Tenemos** mucho **sueño** y queremos acostarnos.

—*No, thanks. We're very sleepy and want to go to bed.*

—Guillermo, ¿**tienes sed**?
—Sí, **tengo** mucha **sed.** Vamos a tomar algo.

—*Guillermo, are you thirsty?*
—*Yes, I'm very thirsty. Let's get something to drink (drink something).*

—¿Por qué **tiene prisa** Amanda?
—Porque su clase empieza a las 8:00.

—*Why is Amanda in a hurry?*
—*Because her class begins at 8:00.*

Tener + noun is used to describe some states. **¿Tienes hambre, Yolanda?** (*Are you hungry, Yolanda?*)

4.6. Thematically this section goes with the previous one (4.5), since *tener* is also used to describe states. However, *tener* always takes a noun as an object. Thus English *be* + adjective corresponds to Spanish *tener* + noun (*be hungry = have hunger*). The literal English translations for these expressions are helpful for some students: *to have hunger, to have sleep, to have thirst, to have hurry, to have cold, to have heat, to have fear.* Most students ignore the differences and simply acquire them by hearing you use them.

With the words **calor/frío** (*heat/cold*) and **caliente** (*hot*), several combinations are possible.

To describe people, use **tener + calor/frío.**

—Nora, ¿tú no **tienes calor**?
—No, no **tengo calor.** Me gusta mucho el sol.

—*Nora, aren't you hot?*
—*No, I'm not hot. I love the sun.*

To describe things, use **estar + caliente/frío.**

Lan, cuidado. No toques la estufa. **Está** muy **caliente.**

Lan, be careful. Don't touch the stove. It's very hot.

To describe the weather, use **hacer + calor/frío.**

Ay, Pablo, **hace mucho frío** hoy. Voy a ponerme un abrigo.

Pablo, it's really cold today. I'm going to put on a coat.

EJERCICIO 10

Describa el estado de estas personas. Estados posibles: **tener calor, frío, hambre, prisa, sed, sueño, miedo.**

MODELO: (Yo) *Tengo prisa* porque la clase empieza a las 4:00.

1. A mediodía, Mayín _____.
2. Si (tú) _____, ¿por qué no te pones un suéter?
3. (Nosotros) _____ porque la temperatura está a 45°C hoy.

4. A medianoche (yo) _____.

5. Estoy en casa. Son las 8:55 y tengo una clase a las 9:00. (Yo) _____.

6. Hace mucho sol hoy. Guillermo y Ernestito quieren tomar agua fría porque _____.

7. Cuando estoy solo/a de noche, a veces _____.

8. ¿Tienes algo para tomar? (Yo) _____.

EJERCICIO 11

Mire los dibujos. ¿Cuál es la oración que mejor identifica cada dibujo?

MODELO: Tiene sed.

a. Tienen miedo.
b. Tiene prisa.
c. Tienen calor.
d. Hace mucho calor.
e. Nieva hoy.

f. Está enojado.
g. Está preocupado.
h. Está deprimido.
i. Tiene hambre.

1. _____   2. _____   3. _____

4. _____   5. _____

VIDA Y CULTURA

El Día de los Muertos

¿Una fiesta que celebra la muerte[1]? ¡Pues, así es! En México, el primero y el segundo día de noviembre son días dedicados al recuerdo de los familiares y amigos fallecidos.[2] El primero de noviembre es el Día de Todos los Santos y se dedica a los niños muertos. El 2 de noviembre es el Día de los Muertos y en ese día la gente honra a sus familiares: un tío, una esposa, una prima o un padre muerto. La tradición de honrar a los difuntos[3] es una mezcla de tradiciones católicas europeas con tradiciones de las culturas indígenas[4] de América.

Los preparativos para estos días empiezan a fines de[5] octubre y en algunas regiones las celebraciones duran hasta mediados de[6] noviembre. En los mercados se vende papel picado,[7] flores de cempasúchil,[8] calaveras y ataúdes de azúcar[9] decorados de colores vivos, juguetes[10] de papel maché en

forma de esqueletos y panes[11] especiales: el pan de muertos. En las casas y en edificios públicos se construyen ofrendas[12] que recuerdan a los amigos o familiares fallecidos.

Las ofrendas se adornan con velas, papel picado, flores y pan de muertos. Es costumbre poner objetos queridos[13] del difunto: por ejemplo, una comida o bebida favorita, o un recuerdo de sus gustos: un collar,[14] un libro, un instrumento musical y si es posible, una foto. También es costumbre dejar un vaso de agua en el altar. ¿Sabe por qué? Porque los espíritus tienen sed después de su largo viaje al mundo de los vivos.[15] Se forma una senda[16] de pétalos de cempasúchil que guía al espíritu del muerto de la puerta hasta la ofrenda.

En muchos pueblos, por la mañana las familias van al panteón o cementerio y limpian las tumbas de sus seres queridos[17] en preparación para la celebración de esa noche. De noche encienden velas,[18] ofrecen flores y comen comidas tradicionales en honor a los difuntos. Esa misma noche por las calles del pueblo hay desfiles de gente enmascarada[19] que pasa por las calles tocando música. El Día de los Muertos les permite a los mexicanos recordar y honrar a aquellas personas que siempre viven en el corazón de sus amigos y familiares.

[1]death [2]who have died [3]people who have died [4]indigenous [5]a... at the end of [6]duran... last until the middle of [7]papel... decorative cut paper
[8]flores... marigold flowers [9]calaveras... skulls and coffins made of sugar [10]toys [11]breads [12]altars, offerings [13]objetos... cherished objects
[14]necklace [15]mundo... land of the living [16]path [17]seres... loved ones [18]encienden... they light candles [19]desfiles... parades of masked people

El Día de los Muertos. This holiday is celebrated throughout Mexico and is a blend of indigenous and Catholic celebrations. Rather than macabre, it is both solemn and joyful and allows Mexicans to honor deceased loved ones and celebrate life. You may want to show slides or realia about this holiday. You can also construct a class *ofrenda* that uses the traditional elements: candles, marigold petals, *papel picado,* a glass of water, *pan de muertos,* and some belongings of someone who has passed away. Some of these items can be ordered from *Teacher's Discovery* on the Internet.

175

La música andina

La música andina. Play Andean music for your students. You may want to visit Internet sites and print out visuals for the class.

Los Andes se extienden desde Venezuela en el norte de Sudamérica, hasta Chile en el sur. En esta región andina hay varias culturas indígenas, entre ellas la *chibcha* de Colombia, la *quechua* de Ecuador, Perú y Bolivia y la *aimara* de Chile. La antigua civilización de los incas incluía las culturas de los quechua y los aimara.

Estas culturas producen una música hermosa, notable por sus instrumentos de viento: *la quena y la zampoña*. La quena es un tipo de flauta fabricada de una caña hueca[1] o de un hueso[2] de cóndor, que produce un sonido triste y dulce.[3] La zampoña o *seku* tiene dos líneas de tubos de bambú y produce un sonido misterioso.

La música andina se toca también con otros instrumentos indígenas como *el bombo, el charango y las charchas* o los cascabeles.[4] El bombo es un tambor[5] de madera y piel[6] de animal que se toca con un palo. El charango, hecho del caparazón del armadillo,[7] es una pequeña guitarra de diez cuerdas.[8] Las charchas son instrumentos de percusión y se fabrican de las pezuñas[9] de varios animales.

La música andina contemporánea utiliza también la guitarra, el violín y las maracas. Si a usted le interesa esta música melódica, puede escuchar la de los grupos Inti-Illimani de Chile, los Kjarkas de Bolivia o Takisuyo del este de los Estados Unidos.

[1]caña... hollow cane   [2]bone   [3]sweet   [4]small bells   [5]drum   [6]skin   [7]caparazón... armadillo shell   [8]strings   [9]hooves

Shakira, joven cantautora

La joven colombiana Shakira Mebarak tiene sólo 23 años y ya es una artista famosa. Shakira es cantautora, lo cual quiere decir que compone[1] las canciones que interpreta en sus discos. Para ser tan joven, Shakira escribe como una poeta con gran experiencia. Explora temas tradicionales —el amor, las relaciones humanas[2]— desde una perspectiva fresca y nueva. Las melodías de esta talentosa compositora[3] son contagiosas. Predomina la instrumentación eléctrica pero también las suaves guitarras y el piano.

Shakira es bilingüe y bicultural, de madre colombiana y padre libanés.[4] En algunas de sus canciones se nota la influencia libanesa, y en su segundo disco hasta canta parte de una canción en árabe (*Ojos así*).* Cuando interpreta este tema en sus conciertos, Shakira se presenta con el traje tradicional de su cultura paterna. Al conversar, la artista parece un poco tímida, pero al cantar es un volcán de sonido y energía. ¡Escúchela! Estamos seguros de que usted va a terminar cantando sus hermosos poemas.

[1]she composes   [2]relaciones... human relationships
[3]composer   [4]Lebanese

*The song *Ojos así* won Shakira a Latin Grammy for Best Female Pop Vocal in 2000. She also received a Grammy for Best Female Rock Vocal.

Shakira, joven cantautora. There has been a great deal of Lebanese immigration to South America, with large communities concentrated in Colombia and Mexico. The renowned Mexican actress Salma Hayek is of Lebanese descent. Her film credits include *Desperado* and *Selena*.
Other famous Hispanic *cantautores* are Soraya (also Colombian), Rubén Blades (Panamá), and Juan Luis Guerra (Dominican Republic).

DOS ARTISTAS CHICANOS

El arte refleja fielmente las experiencias de la vida de sus creadores y su herencia.[1] Esto es lo que vemos en las pinturas[2] de dos artistas chicanos que empiezan a[3] triunfar en los Estados Unidos: Emilia García y Simón Silva.

De padres mexicanos, Emilia García nace en el este de la ciudad de Los Ángeles. Es una mujer creativa e idealista, que todavía vive en el sur de California. A ella le gustan el béisbol y el fútbol. También le gusta mucho el arte, especialmente la pintura y el teatro. Otra de sus actividades favoritas es coleccionar películas y discos de música latina, salsa y jazz.

Trabajó veinticinco años para una compañía de la lista 500 de la revista *Fortune*, pero desde[4] 1996 se dedica a la creación artística. Es feliz con la oportunidad de compartir[5] la belleza de su cultura por medio de hermosas y coloridas imágenes populares. Su producción inicial de tarjetas[6] para toda ocasión —para el Día de los Muertos, el Cinco de Mayo, el Dieciséis de Septiembre, el Día de las Madres— incluye ahora objetos útiles como velas,[7] *mouse pads,* camisetas e imanes.[8]

En este momento, Emilia García también se está concentrando en la pintura. Ha exhibido en más de treinta lugares diferentes de California.

Emilia nos dice que sus artistas favoritos son Diego Rivera, José Guada-

Una obra de Emilia García

lupe Posada y Frida Kahlo. Otra de sus artistas favoritas es la pintora tejana Nivia González, porque el tema principal de sus obras es la mujer. La mujer es también el tema principal de las obras de Emilia. Sus imágenes se inspiran en y están dedicadas a su abuela. Emilia recuerda su fuerza y su cariño[9] e incorpora estas características en sus obras.

Una obra de Simón Silva

Simón Silva nace en Mexicali, México, en 1961 y se cría[10] en Holtville, un pequeño pueblo del sur de California. Desde muy pequeño trabaja en el campo[11] con sus padres y sus diez hermanos.

Silva dice que a través del arte llega a comprender[12] y apreciar su cultura y encuentra su propósito[13] en la vida. En 1986, se gradúa en el Art Center College of Design de Pasadena, California.

Simón Silva está orgulloso[14] de su vida bilingüe y bicultural. Por esta razón, viaja mucho por el país para hablar en las escuelas. Cree que es importante inspirar a los niños y a los jóvenes, compartiendo[15] con ellos su arte y sus experiencias personales. Sus pinturas reflejan ese deseo de ayudar a otros latinos a apreciar su cultura.

Según Simón Silva, su estilo tiene la influencia del arte chicano y del de los muralistas mexicanos Diego Rivera y José Clemente Orozco. Las imágenes de sus obras nos atraen[16] por sus temas relacionados con la familia y con el campo. La ternura[17] y los colores vibrantes nos seducen.

La revista *Vida y cultura* continúa en el sitio Web: www.mhhe.com/dosmundos.

[1]heritage [2]paintings [3]empiezan... *are beginning to* [4]*since* [5]*share*
[6](greeting) cards [7]candles [8]magnets [9]fuerza... *strength and love*
[10]*is raised* [11]*farm, fields* [12]llega... *is able to understand* [13]encuentra...
finds his purpose [14]*proud* [15]*sharing* [16]nos... *attract us* [17]*tenderness*

In **Capítulo 5,** you will discuss classroom activities and your classmates' talents and abilities. You will also talk about careers, obligations, and recreational plans for the future.

Capítulo 5

Detalle de *La nueva escuela,* por Diego Rivera, de México

Sobre el artista:
Diego Rivera (1886–1957) funda el muralismo mexicano con David Alfaro Siqueiros y José Clemente Orozco. Influye en él la escultura maya y azteca. Sus temas principales son históricos y nacionales: la tierra, el obrero, las costumbres y la historia mexicana, especialmente la Revolución Mexicana.

Goals—Capítulo 5
This chapter focuses on classes, abilities, careers, and future plans. These topics will provide an opportunity to hear again grammar constructions from previous chapters. In addition, indirect object pronouns and demonstrative adjectives are introduced.

Pre-Text Oral Activities
1. Write *¿Qué sabe usted hacer?* on the board. Underneath *sabe.* write "know how." Then list in sentence form several of your skills: *Sé hablar inglés y español; soy bilingüe. Sé cocinar. Sé andar en motocicleta.* and so on. You may also include the skills of famous people: [name of actor/actress] *sabe actuar;* [name of singer] *sabe cantar muy bien;* [name of professional athlete] *sabe jugar al* [sport] *muy bien.* Do an association activity in which students volunteer their own abilities: *Sé hablar coreano.* Expand on student responses by asking questions when natural and feasible. *¿Es usted de Corea? ¿Habla coreano en casa con sus padres? ¿con sus amigos? ¿Sabe leer y escribir en coreano?*

ACTIVIDADES DE COMUNICACIÓN

- Las actividades de la clase de español
- Las habilidades
- Las carreras y las actividades del trabajo
- Las actividades futuras

EN RESUMEN

2. Write *Las obligaciones* on the board. Over two class periods, introduce the following matrices of obligation as association activities. Write *¿Qué tiene que hacer usted este fin de semana? Tengo que _____.* Underneath *tiene que* and *tengo que* write "have to." *¿Qué necesita hacer para su clase de _____? Para mi clase de _____, necesito _____.* Underneath *necesita* and *necesito* write

LECTURAS Y CULTURA

- **Ventanas culturales**
  La lengua: El inglés y el español
- **Nota cultural** Los gestos
  El mundo hispano
  La gente: Heidi Mercado Littles
- **Ventanas culturales**
  La vida diaria: El repartidor de libros
- **Lectura** Breve panorama de la educación y la economía

GRAMÁTICA Y EJERCICIOS

5.1 Indicating to Whom Something Is Said: Indirect Object Pronouns with Verbs of Informing

5.2 Expressing Abilities: **saber** and **poder** + Infinitive

5.3 Pointing Out People and Objects: Demonstrative Adjectives

5.4 Expressing Obligation and Duty: **tener que, deber, necesitar, hay que, es necesario**

5.5 Expressing Plans and Desires: **pensar, quisiera, me gustaría, tener ganas de**

Las clases y las carreras

PREGUNTAS DE COMUNICACIÓN

- ¿Les habla usted en español a sus compañeros de clase?
- ¿Le gusta a usted su clase de español?
- ¿Sabe usted hablar otro idioma? ¿Cuál? ¿japonés? ¿ruso?
- ¿Sabe usted navegar el Internet?
- ¿Qué carrera piensa seguir usted después de graduarse en la universidad?
- ¿Le gustaría a usted trabajar y vivir en otro país? ¿En cuál?

"need." *¿Qué debe hacer usted después de la clase de hoy? Después de la clase de hoy, debo _____.* Underneath *debe* and *debo* write "ought to." Then list in sentence form several of your obligations, using these matrices: *Tengo que limpiar la casa y hacer la compra. Necesito calificar las tareas de ustedes y escribir un examen. Debo trabajar en mi oficina y asistir a una reunión.* Do an association activity in which students volunteer their obligations and duties: *Tengo que trabajar.* Expand on student responses by asking questions when natural and feasible: *¿Tiene que trabajar el sábado y*

(cont. on p. 209)

MULTIMEDIA ▼

Visit the *Dos mundos* Website at www.mhhe.com/dosmundos for additional activities, links, and other resources.

The video to accompany *Dos mundos* includes cultural footage on Costa Rica.

The multimedia CD-ROM to accompany *Dos mundos* offers a variety of activities to review vocabulary and grammar from this chapter. You will also find additional cultural information and video clips.

Actividades de comunicación y lecturas

Las actividades de la clase de español. Have students think of all the activities they perform in Spanish class. Rephrase some descriptions of in-class activities to include indirect object pronouns. Many of the verbs in this display have been previously introduced. However, the indirect object pronoun structure will be new to students. Mime the content of the drawings so that students are sure to whom the object pronoun refers. Verify class comprehension of all vocabulary in the display and the activities of this section as you proceed through these materials.

✳ **Las actividades de la clase de español**

Lea Gramática 5.1.

Alberto les habla a sus compañeros.

La profesora nos dice «Buenos días».

Mónica le va a mandar un mensaje electrónico a su amigo.

La profesora nos hace preguntas.

Le contestamos a la profesora.

Nora le lee las Notas culturales a Esteban.

Carmen le hace una pregunta a la profesora Martínez.

La profesora le explica la gramática a Carmen.

ACTIVIDAD I   Encuesta: ¿Con qué frecuencia?

Con qué frecuencia hacen ustedes las siguientes actividades en la clase de español?

MODELOS: Escribimos las palabras nuevas en el cuaderno *todos los días.*
A veces leemos las Notas culturales.
La profesora *siempre* nos hace preguntas.

▶ **PALABRAS ÚTILES**

nunca	muchas veces
raras veces	siempre
a veces	todos los días

1. Les hablamos a los compañeros de clase.
2. Escribimos las palabras nuevas en el cuaderno.
3. Merendamos en el salón de clase.
4. Contestamos las preguntas del profesor / de la profesora.
5. Escuchamos las opiniones de los compañeros de clase.
6. Jugamos juegos de video.
7. Aprendemos palabras nuevas.
8. Le hacemos preguntas al profesor / a la profesora.
9. Hacemos la tarea en clase.
10. Dormimos una siesta.
11. Le decimos «Buenas noches» al profesor / a la profesora.
12. Terminamos la clase temprano.

ACTIVIDAD 2   Preferencias: La clase de español

Aquí hay varias actividades relacionadas con la clase de español. Póngalas en orden, del número 1 (¡Me gusta mucho!) al número 7 (¡No me gusta nada!). Después, compare sus respuestas con las de sus compañeros de clase.

1. En el salón de clase:
   a. _____ tomar exámenes
   b. _____ trabajar en grupos
   c. _____ escuchar al profesor / a la profesora cuando nos habla
   d. _____ hablarles a mis compañeros en español
   e. _____ ver videos
   f. _____ participar en conversaciones
   g. _____ escuchar música hispana o cantar en español

2. Fuera del salón de clase:
   a. _____ estudiar para los exámenes
   b. _____ escribir composiciones
   c. _____ hacer la tarea de gramática
   d. _____ escuchar las cintas de comprensión oral
   e. _____ hablarles a mis amigos hispanos en español
   f. _____ hacer las actividades del CD-ROM.
   g. _____ escuchar una emisora de radio hispana

AA 1 (TPR). See IRK for TPR: *Las actividades en el salón de clase.* **Sample sequence:** *Abran los libros, ciérrenlos, hablen con sus compañeros, escuchen al profesor / a la profesora, tomen apuntes, estudien para un examen de español, piensen, levanten la mano, contesten la pregunta del profesor / de la profesora, copien la tarea de la pizarra, vengan a la pizarra, borren la pizarra, salgan de la clase.*
    See IRK for additional activities: *Las actividades en el salón de clase.*

Act. 1. Encuesta (whole-class). Read each sentence aloud, polling students on frequency. Ask for additional statements that describe class activities. Expand on this activity, using the following verbs that describe activities in class (incorporate indirect object pronouns in your speech when possible): *comprender, creer, enseñar, entender, preguntar, opinar.*

Act. 2. Preferencias (individual; whole-class). Give students time to order these activities according to their preferences. (*Pongan en orden estas actividades.*) Then poll the whole class. Write all activities on the board and ask for a show of hands for all the 1s for a given activity, all the 2s, etc.
    Follow-Up: Make statements about how many people prefer certain activities: *En nuestra clase hay 23 personas que prefieren participar en conversaciones. Sólo hay dos personas que prefieren tomar exámenes.*

Act. 3. Descripción de dibujos (whole-class; pair). First have students scan the art. Then give descriptions to the whole class and have them tell you the number. **Example:** *En este dibujo vemos el salón de clase de la profesora Martínez. Luis y Mónica charlan en voz baja y Lan lee el texto. Esteban escribe en la pizarra y Carmen está sacando un bolígrafo de su bolsa.* Class: *Número 2.* Then divide students into pairs and have them take turns describing drawings while partners identify which one. Remember that student descriptions may not be grammatically correct; the goal is for them to be able to communicate. You may want to provide extra practice using pictures from your PF.

AA 2 (whole-class). Talk about classes students are taking. Then introduce professions as follows: *Si una persona estudia _____, ¿qué quiere ser? Quiere ser _____.* Use photos from your PF to teach new classes (or careers) and professions. The careers listed below are not included in the *Vocabulario: arquitecto/a (arquitectura), escritor(a) (literatura, periodismo), psicólogo/a (psicología), sociólogo/a (sociología), veterinario/a (veterinaria).*

Escuela de Idiomas Nerja. Tell students to scan this ad from *Escuela de Idiomas Nerja,* a Spanish language school on the Costa del Sol in Spain. Ask such questions as: *¿Qué tipo de clases ofrecen?, ¿Dónde está la escuela?, ¿Qué otras actividades ofrecen?, ¿Cómo es la residencia estudiantil?, ¿Cuánto cuesta la oferta especial?* You may want to have students look for *Escuela de Idiomas Nerja* on the Internet.

ACTIVIDAD 3   Descripción de dibujos: En la universidad

Escuche a su profesor(a) mientras él/ella describe las actividades de los estudiantes norteamericanos. Diga el número del dibujo que corresponde a cada descripción.

Ahora, escoja uno de los dibujos y descríbaselo a su compañero/a. Él/Ella va a decir cuál de los dibujos usted describe.

ESCUELA DE IDIOMAS NERJA
CURSOS DE ESPAÑOL DURANTE TODO EL AÑO
estancias de 2 a 24 semanas
clases de 4 o 6 horas diarias

Nuestros programas incluyen:
• cursos intensivos individuales o en grupo
• cursos de español comercial • cursos para profesores
• diploma de español como lengua extanjera (D.E.L.E.)

Actividades culturales y sociales
• excursiones • cocina española
• baile flamenco • charlas • fiestas
NIVELES: ELEMENTAL, INTERMEDIO I Y II,
AVANZADO I Y II, Y SUPERIOR.

ALOJAMIENTO:
• en residencia con baño privado y televisor, terraza y piscina
• con familia a corta distancia de la escuela
• en un piso con otros estudiantes

PROFESORES ESPECIALIZADOS EN METODOLOGÍA INNOVADORA

NUESTRA ESCUELA DISPONE DE:
• librería • biblioteca • cafetería
• centro multimedia

OFERTA PARA EL NUEVO MILENIO

• **12 semanas curso intensivo**
• **12 semanas de alojamiento**
• **20 horas por semana**
• **350.000 Ptas*** (2.100 Euros)

*precios sujetos a cambio

PIDA INFORMACIÓN DETALLADA A:

Escuela de Idiomas Nerja
C/Almirante Ferrándiz, No 73, Apartado 46
E-29780 Nerja, Málaga, España
Tfno: 34 5 252 1687 • Fax: 34 5 252 2119
correo e: idnerja@idnerja.es

Escuela de Idiomas Nerja en la Costa del Sol, en un pueblo andaluz de 20.000 habitantes. Nerja está en la orilla del mar y está rodeado de montañas, a cincuenta minutos del aeropuerto de Málaga. La escuela está situada en al centro en una casa típica con jardín tropical. Está cerca de las tiendas y las playas.

ACTIVIDAD 4   Entrevista: La clase de español

1. ¿Te asigna mucha tarea el profesor / la profesora? ¿Lees todas las lecturas?
2. ¿Dónde escuchas las cintas de comprensión auditiva: en tu coche, en casa o en el laboratorio de lenguas?
3. ¿Les explicas a tus compañeros cómo hacer la tarea? ¿Te ayudan ellos?
4. ¿A qué hora empieza esta clase? ¿Llegas tarde a clase? Cuando llegas tarde, ¿qué le dices al profesor / a la profesora?
5. ¿Te gusta cuando el profesor / la profesora te hace una pregunta? ¿Siempre le contestas en español? ¿Piensas en español cuando hablas español?
6. ¿Te gusta la clase de español? ¿Qué cosas *no* te gusta hacer en la clase?

Act. 4. Entrevista (whole-class; pair). This activity can be difficult for students. First read questions aloud to the whole class pausing to explain vocabulary and to write possible answers on the board. Remind students that they do not need to answer in complete sentences or always use an indirect object pronoun in their responses; the goal is to talk about their Spanish class.

Ventanas culturales: La lengua Preview reading by asking students if they know of any words in English that are borrowed from Spanish: *¿Saben ustedes algunas palabras del español que usamos en inglés?* Give a few examples that are most likely familiar to them, such as certain food names: *taco, burrito, quesadilla, tapas.* List other words on the board as they respond. Then ask for city and state names in the U.S. that are Spanish words: *¿Conocen ciudades o estados de los Estados Unidos con nombres en español?* If students don't immediately respond, give an example such as San Francisco, Los Angeles, Montana. You may want to have a map of the U.S. and Mexico handy to show the location of these places and explain the historical ramifications.

Note that the Mexican War (1846–1848) was a territorial dispute between the U.S. and Mexico. Under the Treaty of Guadalupe Hidalgo (1848) the U.S. acquired a substantial amount of Mexican territory that now makes up the states of California, Nevada, Utah, most of New Mexico and Arizona, and part of Colorado and Wyoming.

VENTANAS CULTURALES   La lengua

El inglés y el español

El uso de palabras extranjeras ocurre con frecuencia en todos los idiomas. ¡Es un proceso natural! Por ejemplo, en el idioma español se usan diariamente palabras inglesas. En el vocabulario de la comida oímos **bistec** —que viene de *beef steak*— y **sándwich;** en la ropa, **suéter** y **jeans.** Cuando se habla de deportes, los hispanos juegan al **fútbol,** al **basquetbol,** al **voleibol,** y hacen un **jonrón** o meten un **gol.** Entre los préstamos más recientes están los anglicismos el **estrés** y, del campo de las computadoras, **formatear.**

El inglés también tiene palabras del idioma español: por ejemplo, *vista, plaza, sierra, rodeo, patio* y *siesta*. Otras palabras inglesas de origen español, un poco modificadas, son *cigar* (**cigarro**) y *lasso* (**lazo**). El inglés usa palabras de origen indígena que ya forman parte del español que se habla hoy en día: *tamale* (**tamal**), de la lengua náhuatl en México; *hurricane* (**huracán**) y *barbecue* (**barbacoa**), de la lengua de los indígenas del Caribe.

La influencia del español es muy evidente en los nombres geográficos. *Colorado, California, Nevada, San Francisco, San Diego, Los Ángeles, Santa Fe, El Paso, Amarillo, Pueblo* y muchos otros nombres de ciudades y estados norteamericanos son españoles. ¿Sabe usted por qué tienen nombres en español estos lugares? La razón es que muchos de estos sitios pertenecían a México antes de formar parte de los Estados Unidos. Toda la región suroeste era territorio mexicano.

¿Puede usted nombrar otras palabras de origen extranjero que se usan en el inglés? Pista: En el vocabulario de la comida, ¡va a encontrar varias!

VOCABULARIO ÚTIL	
extranjeras	*foreign*
el jonrón	*home run*
los préstamos	*borrowed words:* lit. *loans*
pertenecían	*belonged*
la pista	*clue; hint*
encontrar	*to find*

✳ **Las habilidades**

Las habilidades. The two verbs *saber* and *poder*, followed by infinitives to express "to know how to" and "to be able to," respectively, are introduced here. The expression *sabe* + infinitive was introduced as a Pre-Text Oral Activity in item 1 on page 178. You may want to mime (*No*) *puedo* + infinitive by showing a physical ability, such as attempting to lift a desk or touch the ceiling, and saying, (*No*) *puedo levantar el pupitre* / (*No*) *puedo tocar el techo.* Many of the words in this display and in subsequent activities will be new to students. Verify class comprehension of all vocabulary in the display and activities of this section as you proceed through these materials. See IRK for additional activities: *Las habilidades.*

Lea Gramática 5.2.

Estela conversa con su amiga Lola.

—Y sus hijos, ¿saben ellos montar a caballo también?
—No, pero saben patinar.

—Ahora mi hijo Guillermo no puede patinar; tiene una pierna fracturada. Sólo puede leer y ver la televisión.
—¡Pobre chico!

—Señora Saucedo, ¿sabe usted montar a caballo?
—Sí, y también sé jugar al polo.

Act. 5. Descripción de dibujos (whole-class). Have students identify each description with the name of the person described. (Describe the drawings out of order.) **1.** (*Susana*) *Esta señora sabe hablar tres idiomas.* **2.** (*Doña María Eulalia*) *Esta señora sabe hornear muy bien.* **3.** (*Estela*) *Esta señora sabe tocar el violín.* **4.** (*Pilar*) *Esta señorita sabe dibujar.* **5.** (*Raúl*) *Este señor sabe escalar montañas.* **6.** (*Nacho*) *Este chico sabe reparar motocicletas.* **7.** (*Ricardo*) *Este chico sabe esquiar sobre el agua.* **8.** (*Adriana*) *Esta señorita sabe programar.*

ACTIVIDAD 5   Descripción de dibujos: ¿Qué saben hacer estas personas?

Escuche a su profesor(a) mientras él/ella describe los talentos de las siguientes personas. Diga quién es cada persona que describe.

Me gusta mucho mi país, Perú.

はじめまして。

A lot of North American tourists come to Cuzco.

Susana

Estela

Pilar

Raúl

Doña María Eulalia

Nacho

Ricardo

Adriana

ACTIVIDAD 6   Orden lógico: Ernestito quiere bañar al perro

Busque el orden correcto de estas oraciones.

_____ ERNESTITO: Mamá, tengo ocho años. ¡Sé bañar a un perro!

_____ ESTELA: Perfecto, pero también vas a...

_____ ESTELA: Bueno, hijo, después de bañarlo, vas a secarlo muy bien.

_____ ERNESTITO: Ya sé, mamá.

_____ ESTELA: Sí, hijo, pero antes de traer al perro, prepara el agua y el jabón.

_____ ERNESTITO: Mamá, mamá, ¿puedo bañar a Lobo?

_____ ERNESTITO: Ya está todo listo, mamá.

ACTIVIDAD 7   Entrevistas: ¿Qué sabes hacer? ¿Qué puedes hacer?

LAS HABILIDADES

MODELO: E1: ¿Sabes *esquiar*?

E2: Sí, sé *esquiar*. (No, no sé *esquiar*. / Sí, sé *esquiar un poco*.)

1. patinar en el hielo
2. jugar al basquetbol
3. nadar
4. preparar comida mexicana
5. reparar carros
6. montar en motocicleta
7. bucear
8. hablar otro idioma (¿cuál?)
9. tocar algún instrumento musical
10. pintar
11. andar en patineta
12. bailar música salsa

EN TU CASA O EN LA RESIDENCIA ESTUDIANTIL

MODELO: E1: ¿Puedes *hacer la tarea en casa* (*en la residencia estudiantil*)?

E2: No, no puedo *hacer la tarea en casa porque hay muchas distracciones*.

1. cenar a la hora que quieras
2. tener animales domésticos donde vives
3. ver la televisión a cualquier hora
4. dormir hasta las 10:00 de la mañana
5. escuchar música y hacer la tarea a la vez

Los gestos

Aunque comunicamos las ideas con palabras, también usamos el cuerpo para la comunicación. Por ejemplo, cuando conocemos a una persona por primera vez, le damos la mano. Y para despedirnos o saludar a alguien también usamos las manos a veces.

Hay gestos que son universales; hay otros que varían de cultura a cultura. ¡Tenga cuidado! En algunos casos, un gesto que se usa en un país puede crear grandes problemas en otro, porque significa algo diferente.

Tiene usted a continuación algunos de los gestos que caracterizan a los hispanos. Éstos son los más usados en España y en América Latina.

NOTA CULTURAL

AA 3 (whole-class). Use student talent and pictures to introduce common musical instruments such as *piano, guitarra, violín.* Discussion may be extended to include types of music and popular groups (*conjuntos, banda* etc.). Find out who plays what instruments and who likes what kind of music. Use the pattern *Sé/Sabe tocar _____.*

AA 4 Situación. (optional) (whole-class). Have students speculate on what a person with a broken leg can and cannot do: *¿Qué (no) puede hacer una persona que tiene una pierna rota?* **Possible questions:** *¿Puede mirar la televisión? ¿Puede correr? ¿Puede leer? ¿Puede patinar? ¿Puede caminar? ¿Puede escribir la tarea? ¿Puede cocinar? ¿Puede nadar? ¿Puede dormir? ¿Puede bailar? ¿Puede pensar?*

AA 5 (pair). Write the following options on the board: (**a**) *Sí, muy bien.* (**b**) *Sí, bien.* (**c**) *Sí, un poco.* (**d**) *No.* Then have students ask each other. *¿Sabes _____?* **Suggestions:** 1. *bucear* 2. *dibujar* 3. *patinar* 4. *esquiar* 5. *cantar* 6. *bailar* 7. *jugar al boliche* 8. *coser*

Act. 6. Orden lógico (individual; whole-class). Tell students that you are going to read a dialogue, but that the lines are not in order (*No están en orden correcto*). Give them 3 minutes or so to number the lines to indicate the correct order. Then read the dialogue in the correct order with help from the whole class.
Follow-Up: Pair students to practice dialogue.

Act. 7. Entrevistas (pair). Have students read over the items first and check for comprehension. Model possible answers, especially for the second part: *En tu casa o en la residencia estudiantil.* Then pair students. (We recommend doing these two *entrevistas* on separate days.)

Nota cultural
Pre-Reading. Explain the importance of nonverbal communication within a culture. Tell students that certain gestures in one culture may mean something different in another. Share an experience you've had with body language in another country, perhaps a confusion or misinterpretation. Have students share their experiences if they've been to another country or have foreign friends.
Act out the *gestos* for the students and ask if they know what they mean. Ask if those gestures mean the same in United States. If not, have students give the equivalent in U.S. culture or in their culture of origin.
Post-Reading. Follow up by having

1. No. **2.** Quiero comer. **3.** ¡Excelente! **4.** furioso/a (enojado/a) **5.** tacaño/a

6. muy amigos **7.** Un momentito... **8.** dinero (cuesta mucho) **9.** ¡Ojo! ¡Tenga cuidado!

students make the appropriate gesture when you give the cue phrase (or vice versa). Have students do *Comprensión* in pairs. Use AU to generate whole-class discussion. For the UPM have students prepare the dialogue in pairs to be presented to the class. Emphasize the dramatic component of the gestures. To prepare students for this activity, provide a dramatized monologue utilizing the appropriate gestures. **Suggested model:** (5) *Marta, mi papá es muy tacaño. Yo quiero una bicicleta nueva y él dice que cuesta mucho. ¡Estoy enojada!*

Answers to *Comprensión.* 1. 2 2. 3 3. 7 4. 4 5. 5

AA 6 (group). Have students prepare a skit: *Usted es estudiante de teatro y tiene que preparar un pequeño monólogo dramático para la clase. Use los gestos de la lectura y... ¡actúe su historia!* To prepare students for this activity, tell a story and act it out as you narrate it. **Suggested model:** *Mi hermano se enoja mucho con mi mamá* (act out gesto 4). *Todos los días después de clases él le dice a ella, «Necesito dinero»* (8). *Mamá siempre responde, «No. Tienes que limpiar tu cuarto primero»* (1). *Mi hermano sale de la casa murmurando, «¡tacaña!»* (5).

Las carreras y las actividades del trabajo. The expressions of obligation, *tiene que* + infinitive and *debe* + infinitive, and *necesita* + infinitive have been introduced in Pre-Text Oral Activity 2. However, most of the vocabulary of careers and professions in this display and in subsequent activities will be new to students. Verify class comprehension of all vocabulary in the display and the activities of this section as you proceed through these materials.

Select appropriate photos from your PF to introduce the most common careers. Use photos first to reenter vocabulary from previous chapters, especially words to describe people. For example, a picture of a doctor might suggest the following questions: *¿Qué ven en la foto? (hombre) Sí, es un hombre. ¿Cuántos años tiene este señor? (cuarenta y cinco) ¿Creen todos que este señor tiene cuarenta y cinco años? Descríbanlo. ¿Cómo es? ¿Es gordo? (no) ¿Cómo es? (...) ¿Qué ropa lleva? Describan su ropa. ¿Cuál es su profesión?* Then introduce the word *médico.* Here are some suggestions: *doctor(a), escritor(a), cantante, carpintero, veterinario/a, abogado/a, piloto, chofer, cajero/a, mesero/a, peluquero/a, dentista, juez(a), cocinero/a, obrero/a, mecánico, arquitecto/a, ingeniero/a, maestro/a, ama de casa.* To introduce job-related activities, use your PF to ask, for example, *¿Qué está haciendo esta señora?* **Note:** If your PF does not contain images of all these professions, try substituting a symbol for the profession: teeth = dentist, plane = pilot, and so on. You will probably want to point out that females are newcomers to many professions in Hispanic cultures, and that therefore native speakers disagree about the use of some feminine forms.

Comprensión

Mire los dibujos y después indique qué gesto se puede usar en las siguientes situaciones.

1. Un chico tiene mucha hambre.
2. El profesor está muy contento con la clase.
3. El / La recepcionista de una oficina le dice que usted tiene que esperar.
4. Una muchacha ve a su novio con otra chica.
5. Un hombre no quiere comprarle una patineta nueva a su hijo.

Ahora... ¡usted!

1. Haga algunos gestos que caracterizan a los norteamericanos (o a las personas de su país de origen). ¿Qué significan?
2. ¿Conoce algunos gestos similares a los de los hispanos, pero que signifiquen otra cosa? ¿Cómo son y qué significan?

Un paso más... ¡a escribir!

Escoja una de las situaciones de la actividad de Comprensión y escriba un diálogo corto entre las personas, haciendo referencia a los gestos que hacen cuando hablan. Aquí tiene un ejemplo para la primera situación.

MODELO: HIJO: Papá, tengo mucha hambre.
(*Pone la mano cerca de la boca y mueve la mano.*)
PAPÁ: Bueno, estoy preparando sándwiches. Un momentito.
(*Hace un gesto con los dedos.*)
HIJO: ¿Sándwiches? ¡Súper! ¡Excelente!
(*Se besa los dedos y luego los extiende.*)

EL MUNDO HISPANO... LA GENTE

Heidi Mercado Littles tiene 45 años y es chilena.

¿Qué cosas sabe usted hacer muy bien? ¿Qué le gustaría poder hacer que no puede hacer ahora?

Muchas de las cosas que hago bien son cosas artísticas. Sé tocar el piano, la guitarra y cantar bien. También puedo dibujar y pintar. Me gusta trabajar con las manos. Siempre les hago los regalos[1] de cumpleaños a mis niños. Me gustaría aprender a usar una computadora. Espero hacerlo en un futuro cercano.[2]

[1]*presents* [2]*near*

SUDAMÉRICA

EL OCÉANO PACÍFICO

Chile

Santiago

EL OCÉANO ATLÁNTICO

Note: This grammer topic (demonstrative adjectives) is not really necessary for activities in this section. We introduce it here to facilitate use of your PF in pointing out people: *Este hombre trabaja en construcción. Esta mujer es abogada, pero esa mujer* (in background) *es asistente de vuelo.* You can also place pictures around the room in various locations to include demonstrative adjectives naturally: *Aquel hombre es futbolista.*

AA 7 (TPR). See IRK for TPR: *Las carreras y las profesiones.* Have students imagine they are members of certain professions, then tell them to perform the following activities. **Sample sequence:** *Ustedes son médicos; receten medicinas. Son meseros; sirvan la comida. Son enfermeros; cuiden al paciente. Son peluqueros; córtenle el pelo a un compañero. Son cocineros; cocinen. Son cajeros en un banco; cuenten el dinero. Son pilotos; piloteen el avión. Son bomberos; apaguen el incendio. Son amas de casa; limpien la casa. Son choferes de taxi; manejen y escuchen la radio.*

✳ Las carreras y las actividades del trabajo

See IRK for additional activities: *Las carreras y las profesiones.*

Lea Gramática 5.3–5.4.

El cocinero prepara la comida y el mesero les sirve a los clientes.

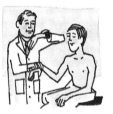

El médico examina a los enfermos.

Los bomberos apagan los incendios.

La cajera recibe el dinero en un banco. El plomero repara la tubería.

El empleado debe entrar al trabajo a las 9:00.

La mecánico repara el automóvil en el taller.

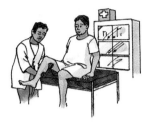

La abogada defiende a los acusados y la juez decide casos criminales.

El peluquero necesita comprar tijeras nuevas.

La enfermera debe cuidar a los enfermos.

El terapeuta trabaja con un paciente.

Los obreros trabajan en una fábrica.

la supervisora

Esta dependienta habla con una clienta.

Aquella dependienta habla con la supervisora.

Ese dependiente tiene que arreglar la ropa.

AA 8 (whole-class). Give students a definition of a profession and let them guess the profession. **Possibilities: 1.** *Trabaja en una escuela. Da clases.* **2.** *Trabaja en un hospital. Receta medicinas.* **3.** *Recibe el dinero en un restaurante.* **4.** *Hace planos para construir casas y edificios.* **5.** *Atiende a las personas que tienen problemas con la ley.* **6.** *Trabaja en un taller y lleva uniforme.* **7.** *Cura a los animales enfermos.* **8.** *Apaga los incendios.*

Act. 8. Asociaciones (whole-class; pair). Ask for whole-class input to do this matching activity or let students work in pairs first, then check answers with the whole class.
   Follow-Up: Write names of students on the board, then ask where they work. They will probably answer with specific names of companies, but you can convert these to appropriate generics, e.g., *en un supermercado*.

Act. 9. Encuesta (individual; whole-class). Have students fill out the survey: *Marque su opinión*. On the board write: *El más interesante, el más aburrido, el más peligroso, el más necesario, el más prestigioso*. Ask the class: *¿Cuántos de ustedes creen que el agente de seguros es el más interesante?* Tally votes by writing each profession under the descriptions and write the number of votes each receives. Proceed until all professions are surveyed.
   Follow-Up: Summarize the class

ACTIVIDAD 8   Asociaciones: ¿Dónde trabaja?

MODELO: Un mecánico trabaja en un taller de reparaciones.

1. _____ un(a) electricista
2. _____ un mesero / una mesera
3. _____ un peluquero / una peluquera
4. _____ un médico / una doctora
5. _____ un(a) piloto
6. _____ un cajero / una cajera
7. _____ un secretario ejecutivo / una secretaria ejecutiva
8. _____ un dependiente / una dependienta
9. _____ un(a) cantante
10. _____ un profesor / una profesora
11. _____ un obrero / una obrera industrial
12. _____ un(a) mecánico
13. _____ un cocinero / una cocinera
14. _____ un(a) chofer
15. _____ un programador / una programadora

a. en un cuarto con muchas computadoras
b. en su consultorio y en un hospital
c. en un autobús
d. en un restaurante
e. en la cocina de un restaurante
f. en la calle o en una casa, con cables eléctricos
g. en una fábrica
h. en un banco
i. en una tienda
j. en una peluquería
k. en un avión
l. en una universidad
m. en un taller de reparaciones
n. en una oficina
o. en un club nocturno

ACTIVIDAD 9   Encuesta: Su opinión, por favor

Lea esta lista de profesiones y oficios y marque el más interesante (=1), el más aburrido (=2), el más peligroso (=3), el más necesario (=4) y el más prestigioso (=5).

_____ agente de seguros	_____ hombre/mujer de negocios
_____ ama de casa	_____ plomero/a
_____ asistente de médico	_____ programador(a)
_____ (mujer) policía	_____ secretario ejecutivo /
_____ contador(a)	secretaria ejecutiva
_____ (mujer) bombero	_____ abogado/a
_____ electricista	_____ trabajador(a) social
_____ gerente	_____ terapeuta

Ahora, compare su opinión con las de sus compañeros y diga por qué usted piensa así.

ACTIVIDAD 10   Identificaciones: Un juego

Trate de adivinar la profesión de estas seis personas: los Hurtado (Jaime y Ana), los Pérez (Hugo y Cecilia) y los Salinas (Alejandro y Olivia). Las posibilidades son **doctor(a), dentista, ingeniero/a, maestro/a, secretario/a** y **abogado/a.** Use la siguiente información para encontrar la solución.

1. Ana trabaja en un hospital, pero no es doctora.
2. El esposo de la abogada es ingeniero.
3. La secretaria está casada con un doctor.
4. El esposo de la dentista trabaja en una escuela.
5. Jaime trabaja con enfermeras.
6. Alejandro enseña matemáticas.

ACTIVIDAD 11   Narración: ¡Cuántas obligaciones!

Éstas son las actividades del trabajo de la profesora Martínez y de Luis y Carmen. ¿Qué tienen que hacer?

▶ **PALABRAS ÚTILES**

Tiene que	Necesita	Debe

survey by making statements like: *En nuestra clase parece que los trabajos más prestigiosos son el de programador y el de abogado. Los más necesarios son el de policía y el de bombero. Los más...*

Act. 10. Identificaciones (individual; whole-class). The object of this game is to use clues to find out the professions of each of the six people. You may want to read all six descriptions aloud and lead students through the first two logical deductions: *Si Alejandro enseña matemáticas, entonces él es _____. (maestro). Sí, Alejandro es maestro. ¿Y dónde trabajan los maestros?* (escuela). *Sí, Alejandro trabaja en una escuela. Miren el número 4. El esposo de la dentista trabaja en una escuela. Si Alejandro trabaja en una escuela y su esposa es Olivia, entonces ¿cuál es la profesión de Olivia?* (dentista). *Sí, Olivia es la dentista. Ahora sigan con las otras profesiones.* **Answers:** *doctor (Jaime), dentista (Olivia), ingeniero (Hugo), maestro (Alejandro), secretaria (Ana), abogada (Cecilia).*

Follow-Up: Have students explain in Spanish how they arrived at their answers. It may be helpful to put the couples and professions on the board as you talk through solutions.

Act. 11. Narración (whole-class; pair). **Suggestions:** *La profesora Martínez:* **1.** *Debe hacer investigaciones en el Internet.* **2.** *Tiene que preparar una presentación para sus clases.* **3.** *Necesita escribir un examen.* **4.** *Debe calificar las tareas. Luis:* **1.** *Tiene que servir la comida.* **2.** *Necesita hablar con los clientes.* **3.** *Debe recoger los platos y llevarlos a la cocina.* **4.** *Tiene que limpiar la mesa. Carmen:* **1.** *Tiene que pasear el perro.* **2.** *Necesita bañar el perro.* **3.** *Debe limpiar la jaula.* **4.** *Tiene que jugar con el gato.*

Act. 12. Del mundo hispano (whole-class; pair). First have students scan this classified ad (*aviso clasificado*) and help them with unfamiliar vocabulary. Ask very easy questions: *¿Cuántos días de la semana trabaja el guardia? ¿Qué tiene que cocinar el cocinero? ¿Qué lengua tiene que hablar el chofer?*, etc. Then have students answer questions in pairs. Explain meaning of *h/m: hombre o mujer*, and *p.p.m.: palabras por minuto.* Write *tener que = obligación* (to have to) on the board.
AA 9 (individual). Have students pretend they are writers for a local newspaper and write a want ad: *Usted es escritor y trabaja en un periódico. Tiene que escribir anuncios de empleo. Un ejemplo: Se necesita mecánico, experiencia necesaria. Horario de 8 a 5, lunes a viernes. Tiene que hacer reparaciones generales.*

ACTIVIDAD 12   Del mundo hispano: ¿Busca empleo?

Conteste las preguntas según la información en estos avisos clasificados.

1. ¿Qué tienen que hacer las personas que trabajan en el bar Noche de Ronda?
2. ¿Qué aptitudes necesita tener el/la chofer?
3. Si usted quiere el trabajo de secretario/a, ¿qué experiencia necesita tener?
4. Si usted sabe hacer muebles, ¿a quién debe llamar?
5. ¿Qué tiene que saber hacer el cocinero / la cocinera?
6. ¿Es necesario ser hombre para obtener el trabajo de guardia?
7. ¿Qué compañía necesita personas que hablen inglés y español?
8. Si usted sabe reparar coches, ¿a qué número tiene que llamar?

SE NECESITA cocinero/a con experiencia en comida mexicana. Venga personalmente a la Calle Obregón 838.

BAR «Noche de Ronda» necesita meseras/os para atender mesas. Sueldo y comisión. Si le interesa, favor de llamar al 45-67-94.

SECRETARIA/O con tres años de experiencia. Algo de inglés y que escriba a máquina mínimo 50 ppm, para trabajo estable de oficina cerca del centro. Llame sólo de 5 a 7 P.M. 58-03-49.

GUARDIA h/m. Para trabajo de noche, 4 días a la semana. Llame al 49-05-34.

CHOFER h/m. Con experiencia. Debe hablar inglés. Compañía «Transportes El Blanco» en Coyoacán. 67-45-93.

CARPINTERO h/m. Con experiencia en todo tipo de muebles. Llame de 9–11 A.M. al Sr. Varniz. 80-34-76.

ATENCIÓN: Compañía Hnos. Menéndez necesita varias personas bilingües para sus oficinas en Laredo y Ciudad Juárez. Llame al 56-94-93 o al 93-57-00 desde las 10 hasta las 14.

TALLER DE REPARACIONES busca mecánico con experiencia. Cinco días por semana. Buen sueldo. 56-94-83.

ACTIVIDAD 13   Entrevistas: Las carreras y el trabajo

LAS CARRERAS

1. ¿Cuál es tu clase favorita en la universidad?
2. ¿Cuál es tu especialidad en la universidad? ¿Qué clases tienes que tomar para esa especialidad?
3. ¿Qué carrera quieres seguir? ¿Cuántos años hay que estudiar?
4. ¿Son buenos los sueldos en esa carrera?
5. ¿Dónde quieres trabajar después de graduarte?

EL TRABAJO

1. ¿Tienes trabajo de jornada completa o de media jornada ahora?
2. ¿Dónde trabajas? ¿Vives cerca o lejos de tu trabajo?
3. ¿A qué hora entras y a qué hora sales? ¿Te gustan tus horas de trabajo?
4. ¿Qué tienes que hacer? ¿Hay actividades diferentes o siempre la misma cosa? De todas las actividades de tu trabajo, ¿cuál te gusta más? ¿Por qué?
5. ¿Cuáles son los aspectos más desagradables de tu trabajo? ¿Por qué son desagradables?

Act. 13. Entrevistas (whole-class; pair). Read questions aloud to the class. Model possible answers using your own personal information. (If students do not have jobs, have them answer questions based on their ideal job. You may want to write a list of possible job activities on the board from which students can choose: *barrer el piso, contestar el teléfono, escribir en la computadora, preparar la comida, atender a los clientes, cuidar niños, vender ropa, servir comida, lavar platos,* or others that students suggest. Then pair students for the interview. You may want to do these two interviews on separate days.

Ventanas culturales: La vida diaria Have students work in groups to select five books they would include in the box in Álvaro's tricycle: *Ustedes tienen la oportunidad de incluir cinco libros en la caja de Álvaro del Canto. ¿Qué libros van a poner allí y por qué?* Then engage in a whole-class discussion, adding your own book selections as well.

VENTANAS CULTURALES   La vida diaria

El repartidor de libros

Hay un hombre en Chile que tiene un empleo muy especial. Su nombre es Álvaro del Canto y su trabajo es repartir libros. Lo hace con un triciclo y una caja enorme. Esa caja contiene 200 obras literarias: un tesoro que Álvaro lleva a los residentes de Las Compañías, un barrio al norte de Santiago, la capital chilena.

La labor del Sr. del Canto resulta de un proyecto de Viviana Benz, poeta y trabajadora social. Para esta poeta, leer es una actividad esencial y necesaria. ¡Y claro que es necesaria! Los libros nos ayudan a entender el mundo y la cultura en que vivimos; nos dan los conocimientos que necesitamos para progresar económicamente. Además, nos divierten.

En el barrio donde Álvaro del Canto reparte libros hay 40.000 residentes. Él trata de servir especialmente a las personas pobres, a los jóvenes desempleados y a las madres solteras. Estas personas se pueden quedar con los libros prestados por una semana. Luego, después de varios meses de uso, los libros van, como donación, a una biblioteca pública del barrio. Así los lectores siguen teniendo acceso a este material tan útil.

Gracias al proyecto de Viviana Benz y al trabajo de Álvaro del Canto, mucha gente en Las Compañías tiene el placer de la lectura. El triciclo del repartidor de libros es una presencia constante y apreciada en este barrio chileno.

VOCABULARIO ÚTIL

el repartidor	*delivery person*
repartir	*deliver, distribute*
el triciclo	*tricycle*
la caja	*box*
las obras literarias	*literary works*
el tesoro	*treasure*
los conocimientos	*knowledge, information*
desempleados	*unemployed*
quedarse con	*to keep*
prestados	*on loan*

LECTURA # Breve panorama de la educación y la economía

El sistema educativo y la economía de un país determinan los oficios de su gente. Por eso, le presentamos algunos datos breves sobre la educación y la economía en el mundo hispano. Éste es un mundo diverso. Hay países prósperos, como España, Chile y Costa Rica, y otros en vía de desarrollo, como Honduras y Guinea Ecuatorial. Hay países de cultura indígena, como Bolivia, y otros de cultura europea, como Argentina. Hay muchos lugares en América Latina donde hay pobreza y las oportunidades de educación para la gente pobre son pocas. Pero, en su totalidad, los países hispanos forman un grupo muy rico en otros aspectos. Es un grupo que tiene una historia fascinante, una variedad de recursos naturales, industrias modernas y lugares turísticos hermosos.

VOCABULARIO ÚTIL

los oficios	jobs
los países en vía de desarrollo	developing countries
la pobreza	poverty
los recursos naturales	natural resources
etapa	stage
escogen	they choose
la facultad	department (at a university)
gratuita/ gratis	free of charge
la tasa de alfabetismo	literacy rate
el oro	gold
la caña de azúcar	sugar cane
agrícola/ agrario	agricultural
Por lo tanto	For this reason
el cobre	copper
el vino	wine

Lectura
Suggestions for Effective Reading. This essay is ideal for the practice of using visual context. Have students scrutinize the photographs and help them weave a narrative based on these visuals. About the section on education, ask, *¿Qué vemos en esta foto? Sí, hay estudiantes de secundaria. ¿Piensan ustedes que a estos estudiantes les gusta su clase? ¿Por qué? ¿Cómo sabemos esto?* Now go over the *Vocabulario útil* and continue the discussion: *Ahora miren las fotos de la economía. ¿Qué productos vemos aquí?*

Culture/History. Here are some facts that could be of interest to your students: • Colombia exports mainly two products, coffee and petroleum (*el petróleo*). It also has the biggest platinum deposits (*yacimientos de platino*) in the world. • El Salvador

La educación

La educación en el mundo hispano consta, por lo general, de cuatro etapas: la educación primaria, la secundaria, la preparatoria y la universitaria. Después de la secundaria, los estudiantes reciben enseñanza preparatoria si quieren seguir estudios universitarios. En la universidad escogen una carrera —medicina, derecho o ingeniería, por ejemplo— y estudian de cuatro a cinco años en la facultad de su elección.

La educación es un aspecto vital de la sociedad en muchos países hispanos. La escuela primaria, por ejemplo, es gratuita en casi todas partes. Y la tasa de alfabetismo llega a más del 90 por ciento en Argentina, Colombia, Costa Rica, Chile, Cuba, Ecuador, España, Paraguay, Puerto Rico, Uruguay y Venezuela.

San José, Costa Rica. Estos estudiantes de secundaria participan en un experimento en la clase de química.

Uruguay tiene un sistema educativo excelente. En este país la educación es gratuita para los estudiantes de primaria, secundaria y universidad. Por eso la tasa de alfabetismo en Uruguay es tan alta: el 96 por ciento.

Cuba también tiene una tasa de alfabetismo muy alta: el 95 por ciento. Todo lo relacionado con la educación es gratis para los cubanos, desde los libros hasta el transporte a la escuela.

La economía

La economía de muchos países hispanos depende de la agricultura. Nueve países producen y exportan plátanos (bananas): Colombia, Costa Rica, Ecuador, Guatemala, Honduras, México, Nicaragua, Panamá y Venezuela. Pero los recursos minerales también son importantes. ¿Sabe usted cuál de todos los países es el que produce más oro? Es Colombia. La industria colombiana del oro emplea a muchos trabajadores. Y esta diversidad económica caracteriza al mundo hispano.

El cultivo de la caña de azúcar en la República Dominicana.

La caña de azúcar es uno de los recursos naturales más importantes en los países hispanos del Caribe, especialmente en Cuba y la República Dominicana. Pero la caña también se cultiva en España. La región de Andalucía, al sur del país, tiene un clima favorable para el cultivo de la caña de azúcar. La industria azucarera se concentra allí.

La economía de Honduras, como la de otros países centroamericanos, depende de la agricultura. El 70 por ciento de la producción agrícola hondureña viene de la costa norte del país, donde cultivan café, bananas y cereales. Por lo tanto, muchos de los trabajadores que viven en la costa norte son campesinos.

Guinea Ecuatorial es el único país de habla hispana en África. Es otro país que tiene una economía basada en la agricultura. El café, la banana y el cacao son algunos de sus productos agrícolas.

Buenos Aires, la capital de Argentina, tiene una población de 10 millones de habitantes. Es una ciudad hermosa y moderna, el centro industrial y comercial de todo el país. En el resto del país hay ricos recursos naturales. Argentina exporta muchos de sus productos agrarios y minerales. También tiene una base industrial extensa.

La economía de Chile es una de las más prósperas de América Latina. Chile es el mayor productor de cobre en el mundo. Además, la industria del vino también es muy importante, y emplea a mucha gente. Los vinos chilenos son famosos y excelentes.

Y hasta aquí llega nuestro breve panorama. ¿Tiene usted ahora una idea de lo rico y diverso que es el mundo hispano? Esperamos que sí. Pero... ¡siga descubriéndolo! ✳

Los vinos chilenos son famosos por todo el mundo.

Comprensión

A. La educación

1. Describa la educación en el mundo hispano. ¿Cuántas etapas tiene? ¿Cuánto tiempo duran los estudios universitarios? ¿Cuáles son algunas de las carreras que escogen los estudiantes?
2. La tasa de alfabetismo en Uruguay y Cuba es alta. Explique por qué.

produces more balsam (*bálsamo*) than any other country; balsam is used to prepare perfume and some medications. • Paraguay produces the beautiful *encaje de ñandutí*, a fine and intricate lace. • There is an open-air market in Ecuador that attracts many tourists yearly. It is the *mercado de lana de Otavalo*, where the Otavalo indigenous group sells its famous wool embroideries. • One of the oldest universities in the New World is the Universidad Autónoma de México (UNAM), founded in 1551. • Equatorial Guinea received its official name in 1963 and became independent from Spain in 1968. It is thus the youngest country in the Hispanic world.

Pre-Reading. Show pictures, slides, or souvenirs that illustrate the countries described. Use the map in the front pages of *Dos mundos* to locate these countries. Then relate your travel experiences in the Hispanic world. (Note: You won't be able to avoid using the past tense, but try to keep it to a minimum.) **Sample input:** *Conozco Venezuela. Visité este país en 1998. Me gusta mucho Caracas, la capital, porque la gente es muy amistosa y hay buenos restaurantes,* and so forth. Now have students study the photographs as suggested above.

Post-Reading. Review the answers to *Comprensión* in class. Then engage students in a whole-class discussion based on the AU activity. Additional questions: *¿Saben ustedes cuáles son los productos más importantes para la economía de este país? ¿Cuáles son los trabajos que más afectan la economía de este país?*

Assign UPM as homework. You may want to collect and correct the compositions, then select a few to be presented in class as an oral report. Students could also work in groups and compare notes on their respective countries.

Answers to *Comprensión*. A. La educación. 1. *La educación en el mundo hispano consta de cuatro etapas. Los estudios universitarios duran de cuatro a cinco años. Los estudiantes pueden escoger la carrera de medicina o derecho o ingeniería, entre otras.* **2.** *La tasa de alfabetismo en Uruguay y Cuba es alta porque la educación es gratis. Mucha gente va a la escuela.*

B. La economía. 1. *Chile.* 2. *Honduras, otros países centroamericanos y Guinea Ecuatorial.* 3. *Guinea Ecuatorial.* 4. *Cuba y la República Dominicana.* 5. *Argentina.*

Las actividades futuras. The expressions of future plans, *quisiera* + infinitive and *me/le/nos gustaría* + infinitive, were introduced in Pre-Text Oral Activity 3. Use these patterns to talk about weekend activities. Use an association activity to provide input with *pienso/piensa* + infinitive as the equivalent of "planning/thinking about doing something." Have each student think of an activity that he/she is planning on doing this weekend. Also use an association activity to provide input with *tengo/tiene ganas de* + infinitive for students to talk about what they feel like doing at the moment. Vocabulary in this display and in subsequent activities may be new to students. Verify class comprehension of all vocabulary in the display and the activities of this section as you proceed through these materials.

See IRK for additional activities: *Las actividades futuras.*

B. La economía

Diga a qué país o países se refiere cada descripción.

1. Su economía es fuerte y tiene muchas minas de cobre.
2. La economía depende principalmente de la agricultura.
3. Este país de habla hispana está en África.
4. La caña de azúcar es uno de sus recursos naturales.
5. Su capital es el centro industrial de todo el país.

Ahora... ¡usted!

1. ¿Conoce alguno de los países que se describen en esta Lectura? ¿Cuál? ¿Qué impresión tiene de ese país? ¿Le gusta? Si no conoce ninguno, ¿cuál le gustaría visitar y por qué?
2. ¿Le gustaría trabajar en un país hispano? ¿Por qué?
3. ¿Trabaja usted? ¿Contribuye su trabajo a la economía de este país? ¿En qué manera?

Un paso más... ¡a escribir!

Investigue y escriba un informe sobre uno de los países mencionados en la Lectura. ¿Dónde está? ¿Cuántos habitantes tiene? ¿Hay lugares turísticos? Incluya también información sobre la economía del país. Por ejemplo, ¿cuáles son sus recursos naturales? ¿sus industrias? ¿sus productos de exportación?

✳ Las actividades futuras

Lea Gramática 5.5.

Éstos son los planes y los deseos de Pilar Álvarez, José Estrada y Clara Martin.

Estudio informática porque quisiera ganar mucho dinero.

Después de graduarse, José va a ir de vacaciones a Guatemala.

Nos gustaría ir a bailar este viernes por la noche.

Clara piensa quedarse en casa el viernes por la noche. Tiene ganas de descansar.

ACTIVIDAD 14   Narración: El fin de semana de Esteban

Narre los planes de Esteban para el fin de semana.

el viernes por la noche

el viernes por la tarde

el sábado por la mañana

el sábado por la tarde

el sábado por la noche

el domingo por la mañana

el domingo por la noche

el domingo por la tarde

Act. 14. **Narración** (whole-class; pair). Narrate Esteban's plans. Students may want to include these in their narration. You may also want to integrate and review *quiere* + infinitive here. Suggestions: *El viernes por la tarde: A Esteban le gustaría tomar un refresco y descansar. El viernes por la noche: Esteban piensa ir al cine con sus amigos. El sábado por la mañana: Esteban va a dormir hasta las 11:00. El sábado por la tarde: A Esteban le gustaría jugar juegos electrónicos. El sábado por la noche: Esteban quisiera salir a cenar con amigos. El domingo por la mañana: A Esteban le gustaría andar en patineta en el parque. El domingo por la tarde: Esteban tiene que estudiar. El domingo por la noche: A Esteban le gustaría leer una novela antes de dormir.*

ACTIVIDAD 15   Preferencias: Los planes

Diga sí o no.

1. El sábado por la noche pienso...
   a. salir con los amigos.
   b. ir al cine.
   c. quedarme en casa.
   d. ¿ ?
2. Este fin de semana voy a...
   a. levantarme temprano.
   b. dormir todo el día.
   c. limpiar la casa.
   d. ¿ ?
3. Este fin de semana tengo ganas de...
   a. salir a bailar.
   b. andar en patineta.
   c. merendar con la familia.
   d. ¿ ?

4. Durante las vacaciones mis amigos y yo quisiéramos...
   a. estudiar.
   b. divertirnos mucho.
   c. acampar en las montañas.
   d. ¿ ?
5. El próximo verano a mi mejor amigo/a le gustaría...
   a. diseñar una página Web.
   b. viajar.
   c. asistir a la universidad.
   d. ¿ ?

Act. 15. **Preferencias** (whole-class; pair). Go through each activity as students answer *sí/no* and write in their own personal variants.
Follow-Up: Whole-class discussion of personal variants. Then pair students to make statements and comments using expressions under *Y tú, ¿qué dices?* You may want to write expressions from a previous *Y tú ¿qué dices?* activity on the board. (See page 156) E1: *Voy a levantarme temprano.* E2: *¿Por qué?* (E1: *Voy a trabajar.*)

AA 12 (whole-class; pair). Write on the board: *¿Qué quisieras hacer el viernes por la noche? ¿el sábado? ¿mañana en la clase de español? ¿durante las próximas vacaciones? ¿en el verano? ¿el día de tu cumpleaños? ¿el día de tu aniversario de boda?* Do either as an association activity or as a brief paired interview.

Act 16. Encuesta (individual; whole-class). Review *quisiera* + infinitive as a synonym of *me gustaría* + infinitive. Allow students to create as many sentences as possible. Ask for volunteers to share their sentences with the whole class. Write these on the board and comment or expand as is natural.

Follow-Up: Convert this activity into an interview. Show students how to ask questions using the information: *¿Qué vas a hacer mañana antes de ir a clases?* or *¿Qué te gustaría hacer hoy, después de hacer la tarea?* etc. Then pair students and have them ask 3–5 questions of each other. Tell them that you will ask them to report back to the class the information they have gathered.

▶ Y TÚ, ¿QUÉ DICES?

¿Dónde?/¿Adónde?	¡Qué divertido!	¿Por qué?
¿Con quién(es)?	Yo también.	¿Otra vez?

MODELO: E1: El próximo verano a mi mejor amigo/a le gustaría viajar.
            E2: ¿Adónde? (¿A qué país?)

REFRÁN

No dejes para mañana lo que puedes hacer hoy.

(*Don't leave for tomorrow what you can do today.*)

¡OJO!

Los hispanos con frecuencia incluyen a toda la familia en sus planes. Por lo general, los domingos se reúnen padres, abuelos, hijos y nietos para comer juntos.

ACTIVIDAD 16   Encuesta: ¿Cuáles son sus planes?

1. Mañana, antes de ir a clases,...
2. Hoy, después de clases,...
3. Esta noche, antes de acostarme,...
4. Hoy, después de hacer la tarea,...
5. Antes de salir para el trabajo,...
6. Este fin de semana,...
7. Durante las vacaciones de invierno (verano, primavera),...

a. voy a _____.
b. pienso _____.
c. quisiera _____.
d. me gustaría _____.
e. tengo ganas de _____.

AA 10 (whole-class). Introduce the expression *me gustaría* + infinitive by asking students what they would like to do this weekend. Use photos from your PF and ask if they would like to engage in those activities. Use mostly *sí/no* questions or either/or questions: *¿Le gustaría ir a la playa? ¿Adónde? ¿Todo el día? Mike, ¿qué le gustaría más, salir al cine con los amigos o salir a una discoteca con una amiga?*
AA 11 (whole-class). Have students name things (not activities) they like. Give the Spanish equivalent and write the words on the board: *A _____ le gustan las ciudades grandes. A _____ le gusta Nueva York.*

Estudiantes de Derecho en la Universidad de La Habana, Cuba.

En resumen

De todo un poco. Read the four descriptions aloud, stopping to clarify or explain vocabulary. Students should follow along silently. Then divide students into groups of three and ask them to select a profession (*Escojan una carrera*) for each person.

De todo un poco

¿Qué oficio o carrera deben escoger?

Trabajen en grupos de tres para adivinar qué carreras son más apropiadas para las siguientes personas.

1. Juan Limón: Es una persona activa; nunca descansa. Nunca tiene miedo, y le gustaría ser héroe. Sabe manejar muy bien y maneja muy rápido.
2. Guadalupe Morales: Siempre contesta todas las preguntas que le hace la profesora de biología. Sabe mucho del cuerpo humano. No necesita dormir muchas horas. Le gusta ayudar a la gente enferma.
3. Ángela López: Les hace muchas preguntas a los profesores. No es tímida. Siempre quiere hacer presentaciones en clase. Nunca está nerviosa cuando habla en público. Cree que la justicia es muy importante y le gustaría defender a las personas inocentes. Quisiera ser famosa y millonaria.
4. Lilián Torreón: Piensa trabajar en un hospital o en una clínica. Es muy simpática, y sabe bastante sobre el cuerpo humano. También sabe usar las manos para tratar a los deportistas que tienen accidentes.

Follow-Up: The same group now writes similar descriptions for one or two classmates and picks a profession for them.
Expansion: These descriptions may be read aloud, omitting the name of the classmate so that the whole class can guess who it is.

¡Dígalo por escrito!

Descripciones de amigos

Escriba descripciones de dos amigos o miembros de su familia. Después de dar el nombre y el apellido de cada persona, hable de sus planes y deseos, de sus habilidades y de su personalidad. Use las descripciones de la actividad anterior como modelos.

¡Dígalo por escrito! Read the directions aloud while the class follows along silently. Brainstorm with the whole class to write a sample description about a famous person or about someone in the class. This may be used as an extra-credit assignment.

Este episodio toma lugar en la ciudad de México. Lupe Carrasco, la amiga de Diego, busca trabajo. Diego le lee a Lupe los anuncios clasificados.

Vea las actividades que corresponden al video en la sección *Videoteca* del *Cuaderno de trabajo*.

VIDEOTECA

ocabulario

• Las actividades en la clase de español
Activities in Spanish Class

aprender	to learn
empezar (ie)	to start
enseñar	to teach; to show
explicar	to explain
hacer preguntas	to ask questions
pensar (ie)	to think
pensar en	to think about
terminar	to finish
tomar apuntes	to take notes

• Las habilidades
Abilities

poder (ue)	to be able to
saber (irreg.) (+ infin.)	to know how to (do something)

• Las profesiones y las carreras
Professions and Careers

el abogado / la abogada	lawyer
el/la agente de seguros	insurance agent
el ama de casa	housewife
el/la asistente de vuelo	flight attendant
el bombero / la mujer bombera	firefighter
el cajero / la cajera	cashier
el/la cantante	singer
el/la chofer	driver
el cocinero / la cocinera	cook
el contador / la contadora	accountant
el dependiente / la dependienta	clerk, salesperson
el/la deportista	athlete
el/la electricista	electrician
el empleado / la empleada	employee
el enfermero / la enfermera	nurse
el/la gerente	manager
el ingeniero / la ingeniera	engineer
el/la juez	judge
el maestro / la maestra	teacher
el médico / la médica	doctor
el mesero / la mesera	waiter / waitress
el obrero / la obrera industrial	(industrial) worker

el peluquero / la peluquera	hairdresser
el plomero / la plomera	plumber
el policía / la mujer policía	policeman / policewoman
el/la terapeuta	therapist
el trabajador / la trabajadora social	social worker

PALABRAS SEMEJANTES: el/la asistente, el/la dentista, el/la mecánico, el/la piloto, el programador / la programadora, el secretario (ejecutivo) / la secretaria (ejecutiva), el supervisor / la supervisora
REPASO: el doctor/ la doctora

• Los lugares del trabajo
Workplaces

el avión	airplane
el club nocturno	nightclub
la cocina	kitchen
el consultorio	doctor's office
el empleo	job
la fábrica	factory
la peluquería	beauty parlor
el taller de reparación	garage; repair shop

PALABRAS SEMEJANTES: el banco, la clínica, la compañía

• Las actividades del trabajo
Work Activities

apagar (incendios)	to put out (fires)
arreglar	to fix
atender (ie) mesas	to wait on tables
ayudar	to help
calificar	to correct
cortar (el pelo)	to cut (hair)
cuidar (de)	to take care of
entrar al trabajo	to start work
escribir a máquina	to type
ganar dinero	to earn money
pintar	to paint
seguir (i) una carrera	to have a career
servir (i)	to serve
tratar	to treat

PALABRAS SEMEJANTES: defender, examinar, programar

• Los verbos — Verbs

adivinar	to guess
buscar	to look for
dibujar	to draw
diseñar	to design
divertirse (ie)	to have fun
escalar montañas	to go mountain climbing
hacer (irreg.) investigaciones	to research
hornear	to bake
necesitar	to need
obtener (irreg.)	to obtain
tratar de (+ infin.)	to try to (do something)

PALABRAS SEMEJANTES: comparar, graduarse, marcar, participar

• Los sustantivos — Nouns

el acusado / la acusada	accused (person)
el aviso clasificado	classified ad
el/la cliente	customer
el cuarto	room
el dinero	money
el incendio	fire
la jaula	cage
la jornada completa	full time
los juegos de video	video games
los juegos electrónicos	video games
la media jornada	part time
los muebles	furniture
el oficio	job, position
la residencia estudiantil	(college) dormitory
el sueldo	salary
las tijeras	scissors
la tubería	plumbing

PALABRAS SEMEJANTES: el accidente, la aptitud, el caso criminal, la distracción, la experiencia, el héroe, la justicia, el/la paciente, la posibilidad, la presentación, el público, la solución, el talento, el violín

• Los adjetivos — Adjectives

desagradable	unpleasant
el mismo / la misma	the same
peligroso/a	dangerous
pobre	poor

PALABRAS SEMEJANTES: activo/a, apropiado/a, fracturado/a, industrial, inocente, millonario/a, necesario/a, prestigioso/a, relacionado/a

• ¿Con qué frecuencia? — How Often?

a cualquier hora	at any time
a la vez	at the same time
muchas veces	many times
raras veces	rarely

REPASO: a veces, nunca

• Las obligaciones — Obligations

deber (+ infin.)	ought to, should (do something)
hay que (+ infin.)	one has to (do something)
tener (irreg.) que (+ infin.)	to have to (do something)

• Mi futuro — My Future

me (te, le, nos, os, les) gustaría (+ infin.)	I (you [inf. sing.], you [form. sing.] / he or she, we, you [inf. pl. Spain], you [pl.] /they) would like to (do something)
pensar (ie) (+ infin.)	to plan to (do something)
quisiera (+ infin.)	I (you [form. sing], he or she would like to (do something)
tener ganas de (+ infin.)	to feel like (doing something)

REPASO: ir a (+ infin.), querer (ie) (+ infin.)

• Palabras y frases del texto — Words and Phrases from the Text

la cinta	(audio) tape
la comprensión auditiva	oral comprehension
la encuesta	poll
la respuesta	answer

• Palabras y frases útiles — Useful Words and Phrases

aquel/aquella/aquellos/aquellas	that/those
así	this way
a tiempo	on time
ese/esa/esos/esas	that/those
este/esta/estos/estas	this/these
esto	this (in general)

Gramática y ejercicios

¿RECUERDA?

In **Gramática 1.6** you learned to use indirect object pronouns with the verb **gustar** to say to whom something is pleasing. Review that construction now, if necessary.

5.1. This section points out indirect object pronouns you have probably been using in your input for some time. It is not necessary to spend time at this point on production of indirect object pronouns. Research has shown that students begin their acquisition of indirect object pronouns along with verbs of reporting like *decir* and *preguntar*. This is probably because instructors frequently use expressions like *dígale* and *pregúntele*. We mention repetition of the pronoun for an expressed object (*le dice a la profesora*), but we do not expect students to master this very difficult concept now. Indirect object pronouns will be reentered in *Gramática 7.4, 10.5, 12.3, 12.4, 13.4,* and *13.5.*

OGD: Discussion: You may wish

Indirect object pronouns:
me, te, le, nos, os, les

It takes a good deal of time to acquire these forms. Begin by understanding them.

to review *gustar* and point out that pronouns are the same: *me, te, le, nos, os, les.* It also helps some students if you compare reflexive and indirect object pronouns, since they differ only in the third person: *se/le(s).*

OGA: Practice indirect object

5.1 Indicating to Whom Something Is Said: Indirect Object Pronouns with Verbs of Informing

GRAMÁTICA ILUSTRADA

A. Indirect object pronouns (**los pronombres de complemento indirecto**) are used with verbs of informing, which tell to whom something is said, told, explained, reported, asked, answered, and so on.*

me	*to me*	nos	*to us*
te	*to you (inf. sing.)*	os	*to you (inf. pl., Spain)*
le	*to you (pol. sing.); to him/her*	les	*to you (pl.); to them*

—¿Qué **les explica** la profesora Martínez?
—**Nos explica** el significado de las palabras nuevas.

—*What does Professor Martínez explain to you?*
—*She explains the meaning of new words to us.*

---

*Recognition: The indirect object pronoun for **vos** is **te**.

Amanda ya no **me habla.**	*Amanda doesn't speak to me anymore.*
¡Pobre Ernestito! Su mamá siempre **le dice** que no.	*Poor Ernestito! His mother always says no to him.*

B. Just like reflexive pronouns, indirect object pronouns are placed before the main verb or attached to infinitives (the **-ar, -er,** or **-ir** form of the verb) and present participles (the **-ndo** form of the verb).

—¿Qué **te va** a decir tu papá?	—*What is your father going to say to you?*
—No sé qué va a **decirme.**	—*I don't know what he is going to say to me.*
Esteban **nos está** leyendo la respuesta.	*Esteban is reading the answer to us.*
Esteban está **leyéndonos** la respuesta.	

C. When using **le** or **les,** it is very common to use a phrase with **a** to specify the person (or thing) involved. Spanish requires the pronoun even when the phrase with **a** is used.

—**¿A quién le** escribe Clara la carta?	—*To whom is Clara writing the letter?*
—**Le** escribe la carta **a su amiga Norma.**	—*She's writing the letter to her friend Norma.*
Yo siempre **le** aviso **a mi jefe** con tiempo si no voy a ir al trabajo.	*I always tell my boss ahead of time if I'm not going to go to work.*

> pronouns with verbs used in the classroom, asking *sí/no* questions: *¿Qué hace el profesor? ¿Les explica la gramática a los estudiantes? ¿Les habla a los estudiantes en inglés? ¿Qué hacen los estu-*

> Indirect object pronouns are placed before the verb or attached to the infinitive.
> **Mi novia ya no me habla.** (*My girlfriend doesn't talk to me anymore.*)
> **Mi novia ya no quiere hablarme.** (*My girlfriend doesn't want to talk to me anymore.*)

> As you read and listen to more Spanish, you will get a feel for these pronouns and how to use them.

> *diantes en la clase? ¿Le hablan al profesor en inglés? ¿Le hacen preguntas al profesor sobre la lección? ¿Hablan con los otros estudiantes cuando el profesor está hablando?*, etc.

EJERCICIO I

Complete las siguientes oraciones basándose en los dibujos. Use **me, te, le, nos** o **les.**

MODELO: Carmen **les** dice «Buenos días» **a sus amigas.**

1. Esteban dice:
—_____ contesto a **mis compañeros.**

2. La profesora Martínez _____ explica la lección **a los estudiantes.**

3. Nosotros _____ hacemos muchas preguntas **a la profesora.**

4. Nora _____ lee la Nota cultural **a nosotros.**

5. —Lan, ¿_____ dices qué tenemos de tarea?
—Sí, Luis, ahora _____ digo cuál es la tarea para mañana.

6. Carmen _____ escribe una carta **a sus padres**.

7. _____ decimos «Adiós» **a la profesora**, y ella _____ dice «Hasta luego».

8. —Nora, ¿_____ dices la respuesta número 5, por favor?
—Sí, Lan, en un momento _____ digo todas las respuestas.

Ej. 2. This exercise is challenging: students will profit from the participation of the whole class. Then pair students and have them play the roles of Carmen and Esteban. (Carmen can also play Luis's line.)

EJERCICIO 2

Complete estos diálogos con **me, te, le, nos** o **les**.

5.2 Expressing Abilities: *saber* and *poder* + Infinitive

A. In the present tense, the verb **saber** (*to know facts, information*)* is irregular only in the **yo** form: **sé, sabes, sabe, sabemos, sabéis, saben.**

—¿**Sabes** cuándo va a llegar Alberto?	—*Do you know when Alberto is going to arrive?*
—No, no **sé.**	—*No, I don't know.*

Saber followed by an infinitive means *to know how to do something.* Note that there is no need to include a separate word to convey the English *how to.*

—¿**Sabes hablar** francés?	—*Do you know how to speak French?*
—No, pero **sé hablar** un poco de árabe.	—*No, but I know how to speak a little Arabic.*
—¿Quién **sabe jugar** al ajedrez?	—*Who knows how to play chess?*
—Yo **sé jugar** al dominó, pero no al ajedrez.	—*I know how to play dominoes, but not chess.*

B. The verb **poder**† followed by an infinitive usually indicates potential (*can, to be able to do something*) or permission (*may*). **Poder** is a stem-changing verb and so uses two stems: **pod-** for the infinitive and the **nosotros/as** and **vosotros/as** forms and **pued-** for all other present-tense forms: **puedo, puedes, puede, podemos, podéis, pueden.**

—¿Van a correr una vuelta más Carmen y Nora?	—*Are Carmen and Nora going to run another lap?*
—No **pueden.** Ya están cansadas.	—*They can't. They're already tired.*
—Guillermo, ¿vas a jugar al fútbol el domingo?	—*Guillermo, are you going to play soccer on Sunday?*
—No **puedo.** Tengo un examen el lunes.	—*I can't. I have an exam on Monday.*

EJERCICIO 3

¿Qué (no) saben hacer estos vecinos hispanos? Complete las oraciones con la forma apropiada de **saber.**

MODELO: Ernestito dice: «Yo no *sé* mucho de matemáticas.»

1. Doña Lola dice: «Yo _____ montar a caballo.»
2. Don Eduardo, ¿_____ usted hablar italiano?
3. Clarisa y Marisa no _____ andar en bicicleta todavía, porque son muy pequeñas.
4. Ernestito le pregunta a Guillermo: «¿_____ esquiar?»
5. Amanda le dice a Ramón: «Graciela y yo todavía no _____ manejar.»

---

*Recognition: **vos sabés**
†Recognition: **vos podés**

¿RECUERDA?

In **Gramática 3.3** you learned that a verb that uses more than one stem in its conjugation is considered irregular. Some verbs, like **hacer** (*to do; to make*), use a different stem only in the **yo** form; other verbs, like **jugar** (*to play*), use the different stem in all but the infinitive and the **nosotros/as** and **vosotros/as** forms. Review those conjugations now, if necessary.

saber = *to know facts, information*
saber + infinitive = *to know how to do something*
   ¿Sabes bucear? (*Do you know how to scuba dive?*)
   No, no sé bucear, pero sé nadar. (*No, I don't know how to scuba dive, but I know how to swim.*)

poder = *can, to be able to*
   ¿Puedes salir esta noche? (*Can you go out tonight?*)
   No, no puedo; mañana tengo un examen de biología. (*No, I can't; I have a biology test tomorrow.*)

5.2. Point out that *saber*, not *poder*, is used for "to know how to do something." Remind students not to use *cómo* (as in the incorrect *saber cómo nadar*, "to know how to swim").

EJERCICIO 4

¿Qué (no) pueden hacer estos vecinos hispanos? Complete las oraciones con la forma apropiada de **poder.**

MODELO: Nosotros no *podemos* esperarte hoy después de clase, porque tenemos mucha prisa.

1. Ernestito le pregunta a Guillermo: «¿_____ salir a jugar conmigo?»
2. Andrea les pregunta a Estela y a Ernesto: «¿_____ venir a cenar con nosotros mañana?»
3. Silvia no _____ salir con Nacho mañana porque va a trabajar.
4. Doña Lola y doña Rosita no _____ ver su programa favorito de televisión mañana porque van a ir de compras.
5. Amanda le pregunta a su mamá: «¿_____ Graciela y yo ir a la plaza a pasear después de comer?»

5.3. You have already used demonstrative adjectives in your speech many times, and students should understand them by now. However, they may still not clearly hear the difference between *este* (this) and *ese* (that). We include *aquel* (*aquella, aquellos, aquellas*); you may choose not to practice it. The problem students have with *este/ese* is remembering which corresponds to "this" and which to "that." You can orient students by using *aquí* and *allí* (*este libro aquí / ese libro allí*). We don't mention differences between *aquí/acá* and *allí/allá*, since they are subtle: *aquí* usually designates a specific point while acá roughly corresponds to English "over/around here." A possible strategy for students is to always use *aquí* and *allí* but recognize the meaning of *acá* and *allá* when native speakers use them or when they see them written.

5.3 Pointing Out People and Objects: Demonstrative Adjectives

Demonstrative adjectives are normally used to point out nouns.

Quiero terminar **esta lección** primero.	*I want to finish this lesson first.*
Esos tres **muchachos** quieren ser médicos.	*Those three boys want to be doctors.*

A demonstrative adjective must agree in gender and number with the noun it modifies.

---

este/esta = *this*
este libro = *this book*
esta fotografía = *this photo*

---

estos/estas = *these*
estos cuadernos = *these notebooks*
estas tareas = *these homework assignments*

---

ese/esa = *that*
ese cartel = *that poster*
esa silla = *that chair*

---

esos/esas = *those*
esos papeles = *those papers*
esas chicas = *those girls*

---

aquí/acá (here) (close to the person speaking)			
SINGULAR		**PLURAL**	
este libro	*this book*	estos pantalones	*these pants*
esta señora	*this lady*	estas casas	*these houses*

allí/allá (there) (at some distance from the person speaking)			
ese libro	*that book*	esos pantalones	*those pants*
esa señora	*that lady*	esas casas	*those houses*

—Amanda, ¿no te gusta **esta blusa**?
—No, prefiero **esa blusa** roja

—*Amanda, don't you like this blouse?*
—*No, I prefer that red blouse.*

—**Estos pantalones** son nuevos. ¿Te gustan?

—*These pants are new. Do you like them?*

Use the demonstrative pronouns **esto** or **eso** when the object has not been identified.

—Estela, ¿sabes qué es **esto**? —Estela, do you know what this is?
—No, no sé. —No, I don't know.

> **esto/eso** = *this/that*
> *(unidentified object)*

The demonstratives **aquel, aquellos, aquella,** and **aquellas** indicate that the person or thing pointed out is more distant (generally far away in space or in time from both speakers).

—¿Ves **aquella casa**? —Do you see that house (*over there*)?

—¿**Aquella casa** de los árboles grandes? —That house with the big trees?

Estudio biología en **este edificio,** y estudio química en **aquel edificio.** I study biology in this building, and I study chemistry in that building (*over there*).

> **aquel/aquella** = *that*
> **aquel edificio** = *that building*
> **aquella plaza** = *that plaza*

> **aquellos/aquellas** = *those*
> **aquellos árboles** = *those trees*
> **aquellas puertas** = *those doors*

EJERCICIO 5

Amanda está hablando con Graciela de su ropa. Complete las oraciones con **este, esta, estos** o **estas.**

MODELO: Me gusta *esta* blusa azul.

1. _____ blusa es mi favorita.
2. _____ zapatos son muy viejos.
3. _____ pantalones son nuevos.
4. _____ faldas son bonitas pero un poco viejas.
5. _____ suéter es de mi mamá.

EJERCICIO 6

Doña Lola y doña Rosita están en la plaza hablando de sus vecinos. Complete las oraciones con **ese, esa, esos** o **esas.**

MODELO: *Esa* señora es una cocinera magnífica.

1. _____ señoritas trabajan en la oficina con Paula Saucedo.
2. _____ chico es Guillermo, el hijo de Ernesto y Estela Saucedo.
3. _____ muchacha se llama Amanda. Tiene 14 años.
4. _____ señores juegan al ajedrez con don Anselmo.
5. _____ muchachos son compañeros de escuela de Ernestito.

EJERCICIO 7

Imagínese que usted está en una fiesta con Esteban. Él no conoce a muchas personas y por eso le hace a usted las siguientes preguntas. Complete las preguntas de Esteban con las formas correctas de **este** o **ese.**

1. ¿Cómo se llama _____ señora que está hablando con Nora allí en el rincón?
2. Creo que _____ señor que está aquí a la derecha es amigo de tu padre, ¿verdad?
3. ¿Son arquitectos _____ dos jóvenes que están allí en la cocina?

> **este/estos; esta/estas**
> **ese/esos; esa/esas**

4. ¿Se llama Jesús _____ muchacho que está aquí detrás de nosotros?

5. ¿Cómo se llaman _____ muchachas que están sentadas aquí justamente enfrente de nosotros?

EJERCICIO 8

Usted vende zapatos. ¿Cuáles recomienda? Use formas de **este, ese** y **aquel,** según la distancia entre usted y los dibujos.

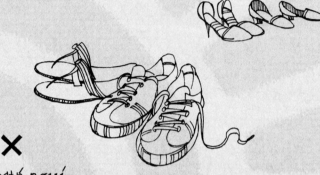

✗

Usted está aquí.

1. _____ zapatos son mejores para jugar al tenis.
2. _____ zapatos son para un señor que trabaja en una oficina.
3. _____ zapatos son bonitos pero no muy confortables.
4. _____ zapatos son para una mujer que trabaja en una oficina.
5. _____ botas son para un obrero.
6. _____ sandalias me gustan mucho.

5.4. This section introduces common auxiliary verb + infinitive constructions that are related semantically to obligation. The most useful for students is *tener + que*, but *deber* is also quite common.

OGA: You may wish to take this opportunity to summarize all the auxiliary verb + infinitive constructions to date: *gustar, ir + a, querer, preferir, pensar, tener ganas de, quisiera,* and *gustaría.*

¿RECUERDA?

You have already seen and used many times the combination of conjugated verb + infinitive: for example, in **Gramáticas 2.3** (**preferir** and **querer** + infinitive) and **5.2** (**saber** and **poder** + infinitive).

5.4   Expressing Obligation and Duty: *tener que, deber, necesitar, hay que, es necesario*

The verbs **tener que** (*to have to*), **deber** (*should, ought to*), and **necesitar** (*to need to*) and the impersonal expressions **hay que** (*one must*) and **es necesario** (*it is necessary to*) are always followed by infinitives.

—¿A qué hora **tenemos que estar** en el teatro?

—A las nueve. **Hay que llegar** un poco antes para recoger los boletos.

—¡Pero **necesito estudiar** más!

—Está bien, pero **debemos salir** pronto.

—*What time do we have to be at the theater?*

—*At 9:00. We have to (One must) get there a little early to pick up the tickets.*

—*But I need to study more!*

—*OK, but we should leave soon.*

EJERCICIO 9

Esteban cuenta lo que él y sus compañeros de clase tienen que hacer hoy. Complete las oraciones con una forma de **tener que.**

1. Luis _____ trabajar hasta las doce.
2. Carmen y Nora _____ prepararse para un examen de sociología.
3. Yo _____ terminar la tarea para mi clase de matemáticas.
4. Alberto y yo _____ lavar el carro.
5. Mónica, ¿qué _____ hacer tú esta noche?

EJERCICIO 10

Estela Saucedo está hablando de lo que ella y su familia deben hacer mañana. Complete estas oraciones con la forma apropiada de **deber.**

1. Ernesto _____ ir en autobús al trabajo.
2. Yo _____ limpiar la cocina.
3. Ernestito, tú _____ hacer la tarea para la escuela.
4. Guillermo y Amanda _____ recoger sus libros.
5. Ernesto, tú y yo _____ llevar a los niños al parque a jugar.

> **¿Qué tienes que hacer este fin de semana?** (*What do you have to do this weekend?*)
> **Debo estudiar y también necesito lavar el carro y limpiar la casa.** (*I ought to study and I also need to wash the car and clean the house.*)

> **Hay que llegar a tiempo al trabajo.** (*One must [We have to] arrive on time to work.*)

5.5 Expressing Plans and Desires: *pensar, quisiera, me gustaría, tener ganas de*

A. The verb **pensar*** (*to think*) followed by an infinitive expresses the idea of *to think about* or *to plan on doing* something. Here are the forms of **pensar (ie): pienso, piensas, piensa, pensamos, pensáis, piensan.**

> —¿Qué **piensan hacer** ustedes durante las vacaciones?
> —**Pensamos viajar** a Europa.

> —*What are you thinking about doing for vacation?*
> —*We're planning on traveling to Europe.*

When not followed by an infinitive, **pensar (ie)** usually expresses *to think*: **pensar que** (*to think that*), **pensar de** (*to think about, have an opinion of*), **pensar en** (*to think about someone or something, have one's thoughts on*).

> —¿Qué **piensas del** nuevo plan?

> —*What do you think about the new plan?*

> —**Pienso que** es muy bueno.

> —*I think that it's very good.*

> —Ramón, ¿**piensas** mucho **en** Amanda?

> —*Ramón, do you often think about Amanda?*

> —No, **pienso en** ella solamente de vez en cuando.

> —*No, I think about her only from time to time.*

B. **Quisiera** and **me (le) gustaría**[†] are also frequently used to indicate future desires, especially those that are speculative. Both forms are equivalent to English *would like*. Neither has a **yo** form ending in **-o.** You will learn more about these forms in Gramática 15.5 and 15.6.

> **¿RECUERDA?**
>
> You already know that the verbs **ir** + **a** (see **Gramática 2.1**) and **querer** (see **Gramática 2.3**) followed by infinitives are commonly used to talk about future actions in Spanish.

5.5. We introduce the conditional of *gustar* and the past subjunctive of *querer* as fixed expressions without grammatical analysis, because they are so common in conversation.

---

*Recognition: **vos pensás**
†Recognition: **vos quisieras, a vos te gustaría**

pensar = *to think*
pensar + infinitive = *to think about, plan on doing (something)*

¿Qué piensas hacer después de clases? (*What are you planning to do after school?*)

Pienso ir a la biblioteca y luego voy a trabajar. (*I'm planning to go to the library and then I'm going to work.*)

(yo)	quisiera	me gustaría	*I would like*
(tú)	quisieras	te gustaría	*you (inf. sing.) would like*
(usted, él/ella)	quisiera	le gustaría	*you (pol. sing.) would like; he/she would like*
(nosotros/as)	quisiéramos	nos gustaría	*we would like*
(vosotros/as)	quisierais	os gustaría	*you (inf. pl., Spain) would like*
(ustedes, ellos/as)	quisieran	les gustaría	*you (pl.) would like; they would like*

quisiera = *I would like*
me gustaría = *I would like*

Quisiera salir a cenar esta noche. (*I'd like to eat out tonight.*)

Me gustaría ver una película. (*I'd like to see a movie.*)

Quisiéramos viajar este verano si tenemos tiempo.	*We would like to travel this summer if we have time.*
A mi esposa **le gustaría viajar** a España.	*My wife would like to travel to Spain.*
Estoy cansado; **quisiera descansar** un poco.	*I'm tired; I would like to rest a while.*

C. Tener ganas de (*to feel like* [*doing something*]) is also followed by an infinitive.

Tenemos ganas de quedarnos en casa esta noche.	*We feel like staying home tonight.*
Tengo ganas de salir a bailar.	*I feel like going out dancing.*

tener ganas de + infinitive = *to feel like (doing something)*

EJERCICIO 11

¿Qué quisieran hacer estos estudiantes el próximo sábado? Escoja la forma correcta: **quisiera, quisieras, quisiéramos** o **quisieran.**

1. Luis _____ ir al campo a montar a caballo.
2. Carmen y yo _____ ir de compras.
3. Alberto y Pablo _____ merendar con unas amigas.
4. Mónica, ¿_____ quedarte en casa a descansar?
5. Esteban dice: «Yo _____ jugar al tenis.»

EJERCICIO 12

¿Qué les gustaría hacer a Estela Saucedo y a su familia? Escoja la forma correcta del pronombre: **me, te, nos, le** o **les.**

1. A Guillermo _____ gustaría no tener un examen de matemáticas el viernes.
2. A mis hijos, Amanda y Guillermo, _____ gustaría ir al campo a merendar.
3. A mi esposo, Ernesto, _____ gustaría ir al cine.
4. A mí _____ gustaría salir a comer en un buen restaurante.
5. A Andrea y a mí _____ gustaría jugar a las cartas el sábado en la noche.

EJERCICIO 13

¿Qué piensan hacer Pilar y sus amigos? Use las formas apropiadas de **pensar.**

1. El hermano de Pilar _____ quedarse en casa esta noche para estudiar.

2. Clara, ¿_____ tú ir de compras mañana?

3. José y yo _____ visitar a mis abuelos el sábado.

4. José y Clara _____ ir al Museo del Prado por la tarde.

5. Pilar dice: «Yo _____ hacer mi tarea el domingo por la noche.»

(*cont. from p. 179*)
el domingo? *Yo también tengo que, trabajar el sábado. ¿Dónde trabaja? ¿Le gusta su trabajo?*
3. Write *Las actividades futuras* on the board. Review the use of *voy a* + infinitive, *prefiero* + infinitive, and *quiero* + infinitive with a brief in-class writing activity about weekend or vacation plans. Over two class periods, introduce the following matrices of future activity as association activities. Write *¿Qué quisiera hacer durante las próximas vacaciones? Quisiera _____.* Underneath *quisiera* write "would like." *¿Qué le gustaría hacer este fin de semana? Me gustaría _____.* Underneath *le gustaría* and *me gustaría* write "would like." Students are not yet ready to understand *quisiera* as a past subjunctive form, but they can learn this as a lexical item to express future plans. You may want to explain that *quisiera* is slightly more formal in tone than *me/le gustaría.* Then list in sentence form several of your future plans, using these matrices: *Durante las vacaciones quisiera viajar a Atlanta para ver a mis parientes. También quisiera salir a cenar con mi familia. Este fin de semana me gustaría ir al*

cine con mis amigos. *El domingo por la tarde me gustaría jugar al tenis.* Do an association activity in which students volunteer their future plans. *Quisiera viajar a Nuevo México.* Expand on student responses: *A mí me gusta mucho Nuevo México. ¿Va a viajar solo o con su familia? ¿Qué quiere ver en Nuevo México?*
Ongoing Input Activity: Starting with this chapter, we suggest that each week you narrate to the class what you did over the weekend or during the last two or three days. Students have little trouble recognizing past-tense forms if the context is clear and there is plenty of other familiar vocabulary. Students may be asked to write these activities down so that, at a later date, if asked *¿Qué hizo usted durante el fin de semana?* they can refer to their "glossary" of past activities. At that point you can expand by talking about what other students have done; students will hear third-person singular forms. If you continue this activity throughout this chapter and on into *Capítulo 6,* students will have heard many past-tense forms by the time they study the preterite in the grammar of *Capítulo 7.*

Capítulo 6

In **Capítulo 6,** you will talk about where you live and what you do there. You and your classmates will discuss what you have done recently. You will also learn how to introduce people to each other.

Sobre el artista:
Dino Ghirardo nació en Pádova, Italia, donde estudió en la Escuela de Bellas Artes. Desde hace años reside en Perú, inspirado por los paisajes y los colores de las montañas. Sus pinturas se exhiben en Perú, Italia y otros países. A través de sus obras Ghirardo se convierte en un embajador de los Andes peruanos.

Paisaje andino por Dino Ghirardo, de Perú

Goals—Capítulo 6
The input and interactions in *Capítulo 6* are related to where students live and their activities there. You should attempt to make some simple cultural comparisons whenever possible. This chapter also introduces topics that encourage use of past-tense singular forms.

Pre-Text Oral Activities
1. Use your PF to talk about (1) names of buildings and community locations (*edificio, aparta-mento, casa, parque,* etc.), (2) the rooms of a house (*sala, comedor, cocina, baño, dormitorio pasi-llo*), and (3) some activities associated with these places. Ask questions like *¿Qué hacemos en la sala? ¿Qué está haciendo esta señora?* with the PF. Take this opportunity to sample and preview some of the new vocabulary in the first three sections of this chapter, integrating its words and structures into your input.
2. Use association techniques to introduce singular forms of regular preterite verbs in the narration of simple events. (See IM, association activities with the preterite.) You may start with the first- or third-person singular and introduce common irregular verbs when necessary and convenient. You

EN RESUMEN

may want to write verb forms on the board and draw attention to the final stressed syllable. Describe what you did the day before or last weekend: *Ayer (El fin de semana pasado) yo jugué al tenis con una amiga; luego regresé a mi casa y me bañé,* etc. Encourage students to write these forms in their notebooks (a special sheet or two just for these past activities is a good idea). As you introduce different past activities from other days, have them write those down too. You may talk about what others have done by using your PF: *¿Qué hizo este*

La residencia

PREGUNTAS DE COMUNICACIÓN

- ¿Vive usted en una casa, en un apartamento o en una residencia estudiantil?
- ¿Hay piscina en su vecindario o tiene usted piscina en su casa?
- ¿Quién lava la ropa en su casa? ¿usted? ¿otra persona?
- ¿Quién tiene que pasar la aspiradora?
- ¿Vio usted la televisión anoche?
- ¿Limpió la casa el sábado pasado?

hombre ayer? Answer your own question and line up 10 pictures on the board. Number each picture and ask true/false questions: *La señora en la lámina número cinco manejó su carro al supermercado.* Repeat this and similar activities each day for 10–15 minutes, giving input with past forms. Have students produce past forms only after they have heard you use a large number of them.

MULTIMEDIA ▼

Visit the *Dos mundos* Website at www.mhhe.com/dosmundos for additional activities, links, and other resources.

The video to accompany *Dos mundos* includes cultural footage on Peru.

The multimedia CD-ROM to accompany *Dos mundos* offers a variety of activities to review vocabulary and grammar from this chapter. You will also find additional cultural information and video clips.

ctividades de comunicación y lecturas

AA 1 IRK. (whole-class; individual). We suggest using the *Descripción de dibujos* activity of Professor Martínez's floor plan as a pre-text activity. Have students look at Professor Martínez's house plan: *Miren el plano de la casa de la profesora Martínez.* Read each description aloud and have the class answer *cierto* or *falso*.

    Follow-up: Go over the answers with the whole class.

✳ El vecindario y la casa

El vecindario y la casa. Many of the words in this display and in subsequent activities will be new to students. Verify class comprehension of all vocabulary in the display and the activities of this section as you proceed through these materials. Use your PF to review the names of the rooms in a house and to introduce words for furniture and household items. Keep in mind that many of these words vary from one Spanish-speaking country to another; use the most familiar terms. For example, in Spain, stove (range) is *cocina: cocina de gas* rather than *estufa*. We use *dormitorio* for bedroom, as it appears to be universally understood. Other words for bedroom are *alcoba* (Spain), *recámara* (Mexico), *cuarto* (*de dormir*) (several countries), *habitación* (for some speakers this means only a hotel room). We chose *alacena* for cupboard, but you may prefer *gabinete;* for toilet we give *inodoro,* for toilet bowl *taza.* For bathtub we recommend *bañera,* but *tina* is also common. Shower is usually *ducha,* but in Mexico you hear *regadera. Sala de baño, cuarto de baño,* and *baño* are used.
El vecindario. Use photos from your PF to introduce general terms that apply to buildings (*edificio, puerta, ascensor, ventanas, techo, pisos, cuartos*) and types of buildings (*teatro, centro comercial, condominios, apartamentos, casa*) and review the rooms of a house: *dormitorio, sala, cocina, baño, comedor.* Include descriptions of the yard and outside areas: *la cerca, las flores, las plantas, los árboles, el patio, la esquina,* etc. Apartment is *departamento* in Mexico and *piso* in Spain. For fence we have heard both *cerca* and *cerco.* For swimming pool Mexico uses *alberca.* Teach also *el desván* (attic) and *el sótano* (cellar).
    See IRK for additional activities: *El vecindario y la casa.*

AA 2 (whole-class). Use your PF to talk about common animals, especially pets (*gato, perro, pez, pájaro, vaca, caballo*) and related words (*jaula, pecera, acuario,* etc.). Discuss different attitudes toward pets in Hispanic countries.

AA 3 (whole-class). Use your PF to talk about the most important appliances and furniture in a house. With each item use descriptive adjectives including color, size, shape, price, etc. Ask students if they have similar articles in their homes. If so, have them describe theirs compared to the ones in your pictures.

Lea Gramática 6.1–6.2.

AA 4 (whole-class). Write on the board the names of 5–6 rooms in a house. Have students think of all the furniture that they would have in an ideal house. Ask questions like: *¿Por qué quiere un(a) _____? ¿Para qué sirve un(a) _____?*

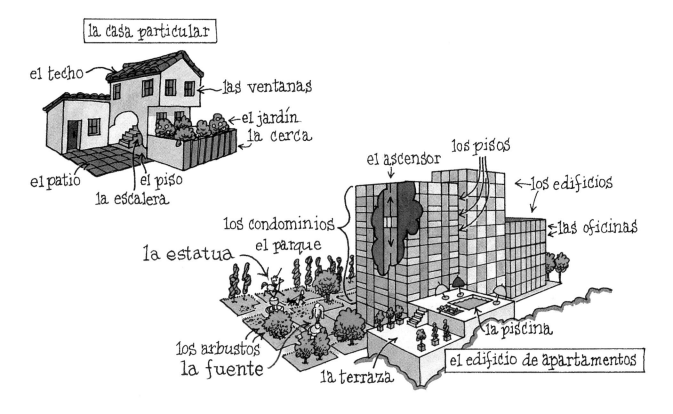

ACTIVIDAD 1   Encuesta: ¿Qué hay en su casa?

Diga sí o no. Si la respuesta es **no,** explique por qué no.

MODELO: En mi casa hay tres dormitorios. En mi casa no hay cancha de
tenis porque no soy rico/a.

1. En mi vecindario hay...
  a. una cancha de tenis.
  b. una biblioteca.
  c. muchos árboles.
  d. muchos edificios altos.
  e. un parque.
  f. ¿ ?
2. En la sala de mi casa hay...
  a. una cama.
  b. un lavabo.
  c. varias lámparas.
  d. muchas plantas.
  e. una alfombra.
  f. ¿ ?

3. En la cocina de mi casa hay...
  a. una estufa.
  b. un lavaplatos.
  c. un pasillo.
  d. un estante con libros.
  e. un horno de microondas.
  f. ¿ ?
4. En mi dormitorio hay...
  a. una cama matrimonial.
  b. un arbusto.
  c. un armario.
  d. muchas almohadas.
  e. una cómoda.
  f. ¿ ?

ACTIVIDAD 2   Identificaciones: ¿Para qué sirve?

Mire los siguientes objetos y aparatos y diga para qué sirven.

Act. 1. Encuesta (whole-class; partner-pair). Go through each item with the class. Tabulate as you go, or do items 1 and 2 with the whole class and then divide into pairs for items 3 and 4. If you think your students are capable of giving explanations, ask why when students have responded with *no.* **Example:** *¿Tiene usted un horno de microondas en casa?* (no) *¿Por qué no?* (*No me gusta cocinar en horno de microondas.*)

Act. 2. Identificaciones (whole-class; partner-pair). *Actividades 2* and *3* give students a chance to hear more input and talk about appliances, household goods, their uses, and costs. **Suggestion:** Before doing *Actividad 2* select photos of appliances and household items from your PF and put them up around the room or in the chalkboard tray. Each photo should have a number or a letter that can be easily seen by all students. Describe each photo and have students give you the correct letter or number. *Ésta sirve para barrer, para limpiar el piso o el patio.* (G) *Sí, es una escoba y* *es para barrer el piso. Este aparato es también para limpiar el piso, pero es eléctrico y se usa para limpiar la alfombra también.* (B) *Sí, es una aspiradora.* Read through the verbs in the box and check for student comprehension. Ask questions like: *¿Para qué sirve una almohada?* (*para apoyar la cabeza cuando uno duerme*) *Sí, para apoyar la cabeza cuando uno duerme. ¿Prefiere usted una almohada grande o una pequeña?* For partner-pair work write this model interaction on the board: E1: *¿Para qué sirve un/una _____?* E2: *Sirve para _____.*

AA 5 (whole-class). Use your PF of various appliances and gadgets and have students invent prices. Use the expression *¿Cuánto cuesta el/la _____?* Put photos in the chalk tray and label with appropriate prices. Ask questions using comparisons: *¿Cuál cuesta más, el reloj despertador o la tetera?* (tetera) *Sí, tiene razón, la tetera cuesta más, cuesta $42.59. ¿Cuál cuesta menos, la plancha o el tocacompactos?* (*plancha*) *Sí, la plancha cuesta solamente $26.79.* Alternate questions with comparisons using *más, menos,* and *tanto* with questions regarding actual cost: *¿Cuánto cuesta el televisor a colores?* Continue until students have had an opportunity to hear many comparative questions and statements.

Act. 3. Intercambios (partner-pair). Use this activity as a follow-up to AA 5. You may also review numbers and prices by asking *¿Cuánto cuesta el/la _____?* and referring to the items in *Act. 2.*

AA 6 (group). Divide students into groups of 3–4 and ask them to make a list of as many *aparatos eléctricos* as they can think of in two minutes. Then have them assign prices to these items. (*Decidan un precio para cada aparato.*) Ask for volunteers from each group to come up and write two or three items and prices on the board. After each 5–6 items, elicit general classroom discussion about appliances students have, prices, and stores.

AA 7 (whole-class; pair). Use the 20-question game format to guess names of furniture and other household items. You should do

MODELO: Una lámpara sirve para ver y leer de noche.

▶ FRASES ÚTILES

para apoyar la cabeza cuando uno duerme	para lavarse las manos
para barrer	para lavarse los dientes
para calentar la comida rápidamente	para preparar el té o calentar agua
para guardar la ropa	para secarse
	para verse la cara
	para ver y leer de noche

1.una lámpara

2. un horno de microondas

3.una almohada

4.una escoba

5.una cómoda

6.un cepillo de dientes

7. una tetera

8. un lavabo

9.un espejo

10.una toalla

ACTIVIDAD 3   Intercambios: Los aparatos domésticos

MODELO: E1: ¿Cuál cuesta más, *el calentador* o *la cafetera?*
E2: *El calentador* cuesta más. (*El calentador* cuesta más que *la cafetera.*)

$259.89
el horno de microondas

$36.99
el tostador

$34.59
la cafetera

$28.99
el ventilador

$39.99
el cepillo de dientes eléctrico

$19.88
el secador de pelo

$49.99
la rasuradora eléctrica

$29.99
la aspiradora

$58.99
el lavaplatos

$68.89
el calentador

1. ¿Cuál cuesta más, el horno de microondas o la cafetera? ¿el ventilador o el secador de pelo?
2. ¿Cuál cuesta menos, la cafetera o el cepillo de dientes eléctrico? ¿la aspiradora o el tostador?
3. ¿Cuál de estos tres objetos es el más caro: el tostador, la rasuradora eléctrica o la cafetera?
4. ¿Cuál de estas tres cosas es la más cara: el lavaplatos, la rasuradora eléctrica o la aspiradora?
5. ¿Cuál de estas tres cosas cuesta menos: el secador de pelo, el calentador o el cepillo de dientes eléctrico?
6. ¿Cuál cuesta más, el ventilador o el tostador?
7. ¿Cuál cuesta menos, la rasuradora eléctrica o el cepillo de dientes eléctrico?

ACTIVIDAD 4 Descripción de dibujos: Comparación de casas

Escuche las preguntas que le hace su profesor(a), y contéstelas según los dibujos que se ven a continuación.

Act 4. Descripción de dibujos (whole-class; partner-pair). Ask: ¿Qué casa tiene más puertas? ¿Cuántas ventanas tiene la casa de los _____? ¿Qué casa tiene más balcones? ¿Tiene más baños la casa de los Saucedo o la de los Ruiz? ¿Tiene tantos árboles la casa de los Silva como la de los Ruiz? Go over questions in the model. On the board, write all features that can be compared: ventanas, puertas, balcones, árboles, dormitorios, baños; pisos. Then have students do interaction in pairs.

la casa de los Ruiz:
3 dormitorios
2 baños
2 balcones

la casa de los Silva:
2 dormitorios
1 baño

la casa de los Saucedo:
5 dormitorios
3 baños
1 biblioteca
3 balcones

AA 8 (whole-class). For an enjoyable way to review house vocabulary, create a mural using a large piece of white butcher paper taped to the classroom wall. Have students draw two or more houses with trees, bushes, flower beds, fence, a garage sale with furniture, etc., being as creative as they wish. Give them 10–15 minutes on two or three different days to finish the mural. When done, have students add labels in Spanish to everything.

Ahora, hágale preguntas sobre las casas a su compañero/a. (Se puede comparar **baños, dormitorios, puertas, ventanas, balcones, pisos** y **árboles.**)

MODELO: E1: ¿Cuántas *ventanas* tiene la casa de los *Saucedo*?
E2: Tiene *ocho*. Tiene *más que* la casa de los *Ruiz*.

E1: ¿Cuántos *árboles* tiene la casa de los *Silva*?
E2: Tiene *tres*. Tiene *tantos como* la casa de los *Ruiz*. Tiene *menos que* la casa de los *Saucedo*.

ACTIVIDAD 5 Del mundo hispano: Apartamentos en México

Nora va a pasar un semestre estudiando en la ciudad de México. Quiere alquilar un departamento o un cuarto. Éstas son sus preferencias. ¿Cuál de estos departamentos o habitaciones le gustaría a usted? ¿Por qué?

¡OJO!

En general, las casas y los apartamentos en los países hispanos son más pequeños que los de los Estados Unidos. Por eso, en algunos casos, la gente sale a pasear a los parques y en las plazas.

Act. 5. Del mundo hispano (whole-class; individual). Have students read each listing silently and ask you vocabulary questions as they read. Write the new vocabulary they identify on the board and provide a brief oral and written explanation. Tell

the guessing the first two or three times. Leave the classroom and let the class decide on an object. Ask students up to 20 questions: 1. ¿Es para el baño? (no) 2. ¿Es para el dormitorio? (no) 3. ¿Se usa en la cocina? (sí) 4. ¿Sirve para lavar ropa? (no) 5. ¿Es para cocinar algo? (sí) 6. ¿Es grande? (no) 7. ¿Se usa por la mañana? (sí) 8. ¿Es para tostar el pan? (sí) 9. ¿Es el tostador? (sí). Write possible questions on the board and pair students to play.
See IRK for additional activities: Veinte preguntas: Los muebles y los aparatos eléctricos.

students that in Mexico *departamento = apartamento*. Ask questions to check for comprehension: *Si usted quiere un departamento en el centro, ¿qué número debe llamar? Si usted prefiere estar cerca de los medios de transporte público, ¿a quién debe llamar?* Then read the situation to students and discuss the advantages each would have for a student like Nora. *¿Qué ventajas tiene la primera preferencia de Nora?* (Transporte) *Sí, está cerca de todo transporte y ella no va a tener coche.* Finally, ask them to decide on an apartment or room.

Follow-Up: Ask volunteers to share with the class which apartment or room they would choose for themselves and why.

1 SE ALQUILA departamento. Dos recámaras. Sala, comedor, cocina, baño. Lugar céntrico. Alquiler módico. Llamar a Luz María Galván. Tel. 6-59-50-69. Calle 12 no. 420, México, D.F.

2 SE ALQUILA habitación amueblada. Preferible: joven estudiante, callado y serio. Alquiler bajo. Derecho a cocina. Favor de enviar datos personales. Isabel la Católica 96 (centro), México, D.F. Tel. 5-85-72-44

3 SE ALQUILA departamento amueblado. Dos recámaras. Dos baños. Cocina amplia: estufa, refrigerador, alacenas grandes y todos los utensilios. Ascensor. Avenida Juárez no. 420, México, D.F.

4 Departamento una recámara, bien decorado. Ventanas grandes. Vista agradable. Cerca de todo transporte. Llamar al 7-79-09-22 o escribir a Sres. Gallegos, Luis Kuhne no. 755, México 20, D.F.

Act. 6. Entrevista (partner-pair). Preview by modeling questions and your own answers. Then divide into pairs for interview.

AA 9 (whole-class). Use pictures of houses from your PF to review large numbers: have students estimate the houses' prices.

ACTIVIDAD 6 Entrevista: El lugar donde vives

TU VECINDARIO

1. ¿Vives en un vecindario viejo o nuevo? ¿Te gusta vivir allí? ¿Por qué?
2. ¿Hay edificios de apartamentos en tu vecindario? ¿condominios?
3. ¿Hay una gasolinera cerca de tu casa (apartamento)?
4. ¿Cuál es el centro comercial más cercano a tu casa (apartamento)? ¿Te gusta ir de compras allí? ¿Por qué?
5. ¿Llevas tu ropa a la lavandería o tienes lavadora y secadora en tu casa (apartamento)?
6. ¿Hay algún parque en el vecindario? ¿Tiene piscina? ¿Vas a menudo? ¿Qué haces allí?

TU CASA

1. ¿Vives en una residencia estudiantil, en un apartamento o en una casa? ¿Es de uno o dos pisos?
2. ¿Tienes tu propio dormitorio o compartes un dormitorio con alguien? ¿Con quién? ¿Qué muebles y aparatos eléctricos hay en tu dormitorio?
3. ¿Tiene patio o terraza tu casa (apartamento)? ¿Cómo es?
4. ¿Tiene garaje para dos coches tu casa (apartamento)? ¿Qué hay en el garaje?
5. De todas las cosas que tienes, ¿cuál te gusta más? ¿Cuál es el aparato más útil que tienes en tu casa (apartamento)?

Las ciudades hispanas

Aquí tiene una breve descripción de algunas ciudades típicas en el mundo hispano. Entre otras características, son antiguas, grandes y tienen centros de mucha actividad comercial. ¡Visite estas ciudades!

Muchas ciudades hispanas son antiguas. Algunas tienen entre trescientos y cuatrocientos años, y en España hay varias que datan del Imperio Romano. En algunas ciudades, la parte más vieja está reconstruida y hoy es un centro de interés turístico, como el viejo San Juan, la ciudad colonial de Santo Domingo en la República Dominicana y el Quito colonial.

Hay ciudades que se extienden hasta las afueras, debido al gran crecimiento de la población. Algunas zonas son únicamente residenciales, mientras que otras son industriales o comerciales. Pero en la típica ciudad hispana hay más que nada zonas mixtas: calles con casas particulares, apartamentos, tiendas y oficinas. Cartagena, en Colombia, es un buen ejemplo. La zona del centro es un lugar de mucha actividad comercial; allí se encuentran tiendas, restaurantes y una gran variedad de negocios.

VOCABULARIO ÚTIL	
antiguas	*ancient*
reconstruida	*reconstructed*
las afueras	*outskirts, suburbs*
debido a	*due to*
el crecimiento	*growth*

Cartagena, Colombia

Las diferentes zonas de la ciudad generalmente tienen nombres: «Argüelles», «La Loma», «La Villa». En muchos casos, los adultos de la familia trabajan lejos de su casa, pero hacen sus compras en las tiendas de su vecindario y los niños pasan el tiempo allí también, jugando con otros niños.

Comprensión

Indique si las siguientes descripciones corresponden a las ciudades hispanas (**H**), a las ciudades norteamericanas (**N**) o a las dos (**D**).

Nota cultural

Culture/History. Tell students that most Hispanic cities still have commercially active downtown sections, whereas in many U.S. cities business has shifted to the suburbs. Many middle- and upper-class Hispanics live in downtown sections; the poor tend to live in outlying areas. Stress the typical mixture of residences and businesses in Hispanic neighborhoods.

Pre-Reading. If possible, show slides or pictures of well-known Hispanic cities before assigning reading. Have students focus on the two photographs from the reading and describe what they see. Ask them if they know of any U.S. cities that look similar.

Post-Reading. Do *Comprensión* with the class. By changing the questions in AU to the *tú* form, students may do this activity in groups or pairs. Or you may use AU questions as guides for whole-class discussion. Assign UPM as homework.

Answers to *Comprensión.* Possible answers: **1.** H—Especially in Spain. **2.** H—In Spain only. **3.** D—Mostly in Hispanic cities, although some U.S. cities have made strides toward this goal (Denver, New Orleans, etc.). **4.** D—Mostly Hispanic, although some U.S. cities have active downtowns (New York, Chicago, San Francisco, etc.). **5.** D **6.** H—Mostly Hispanic. **7.** D—Although the custom is more Hispanic. **8.** N—In the U.S., shopping tends to be done in shopping centers, malls, and supermarkets that are not within walking distance.

1. _____ Son muy viejas.
2. _____ Hay ciudades que datan del Imperio Romano.
3. _____ El centro es muchas veces una zona turística.
4. _____ Hay mucha actividad comercial en el centro.
5. _____ Hay gran cantidad de restaurantes.
6. _____ Muchas personas viven en el centro.
7. _____ Cada área tiene su propio nombre.
8. _____ Se hacen las compras lejos de la casa.

El Viejo San Juan,
Puerto Rico

Ahora... ¡usted!

1. ¿Le gusta el vecindario donde vive? ¿Le gustaría vivir en otro vecindario? ¿Por qué?
2. ¿Qué le gusta y qué no le gusta de la ciudad donde vive?
3. ¿Conoce alguna ciudad hispana? ¿Le parece muy diferente de una ciudad norteamericana típica? ¿Qué tienen en común? ¿Qué diferencias hay entre las dos?

Un paso más... ¡a escribir!

Describa la ciudad donde nació o la ciudad donde vive ahora. Compárela con algunas de las ocho características que aparecen en la actividad de Comprensión.

EL MUNDO HISPANO... LA GENTE

Su nombre es Leticia Recina Pérez y tiene 20 años. Leticia es de Costa Rica.

Describa su ciudad y su vecindario.

La ciudad en la que yo vivo se llama Alajuela. A mí me gusta mucho porque todo queda[1] cerca de casa (el supermercado, la zapatería, la carnicería, el parque, la iglesia). Y casi todas las personas nos conocemos.[2]

El Parque Central, que está enfrente de la Catedral, tiene muchos árboles de mangos, por eso llaman a Alajuela «La Ciudad de los Mangos». Las tiendas no son muy grandes, pero podemos conseguir[3] todo lo que necesitamos.

En los jardines de las casas hay árboles frutales (de mango, naranja, mandarina) y algunas flores. Las casas no son muy grandes; unas son lindas y lujosas,[4] y hay otras más humildes. Las casas están pegadas unas con otras,[5] ¡pero los vecinos no se pelean![6]

[1]está [2]casi todas... *we almost all know each other* [3]obtener [4]*luxurious* [5]están... *are very close to each other* [6]*se... argue, fight*

✳ Las actividades en casa

En la casa de los Ruiz

Marisa debe prender (encender) la luz.

Es necesario apagar la luz.

La empleada doméstica tiene que limpiar el piso.

Andrea necesita ingredientes frescos al cocinar.

Hay que barrer aquí.

Pedro tiene que cortar el césped.

Clarisa debe regar las plantas.

REFRÁN

Escoba nueva siempre barre bien.

(*A new broom sweeps clean.*)

En la casa de los Saucedo

La empleada doméstica tiene que desempolvar...

...y pasar la aspiradora.

Hay que tender las camas.

La empleada doméstica tiene que lavar los platos.

Hay que secar la ropa.

Ernestito tiene que darles de comer al gato y al perro.

Amanda tiene que planchar una blusa.

Las actividades en casa. Many of the words in this display and in subsequent activities will be new to students. Verify class comprehension of all vocabulary in the display and the activities of this section as you proceed through these materials. Use pictures of rooms in a house from your PF. Ask: *¿Qué hacemos en la sala (el baño, la cocina, el comedor, etc.)?* **Possible answers**: *Yo leo en la sala: mi papá ve la televisión: mi hermanito juega con sus amigos,* etc. Then ask questions about the display: *¿Qué tiene que hacer la empleada doméstica en la casa de los Ruiz? ¿Qué necesita hacer Amanda?*

See IRK for additional activities: *Las actividades en casa.*

¡OJO!

En los hogares hispanos donde hay empleada doméstica, normalmente ella hace casi todos los quehaceres.

AA 10 (whole-class). Show pictures of people doing common things around the house. Ask: *¿Qué está haciendo?*

AA 11 Game (group). Divide the class into two or more teams. Have each team write as many household items (appliances and furniture) as they can in a given amount of time; for example, one minute: *En una casa moderna hay _____ y _____.* Or *En un dormitorio hay _____ y _____.*

AA 12 Homework (individual; whole-class). Have students make a floor plan of their house, labeling doors, windows, and furniture in Spanish. Divide them into groups of 3–4. Each student gives the others a room-by-room tour of his or her house. (You may have them pretend to be giving a tour of a celebrity's home.)

Act. 7. Descripción de dibujos.
(whole-class; partner-pair). Have
class identify which drawing you
are describing. *¿Quién tiene que
laver los platos? (Luis) ¿Quién va
a limpiar el baño? (Esteban)
¿Quién va a limpiar el piso?
(Nora) ¿Quién debe sacar la basura? (Pablo) ¿Quién tiene que
pasar la aspiradora y quién tiene
que desempolvar? (Mónica y Lan)
¿Quién debe apagar el televisor
para estudiar? (Carmen)*
    Follow-Up: Have students prac-
tice asking each other questions
about the drawings. Write these
three verbs on the board: *debe(n)*,
tiene(n) que, necesita(n). Use this
modelo to guide students:
E1: *¿Qué debe hacer Luis?*
E2: *Tiene que lavar los platos.*
    Expansion: Ask students who
does these and other household
chores in their families.

**AA 13 Optional open dialogue
model**: E1: *¿Qué tienes que hacer
este fin de semana en tu casa?* E2:
Tengo que _____. E1: *Yo
quiero _____, pero debo
_____.* E2: *Puedo ayudarte a
_____ y después podemos
_____.*

AA 14 (whole-class). Write a list
of household activities on the
board: *recibimos las visitas, repa-
ramos el carro, cenamos, lavamos
los platos, estudiamos, nos bañа-
mos, escuchamos la radio, vemos
la televisión, dormimos la siesta,
cocinamos*, etc. Ask: *¿En qué
cuarto cenamos? Y ¿en qué
cuarto lavamos los platos?* Review neighborhood places and
activities using this same format:
*vamos de compras, nadamos,
jugamos al basquetbol, compramos libros, compramos papel y
lápices, vemos una película, compramos pan, asistimos a misa*,
etc. Ask: *¿Dónde compramos la
gasolina?*, etc.

Act 8. Descripción de dibujos
(whole-class: partner pair). Allow
students a minute or so to look at
the two sketches. Then read the
model out loud and have the
class name some of the activities
that *Esteban* should do to clean
his room; write these on the
board. Then have them continue
in pairs.

ACTIVIDAD 7 Descripción de dibujos: ¿Qué tiene que hacer?

Escuche a su profesor(a). ¿A cuál de los siguientes dibujos corresponde su descripción?

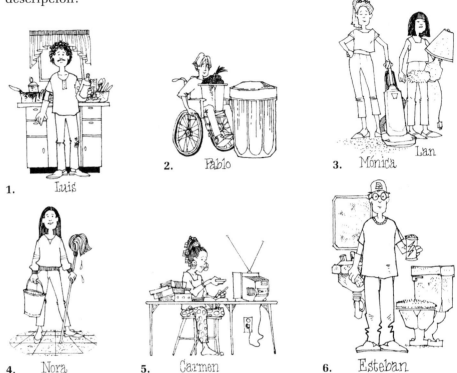

1. Luis
2. Pablo
3. Mónica / Lan
4. Nora
5. Carmen
6. Esteban

ACTIVIDAD 8 Descripción de dibujos: ¡El cuarto de Esteban es un desastre!

Con su compañero/a, decidan qué debe hacer Esteban para arreglar su cuarto.

MODELO: Esteban debe recoger la ropa y necesita apagar el televisor. También tiene que...

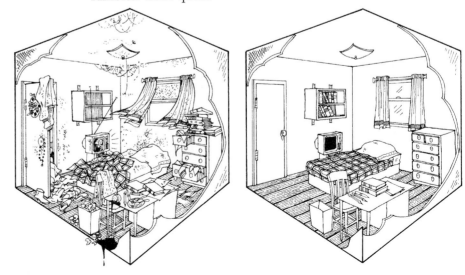

ACTIVIDAD 9   Entrevista: Los quehaceres y las diversiones en casa

1. En tu casa, ¿quién tiene que limpiar el refrigerador, desempolvar, pasar la aspiradora, limpiar el microondas, limpiar los baños?
2. ¿Qué aspecto de tu casa (apartamento) te gusta más? ¿Por qué?
3. ¿Qué te gusta hacer en casa (en tu apartamento)?
4. ¿Pasas mucho tiempo en casa (en tu apartamento) los fines de semana o prefieres salir? ¿Te visitan mucho tus amigos los fines de semana?
5. ¿Das muchas fiestas en tu casa? ¿Qué tienes que hacer antes de la fiesta?

LECTURA

Los amigos hispanos: Nadie es perfecto

Armando González Yamasaki es un niño peruano-japonés de trece años que vive con su madre, su hermano y sus abuelos en Lima, Perú. En esta composición para la escuela, Armando describe las actividades de su familia en casa. También expresa su opinión sobre el trabajo doméstico, ¡por supuesto!

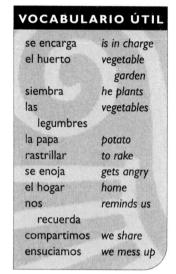

VOCABULARIO ÚTIL

se encarga	is in charge
el huerto	vegetable garden
siembra	he plants
las legumbres	vegetables
la papa	potato
rastrillar	to rake
se enoja	gets angry
el hogar	home
nos recuerda	reminds us
compartimos	we share
ensuciamos	we mess up

El trabajo de la casa no me gusta mucho, pero tengo que hacerlo. Todos en mi familia debemos ayudar con los quehaceres, como dice mi madre. En mi casa somos cinco: mis abuelos, mi mamá, mi hermano Andrés que tiene nueve años, y yo, que tengo trece. (Mi papá no vive con nosotros porque él y mi mamá están divorciados.) Cada persona tiene un trabajo asignado. Mi abuela cocina casi todos los días porque le gusta cocinar, y lava los platos. Ella es japonesa y prepara cosas ricas del Japón, como arroz y sopas, aunque prepara comida peruana también. Mi mamá no es muy buena cocinera y lo admite. Ella prefiere hacer la limpieza. Mamá limpia la sala, el comedor, la cocina y su cuarto. Pero no limpia el cuarto mío ni tampoco el de mi hermano, porque el dormitorio es nuestra responsabilidad. Esta palabra, *responsabilidad,* es tan larga, ¿no? Pero a mamá le gusta usarla.

Mi abuelo se encarga del patio y del huerto, porque tenemos un huerto y un patio grande donde mi hermano y yo jugamos con nuestros amigos. Abuelo riega las plantas, corta el césped y siembra legumbres; tiene muchos tipos de papa.* Mi hermano y yo a veces ayudamos al abuelo a regar las plantas y a rastrillar el patio. Pero nunca queremos barrer el piso de la cocina ni lavar los platos, porque esos son trabajos de mujer.

¡Cuánto se enoja mamá cuando le decimos eso! Siempre responde que en nuestro hogar no hay trabajos «de mujer» ni «de hombre», y nos recuerda que es ella quien repara los aparatos y los muebles que se rompen. Yo pienso que Abuelo debe hacer esas reparaciones, porque él es el hombre de la casa. ¡El problema es que Abuelo no sabe reparar nada! A mi madre le molestan las ideas «tradicionales», como dice ella. Pero, bueno, eso es tema para otra composición, creo yo.

Pues... siempre hay mucho que hacer en nuestra casa. Como no tenemos empleada doméstica, todos en la familia compartimos los quehaceres. Mamá prefiere no tener sirvienta porque quiere enseñarnos a mi hermano y a mí a limpiar lo que ensuciamos. Yo trato de mantener mi cuarto en orden. Guardo mis libros después de leerlos, tiendo la cama, limpio mi escritorio, y hago varias cosas más. Pero a veces dejo mi ropa por todas partes, los pantalones en la silla, las camisas en el piso... ¿Qué puedo decir? ¡Nadie es perfecto! ✳

---

*The potato is an essential food in Peruvian cuisine. This vegetable is native to the Andean region in South America. The Incas, indigenous inhabitants of that region, used to grow 1,000 different types of potato! Today there are 200 varieties in Peru.

Act 9. **Entrevista** (partner-pair). Read questions and model possible answers. Then pair students for this interview.

Lectura:
Suggestions for Effective Reading. Remind students to use all of their reading skills on each piece. The suggestions and techniques presented in this section can apply to every reading. This is true as well for material that students encounter in magazines, posters, and product labels. As students begin reading the following narrative, have them apply some of the techniques practiced up to now: 1. Look for cognates and borrowed words; 2. Skim the text quickly to get the gist of it; 3. Picture as you read: visualize; 4. Use context and your own knowledge to guess word meanings.

Culture/History. Peru ranks as the third largest country in South America, with a population of 24 million. Its official name is República del Perú, and there are three official languages spoken in the country: Spanish, Quechua, and Aimara. Since World War I, a large number of Japanese people have settled in Peru, and even its last president, Alberto Fujimori, was of Japanese origin.

The narrator of this reading is a Japanese-Peruvian boy who talks about his domestic obligations. He comments, in passing, on gender roles with regard to household activities. Peruvian society is male-dominated, and patriarchal values are reflected in the boy's attitude. We can infer from his comments that his mother is trying to provide a non-machista home environment for her children. (In Chapter 15, we present the story "Basta de recuerdos," narrated by Armando's mother, Susana Yamasaki. She provides further insight into her nontraditional view of society and child rearing.)

Pre-Reading. Talk about relationships between parents and children. Survey your class to find out if students have children, younger brothers and sisters (or friends or relatives with children). Then ask: *¿Qué obligaciones domésticas tienen los hermanos menores en su casa?* (*sacar la basura, cortar el césped, lavar el carro, ir de compras con los padres,* and so on) *¿Cuáles son las obligaciones de los otros miembros de la familia?*

You may want to bring pictures or slides of Peru to class to set the background for the reading. Point out major cities such as Lima and Cuzco on a map. Refer students to the Internet for further information on Peru.

Post-Reading. Have students do the *Comprensión* in pairs. Then discuss AU questions with the whole class. You may want to add: *¿Piensa usted que Armando es un niño como todos? ¿Piensa usted que los niños deben ayudar en la casa o piensa que trabajan demasiado?* Assign UPM as homework.

Answers to *Comprensión*. 1. En la familia de Armando, *todos ayudan* con los quehaceres domésticos. **2.** A la mamá de Armando *le molestan* las ideas tradicionales. **3.** La abuela de Armando prepara *comida japonesa y también peruana.* **4.** La madre de Armando se encarga de *limpiar la casa y de reparar los aparatos y los muebles.* **5.** El abuelo de Armando *no sabe reparar nada* en la casa. **6.** Armando y su hermano ayudan a *su abuelo a regar las plantas y rastrillar el patio.* **7.** A veces, Armando deja *las camisas* en el piso.

Comprensión

La siguiente información es falsa. Sustituya las palabras incorrectas (que aparecen en letra *cursiva*) por las correctas para así decir la verdad. En algunos casos es necesario añadir información.

MODELO: En la casa de Armando viven *cuatro* personas. →
En la casa de Armando viven *cinco* personas.

1. En la familia de Armando, *nadie ayuda* con los quehaceres domésticos.
2. A la mamá de Armando *le gustan* las ideas tradicionales.
3. La abuela de Armando prepara *comida japonesa.*
4. La madre de Armando se encarga de *limpiar el patio y de sembrar legumbres.*
5. El abuelo de Armando *sabe hacer todo tipo de reparaciones* en la casa.
6. Armando y su hermano ayudan a *su abuela a cocinar.*
7. A veces, Armando deja *sus juguetes* en el piso.

Ahora... ¡usted!

1. En su opinión, ¿es típica la casa de los Yamasaki? ¿Hay aspectos de ese hogar que son similares a los de la familia de usted? ¿Comparten los quehaceres todos en su casa?
2. ¿Piensa usted que hay trabajos «de mujer» y trabajos «de hombre»? Explique.
3. Imagínese que usted tiene trece años, como Armando. ¿Cuáles son sus obligaciones domésticas?

Un paso más... ¡a escribir!

Imagínese que usted es la madre o el padre de Armando. Ahora está conversando con un amigo o una amiga de la familia sobre la conducta del niño. Mencione dos aspectos positivos y dos negativos sobre la actitud de Armando respecto al trabajo doméstico.

BUENA CONDUCTA

1. Armando siempre guarda sus libros después de leerlos.
2. _____
3. _____

MALA CONDUCTA

1. A veces Armando deja su ropa en el piso.
2. _____
3. _____

✳ Las actividades con los amigos

Lea Gramática 6.3.

Las actividades con los amigos. Continue to provide input on past activities; during several class periods spend 5 minutes or so telling class what you did the previous evening or before coming to class. Expand conversation by asking students if they did the same things, inventing activities and asking if students believe you. You may want to help students "read" the display. Explain that in the first row, Alberto is asking classmate Nora questions and that in the second row Nora is asking Professor Martínez questions.
Many of the words in this display and in subsequent activities will be new to students. Verify class comprehension of all vocabulary in the display and the activities of this section as you proceed through these materials.

1. —¿Limpiaste la casa el sábado?
   —Pues limpié la sala.

2. —¿Estudiaste mucho?
   —Estudié para la clase de química.

3. —¿Saliste a comer en algún restaurante?
   —Sí, almorcé en un restaurante cerca de mi casa.

1. —¿Vio usted la televisión?
   —Sí, vi las noticias.

2. —¿Ya escribió los exámenes?
   —Sí, escribí dos anoche.

3. —¿Visitó a sus amigos este fin de semana?
   —Sí, visité al profesor López y conocí a su esposa.

ACTIVIDAD 10   Encuesta: ¿Qué hice?

Ponga las siguientes actividades en orden cronológico.

▶ PALABRAS ÚTILES

primero	después	finalmente
luego	más tarde	por último

Act. 10. Encuesta (whole-class). Have the whole class use words like *primero luego, más tarde,* and *después* to connect events. Write each one on the board in short paragraph format.
Example: *Primero, me desperté y luego corrí dos millas. Después me lavé el pelo y desayuné.* Suggest they add one or two other activities for each item.

1. Esta mañana (yo)...
  a. me lavé el pelo.
  b. desayuné.
  c. me desperté.
  d. corrí dos millas.
2. Ayer por la tarde (yo)...
  a. volví a casa.
  b. asistí a una clase.
  c. preparé el almuerzo.
  d. salí para el trabajo.

3. Anoche, antes de acostarme, (yo)...
  a. vi la televisión.
  b. planché una blusa / una camisa.
  c. lavé los platos.
  d. preparé la comida.
4. El sábado pasado (yo)...
  a. invité a unos amigos a cenar.
  b. cené con mis amigos.
  c. limpié la casa.
  d. barrí el patio.

Act. 11. Intercambios (partner-pair). This activity allows students to hear and produce third-person singular forms. Model with questions like *¿Quién limpió su cuarto el sábado? ¿Qué hizo el señor Alvar el domingo? ¿Preparó Estela la comida el viernes o fue a la iglesia?*

ACTIVIDAD 11   Intercambios: El fin de semana

Aquí tiene usted algunas de las actividades del fin de semana pasado de Guillermo, Estela y el señor Alvar. Coméntelas con su compañero/a.

MODELOS: E1: ¿Quién *preparó la comida* (*el viernes*)?
       E2: *Estela.*

       E1: ¿Cuándo *sacó fotos el señor Alvar*?
       E2: *El domingo.*

NOMBRE	EL VIERNES	EL SÁBADO	EL DOMINGO
Guillermo Saucedo Ramírez	Bailó en una fiesta. Se acostó tarde.	Se levantó tarde. Limpió su cuarto.	Ayudó a su padre. Salió a pasear.
Estela Ramírez de Saucedo	Preparó la comida. Habló por teléfono.	Almorzó con una amiga. Charló con la vecina.	Visitó a su madre. Descansó toda la tarde.
el señor Alvar	Escribió una carta. Tocó el piano.	Jugó con sus nietos. Barrió el patio.	Asistió a misa. Sacó unas fotos.

Act. 12. Narración (whole-class; partner-pair). Narrate Nora's weekend to the class, adding as many details as possible. Pair students and encourage them to narrate the drawings, alternating with their partner every drawing or every row. This may also be done as a group activity. **Possible answers: 1.** *Se bañó.* **2.** *Se peinó.* **3.** *Cenó con un amigo.* **4.** *Bailó con su amigo.* **5.** *Se acostó tarde.* **6.** *Pasó la aspiradora.* **7.** *Lavó la ropa.* **8.** *Barrió el patio.* **9.** *Jugó al tenis.* **10.** *Se duchó.* **11.** *Asistió a misa.* **12.** *Visitó a su abuela.* **13.** *Almorzó (Comió) en casa de su abuela.* **14.** *Compró una blusa nueva.* **15.** *Leyó una novela.*

ACTIVIDAD 12   Narración: Un fin de semana de Nora Morales

▶ **PALABRAS ÚTILES**

primero	después	finalmente
luego	más tarde	por último

El viernes

El sábado

El domingo

ACTIVIDAD 13   Entrevistas: ¿Qué hiciste?

EL FIN DE SEMANA PASADO

1. ¿Limpiaste tu cuarto (tu casa)?
2. ¿Saliste con amigos? ¿Adónde?
3. ¿Comiste en un restaurante? ¿Cuál? ¿Con quién(es)?
4. ¿Practicaste algún deporte? ¿Con quién(es)? ¿Dónde?
5. ¿Fuiste al cine? ¿Qué película viste? ¿Te gustó? ¿Por qué?

ANOCHE

6. ¿Trabajaste? ¿A qué hora volviste a casa?
7. ¿Estudiaste? ¿Qué?
8. ¿Hablaste por teléfono con tus amigos? ¿Escuchaste música?
9. ¿Viste la televisión? ¿Navegaste por el Internet?
10. ¿A qué hora te acostaste?

Act. 13. Entrevista (partner-pair). Model questions and appropriate answers. Interviews may be conducted during two or three class sessions.

ESTA MAÑANA

11. ¿A qué hora te levantaste? ¿Te bañaste?
12. ¿Desayunaste? ¿Qué tomaste?
13. ¿A qué hora saliste para la universidad? ¿A qué hora llegaste?
14. ¿A qué clase asististe primero?
15. ¿Leíste el periódico?

Ventanas culturales: Los sitios
After students read this *Ventana*, assign the following composition: *Imagínese que usted va a crear un nuevo pueblo, como lo hizo Luis Bonilla. ¿Dónde va a estar este lugar? ¿Qué nombre le va a poner? ¿Qué sitios interesantes puede uno visitar allí?*

VENTANAS CULTURALES   Los sitios

Rancho Bonilla, un pueblo mexicano

La vida de Luis Bonilla es una historia de éxitos y de planes realizados. El Sr. Bonilla nació en Zacatecas, México, y llegó de muy joven a los Estados Unidos. Aquí trabajó de jornalero y hoy es dueño de varias tiendas. Luis Bonilla utiliza parte de sus ingresos para financiar un proyecto admirable: la creación de un pueblo mexicano. El pueblo se llama Rancho Bonilla y está en Riverside, California. Este atractivo sitio tiene una plaza, un parque, un anfiteatro, una laguna, hermosos jardines y muchos árboles.

Luis Bonilla es un hombre de múltiples talentos. Él solo diseñó Rancho Bonilla, trabajando como arquitecto, ingeniero y jardinero. A este talentoso mexicano le gusta recibir visitantes, y hasta el momento la entrada a su pueblo es gratis. El Sr. Bonilla está muy contento con este proyecto. Vive en un bello lugar que refleja su cultura y su historia, y además puede ofrecer a sus visitantes una imagen viva de México.

VOCABULARIO ÚTIL

el éxito	*success*
el jornalero	*day laborer*
el dueño	*owner*
las tiendas	*stores*
los ingresos	*income*
diseñó	*designed*

✳ Las presentaciones

Las presentaciones. Many of the words in this display and in subsequent activities will be new to students. Verify class comprehension of all vocabulary in the display and the activities of this section as you proceed through these materials. Have students practice introducing each other using the patterns in the display.
See IRK for additional activities: *Las presentaciones.*

Lea Gramática 6.4–6.5.

ESTEBAN: Mónica, quiero presentarte a mi amigo, Jorge.
MÓNICA: Hola, Jorge, ¿qué tal?
JORGE: ¿Qué tal, Mónica?

ESTELA SAUCEDO: Señor Luján, quisiera presentarle a mi amiga, la señora Medrano.

SR. LUJÁN: Mucho gusto en conocerla, señora.

SRA. MEDRANO: Igualmente, señor Luján.

DOÑA ROSITA: Señorita Batini, me gustaría presentarle a mi nuevo vecino, el señor Marcos.

LOLA BATINI: Mucho gusto en conocerlo, señor.

SR. MARCOS: Encantado, señorita Batini.

ACTIVIDAD 14   Diálogos abiertos: Las presentaciones

Preséntele su nuevo amigo / nueva amiga a otro amigo / otra amiga.

E1: _____, quiero presentarte a mi amigo/a _____. Vive en _____.

E2: Mucho gusto.

E3: _____.

Ahora, preséntele su nuevo amigo / nueva amiga a un amigo / una amiga de su familia.

E1: Sr./Sra./Srta. _____, quiero presentarle a mi amigo/a _____. Es _____.

E2: _____ en conocerlo/la.

E3: _____.

Presente a dos de sus compañeros que no se conocen.

E1: Oye _____, ¿conoces a mi amigo/a _____?

E2: No, no _____ conozco.

E1: _____, te presento a _____. Él/Ella estudia _____ aquí en la universidad.

E2: Mucho gusto, _____.

E3: Igualmente, _____.

ACTIVIDAD 15   Entrevista: ¿Conoces tu vecindario?

1. ¿Conoces a los vecinos de la casa (del apartamento) de la izquierda? ¿de la derecha? ¿de enfrente?

2. ¿Sabes el nombre de la escuela más cercana a tu casa (apartamento)? ¿Conoces al director / a la directora de esa escuela?

Act. 14. Diálogos abiertos (pair). In the first dialogue Student 1 introduces a friend and tells where the friend lives; in the second dialogue Student 1 introduces a friend and tells what the friend does (profession); in the third dialogue Student 1 introduces a friend and tells what the friend studies. Before doing the dialogues, write appropriate questions on the board so that students will have the information they need about each other to complete the dialogues: *¿Dónde vives? ¿Cuál es tu profesión/carrera? ¿Qué estudias en la universidad?* Tell students to make a note of the information so they may refer to it while they are making the introduction. Divide students into groups of three and have them rotate roles. The dialogues may be done in 2–3 class sessions.

Act. 15 Entrevista (whole-class). Tell students to pretend that they are at a party (glasses of soft drinks or juice help complete the scene). They circulate and make polite conversation and introduce themselves and others to each other. You also should circulate.
  Variation: Have students invent a new identity for themselves with a new name and some supporting details. You also invent a new identity. Then proceed with the party.

Ventanas culturales: Las costumbres
Discuss holiday activities and family traditions. After the reading, ask personalized questions: *¿Pasan ustedes los días festivos de diciembre con sus parientes? ¿Viajan? ¿Adónde van? ¿Se relacionan ustedes con sus vecinos? ¿Hacen actividades con algunos de ellos? ¿Hay actividades en las que participa todo el vecindario?*
  Assign a group activity: Have students dramatize *Las posadas* in class. They could also write a composition on the following topic: *Imagínese que usted tiene que describirle a un estudiante hispano / una estudiante hispana lo que se hace en los Estados Unidos (o en su país de origen) para la Navidad, el Jánuca u otro día feriado. Escriba un diálogo entre usted y ese/a estudiante.*

3. ¿Sabes dónde hay un buen restaurante cerca de tu casa (apartamento)? ¿Conoces a los dueños? ¿a los meseros?
4. ¿Sabes cuánto cuesta un apartamento pequeño en la ciudad o pueblo donde vives?
5. ¿Conoces a alguien que tiene piscina?
6. ¿Sabes cuánto cuesta una casa en tu vecindario?
7. ¿Sabes dónde está el parque _____?
8. ¿Sabes dónde está la biblioteca pública más cercana?

VENTANAS CULTURALES   **Las costumbres**

Las posadas

La palabra *posada* quiere decir hotel. Pero en México «Las posadas» se refiere a una fiesta religiosa muy popular. Las posadas se celebran entre el 16 y el 24 de diciembre, y representan los eventos bíblicos de la primera Navidad. La tradición se basa en un pasaje del Nuevo Testamento, cuando la virgen María y su esposo José buscan alojamiento, porque el niño Jesús va a nacer.

Para conmemorar este pasaje del Nuevo Testamento, los niños mexicanos van en grupo de casa en casa por su vecindario y lo hacen cada noche durante el período de Las posadas. Llevan velas y cantan una letanía. Parte del rito es tocar a cada puerta y pedir entrada, como María y José. Al final, los niños entran en una casa seleccionada con anterioridad. Allí se presentan y después reciben dulces, refrescos y buñuelos. A veces, se les invita a quebrar una piñata.

VOCABULARIO ÚTIL

el alojamiento	*lodging*
las velas	*candles*
la letanía	*litany*
con anterioridad	*previously*
los buñuelos	*fritters*
quebrar	*break*

En resumen

De todo un poco (partner-pair). Have students read through the situation. Clarify unfamiliar vocabulary. Write appropriate questions on the board: *¿Cómo es tu casa? ¿Tiene _____ tu casa? Describe tu vecindario. ¿Qué tiene que hacer tu hermano/a o tu hijo/a en casa?* Circulate to help with questions and answers. Then ask students to write down 4–5 comparisons between their house and household obligations and those of their partner. Volunteers may share these with the whole class.

De todo un poco

¿Cómo es tu casa/apartamento?

Trabajando en parejas, hablen de su casa (apartamento), su vecindario y sus obligaciones. Pueden usar la siguiente guía.

• descripción de la casa (del apartamento): los cuartos, los muebles, el patio, etcétera

• descripción del vecindario: las escuelas, la biblioteca, las tiendas, la lavandería, la gasolinera, etcétera

• las obligaciones que tiene cada miembro de la familia: lavar, planchar, cocinar, cortar el césped, etcétera

¡Dígalo por escrito!

Casa a la venta

Imagínese que usted es agente de bienes raíces. Busque una foto o haga un dibujo de una casa. Luego, escriba un anuncio para una revista de bienes raíces describiendo esa casa. Debe incluir en su anuncio una descripción detallada de la casa, los cuartos, los aparatos domésticos que tiene, la vecindad, el precio y, claro, la foto o el dibujo.

¡Dígalo por escrito! Let students know 2–3 days in advance that they need to bring in a photo or drawing of a house. Brainstorm with the whole class for appropriate descriptions. *Esta casa es _____. Esta casa tiene _____. Lo lindo de este vecindario es que _____. La sala es _____. La cocina es _____.* Pair students and have them sell their home. Assign a written paragraph as homework or extra credit.

¿Vive usted con su familia, o vive en un apartamento o en una residencia estudiantil? Muchos estudiantes mexicanos viven con su familia, pero otros no. En este segmento de video, Diego va a vivir en el apartamento de su amigo Antonio.

Vea las actividades que corresponden al video en la sección *Videoteca* del *Cuaderno de trabajo*.

VIDEOTECA

Ema se asoma. Ve la mesa de la sala.

MAMÁ, ¿LA SALA QUÉ PIEZA VIENE A SER?

EL "LIVING"

AH

¿¿POR QUÉ DEMONIOS NO ESCRIBIRÁN ESTOS LIBROS EN CASTELLANO?!

ocabulario

- ## Los cuartos y otras dependencias
  Rooms and Other Parts of the House

el ascensor	elevator
el baño (la sala de baño)	bathroom
la cerca	fence
la chimenea	fireplace
el comedor	dining room
el dormitorio	bedroom
la escalera	stairway, stairs
la habitación	room
el pasillo	hallway
la recámara	bedroom (Mex.)
la sala	living room

PALABRAS SEMEJANTES: el balcón, el garaje, el patio, la terraza
REPASO: la cocina, el jardín

- ## Los muebles y los aparatos eléctricos
  Furniture and Electrical Appliances

la alacena	kitchen cupboard
la alfombra	carpet
la almohada	pillow
el aparato (doméstico)	(household) appliance
el armario	closet
la aspiradora	vacuum cleaner
la bañera	bathtub
la cafetera	coffeepot
el calentador	heater
la cama (matrimonial)	(master) bed
el cepillo (de dientes)	(tooth) brush
la cómoda	chest of drawers
la cortina	curtain; drapes
el cuadro	picture (on a wall)
la escoba	broom
el espejo	mirror
el estante	shelf
la estufa	stove, range
el fregadero	kitchen sink
el gabinete	cabinet
el horno (de microondas)	(microwave) oven
el inodoro	toilet
el lavabo	bathroom sink
la lavadora	washing machine
el lavaplatos	dishwasher
la mesita	coffee table

el secador (de pelo)	hair dryer
la secadora	(clothes) dryer
el sillón	easy chair
la taza	cup, mug
la tetera	teapot
la toalla	towel
el tocador	dresser
el ventilador	fan

PALABRAS SEMEJANTES: la lámpara, el piano, el plato, el refrigerador, el sofá, el tostador, el utensilio
REPASO: la ducha, la rasuradora, la silla, el televisor, el vaso

- ## La casa y el vecindario
  House and Neighborhood

el arbusto	bush
la cancha de tenis	tennis court
la casa particular	private home
el centro comercial	shopping center
el departamento	apartment (Mex.)
el dueño / la dueña	owner
la estatua	statue
el jardinero / la jardinera	gardener
el pueblo	town

PALABRAS SEMEJANTES: el apartamento, la residencia, la vista
REPASO: el árbol, la ciudad, el colegio, el condominio, el edificio, la escuela, la fuente, la gasolinera, la iglesia, el lugar, el parque, la piscina, la plaza, el supermercado, la tienda

- ## Los quehaceres domésticos
  Household Chores

barrer	to sweep
calentar (ie)	to warm up
cortar el césped	to cut (mow) the grass
dar de comer	to feed
desempolvar	to dust
guardar (ropa)	to put away (clothes)
pasar la aspiradora	to vacuum
regar (ie)	to water
sacar la basura	to take out the trash
tender (ie) la cama	to make the bed

REPASO: ayudar, cocinar, lavar, limpiar, planchar, secar

• Los verbos — Verbs

alquilar (se)	to rent, to be rented
se alquila	for rent
apoyar	to support
compartir	to share
conocer	to know, to meet
enviar	to send
prender (la luz)	to turn on (the light)

PALABRAS SEMEJANTES: comentar
REPASO: apagar, deber (+ *infin.*), **encender (ie), hay que** (+ *infin.*), **necesitar, pasar tiempo, tener que** (+ *infin.*)

• Los sustantivos — Nouns

el alquiler	rent
el director / la directora	(school) principal
la diversión	entertainment
el empleado doméstico / la empleada doméstica	servant
la pareja	pair, couple

PALABRAS SEMEJANTES: el desastre, el ingrediente, la milla, el objeto, el transporte

• Los adjetivos — Adjectives

agradable	pleasant, nice
amplio/a	roomy
amueblado/a	furnished
callado/a	quiet
caro/a	expensive
fresco/a	fresh
módico/a	moderate (in price)
propio/a	own
serio/a	serious

PALABRAS SEMEJANTES: cronológico/a, decorado/a

• ¿Cuándo? ¿Con qué frecuencia? — When? How often?

a menudo	often
anoche	last night
(el mes/año) pasado	last (month/year)

REPASO: ahora, antes de / después de, ayer, esta noche, hoy, mañana, por la mañana/tarde/noche, una vez (dos/tres/cuatro... veces)

• Las comparaciones — Comparisons

bueno, mejor, el/la mejor	good, better, (the) best
malo, peor, el/la peor	bad, worse, (the) worst
el/la más (+ *adj.*)	the most (+ *adj.*)
más/menos que (de)	more/less than
tan... como	as . . . as
tanto(s)/tanta(s)... como	as much/as many . . . as

• Las presentaciones — Introductions

Encantado/a	Delighted (Pleased) to meet you.
Gusto en conocerlo/a	Nice to meet you.
¿Qué tal?	How's it going?
Quiero presentarle a...	I want to introduce you (*pol. sing.*) to . . .
Quiero presentarte a...	I want to introduce you (*inf.*) to . . .

REPASO: igualmente, mucho gusto

• Palabras y expresiones útiles

¿Para qué sirve... ?	What is . . . used for?

¿Y quién remodela mis baños y mi cocina?
EN OFICINAS · EMPRESAS · HOTELES · RESTAURANTES · CASAS · APARTAMENTOS
Casaviva

Gramática y ejercicios

6.1. By now students know the basic meaning of *más* and *menos*. We have suggested on several occasions that you introduce *más* as a comparative in your oral input. *Menos* in comparatives is less frequent and may be new for some students. Another new element here is the use of *que* corresponding to "than." We did not explicitly label the article + *más/menos* + adjective construction as

6.1 Making Comparisons of Inequality: *más/menos*

GRAMÁTICA ILUSTRADA

Guillermo es **más alto que** Ramón.

Ramón es **menos alto que** Guillermo.

Amanda es **más seria que** Graciela.

Graciela es **menos seria que** Amanda.

Amanda recibe **mejores notas que** Graciela.

Graciela recibe **peores notas que** Amanda.

Ramón es **mejor atleta que** Guillermo.

Guillermo es **mejor estudiante que** Ramón.

Ernestito es **el más grande de** los tres.

Marisa es **la más pequeña de** los tres.

> **más que** = *more than*
> **menos que** = *less than*

the superlative; introduce this term if you feel it is helpful. Point out that just as English-speaking children have trouble with good/better (saying "more good" or "gooder"), Spanish-speaking children have trouble with *bueno/mejor*, sometimes producing *más bueno* or *más mejor*.

A. Use the words **más... que** (*more . . . than*) and **menos... que** (*less . . . than*) to make unequal comparisons in Spanish. English often uses the ending *-er* (e.g., *taller*) in such comparisons, but Spanish uses **más/menos** + adjective.

Guillermo es **más** alto **que** Ramón.	*Guillermo is taller than Ramón.*
Graciela es **menos** seria **que** Amanda.	*Graciela is less serious than Amanda.*
Yo tengo **más** experiencia **que** Pilar.	*I have more experience than Pilar.*
José tiene **menos** tiempo **que** Clara.	*José has less time than Clara.*

B. To single out a member of a group as "the most" or "the least," add an article (**el, la, los, las**) to this construction. Note that English often uses the ending -*est*: **el más gordo** (*the fattest*), **las más grandes** (*the biggest ones*), **la más cara** (*the most expensive one*), **el menos útil** (*the least useful*). (Also note that Spanish uses **de** where English uses *of* or *in*.)

Adriana es **la más** simpática (**de** las tres que conozco).	Adriana is the nicest (*of the three I know*).
Éstas son **las** casas **más** modernas **del** vecindario.	These are the most modern houses in the neighborhood.
Aquí tiene usted **el** cuarto **más** grande **de** la casa.	Here you have the largest room in the house.

> **el más alto** = *the tallest* (*m. sing.*)
> **los más altos** = *the tallest* (*m. pl.*)
> **la más alta** = *the tallest* (*f. sing.*)
> **las más altas** = *the tallest* (*f. pl.*)

C. There are special comparative and superlative forms for **bueno** and **malo**.

bueno	mejor	el/la mejor	good/better/best
malo	peor	el/la peor	bad/worse/worst

> **el/la mejor** = *the best* (*sing.*)
> **los/las mejores** = *the best* (*pl.*)
> **el/la peor** = *the worst* (*sing.*)
> **los/las peores** = *the worst* (*pl.*)

En mi opinión, la cocina es **el mejor** cuarto de la casa.	In my opinion, the kitchen is the best room in the house.
No hay nada **peor** que el ruido de los coches cuando uno quiere dormir.	There is nothing worse than traffic noise when you want to sleep.

D. The special forms **mayor / el/la mayor** (*older/oldest*) and **menor / el/la menor** (*younger/youngest*) are used to compare ages.

Mi hermano **mayor** se llama Jaime y mi hermana **menor** se llama Leticia.	My older brother is called Jaime, and my younger sister is called Leticia.

> **mi hermana mayor** = *my older sister*
> **mi hermano menor** = *my younger brother*

EJERCICIO I

Haga comparaciones. Use **más/menos que.**

MODELO: El sofá cuesta $150. El sofá-cama cuesta $500. (cuesta) →
El sofá-cama cuesta *más que* el sofá. (El sofá cuesta *menos que* el sofá-cama.)

1. La mesa pesa 25 kilos. El sillón pesa 48. (pesa)
2. En mi casa viven ocho personas. En la casa de los vecinos viven cinco. (viven)
3. La casa de los López tiene cuatro dormitorios. La casa de los vecinos tiene dos. (tiene)
4. En el patio de mis abuelos hay tres árboles. En nuestro patio hay cinco. (hay)
5. En la casa de los Ruiz hay tres dormitorios. En la casa de los Saucedo hay cuatro. (hay)

EJERCICIO 2

Exprese su opinión. Use **mejor, peor, mayor, menor** o **el/la más... de...**

OGA: The comparative and superlative with *más/menos* may be practiced easily with your PF: Show two pictures of the same or similar items and ask: ¿*Cuál cuesta más? ¿Es más grande la casa o el apartamento?* Review demonstratives: ¿*Es más alto este hombre o aquél?*

> **pesa** = *weighs*

desierto = *desert*

MODELO: el Mercedes Benz; el Jaguar (mejor) →
En mi opinión, el Jaguar es *mejor que* el Mercedes.

1. vivir en el desierto; vivir en el centro de la ciudad (peor)
2. vivir en una casa; vivir en un apartamento (mejor)
3. un ventilador; un horno de microondas; un refrigerador (útil)
4. mi hermano Armando tiene 12 años; mi hermana Irma tiene 10 (mayor)
5. mi hijo tiene 6 meses; tu hija tiene 1 año (menor)
6. un Ferrari que cuesta $115.000; un Rolls Royce que cuesta $200.000; un BMW que cuesta $65.000 (caro)

6.2. Students usually have no trouble with these constructions if they hear them frequently in your input before having to produce them.

OGA: Use your PF before assigning the exercises to ask true/false questions: *Esta señorita no es tan alta como ésa. ¿Están ustedes de acuerdo?* To include *tanto... como* in your input, use play money, distributing various amounts to different students. Ask *Roberto, ¿cuánto dinero tiene usted? Ángela, ¿cuánto dinero tiene usted? ¿Tiene Roberto tanto (dinero) como Ángela?*

6.2 Making Comparisons of Equality: *tan/tanto*

GRAMÁTICA ILUSTRADA

Ramón no es **tan alto como** Guillermo.

Marisa y Clarisa son **tan inteligentes como** Ernestito.

Andrea no tiene **tanto tiempo libre como** su hermana, Paula.

Graciela tiene **tantos amigos como** Amanda.

tan + adjective +
como = *as* +
adjective + *as*

A. When stating that qualities are (or are not) equal or identical (*as pretty as / not as pretty as*), use **(no) tan... como. Tan** never changes form in comparisons or contrasts of qualities.

Marisa es **tan** inteligente **como** Clarisa.

Ramón **no** es **tan** alto **como** Guillermo.

Marisa is as intelligent as Clarisa.

Ramón is not as tall as Guillermo.

tanto/a/os/as + noun +
como = *as much/ many* + noun + *as*

B. When equating quantities (*as much/many as*), use **tanto... como. Tanto** agrees with the noun that follows: **tanto, tanta, tantos, tantas.**

Andrea no tiene **tanto dinero como** Paula.

Ustedes tienen **tantas clases como** nosotros.

Andrea doesn't have as much money as Paula.

You have as many classes as we do.

EJERCICIO 3

Haga comparaciones. Use **tan... como.**

MODELO: El Parque de Chapultepec es muy grande. El Parque Juárez es
pequeño. (grande) →
El Parque Juárez no es *tan grande como* el Parque de Chapultepec.

1. La piscina de los señores Montes es muy bonita. La piscina de los
señores Lugo es muy bonita también. (bonita)
2. El edificio de la avenida Oriente tiene seis pisos. El edificio nuevo
de la avenida del Libertador tiene diez. (alto)
3. La lavandería nueva de la calle Ebro es muy limpia. La lavandería
vieja de la avenida Almendros no es muy limpia. (limpia)
4. Los condominios «Princesa» son muy modernos. Los condominios
«San Juan» tienen ya veinte años. (modernos)

EJERCICIO 4

Haga comparaciones. Use **tantos/as... como.**

MODELO: Mi casa tiene dos dormitorios. Su casa tiene cuatro. →
Mi casa no tiene *tantos* dormitorios *como* su casa.

1. La sala de nuestra casa tiene cuatro lámparas. La sala de su casa
tiene sólo dos lámparas.
2. La casa de los señores Saucedo tiene ocho cuartos. La casa de los
señores Ruiz tiene seis cuartos.
3. La casa de mis padres tiene dos baños. La casa de al lado también
tiene dos baños.
4. El patio de doña Lola tiene muchas flores y plantas. El patio de
don Anselmo tiene pocas flores y plantas.

6.3. This is the first formal introduction to the preterite tense. We use the English terms "past tense" and "preterite" interchangeably, although the Spanish preterite is not exactly equivalent to the English past. (Of course, no two tenses in Spanish and English are ever exactly equivalent.) In this chapter we concentrate on the use of regular singular forms: plural forms and irregular verbs are introduced in *Capítulo 7*.

6.3 Talking about Past Actions: The Preterite of Regular Verbs (Part 1)

GRAMÁTICA ILUSTRADA

hablé = *I spoke*
comí = *I ate*
viví = *I lived*
hablaste = *you (inf. sing.) spoke*
comiste = *you (inf. sing.) ate*
viviste = *you (inf. sing.) lived*
habló = *you (pol. sing.) spoke; he/she spoke*
comió = *you (pol. sing.) ate; he/she ate*
vivió = *you (pol. sing.) lived; he/she lived*

The Spanish past tense (preterite), like the present tense, is formed by adding a set of endings to the stem. Here are the singular preterite endings of the regular verbs **hablar** (*to speak*), **comer** (*to eat*), and **vivir** (*to live*).*

	-ar verbs	**-er verbs**	**-ir verbs**
(yo)	habl**é**	com**í**	viv**í**
(tú)	habl**aste**	com**iste**	viv**iste**
(usted, él/ella)	habl**ó**	com**ió**	viv**ió**

Note the written accent marks. They tell you where to put the stress. Also note that the singular endings for **-er** and **-ir** verbs are the same.

The following are some time expressions that often act as clues to help you recognize the preterite and that you can use to talk about the past.

> **anoche, ayer, ayer por la mañana (tarde, noche), anteayer, el lunes (martes, miércoles, etc.) pasado, la semana pasada, esta mañana, el mes (año) pasado, ya**

Hablé con la vecina nueva **ayer**.   *I spoke with the new neighbor yesterday.*

—¿**Ya comiste?**   —*Did you already eat?*
—Sí, **comí** en casa.   —*Yes, I ate at home.*

EJERCICIO 5

¿Hizo usted estas actividades ayer? Conteste sí o no.

MODELO: trabajar → Sí, *trabajé* siete horas. (No, *no trabajé*.)

1. comprar un disco compacto
2. comer en un restaurante
3. hablar por teléfono
4. escribir una carta
5. estudiar por cuatro horas
6. abrir la ventana
7. visitar a un amigo / una amiga
8. correr por la mañana
9. tomar un refresco
10. lavar los platos

EJERCICIO 6

Diga si cada una de las personas a continuación hizo las actividades indicadas.

MODELO: Christina Aguilera / cantar en la ducha esta mañana →
Christina Aguilera *cantó* en la ducha esta mañana.

1. mi madre / charlar con el presidente la semana pasada
2. el presidente de México / comer tacos en la calle ayer
3. la profesora de español / salir con Antonio Banderas anoche
4. yo / jugar al tenis con Arantxa Sánchez Vicario ayer a medianoche
5. Fidel Castro / visitar los Estados Unidos el mes pasado

¿RECUERDA?

Spanish uses two different verbs to express the English verb *to know*. You have already seen and practiced the forms of one of these verbs, **saber,** which means *to know facts, information.* When followed by an infinitive, **saber** expresses the idea *to know how to (do something)*. Return to **Gramática 5.2** to review the verb **saber** in more detail.

*The plural endings and many common verbs that are irregular in the preterite are introduced in **Gramática 7.1, 7.2,** and **7.3.**

6.4 Knowing People, Places, and Facts: *conocer* and *saber*

A. Conocer (*to know*) is used in the sense of *to be acquainted* or *familiar with*; it is normally used with people and places. **Saber** (*to know*) is used in the sense of *to know facts, information,* or, when followed by an infinitive, *to know how to* (*do something*). Here are the present-tense forms of **conocer*** and **saber.**

6.4. Students will already know some forms of both verbs, and may already have asked about the difference between the two.

	conocer (to know people, places)	saber (to know facts, information)	
(yo)	conozco	sé	I know
(tú)	conoces	sabes	you (inf. sing.) know
(usted, él/ella)	conoce	sabe	you (pol. sing.) know; he/she knows
(nosotros/as)	conocemos	sabemos	we know
(vosotros/as)	conocéis	sabéis	you (inf. pl., Spain) know
(ustedes, ellos/as)	conocen	saben	you (pl.) know; they know

Note that the preposition **a** precedes a direct object noun when that noun is a person. This use of **a** is called the *personal* **a.**

—**¿Conoces a** Carla Espinosa?
—Sí, y **conozco** también **a** su hermano.
—¿Y **conoces** también **a** su amigo Rogelio?
—No, no lo **conozco a** él.

—*Do you know Carla Espinosa?*
—*Yes, and I also know her brother.*
—*And do you also know her friend Rogelio?*
—*No, I don't know him.*

—**¿Conoces** muy bien la ciudad de México?
—Todavía no.

—*Do you know Mexico City well?*
—*Not yet.*

—**¿Sabes** nadar?
—No, no **sé** nadar.

—*Do you know how to swim?*
—*No, I don't know how to swim.*

—**¿Sabes** dónde está el restaurante?
—No, no **sé.**

—*Do you know where the restaurant is?*
—*No, I don't know.*

—**¿Sabes** si hay una biblioteca cerca?
—No, no **sé.**

—*Do you know if there is a library nearby?*
—*No, I don't know.*

conocer = to know people, places
saber = to know facts, information
saber + inf. = to know how to (do something)
Conozco a Adriana.
(*I know Adriana.*)
Sé que Adriana vive en Buenos Aires.
(*I know that Adriana lives in Buenos Aires.*)

B. The preterite of **conocer** (**conocí, conociste, conoció**) expresses the meaning *met* (*for the first time*) in English.

Conocí a Raúl la semana pasada.   *I met Raúl last week.*

conocer in the preterite
= met (*for the first time*)

*Recognition: **vos conocés**

EJERCICIO 7

—¿Conoce usted a los vecinos que viven enfrente?

—Sí, los conozco muy bien. Su apellido es Saucedo.

El señor Valdés lleva sólo una semana viviendo en el vecindario de San Vicente. Está hablando con su vecino, don Eduardo. Complete con las frases apropiadas las preguntas del señor Valdés.

¿Conoce usted...
¿Sabe usted...

I. a los dueños de la casa de la esquina (*corner*)?
2. a doña Rosita?
3. si hay una farmacia cerca?
4. si hay una alberca (piscina) pública cerca?
5. al director del colegio que está en la esquina?
6. un buen restaurante chino?
7. dónde está el Parque de Colón?
8. si hay una lavandería en el centro comercial El Toro?
9. cuánto cuesta ponerle un techo nuevo a la casa?
10. a la vecina de la casa amarilla?

6.5. Object pronouns are quite difficult to teach for oral production and are acquired very late. You will have used them in your speech many times, but it is doubtful that students will have noticed them or found them helpful in understanding your input. (Since object pronouns are unstressed, they are difficult to hear.) To date, we have formally introduced reflexive pronouns and indirect object pronouns with verbs of reporting and *gustar*, so students are aware of pronoun placement. This section introduces direct object pronouns as personal pronouns representing people only. This is done in order to avoid connection between *lo* and "it." We suggest that students receive much input with direct object pronouns before you attempt to contrast them with indirect object pronouns. Our strategy is to get students to associate a pronoun with a particular verb: *verlo/la, conocerlo/la, quererlo/la, invitarlo/la,* but *preguntarle, decirle, hablarle, explicarle, darle,* etc.

6.5 Referring to People Already Mentioned: Personal Direct Object Pronouns

A. Personal direct object pronouns (**los pronombres de complemento directo**) are used with verbs such as *to see* (*someone*), *to remember* (*someone*), *to know* (*someone*), *to love* (*someone*), *to take* (*someone somewhere*), *to invite* (*someone*), and so forth. Here are some examples of direct object pronouns in English.

> Raúl Saucedo? I don't remember *him.*
> Ernestito and his brother and sister? We saw *them* yesterday.
> I'm José Estrada. You remember *me,* don't you?

B. You already know four of the personal direct object pronouns, because they are the same as the reflexive pronouns and the indirect object pronouns: **me** (*me*), **te** (*you*), **nos** (*us*), and **os** (*you; inf. pl., Spain*).

Usted no **me** conoce todavía. Soy Raúl Saucedo.	*You don't know me yet. I'm Raúl Saucedo.*
Te quiero mucho.	*I love you a lot.*
Tú no **nos** recuerdas, ¿verdad?	*You don't remember us, do you?*

C. Four other direct object pronouns are used, according to the gender and number of the person(s) referred to.*

lo	*him, you (pol. m. sing.)*	los	*them, you (pl.)*
la	*her, you (pol. f. sing.)*	las	*them, you (females only)*

*Some Spanish speakers from Spain use **le/les** instead of **lo/los** as the direct object pronoun to refer to males.

¿RECUERDA?

In **Gramática 5.1** you learned about indirect object pronouns (**los pronombres de complemento indirecto**), which are used with verbs of informing to indicate to whom something is told, reported, said, and so forth. Remember that the indirect object pronouns are **me, te, le, nos, os,** and **les.** Review that section again now, if necessary.

—¿Conoces a **José Estrada,** el novio de Pilar?

—Sí, **lo** conozco.

—¿Mi hija Margarita? **La** llevo todos los días a la escuela.

—¿No **lo** vi a usted ayer, señor Torres?

—Sí, **me** vio en la biblioteca.

—¿Y tus **parientes**? ¿**Los** ves con frecuencia?

—Sí, durante las fiestas, **los** invitamos a casa a cenar con nosotros.

—¿Vas a visitar a tus **hermanas** mañana?

—Sí, **las** voy a ver al mediodía.

—Mamá, ¿cuándo vas a recoger**nos**?

—Paso a recoger**las** a las 2:45.

—Do you know José Estrada, Pilar's boyfriend?

—Yes, I know him.

—My daughter Margaret? I take her to school every day.

—Didn't I see you yesterday, Mr. Torres?

—Yes, you saw me in the library.

—And your relatives? Do you see them frequently?

—Yes, during the holidays we invite them to our house to have dinner with us.

—Are you going to visit your sisters tomorrow?

—Yes, I'm going to see them at noon.

—Mom, when are you going to pick us up?

—I'll pick you up at 2:45.

> In the sentence *John saw her,* the word *her* is a direct object pronoun. Direct object pronouns answer the questions *Whom?* or *What?*

> In the sentence **Juan la conoce** (*John knows her*), **la** is a direct object pronoun.

> —**¿Dónde está Lan?**
> —**No sé, no** *la* **veo.**
> [*la* = **Lan**]
> (—*Where is Lan?*
> —*I don't know, I don't see* **her.**
> [**her** = Lan])
> —**¿Conoces a los Silva?**
> —**Sí,** *los* **conocí ayer.**
> [*los* = los Silva]
> (—*Do you know the* **Silvas?**
> —*Yes, I met* **them** *yester-day.* [**them** = the Silvas])

EJERCICIO 8

Complete estos diálogos con pronombres de complemento directo.

MODELO: —¿Conoces a Marta Guerrero?
   —Sí, *la* conozco.

1. —¿Conocen ustedes a los señores Saucedo?
   —Sí, _____ conocemos muy bien.
2. —¿Conoces tú a doña Rosita?
   —Sí, _____ conozco un poco.
3. —¿Y a Pedro Ruiz?
   —Sí, _____ conozco también.
4. —¿Conoce Estela Saucedo a Silvia y a Nacho?
   —Sí, ella _____ conoce un poco.
5. —Señor, yo no _____ conozco.
   —¿No me conoce? ¡Soy Ernesto Saucedo, su vecino!
6. —¿Conoce usted al esposo de Andrea Ruiz?
   —No, no _____ conozco.
7. —¿Conocen ustedes a la señorita Batini?
   —Sí, _____ conocemos muy bien; es amiga de mi madre.
8. —¿Conocen los señores Saucedo a los señores Silva?
   —Sí, los señores Saucedo _____ conocen muy bien; son vecinos.
9. —¿Conoces tú a Guillermo?
   —Sí, _____ conozco muy bien; es mi mejor amigo.
10. —¿Conoce Amanda a Graciela?
   —Sí, _____ conoce muy bien; son muy buenas amigas.

We mention the *leísmo* of peninsular Spanish in a footnote, but do not use it. Reassure students that if they continue to listen to, interact in, and read Spanish, they will eventually acquire these pronouns and their placement.

OGA: Try question-and-answer sequences: *¿Adónde fue el sábado?* (al cine) *¿Me vio allí?* (No, no lo/la vi.) Use your PF: *¿Cómo se llama este señor?* (Spike Lee) *¿Quién lo conoce personalmente? ¿Dónde lo conoció? ¿Dónde lo vio?*

Ej. 8. We do not force students to choose between indirect and direct object pronouns at this time.

Capítulo 7

In **Capítulo 7** you will continue to talk about things that happened in the past: your own experiences and those of others.

Sobre el artista:
Guillermo Alio nació en Tucumán, Argentina, en 1950. Estudió en la Escuela de Bellas Artes en Buenos Aires. Sus obras se exhiben en varios países de América del Sur y Europa, los Estados Unidos, México e Israel. Actualmente da conferencias sobre arte en Argentina y otros países.

Pintura de la serie *Tango argentino,* por Guillermo Alio, de Argentina

Goals—Capítulo 7
The purpose of *Capítulo 7* is to give students opportunities to interact in situations that deal with past events. However, although students will be able to recognize preterite forms and even produce some, they will not produce them with ease until they have experienced many months of oral and written input. For this reason, the preterite normally occurs in many activities in subsequent chapters. The imperfect will be introduced in the grammar of *Capítulo 9.* (Although differences between the preterite and the imperfect are aspectual rather than temporal, simpler terminology is more appropriate for first-year students; we will not discuss aspect [beginning, middle, or end of an action; cyclical or noncyclical; etc.] as it relates to preterite-tense forms.)

Indirect object pronouns are reintroduced in this chapter, in combination with *decir.*

Pre-Text Oral Activities
As you begin this chapter, continue to spend 5 minutes or so of each class period telling students what you did the previous day. As you narrate, write verb forms on the board in a column. Expand on your context and focus on telling an interesting story. Students may continue to write these activities in their notebooks. Each day have students work in pairs reacting to verb forms you have used: Did they do that specific activity the day before?

Hablando del pasado

PREGUNTAS DE COMUNICACIÓN

- ¿Qué hizo usted esta mañana antes de salir para las clases (para el trabajo)?
- ¿Se bañó? ¿Desayunó? ¿Leyó su correo electrónico? ¿Hizo ejercicio?
- ¿Qué hicieron usted y sus amigos durante las últimas vacaciones?
- ¿Esquiaron? ¿Fueron a la playa? ¿Tomaron clases? ¿Fueron mucho al cine?
- ¿Cuánto tiempo hace que usted se graduó de la escuela secundaria?
- ¿Cuánto hace que usted cumplió años?

MULTIMEDIA ▼

Visit the *Dos mundos* Website at www.mhhe.com/dosmundos for additional activities, links, and other resources.

The video to accompany *Dos mundos* includes cultural footage on Argentina and Paraguay.

The multimedia CD-ROM to accompany *Dos mundos* offers a variety of activities to review vocabulary and grammar from this chapter. You will also find additional cultural information and video clips.

Actividades de comunicación y lecturas

✳ **Mis experiencias**

Mis experiencias. From the Pre-Text Oral Activities in *Capítulos 5* and *6*, students should have by now a long list of preterite verb forms. Have students spend a few minutes looking over these forms in their notebooks and in the display. Have them write five sentences that describe activities they participated in the previous day; then have them work in pairs to tell each other their activities. Although this is a production activity, if students have heard preterite forms in your input during the Pre-Text Oral Activities of *Capítulos 5* and *6*, they should be able to do this easily. They should not attempt to formulate questions. Circulate among pairs, commenting and discussing. Most of the verbs in this display have been previously introduced. However, students may not have seen a particular preterite form. Verify class comprehension of all vocabulary in the display and the activities of this section as you proceed through these materials.

See IRK for additional activities: *Mis experiencias.*

Lea Gramática 7.1–7.2.

Ayer por la mañana...

 Me lavé el pelo.

 Desayuné rápidamente.

 Salí de casa.

 Asistí a la clase de biología.

 Tomé café con algunos amigos.

 Escribí un informe para la clase de química.

Ayer por la tarde...

 Volví a casa a las dos.

 Almorcé con mi mamá.

 Trabajé por cuatro horas en una tienda de ropa.

Anoche...

 Cené con mi familia.

 Leí un poco antes de acostarme.

 Me acosté temprano.

ACTIVIDAD I   Orden lógico: Mis actividades

Ordene lógicamente las siguientes actividades.

_____ Leí una novela.
_____ Me duché.
_____ Me puse el pijama.
_____ Trabajé. / Asistí a clases.
_____ Me acosté.
_____ Hice la tarea.
_____ Cené.
_____ Desayuné.
_____ Salí para el trabajo / la universidad.
_____ Lavé los platos.
_____ Volví a casa.
_____ Me vestí.

Act. 1. Orden lógico (individual; whole-class). Have students work individually to order these activities logically. (There are several possible orders.)
  Follow-Up: Go over possible orders with the whole class.
  Expansion: In groups of 2–3 have students write a paragraph based on these sentences.

ACTIVIDAD 2   Narración: La rutina

Complete lógicamente cada secuencia con la actividad que falta.

MODELO: Anoche cené, luego me quité la ropa, *me puse el pijama,* me lavé los dientes y me acosté.

1. Hoy me desperté, me levanté inmediatamente y me duché. Después me sequé y me puse ropa limpia.
2. Anoche llegué del trabajo, me quité la ropa, me puse el pijama, cené y me acosté.
3. Esta mañana me desperté tarde. Me quité rápidamente el pijama, me duché y me sequé. Luego tomé un vaso de leche (no desayuné porque no tuve tiempo) y salí para el trabajo.
4. El sábado pasado fui al cine. Primero me quité la ropa, luego me sequé y me puse ropa limpia. Un poco más tarde me peiné y me maquillé y, finalmente, salí para el cine con mi novio.
5. El domingo pasado me desperté, desayuné, me duché, me sequé, me vestí y salí de mi casa. Llegué a la cancha de tenis y jugué un partido con mi amigo.

Ahora, escriba una secuencia como las anteriores para que la clase diga qué actividad falta.

Act. 2. Narración (individual; partner-pair: whole-class). Suggestion: Have students, working individually or in pairs, look at each sequence and insert a missing logical activity. Circulate to give suggestions and hints such as: *¿Qué hacemos después de levantarnos y antes de ducharnos?* Give students 3–5 minutes.
  Follow-Up: Go over missing activities with the whole class. You may want to write each sequence out on the board. Missing activities: **1.** *me quité el pijama* **2.** *me lavé los dientes* **3.** *me puse la ropa (me vestí)* **4.** *me duché* **5.** *me levanté.* Students may come up with others; accept any that make sense.

ACTIVIDAD 3   Encuesta: La última vez

¿Cuándo fue la última vez que usted hizo las siguientes actividades?

MODELO: ¿Cuándo habló con su mamá por teléfono? →
         Hablé con ella *la semana pasada.*

▶ **POSIBILIDADES**

esta mañana	la semana pasada
ayer	ayer por la mañana (tarde, noche)
anteayer	el lunes (martes,...) pasado
anoche	el año pasado

Act. 3. Encuesta (whole-class). Ask the questions: volunteers respond. Expand the discussion when possible.

AA 1 (TPR). Use previous TPR sequences to give commands to individual members of the class. After they have performed a given activity, ask *¿Qué hizo Ted?* and respond for class: *Ted* _____. When you have done this several times, students will be able to answer as a group. **Sample, sequence:** *Ted, levántese, corra a la pizarra, escriba ahí su nombre, luego vaya al pupitre de Janis y quítele el libro. ¿Qué hizo Ted? Ted se levantó, corrió a la pizarra, escribió su nombre ahí, fue al pupitre de Janis y le quitó el libro.* Later, groups of 2–3 students can do the same activity to provide input with third-person plural forms.

AA 2 **Situación** (individual; whole-class). *Usted no hizo la tarea para su clase de español y tiene que darle una buena excusa a su profesor(a). Invente una excusa original.* Collect excuses and read the best ones to the whole class or ask for volunteers to read their excuses. You may vote on *la excusa más imaginativa, la más increíble, la más lógica.* etc.

Act. 4. **Narración** (whole-class; partner-pair). Go through the chart narrating Ricardo's weekend to the whole class. As you work through the series, reinforce *antes de / después de* + infinitive structures: *¿Qué hizo Ricardo después de desayunar?* Pair students to narrate the drawings. **Suggestions:** 1. *Ricardo se despertó a las 9:00.* 2. *Se duchó.* 3. *Desayunó huevos con tocino.* 4. *Buscó su traje de baño y la toalla.* 5. *Manejó su carro a la playa.* 6. *Estacionó el carro debajo de una palmera.* 7. *Puso su toalla en la arena.* 8. *Saludó a unos amigos.* 9. *Se bañó por un rato en las olas.* 10. *Se secó con la toalla.* 11. *Jugó al frisbi con su amigo.* 12. *Tomó un refresco.* 13. *Tomó el sol.* 14. *Corrió en la playa.* 15. *Se duchó otra vez.* Ask class: *¿Qué hizo Ricardo después de correr y ducharse?* Have class invent several possibilities for the blank square.

AA 3 **Diálogo original: Las últimas vacaciones.** *Usted se encuentra con un amigo / una amiga de la universidad. Él/Ella quiere saber qué hizo usted durante las vacaciones. Usted quiere impresionar a su amigo/a, así que invente unas actividades fantásticas.* E1: *Hola* _____. *Gusto de verte. ¿Qué hiciste durante las vacaciones?* E2: *Pues, yo...* _____.

1. ¿Cuándo lavó su carro?
2. ¿Cuándo se bañó?
3. ¿Cuándo se cortó el pelo?
4. ¿Cuándo navegó por el Internet?
5. ¿Cuándo asistió a clase? ¿a un concierto?
6. ¿Cuándo estudió por más de una hora?
7. ¿Cuándo vio la televisión? ¿una película?
8. ¿Cuándo fue a la playa? ¿al lago? ¿al río?
9. ¿Cuándo fue de compras?
10. ¿Cuándo leyó el periódico? ¿una revista?

ACTIVIDAD 4   Narración: El fin de semana de Ricardo Sícora

▶ PALABRAS ÚTILES

primero	luego	más tarde
poco después	también	finalmente

María del Carmen Méndez tiene 19 años y es española.

Describa unas vacaciones inolvidables.[1]

Unas vacaciones inolvidables fueron las del verano de hace dos años. En junio estuve con mi madre en una residencia de estudiantes en El Escorial,[2] un pueblecito en las montañas. Todo el mes de julio lo pasé en Irlanda, en un pueblo al norte de Dublín. Me pareció un país precioso, ¡y sobre todo verde! Y la gente era toda muy abierta y cantarina.[3] En agosto fui con mi padre a los Pirineos y allí pasamos quince días en un refugio, paseando por el bosque.[4]

Ese verano fui a muchísimos sitios y conocí a mucha gente de mi edad, y todavía me mantengo en contacto con muchos de ellos. Además, ¡descubrí algunas bellezas[5] del mundo!

[1]*unforgettable* [2]El Escorial es famoso por el monasterio de El Escorial, que fue construido (*was built*) entre los años 1563 y 1584. En el monasterio hay un palacio, una iglesia y un mausoleo donde están enterrados (*buried*) los monarcas españoles. [3]*fond of singing* [4]*forest* [5]*beautiful places*

El mundo hispano: La gente. Tell students that El Escorial is an important point of interest they should keep in mind when traveling in Spain. If you or some of your students have visited any of the places mentioned, discuss your experiences.

Las experiencias con los demás. Use drawings and vocabulary in the display to ask questions of the whole class regarding the experiences of *Raúl y Esteban* and *Amanda y Graciela*. Most of the preterite forms in this display will be new to students. Verify class comprehension of all vocabulary in the display and the activities of this section as you proceed through these materials.
   See IRK for additional activities: *Las experiencias con los demás.*

❋ Las experiencias con los demás

Lea Gramática 7.3–7.4.

Raúl y Esteban fueron a una fiesta ayer.

Se vistieron con cuidado.

Llegaron un poco tarde y les dijeron «¡Disculpen!» a sus amigos.

Bailaron y se divirtieron, pero bebieron mucha cerveza y...

¡Se sintieron mal! Tuvieron que regresar a casa.

AA 4 Game. The instructor leaves the classroom. The class decides on a crime that the instructor committed. The instructor reenters the room and asks questions to determine what crime he or she committed. Class is permitted to answer only *sí* or *no*. After the instructor has played the criminal, student volunteers play the role. You may have to help volunteers ask appropriate questions.

AA 5 Situación (individual; whole-class). *Usted tiene 16 años y vive en casa de sus padres. Ellos son muy estrictos y usted siempre tiene que estar en casa antes de las once de la noche. Una noche usted llega a la una de la madrugada. Explíqueles a sus padres por qué llegó tan tarde.*

Act. 5. Intercambios (whole-class; partner-pair). **Suggestion:** Have students scan for unfamiliar vocabulary. Model both types of questions. Pair students for interaction and circulate to help with question formation.

No quisimos beber en la fiesta.

| Nos pusimos unos vestidos lindos. | Llegamos a la fiesta y nos sirvieron cerveza; no la aceptamos. | No nos quedamos en la fiesta. Preferimos ir a jugar al boliche. | Nos sentimos un poco ridículas con nuestros vestidos de fiesta, pero nos divertimos mucho. |

ACTIVIDAD 5   Intercambios: El fin de semana de los vecinos

A continuación ustedes tienen una lista de lo que hicieron algunos de los vecinos de Ernesto y Estela durante el fin de semana.

MODELOS:

E1: ¿Qué hicieron *los Olivera el viernes?*
E2: Limpiaron la casa.

E1: ¿Quiénes *salieron a cenar el sábado?*
E2: *Los Silva.*

	LOS OLIVERA	**LOS SILVA**	**LOS RUIZ**
el viernes	Limpiaron la casa.	Fueron al cine y vieron una película romántica.	Viajaron a Acapulco con sus hijas.
el sábado	Dieron una fiesta y se divirtieron mucho.	Salieron a cenar.	Pasaron el día en la playa.
el domingo	Durmieron hasta las once; no hicieron nada.	Asistieron al bautizo del nieto de sus amigos.	Almorzaron en un restaurante elegante.

Act. 6. Narración (whole-class; partner-pair). **Suggestions:** Narrate Rubén and Virginia's trip to the

ACTIVIDAD 6   Narración: Las vacaciones de Rubén y Virginia Hernández

los Hernández
(Rubén y Virginia)

whole class. Then pair students to narrate. Circulate to help with vocabulary. **Possible narration:**
1. *Viajaron a México por avión.*
2. *Se quedaron (hospedaron) en el Hotel María Isabel (en la Zona Rosa).* 3. *Nadaron en la piscina*

ACTIVIDAD 7 Intercambios: Las vacaciones recientes

Pregúntele a su compañero/a qué hicieron las personas en las siguientes fotos.

MODELO: E1: ¿Qué hicieron los miembros de *la familia puertorriqueña*?
E2: *Fueron a la playa, tomaron el sol y nadaron.*

Después, pregúntele a su compañero/a si él/ella hizo las mismas actividades durante sus últimas vacaciones.

MODELO: E1: *¿Fuiste a la playa?*
E2: No, no *fui a la playa,* pero *nadé mucho en la piscina.*

Una playa en Puerto Rico

El esquí en Chile

El cine en España

(México: alberca) del hotel. **4.** *Cenaron en el restaurante Villafontana.* **5.** *Subieron a la Pirámide del Sol en Teotihuacán (Teotihuacán is a short distance from Mexico City.)* **6.** *Dieron un paseo por el Parque de Chapultepec y sacaron fotos.* **7.** *Vieron los osos panda en el jardín zoológico.*

Un restaurante en Sevilla, España

De viaje en Argentina

ACTIVIDAD 8 Encuesta: ¿Cuándo?

Diga con quién y cuándo hizo usted las siguientes actividades. Luego comente sus respuestas con un compañero / una compañera.

MODELO: Fuimos al cine. → *Mi amigo Jorge y yo* fuimos al cine *anoche.*

▶ **POSIBILIDADES**

Mis amigos y yo	Mi novio/a y yo	Mi familia y yo	Mi esposo/a y yo

1. Practicamos un deporte.
2. Esquiamos en las montañas.
3. Dormimos en el campo, al aire libre.
4. Dimos una fiesta.
5. Vimos una película.
6. Bailamos.
7. Nos divertimos muchísimo.
8. Montamos a caballo.
9. Corrimos varios kilómetros.
10. Estudiamos en la biblioteca.

▶ **Y TÚ, ¿QUÉ DICES?**

¿Dónde?	¡Qué divertido!	¿De veras?
¿Cuál?	¡Qué aburrido!	¡Qué envidia!

8. *Asistieron al Ballet Folclórico de México (en el Palacio de Bellas Artes).* Use this series to comment extensively on (and perhaps show your slides of) each place Rubén and Virginia visited.

Expansion: After students have practiced in pairs narrating what Rubén and Virginia did, group them in threes. Two students role-play Rubén y Virginia; the other is a friend of theirs. The friend asks them questions about their trip to Mexico. They may answer based on the drawings or invent new activities.

Act. 7. Intercambios (partner-pair). **Suggestion:** Practice formulating questions about people in the photos. Pair students to ask questions.

Expansion: Comment about your own activities or ask questions about student activities.

Act. 8. Encuesta (individual; partner-pair). **Suggestion:** Comment on student responses, adding your own experiences. If necessary, write on board some time words (adverbs) like *ayer, anteayer, el lunes (martes...) pasado, la semana pasada, el año pasado.* Have students select 5–6 sentences and begin each with the phrase *Mi _____ y yo...* They may write on paper or in their text.
   Follow-Up: Pair students and have them read their activities to each other alternately. The partner should respond using comments from the *Y tú, ¿qué dices?* section.

AA 6 (TPR). Divide the class into groups of 4–5. Give each group (in writing) a TPR sequence with a theme: going out, going to the beach, cooking dinner, and so on. Students read their sequence over as you circulate to answer any questions. Have each group act out its sequence. When each group has finished, have the rest of the class narrate what it did.

Act. 9. Narración (whole-class; individual). **Suggestion:** Have the class look over the drawings, then read the descriptions aloud to them. Have them attempt to order them.
   Follow-Up: Have the whole class indicate which description matches the first drawing and so forth. **Variant:** Type descriptions onto cards and distribute to pairs. Instruct them to order themselves in front of the room and read off their description.

ACTIVIDAD 9   Narración: Los héroes y el ladrón

Los dibujos representan una aventura de Guillermo y su hermano Ernestito. Las oraciones a continuación describen cada dibujo. Póngalas en orden según los dibujos.

_____ Guillermo le ató las manos al ladrón y Ernestito llamó a la policía.

_____ Los chicos se pusieron rojos. Pero se sintieron muy bien porque hicieron algo heroico.

_____ Guillermo y Ernestito oyeron unos gritos desesperados.

_____ Corrieron detrás del ladrón.

_____ Miraron por la ventana y vieron a dos hermosas chicas asustadas.

_____ Lo atraparon y le quitaron las bolsas de las chicas.

_____ Ellas les dijeron: «¡Ayúdennos, por favor! ¡Aquel hombre nos robó las bolsas!»

_____ Las chicas les dijeron: «¡Muchísimas gracias!» y les dieron un beso.

_____ El policía arrestó al ladrón.

_____ Salieron y les preguntaron: «¿Qué les pasa?»

REFRÁN

Más vale solo que mal acompañado.

(*Better to be alone than in bad company.*)

Act. 10. Entrevista (partner-pair). **Suggestion:** Read over questions with students. Give them a minute or so to decide who they will represent and then pair them up.

AA 7 (individual; whole-class). Use the following open-ended sentences to stimulate conversation. You will probably want to

ACTIVIDAD 10   Entrevista: El sábado pasado

Imagínese que su compañero/a es una persona famosa: un actor / una actriz, el presidente de los Estados Unidos, una estrella de televisión, o un jugador / una jugadora de fútbol, de basquetbol o de tenis. Hágale preguntas sobre las actividades del sábado pasado.

1. ¿Se levantó tarde? ¿A qué hora se levantó?
2. ¿Leyó el periódico? ¿Tomó café, té o no tomó nada?
3. ¿Hizo ejercicio? ¿Practicó algún deporte?
4. ¿Dónde almorzó? ¿Con quién?
5. ¿Salió con algún amigo / alguna amiga? ¿Adónde fueron? ¿Se divirtieron?
6. ¿Trabajó? ¿Dónde? ¿Por cuántas horas?
7. ¿Dio una fiesta en casa? ¿A quiénes invitó?
8. ¿Vio la televisión? ¿Leyó una novela? ¿A qué hora se acostó?

ACTIVIDAD 11   Conversación: Las confesiones

UNA VEZ...

1. hice algo terrible. (Yo)...
2. hice algo muy bueno. (Yo)...
3. mi perro/gato...

EN LA ESCUELA PRIMARIA

4. mi(s) hijo(s) / mi(s) hermano(s)...

EN UNA FIESTA...

5. mis amigos y yo...

use only one or two in each class period. 1. *Una vez, en la escuela primaria, yo...* 2. *Durante las vacaciones veraniegas del año pasado, yo hice algo totalmente diferente. (Yo)...* 3. *La primera vez que traté de besar a mi novio/a, él/ella...* 4. *La cosa más tonta que hice en toda mi vida de estudiante fue cuando yo...*

Act. 11. (whole-class; pair). Write your own "confessions" on the board in simple declarative sentences. For example: *Ayer dormí en una banca en el parque.* Have students select two or three of these prompts and write their own confessions. Ask for volunteers to share them with the class or pair students up to read each other their confessions while partners make comments.

VENTANAS CULTURALES   Nuestra comunidad

Reuben Martínez, amigo de muchos

Ventanas culturales: Nuestra comunidad Is there a Hispanic bookstore or museum in your area? As an extra-credit assignment, have students visit it and write in Spanish a summary of their experience.

La librería de Reuben Martínez no es solamente una tienda de libros. Ubicada en Santa Ana, California, esta tienda es también una barbería y un centro cultural de la ciudad. Su nombre, Librería Martínez Books and Art Gallery, proyecta el elemento artístico. Allí se ofrecen conciertos, se hacen exposiciones de arte y presentan su obra escritores de fama internacional. Allí también van a cortarse el pelo políticos demócratas y republicanos (el ex-gobernador Jerry Brown, por ejemplo) y muchos amigos de Reuben Martínez. El librero mexicoamericano está orgulloso de su trabajo. En su tienda se vende una gran variedad de libros y revistas en español y, además la tienda es un lugar de diálogos y reuniones estimulantes.

El señor Martínez es barbero porque no quiso ser minero, como su padre, y es librero porque le gustan los libros y le encanta leer. En su poco tiempo libre, visita escuelas en California para charlar con los estudiantes. Les habla a los jóvenes de su infancia y sus experiencias en Arizona, cuando le prohibían hablar español en la escuela. Para su público, Reuben Martínez es un portavoz accesible y entusiasta de la comunidad hispana. Es un hombre que está siempre dispuesto a conversar sobre cualquier tema, y dispuesto a escuchar a un amigo.

VOCABULARIO ÚTIL

ubicada	*located*
el librero	*bookseller*
orgulloso	*proud*
minero	*miner*
prohibían	*was forbidden*
portavoz	*spokesperson*
dispuesto	*willing*

Lectura
Suggestions for Effective Reading. This reading lends itself well to the practice of visualization. Since Armando describes his two trips to Machu Picchu, have students picture him in the different stages of his two journeys. Have them visualize the modes of transportation and the descriptions of nature and the ruins.
Culture/History. Machu Picchu is known as the mysterious lost city of the Incas. It was rediscovered in 1911 by Hiram Bingham, a professor from Yale, who explored the theory of a lost mountain kingdom near Cuzco, Peru. Since then, there has been a great deal of study and research as

LECTURA # Los amigos hispanos: Machu Picchu, un viaje por el tiempo

Armando González Yamasaki tiene trece años y vive en Lima con su familia. Él describe aquí sus dos excursiones a Machu Picchu. Para Armando, su segunda visita a las ruinas incas fue una experiencia fantástica. Veamos por qué...

VOCABULARIO ÚTIL

tenía	had (was ... years old)
el paisaje	landscape
la cima	top
a pie	on foot
el Camino Inca	the Inca Trail
indígena	native
la caminata	walk, hike
los precipicios	cliffs
la belleza	beauty
paramos	we stopped
las cumbres	peaks
¡¿Qué importa eso?!	What does it matter?!

Mi mamá es guía de turistas en Lima y organiza excursiones. Muchos turistas van a Machu Picchu. Yo he visitado esas ruinas dos veces y mis dos excursiones fueron muy diferentes. La primera vez fui con mi madre. Yo tenía sólo ocho años, pero recuerdo bien todo lo que hicimos. Les cuento...

Primero viajamos a Cuzco por avión desde Lima. Allí tomamos un tren para ir a Machu Picchu, y me senté al lado de la ventanilla para ver bien el paisaje. Pasamos por montañas muy verdes. Llegamos a una pequeña estación dentro de un valle, y de allí subimos en autobús a la cima de la montaña. Entonces pudimos ver las increíbles ruinas de los Andes. Mi mamá me explicó cosas interesantes de la cultura inca y me gustó estar allí con ella. Pero la verdad es que mi segunda visita a Machu Picchu fue más interesante para mí. Es que... fue como un viaje fantástico por el tiempo. ¡De verdad!

El año pasado mi maestra de historia organizó una excursión a pie, siguiendo el Camino Inca. La excursión fue parte de una lección sobre la cultura indígena de Perú. Qué bueno que participé en esa lección, porque pude ver cosas que los turistas no ven. La caminata es de 43 kilómetros por la ruta de los antiguos incas. Empezó en el pueblo de Llaqtapata y de ahí todos los estudiantes subimos hasta el Valle Cusichaca. Pasamos por la villa de Huayllabamba. Después doblamos a la derecha y seguimos por varios valles más, por túneles y por precipicios.

Mi maestra nos dijo que el Camino

Machu Picchu, Perú

Inca era como un «viaje espiritual» para muchas personas indígenas. Nos dijo también que ella considera el Camino como una obra de arte, porque éste nos da la oportunidad de admirar la belleza de Machu Picchu. Durante la caminata, paramos en varios lugares a comer y a descansar. Cuando llegamos al final de la ruta, en Intipunku, todos nos quedamos callados, admirando la vista de Machu Picchu. Mi maestra describió así esa vista: «Es una ciudad mágica entre dos grandes y eternas cumbres».

En ese momento me alegré mucho de estar en esa ciudad mágica. Mis compañeros y yo nos hacíamos las mismas preguntas. ¿Cómo pudieron los incas construir esta ciudad en un lugar tan remoto? ¿Cómo trajeron las piedras hasta aquí arriba? ¿Para qué construyeron Machu Picchu? ¿Por qué la abandonaron? La maestra nos aseguró que los expertos también se hacen esas preguntas, pero nadie tiene las respuestas. ¡¡Qué importa eso?! Lo importante es que Machu Picchu existe. Al estar allí, sentí que estaba viajando por el tiempo, visitando un pasado fantástico.

Comprensión

Busque el orden correcto.

PRIMERA EXCURSIÓN

_____ En el tren, Armando se sentó al lado de la ventanilla.
_____ Armando y su mamá llegaron a una pequeña estación.
_____ Armando vio las impresionantes ruinas de Machu Picchu.
_____ El tren pasó por varias montañas.
_____ Armando subió a la cima de la montaña en autobús.
_____ Armando y su mamá viajaron a Cuzco.

SEGUNDA EXCURSIÓN

_____ Armando se alegró de estar allí.
_____ Pasaron por túneles y precipicios.
_____ La excursión empezó en un pueblo.
_____ Descansaron y comieron en varios lugares.
_____ Armando vio una ciudad mágica.
_____ Los estudiantes subieron a un valle y pasaron por una villa.

Ahora… ¡usted!

¿Participó alguna vez en una excursión interesante o divertida? Describa la experiencia. ¿Adónde fue? ¿Con quién? ¿Qué hizo?

Un paso más… ¡a escribir!

¿Conoce usted algún lugar remoto, como Machu Picchu? Si no conoce un lugar así, ¡imagíneselo! ¿Dónde está? ¿Es difícil llegar allí? ¿Cuál es la atracción principal de ese lugar? ¿Cómo son sus habitantes? ¿Para qué construyeron este sitio?

well as theorizing done with regard to Machu Picchu. Yet questions remain as to the purpose of this majestic city, why it was constructed, and why it was abandoned.
Pre-Reading. Note that, although this reading is about Armando's two trips to Machu Picchu, one underlying theme is modes of transportation. Introduce the subject of travel with personal questions: *¿Alguien en la clase conoce algún país latinomericano? ¿Cuándo lo visitó? ¿Cuál fue su impresión? ¿Cuál es su modo de transporte preferido? ¿El tren? ¿el autobús? ¿el carro? ¿Hizo alguna vez una excursión a pie? ¿Caminó mucho? ¿Cuántas millas (o kilómetros)?*
If you have visited a Hispanic country, describe your experiences. Then talk about Peru. Preview reading with slides and/or photos of Peru and of Machu Picchu. Point out Cuzco, Lima, and the famous Inca ruins on the map that accompanies this *Lectura*. Tell students: *Cuzco es la antigua capital de Perú; Lima es la capital hoy día.* Now explain that they will be reading a short narrative by Armando González Yamasaki, the same boy who wrote about *quehaceres domésticos* in the previous chapter. He describes here his two visits to the Inca ruins.
Post-Reading. Reconstruct Armando's two trips with students' help, using the ordering activity in *Comprensión* as a guide. Expand by asking students to recall details from the story and inventing others. You may want to offer the following interpretation of Armando's second visit to the ruins: *¿Podemos decir que Armando tuvo una experiencia muy especial durante su segunda excursión? Sí, quizá tuvo un «despertar»* (an awakening or life-changing realization). *El niño pudo apreciar mucho mejor la cultura indígena de su país, ¿no creen?*
Assign AU to be done in groups and UPM as homework.
Answers to Comprensión. Primera excursión: 1. *Armando y su mamá viajaron a Cuzco.* **2.** *En el tren, Armando se sentó al lado de la ventanilla.* **3.** *El tren pasó por varias montañas.* **4.** *Armando y su mamá llegaron a una pequeña estación.* **5.** *Armando subió a la cima de la montaña en autobús.* **6.** *Armando vio las impresionantes ruinas de Machu Picchu.* **Segunda excursión: 1.** *La excursión empezó en un pueblo* **2.** *Los estudiantes subieron a un valle y pasaron por una villa.* **3.** *Pasaron por túneles y precipicios.* **4.** *Descansaron y comieron en varios lugares.* **5.** *Armando vio una ciudad mágica.* **6.** *Armando se alegró de estar allí.*

✳ Hablando del pasado

Lea Gramática 7.5.

20.000 a.C.

Los indígenas americanos llegaron al continente desde Asia hace más de 20.000 años.

12 de octubre de 1492

Cristóbal Colón llegó a América hace cinco siglos.

Hablando del pasado. The main focus of this section is the use of *hace* to mean "ago." Use drawings to narrate a story in which the use of *hace* is natural. For example, tell about Jefferson signing the Declaration of Independence in 1776, then give the current year, subtract 1776 from it, and retell the signing using the phrase *hace más de 225 años.* Follow a similar procedure with the other drawings.

Many of the words in this display and in subsequent activities will be new to students. Verify class comprehension of all vocabulary in the display and in the activities of this section as you proceed through these materials.

See IRK for additional activities: *Hablando del pasado.*

Act. 12. Asociaciones (whole-class). **Suggestion:** Read possible responses and ask if they are logical. Have students explain their responses (*Porque...*) Comment on Enrique Iglesias, Marc Anthony, *el Museo del Prado* and, the *pirámides de Teotihuacán.*

4 de julio de 1776

Thomas Jefferson firmó la Declaración de la Independencia hace más de 225 años.

5 de mayo de 1862

Los mexicanos ganaron la batalla de Puebla hace aproximadamente 145 años.

ACTIVIDAD 12   Asociaciones: Hablando del pasado

Busque las actividades que *no* son lógicas y explique por qué no lo son.

1. Soy Ernesto. Esta mañana me levanté muy tarde.
   a. El despertador no sonó.
   b. Llegué temprano al trabajo.
   c. Desayuné tranquilamente en casa.
   d. Manejé el carro muy rápido, en vez de tomar el autobús, para llegar pronto a la oficina.
2. Hace una semana Ramón fue a acampar en las montañas con su familia.
   a. Su hermano se bañó en el río.
   b. Su hermana bailó toda la noche en una discoteca.
   c. Su papá escaló una montaña.
   d. Su mamá preparó el desayuno.
3. Soy Amanda. Hace dos días fui con algunas amigas a comprar el nuevo disco compacto de Marc Anthony.
   a. Tomamos el metro.
   b. No pagamos mucho por el disco compacto.
   c. Compramos un taco en la tienda de música.
   d. Encontramos otro disco compacto de Enrique Iglesias que nos gustó.

4. Hace un año Estela y Ernesto fueron a Europa.
   a. Visitaron el Museo del Prado en Madrid.
   b. Comieron en restaurantes franceses muy buenos.
   c. Subieron a las pirámides de Teotihuacán.
   d. Cruzaron el canal entre Inglaterra y Francia.

ACTIVIDAD 13   Entrevista: Hechos memorables... una entrevista algo indiscreta

MODELO: E1: ¿Cuánto tiempo hace que empezaste a estudiar español? →
         E2: Hace *seis meses* que empecé a estudiar español.

1. ¿Cuánto tiempo hace que saliste solo/a con un amigo / una amiga por primera vez?
2. ¿Cuánto tiempo hace que te dieron el primer beso?
3. ¿Cuánto tiempo hace que te graduaste de la escuela secundaria? ¿que te matriculaste en la universidad?
4. ¿Cuánto tiempo hace que tus padres se casaron? ¿que tú te casaste?
5. ¿Cuánto tiempo hace que nació tu primer hijo / primera hija (primer sobrino / primera sobrina)?
6. ¿Cuánto hace que cumpliste años?
7. ¿Cuánto hace que conociste a tu mejor amigo/a?
8. ¿Cuánto hace que un policía te puso una multa por manejar a exceso de velocidad?

Act. 13. Entrevista (whole-class; partner-pair). **Suggestions:** Read questions and model your own answers first. Then pair students; circulate to help. **Note:** Answers shorter than the model are more characteristic of normal speech, e.g., *Hace seis meses.* Remind students that *tiempo* is optional in this question construction.

Ventanas culturales: Los sitios "Recuerdos de Ypacaraí" is one of the best known songs in the Hispanic world. It has been recorded by numerous artists. One of its most popular versions was rendered by Julio Iglesias in 1976, as part of his album *A América*. To set the mood for this *Ventana*, play "Recuerdos de Ypacaraí" for your students. Tell them that it was inspired by Ypacaraí, a lake in Paraguay. The song's melody is quite beautiful and evocative. Discourage students from trying to decipher the lyrics. They should try, instead, to capture the feeling evoked by the music. Have them close their eyes and visualize a place—not necessarily a lake—while listening.

VENTANAS CULTURALES   Los sitios

En Paraguay

Cuando los exploradores españoles llegaron a la región hoy conocida como Paraguay, hace ya más de 500 años, encontraron allí a los indígenas guaraníes. Hoy muchos descendientes de los guaraníes viven en la zona occidental de Paraguay. Y la contribución de estas personas a la vida cultural paraguaya es esencial. Por ejemplo, su idioma, el guaraní, es una de las lenguas oficiales del país.* (El español es lengua oficial también.)

La represa de Itaipú

     La capital de Paraguay es Asunción, una hermosa ciudad establecida por los españoles en 1541. La agricultura y la ganadería son las fuentes económicas principales del país. En Paraguay se encuentra la represa de Itaipú, la más grande del planeta, que fue construida en 1982. Hay dos ríos importantes, el Paraguay y el Paraná, y varios lagos. Uno de esos lagos, el Ypacaraí, inspiró la famosa canción «Recuerdos de Ypacaraí». Esta bella canción fue escrita por Zulema Mirkin y Demetrio Ortiz en 1952 y muy pronto se hizo popular. Traducida a siete idiomas, también sirvió de tema musical para varias películas. Así el Ypacaraí, lago paraguayo† de aguas intensamente azules, llegó a conocerse por todo el mundo.

VOCABULARIO ÚTIL	
occidental	*Western*
la ganadería	*cattle*
	ranching
las fuentes	*sources*
la represa	*dam*
los recuerdos	*memories*
llegó a conocerse	*became known*

*El caso del guaraní es excepcional, pues muchas de las personas que hablan este idioma son de origen europeo.
†El lago Ypacaraí tiene 90 kilómetros cuadrados (*square*), o sea, 35 millas cuadradas.

En resumen

De todo un poco (partner-pair; whole-class). **Suggestion:** Have students work in groups of 2–3 to match descriptions and names. Then ask them to write their own descriptions of famous people based on what these people did.

Follow-Up: Have volunteers share their descriptions with the whole class as the class tries to guess the person. **Suggestions:** Cleopatra, Juana de Arco, Amelia Earhart, Francis Drake, Shakespeare, César Chávez.

De todo un poco

¿Quién lo hizo?

Diga cuál de las personas que aparecen a continuación se relaciona con cada hecho histórico.

a. Neil Armstrong
b. La reina Isabel la Católica
c. Hernán Cortés
d. Maximiliano de Habsburgo

e. Marion Jones
f. Charles Lindbergh
g. Leonardo da Vinci
h. Marie Curie

1. _____ Recibió dos Premios Nóbel, uno en física en 1903 y otro en química en 1911. Descubrió la radiactividad.
2. _____ Conquistó a los aztecas hace aproximadamente 500 años. Quemó sus barcos para no regresar a España.
3. _____ Se casó con Fernando II de Aragón y gobernó Castilla de 1474 a 1504. Apoyó a Cristobal Colón.
4. _____ Pintó La Gioconda (la Mona Lisa) en Italia hace más de quinientos años. También fue inventor.
5. _____ Es norteamericano. Fue el primer hombre que caminó en la luna, hace aproximadamente treinta y cinco años.
6. _____ Ganó cinco medallas en pista y campo en las Olimpíadas de Sydney en 2000.
7. _____ Hizo el primer vuelo transatlántico. Cruzó el Océano Atlántico en el «Espíritu de San Luis» en 1927, hace aproximadamente setenta y cinco años.
8. _____ Fue emperador de México de 1864 a 1867, hace más de 130 años.

Ahora, trabajando en grupos, preparen dos o tres descripciones de personas famosas para toda la clase.

¡OJO!

En muchos países hispanos se usa la palabra *castellano* para referirse al idioma español. Se oye especialmente en Chile, Argentina y España. Esto se debe a que la reina Isabel la Católica, que era de Castilla, unificó las provincias de España e impuso su idoma: el castellano.

¡Dígalo por escrito!

¡Soy inocente!

Debido a un error de identidad, la policía sospecha que usted participó en un robo que ocurrió el sábado pasado. La policía lo/la interroga a usted. Escriba un diálogo explicando exactamente lo que usted hizo el sábado pasado.

¡Dígalo por escrito! Read the situation with the whole class. Tell police partners that they are to make a series of questions to determine exactly where the suspect was and what he/she was doing. For this activity suspects may lie.

MODELO: POLICÍA: ¿Qué hizo usted el sábado pasado?
USTED: Pues, primero...

POLICÍA: ¿A qué hora? ¿Solo/a o acompañado/a? ¿Fue usted a trabajar? ¿Cuántas horas y dónde?

Usted ya sabe algo de José Miguel y
Paloma, los dos primos de Ecuador. En
este episodio, Paloma le cuenta a José
Miguel qué le pasó el fin de semana pasado. ¡Parece que
fue un fin de semana muy interesante!

Vea las actividades que corresponden al video en la
sección *Videoteca* del *Cuaderno de trabajo*.

 **VIDEOTECA**

 # Vocabulario

• La naturaleza — Nature

la arena	sand
la luna	moon
el océano	ocean
la ola	wave
el oso	bear

REPASO: el árbol, el lago, el mar, la montaña, el río, el sol

• Los lugares — Places

el aire libre	outdoors
la alberca	swimming pool (*Mex.*)
el campo	country(side)
la escuela primaria	elementary school
el (jardín) zoológico	zoo

PALABRAS SEMEJANTES: Asia, el continente, la pirámide

• Los verbos en el pasado (irregulares) — Verbs in the Past (Irregular)

almorzar (ue)	to have lunch
almorcé/almorzó	
buscar	to look for
busqué/buscó	
cruzar	to cross
crucé/cruzó	
dar	to give
di/dio	

decir	to say, to tell
dije/dijo	
divertirse (ie, i)	to have a good time
me divertí/se divirtió	
dormir (ue, u)	to sleep
dormí/durmió	
empezar	to start
empecé/empezó	
estar	to be
estuve/estuvo	
hacer	to do; to make
hice/hizo	
ir	to go
fui/fue	
jugar (ue)	to play
jugué/jugó	
leer	to read
leí/leyó	
llegar	to arrive
llegué/llegó	
oír	to hear
oí/oyó	
ponerse rojo / a	to blush
me puse/se puso	
preferir (ie, i)	to prefer
preferí/prefirió	
querer (ie)	to want
quise/quiso	
sentirse (ie, i) (bien/mal)	to feel (*good/bad, ill*)
me sentí/se sintió	
ser	to be
fui/fue	

servir (i)	to serve
servi/sirvió	
tener	to have
tuve/tuvo	
traer	to bring
traje/trajo	
venir	to come
vine/vino	
vestirse (i)	to get dressed
me vestí/se vistió	

• Más verbos   More Verbs

atar	to tie
atrapar	to catch, trap
beber	to drink
casarse	to get married
conquistar	to conquer
cumplir años	to have a birthday
descubrir	to discover
estacionar	to park
faltar	to miss, to be lacking
firmar	to sign
ganar	to win, to earn
gobernar	to govern
hospedarse	to stay (at a hotel)
matricularse en	to enroll in
pagar	to pay
quemar	to burn
quitar	to take away
robar	to steal
salir para (un lugar)	to leave for (a place)
saludar	to greet
sonar (ue)	to ring, to go off (alarm)
subir	to go up

PALABRAS SEMEJANTES: aceptar, arrestar, relacionarse

• Otros sustantivos   Other Nouns

la batalla	battle
el bautizo	baptism
la bolsa	purse
la cerveza	beer
el (reloj) despertador	alarm clock
la estrella de cine / de televisión	movie/television star
el exceso de velocidad	speeding
el grito	shout, scream
el hecho	event
el informe	report
el jugador / la jugadora	player
el ladrón / la ladrona	thief

la medalla	medal
el metro	the subway
la multa	traffic ticket; penalty
pista y campo	track and field
el siglo	century
el sobrino / la sobrina	nephew, niece
el traje de baño	bathing suit
el vuelo	flight

PALABRAS SEMEJANTES: la aventura, el ballet, la confesión, la declaración, el emperador / la emperatriz, la foto(grafía), el inventor / la inventora, el kilómetro, las Olimpíadas, el palacio, la radiactividad, la secuencia, el taco

• Los adjetivos   Adjectives

asustado/a	frightened
lindo/a	pretty

PALABRAS SEMEJANTES: artificial, azteca, deses-perado/a, folclórico/a, heroico/a, histórico/a, indígena, indiscreto/a, memorable, ridículo/a, terrible, transat-lántico/a

• Adverbios y   Adverbs and Useful
frases útiles   Phrases

con cuidado	carefully
en vez de	instead of
poco después	a little later
pronto	soon
un rato	a while

PALABRAS SEMEJANTES: aproximadamente, lógicamente, tranquilamente

• Palabras y   Useful Words and
expresiones   Expressions
útiles

¡Auxilio!	Help!
¿Cuánto tiempo hace que... ?	How long has it been since . . . ?
Hace... (+ time) que	It has been (+ time) since . . .
Hace más de...	It has been more than . . . (+ time)
disculpe(n)	excuse me (command)
lo que	that which, what
los demás	the rest, others
¡Qué envidia!	What luck! (Lucky dog!)
¿Qué pasa?	What's happening? What's wrong?
¿Qué pasó?	What happened?
la última vez	last time

Gramática y ejercicios

7.1   Talking about Past Actions: The Preterite of Regular Verbs (Part 2)

GRAMÁTICA ILUSTRADA

¿Qué hicieron Nacho y tú ayer?

Primero fuimos al zoológico y luego dimos un paseo por el parque. Por la noche vimos una película y después cenamos en un restaurante chino.

Silvia

Estela, ¿qué hicieron los niños ayer?

Pues, Amanda pasó el día con sus amigas; ellas fueron de compras. Guillermo y Ernestito jugaron al fútbol en el parque y luego Ernesto los llevó a la heladería y los tres comieron helado.

Andrea

Estela

¿RECUERDA?

In **Gramática 6.3** you learned that the past tense (preterite) is formed by adding a set of endings to the verb stem. There are only two sets of endings for regular verbs: one for **-ar** verbs and one for **-er/-ir** verbs. Review that section briefly, if necessary.

7.1. Although we introduced singular forms of the Spanish preterite tense in *Gramática 6.3*, we did not expect students to produce preterite forms correctly and consistently in their speech. In our experience students need to hear and produce preterite forms for some months before they are even moderately proficient in their use. The Spanish preterite is extremely complex from a morphological point of view: person/number endings do not even remotely match those of the present, stress shift to endings is confusing to students, and ending changes (*é/í* and *ó/ió*) make the learning task more difficult. Do not expect mastery of the preterite tense in this chapter. In this section we present both singular and plural forms of regular verbs, noting the differences between present and preterite forms. We also emphasize the role of stress on endings to differentiate present-tense from preterite-tense forms. We do not mention imperfect, nor do we include situations or topics that require it. (The imperfect is introduced in *Capítulo 9.*) You may want to refer students to the section on *Orthographic Changes in the Preterite* under *Ejercicios de ortografía* in *Capítulo 7* of the *Cuaderno.*

Singular preterite forms:

-ar	**-er/-ir**
-é	-í
-aste	-iste
-ó	-ió

Plural preterite forms:

-ar	**-er/-ir**
-amos	-imos
-asteis	-isteis
-aron	-ieron

A. You have already seen and used the singular preterite forms of regular verbs many times. Here is the complete set of preterite forms, singular and plural.*

	hablar	**comer**	**escribir**
(yo)	habl**é**	com**í**	escrib**í**
(tú)	habl**aste**	com**iste**	escrib**iste**
(usted, él/ella)	habl**ó**	com**ió**	escrib**ió**
(nosotros/as)	habl**amos**	com**imos**	escrib**imos**
(vosotros/as)	habl**asteis**	com**isteis**	escrib**isteis**
(ustedes, ellos/as)	habl**aron**	com**ieron**	escrib**ieron**

Note the following details about the difference between present and preterite forms.

- In regular preterite forms, the stress is always on the final syllable of the **yo** and **usted, él/ella** forms.

Generalmente me levanto a las ocho, pero ayer **me levanté** a la siete.	*Usually I get up at 8:00, but yesterday I got up at 7:00.*

- **Tú** forms in the preterite do not end in **-s.**

Normalmente me llamas por la noche, pero anoche no me **llamaste.**	*Normally you call me at night, but last night you didn't call me.*

- Though both present and preterite third-person plural forms end in **-n,** it is always **-ron** in the preterite.

Por lo general mis padres **salen** poco, pero la semana pasada **salieron** cinco veces.	*Usually my parents go out very little, but last week they went out five times.*

- Notice that the present and preterite **nosotros/as** forms are different in **-er** verbs.

Por lo general **comemos** un poco de carne, pero ayer no **comimos** ninguna.	*Usually we eat a little meat, but yesterday we didn't eat any.*

In **-ar** and **-ir** verbs, however, the **nosotros/as** form is the same in the preterite and the present tense (**hablamos, escribimos**). The context clarifies whether the speaker intends the present tense or the preterite.

Siempre **salimos** temprano para la universidad, pero ayer **salimos** un poco tarde.	*We always leave early for the university, but yesterday we left a little late.*

---

*Recognitation: **vos hablaste, comiste, escribiste**

B. If the stem of an **-er/-ir** verb ends in a vowel (**le-er**), the **i** of the **-ió** and **-ieron** endings changes to **y** in the preterite.

> **leer:** leí, leíste, leyó, leímos, leísteis, leyeron
> **oír:** oí, oíste, oyó, oímos, oísteis, oyeron

> Yo **leí** el libro pero Esteban no lo **leyó**.   *I read the book, but Esteban didn't read it.*

C. Regular verbs that end in **-car, -gar,** and **-zar** change the spelling of the preterite **yo** form in order to preserve the same sound as the infinitive.*

> **buscar:** bus**qu**é, buscaste, buscó, buscamos, buscasteis, buscaron
> **llegar:** lle**gu**é, llegaste, llegó, llegamos, llegasteis, llegaron
> **almorzar:** almor**c**é, almorzaste, almorzó, almorzamos, almorzasteis, almorzaron

> **Llegué** al centro a las 4:00.   *I arrived downtown at 4:00.*

> buscar: busqué/buscó
>
> llegar: llegué/llegó
> jugar: jugué/jugó
>
> empezar: empecé/ empezó
> almorzar: almorcé/ almorzó

> Don't try to remember all of this. Refer to this information when you are writing. In time, you will acquire much of it through listening and reading.

EJERCICIO 1

¿Qué hizo Adriana ayer por la mañana? Busque el orden más lógico.

_____ Leyó el periódico.
_____ Llegó al trabajo a las 8:30.
_____ Comió cereal con leche y fruta.
_____ Se bañó.
_____ Comió una hamburguesa.
_____ Se levantó a las 7:00.
_____ Almorzó con un amigo.
_____ Manejó el coche al trabajo.
_____ Se preparó un desayuno pequeño.

¿Y qué hizo usted ayer por la mañana?

> **¡ O J O !**
>
> In **Ej. 1,** your answers to the second part should be original.

EJERCICIO 2

Complete los diálogos con formas de **llegar** y **leer.**

> JOSÉ: ¿A qué hora _____[1] (tú) a la universidad?
> CLARA: _____[2] a las ocho y media. ¿Y tú?
> JOSÉ: Pilar y yo no _____[3] hasta las nueve y media porque el metro _____[4] tarde.
> CLARA: ¿_____[5] el artículo sobre el viaje a Mallorca la semana pasada?
> JOSÉ: Sí, lo _____.[6] (**Lo** *refers back to* **el artículo.**)
> CLARA: ¿Lo _____[7] Pilar y Andrés?
> JOSÉ: No sé si Andrés lo _____,[8] pero lo _____[9] Pilar y yo.

---

*For more information on spelling changes in the preterite, see **Capítulo 7** in the *Cuaderno de trabajo.*

¡OJO!

Ej. 3. Your answers to the second part of this exercise should be original. Note that answers will be in **-amos, -imos** forms and that only **-er** verbs differ in present and preterite forms.

EJERCICIO 3

Éstas son las actividades de Pilar y su hermana Gloria un domingo del verano pasado en Madrid. ¿Qué oración corresponde a qué dibujo?

a. _____ Leyeron (por) un rato antes de apagar las luces.
b. _____ Caminaron desde la estación del metro hasta su apartamento.
c. _____ Almorzaron hamburguesas en el Wendy's de la Gran Vía.
d. _____ Salieron a pasear por el centro de Madrid.
e. _____ Vieron una película francesa.
f. _____ Llegaron a su apartamento a las 12:00 de la noche.
g. _____ Regresaron en el metro.

Ahora, piense en un domingo del verano pasado. ¿Qué actividades hicieron usted y sus amigos (o parientes)?

MODELO: Mis amigos y yo *escuchamos música y bailamos en una discoteca.*

7.2 Relating More about the Past (Part 1): Verbs with Irregular Preterite Forms

Some verbs have a different stem in the preterite and a slightly different set of endings.*

	tener	estar	poder	poner	saber	hacer
(yo)	tuve	estuve	pude	puse	supe	hice
(tú)	tuviste	estuviste	pudiste	pusiste	supiste	hiciste
(usted, él/ella)	tuvo	estuvo	pudo	puso	supo	hizo
(nosotros/as)	tuvimos	estuvimos	pudimos	pusimos	supimos	hicimos
(vosotros/as)	tuvisteis	estuvisteis	pudisteis	pusisteis	supisteis	hicisteis
(ustedes, ellos/as)	tuvieron	estuvieron	pudieron	pusieron	supieron	hicieron

*Recognition: The **vos** forms in the preterite (regular and irregular) are identical to the **tú** forms: **vos quisiste, fuiste, hiciste.**

7.2. Students will have heard various irregular forms in the input and activities before they read this section. Emphasize lack of stress on the ending of an irregular preterite verb form. Details of irregularities and their grouping are mainly for reference. Although students will no doubt benefit from this description, we are convinced that irregular forms are gradually acquired one by one. The most important irregular verbs in this section are *hacer, ir, ver, decir,* and *traer,* because they are so frequently used in simple narrations. We have included the preterite forms of state-of-being verbs (*tener, poder, querer, estar, saber, ser*) for reference and recognition only, since their function and meaning in the past are more complex than that of simple action verbs. We return to this topic in *Gramática 9.4.*

	venir	**querer**	**decir**	**traer**	**conducir**	**traducir**
(yo)	vine	quise	dije	traje	conduje	traduje
(tú)	viniste	quisiste	dijiste	trajiste	condujiste	tradujiste
(usted, él/ella)	vino	quiso	dijo	trajo	condujo	tradujo
(nosotros/as)	vinimos	quisimos	dijimos	trajimos	condujimos	tradujimos
(vosotros/as)	vinisteis	quisisteis	dijisteis	trajisteis	condujisteis	tradujisteis
(ustedes, ellos/as)	vinieron	quisieron	dijeron	trajeron	condujeron	tradujeron

The preceding table provides the preterite forms of most common irregular verbs. Look at the table and you will notice the most important differences.

> Many of the most common verbs in Spanish are irregular. Do not try to memorize each form, but refer to the chart when you write. In time, you will acquire these forms through listening and reading.

- Unlike regular preterite verb endings, the endings of the **yo** and **usted, él/ella** forms are not stressed in the last syllable.

—¿Dónde **pusiste** mi chaqueta?　　—*Where did you put my jacket?*
—La **puse** encima de la cama.　　—*I put it on the bed.*

—¿Quién **vino** contigo?　　—*Who came with you?*
—Nadie; **vine** solo.　　—*Nobody; I came alone.*

- The verb **hacer** has a spelling change from **c** to **z** in the **usted, él/ella** form.

Ayer en el gimnasio Alberto **hizo** su tarea y yo **hice** ejercicio.　　*Yesterday at the gym Alberto did his homework and I exercised.*

- The verbs **conducir, decir, traducir,** and **traer** drop the **i** in the **ustedes, ellos/as** form.

—¿Qué te **dijeron** de mí?　　—*What did they tell you about me?*

—Me **dijeron** que estás locamente enamorado de Carmen.　　—*They told me that you are madly in love with Carmen.*

—¿Qué **trajeron** ustedes de comer?　　—*What did you bring to eat?*
—Trajimos refrescos y sandwiches.　　—*We brought sodas and sandwiches.*

- The verbs **dar** and **ver** take the **-er/-ir** endings, but with no written accents. The verbs **ser** and **ir** share the same stem in the past tense. Their forms are thus identical, so the meaning must be inferred from the context.

ser/ir (to be / to go)		
(yo)	fui	*I was/went*
(tú)	fuiste	*you (inf. sing.) were/went*
(usted, él/ella)	fue	*you (pol. sing.) were/went; he/she was/went*
(nosotros/as)	fuimos	*we were/went*
(vosotros/as)	fuisteis	*you (inf. pl., Spain) were/went*
(ustedes, ellos/as)	fueron	*you (pl.) were/went; they were/went*

> **fui** = *I went/was*
> **fue** = *you (pol. sing.) went/were; he/she went/was*

—¿Qué te **dieron**?	—*What did they give you?*
—Mi tío me **dio** dinero.	—*My uncle gave me money.*
—¿Adónde **fue** Luis anoche?	—*Where did Luis go last night?*
—**Fue** al cine.	—*He went to the movies.*
—¿Qué **fue** ese ruido?	—*What was that noise?*
—No **fue** nada. ¡Estás imaginando cosas!	—*It wasn't anything. You are imagining things!*

EJERCICIO 4

Éstas son las actividades de ayer de algunos de los vecinos hispanos. Complete las oraciones con la forma correcta del pretérito de **ver, ir, dar, hacer, decir, traer, poner** o **venir.**

1. Ernesto Saucedo _____ una fiesta para sus amigos.
2. Dice Ernesto: «_____ más de treinta personas a mi fiesta.»
3. Dice Andrea: «Yo _____ una botella de tequila.»
4. Todos _____ que la fiesta fue fantástica.
5. Amanda _____ a Graciela hablando con su novio, Rafael.
6. Ernestito le _____ una cadena de identificación a su perro.
7. Guillermo _____ la tarea para su clase de biología.
8. Dora y Javier _____ al teatro.

Ej. 5. OGA: Before assigning the exercise, read the first narrative aloud to students, pausing for comprehension checks. Then reread the narrative in the third person. You may want to write all changes on the board. Have students do the other narrative at home and check the answer key, or in class with a partner and review it with the whole class.

EJERCICIO 5

Cuente lo que hicieron estas personas.

MODELO: (Soy Pilar.) Anoche fui al cine con mi hermana. Después cenamos en un restaurante y dimos un paseo por el centro. Me acosté muy tarde. →
Pilar *fue* al cine con su hermana. Después ellas *cenaron* en un restaurante y *dieron* un paseo por el centro. Pilar *se acostó* muy tarde.

1. (Soy Ricardo Sícora.) Un sábado por la mañana fui con mis hermanos Pablo y Enrique y unos amigos a una playa cerca de Caracas a bucear. Llegamos temprano a la playa, así que descansé un rato antes de nadar. Buceamos una hora y vimos muchísimos peces y animales marinos. Por la noche hicimos una fogata en la playa y cocinamos pescado en ella. Luego, toqué la guitarra y cantamos y bailamos hasta muy tarde.

2. (Soy Silvia Bustamante.) Anoche fui con mi novio Nacho Padilla a una fiesta. Llegamos a las 9:00 y cuando entré, vi a Luisa Hernández, una amiga del Instituto de Inglés, donde estudié el año pasado. La saludé y salimos al patio a charlar de los viejos amigos del Instituto. Bailé mucho con Nacho y tomé una copa de champaña. ¡Regresé a casa un poco mareada!

EJERCICIO 6

Diga qué hacen las siguientes personas generalmente, qué hicieron ayer por la tarde y qué van a hacer mañana.

MODELO:　Generalmente *Adriana juega al tenis por la tarde*, pero ayer *tradujo un documento del italiano al español* y mañana *va a aprender un nuevo programa de informática.*

Ej. 6. The purpose of this exercise is to contrast preterite and present third-person forms with *ir a* + infinitive as informal future. **Optional Follow-Up:** Have students write their answers to *¿Qué hace usted por la tarde generalmente? ¿Qué hizo ayer por la tarde? ¿Qué piensa hacer mañana por la tarde?*

	GENERALMENTE	AYER	MAÑANA
Pilar	asistir a clase	dormir toda la tarde	visitar a una amiga
Andrea y Pedro	almorzar con sus hijas	estar en el D.F. todo el día	ir de compras
Adriana	jugar al tenis por la tarde, después de salir del trabajo	traducir un documento del italiano al español	aprender un nuevo programa de informática
doña Lola	quedarse en casa	tomar café con sus amigas	cocinar toda la tarde
Carla y Rogelio	estudiar en la biblioteca	ir a la playa	lavar el carro

7.3. Most stem-changing verbs do not change in the preterite (since most preterite forms don't carry stress on the stem vowel). Third-conjugation verbs that undergo diphthongization ($e \rightarrow ie$

7.3　Relating More about the Past (Part 2): Stem-Changing Verbs in the Preterite

and $o \rightarrow ue$), however, do undergo an additional change in third-person forms, $e \rightarrow i$ and $o \rightarrow u$, respectively. The condition that governs this change

A. In most cases, the vowels of stem-changing verbs do *not* change in the preterite forms. Here is a comparison of present-tense and preterite forms of the verbs **cerrar** (*to close*) and **contar** (*to tell, relate*).

is the presence of a stressed or unstressed *í* in the following syllable. However, this rule is not learnable for most students (much less usable), and we have chosen instead to present the changes

¿RECUERDA?

You'll recall from **Gramática 4.1** that a small number of verbs have stem-vowel changes in the present-tense forms in which the spoken stress is on the stem vowel: **pienso** versus **pensar, duermo** versus **dormir.** (See also **Gramática 2.3, 3.3,** and **5.2** to review other familiar verbs with this type of stem change.)

	cerrar		contar	
	PRESENT	*PAST*	*PRESENT*	*PAST*
(yo)	cierro	cerré	cuento	conté
(tú)	cierras	cerraste	cuentas	contaste
(usted, él/ella)	cierra	cerró	cuenta	contó
(nosotros/as)	cerramos	cerramos	contamos	contamos
(vosotros/as)	cerráis	cerrasteis	contáis	contasteis
(ustedes, ellos/as)	cierran	cerraron	cuentan	contaron

by paradigm. Third-conjugation verbs with only the change $e \rightarrow i$ will be introduced in *Gramática 8.5.*

B. A few verbs, however, all in the **-ir** group, do change their stem vowel in the **usted, él/ella** and the **ustedes, ellos/as** forms of the preterite. There are two possible changes: $e \rightarrow i$ and $o \rightarrow u$. The present-tense and preterite forms of the verbs **divertirse** (*to have a good time*) and **dormir** (*to*

Present:
　c**ie**rro/c**ie**rra
　p**ie**nso/p**ie**nsa
Past:
　cerr**é**/cerr**ó**
　pens**é**/pens**ó**

sleep) are given below.* Other common verbs with this change are **sentir** (*to feel*), **sugerir** (*to suggest*), **preferir** (*to prefer*), **mentir** (*to lie*), and **morir** (*to die*).

	divertirse		dormir	
	PRESENT	**PAST**	**PRESENT**	**PAST**
(yo)	me divierto	me divertí	duermo	dormí
(tú)	te diviertes	te divertiste	duermes	dormiste
(usted, él/ella)	se divierte	se divirtió	duerme	durmió
(nosotros/as)	nos divertimos	nos divertimos	dormimos	dormimos
(vosotros/as)	os divertís	os divertisteis	dormís	dormisteis
(ustedes, ellos/as)	se divierten	se divirtieron	duermen	durmieron

Present:
  me divi**e**rto / se divi**e**rte
  d**ue**rmo/d**ue**rme
Past:
  me div**e**rtí / se div**i**rtió
  d**o**rmí/d**u**rmió

Do not try to memorize all these forms, but refer to the chart when you write. In time, you will acquire the forms through listening and reading.

Yo **dormí** bien. Estela **durmió** mal.   *I slept well. Estela slept poorly.*

—¿**Se divirtió** usted anoche?   —*Did you have fun last night?*
—Sí, **me divertí** mucho.   —*Yes, I had a great time.*

EJERCICIO 7

Complete los siguientes diálogos con la forma correcta de los verbos.

DORMIR

—¿Cuántas horas _____ [1] tú anoche?
— _____ [2] solamente cinco.
—¿Generalmente _____ [3] tan pocas horas?
—No, generalmente _____ [4] por lo menos siete, a veces ocho.

SENTIR(SE)

—¿Tú te _____ [5] mal ahora?
—No, me _____ [6] bastante bien.
—Pero anoche te _____ [7] muy mal, ¿verdad?
—Sí, anoche me _____ [8] mal por un dolor de cabeza.

DIVERTIR(SE)

—¿Te _____ [9] anoche en la fiesta?
—Sí, me _____ [10] muchísimo. ¿Se _____ [11] tu esposa?
—No, no se _____ [12] porque no le gustó la música.

MENTIR

—Tú me _____ ,[13] ¿verdad?
—No, no te _____ .[14] Te dije la verdad.
—Pues, alguien me _____ .[15]
—No fui yo.

---

*This same stem-vowel change also occurs in the present participle: **durmiendo** (*sleeping*), **divirtiéndose** (*having fun*).

7.4   Reporting the Past: Indirect Object Pronouns with *decir*

In the preterite, the verb **decir** is commonly used with indirect object pronouns to report speech.

7.4. This is a review section for indirect object pronouns and an opportunity to emphasize the preterite forms of *decir*. Our opinion is that object pronouns are first acquired as a part of high-

¿RECUERDA?

In **Gramática 5.1** you learned that the indirect object pronouns (**me, te, le, nos, os, les**) are frequently used with verbs of informing such as **hablar, preguntar,** and **contestar.** Review that section briefly.

decir (*to say; to tell*)		
(yo)	dije	*I said*
(tú)	dijiste	*you (inf. sing.) said*
(usted, él/ella)	dijo	*you (pol. sing.) said; he/she said*
(nosotros/as)	dijimos	*we said*
(vosotros/as)	dijisteis	*you (inf. pl., Spain) said*
(ustedes, ellos/as)	dijeron	*you (pl.) said; they said*

Le dije que…	*I told (said to) you/him/her that* . . .
Te dijimos que…	*We told (said to) you that* . . .
Me dijo que…	*You/He/She told (said to) me that* . . .
Me dijeron que…	*You/They told (said to) me that* . . .

Le dije que… = *I told you (pol. sing.)/him/her that* . . .
Me dijo que… = *You (pol. sing.)/He/She told me that* . . .
Le dijimos que… = *We told you (pol. sing.)/him/her that* . . .

Note that the phrase **Le dijo que…** has several possible meanings; interpretation depends on the context.

Le dijo que…
{
He/She told him that . . .
He/She told her that . . .
He/She told you that . . .
You told him/her that . . .
}

Remember that **dijo** is a *preterite* form, not a present-tense form.

Don Anselmo fue a la casa de doña Rosita y **le dijo que** sus hijos van a llegar pasado mañana.	*Don Anselmo went to doña Rosita's house and told her that his children are going to arrive the day after tomorrow.*

EJERCICIO 8

Complete esta conversación telefónica usando pronombres de complemento indirecto (**me, te, le, nos, les**) y las formas correctas del pretérito del verbo **decir** (**dije, dijiste, dijo, dijimos, dijeron**).

GRACIELA: No oigo bien, Amanda. ¿Qué _____¹ _____²?

AMANDA: _____³ _____⁴ que no voy a estar en casa esta noche.

GRACIELA: ¡Ay, lo mismo _____⁵ _____⁶ tu hermano Guillermo! ¿Adónde vas?

AMANDA: Es que mi madre _____⁷ _____⁸ que hay una venta especial con precios muy rebajados hoy en El Palacio de Hierro.

GRACIELA: ¿Y qué _____⁹ _____¹⁰ tú a ella? ¿No _____¹¹ _____¹² que hoy tenemos mucha tarea?

AMANDA: Hummm… no, pero _____¹³ _____¹⁴ que tú quieres ir con nosotras. Es verdad, ¿no?

frequency phrases such as *le dije, le pregunté,* etc. In addition, *decir* is especially difficult because *dijo* looks and sounds like a present-tense form to students. It takes a fair amount of experience to acquire *dije* and *dijo.* We recommend that you practice the expressions *me/le dije/dijo que sí/no* as fixed routines. In our examples we have included only present or preterite in dependent clauses, although imperfect is also a common form in reported speech.

Ej. 8. OGA: Precede this exercise with an oral chain exercise. Have one student tell a second student in secret something he or she did the preceding day—for example: *Fui al cine anoche.* Then have a third student ask the second, *¿Qué te dijo?* The second replies, *Me dijo que fue al cine.*

GRACIELA: Ay, sí, Amanda, sí quisiera acompañarlas, pero... ¡_____¹⁵ _____¹⁶ a mi papá que no voy a comprar más ropa este mes!

AMANDA: Pues, ven con nosotras pero... ¡deja tu dinero en casa!

GRACIELA: ¡Imposible!

7.5. This structure is presented mainly for recognition. Some students are able to produce short phrases like *hace una hora* in response to *¿cuándo?* questions: most first-year students, however, do not master more complex question patterns: *¿Cuánto tiempo hace que + clause?*

¿Cuánto hace que llegaste?
  (*How long ago did you arrive?*)
Hace una hora.
  (*An hour ago.*)

¿Hace cuánto tiempo que usted se graduó? (*How long ago did you graduate?*)
Hace 10 años.
  (*Ten years ago.*)

7.5 Expressing *ago*: *hacer* + Time

The verb **hace** followed by an amount of time is equivalent to English expressions of time with *ago*.

hace cinco minutos	*five minutes ago*
hace una hora	*an hour ago*
hace dos años	*two years ago*

—¿Cuándo salió Ricardo?   —*When did Ricardo leave?*
—**Hace una hora.**   —*An hour ago.*

There are two ways to formulate the question *How long ago did . . . ?*

¿Cuánto (tiempo) hace que + *preterite*?
¿Hace cuánto (tiempo) que + *preterite*?

—Srta. Durán, **¿cuánto (tiempo) hace que** usted **fue** a México?   —*Ms. Durán, how long ago did you go to Mexico?*
—**Fui hace tres años.**   —*I went three years ago.*

EJERCICIO 9

Estela está de mal humor hoy, y acusa a Ernesto de no hacer nada para ayudarla. ¿Cómo puede defenderse Ernesto?

MODELO: ESTELA: ¡Tú nunca lavas los platos en esta casa!
       ERNESTO: Pero, Estela, *lavé* los platos *hace una hora.* (Pero, Estela, *los lavé hace una hora.*)

1. ¡Tú nunca limpias el baño!
2. ¡Tú nunca barres el patio!
3. ¡La alfombra está sucia porque tú nunca pasas la aspiradora!
4. El pobre perro, ¡tú nunca lo bañas!
5. Estoy cansada de comer las mismas cosas. ¡Tú nunca me llevas a ningún restaurante elegante!

¡OJO!

Short answers with **hace** + time only. Answers will vary according to the year in which the text is used.

EJERCICIO 10

¿Sabe usted mucho de historia? ¿Cuánto hace que... ?

MODELO: ¿Cuánto (tiempo) hace que terminó la Segunda Guerra Mundial? (1945) →
       Terminó hace aproximadamente cincuenta y cinco años.

1. ¿Cuánto tiempo hace que Alejandro G. Bell inventó el teléfono? (1876)
2. ¿Cuánto tiempo hace que Gustave Eiffel construyó la Torre Eiffel? (1889)
3. ¿Cuánto hace que murió Pancho Villa? (1923)
4. ¿Cuánto tiempo hace que Colón llegó a América? (1492)
5. ¿Cuánto hace que murió Francisco Franco, el dictador de España? (1975)
6. ¿Cuánto hace que Alemania se unificó? (1990)
7. ¿Cuánto hace que los países de la antigua Unión Soviética se independizaron? (1991)

Capítulo 8

In **Capítulo 8** you will learn to talk about food, nutrition, shopping for and preparing food, and ordering meals in restaurants.

Sobre el artista:
Antonio Vinciguerra nació en San Pedro Sula, Honduras, en 1954. Estudió humanidades y ciencias antes de iniciar su carerra de artista. Sus obras se exhiben en exposiciones públicas y también en colecciones privadas. En *Bodegón con chiles*, utiliza la técnica de pastel óleo. Vinciguerra reside en Honduras.

Bodegón con chiles, por Antonio Vinciguerra, de Honduras

Goals—Capítulo 8
In this chapter students will interact in situations that involve food and meals in the Hispanic world. They will learn how to order a meal in a restaurant, how to shop for food in a market, and how to follow recipes in Spanish. The grammar section presents the impersonal object pronouns *lo, la, los, las;* more about *gustar;* prepositional pronouns; additional rules for negation; impersonal *se;* and vowel changes in verbs like *pedir* and *servir.*

Pre-Text Oral Activities
1. Use your PF to discuss foods and beverages for breakfast, lunch, and dinner. It is not necessary to introduce every word that appears in subsequent activities; however, the most common words should be introduced so that when oral activities are done in class, there will be only a few new words in each activity.
2. Use your PF to talk about common foods of the Spanish-speaking world that differ from U.S. foods. Include Mexican dishes such as *tacos, tamales, enchiladas, tostadas, frijoles refritos, tortillas,* Caribbean dishes such as *arroz con pollo, frijoles negros* (Cuba); Spanish dishes such as

ACTIVIDADES DE COMUNICACIÓN

- Las comidas, las bebidas y la nutrición
- La compra y la preparación de la comida
- Los restaurantes

EN RESUMEN

tortilla española, paella valenciana; Chilean *empanadas*; the Argentinean *parrillada*; and any others you are acquainted with. Mention the names of the three meals:

The following terms are regional variations for foods, which you may wish to mention in the course of the chapter. Many students are bewildered by the variety of names for the same food within the Spanish-speaking world. Explain that many of these are indigenous words adapted to Spanish: *ejotes, choclo, chile,*

LECTURAS Y CULTURA

- **Ventanas culturales**
  La lengua: Algunas comidas, frutas y legumbres
- **Lectura** «Jitomates risueños», por Francisco X. Alarcón
- **Nota cultural**
  Los deliciosos platillos hispanos
- **Ventanas culturales**
  Las costumbres: ¡Estoy como agua para chocolate!
- **El mundo hispano**
  La gente: Jaime Gómez

GRAMÁTICA Y EJERCICIOS

8.1 Referring to Objects Already Mentioned: Impersonal Direct Object Pronouns **lo, la, los,** and **las**

8.2 More about Expressing Likes: The Verbs **gustar** and **encantar**

8.3 Making Negative Statements and Questions: *No, never*

8.4 Expressing *one* or *you:* The Impersonal **se**

8.5 Using Stem-Changing Verbs Like **pedir** and **servir:** Present-Tense and Preterite Forms

ají. Others are due to influence from France: *ananá*. **Variations:** *las alubias* (Spain, beans), *el ananá* (Argentina, pineapple), *el bocadillo* (Spain, sandwich), *los cacahuates* (Mex., peanuts), *los cacahuetes* (Spain, peanuts), *el chabacano* (Mex., apricot), *los champiñones* (Spain, mushrooms), *los chícharos* (Mex., peas), *el choclo* (South America, corn on the cob), *los ejotes* (Mex., green beans), *el elote* (Mex., ear of corn), *las frutillas* (Argentina, strawberries), *las*

La comida

PREGUNTAS DE COMUNICACIÓN

- ¿Cuáles son sus comidas favoritas?
- ¿Qué legumbres prefiere? ¿Qué frutas prefiere?
- ¿Le gustan los postres? ¿Cuál es su favorito?
- ¿Conoce la comida mexicana? ¿Le gustan los tacos? ¿las enchiladas? ¿los chiles rellenos?
- ¿Quién cocina en su casa?
- ¿Cena con frecuencia en restaurantes?

judías verdes (Spain, green beans), *el jugo de china* (Puerto Rico, orange juice), *el maní* (Caribbean, Central America, peanut), *las patatas* (Spain, potatoes), *la tocineta* (P. R., bacon), *la torta* (Mex., sandwich), *la torta* (Spain, cake), *el zumo* (Spain, juice).
3. Many students enjoy learning about foods native to the Americas. They are often surprised to find that the potato does not come from Ireland and that Italian food uses tomatoes thanks to the New World. Here is a list of foods from the Americas that you may want to incorporate into your discussion (food words that end in *-ate, -ete, -ote* are of Náhuatl origin): *calabaza, calabacita, chiles, chocolate, frijoles, habichuelas (ejotes), maíz, mangos, papas, papayas, pavo (guajolote), tomate (jitomate).*

MULTIMEDIA ▼

Visit the *Dos mundos* Website at www.mhhe.com/dosmundos for additional activities, links, and other resources.

The video to accompany *Dos mundos* includes cultural footage on Honduras.

The multimedia CD-ROM to accompany *Dos mundos* offers a variety of activities to review vocabulary and grammar from this chapter. You will also find additional cultural information and video clips.

Actividades de comunicación y lecturas

Las comidas, las bebidas y la nutrición. The display is organized according to American-style meals. Use your PF as an aid in talking about what students eat for the three main American meals: *el desayuno, el almuerzo,* and *la cena.* At times students will

✳ Las comidas, las bebidas y la nutrición

suggest foods that are not commonly eaten in Hispanic countries. Keep in mind that words for foods vary from one country to another. We have attempted to use only words recognized by all Spanish speakers and have included regional variants in notes when possible. Finally, discuss meals and mealtimes

Lea Gramática 8.1–8.2. in the Hispanic world. Explain that these differ markedly from country to country and are quite different from the American system illustrated in the display. For example, Spain: *el desayuno* (*ligero*) 7:00; *el bocadillo* 10:30; *la comida* 2:00; *la merienda* (*para los niños*) 5:00; *el vino y las tapas* (*para los adultos*) 6:00; *la cena* 9:00.

Many of the words in this display and in subsequent activities will be new to

students. Verify class comprehension of all vocabulary in the display and the activities of this section as you proceed through these materials.

See IRK: *Las comidas, las bebidas y la nutrición.*

ACTIVIDAD 1   Conversación: Las comidas del día

Diga si comemos estas comidas para el desayuno, para el almuerzo o para la cena.

MODELOS: ¿Los huevos revueltos? *Los comemos para el desayuno.*
¿La sopa? *La tomamos para el almuerzo o para la cena.*

los huevos revueltos	los panqueques
los guisantes	el cereal
las legumbres	los espárragos
la sopa	la ensalada de lechuga
el pan tostado con jalea	el tocino
las hamburguesas	el yogur
un sándwich	las chuletas de cerdo
el pollo frito	las papas fritas
las enchiladas	el arroz
la coliflor	el maíz
los tacos	

Ahora diga con qué frecuencia usted come estos alimentos.

MODELOS: ¿El cereal? *Nunca lo como. No me gusta.*
¿Las enchiladas? *Las como siempre en un restaurante mexicano en mi vecindario.*

ACTIVIDAD 2   Intercambios: La nutrición

¿Qué comidas son más ricas en proteína, en carbohidratos, en vitaminas? ¿Cuáles contienen más grasa? Mire los dibujos de las comidas al comienzo del capítulo. Trabajando con su compañero/a, pónganlas en uno (o más) de los cinco grupos de la tabla a continuación.

MODELO: E1: El arroz tiene muchos carbohidratos.
E2: Sí. Y las papas fritas contienen mucha grasa.

LA PROTEÍNA	LOS CARBOHIDRATOS	EL CALCIO	LAS VITAMINAS A Y C	LA GRASA
_____	*el arroz*	_____	_____	*las papas fritas*
_____	_____	_____	_____	_____
_____	_____	_____	_____	_____
_____	_____	_____	_____	_____
_____	_____	_____	_____	_____

AA 1 (whole-class). Use pictures, plastic replicas, or actual food items in sentences such as: *Aquí hay una naranja. Le doy la naranja a John. John, aquí tiene usted la naranja. Ahora, ¿quién tiene la naranja?* (*John*) *Sí, la tiene John.* (or, *La naranja la tiene John.*) Continue until every student has an item. Then have students exchange items: *Y ahora, ¿dónde está la manzana? ¿Quién la tiene?*

Act. 1. Conversación (individual; whole-class). **Suggestion:** Have students mark foods they eat for specific meals and then ask for volunteers as you lead a whole-class discussion about students' meals. Students have already heard and seen impersonal object pronouns in previous chapters. We do not necessarily expect students to be able to use object pronouns, but they should be able to recognize them and understand their meaning (referent) in context. (In this activity we have followed an American classification for meals since we are asking about students' own habits.) Write *frecuentemente, a veces, (casi) nunca* on the board.

Act. 2. Intercambios (whole-class: partner-pair). **Suggestion:** Give the whole class a minute or so to look over the tables and the vocabulary (most new vocabulary words are cognates). Pair students: Circulate to help them place foods into categories.

AA 2 Encuesta (poll; whole-class). Introduce a wide range of beverages, using your PF (*agua mineral, batidos de leche, café, cerveza, chocolate, jugos naturales, leche, limonada, refrescos, té caliente/helado, vino, champaña*); write them on the board. Poll students by asking them what they would drink on a certain occasion. Possibilities: *para el desayuno / el almuerzo / la cena, en una fiesta de Año Viejo, después de hacer ejercicio, para dormir, cuando hace frío/calor, cuando no quiero dormir (necesito estar despierto/a).* Ask: *¿Qué prefieren beber con el desayuno? ¿Y a la hora del almuerzo?* Ask students to give reasons for their choices.

VENTANAS CULTURALES La lengua

Algunas comidas, frutas y legumbres

Ventanas culturales. Ask students what words they know, slang or otherwise, that are used to refer to vegetables in English. They may come up with "greens" or "veggies," depending on their experience. Ask them if they know different names for any other foods in English.
The last paragraph is about the influence of Náhuatl, language of the Aztecs, in

Usted come **sándwiches** a veces, ¿cierto? Pues, si pide un **sándwich** en un restaurante de España, debe usar la palabra **bocadillo**; pero en México es mejor decir **torta.** ¿Le gustan los postres? ¡¡A quién no?! Hay varios nombres para **el pastel:** es **bizcocho** en Puerto Rico, **queque** en Colombia y Costa Rica y **torta** en España. Los cubanos lo llaman **cake,** que se pronuncia **quey.** Para decir **helado** en México, se usa una palabra del vocabulario para el clima. Es una cosa fría, blanca, que cae del cielo... Sí, el helado es **la nieve.**

La palabra que se usa para **las legumbres** es **verduras** en algunos países y **hortalizas** en otros. (En todos sitios, los **vegetales** son plantas de cualquier tipo.) En Uruguay **las fresas** son **frutillas,** y en Argentina **las habichuelas** son **judías verdes.** En España, México y otros países, **la banana** es **plátano.** Los españoles llaman **patata** a **la papa** y **zumo** al **jugo de fruta.** Y la palabra para **batata** es **camote** en México, **ñame** en los países andinos y **boniato** en Cuba.

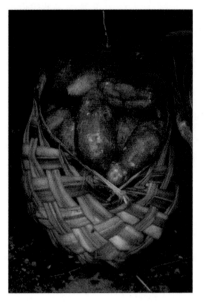

La batata también se llama camote, ñame y boniato.

En muchos casos, los nombres de las frutas y legumbres se originan en el idioma indígena de cada país. Por ejemplo, las **habichuelas** son **ejotes** en México. La palabra **ejote** (*ejotl*) es náhuatl, idioma que hablaban los aztecas, habitantes de México al llegar los españoles en 1519. En todo el mundo hispano hay muchos alimentos que heredamos de los antiguos mexicanos: entre ellos, *aguacatl* (**aguacate**), *elotl* (**elote**), *xocolatl* (**chocolate**), *jitomatl* (**tomate**), y *guajolotl* (**guajolote, pavo**). También de origen náhuatl son *coyotl, tomatl* y *chilli.* Es fácil adivinar lo que significan, ¿verdad?

Mexican Spanish. Tell students that languages often borrow words and those *palabras prestadas* become a part of the borrowing language. The Náhuatl words listed here became part of Spanish, and some went from Spanish into English. Have students mention other *palabras prestadas* in English or Spanish (shampoo, cake, haute couture, *sándwich, suéter*). You may want to explain that some words are similar in two or more languages, and those words are called cognates (*cognados*). Cognates facilitate communication. For example, several of these Náhuatl-Spanish words have cognates in English.

México, D. F. Mural del artista mexicano Diego Rivera. En su obra aparece mucho el tema de la civilización azteca.

VOCABULARIO ÚTIL

¡¡A quién no?!	Who doesn't?!
el zumo	fruit juice
la batata	sweet potato
hablaban	spoke (used to speak)
heredamos	we inherited
adivinar	to guess

ACTIVIDAD 3   Intercambios ¿Qué vamos a comer hoy?

Primero, mire la lista de comidas. Luego prepare dos menús para el día (desayuno, almuerzo y cena), un menú de comida saludable solamente y otro con sus comidas y bebidas favoritas. Luego, converse con su(s) compañero(s) sobre los dos menús.

DESAYUNO	ALMUERZO	CENA
◆ fruta: toronja, naranja, piña, durazno, uvas, etc. ◆ cereal frío ◆ panqueques ◆ huevos rancheros, fritos, revueltos, etc. ◆ pan tostado (mantequilla) ◆ pan tostado a la francesa ◆ salchichas/ tocino ◆ café/té caliente ◆ leche (descremada) ◆ batido de leche ◆ donas ◆ avena ◆ yogur ◆ ¿ ?	◆ sopa: de legumbres, de frijoles, de cebolla, etc. ◆ ensalada de tomate ◆ ensalada de fruta fresca ◆ un sándwich: de atún, de jamón y queso, de pollo ◆ hamburguesa ◆ papas fritas ◆ tacos ◆ burritos ◆ limonada ◆ jugos naturales ◆ agua mineral ◆ refresco ◆ té caliente/helado ◆ ¿ ?	◆ pescado: a la parrilla, frito, al horno, etc. ◆ bistec ◆ ensalada verde ◆ legumbres: brócoli, coliflor, habichuelas, etc. ◆ camarones ◆ langosta ◆ enchiladas ◆ tamales ◆ chiles rellenos ◆ helado ◆ pastel o flan ◆ galletas de chocolate ◆ cerveza, vino, etc. ◆ ¿ ?

MODELO: E1: ¿Qué comidas saludables escogiste?

         E2: Escogí *media toronja y yogur* para el desayuno. Para el almuerzo, escogí *ensalada de frutas y agua mineral*. Para la cena escogí *ensalada verde y pescado a la parrilla*. Y tú, ¿qué prefieres *desayunar/comer/cenar*?

         E1: Prefiero...

REFRÁN

Al pan, pan y al vino, vino.

(*Don't beat around the bush.* Literally, [call] *The bread, "bread," and the wine, "wine."*)

AA 3 (individual). Give the class the following instructions and model. *Escoja su bebida favorita según la ocasión. Use* **me gusta** *o* **prefiero**. *Modelo: en la mañana* → *Cuando me levanto en la mañana* **me gusta tomar una taza de café con leche**. *Posibilidades: agua mineral, batidos de leche, café, cerveza, chocolate, jugos naturales (de naranja, de pera, de tomate, de toronja), leche, limonada, refrescos, té caliente, té helado, vino. Ocasión:* **1.** *el desayuno* **2.** *el almuerzo* **3.** *una fiesta de cumpleaños* **4.** *después de hacer ejercicio* **5.** *para dormir* **6.** *cuando hace frío/calor* **7.** *en un restaurante.*

Use this ad as a starting point to review fruit and fruit juices. Expand the discussion to talk about health foods.

Act. 3. Intercambios (individual; whole-class; partner-pair). Read the foods in the three columns aloud while students follow along. Explain/describe any new words. Then have students select foods and plan two menus—for all three meals—a healthy one and one that includes their favorite foods.

     Follow-Up Pair students and have them ask each other the questions in the *Modelo.*

AA 4 (individual; whole-class). Describe a situation and ask students what they would eat or drink. **Possibilities: 1.** *Es medianoche. Usted está estudiando para un examen de química. Tiene sueño y siente que no tiene energía, pero no quiere beber más café. ¿Qué va a comer/beber?* **2.** *Usted quiere bajar rápidamente de peso. Quisiera bajar 6 kilos en 3 semanas. ¿Qué dieta piensa seguir?*

Act. 4. Conversación (whole-class; partner-pair). **Part 1.** Direct students' attention to the table setting art. With whole-class participation ask questions such as: *¿Para qué sirve un salero?* Allow the entire class to answer rather than calling on individuals. **Part 2.** Have students pair up and ask each other questions regarding the placement of objects on the table.

ACTIVIDAD 4   Conversación: La mesa

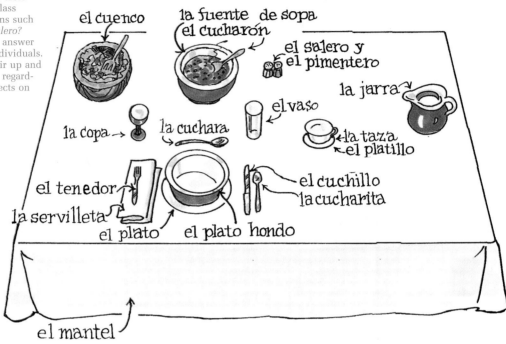

Parte 1. Diga para qué sirven estos objetos de la mesa. Use las palabras y frases útiles a continuación.

MODELO: *El salero* sirve para *guardar la sal.*

▶ **PALABRAS Y FRASES ÚTILES**

las bebidas	guardar la pimienta	servir la comida
comer	guardar la sal	tomar café o té
cortar la comida	limpiarse la boca	tomar la sopa
cubrir la mesa	preparar la ensalada	

Parte 2. Ahora, trabaje con un compañero / una compañera para decir dónde están esos objetos en el dibujo. Usen **al lado de, entre, a la derecha de, a la izquierda de, enfrente de** o **encima de**.

Act. 5. Entrevista (whole-class; partner-pair). Read *Entrevista* questions one by one to the class, answering with your own personal information. Point out that some questions refer to the present, some to the past, and some to the future. You may want to write some of your answers on the board for reference. Then pair students to ask each other questions.

MODELO: E1: ¿Dónde está *el tenedor*?
          E2: Está *a la izquierda del* plato.

ACTIVIDAD 5   Entrevista: La comida en casa

1. ¿Qué desayunas normalmente? ¿Qué comiste esta mañana antes de salir de tu casa?
2. ¿Qué almuerzas generalmente? ¿Qué almorzaste hoy? / ¿Qué vas a cenar esta noche?

3. ¿Tomas café durante el día? ¿Lo tomas con o sin azúcar? ¿con o sin leche? ¿Cuál te gusta más, el té caliente o el café?

4. ¿Qué bebidas prefieres para el desayuno / el almuerzo / la cena?

5. ¿Comes entre comidas? ¿Qué comes?

6. ¿Prefieres comer más al mediodía o por la noche? ¿Por qué? ¿Cenas en tu casa, generalmente? ¿Con quién(es)? ¿Qué cenan?

7. ¿Qué prefieres de postre? ¿Siempre comes postre?

8. ¿Generalmente comes mientras ves la televisión? ¿Te gustan las palomitas de maíz? ¿Les pones mantequilla o sal? ¿Qué otra cosa te gusta comer?

LECTURA «Jitomates[1] risueños», por Francisco X. Alarcón

Francisco Alarcón es un famoso poeta chicano que vive en Davis, California. Ha publicado varios libros, entre los cuales se encuentran *Body in Flames/Cuerpo en llamas* (1990) y el libro para niños, *Jitomates risueños* (1997), que contiene el hermoso poema aquí incluido. La obra de Alarcón se estudia en muchas universidades, la aprecian miles de lectores, y además educa y divierte a los jóvenes.

Jitomates risueños

En el jardín
plantamos
jitomates

los vegetales
más felices
de todos

alegres
se redondean[2]
de sabor

risueños[3]
se ponen
colorados[4]

convirtiendo
sus arbustos
alambrados[5]

en árboles
de Navidad
en primavera

«alegres se redondean de sabor...»

Lectura
Suggestions for Effective Reading. Students should try to get as much information as possible from material outside the body of the text, such as photos in this case. Remind them that reading poetry is different from reading narrative. Instead of focusing on ideas, plot, or characters—as in narrative—they should concentrate on images and emotions. Have students visualize the ripe and appealing tomato in this poem. Then discuss the attitude of the poet towards this bounty.

Pre-Reading. Ask students: *¿Piensan ustedes que es posible escribir un poema sobre un tomate o cualquier otra legumbre?* Tell them that this poem is about tomatoes, called *jitomates* in Mexico. The poet, Francisco X. Alarcón, gives tomatoes human characteristics. Explain that in his poetry, Alarcón writes about everyday things. For example, in the book that includes this poem, he also writes about *el rocío* (dew), *las raíces* (roots), *el sol, el maíz,* and *las tortillas.*

Post-Reading. Go over *Comprensión* questions in class. Then have students do the AU activity in groups. As homework, students will write a short poem describing their favorite fruit or vegetable (UPM). The next day in class, set up poetry reading groups where students listen to each other's poems.

[1] *Tomatoes (Mex.)* [2] *se... they grow round* [3] *smiling* [4] *se... they turn red* [5] *sus... their wire-framed bushes*

Answers to *Comprensión*. 1. *Son felices, alegres y risueños.* **2.** *El día feriado es la Navidad. Lo representa con su color rojo y sus arbustos en forma de árbol de Navidad. Indirectamente, se comparan los jitomates a las decoraciones del árbol festivo.*

Comprensión

1. El poeta «personifica» al jitomate; es decir, le da atributos humanos a la legumbre. Mencione tres características humanas de los jitomates.

2. ¿Qué día feriado se menciona y cómo lo representa el jitomate?

Ahora... ¡usted!

1. ¿Le gustan los jitomates? ¿Qué otras legumbres o frutas le gustan? ¿Las come con frecuencia? ¿Cuáles no le gustan y por qué no?

2. Normalmente, ¿qué le pone usted a una ensalada? Describa su ensalada ideal.

Un paso más... ¡a escribir!

Escriba un breve poema sobre su legumbre o fruta favorita. ¿De qué color es? ¿En qué ocasión del año se cosecha más? ¿Por qué le gusta? Empiece con los siguientes versos de Alarcón:

*En el jardín
plantamos...*

La compra y la preparación de la comida. You already will have introduced many words in the display while doing activities and exercises in the previous section. Take this opportunity to add some dishes, vegetables, and fruits found in Hispanic countries but not commonly eaten in the U.S. (*la guayaba, la yuca, la tuna,* etc.).

Many of the words in this display and in subsequent activities will be new to students. Verify class comprehension of all vocabulary in the display and the activities of this section as you proceed through these materials.

See IRK for additional activities: *La compra y la preparación de la comida.*

AA 5 (TPR). See IRK for TPR sequence: *Vamos a preparar un pastel.* Bring ingredients (flour, sugar, butter, milk, eggs, spices, baking soda) and necessary utensils to class for pantomime. Have a cake already prepared, take it out of a bag (the "oven"), and serve pieces to the class. This sequence can be repeated on several days with different foods.

See IRK for other TPR: *Guacamole, Una cena especial.*

❋ La compra y la preparación de la comida

Lea Gramática 8.3–8.4.

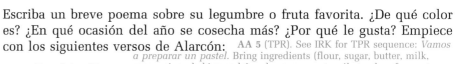

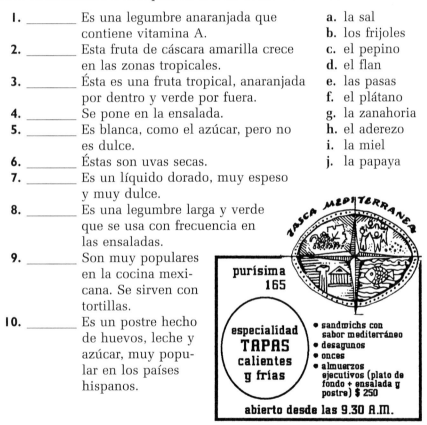

ACTIVIDAD 6   Definiciones: Las comidas

Combine la definición a la izquierda con un alimento a la derecha.

1. _____ Es una legumbre anaranjada que contiene vitamina A.
2. _____ Esta fruta de cáscara amarilla crece en las zonas tropicales.
3. _____ Ésta es una fruta tropical, anaranjada por dentro y verde por fuera.
4. _____ Se pone en la ensalada.
5. _____ Es blanca, como el azúcar, pero no es dulce.
6. _____ Éstas son uvas secas.
7. _____ Es un líquido dorado, muy espeso y muy dulce.
8. _____ Es una legumbre larga y verde que se usa con frecuencia en las ensaladas.
9. _____ Son muy populares en la cocina mexicana. Se sirven con tortillas.
10. _____ Es un postre hecho de huevos, leche y azúcar, muy popular en los países hispanos.

a. la sal
b. los frijoles
c. el pepino
d. el flan
e. las pasas
f. el plátano
g. la zanahoria
h. el aderezo
i. la miel
j. la papaya

ZASCA MEDITERRANEA

purísima 165

especialidad TAPAS calientes y frías

- sandwichs con sabor mediterráneo
- desayunos
- onces
- almuerzos ejecutivos (plato de fondo + ensalada y postre) $ 250

abierto desde las 9.30 A.M.

ACTIVIDAD 7   Del mundo hispano: Supermercado El Diamante

Imagínese que usted va a ir al supermercado El Diamante en Puerto Rico para hacer las compras. Estudie las dos listas y calcule el precio total de cada una.

Act. 6. Definiciones (partner-pair). **Suggestions:** Have students work in pairs to match definitions with food items. Then give a few other definitions and have them guess the items.

AA 6 (individual: whole-class). Prepare a tray with pieces of fruit and other food on toothpicks. Blindfold a volunteer and let him or her choose a piece, then ask the volunteer to describe what he or she is eating without saying what it is: *Es dulce, es salado: me gusta, no me gusta; es fruta fresca, es de lata.*

AA 7 (whole-class). Describe how food and drinks are prepared. Have students name favorite foods/drinks. Then solicit from class how items are prepared: *¿Qué ingredientes necesitamos? ¿Cuál es el primer paso? Y ahora, ¿Qué hacemos?* Introduce impersonal *se* construction: *¿Qué se hace primero? Y luego, ¿qué se hace?*

Use this ad to talk about the Spanish custom of eating *tapas* (and often drinking beer or wine) from about 6:00 to 9:00 P.M. Note that this is a Spanish restaurant in Chile, where Spanish *tapas* would be as exotic for Chileans as for American students. Emphasize that each Hispanic country has its own cuisine. You may also wish to point out the *almuerzo ejecutivo* (businessman's lunch), a recent phenomenon in urban areas where it is increasingly difficult to return home for the midday *comida.*

Act. 7. Del mundo hispano (whole-class; partner-pair). **Suggestion:** Use the supermarket ad to review price and quantity terms: *¿Cuánto cuesta el paquete de tocino? ¿Cuánto tiene que pagar por tres libras de carne molida? ¿Cuánto cuesta una libra de tomates?*
  Follow-Up: Divide the class into groups of 2–3 and let them

work together on the shopping problem. Check totals to see which group finishes most rapidly and most accurately. **Variation:** *Lista: 2 libras de camarones, una sandía de 8 libras, 3 libras de chuletas de cerdo, un melón de 4 libras, 3 libras de tomates, una botella de aderezo.*

AA 8 (whole-class). With the participation of the whole class decide on a menu for a class party. Make a shopping list for the ingredients.

AA 9 (whole-class). Tell the class: *Vamos a hacer un sándwich especial. Todos vamos a cooperar con nuestro ingrediente favorito.* Ask the class for ingredients and write them on the board. Then, describe together how to make a sandwich: *Primero se toma el pan y se le pone mayonesa...* Note that you will need to use the impersonal *se* construction to give step-by-step instructions. **Variaciones:** *un super taco, una super tostada, una maxitorta mexicana, una ensalada de legumbres.*

AA 10 (whole-class). Describe a food and have students try to guess what it is: *Estoy comiendo algo salado, caliente, con pan, mostaza y cebolla... ¿Qué es?* (*Es una salchicha.*)

AA 11 (whole-class). Have students name a common ingredient in each group: *Nombre un ingrediente esencial que tienen en común estas comidas.* **1.** *los panqueques, el pan dulce, los panecillos* **2.** *las «donas», las galletitas, el pastel* **3.** *el café, el té, la limonada, la cerveza* **4.** *el helado, la mantequilla, el queso* **5.** *las enchiladas, las tostadas, los tacos.* Add any other foods you wish.

LISTA 1

1 paquete de tocino
2 latas de sopa de legumbres
2 aguacates
3 libras de carne molida
2 libras de limones
14 onzas de avena

LISTA 2

1 libra de carne molida
1 tarro de 16 onzas de mayonesa
3 libras de cebollas amarillas
1 paquete de zanahorias
2 libras de manzanas
1 sandía de ocho libras

Act. 8 Asociaciones (individual; partner-pair). **Suggestion:** First introduce the new vocabulary for foods with your PF. Then divide the class into groups of 3 and give students 5 minutes or less to do the activity. As you go over correct answers, ask why a particular item does not belong in the group.

ACTIVIDAD 8 Asociaciones: Los alimentos

En cada grupo de palabras a continuación hay una que no pertenece a la lista. Búsquela y explique por qué no pertenece.

MODELO: la salchicha, la hamburguesa, la chuleta, la pera →
La pera no pertenece a esta lista porque *no es carne.*

1. el apio, el pepino, la avena, los guisantes
2. el flan, el helado, las aceitunas, el pastel
3. la miel, la mazorca de maíz, la mermelada, la jalea
4. el plátano, las almejas, los camarones, la langosta
5. las nueces, el albaricoque, la piña, la toronja

ACTIVIDAD 9 Orden lógico: ¿Cómo se prepara... ?

Ponga en orden los pasos para la preparación de estas comidas.

UN SÁNDWICH DE JAMÓN Y QUESO

_____ Se corta varias rebanadas de tomate.
_____ Se pone mayonesa y mostaza en las dos rebanadas de pan.
_____ Se corta el jamón y el queso y se ponen sobre el pan.
_____ Se come con un refresco frío.
_____ Se saca dos rebanadas de pan.
_____ Se le agrega la lechuga y las rebanadas de tomate.

UNA QUESADILLA MEXICANA

_____ Se saca la quesadilla de la sartén.
_____ Se dobla la tortilla.
_____ Se saca una lata de chiles y una tortilla de harina.
_____ Se pone en una sartén.
_____ Se pone el queso y un chile en un lado de la tortilla.
_____ Se tapa la sartén y se calienta la quesadilla tres minutos a cada lado.
_____ Se ralla el queso.
_____ Se sirve con salsa y se come.

ACTIVIDAD 10 Narración: Vamos a preparar chiles rellenos

Narre los pasos para la preparación de los chiles rellenos.

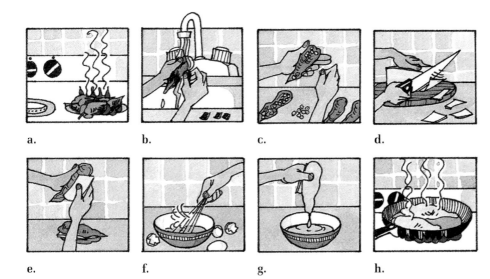

a.   b.   c.   d.

e.   f.   g.   h.

AA 12 (whole-class). Name a word related to food (*taco, pollo frito, zanahorias, mesero/a*) and have the class think of all the words they can associate with that word. Explore associations, developing as much spontaneous conversation as possible.

AA 13 Asociaciones. If students need more practice with low-frequency vocabulary, give them these lists orally, after they have done *Actividad 8*. Ask: *¿Cuál de éstas no pertenece al grupo? ¿Por qué?* 1. *el ajo, la cebolla, la sal, las galletitas;* 2. *la harina, el azúcar, la salchicha, la margarina;* 3. *la carne molida, el atún, el bistec, las chuletas;* 4. *el hígado, el ave, el pollo, el pavo;* 5. *el jamón, el queso, las chuletas, la carne de cerdo;* 6. *el caldo, el postre, la propina, el cangrejo;* 7. *el vino, la leche, el batido, la servilleta.*

Act. 9. Orden lógico (partner-pair). Suggestion: Have students work in pairs to order tasks.
Follow-Up: With the whole class, write a sequence for *paella* or some other authentic dish.

Act. 10 Narración (whole-class: partner-pair). Give students a couple of minutes to look at the drawings and the preparation instructions, then work with the class to order the steps logically on the board. If possible, use the corresponding transparency.
Expansion: Have students make a list of as many Hispanic dishes as they can think of in 2 minutes. Then in groups of 3–4 they should compare their lists, select 2–3, and come up with lists of ingredients.

AA 14 (whole-class). Poll your students about their eating habits. Ask them to raise their hand in response to your questions. If possible, project a transparency with the questions onto the board so a student can count hands and write the tally by each question. *¿Quién desayunó huevos con tocino esta mañana? ¿Quién desayunó jugo de naranja y cereal esta mañana? ¿Quién hizo la cena y cenó en casa anoche? ¿Quién preparó un platillo exótico el fin de semana pasado? ¿Quién almorzó sándwiches toda la semana pasada? ¿Quién desayuna huevos todos los días? ¿Quién le pone mucha sal/pimienta a la comida? ¿Quién no come fruta nunca? ¿Quién almuerza hamburguesas siempre? ¿Quién cena en restaurantes por lo menos dos veces a la semana? ¿Quién va siempre a restaurantes* *mexicanos? ¿Quién prefiere restaurantes chinos o japoneses?*

▶ **PALABRAS ÚTILES**

primero	después
luego	finalmente

LOS PASOS

- Se baten los huevos.
- Se pelan los chiles.
- Se mojan los chiles en el huevo batido.
- Se asan los chiles.

- Se cortan varias rebanadas de queso.
- Se les quitan las semillas.
- Se pone una rebanada de queso en cada chile.
- Se fríen.

ACTIVIDAD 11   Entrevista: Hacer la compra

1. ¿Quién hace la compra en tu casa?
2. ¿Se compran todos los comestibles en un supermercado o en varias tiendas pequeñas?
3. ¿Compras muchas legumbres y frutas?
4. ¿Compras muchas comidas pre-elaboradas? ¿Lees las etiquetas de las comidas para determinar si contienen colorantes o conservadores?
5. ¿Quién prepara las comidas en tu casa?
6. ¿Te gusta cocinar? ¿Qué platos sabes preparar?
7. ¿Compras mucha comida chatarra (*junk food*)? ¿Qué compras?

Act. 11. Entrevista (whole-class; partner-pair). **Suggestion:** Read questions aloud, answering with personal information. Then pair students to interview each other.

Nota cultural
Suggestions for Effective Reading. Have students skim the *Nota cultural* for the names of the dishes mentioned. Then have them read for more in-depth information regarding these dishes. (For more information, refer students to the McGraw-Hill reader *Cocina y comidas hispanas,* which explores the history of many Hispanic dishes and includes several recipes.)
Pre-Reading. Have students name their favorite foreign foods. Ask: *¿Tienen ustedes algún plato favorito de otro país? ¿De qué país es? Mencionen los ingredientes de ese plato.* Then ask: *¿Qué platos hispanos han probado? ¿Qué ingredientes llevan esos platos?* List their answers on the board and compare their responses with the dishes mentioned in the reading.

NOTA CULTURAL Los deliciosos platillos hispanos

Describimos aquí varios platillos típicos de América Latina, México y España. Todos son deliciosos. Lea las descripciones y... ¡pruebe la cocina hispana!

VOCABULARIO ÚTIL

¡pruebe!	*try!*
refleja	*reflects*
a la parrilla	*grilled*
precolombinas	*before Columbus*
poblano	*from Puebla, Mexico*
los boquerones	*small sardines*
la ensaladilla	*potato salad*

La cocina hispana es muy variada. Dentro de un mismo país, los platos y la manera de prepararlos varían de región a región: El **arroz con pollo,** por ejemplo, se come especialmente en el Caribe. Este platillo, que se hace con trozos de pollo, arroz, tomate y aceitunas, refleja la influencia de la comida española en los países caribeños.

Argentina tiene gran influencia italiana. En la cocina argentina se encuentra una variedad de platillos cuyo ingrediente principal es la **pasta,** desde los **ravioles** hasta los populares **espaguetis.** * Pero los argentinos también preparan exquisitas **parrilladas:** varios tipos de carne —cerdo, cordero, ternera, salchichas— cocinada a la parrilla. Y los peruanos tienen platos deliciosos; entre otros, el **ají de gallina,** que es pollo cocinado en una crema de nueces, y el **cebiche,** un plato de pescado crudo preparado con jugo de limón y varias especias.[†]

Muchos platillos mexicanos tienen su origen en las culturas precolombinas —el

---

*La razón es que durante el siglo diecinueve (XIX), llegaron a ese país miles de emigrantes de Italia y otros países europeos. Argentina ofrecía grandes oportunidades de trabajo.

[†]Para más información sobre la cocina peruana, ver la Nota cultural, «Los platillos andinos» en el Capítulo 8 del *Cuaderno de trabajo.*

La deliciosa paella.

guacamole, por ejemplo, que es una salsa de aguacate con cebolla, jitomate y chile. La base de algunos platos de México es la tortilla, que puede ser de maíz o de harina. Los **tacos,** las **tostadas** y las **enchiladas** —tres de los platillos más populares en los Estados Unidos— se hacen con tortillas de maíz. Y el **mole poblano,** una salsa que lleva más de veinte ingredientes —¡incluso chocolate!— se sirve normalmente con pollo y se come con tortillas.

La comida de España tiene cocinas regionales, cada una con sus propias características. Pero en muchas partes del país se usan los mismos ingredientes, como el aceite de oliva, el ajo, el arroz y los garbanzos. Sin duda, el plato español más conocido es la rica **paella valenciana.** La paella se prepara con arroz, mariscos, pollo, chorizo y verduras. Otro platillo típico es la **tortilla española,** hecha con huevos, cebollas y patatas. La tortilla se come a veces como **tapa,** con pan y un vaso de vino tinto.

Las **tapas** son pequeñas porciones de comida que se sirven en los bares de España.* Generalmente las tapas se acompañan con vino o cerveza y pueden ser simples —**aceitunas, cacahuetes**— o elaboradas, como la tortilla. Algunas de las tapas que más se comen en España son los **calamares,** los **boquerones fritos** y la **ensaladilla.**

Una de las actividades favoritas de los españoles es «ir de tapas», eso es, ir de un lugar a otro probando una variedad de platillos. Es una oportunidad ideal para pasar tiempo con los amigos. ¡Buena conversación y rica comida!

Post-Reading. Have students do *Comprensión* in pairs. Use AU to generate whole-class discussion. Assign UPM for homework and tell students that you will choose the best menus and most persuasive letters. You may want to have a party in class at some point and ask volunteers to bring a dish. Or, you could make a class recipe book first and then have the party.

Additional UPM activity: Have students write a half-page composition on the following topic: *Si hay un restaurante hispano en su ciudad, vaya a comer allí y pruebe algo nuevo. Luego describa su descubrimiento. ¿Le gustó ese platillo? ¿Lo recomienda? ¿Por qué?*

Answers to *Comprensión.* **1.** b, d, j **2.** e, l **3.** a, e, l **4.** f, h, i **5.** c **6.** j **7.** k **8.** m **9.** g **10.** a, j, o

Comprensión

¿Qué ingredientes llevan estos platillos? Algunos ingredientes se usan en más de un platillo.

1. la paella	**a.** las aceitunas
2. la tortilla española	**b.** los mariscos
3. las tapas	**c.** el aguacate
4. la parrillada	**d.** las verduras
5. el guacamole	**e.** las papas
6. el ají de gallina	**f.** la carne de cerdo
7. las enchiladas	**g.** el chocolate
8. el cebiche	**h.** la carne de ternera
9. el mole poblano	**i.** las salchichas
10. el arroz con pollo	**j.** el pollo
	k. la tortilla
	l. los huevos
	m. el pescado
	n. los tomates

Ahora... ¡usted!

1. ¿Cuáles de los platillos mencionados no conoce pero le gustaría probar? ¿Por qué?

---

*En inglés se usa una frase francesa, *hors d'oeuvre,* para nombrar este tipo de comida. En varios países latinoamericanos las tapas se llaman «**entremeses**», y los mexicanos les llaman «**botanas**» y «**antojitos**».

2. En algunas ciudades de los Estados Unidos son populares los restaurantes llamados *tapas bars.* ¿Conoce usted alguno de estos lugares? ¿Le gustan las tapas? ¿Cuáles?

3. Cuando usted da una fiesta en su casa, ¿sirve entremeses? ¿Cuáles le gusta servir?

Un paso más... ¡a escribir!

En su clase de español hay una fiesta y usted y su compañero/a van a planear el menú. El cocinero de un restaurante hispano va a preparar todos los platillos. ¿Cuáles van a servir ustedes? ¿Por qué? Escríbanle una nota a su profesor(a) explicándole por qué quieren esos platos.

MODELO:

> Estimado profesor / Estimada profesora:
>   Gracias por tener una fiesta en la clase. Mi compañero/a y yo pensamos que el menú debe incluir los siguientes platos: _____, _____, y _____.
>   Seleccionamos estos platillos porque...
>   Afectuosamente,
>   (*su firma*)

Ventanas culturales: Las costumbres
If possible, bring to class a pot of water and boil it over an electric burner. Demonstrate the preparation of hot chocolate with bars of Mexican (or American-made) chocolate. Have students observe the activity of the liquid and ask what emotions it may represent. Let students savor the drink as they read this selection.

VOCABULARIO ÚTIL

el enojo	*anger*
queda lista	*is ready*
las recetas	*recipes*

VENTANAS CULTURALES   Las costumbres

¡Estoy como agua para chocolate!

En México se usa la frase coloquial **como agua para chocolate** para expresar la idea de «mucho enojo». Si una persona dice «¡Estoy como agua para chocolate!», eso quiere decir que está muy enojada (en inglés, *madder than hell*). ¡A punto de hervir como el agua!

La expresión tiene su origen en la preparación del chocolate caliente. Para hacerlo, se pone agua a calentar y cuando empieza a hervir, se le echan trozos de chocolate en barra. La rica bebida queda lista muy pronto.

La escritora mexicana Laura Esquivel usó esta frase para el título de su novela *Como agua para chocolate* (1990), donde aparecen varias recetas de la cocina de México. El libro fue adaptado después al cine, y resultó ser una película muy popular. La verdad es que el título es apropiado: En la novela de Esquivel se combinan los temas de la comida, el enojo y el amor apasionado.

Laura Esquivel, autora de la novela *Como agua para chocolate.*

Por tradición, el chocolate se bate a mano con un molinillo como éste.

✳ Los restaurantes

Los restaurantes. Read the display captions below aloud to the whole class as they follow along in the text. Ask how many are vegetarians. Describe ways to prepare meat. Discuss (or poll) how many like meat *poco asada, al punto,* or *bien asada.* You may want to discuss health and ecological issues of meat consumption: dietary fat (*grasa*), water, and land use.

Many of the words in this display and in subsequent activities will be new to students. Verify class comprehension of all vocabulary in the display and the activities of this section as you proceed through these materials.

Lea Gramática 8.5. See IRK for additional activities: *Los restaurantes.*

Pedro y Andrea pidieron una ensalada, bistec al punto, papas fritas y bróculi.

El cocinero les preparó un platillo especial.

El mesero les sirvió la comida.

Andrea tomó una copa de vino tinto, pero Pedro prefirió tomar agua mineral.

Comieron con gusto.

Pagaron la cuenta con su tarjeta de crédito.

Dejaron una buena propina.

AA 15 (TPR). See IRK for TPR: *Vamos a cenar fuera.*
Sample sequence: *Ustedes van a salir a cenar. Pónganse su ropa más elegante y manejen el carro al restaurante. Entren y esperen al mesero. Siéntense a la mesa y lean la carta. Mmm... ustedes tienen hambre. Ah, ahí viene su mesero. Pidan dos cervezas o refrescos, lean la carta un poco más y charlen con su amigo/a. Llegaron las cervezas / los refrescos. Tomen un poco, pidan la comida —dos enchiladas suizas y chiles rellenos— esperen y tomen su cerveza, miren a las otras personas en el restaurante. Ah, por fin llegó la comida. Coman y beban. Pidan postre: helado y flan y café. Ah, ¡qué comida tan rica! Pidan la cuenta: «La cuenta por favor». Dejen la propina, levántense y vayan a la caja. Paguen la cuenta y salgan. Den un paseo por la plaza y regresen a casa.*

la carne cruda

el bistec

poco asado/ poco cocido

al punto/ cocido

bien asado/ bien cocido

ACTIVIDAD 12   Narración: Mayín Durán sale a cenar

Act. 12. Narración (whole-class; partner-pair). Read over all descriptions with the whole class. Then pair students to put in correct order.

Lea las siguientes oraciones y póngalas en orden, según los dibujos. Luego, trabaje con un compañero / una compañera para narrar la historia.

_____ Comieron y conversaron.

_____ Pidieron la cuenta.

_____ Mayín pidió agua mineral y su amigo pidió un refresco.

_____ Mayín y su amigo pidieron la comida.

_____ Los dos pidieron postre.

_____ Pagaron la cuenta y dejaron una propina.

_____ Salieron a cenar.

_____ El mesero les sirvió la comida.

_____ Tomaron sus bebidas y conversaron, y luego el mesero les preguntó si estaban listos para pedir la comida.

_____ Salieron a pasear.

_____ El mesero les preguntó si querían tomar algo.

_____ Leyeron el menú.

Act. 13. Intercambios (whole-class; partner-pair). **Suggestion:** With whole-class participation, comment on the Mexican foods on the menu. Then pair students and have them ask each other questions using *¿Cuánto cuesta?* Introduce or review appropriate restaurant expressions: *¿Está(n) listo(s) para pedir? ¿Quisiera(n) tomar algo? ¿Qué va(n) a pedir? Quisiera… Me gustaría… Voy a pedir… Tráigame/nos…* etc.

Follow-Up: Have students work in groups of three: two are patrons and one is the waiter. If you and/or students bring tablecloths, paper plates, plasticware, vases, and flowers, the scene is very real. When the food has been served, the waiter can trade places with one of the patrons, and the group can role-play again.

Expansion: Combine this activity with an in-class potluck.

ACTIVIDAD 13   Intercambios: Restaurante Mi Casita

Con su compañero/a, lea el menú del Restaurante Mi Casita. Primero miren los precios; después escojan las comidas y bebidas que van a pedir y digan por qué las van a pedir. Sigan los modelos.

MODELOS: E1: ¿Cuánto cuestan *los tamales de puerco*?

E2: Cuestan *$32.00 pesos.*

E1: ¿Qué vas a pedir?

E2: Me gustaría pedir *los chiles rellenos de queso,* pero voy a pedir *el chop suey porque estoy a dieta.*

E1: Voy a pedir *una hamburguesa,* porque *me fascina la comida norteamericana* (*la comida de los Estados Unidos*).

Restaurante Mi Casita
Rica comida mexicana e internacional a precios módicos

Plato del día:
Lasaña, pan de ajo, ensalada mixta, sopa minestrone $42.00

Antojitos mexicanos
Se sirven para el almuerzo y la cena. (Con cada uno se incluye pan o tortillas, ensalada, arroz y frijoles o sopa del día.)

Enchiladas (3) . . . . verdes o rojas	$27.50
Tostadas (2) . . . . de res o de pollo	22.50
Tacos (4) . . . . de res o de pollo	23.00
Burritos (2) . . . . de res y/o frijoles	22.00
Chiles rellenos (2) . . . de carne o queso	30.00
Tamales de puerco con chile verde (3)	32.00
Tamales dulces con almendras y pasas (3)	19.50

Rincón internacional

De España:	Rica paella valenciana . . . . (mínimo tres personas)	$90.00
De Perú:	Sabrosísimo cebiche	27.00
De los Estados Unidos:	Las mejores hamburguesas al sur de la frontera	25.00
De Italia:	Exquisita pizza de la casa (tamaño grande)	80.00
De China:	Delicioso y ligero chop suey de pollo	45.00

Desayuno
(Incluye pan o tortillas.)

Huevos rancheros	$32.50
Cereal frío	13.50
Avena	10.50
Leche (vaso)	9.20
Jugos frescos (vasito)	18.40
Fruta fresca (3 piezas)	27.60

Sopas

Caldo de res con legumbres	$25.00
Crema de espárragos	16.00
Crema de hongos	15.50
Minestrone	21.00
Sopa del día	9.20

Bebidas

Cerveza Carta Blanca	$18.40
Cerveza Tecate	16.00
Cerveza Superior	15.00
Cerveza Bohemia	17.00
Refrescos	5.50
Limonada (vaso)	7.50
Té helado con limón	9.20
Tehuacán (Agua mineral)	12.00
Tehuacán de sabores	15.00
Café	9.20
Té caliente	9.00
Vino tinto (copa)	30.00
Vino blanco (copa)	32.00

Postres

Arroz con leche	$10.00
Flan	15.00
Helado de fresa o vainilla	12.00
Melocotón en almíbar	13.00
Mango en almíbar	15.00
Pastel (rebanada)	18.00

RECOMENDAMOS

Le Monastère
27 puntos
San Rafael de Escazú Reservaciones al 289-4404. Comida internacional al estilo francés. Hermosa vista de 270° desde San José hasta el Golfo de Nicoya. De 7,900 a 22,120 (en colones) por persona.

Machu Picchu
19 puntos
125 metros al norte del Kentucky Fried Chicken, por el Paseo Colón. Reservaciones al 222-7384. Comida peruana, especialmente mariscos, con el sabor auténtico del Perú. De 6,000 a 9,400 (en colones) por persona.

Ram Luna
25 puntos
En Aserrí. Reservaciones al 230-3060. Ambiente elegante y familiar. Vista de San José. Comida internacional y costarricense. Buffet y bailes folclóricos los miércoles desde las 17:00. De 7,900 a 18,960 (en colones) por persona. Buffet de los miércoles: 14,220 (en colones) por persona.

La Masía de Triquell
21 puntos
Sabana Norte, de la Agencia Datsun 175 metros al oeste y 175 metros al norte. Reservaciones al 296-3528. Comida española e internacional. La mejor paella de Costa Rica. De 6,320 a 23,700 (en colones) por persona.

El Balcón de Europa
11 puntos
Calle 9, entre Avenidas Central y Primera. Reservaciones 220-4821. Platillos italianos y costarricenses. De 3,790 a 11,060 (en colones) por persona.

ACTIVIDAD 14   Del mundo hispano: Dónde comer en San José, Costa Rica

Primero, lea las recomendaciones de una revista turística de San José. Luego, conteste estas preguntas con su compañero/a.

RESTAURANTES

 30–26 puntos   25–21 puntos   20–16 puntos   15–11 puntos   10–6 puntos   5–0 puntos

Excelente   Muy bueno   Bueno   Normal   Regular   Malo

1. De los cinco restaurantes que se recomiendan, ¿cuál es el mejor? ¿Cuántos puntos recibió? ¿Cuál es el peor? ¿Cuántos puntos recibió?
2. De los restaurantes que se recomiendan en la revista, ¿cuáles son «buenos»? ¿Cuáles son «normales»? ¿Cuáles son «muy buenos»? ¿Hay alguno «excelente»?
3. ¿Cuáles son los elementos que se deben considerar para calificar un restaurante? ¿Cuál es el más importante, en su opinión? ¿Por qué?
4. ¿En cuál de los restaurantes es más barata la comida?
5. ¿En cuál de todos le gustaría cenar? ¿Por qué?

Act. 14. Del mundo hispano (individual; partner-pair). **Suggestion:** Allow students 2–3 minutes to read this selection from a Costa Rican tourist magazine. Explain words or expressions they may not know. Then read questions aloud to the entire class before pairing students to respond to them. When they complete the task, encourage them to work on a guide that uses similar ratings to evaluate restaurants in the area.

AA 16 (individual; whole-class). Read the following situations and ask what students would say in each case. 1. *Usted se sienta a una mesa en un restaurante. Tiene hambre pero necesita ver primero el menú. Viene el mesero y usted le dice…* 2. *Usted y sus amigos acaban de comer. Tienen prisa y necesitan la cuenta. Llaman al mesero y le dicen…* 3. *Usted está comiendo solo/a. El restaurante está lleno; no hay mesas vacías. De pronto llega una persona a quien usted no conoce y se sienta a su mesa. Usted le dice…* 4. *Usted está cenando en un restaurante con sus padres. Descubre que hay un insecto en su sopa. Usted llama al mesero y le dice…* 5. *Usted pidió un bistec bien asado y el mesero le sirvió uno casi quemado. Usted le dice…*

AA 17 (group). Tell students: *Hable sobre uno de los siguientes temas:* 1. *Una experiencia chistosa que usted tuvo alguna vez en un restaurante.* 2. *Una vez que usted comió o tomó demasiado y se enfermó.* 3. *Una experiencia que usted tuvo mientras comía en un restaurante en un país extranjero.* 4. *Descríbale un supermercado norteamericano a una persona que no los conoce.* 5. *Describa la receta de un platillo especial suyo.*

Act. 15. Entrevista (partner-pair). Have students read interview questions first, then pair up for the interview. **Follow-Up:** Ask students to write about their partners' restaurant preferences.

Ahora use las calificaciones de la revista para hablar con su compañero/a de algunos restaurantes de su ciudad.

ACTIVIDAD 15   Entrevista: Los restaurantes

1. ¿Qué clase de restaurante te gusta más?
2. ¿Te gusta la comida japonesa? ¿la comida china? ¿Qué otro tipo de comida internacional te gusta?
3. ¿Cuál es el restaurante más elegante cerca de tu casa? ¿Comes allí con frecuencia? ¿Te gusta la comida? ¿el ambiente? ¿Te gustan los precios? ¿Es necesario hacer una reservación?
4. ¿Conoces algún restaurante vegetariano? ¿Sirven buena comida allí?
5. ¿Cuánto consideras que se debe pagar por una comida excelente en un buen restaurante?
6. ¿Cuántas veces por semana comes fuera de casa? ¿Comes frecuentemente en algún lugar en especial? ¿Dónde?
7. ¿Vas mucho a los restaurantes de «servicio rápido»? ¿Cuál de ellos es tu favorito? ¿Por qué?
8. ¿Con quién prefieres ir a un restaurante? ¿Por qué?

EL MUNDO HISPANO... LA GENTE

Jaime Gómez es colombiano; tiene 37 años y vive en Bogotá.

Describa algunos platillos típicos de su país. ¿Cuáles son sus favoritos? ¿Los prepara en su casa o los come en un restaurante?

En Colombia disfrutamos de innumerables y deliciosos platos típicos; hay varios por cada región y uno para cada ocasión. Entre mis favoritos está *la bandeja paisa,* típica del departamento de Antioquía. Como su nombre lo indica, es una bandeja[1] de frijoles rojos, arroz, carne molida, huevo frito, patacón (plátano frito), chicharrón (cuero de cerdo frito) y aguacate.

Otro de mis platillos favoritos es el *ajiaco bogotano,* una sopa que se prepara con pollo, tres o cuatro clases de papas diferentes, cilantro, cebolla, alcaparras,[2] crema de leche y aguacate.

En Bogotá hay muy buenos restaurantes que sirven ajiaco. Pero la bandeja paisa prefiero prepararla en mi casa para las ocasiones especiales.

[1]*casserole*   [2]*capers*

El mundo hispano: La gente
Ask: *¿Tienen amigos hispanos? ¿De qué país son? ¿Preparan estas personas platos típicos de su país? ¿Cómo se llaman los platos? ¿Los han probado? ¿Cuáles son los ingredientes de los platos?*

n resumen

AA 17 (whole-class). Ask questions such as: *¿Qué pide usted cuando come en... 1. un restaurante mexicano? 2. la cafetería de la universidad? 3. un restaurante de «servicio rápido»? 4. un restaurante italiano? 5. un puesto de comida en la calle? 6. un restaurante chino? 7. su restaurante favorito?*

De todo un poco

Cuadros de preferencias

Complete los siguientes cuadros según sus propias preferencias.

De todo un poco (individual; partner-pair). Have students work individually to fill out the charts as you circulate to help. Then have them pair up and compare charts.

EN MI CASA SERVIMOS LAS SIGUIENTES COMIDAS
CON FRECUENCIA

COMIDAS	RAZÓN
1.	
2.	
3.	
4.	
5.	

ALGUNAS POSIBILIDADES

No tiene mucha grasa.

Es saludable.

Tiene poco colesterol.

Nos encanta a todos.

Los ingredientes son baratos.

EN MI CASA NUNCA SERVIMOS ESTAS COMIDAS

COMIDAS	RAZÓN
1.	
2.	
3.	
4.	
5.	

ALGUNAS POSIBILIDADES

Tiene mucha grasa.

Es muy picante.

Tiene mucho colesterol.

No nos gusta.

Los ingredientes cuestan mucho.

Ahora, charle con un compañero / una compañera sobre el contenido de los cuadros.

¡Dígalo por escrito!

¡Dígalo por escrito! Read the situation through with the whole class before assigning this activity. This may be assigned as extra credit.

¡Usted es el dueño!

Imagínese que va a comprar un restaurante y que necesita un préstamo de un banco local. Escriba un plan detallado de su restaurante para el banco que le va a prestar el dinero. Incluya en el plan respuestas a las siguientes preguntas: ¿Cómo se llama el restaurante? ¿Dónde está? ¿Cuántos meseros van a necesitar? ¿Van a servir tres comidas diarias o sólo el almuerzo y/o la cena? ¿Cuál es el horario del restaurante? ¡No se le olvide incluir el menú!

VIDEOTECA

A todos les gusta comer y cenar en restaurantes... y a pocos les gusta hacer las compras. En este episodio en Sevilla, Lola se prepara para ir al mercado. Su esposo, Manolo, le dice que no tiene que ir al mercado, que van a cenar en un restaurante.

Vea las actividades que corresponden al video en la sección *Videoteca* del *Cuaderno de trabajo*.

Vocabulario

• El desayuno — Breakfast

la avena	oatmeal
los huevos (fritos, cocidos, revueltos)	eggs (fried, hard-boiled, scrambled)
el panecillo	roll, bun
los panqueques	pancakes
el pan tostado (a la francesa)	(French) toast
el tocino	bacon
la tostada	toast (*Spain*); crispy tortilla with toppings (*Mex.*)

REPASO: el cereal, el pan

• El almuerzo y la cena — Lunch and Dinner

el caldo	clear soup
las galletas	crackers
la papa al horno	baked potato
las papas fritas	French fries
el plato / platillo	prepared dish
el queso	cheese
la salchicha	sausage, frankfurter, hot dog

PALABRAS SEMEJANTES: el arroz, la ensalada, la hamburguesa, la pizza, el sándwich, la sopa, la tortilla

• En el restaurante — In the Restaurant

el ambiente	atmosphere
la carta	menu
la comida	meal; food
comer fuera	to eat out
la cuenta	bill, check
la propina	tip
la tarjeta de crédito	credit card

PALABRAS SEMEJANTES: el menú, el precio, la reservación
REPASO: atender (ie), la mesa, el mesero / la mesera, pagar, servir (i)
PLATILLOS DEL MUNDO HISPANO: el burrito, el cebiche, la enchilada, los huevos rancheros, la paella valenciana, la quesadilla, el tamal, las tapas

• La carne — Meat

el ave	poultry
el bistec	(beef) steak
la carne de cerdo / puerco	pork
la carne molida	ground beef
la carne de res	beef
las chuletas (de cerdo/puerco)	(pork) chops
el hígado	liver
el jamón	ham
el pollo (frito)	(fried) chicken

• El pescado y los mariscos — Fish and Seafood

las almejas	clams
el atún	tuna
los camarones	shrimp
el cangrejo	crab
la langosta	lobster
las ostras	oysters

• Las legumbres — Vegetables

el apio	celery
la calabacita	zucchini
la cebolla	onion
los frijoles	beans
los guisantes / los chícharos/las arvejas	green peas
los habichuelas / los ejotes	green beans
los hongos	mushrooms
la lechuga	lettuce
el maíz	corn
la mazorca de maíz / el elote	ear of corn
el pepino	cucumber
el rábano	radish
la zanahoria	carrot

PALABRAS SEMEJANTES: el bróculi, la coliflor, los espárragos, el tomate / el jitomate

• Las frutas y las nueces — Fruits and Nuts

el aguacate	avocado
el albaricoque	apricot
las almendras	almonds
los cacahuates	peanuts
el durazno / el melocotón	peach
la fresa	strawberry
la manzana	apple
la nuez (las nueces)	walnut(s); nut(s)
las pasas	raisins
la piña / el ananá	pineapple
el plátano	banana
la sandía	watermelon
la toronja / el pomelo	grapefruit
las uvas	grapes

PALABRAS SEMEJANTES: la banana, el limón, el mango, el melón, la papaya, la pera
REPASO: la naranja / la china

• Los postres — Desserts

el arroz con leche	rice pudding
el flan	sweet custard
las galletitas	cookies

REPASO: el helado, el pastel
PALABRAS SEMEJANTES: la crema, la dona, el yogur

• Las bebidas — Drinks

el batido (de leche, de frutas)	(milk, fruit) shake
el jugo natural	fresh-squeezed juice
el té (caliente, frío, helado)	(hot, cold, iced) tea
el vino (blanco, tinto)	(white, red) wine

PALABRAS SEMEJANTES: el agua mineral, la limonada
REPASO: el agua, el café, la cerveza, la leche, el refresco

• Los condimentos, las especias y otros ingredientes — Condiments, Spices and Other Ingredients

el aceite	oil
la aceituna	olive
el aderezo	(salad) dressing
al ajo	garlic
el almíbar	syrup
el azúcar	sugar
el conservador	preservative
la harina	flour
la jalea	jelly
la mantequilla	butter
la miel	honey
la mostaza	mustard
la pimienta	pepper
la sal	salt

PALABRAS SEMEJANTES: el colorante, la grasa, la mayonesa, la mermelada, la salsa, la vainilla, el vinagre

• La mesa y los cubiertos — Table Setting and Utensils

la cuchara	spoon
la cucharita	teaspoon
el cucharón	ladle
el cuchillo	knife
el cuenco	large serving bowl
la fuente de sopa	soup tureen
la jarra	jug
el mantel	tablecloth
el pimentero	pepper shaker
el platillo	saucer
el plato hondo	bowl
el salero	salt shaker
la servilleta	napkin
el tenedor	fork

REPASO: el plato, la taza, el vaso

• Las medidas y los recipientes — Measurements and Containers

la botella	bottle
la copa	wine glass
la lata	can
la libra	pound
la onza	ounce
el paquete	package
la rebanada	slice
la sartén	(frying) pan
el tamaño	size
el tarro	jar

• Los verbos — Verbs

agregar	to add
asar	to roast
batir	to beat
contener (*irreg.*)	to contain
crecer (zc)	to grow
cubrir	to cover
dejar	to leave, to let
doblar	to fold
encantar	to delight
estar (*irreg.*) a dieta	to be on a diet
freír (i)	to fry
hacer las compras	to shop for food
mojar	to dip, to wet
pedir (i)	to ask for, to order food
rallar	to grate
tapar	to cover

PALABRAS SEMEJANTES: calcular, considerar, fascinar, pelar
REPASO: hornear

• La descripción de la comida — Describing Food

a la parrilla	grilled, char-broiled
al punto, cocido/a	medium rare
bien asado/a, bien cocido/a	well-done
crudo/a	raw
descafeinado	decaffeinated
descremado	skimmed
dorado/a	golden brown
dulce	sweet
espeso/a	thick
ligero/a	light
listo/a	ready
maduro/a	ripe
picante	hot (spicy)

poco asado/a, poco cocido/a	rare
rico/a	delicious
sabroso/a	flavorful, tasty
saludable	healthy
seco/a	dry

PALABRAS SEMEJANTES: concentrado/a, delicioso/a, excelente, exquisito/a

• Los adjetivos — Adjectives

barato/a	cheap
medio/a	half

PALABRAS SEMEJANTES: popular, tropical, vegetariano/a

• Los sustantivos — Nouns

el alimento	food, meal
el antojito	snack (*Mex.*)
la cáscara	peel
la comida chatarra	junk food (*Mex.*)
la comida pre-elaborada	convenience food
la etiqueta	label
las palomitas de maíz	popcorn
la receta	recipe
el restaurante de servicio rápido	fast-food restaurant
el sabor	taste, flavor
la semilla	seed

PALABRAS SEMEJANTES: el calcio, el carbohidrato, el chocolate, el colesterol, el líquido, la nutrición, la preparación, la proteína, el total, la vitamina, la zona

• Palabras y expresiones del texto — Words and Expressions from the Text

el comienzo	beginning
pertenecer	to belong
la razón	reason
la tabla	table; graph

PALABRAS SEMEJANTES: el elemento, el punto, la recomendación

• Palabras y expresiones útiles — Useful Words and Expressions

a su alcance	attainable; within reach
con gusto	with pleasure
por dentro / fuera	on the inside / outside
¿Qué clase de... ?	What type of . . . ?

Gramática y ejercicios

8.1 Referring to Objects Already Mentioned: Impersonal Direct Object Pronouns *lo, la, los,* and *las*

When referring to things already mentioned, use the Spanish object pronouns **lo** and **la,** which correspond to the English object pronoun *it:* **lo** refers to masculine words and **la** to feminine words. Spanish **los** and **las** correspond to English *them:* **los** refers to masculine words and **las** to feminine words.

—¿Quién compró **el pastel?**	—*Who bought the cake?*
—**Lo** compró Raúl.	—*Raúl bought it.*
—¿Quién trajo **la fruta?**	—*Who brought the fruit?*
—**La** trajo Nora.	—*Nora brought it.*
—Luis, ¿preparaste **los tacos?**	—*Luis, did you prepare the tacos?*
—Sí, **los** preparé esta mañana.	—*Yes, I prepared them this morning.*
—Carmen, ¿dónde pusiste **las servilletas?**	—*Carmen, where did you put the napkins?*
—**Las** puse en la mesa.	—*I put them on the table.*

> **lo** = *you, him, it (m.)*
> **la** = *you, her, it (f.)*
> **los** = *you, them (m. pl.)*
> **las** = *you, them (f. pl.)*
> **¿Quién preparó los frijoles?** (*Who made the beans?*)
> **Papá los preparó.** (*Dad made them.*)

8.1. In this section we add the impersonal use of *lo/la/los/las* (corresponding to English *it/them*) to their use as personal direct object pronouns. The use of these same pronouns to replace *él/ellos, ella/ellas,* and *usted/ustedes* was discussed in *Gramática* 6.5. Students have encountered impersonal direct object pronouns in your input and in readings many times; this is the first formal explanation. Normally, first-year students are not able to produce direct object pronouns in their speech with much accuracy. We advise students to avoid them by saying the noun they would replace. However, direct object pronouns are very common in speech and reading, and students should be able to recognize them and determine their referent in real discourse. A number of activities that involve direct object pronouns are suggested in the oral activities section (see especially the AAs). It is unrealistic to expect that students will be able to produce object pronouns at this stage without heavy monitoring.

¿RECUERDA?

As you saw in **Gramática 6.5,** the object pronouns **lo, la, los,** and **las** also serve as personal direct object pronouns.

—¿Viste a Alberto ayer?	—*Did you see Alberto yesterday?*
—No, no **lo** vi.	—*No, I didn't see him.*
¿La profesora Martínez? **La** vi ayer en el mercado, pero ella no me vio.	*Professor Martínez? I saw her yesterday at the market, but she didn't see me.*

Review this section now, if necessary.

Thus the Spanish direct object pronouns **lo, la, los,** and **las** may substitute for words referring to people *or* to things. For example, **la** in the first exchange below refers to **Mónica** (*her*); in the second one it refers to **la salsa** (*it*).

—¿Llamaste a **Mónica?**	—*Did you call Mónica?*
—Sí, **la** llamé ayer.	—*Yes, I called her yesterday.*
—Luis, ¿encontraste **la salsa?**	—*Luis, did you find the sauce?*
—Sí, **la** encontré en el refrigerador.	—*Yes, I found it in the refrigerator.*

<table>
<tr><th colspan="2">DIRECT OBJECT PRONOUNS</th></tr>
<tr><td>lo</td><td>you, him, it (m.)</td></tr>
<tr><td>la</td><td>you, her, it (f.)</td></tr>
<tr><td>los</td><td>you, them (m. nouns or males or males and females)</td></tr>
<tr><td>las</td><td>you, them (f. nouns or females)</td></tr>
</table>

These pronouns take time to acquire. You will find that you will gradually come to use them in your speech as you hear and read more Spanish.

Like other pronouns, direct object pronouns are usually placed before the verb.

¿La ensalada? Ella no **la** come nunca.   *Salad? She never eats it.*

They may, however, be attached to the end of an infinitive or present progressive form.

¿El flan? Van a preparar**lo** más tarde.   *The flan? They're going to fix it later.*

¿Los huevos? Estoy batiéndo**los** ahora.   *The eggs? I'm beating them now.*

You will learn more about the placement of pronouns in **Gramática 13.5** and **Expansión gramatical 7.**

EJERCICIO 1

Conteste con **lo, la, los** o **las** y una terminación lógica.

MODELO: —¿Cuándo bebiste el jugo de naranja?
—*Lo* bebí...
a. hace diez años.
b. anoche.
c. antes de levantarme.

¡OJO!

These are open-ended questions. First use the correct direct object pronoun and then select a logical end to the sentence.

OGA: Bring several food or household items to class. Put each in a particular location and ask ¿Dónde puse el/la/los/las... ? If students need a prompt, ask an either/or question such as: ¿Lo puse debajo de la mesa? Then let them practice the same question-and-answer sequences with each other, using the tú form (pusiste).

el congelador = *freezer*

1. —¿Cuándo preparaste el postre?
— _____ preparé...
a. en el restaurante.
b. ayer.
c. en la cocina.

2. —¿Dónde pusiste la carne?
— _____ puse en...
a. el jardín.
b. el supermercado.
c. el congelador.

3. —¿Dónde compraste las legumbres?
— _____ compré...
a. en una tienda de ropa.
b. en el supermercado.
c. en la cafetería de la escuela.

4. —¿Cuándo trajiste el hielo?
— _____ traje...
a. el año pasado.
b. hace diez minutos.
c. hace dos semanas.

5. —¿Dónde pusiste la mayonesa?
— _____ puse en...
a. la mesa.
b. el sofá.
c. el dormitorio.

6. —¿Cuándo preparaste las bebidas?
— _____ preparé...
a. hace dos minutos.
b. para la fiesta de esta noche.
c. mañana por la noche.

7. —¿Dónde pusiste los vasos?
— _____ puse en…
   a. el armario.
   b. la cómoda.
   c. el gabinete.

8. —¿Dónde compraste el pan?
— _____ compré…
   a. esta mañana.
   b. en la panadería.
   c. en la biblioteca.

9. —¿Cuándo hiciste las tortillas?
— _____ hice…
   a. en el fregadero.
   b. cuando me levanté.
   c. después de acostarme.

10. —¿Cuándo trajiste los tomates para la salsa?
— _____ traje…
   a. esta mañana.
   b. hace veinte años.
   c. el mes pasado.

EJERCICIO 2

Complete estos diálogos con **lo, la, los** o **las.**

1. —¿Viste a Mónica y a Nora en la fiesta?
   —Sí, _____ vi. Las dos bailaron toda la noche.

2. —Raúl, ¿conoces a la señora Venegas?
   —No, no _____ conozco. ¿Quién es?

3. —¿Visitaron ustedes a sus parientes durante las vacaciones?
   —No, _____ visitamos hace tres semanas.

4. —Alberto, ¿conociste al profesor nuevo ayer en la reunión?
   —Sí, _____ conocí. Me parece muy simpático.

5. —Carmen, ¿es esa señora que está allí la madre de Luis?
   —No sé; no _____ conozco.

8.2 More about Expressing Likes: The Verbs *gustar* and *encantar*

A. Gustar can also be followed by a noun. If the noun is singular, use the singular form, **gusta;** if it is plural, use the plural form, **gustan.**

—¿Te gusta **la sandía**?	—*Do you like watermelon?*
—Sí, pero me gust**an** más **las uvas.**	—*Yes, but I like grapes better.*

The preterite forms are **gustó** (*sing.*) and **gustaron** (*pl.*).

—¿Te **gustó** el helado?	—*Did you like the ice cream?*
—Sí, me **gustó** mucho.	—*Yes, I liked it a lot.*
—Nos **gustaron** mucho esas galletitas.	—*We really liked those cookies.*

B. To ask who likes something, begin with **¿A quién… ?**

—¿**A quién** le gusta la pizza?	—*Who likes pizza?*
—¡A todos nos gusta!	—*We all do!*

To identify a specific person or persons who like(s) something, use the following pattern.

   A + *name* + **le(s)** + **gusta(n)…**

Ej. 2. This short exercise reviews the use of *lo/la/los/las* as personal pronouns.

8.2. Up to now students have mostly used the *gustar* + infinitive construction in fixed phrases. In this section the structure of *gustar* constructions is explained in more detail, emphasizing the use of accompanying prepositional phrases and indirect object pronouns. The verb *encantar,* some common short forms such as *A mí también/tampoco,* and the *gusta/gustan* + noun construction are introduced.

¿ R E C U E R D A ?

In **Gramática 1.6** you learned that the verb **gustar,** followed by an infinitive, is the most common Spanish equivalent for the English verb *to like* (*to do something*) and that **gustar** resembles the English verb phrase *to be pleasing (to someone).* You also learned that an indirect object pronoun (**me, te, nos, os, le,** or **les**) is used with **gustar** to identify the person to whom something is pleasing.

   A Nora le gusta cocinar. *Nora likes to cook.*

   Me gusta desayunar temprano. *I like to eat breakfast early.*

> Use **gusta** if one item is being referred to; use **gustan** if more than one item is referred to.
>
> **Me gusta el café.**
> *(I like coffee.)*
>
> **Me gustan las torti-llas de maíz.**
> *(I like corn tortillas.)*

A Lan le gusta leer novelas.	*Lan likes to read novels.*
A Graciela no **le gusta** la comida italiana.	*Graciela doesn't like Italian food.*
A Guillermo y **a Ernestito les gusta** mucho montar en bicicleta.	*Guillermo and Ernestito like to ride their bikes a lot.*

C. To state more emphatically that someone likes something, use the preposition **a** followed by the person (noun or pronoun) and then the corresponding indirect object pronoun (**me, te, le, nos, os, les**) + **gusta(n)**.

—¿**A Paula le gustan** las hamburguesas?	*—Does Paula like hamburgers?*
—¡¿**A Paula**?! No, **a ella** no **le gustan** las hamburguesas.	*—Paula?! No, she doesn't like hamburgers.*

The following emphatic phrases are made up of the preposition **a** followed by pronouns. Notice that these pronouns are the same as the subject pronouns, except for **mí** and **ti**.*

> For emphasis, add:
> **a mí**
> **a ti**
> **a él/a ellos**
> **a ella(s)**
> **a usted(es)**
> **a nosotros/as**
>
> **A mí me gusta el chocolate.** *(I like chocolate).*
>
> **A ellas les gustan las papas fritas.** *(They like French fries.)*

a mí me gusta(n)	a nosotros/as nos gusta(n)
a ti te gusta(n)	a vosotros/as os gusta(n)
a usted le gusta(n)	a ustedes les gusta(n)
a él le gusta(n)	a ellos les gusta(n)
a ella le gusta(n)	a ellas les gusta(n)

Pues, **a mí me gustan** mucho todas las frutas, especialmente la papaya.	*Well, I really like all fruits, especially papaya.*
¿Y de veras **a ti no te gustan** las papas fritas?	*And do you really not like French fries?*

D. Emphatic short answers to questions with **gustar** are very common. Use the preposition **a** plus a pronoun or noun and the words **sí** or **no**.

—¿Le gustan las sardinas?	*—Do you like sardines?*
—¡**A mí, no!**	*—No, I don't!*
—¿Les gustan los postres de chocolate?	*—Do you like chocolate desserts?*
—**A mí, sí,** pero **a Nora, no.**	*—I do, but Nora doesn't.*

You can use the words **también** (*also*) and **tampoco** (*neither*) instead of **sí** and **no** in short answers.

> With **gustar:**
> **a mí también** = *me too*
> **a mí tampoco** = *me neither*

—A Pablo le gustan las fajitas.	*—Pablo likes fajitas.*
—Pues, **a mí también.**	*—Well, so do I.*
—Luis, a mí no me gustan mucho estos tacos.	*—Luis, I don't like these tacos very much.*
—**A mí tampoco.**	*—I don't either.*

E. There are other Spanish verbs that function like **gustar**. One common one used to express likes and dislikes is **encantar**. (You will learn more about this kind of verb in **Gramática 10.5.**)

---

*Recognition: **a vos te gusta**

—A mí **me encanta** el flan.   —*I adore flan.*
—A mí también.   —*Me too.*

—**Nos encantan** los mariscos que sirven en este restaurante.   —*We love the seafood they serve in this restaurant.*
—A nosotros también.   —*So do we.*

A Ernesto y a Estela **les encanta** salir a cenar.   *Ernesto and Estela love to eat dinner out.*

The preterite forms of **encantar** are **encantó** and **encantaron.**

A ella **le encantó** la cena.   *She loved the dinner.*
Me encantaron esas enchiladas.   *I really liked those enchiladas.*

> Remember to use **encanta** if referring to one item or **encantan** if more than one.
> **Les encanta la comida japonesa.** *(They really like Japanese food.)*
> **Nos encantan las papas fritas.** *(We adore French fries.)*

EJERCICIO 3

Complete los siguientes diálogos.

Use **me/mí** y **te/ti.**

—¿_____¹ gustan las zanahorias?
—A mí no _____² gustan mucho. ¿Y a _____³?
—A _____,⁴ sí. Son muy buenas para los ojos.

Use **él/le, me/mí** y **te/ti.**

—¿A tu hermano _____⁵ gusta el pollo frito?
—A _____⁶ sí le gusta, pero a _____,⁷ no.
—¡A _____⁸ no te gusta el pollo! ¿Por qué no _____⁹ gusta?
—A _____¹⁰ sí me gusta el pollo, pero no _____¹¹ gusta el pollo frito.

Ej. 3. This can be done as an in-class grammar activity.

EJERCICIO 4

Haga oraciones que describan los gustos de las personas a continuación. Use (1) una forma del verbo **encantar** (**encanta** o **encantan**); (2) el pronombre apropiado (**me, te, le, les** o **nos**); y (3) el nombre de una comida.

MODELO: A mi hermana *le encantan las fresas.*

▶ **SUGERENCIAS**

el café	los dulces	el guacamole
los chiles rellenos	las fresas	las hamburguesas
el chocolate	los frijoles	las palomitas con mantequilla
la comida mexicana	la fruta	el pan

I. A mi mejor amigo/a _____.

2. A mis padres _____.

3. A mi profesor(a) de español _____.

4. A mi novio/a (esposo/a) _____.

5. A mí _____.

6. A mi mejor amigo/a y a mí _____.

Ej. 4. OGA: Ask students questions like ¿*A quién le gusta la sandía?* Have them respond with short answers: *A mí, A él.* Then make statements such as: *A usted le gusta el helado, ¿verdad?* and have students give short answers: *A mí, no; a mí, sí; A mí también; A mí tampoco.*

8.3. These words have appeared many times in your speech and the readings; it is likely that students already know most of them. Although they have undoubtedly noticed the existence of multiple negatives in Spanish, they are unlikely to be aware of how they are used.

8.3 Making Negative Statements and Questions: *No, never*

algo	*something*	nada	*nothing*
alguien	*somebody*	nadie	*nobody*
algún	*some*	ningún	*none, no one*
alguno/a/os/as		ninguno/a (de)	
siempre	*always*	nunca (jamás)	*never*
también	*also*	tampoco	*neither*

> Whereas in English it is generally incorrect to have more than one negative in a sentence, in Spanish multiple negatives are frequently required.

A. Spanish often requires the use of multiple negatives in the same sentence when one responds negatively to a question.

—¿Tienes algo en el horno? — *Do you have something in the oven?*

—**No, no** tengo **nada.** — *No, I don't have anything.*

—¿Hay alguien en la puerta? — *Is there someone at the door?*
—**No, no** hay **nadie.** — *No, there is no one.*

—Señora Silva, ¿va usted siempre al mercado los martes? — *Mrs. Silva, do you always go to the market on Tuesdays?*
—**No, no** voy **nunca** los martes. — *No, I don't ever (I never) go on Tuesdays.*

> **algún (alguno/a/os/ as)** = *some, any*
> **ningún (ninguno/a)** = *none, not any, neither one*

B. Alguno/a corresponds to English *some* or *any,* and **ninguno/a** corresponds to English *none, not any,* or *neither one.*

—¿Hay **algunos** postres sin azúcar? — *Are there any desserts without sugar?*
—No, señor, no tenemos **ningún** postre sin azúcar. — *No, sir, we don't have any desserts without sugar.*

—¿Hay **alguna** sopa sin carne? — *Are there any soups without meat?*

—No, no hay **ninguna;** todas tienen carne. — *No, there aren't any; they all have meat.*

Note that Spanish uses **ninguno/a** in the singular form.

C. Alguno and **ninguno** shorten to **algún** and **ningún** before masculine singular nouns.

—¿Hay **algún** restaurante en esta calle? — *Is there a restaurant on this street?*
—No, no hay **ningún** restaurante por aquí. — *No, there aren't any restaurants around here.*

Uno/Un, bueno/buen, primero/primer, and **tercero/tercer** follow the same rule.

¿Quieres pedir **una** copa de vino? *Do you want to order a glass of wine?*

Sólo hay **un** plato mexicano en el menú. *There is only one Mexican dish on the menu.*

¡Aquí sirven **unos** mariscos exquisitos! *They serve excellent seafood here!*

Esteban es un **buen** cocinero.	*Esteban is a good cook.*
Nora y Carmen también son **buenas** cocineras.	*Nora and Carmen are also good cooks.*
Vamos a sentarnos en la **tercera** mesa.	*Let's sit down at the third table.*
El **primer** plato es la sopa.	*The first course is the soup.*

D. No is not used when the negative word precedes the verb.

Nunca como entre comidas.	*I never eat between meals.*
Nadie fue al mercado.	*Nobody went to the market.*

E. Express *I* (*you, we . . .*) *don't either* with a subject pronoun + **tampoco.**

—Yo no quiero comer helado.	—*I don't want to eat ice cream.*
—**Yo tampoco.**	—*I don't either.* (*Me neither.*)
Yo no quiero más arroz. **Tú tampoco,** ¿verdad?	*I don't want more rice. You don't either, do you?*

EJERCICIO 5

Conteste las siguientes preguntas de forma negativa. Use **nada, nadie, nunca** o **ninguno/a.**

MODELO: —¿Hay algo de comer en el refrigerador?
—No, no hay *nada.*

1. —¿Fue alguien al supermercado ayer?
—No, no fue _____.
2. —¿Desayunaste algo esta mañana?
—No, no comí _____.
3. —¿Siempre comes en restaurantes chinos?
—No, _____ como en ellos.
4. —¿Invitaste a alguien a cenar esta noche?
—No, no invité a _____.
5. —¿Compraste una sandía?
—No, no encontré _____ madura.
6. —¿Quieres algo de tomar?
—No gracias, no quiero _____.
7. —¿Te sirvo espinacas?
—No, gracias. ¡_____ las como!
8. —¿Por qué no invitaste a Diego y a Ramón a la fiesta?
—Los invité, pero _____ de los dos quiso venir.

EJERCICIO 6

Ej. 6. Assign as homework and use as a springboard for an in-class discussion of foods and restaurants.

Responda afirmativa o negativamente a lo siguiente. Venga a clase preparado/a para comentar sus respuestas con sus compañeros de clase.

1. Me gustan las espinacas.
   a. A mí también.
   b. A mí no me gustan.

2. No me gusta comer hígado.
   a. A mí tampoco.
   b. A veces me gusta comerlo.
3. ¿Invitaste a alguien a comer la semana pasada?
   a. Sí, invité a _____ porque...
   b. No, no invité a nadie porque...
4. Prefiero el batido de chocolate al de vainilla.
   a. Yo también.
   b. No me gusta ninguno de los dos.
5. ¿Dejaste una propina la última vez que comiste en un restaurante?
   a. Sí, dejé...
   b. No, no dejé nada porque...
6. No me gusta desayunar cereal.
   a. A mí, sí. Siempre lo como.
   b. A mí tampoco. No lo como nunca.

8.4 Expressing *one* or *you*: The Impersonal *se*

In addition to being a reflexive pronoun (see **Gramática 4.3**), *se* is also used in "impersonal" constructions.

In English this structure is expressed with the impersonal *you* (*You need good film to take good pictures*), the pronoun *one* (*One should always think before acting*), the pronoun *they* (*They sell beer by the glass*), or the simple passive (*Beer is sold only by the glass here*).

—¿Cómo **se dice** *tablecloth* en español?
—*How do you say* tablecloth *in Spanish?*

—**Se dice** «mantel».
—*You say* **mantel.**

Aquí **se habla** español.
Spanish is spoken here. (*They speak Spanish here.*)

Primero **se agrega** la sal y después **se mezcla** todo.
First you add the salt and then you mix everything.

No **se debe** dormir inmediatamente después de comer.
One shouldn't (go to) *sleep immediately after eating.*

If the topic in question is plural, the verb is usually also plural.

—¿**Se sirven mariscos** frescos aquí?
—*Are fresh shellfish served here?*

—Sí, **se preparan comarones** deliciosos y el precio es muy módico.
—*Yes, they prepare delicious shrimp, and the price is very moderate.*

EJERCICIO 7

Complete estas oraciones con la forma **se** impersonal de los siguientes verbos: **preparar, poner, cortar, lavar, agregar, necesitar, hablar** y **batir.**

1. Para preparar un sándwich de jamón y queso, _____ el jamón y el queso en rebanadas.
2. Para alimentarse bien, _____ comer de los cuatro grupos esenciales de alimentos.

8.4 This is a very useful structure. You may emphasize it by talking about steps in food preparation or other sets of instructions: See AA 7.

Se + third-person singular verb is used to express *one, you,* or impersonal *they.*
   Se come mucho ajo en España. (*One eats* [*They eat*] *lots of garlic in Spain.* (*Lots of garlic is eaten in Spain.*)

Se + third-person verb form is also used for instructions.
   Primero se hierve el agua, después se le agrega la sal y luego se ponen los fideos y se cuecen por 8 minutos. (*First you boil the water, then you add the salt, and then you put in the noodles and cook them for 8 minutes.*)

¡OJO!

The verb **necesitar** can be used twice. All others will be used once.

3. Primero _____ el bróculi y luego _____ en el agua a hervir.
4. En este restaurante _____ mariscos frescos y deliciosos.
5. Para hacer un buen guacamole, _____ cebolla y otros ingredientes.
6. Para hacer una tortilla española, _____ huevos y patatas.
7. ¿_____ francés en ese restaurante?
8. ¿_____ los huevos para la tortilla española?

> **pedir** = *to ask for*
> present: **(yo) pido,
> (él) pide**
> past: **(yo) pedí,
> (él) pidió**
> **servir** = *to serve*
> present: **(yo) sirvo,
> (él) sirve**
> past: **(yo) serví,
> (él) sirvió**
> **Pedí camarones y fideos.** (*I ordered shrimp and pasta.*)
> **El mesero me sirvió almejas y arroz.** (*The waiter served me clams and rice.*)

8.5 Using Stem-Changing Verbs Like *pedir* and *servir*: Present-Tense and Preterite Forms

In a few verbs like **pedir** (*to order; to ask for*) and **servir** (*to serve*), the **-e-** of the infinitive changes to **-i-** in the present tense and the preterite. In the present, all forms of **pedir** and **servir** use the stems **pid-** and **sirv-** except for the **nosotros/as** and **vosotros/as** forms and the infinitive.*

	pedir	**servir**
(yo)	pido	sirvo
(tú)	pides	sirves
(usted, él/ella)	pide	sirve
(nosotros/as)	pedimos	servimos
(vosotros/as)	pedís	servís
(ustedes, ellos/as)	piden	sirven

In the preterite, only the **usted, él/ella** and **ustedes, ellos/as** forms use the stem with **i.**

	pedir	**servir**
(yo)	pedí	serví
(tú)	pediste	serviste
(usted, él/ella)	pidió	sirvió
(nosotros/as)	pedimos	servimos
(vosotros/as)	pedisteis	servisteis
(ustedes, ellos/as)	pidieron	sirvieron

En este restaurante **sirven** excelente comida. La semana pasada me **sirvieron** una paella sabrosísima.

They serve excellent food in this restaurant. Last week they served me a delicious paella.

8.5 The conjugation of verbs like *pedir* is identical to the pattern of verbs like *dormir* or *sentir*, but without a diphthong. Although only *pedir, servir,* and *freír* really fit the theme of this chapter, other common verbs of this type deserve practice: *seguir, reírse,* and *sonreír* are all very useful. First-year students do not seem to master this type of verb, but they do pick up some of the forms of *pedir* (*pedí*) and a few others (*sonríe*) that occur often in the input. We do not present the rule that predicts which forms will change to *i* because it is difficult to apply (*e* in stems whose endings have a stressed *í*, but *i* in all other forms).

---
*The **e → i** change also occurs in the present participles: **pidiendo** (*ordering*) and **sirviendo** (*serving*).

Recognition: **vos pedís, servís; vos pediste, serviste**

—Silvia, ¿qué platillo **pediste**
en el Restaurante Mi Casita?
—**Pedí** unas enchiladas de pollo.
Siempre **pido** lo mismo.

*—Silvia, what dish did you
order at Mi Casita Restaurant?
—I ordered chicken enchiladas.
I always order the same thing.*

The verbs **vestirse** (*to dress*) and **seguir** (*to follow*) conform to the **e → i** pattern.*

vestirse		seguir	
present	**past**	**present**	**past**
me visto	me vestí	sigo	seguí
te vistes	te vestiste	sigues	seguiste
se viste	se vistió	sigue	siguió
nos vestimos	nos vestimos	seguimos	seguimos
os vestís	os vestisteis	seguís	seguisteis
se visten	se vistieron	siguen	siguieron

Raúl se **vistió** rápido anoche.
Estela no **siguió** la receta.

*Raúl dressed quickly last night.
Estela didn't follow the recipe.*

Reír (*to laugh*), **sonreír** (*to smile*), and **freír** (*to fry*) also follow this pattern, except that in the third-person preterite forms one **i** is dropped: **fri- + -ió → frió; fri- + -ieron → frieron.**†

freír	
present	**past**
frío	freí
fríes	freíste
fríe	frió
freímos	freímos
freís	freísteis
fríen	frieron

Doña Rosita **frió** las tortillas.
Don Eduardo **sonrió** cuando
le sirvieron su platillo favorito.

*Doña Rosita fried the tortillas.
Don Eduardo smiled when they
served him his favorite dish.*

---

*The **e → i** change also occurs in the present participles: **vistiendo/vistiéndose** and **siguiendo.**
†The present participles are: **friendo, sonriendo,** and **riendo.**

Recognition: Present: **vos te vestís, seguís, freís, sonreís, reís**   Preterite: **vos te vestiste, seguiste, freíste, sonreíste, reíste**

EJERCICIO 8

Complete estos diálogos con las formas apropiadas de **servir** o **pedir**.

PILAR: ¿Qué vas a _____¹ ahora?
CLARA: Creo que voy a _____² pollo asado.
PILAR: En este restaurante _____³ muy buenos mariscos.
CLARA: Entonces voy a _____⁴ camarones fritos.

JOSÉ: ¿Qué _____⁵ tú en un restaurante mexicano?
PILAR: Eso depende. Si _____⁶ mariscos _____⁷ un cóctel de mariscos.
JOSÉ: ¿Y si no hay mariscos?
PILAR: Entonces prefiero _____⁸ un chile relleno.

PILAR: Ayer mi novio y yo fuimos a un restaurante francés muy elegante.
CLARA: ¿Qué _____⁹ ustedes?
PILAR: _____¹⁰ cóctel de mariscos, ensalada y carne de res en salsa de vino.
CLARA: Mmm. ¿Y les _____¹¹ postre también?
PILAR: Sí, yo _____¹² flan y mi novio _____¹³ pastel de chocolate.

JOSÉ: Pilar, ¿_____¹⁴ leche otra vez?
PILAR: No, ayer yo _____¹⁵ una Coca-Cola y Clara _____¹⁶ un vaso de leche.
JOSÉ: Ah sí, ya entiendo. Después ustedes _____¹⁷ un sándwich de pollo.
PILAR: No, José. Después _____¹⁸ un sándwich de jamón pero el mesero nos _____¹⁹ sándwiches de pollo.
JOSÉ: ¿Y a mí también me _____²⁰ un sándwich de pollo?
PILAR: No, hombre. ¡Tú no fuiste con nosotros!

La comida mexicana es muy variada. Entre los platillos más populares se encuentran los tacos.

OTRA CON SOPOFOBIA, ¿VISTE?

Capítulo 9

METAS

In **Capítulo 9** you will expand your ability to talk about your family. You will learn to express different kinds of memories: your habitual activities and those of others, as well as how you felt about things in the past.

Fragmento de *Salud para todos,* por Walter Solón, de Bolivia

Sobre el artista:
Walter Solón nació en 1924 en Uyuni, una pequeña ciudad en el suroeste de Bolivia. En sus murales Solón trata los temas de la opresión y la resistencia política, y muchas de sus obras muestran la injusticia de las dictaduras. Solón y su esposa escaparon a Perú después de ser torturados, víctimas de una dictadura militar en Bolivia. Solón murió en 1999.

Goals—Capítulo 9
The activities in *Capítulo 9* give students the opportunity to understand and talk about habitual activities in the past, including memories of childhood and elementary and secondary school. The grammar section of this chapter introduces imperfect forms with action verbs, stressing the function of habitual, repeated action in the past, i.e., the equivalent of "used to" in English. We also introduce the imperfect with "state-of-being" verbs (*tener, querer, poder,* etc.). The imperfect to indicate background action or action in progress is introduced in *Capítulo 11,* as is the contrast between past (preterite) and imperfect. The semantic differences between past (preterite) and imperfect are somewhat complex. It is unrealistic to think that first-year students will acquire them with the language contacts available to them; even acquiring the rudiments of the contrast takes a great deal of language input and effort. We have chosen to simplify presentation and activities as much

ACTIVIDADES DE COMUNICACIÓN

- La familia y los parientes
- La niñez
- La juventud

EN RESUMEN

as possible by keeping the two tenses (in reality, aspects) apart. For now, with the exception of "state-of-being" verbs, we avoid contexts in which students will have to produce the two tenses together or choose between the two.

Use your PF or photos of your own family to review family terms such as *abuelo/a, hijo/a,* and *padres* and to introduce a few new family terms (*tío/a, sobrino/a,* etc.). Then use the display (or your own family tree on the board) to define all other new terms: *cuñado/a, nuera, suegro/a, yerno, padrastro, madrastra,* etc.

LECTURAS Y CULTURA

- **Nota cultural** Los hispanos hablan de su familia
- **Lectura** ¡Así piensan los niños!
- **Ventanas culturales** Nuestra comunidad: Carlos Santana y la Fundación Milagro: ¡Oye como va!
- **El mundo hispano** La gente: Ilia Rolón
- **Ventanas culturales** La vida diaria: Los chicos de la calle

GRAMÁTICA Y EJERCICIOS

9.1 Describing Family Relationships: The Reciprocal Reflexive Verbs **parecerse** and **llevarse bien**

9.2 Expressing *for, from,* and *to whom:* Prepositions + Pronouns

9.3 Saying What You Used to Do: The Imperfect Tense

9.4 Describing the Past: The Imperfect and Preterite of "State" Verbs

9.5 Saying What You Were Going to Do: The Imperfect of **ir** + **a** + Infinitive

Los recuerdos

PREGUNTAS DE COMUNICACIÓN

- ¿Es grande o pequeña su familia?
- ¿Tiene usted muchos primos? ¿Dónde viven sus abuelos?
- ¿Tiene hermanos? ¿Se lleva bien con ellos?
- ¿Qué hacía usted de niño? ¿Iba mucho al cine? ¿Veía mucho la televisión?
- ¿Jugaba al béisbol? ¿al fútbol? ¿O practicaba otro deporte? ¿Cuál?
- ¿Le gustaba su escuela secundaria? ¿Sacaba buenas notas?

MULTIMEDIA ▼

Visit the *Dos mundos* Website at www.mhhe.com/dosmundos for additional activities, links, and other resources.

The video to accompany *Dos mundos* includes cultural footage on Bolivia.

The multimedia **CD-ROM** to accompany *Dos mundos* offers a variety of activities to review vocabulary and grammar from this chapter. You will also find additional cultural information and video clips.

Actividades de comunicación y lecturas

La familia y los parientes. Some of the vocabulary in this family tree will be familiar to students from **Paso C.** However, there are many new words for other family relationships. Verify class comprehension of all vocabulary in the display and the activities of this section as you proceed through these materials.

✳ La familia y los parientes

See IRK for additional activities: *La familia y los parientes.*

Lea Gramática 9.1–9.2.

Act. 1.
Definiciones
(individual;
whole-
class).
Suggestion:
Give stu-
dents true or
false sentences
that describe
the family dis-
play. You may
have them write
down *Cierto*
or *Falso* or call
out loud. Possi-
ble sentences:
1. *Los tíos
de Clarisa y
Marisa se
llaman
Raúl, Estela
y Paula.*
2. *Raúl y
Paula son
solteros.* **3.** *El
cuñado de
Paula se llama
Guillermo.*
4. *Clarisa y Marisa son las primas
de Ernestito.* **5.** *Dora es la tía de
Amanda, Guillermo y Ernestito.*
6. *Pedro es el yerno de Dora y
Javier.* **7.** *Paula y Andrea son las
cuñadas de Ernesto.* **8.** *Dora es la
suegra de Estela.* **9.** *Los cuñados
de Paula se llaman Ernesto y
Pedro.* **10.** *Amanda, Guillermo y
Ernestito son los sobrinos de Raúl.*

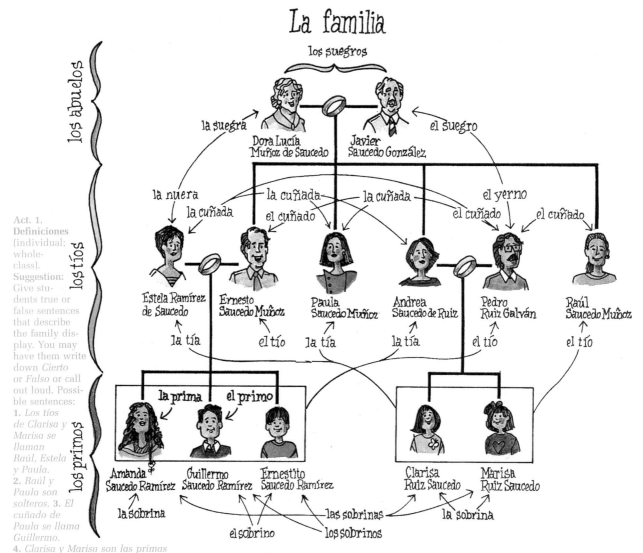

ACTIVIDAD I   Definiciones: La familia de Raúl

Mire el dibujo de arriba y escuche las oraciones que le va a leer su profesor(a). Diga si son ciertas o falsas.

MODELO: PROF.: «La tía de Clarisa y Marisa se llama Andrea.» →
E.: Falso. Andrea es *la madre* de Clarisa y Marisa.

ACTIVIDAD 2   Intercambios: La familia de Raúl

Hágale estas preguntas a su compañero/a.

1. ¿Cómo se llaman las hermanas de Raúl? ¿Y el hermano?
2. ¿Cuántos sobrinos tiene Raúl? ¿Cómo se llaman?
3. ¿Tienen nueras Dora y Javier?
4. ¿Cómo se llaman los cuñados de Raúl?
5. ¿Cómo se llama el suegro de Pedro y Estela?
6. ¿Cómo se llaman las cuñadas de Estela?
7. ¿Cuántos nietos tienen Dora y Javier?
8. ¿Cómo se llaman los tíos de Clarisa y Marisa?
9. ¿Cómo se llaman los primos de Clarisa y Marisa?
10. ¿Cómo se llama el yerno de Dora y Javier?

ACTIVIDAD 3   Descripción de dibujos: La familia de Mónica

Lea la siguiente descripción de la familia de Mónica. Basándose en el árbol genealógico, llene los espacios en blanco con los nombres o palabras apropiados.

AA 1 (whole-class). Make up some simple definitions for family members; for example, *el hermano de mi madre o de mi padre (tío).* Ask the whole class to identify the family member referred to. Then help the class make up simple definitions for family members. You may ask students to make up one or two of their own. Have volunteers read theirs, with the whole class supplying the kinship term, or have pairs read each other their definitions, with the partner supplying the kinship term.

Act. 2. Intercambios (partner-pair). **Suggestion:** Pair students to ask and answer questions.

Act. 3. Descripción de dibujos (individual; whole-class). **Suggestion:** Instruct students to look at the art and then read the two paragraphs and attempt to fill in the blanks.
   Follow-Up: Read the paragraphs aloud with the whole

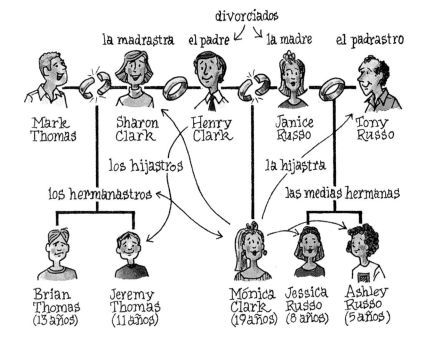

> **¡OJO!**
>
> En el mundo hispano, las relaciones entre los mayores y los jóvenes son íntimas y especiales. Conversan, comparten ideas, salen a pasear y juegan juntos. Los abuelos participan en las experiencias de sus nietos, y los nietos escuchan las historias y los recuerdos de sus abuelos. Así se mantiene viva la historia familiar.

class filling in the blanks as you read.
   Expansion: *En su familia, ¿a quién se parece usted? ¿Con quién se lleva mejor? ¿Quién (no) lo/la comprende?*

Los padres de Mónica se llaman _____ y _____ y están _____. Mónica vive con su madre y su _____, Tony. Su madre y Tony tienen dos hijas, Jessica y Ashley. Ellas son las _____ de Mónica. Jessica se parece a _____, pero Ashley se parece más a _____.

   La nueva esposa de Henry Clark se llama _____. Sharon tiene dos hijos de su primer esposo; se llaman _____ y _____ y son los

Act. 4. Conversación (whole-class; partner-pair). **Suggestion:** Read the instructions and models for the first part with the whole class. Use your own family as examples: *Me parezco a mi tía. Mi hermano se parece a mi papá.* Then have volunteers tell about their families; write sentences on the board and make comments if possible. Continue with the second part: *Me llevo muy bien con mi mamá. No me llevo bien con mi hermana.* Again ask for volunteers to give sentences.

Follow-Up: Pair students and have them use this model: *¿A quién te pareces? Me parezco a mi _____. ¿Con quién(es) te llevas mejor? Me llevo muy bien con mi(s) _____.*

_____ de Mónica. Mónica no visita a sus hermanastros con frecuencia, pero se lleva bien con ellos. A Mónica le gusta hablar con Sharon, su _____, pero dice que su padrastro, Tony, no la comprende.

REFRÁN

De tal palo, tal astilla.

(*Like father, like son.* Literally, *From this stick, this* [*similar*] *splinter.*)

ACTIVIDAD 4   Conversación: Las relaciones familiares

Diga a quién se parecen estas personas en su familia: usted, su hermano/a, su hijo/a, su esposo/a y su primo/a. Use **Me parezco a** y **Se parece a.**

MODELOS: Me parezco a mi abuela.
Mi hermano se parece a mi papá.

Ahora, diga con quién(es) en su familia (no) se llevan bien estas personas: usted, su padre, su hermano/a, su suegro/a y su cuñado/a. Use **(No) Me llevo bien** y **(No) Se lleva bien.**

MODELOS: Me llevo muy bien con mi padre.
Mi cuñada no se lleva bien con mi padre.

Act. 5. Entrevista (whole-class; partner-pair). Read the questions aloud to the entire class and answer each in turn with your own personal information, extending the discussion and adding details as time and interest permit. You may want to write some of your answers on the board for students to use as reference. If your class is composed of predominantly young students ages 18–24, questions 6–8 may not apply. Write your own answers to these questions on the board to reenter less frequently used words: *cuñado, sobrino, nuera, yerno, nieto.* Pair students and circulate while they ask each other questions.

ACTIVIDAD 5   Entrevista: Mi familia y mis parientes

1. ¿Vives con tus padres o con otros parientes? ¿Cuántos años tiene tu padre? ¿Y tu madre? ¿Te llevas bien con ellos? ¿Están divorciados tus padres? ¿Tienes padrastro o madrastra? ¿Te llevas bien con él/ella?
2. ¿Te pareces más a tu padre o a tu madre? ¿Te pareces a otro pariente, por ejemplo, a un abuelo o a una tía?
3. ¿Están vivos o muertos tus abuelos? Si todavía están vivos, ¿cuántos años tienen? ¿Dónde viven? ¿Los ves con frecuencia? Si están muertos, ¿cuánto tiempo hace que murieron?
4. ¿Cuántos hermanos tienes? ¿Tienes medios hermanos o medias hermanas? ¿Te pareces a ellos/as? ¿Tienes hermanastros o hermanastras? ¿Te llevas bien con ellos/as? ¿Qué cosas hacen ustedes juntos?

5. ¿Cuántos tíos tienes? ¿Dónde viven? ¿Tienes muchos primos o pocos? ¿Pasas mucho tiempo con ellos? ¿Celebras los días feriados con tus tíos y tus primos?

6. ¿Están casados tus hermanos? ¿Te llevas bien con tus cuñados? ¿Tienes sobrinos? ¿Cuántos años tienen? ¿Cómo se llaman?

7. ¿Estás casado/a tú? ¿Tienes hijos? ¿Cómo se llaman? ¿Cuántos años tienen?

8. ¿Están casados tus hijos? ¿Cómo es tu nuera/yerno? ¿Tienes nietos? ¿Cuántos años tienen? ¿Cómo se llaman?

VOCABULARIO ÚTIL	
el cariño	*affection*
extraño	*I miss*
estrecha	*close*
recurro a	*I turn, go to*
se ocupa	*he takes care*
criarlos	*to raise them*
se apoyan	*support each other*

Los hispanos hablan de su familia

Lea las siguientes descripciones que algunos hispanos dan de su familia. Usted va a notar que todas las familias a continuación tienen varias características en común. La más predominante es que son muy unidas.

RAÚL SAUCEDO, estudiante mexicano de 19 años: «Mi familia es bastante grande: están mis padres, un hermano y dos hermanas mayores que yo, mis sobrinos y mis primos. Mi abuela María Eulalia también va incluida, ¡claro! (Pero ella no vive en la ciudad de México, donde está casi toda la familia.) A veces, los domingos, nos vamos todos al Parque de Chapultepec a merendar. ¡Y cuánto nos divertimos! Ahora que vivo y estudio en Texas, los extraño mucho.»

ADRIANA BOLINI, argentina de 35 años: «Mis padres son mis mejores amigos. Con ellos tengo una relación estrecha y sincera. Cuando estoy de viaje, los llamo por teléfono y les escribo mucho. Siempre recurro a ellos cuando necesito algún consejo.»

ROGELIO VARELA, estudiante puertorriqueño de 21 años: «En mi familia somos muy unidos. Cuando tengo problemas personales, prefiero hablar con mi padre, mi madre o con uno de mis hermanastros, antes que hablar con un amigo. ¿La razón? Bueno, es que un amigo puede tratar de ayudarnos, pero nadie puede entendernos tan bien como un miembro de la familia. ¡Ésa es mi opinión!»

SUSANA YAMASAKI GONZÁLEZ, peruana de 33 años: «Tengo dos hijos: Armando de trece años y Andrés de nueve. Por el momento, los niños y yo vivimos con mis padres en Lima. Es que estoy divorciada, y mi ex esposo casi no se ocupa de sus hijos. La verdad, es mucho trabajo criarlos yo sola. ¡Son muy traviesos! Por suerte papá y mamá me ayudan con la crianza. Mis hijos viven en un hogar donde hay amor, donde todos nos llevamos bien. Armando y Andrés tienen los mejores abuelos del mundo.»

RUBÉN HERNÁNDEZ ARENAS, cubano de 38 años: «Mi familia en los Estados Unidos es pequeña: mi esposa, mis padres y yo. Lamentablemente, estoy separado de varios miembros de mi familia. Vivo en Miami y tengo un hermano, dos sobrinos y varios primos que están en Cuba. De vez en cuando me comunico con ellos, pero quisiera tenerlos cerca, poder verlos. Extraño sobre todo a mis sobrinos Tatiana y Bladimir. Uno de mis sueños es reunir a toda la familia aquí algún día.»

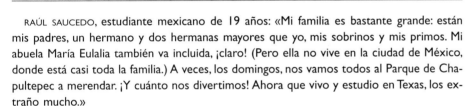

Raúl

Adriana

Rogelio

Susana

Rubén

Nota cultural
Suggestions for Effective Reading.
Help students expand their base
knowledge of cognates. Explain that
the more we recognize cognates, the
more we can make them work for us.
Following are some common endings. Stress that, once students have
a feel for the endings, they can be
used with familiar Spanish words to
expand vocabulary even further.
Have students look for how many of
these endings are utilized in the
reading that follows.

Spanish	English	
-ado/ido	-ed, -ate	separa**do**, uni**do**, inclui**do**
-ista	-ist	real**ista**, ideal**ista**
-mente	-ly	lamentable**mente**, mutua**mente**
-ción	-tion	rela**ción**, institu**ción**

Pre-Reading. Preview the reading
with personal questions about the
family: *¿Cómo es su familia? ¿Cómo
son sus relaciones con los otros
miembros de su familia? ¿Cuántas
personas hay generalmente en una
familia norteamericana?* Tell students that they will read different
perspectives on the Hispanic family,
and that after the reading, the discussion will focus on how the typical Hispanic family is different from
and similar to the non-Hispanic
North American family. (Keep in
mind that you will need to do some
generalizing.)

Post-Reading. Discuss similarities and differences between students' family experiences and those of the Hispanics in the reading. You may want to have students choose
one of the people featured and have them
tell how their family is similar to or different from that person's family. This idea may
also be used as a writing activity for homework, in addition to UPM.

Remember that you should not feel
obligated to do all post-reading activities. Assign only those that will spark student interest. In this case, we suggest you
do *Comprensión* in class. You may alter the
AU questions to the *tú* form and have students work in groups or you may use AU
questions to start a whole-class discussion.
Then have students do the first part of the
UPM activity (classmates' opinion about
family) and assign the composition as written homework.

Answers to *Comprensión*. A. 1. A
2. RA **3.** RO **4.** RO **5.** RU **6.** S **7.** A
8. RA **B. 1.** *Falso. La familia hispana es grande; normalmente la
forman los padres, los hijos y los
abuelos.* **2.** *Cierto.* **3.** *Falso. Los
hispanos prefieren hablar de sus
problemas con un miembro de la
familia.* **4.** *Cierto.* **5.** *Falso. Hay
diferentes tipos de familia; por ejemplo, familias de padres divorciados.*

Estas personas ofrecen una imagen realista y típica de la familia hispana. En el mundo hispano hay muchos tipos de familia; no siempre son tradicionales. Hay hogares donde el padre o la madre está ausente, o donde los abuelos crían a los nietos. Como en todas las sociedades modernas, también hay familias de padres solteros o divorciados. Pero sea cual sea el caso, la familia es una de las instituciones más fuertes y vitales de la sociedad hispana.

Comprensión

A. ¿Quién habla aquí, probablemente: Rogelio (**RO**), Adriana (**A**), Raúl (**RA**), Susana (**S**) o Rubén (**RU**)?

1. _____ Mis padres son mis amigos.
2. _____ Nos gusta ir al parque los domingos.
3. _____ Tengo una familia muy unida.
4. _____ Cuando tengo un problema, hablo con mis padres.
5. _____ Extraño mucho a mis sobrinos.
6. _____ Me es difícil criar a los hijos yo sola.
7. _____ Les mando tarjetas postales y los llamo.
8. _____ Mi familia es grande.

B. ¿Cierto o falso? Si la oración es falsa, haga las correcciones necesarias para decir la verdad.

1. _____ La familia hispana es pequeña: normalmente la forman los padres y los hijos.
2. _____ La familia es muy importante en la sociedad hispana.
3. _____ Muchos hispanos prefieren hablar de sus problemas personales con un amigo / una amiga.
4. _____ A veces tíos y primos viven en la casa familiar.
5. _____ En el mundo hispano sólo existen familias tradicionales.

Ahora... ¡usted!

1. ¿Quiénes forman parte de una familia norteamericana típica?
2. ¿Cómo son sus relaciones con sus padres? ¿con sus hermanos?
3. ¿Qué le gusta hacer a usted con su familia?
4. ¿Con quién(es) prefiere hablar de sus problemas? ¿Por qué?

Un paso más... ¡a escribir!

Pregúnteles a cuatro o cinco compañeros de clase qué opina cada uno de su propia familia. Luego, escriba una composición titulada «Los estudiantes de español hablan de su familia». ¡Y no se olvide de escribir una conclusión!

✳ La niñez

Lea Gramática 9.3.

La niñez. Most of the imperfect verb forms in this display will be introduced in your presentation of your own childhood. You may want to explain *patio de recreo, el escondite* and *el bebeleche* (*la rayuela*). Several diminutive forms are introduced in this section. Most students recognize these easily and have little trouble learning to use them. You may want to write some commonly used diminutives on the board: *amiguito, cafecito, abuelita, carrito, momentito, poquito,* etc. Verify class comprehension of all vocabulary in the display and the activities of this section as you proceed through these materials. Start by explaining that you want to talk to students about your childhood. If possible, narrate your childhood with photos or realia (photos of you as a child, teenager, and young adult are interesting and make the topic real). Or you may want to bring items that were important to you such as a stuffed animal, soccer ball, etc. Start with *Cuando yo tenía dos años, vivía en _____.* As you narrate, write verbs and accompanying details on the board. The purpose of the input is to give students the opportunity to make the connection between *-ía* and *-aba* and English "used to." Let your input range over people and places and what they were like. Use adverbs that indicate repetition, such as *siempre, muchas veces,* etc. Compare the childhood activities of Adela Martínez, in the display, with your own. For example: *Adela jugaba al escondite. Yo también jugaba al escondite en el barrio donde vivía. Era muy divertido.* Then extend questions to students: *¿Quién de ustedes jugaba al escondite cuando era niño/a?* Keep in mind that students can respond with *sí/no* as you continue to ask questions using the imperfect: *¿Patinaba usted? ¿Dónde patinaba? ¿en la calle?* Other childhood activities you may want to introduce: *ir en trineo, subirse a los árboles, jugar a las damas* (*a las canicas*), *jugar al escondite, jugar al gato.*

   Note: The two forms for "was/were" (*era* and *estaba*) may cause some confusion; if this happens point out that *era* is the imperfect of *ser* and *estaba* is the imperfect of *estar.*

Cuando Adela Martínez era niña, vivía en Guanajuato.

Mis amigas y yo jugábamos al escondite en el parque.

Leía las tiras cómicas los domingos.

Saltaba la cuerda.

Mis amigas y yo jugábamos con nuestras muñequitas en el jardín de la casa.

Mi abuela y yo preparábamos la cena.

Jugaba al bebeleche en el patio de recreo de la escuela.

ACTIVIDAD 6   Asociaciones: La niñez de algunas personas famosas

¿Qué hacían estas personas famosas en su niñez?

> Ricky Martin, actor y cantante
> Rigoberta Menchú, activista de Guatemala
> Arantxa Sánchez Vicario, tenista española
> Cristóbal Colón, navegante y explorador

1. Soñaba con cambiar la sociedad.
2. Practicaba el tenis.
3. Nadaba en el Mar Caribe.
4. Vivía en España.
5. Navegaba.
6. Quería mejorar la vida de los indígenas de su país.
7. Comía comida puertorriqueña.
8. Quería descubrir «nuevos mundos».
9. Cantaba y bailaba.
10. Hablaba español.
11. Estudiaba los mapas.
12. Soñaba con viajar.
13. Deseaba descubrir una nueva ruta a la India.
14. Era bilingüe.
15. Vivía en Puerto Rico.
16. Competía en muchos torneos de tenis.

Act. 6. Asociaciones (individual; whole-class). **Suggestion:** Let students match names and activities first, then ask the whole class questions like: *Cuando era niño, ¿quién estudiaba los mapas?* (*Cristóbal Colón*) *¿Quién soñaba con cambiar la sociedad?* (*Rigoberta Menchú*) *¿Quién cantaba, probablemente en la ducha?* (*Ricky Martin*)

Act. 7. Conversación (individual; whole-class). Tell students that this drawing comes from the Mexican magazine *Tedi*, which has a section for parents to share with children. Point out (top left-hand corner) that the magazine directs parents to teach their children some English and that it helps with pronunciation. **Suggestion:** Let students study the drawing for a minute or so, then direct questions from the activity to the whole class. Expand the discussion by adding your own childhood memories and writing useful vocabulary on the board.

ACTIVIDAD 7   Conversación: ¡Viva el verano!

Mire el dibujo y piense en su niñez.

¿Hacía usted las mismas cosas que los niños de los dibujos?
¿Iba al cine? ¿Con quién(es)?
¿Jugaba a la pelota? ¿Dónde?
¿Volaba un papalote? ¿Dónde?
¿Iba al zoológico? ¿Dónde? ¿Con quién(es)?
¿Paseaba en bicicleta? ¿Dónde, en el parque o en su barrio?
¿Tomaba helados? ¿Qué sabor prefería?
¿Qué otras cosas hacía durante el verano?

Act. 8. Descripción de dibujos (whole-class; partner-pair). **Suggestion:** Have students look at the art, listen to your statements, and respond with *Cierto* or *Falso*. Possible sentences: **1.** *De niña Lan siempre comía helados.* **2.** *De niña Mónica siempre jugaba con muñecas.* **3.** *Los veranos Luis se subía a los árboles.* **4.** *Carmen iba a la iglesia con frecuencia.* **5.** *Los veranos Lan acampaba con su familia.* **6.** *Después de las clases, Mónica jugaba al béisbol.* **7.** *Pablo leía las tiras cómicas con frecuencia.* **8.** *Lan siempre sacaba buenas notas.* **9.** *Los veranos Mónica visitaba a sus parientes.* **10.** *Pablo siempre tenía muchos animales domésticos (mascotas).*

ACTIVIDAD 8   Descripción de dibujos: La niñez de los amigos norteamericanos

Mire la tabla a continuación y escuche las oraciones que le lee su profesor(a). Diga si son ciertas o falsas.

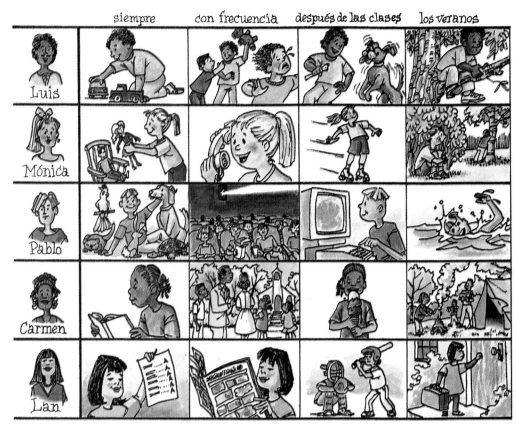

	siempre	con frecuencia	después de las clases	los veranos
Luis				
Mónica				
Pablo				
Carmen				
Lan				

Act. 9. Entrevista (whole-class; partner-pair). Read the questions aloud to the entire class and answer each in turn with your own personal information, expanding the discussion and adding details as time and interest permit. You may want to write some of your answers and/or other vocabulary on the board for students to use as reference. Most students will recognize the diminutive forms easily. Others may need a brief explanation. Pair students and circulate while they ask each other questions.

Ahora, hágale preguntas a un compañero / una compañera según la tabla.

MODELO: E1: ¿Qué hacía Lan siempre de niña?
　　　　　　 E2: *Sacaba buenas notas.*

Finalmente, hágale preguntas a su compañero/a sobre lo que él/ella hacía de niño/a.

MODELO: E1: De niño/a, ¿qué hacías tú después de las clases?
　　　　　　 E2: *Jugaba con mis amiguitos.*

ACTIVIDAD 9   Entrevista: La niñez

1. De niño/a, ¿vivías en una ciudad o en un pueblito?
2. ¿Qué te gustaba hacer? ¿Jugabas con muñecas? ¿con carritos?
3. ¿Tenías perro o gato? ¿Cómo se llamaba?
4. ¿A qué escuela asistías? ¿Cómo era? ¿Recuerdas cómo se llamaba tu maestro favorito / maestra favorita? ¿Por qué era tu favorito/a?
5. ¿Qué te gustaba hacer en la escuela? ¿Qué no te gustaba hacer?
6. ¿Tenías muchos amiguitos? ¿A qué jugaban en el recreo? ¿al gato? ¿a la pelota? ¿al escondite? ¿a la rayuela (al bebeleche)?

Panamá, Mar Caribe: villa de pescadores cerca de Isla Grande

VOCABULARIO ÚTIL

diver	*divertido*
la propuesta	*proposal*
te escondes	*you hide*
precavida	*cautious*
la cuesta	*steep hill*
empinada	
¡te vas a	*you'll fall!*
caer!	
agarrada	*hanging*
los tirantes	*suspenders*

7. ¿Ibas al cine con frecuencia? ¿Qué películas te gustaba ver?
8. ¿Qué hacías durante el verano? ¿Salías de vacaciones? ¿Adónde? ¿Tomabas clases? ¿De qué?

LECTURA ¡Así piensan los niños!

A continuación tiene usted tres breves anécdotas de la revista española *Ser Padres*. En todas se narran experiencias humorísticas de la infancia. Léalas y... ¡recuerde el lado cómico de su niñez!

¡QUÉ DIVER!

María (3 años) y su amiga Patricia (5 años) estaban jugando en el jardín de nuestra casa. De pronto, María hizo una propuesta sugerente: «¿Por qué no jugamos a que tú te escondes detrás de ese árbol y yo te busco?»

(Ana Isabel Fernández, Palma)

NIÑA PRECAVIDA

Mi hija Ana (3 años) bajó corriendo por una cuesta muy empinada. «¡Ten cuidado, que te vas a caer!» exclamé al verla correr tan alocada. «No te preocupes, mamá», respondió ella. «Voy agarrada a los tirantes!»

(Lourdes Mejido, Badajoz)

VOCABULARIO ÚTIL

hacerse	*become a*
grande	*big girl*
pensativa	*thoughtful*
un rato	*a while*
hubiese	*she had*
entendido	*understood*
prosiguió	*she continued*

LÓGICA INFANTIL

Le dije a mi hija Conchita (4 años) que tenía que comer todo el arroz para hacerse grande como papá y mamá. La pequeña se quedó pensativa y después de un rato me dijo: «Mami, yo tengo que comer para hacerme grande como papá y como tú, ¿verdad?»

«¡Sí, mi niña!» exclamé, contenta de que por fin lo hubiese entendido. «Oye —prosiguió ella— ¿y vosotros para qué coméis?»

(Conchita Palazón, Sardañola)

Lectura
Suggestions for Effective Reading. Remind students that reading aloud helps them practice pronunciation.
Culture/History. It is a popular practice in many societies to publish personal anecdotes regarding humorous experiences people have with their children. The *Reader's Digest* is one example from North America, along with journals that feature the topic of parenting. This reading consists of original humorous stories that appeared in the Spanish magazine *Ser Padres*.

Pre-Reading. Have students preview the *Vocabulario útil* section. We suggest that you read each anecdote aloud slowly while the class follows along. (Or, as a variation, read the first one and then have students read aloud to each other in pairs.) Then do quick comprehension checks if necessary and ask for volunteers to answer the questions in *Comprensión*.

Post-Reading. The AU questions may be used to generate whole-class discussion or may be put in *tú* form for pair work. For pair work, you may circulate, helping with vocabulary, and select the best two or three stories to be told to the class. Then assign UPM and give students class time to prepare their skits.

Comprensión

1. ¿Por qué está preocupada la mamá de Ana? Según Ana, ¿por qué no necesita preocuparse su mamá?
2. ¿A qué jugaban María y Patricia?
3. Según la madre de Conchita, ¿para qué tienen que comer los niños todo lo que sus padres les sirven?
4. ¿Por qué pregunta Conchita para qué comen sus padres?
5. ¿Cuál de las tres anécdotas le parece más chistosa? ¿Por qué?

Ahora... ¡usted!

1. ¿Recuerda algo chistoso que usted (o su hijo/a) dijo cuando tenía cuatro, cinco, seis o siete años? ¡Cuéntenoslo!
2. De niño/a, ¿a qué jugaba? ¿Con quién(es) jugaba?
3. De niño/a, ¿qué comía usted con gusto? ¿Qué no comía nunca?

4. ¿Qué hacía cuando su madre le servía algo que a usted no le gustaba? ¿Siempre servían postre en su casa?

5. ¿Comía usted en restaurantes con frecuencia? ¿Cuál era su restaurante favorito y qué pedía allí?

Answers to *Comprensión.* **1.** *Porque la niña puede caerse; porque va agarrada a los tirantes.* **2.** *Jugaban al escondite, o jugaban a «que tú te escondes detrás de ese árbol y yo te busco».* **3.** *Para hacerse grandes.* **4.** *Porque los adultos no necesitan ser grandes (crecer).*

Un paso más... ¡a escribir!

Usted y su compañero/a van a preparar una breve comedia en la que se presenta una experiencia cómica o interesante de la infancia. Escriban un guión y luego, ¡actúen su comedia en la clase!

Ventanas culturales: Nuestra comunidad Carlos Santana was born in Autlán, Mexico. His father played the violin in a mariachi band and eventually moved with his family to Tijuana. Carlos began to play the guitar at the age of 8. The family relocated to a Hispanic neighborhood in San Francisco's Mission District in 1960 when Carlos was 13. San Francisco provided a rich cultural context for the young guitarist. His career skyrocketed in 1969, when Santana played at the Woodstock Festival in

VENTANAS CULTURALES   Nuestra comunidad

New York. He established himself definitively as a respected and popular musician in 1970, with his recording of Tito Puente's song «*Oye como va*». Carlos Santana went on to record 30 albums. His CD *Supernatural* sold 10 million copies and received nine Grammy Awards in 1999 (including Song of the Year and Record of the Year), and two Latin Grammys in 2000.

Carlos Santana y la Fundación Milagro: ¡Oye como va!

¿Conoce usted la música de Carlos Santana? ¿Le gusta? Si ha escuchado los discos de este guitarrista mexicano, entonces sabe que la música de Santana tiene un sonido único —mezcla de rock, blues y ritmos afrocubanos. Se hizo famoso con la canción «Oye como va» en 1970, y desde entonces ha tenido una serie estimable de éxitos: ¡30 álbumes! Su más reciente disco compacto, *Supernatural* (1999), fue un gran triunfo que recibió nueve premios Grammy y fue el ganador del «Disco del año».* Ahora Carlos Santana está incluido en el al Salón de la Fama del Rock.

Pero Santana no es sólo un gran músico y un artista famoso, es también un hombre humanitario que se dedica a hacer obras de caridad. En 1999, recibió el Premio de Excelencia del Congreso estadounidense por su servicio a la comunidad, y por su trabajo en la Fundación Milagro. Santana creó esta fundación con su esposa Deborah en 1997. Su objetivo es ayudar a los hispanos pobres. Se enfoca especialmente en la educación, la salud y el albergue de los niños en los Estados Unidos y México.†

Santana le ofrece a la Fundación Milagro parte de las ganancias de la venta de sus discos y de los boletos de sus conciertos. Él y su esposa quieren mejorar la situación de la gente necesitada en nuestra sociedad. ¡Y están realizando su objetivo! El talentoso músico opina que uno debe dejar una huella en el mundo. Sin duda este ser humano excepcional dejará una huella permanente en la historia de la música y de la humanidad.

Carlos Santana recibe uno de sus muchos premios.

VOCABULARIO ÚTIL

los éxitos	triumphs
el Salón de la Fama	Hall of Fame
las obras de caridad	works of charity
Milagro	Miracle
creó	created
las ganancias	revenue
el albergue	shelter
dejar una huella	to leave a mark

*El compacto *Supernatural* tiene varias canciones en español. Una de ellas, «Corazón espinado», ganó un Grammy Latino en el año 2000 en la categoría de *Best Rock Duo or Group with Vocal*. La hermosa canción fue grabada (*recorded*) en colaboración con el grupo mexicano Maná. Este disco tan popular también ganó un Grammy Latino en la categoría de *Record of the Year*.
†Para más información, escriba a: The Milagro Foundation, P.O. Box 9125, San Rafael, CA 94912. O llame al número 1.415.460.9939. También puede visitar la página Web de Santana.

✳ La juventud

Lea Gramática 9.4–9.5.

La juventud. Use the sketches of Pedro Ruiz' teenage life as a point of departure to tell students about typical activities in your own high school or equivalent. Compare your high-school activities with those of your parents. Emphasize changes from one generation to another.

Most of the imperfect verb forms in this display will not cause students any difficulty in comprehension. You may want to tell students that *no quiso* here means *refused.* Verify class comprehension of all vocabulary in the display and the activities of this section as you proceed through these materials.

Pedro

Pedro Ruiz Galván era un joven muy guapo.

Bailaba con su novia Andrea en las fiestas.

Escribía cuentos para su clase de lengua.

En la escuela siempre se metía en líos.

Tenía muchos amigos. Iba al cine con ellos.

Conoció a su mejor amigo, Ernesto Saucedo Muñoz, cuando los dos tenían 13 años.

Quería casarse a los 15 años, pero su papá no quiso darle permiso.

La familia hispana, como lo demuestra esta familia, es generalmente grande y muy unida.

Santo Domingo, República Dominicana

Act. 10. Intercambios (partner-pair). **Suggestion:** Give students 1–2 minutes to look at the drawings and ask vocabulary questions. Pair students to ask and answer questions.

ACTIVIDAD 10   Intercambios: La juventud de los amigos hispanos

Hágale preguntas a su compañero/a sobre lo que hacían los amigos hispanos cuando eran más jóvenes.

MODELOS: E1: ¿Qué hacía *Ricardo después de las clases?*
          E2: *Veía la televisión.*

          E1: ¿Quién *iba de compras los fines de semana?*
          E2: *Adriana.*

ACTIVIDAD 11   Intercambios: La escuela secundaria

Diga qué hacía usted en estas situaciones cuando era estudiante de la escuela secundaria.

MODELO: E1: Cuando mi madre no me permitía ver la televisión antes de hacer la tarea, hacía sólo una parte y le decía: «¡Ya terminé!»
          E2: ¡Qué pícaro/a!

1. Cuando no quería ir a la escuela,...
   a. decía: «Ay, estoy enfermo/a».
   b. iba al cine.
   c. decía: «Pero... si hoy no hay clases».
   d. ¿ ?

Act. 11. Intercambios (whole-class: partner-pair). Give students a few minutes to choose appropriate answers and/or write their own. Circulate, helping with vocabulary. Then pair students and have them react to each other's selections using expressions from *Y tú, ¿qué dices?* You may want to review expressions from past *Y tú, ¿qué dices?* sections and write them on the board. You may want to call students' attention to the emphatic use of *si* in numbers 1 and 2.

2. Cuando mi madre no me permitía ver la televisión antes de hacer la tarea,...

    a. lloraba.

    b. hacía la tarea rápidamente.

    c. decía: «¡Pero si hoy no tengo tarea!».

    d. ¿ ?

3. Cuando quería comprar ropa nueva y no tenía dinero,...

    a. le pedía dinero a mi padre (madre, abuelo,...).

    b. ahorraba dinero.

    c. trabajaba.

    d. ¿ ?

4. Cuando quería salir con mis amigos y mi padre/madre no me daba permiso,...

    a. me escapaba cuando todos estaban dormidos.

    b. discutía con mi padre/madre.

    c. lloraba y gritaba.

    d. ¿ ?

5. Cuando tenía que entregarle la tarea al profesor / a la profesora y no la tenía,...

    a. la hacía rápidamente durante la clase.

    b. le decía: «Anoche no pude hacerla porque estaba enfermo/a».

    c. le preguntaba: «¿Teníamos tarea?».

    d. ¿ ?

Act. 12. Entrevista (whole-class; partner-pair). Present as with previous interviews.

AA 2 (whole-class). Tell the class you want to do a survey (*una encuesta*). Type several of the following statements and hand them out to students. Go over the statements orally with the whole class and check for comprehension. Give them a few minutes to complete the survey while you circulate, helping students who do not completely understand. Collect surveys and tally them out loud. Tallying gives you the option to discuss adolescent problems with the class. Possible statements: *Cuando tenía 14 (15, 16, 17) años...* 1. *No sabía qué carrera quería seguir.* 2. *Estaba seguro/a que iba a ser rico/a y famoso/a.* 3. *Creía que mis padres no me comprendían.* 4. *A veces pensaba que mis padres no sabían nada.* 5. *No me llevaba bien con mis padres (hermanos, maestros).* 6. *Tenía muchos amigos.* 7. *Pasaba muchas horas hablando por teléfono con mis amigos.* 8. *No me gustaba asistir a la escuela.* 9. *En mi opinión, todas las clases eran aburridas.*

▶ **Y TÚ, ¿QUÉ DICES?**

Yo también.	¡No lo creo!
Yo no, yo...	¡Qué mentiroso/a!
¿De veras?	¡Qué buena idea!
¡Qué pícaro/a!	¿Y nunca tuviste problemas?

ACTIVIDAD 12   Entrevistas: La juventud

LA ESCUELA SECUNDARIA

1. ¿Cómo se llamaba tu escuela secundaria?

2. ¿Vivías lejos de la escuela o vivías cerca? ¿Llegabas a la escuela a tiempo o llegabas tarde?

3. ¿Qué materia preferías? ¿Sacabas buenas notas?

4. ¿En qué actividades participabas? ¿En actividades deportivas? ¿En teatro? ¿Eras socio/a de algún club?

5. ¿Qué hacías después de las clases todos los días? ¿Estudiabas mucho? ¿Salías con tus amigos? ¿Adónde iban?

LOS VERANOS

1. Cuando eras más joven, ¿dónde pasabas los veranos?
2. ¿Visitabas a tus parientes? ¿Qué hacías con ellos?
3. ¿Trabajabas? ¿dónde? ¿Qué hacías? ¿Ganabas mucho dinero?
4. ¿Qué hacías por las tardes? ¿por las noches?
5. ¿Había cosas que querías hacer pero que tus padres no te permitían? ¿Recuerdas algunas? ¿Por qué no te permitían hacerlas? ¿Las hacías o eras muy obediente y no las hacías?

El mundo hispano: La gente After reading this selection, have students think of their favorite summer activities when they were children. Compare their responses with Ilia's.

EL MUNDO HISPANO... LA GENTE

Ilia Rolón tiene 25 años y nació en Nueva York, donde vive ahora.

Piense en los veranos de su infancia o de su juventud. ¿Cuáles eran sus actividades preferidas?

Mi actividad preferida durante los veranos que pasaba en Puerto Rico era ir a la playa con mis primos. Recuerdo la ansiedad que sentía esperando que los adultos se alistaran para partir.[1] Al llegar, tiraba mis cosas a la arena sin mirar donde caían y corría hacia la orilla del mar para hundirme[2] bajo las olas. No me gustaba salir del agua para comer; sabía que los adultos me obligarían a[3] esperar una hora antes de entrar al agua otra vez, para prevenir calambres.[4] El agua era tibia y la arena caliente. En la noche, en mi cama, todavía podía sentir el ritmo de las olas correr por mi cuerpo.

[1]se... *(waiting for the adults) to get ready to go*   [2]*submerge myself, plunge*   [3]obligarían... *would make*   [4]*cramps*

ACTIVIDAD 13   Entrevista: La juventud de una persona famosa

Imagínese que usted es una persona famosa, actor o actriz de cine, atleta, científico o político. Su compañero es periodista y le va a hacer preguntas sobre su juventud. Si no sabe qué hacía su personaje, puede inventar sus actividades.

E1: Buenas tardes Sr./Sra./Srta. _____. ¿Le puedo hacer algunas preguntas sobre su vida?
E2: ¡Por supuesto!
E1: ¿_____?

▶ PREGUNTAS POSIBLES

¿Dónde vivía?	¿Practicaba algún deporte?
¿Viajaba con frecuencia?	¿Leía mucho?
¿Le gustaba la escuela?	¿Cuál era su comida favorita?
¿Veía mucho la televisión?	¿Qué le gustaba hacer en su tiempo libre?

Act. 13. Entrevista. (whole-class; partner-pair). Give students ample time to pick a famous person and "invent" their youth. Then ask them to jot down at least five questions that they can ask a partner about his or her "alter ego." Pair students for interviews. Ask students to tell their partners who they are and then answer interview questions before switching roles. You may wish to have them write a short paragraph about the "famous person" they interviewed.

AA 3 (whole-class). Ask students to jot down on a small piece of paper one thing they used to do in junior high or high school. Collect the slips of paper, then read each one and have students guess who the writer is. When someone guesses correctly, he or she gets the piece of paper. The student with the highest number wins a small prize.

VENTANAS CULTURALES La vida diaria

Los chicos de la calle

¿Puede usted imaginar la vida de los niños que viven en la calle, sin familia y sin hogar? ¿Cómo sobreviven esos chicos? ¿Con qué sueñan? ¿Qué aspiraciones tienen? En Buenos Aires, Argentina, hay una revista que contesta esas preguntas. Se titula *Chicos de la calle* y está escrita por niños y jóvenes desamparados. Los asuntos que explora la revista —la drogadicción, el crimen y el abuso físico, por ejemplo— se inspiran en casos y situaciones reales. Los chicos cuentan su propia historia.

Una de las metas de *Chicos de la calle* es cambiar la imagen negativa que hay de los jóvenes desamparados. Esta meta se realiza con testimonios conmovedores. La revista incluye tiras cómicas y una fotonovela, que es una narración ilustrada con fotografías. Los niños mismos toman las fotos para ilustrar la narración, mostrando así su mundo diario y sus muchas necesidades.* En la revista aparecen también artículos de especialistas en cuestiones de la infancia y la adolescencia.

La revista *Chicos de la calle* se produce en un taller de periodismo del Centro de Atención Integrante para Niños y Adolescentes (CAINA). Este valioso lugar es financiado por el gobierno argentino y ofrece una variedad de actividades: deportes, obras de teatro, talleres. Les ofrece además un servicio de comida y ducha a más de 2.000 chicos anualmente. Según Julieta Pojomovsky, directora del Centro, el objetivo principal de *Chicos de la calle* es darles a los jóvenes un espacio en el cual puedan expresar sus sufrimientos y sus sueños, y compartir sus experiencias con la sociedad.

Detrás de su fachada agresiva y violenta estos niños tienen profundos sentimientos de abandono, deseos de encontrar a sus padres e ilusiones de vivir una vida normal. Quieren lo mismo que queremos todos: educación, un empleo, un hogar, una familia. Gracias al CAINA y a su revista, miles de chicos abandonados en Buenos Aires tienen ahora la posibilidad de imaginar — ¡de crear!— su futuro.

_____
*Una de las fotonovelas, por ejemplo, cuenta la historia de un niño que roba flores para regalárselas a su madre. Y otra fotonovela presenta el tema de la drogadicción.

VOCABULARIO ÚTIL

sobreviven	*they survive*
desamparados	*homeless*
los asuntos	*issues*
las metas	*goals*
conmovedores	*moving (emotionally)*
las tiras cómicas	*comic strips*
el taller de periodismo	*journalism workshop*
la fachada	*facade, appearance*

Ventanas culturales: La vida diaria
Engage students in a discussion about the homeless. If there are students in your class who have worked in homeless shelters, soup kitchens, or who have done other types of social work, ask them to share their experiences. As a creative project, have students produce a magazine like *Chicos de la calle*. The class should invent a title for this *revista* first and then decide on a thematic focus. Topics could reflect students' lives or campus issues. Or you may choose to focus on a variation of the topic of the reading: *los niños y jóvenes desamparados en este país*. Divide the class into groups and assign a particular feature to each group. Some possibilities: a *fotonovela*, with photos taken by students or from their family albums; a comic strip, with original drawings and text; a short article; an interview. Once the work is done, the magazine could be "published" and presented to other Spanish classes, then kept in your department's library.

En resumen

AA 4 (group; whole-class). Ask students to compare their daily routine in high school with their daily routine in college. Do this activity in groups or with the whole class. Assign the topic for a composition. Ask students to pay particular attention to the use of imperfect and present forms.

AA 5 (whole-class). Topic for discussion. *Describa las modas (de ropa) que se usaban cuando usted era más joven. Compárelas con las modas de hoy día. Incluya dibujos o fotos si quiere.*

De todo un poco

De todo un poco. (individual; group). Have students write a sentence or two for each situation and then divide class in groups to share their experiences. You may want to share your memories with them to get this activity started.

Los recuerdos

¿Qué recuerdos tiene usted relacionados con su familia y con su niñez o juventud? Complete las siguientes oraciones.

MODELO: Recuerdo que para Pascua siempre *íbamos al parque a buscar huevitos.*

1. Recuerdo que en Navidad (Jánuca, Ramadán, el Año Nuevo,...) mi abuela (madre, tío,...) siempre...
2. Cuando era niño/a, para el Día de la Independencia (el 4 de julio) mi familia siempre...
3. Para mi cumpleaños, mis padres (tíos, primos, abuelos, hermanos,...) siempre...
4. Todavía recuerdo que para el Día de Acción de Gracias...

Ahora, comparta sus recuerdos con un compañero / una compañera.

¡Dígalo por escrito!

¡Dígalo por escrito! Have students write down in detail their ideal childhood activities. Then assign them an in-class or at-home writing activity that can be shared in pairs later. May be given as an extra-credit assignment.

La niñez/juventud ideal

Piense en su niñez o juventud. ¿Hay cosas que quisiera cambiar o fue ideal su niñez/juventud? Escriba una composición sobre las actividades en la vida ideal de un niño / una niña o un joven / una joven.

MODELO: De niña mi familia y yo vivíamos en una isla en el Mar Caribe. Yo iba a la escuela en bicicleta y nadaba en el mar a la hora del almuerzo. Por la tarde...

▶ **ACTIVIDADES IDEALES POSIBLES**

dormir en casa de amigos	ir al cine
masticar chicle en clase	nadar
comer muchos dulces	pasar tiempo con *persona*
no hacer la tarea	ver la televisión en su cuarto
andar en patineta	ir de compras
esquiar	acampar en la montaña

VIDEOTECA

¿De dónde vienen sus antepasados? ¿Dónde se criaron sus abuelos? En este segmento de video los amigos de México, Diego, Lupe y Antonio, hablan de su familia. También hablan de su niñez.

Vea las actividades que corresponden al video en la sección *Videoteca* del *Cuaderno de trabajo*.

Vocabulario

• La familia y los parientes
Family and Relatives

el cuñado / la cuñada	brother-in-law/sister-in-law
el hermanastro / la hermanastra	stepbrother/stepsister
el hijastro / la hijastra	stepson/stepdaughter
el medio hermano / la media hermana	half brother / half sister
la nuera	daughter-in-law
el padrastro / la madrastra	stepfather/stepmother
el sobrino / la sobrina	nephew/niece
el suegro / la suegra	father-in-law/mother-in-law
el tío / la tía	uncle/aunt
el yerno	son-in-law

REPASO: el abuelo / la abuela, el hermano / la hermana, el hijo (hijito) / la hija (hijita), la madre, el nieto / la nieta, el padre, los padres, el primo / la prima

• Los verbos
Verbs

ahorrar	to save
cambiar	to change
dar (*irreg.*) **permiso**	to give permission
descubrir	to discover
discutir	to discuss, to argue
entregar	to hand in, turn in
escaparse	to escape
inventar	to invent

jugar (ue)	to play
a la rayuela / al bebeleche (*Mex.*)	hopscotch
al escondite	hide-and-seek
al gato	tag
con carritos, muñecas	with little cars, dolls
llenar (el espacio en blanco)	to fill (the blank space)
llevarse bien	to get along well
mejorar(se)	to improve; to get better
meterse en líos	to get into trouble
morir (ue, u)	to die
parecerse (zc)	to look like
pelearse	to fight
permitir(se)	to allow
recordar (ue)	to remember
sacar buenas/malas notas	to get good/bad grades
saltar la cuerda	to jump rope
subirse a los árboles	to climb trees

• Los sustantivos
Nouns

el árbol genealógico	family tree
el barrio	neighborhood
el/la científico	scientist
el cuento	story
la escuela	school
primaria	elementary school
secundaria	high school
la juventud	youth
la mascota	pet
la materia	subject

la niñez	childhood
la pelota	ball
el personaje	character (in a story)
el/la político	politician
la preparatoria	high school
el pueblito	little town
el recreo	recess, break
el patio de recreo	playground
los recuerdos	memories
las relaciones familiares	family relationships
las tiras cómicas	comic strips
el torneo	tournament
la vida	life

PALABRAS SEMEJANTES: el/la activista, el animal doméstico, el/la atleta, el explorador / la exploradora, el/la navegante, la ruta, la sociedad, el/la tenista

• Los adjetivos   Adjectives

dormido/a	asleep
estar (*irreg.*) **muerto/a** (vivo/a)	to be dead (alive)

obediente	well behaved, obedient
relacionado/a	related
sorprendido/a	surprised

• Palabras y expresiones útiles   Useful Words and Expressions

¿Cómo era... ?	What was/were . . . like?
de niño/a	as a child
por ejemplo	for example
¡Por supuesto!	Of course!
¡Qué mentiroso/a!	What a liar!
¡Qué pícaro/a!	What a rascal!
todavía	still
¡Viva... !	Hooray (for) . . .!; Long live . . . !

Gramática y ejercicios

¿RECUERDA?

You have already studied some reflexive verbs (see **Gramática 4.3**) that are used to express daily routine: **levantarse, ducharse, despertarse, vestirse, afeitarse, maquillarse,** etc. Remember that reflexive verbs use a reflexive pronoun (**me, te, se, nos, os, se**) placed in front of the conjugated verb.

9.1 Describing Family Relationships: The Reciprocal Reflexive Verbs *parecerse* and *llevarse bien*

GRAMÁTICA ILUSTRADA

Andrea y Paula son gemelas. Se parecen mucho (Son muy parecidas).

Susana se lleva muy bien con sus hijos.

Mónica y su padrastro no siempre se llevan bien.

me levanto = *I get up*
te bañas = *you (inf. sing.) take a bath*
se afeita = *you (pol. sing.) shave; he/she shaves*
nos vestimos = *we get dressed*
se acuestan = *you (pl.)/ they go to bed*

Some reflexive verbs have a special meaning. One such verb is **parecerse*** (*to look like*).

parecerse = *to look like*
—**¿A quién te pareces?**
(*Who do you look like?*)
—**Me parezco a mi hermana.**
(*I look like my sister.*)

parecerse (*to look like*)		
(yo)	me parezco†	*I look like*
(tú)	te pareces	*you (inf. sing.) look like*
(usted, él/ella)	se parece	*you (pol. sing.) look like; he/she looks like*
(nosotros/as)	nos parecemos	*we look like*
(vosotros/as)	os parecéis	*you (inf. pl., Spain) look like*
(ustedes, ellos/as)	se parecen	*you (pl.) look like; they look like*

—¿A quién **te pareces**?
—**Me parezco a** mi tía Lila.
Nuestros hijos **se parecen a** mi suegro.

—*Who do you look like?*
—*I look like my aunt Lila.*
Our children look like my father-in-law.

9.1. In this section we acquaint students with two reflexive verbs that are frequently used to talk about family relationships.

*Recognition: **vos te parecés**
†Don't forget to use the personal **a** with this verb. See **Gramática 6.4.**

You may also use the adjective **parecido/a** with the verb **ser** to express resemblances.

Soy muy **parecida** a mi madre.   *I look a lot like my mother.*
Guillermo y Raúl **no son** muy   *Guillermo and Raúl don't look*
parecidos.   *very much alike.*

Another reflexive verb with special meaning is **llevarse... con** (*to get along . . . with*).

—¿**Con** quién **te llevas** mejor,   —*With whom do you get along*
con tu mamá o con tu papá?   *better, your mother or your*
    father?

—**Me llevo** mejor **con** mi papá.   —*I get along better with my*
    father.

When used in plural form, some reflexive verbs can express reciprocal action (*to each other*). Both **parecerse** and **llevarse** can be used in this way. (You will learn more about other reciprocal reflexives in **Gramática 14.1**.)

Clarisa y Marisa no son gemelas,   *Clarisa and Marisa are not twins,*
pero **se parecen** mucho.   *but they look a lot alike.*
Mi abuela y yo **nos parecemos.**   *My grandmother and I look alike.*
Mi cuñada y yo **no nos llevamos**   *My sister-in-law and I don't get*
bien.   *along well.*
Graciela y Amanda **se llevan** muy   *Graciela y Amanda get along*
bien; son muy buenas amigas.   *very well; they are very good*
    friends.

> **llevarse bien con** = *to get along well with.*
> —¿**Te llevas bien con tus hermanos?** (*Do you get along well with your siblings?*)
> —**Sí, me llevo bien con todos en mi familia.** (*Yes, I get along well with everyone in my family.*)

> Reflexive verbs are also used to express reciprocal actions (*each other*).

> **nos parecemos** = *we look alike (like each other)*
> **se parecen** = *they look alike (like each other)*
> **se llevan bien** = *they get along well (with each other)*

EJERCICIO I

Use las formas apropiadas del verbo **parecerse** para completar las siguientes oraciones.

1. Ernestito _____ mucho a su padre.

2. Amanda y Guillermo son hermanos pero no _____.

   Amanda dice: «Yo _____ a papá; ¿a quién _____ tú, Guillermo?»

3. Andrea dice: «Yo _____ mucho a Paula, pero _____ menos a Raúl.»

4. Paula dice: «Sí, Andrea, tú y yo _____ mucho porque somos gemelas. Raúl _____ más a mamá.»

5. En mi familia, _____ y yo (no) _____ mucho.

6. Mi(s) hermano(s) _____ más a mi _____ que a mi _____.

EJERCICIO 2

Use las formas apropiadas del verbo **(no) llevarse** para terminar correctamente estas oraciones.

1. MÓNICA: Mis padres se divorciaron, pero ahora _____ bien.

2. SR. VO.: Lan, ¿_____ bien con tus compañeros de clase?

   LAN: Sí, papá. En la clase de la profesora Martínez todos _____ muy bien; somos buenos amigos.

3. MÓNICA: Mis hermanastros y yo _____ bien, pero yo no _____ bien con mi padrastro.

4. NORA: Mis primos _____ muy bien; siempre les gusta estar juntos.

5. ESTEBAN: Raúl, ¿ahora _____ (tú) bien con las chicas?

   RAÚL: ¡Por supuesto, Esteban! Las chicas bonitas y yo _____ muy bien.

9.2. This section reviews common prepositions and formally introduces prepositional pronouns. Students rarely have trouble with prepositional pronouns in Spanish, probably because they are almost identical to subject pronouns. In addition, they have already been exposed to them via the *gustar* construction. The most common and useful combinations are *para* + pronoun and *con* + pronoun.

9.2 Expressing *for, from,* and *to* whom: Prepositions + Pronouns

A. As you saw in **Gramática 8.2,** pronouns often follow prepositions in Spanish.

a mí	*to, at me*	para ella	*for her*
de ti, usted(es)	*of, from you*	sin nosotros/as	*without us*
en él	*in, on him/it*	con ellos/as	*with them*
		para vosotros/as	*for you*

—¿Para quién es el regalo? ¿Es **para mí**?
—No, es **para él**.

—¿**Sin** Rogelio? No podemos ir **sin él**.

Adriana es una magnífica empleada. Tengo mucha confianza **en ella**.

—*Who is the present for? Is it for me?*
—*No, it's for him.*

—*Without Rogelio? We can't go without him.*

Adriana is a great employee. I have a lot of confidence in her.

B. Con and **mí** combine to form **conmigo** (*with me*). **Con** and **ti** form **contigo** (*with you*).

—Nora, ¿quieres ir **conmigo** al cine esta tarde?
—No, Esteban, no puedo ir **contigo** esta tarde. Tengo que llevar a mi abuelita al aeropuerto.

—*Nora, do you want to go to the movies with me this afternoon?*
—*No, Esteban, I can't go with you this afternoon. I have to take my grandma to the airport.*

conmigo = *with me*
contigo = *with you (inf. sing.)*

EJERCICIO 3

Graciela le dice a Amanda para quién(es) son algunas cosas, y Amanda reacciona con sorpresa. ¿Qué dice Amanda en cada caso?

MODELO: Esta calculadora es para mi hermanito. →
¿Para *él*? ¡No lo creo! *¡Es muy pequeño!*

▶ POSIBILIDADES

¿Para _____?   ¡No me/te/le/nos/les gusta(n)!
¡No lo creo!   ¡Es muy pequeño/a!
¿Te/Le/Les gusta(n)?

1. Esta corbata es para mi tía.   **5.** Esta patineta es para mi abuelito.
2. Este abrigo es para ti.   **6.** Esta cerveza es para mí.
3. Este disco compacto de música clásica es para Clarisa y Marisa.   **7.** Estas muñecas son para la profesora de español.
4. Estos periódicos son para ti y para tus amigos.   **8.** Esta ensalada es para Lobo, el perro de Ernestito.

EJERCICIO 4

Complete estos diálogos con **mí, ti, él, conmigo** o **contigo**.

1. DIEGO: Amanda, ¿quieres ir _____ª al Baile de los Enamorados?
     AMANDA: No, Diego, lo siento, no puedo ir _____ᵇ porque voy a ir con Ramón, mi novio.

2. RAFAEL: Graciela, estas rosas son para _____ª. ¿Te gustan?
     GRACIELA: ¿Para _____ᵇ? ¡Ay, Rafael, muchas gracias! Me encantan.

3. AMANDA: Graciela, ¿qué piensas tú de Luc, el nuevo estudiante francés?
     GRACIELA: ¿Qué pienso de _____ª? Pues, no lo conozco pero creo que es *muy* atractivo.
     AMANDA: Ajá... y yo voy a estudiar con _____ᵇ esta tarde... en mi casa.
     GRACIELA: ¡No lo creo, Amanda! ¿Vas a estudiar con _____ᶜ? ¿Sola? ¿Sin _____ᵈ? ¡Qué envidia!

9.3. We have delayed formal introduction of the imperfect in order to give students a chance to associate past forms with narration of simple past events. This section introduces the imperfect to describe past habitual or repeated actions, the English equivalent of "used to" or "would" + verb. Use of the imperfect to describe background states, actions, or events is not mentioned until *Gramática 11.5* where past and imperfect are contrasted. Forms of the imperfect are simple; most students have no trouble learning to understand and use them.

9.3 Saying What You Used to Do: The Imperfect Tense

A. The Spanish imperfect tense is used to describe actions that occurred repeatedly or habitually in the past. To express the same idea, English often uses the phrases *used to* or *would,* or just the simple past.

¿A qué hora **te levantabas** en verano?	*What time*	did you / did you used to / would you	get up in the summer?
Siempre **me levantaba** a las 9:00.	*I always*	got up / used to get up / would get up	at 9:00.

The imperfect often means *used to* or *would.*
De niña, nadaba todos los días en el verano. (*As a child, I used to [would] swim every day in the summer.*)
Cuando éramos jóvenes, íbamos al cine todos los sábados. (*When we were young, we would go to the movies every Saturday.*)

Imperfect endings:
-**ar** verbs = -**aba**
-**er/-ir** verbs = -**ía**

B. There are two patterns of endings for the imperfect: for -**ar** verbs, the -**aba** endings; for -**er/-ir** verbs, the -**ía** endings.*

	manejar	comer	vivir
(yo)	manej**aba**	com**ía**	viv**ía**
(tú)	manej**abas**	com**ías**	viv**ías**
(usted, él/ella)	manej**aba**	com**ía**	viv**ía**
(nosotros/as)	manej**ábamos**	com**íamos**	viv**íamos**
(vosotros/as)	manej**abais**	com**íais**	viv**íais**
(ustedes, ellos/as)	manej**aban**	com**ían**	viv**ían**

Mis hermanos **comían** mucho cuando **visitábamos** a nuestros abuelos.

—¿Qué **hacía** Raúl los domingos cuando **estaba** en la secundaria?

—**Jugaba** al tenis con sus amigos.

My brothers used to eat a lot when we visited (would visit) our grandparents.

—What did Raúl used to do on Sundays when he was in high school?

—He used to play tennis with his friends.

C. Only three verbs are irregular in the imperfect.

Only **ir, ser,** and **ver** are irregular in the imperfect.

OGD: The three verbs irregular in the imperfect are irregular in the following ways: (1) *ver* uses the stem *ve-* instead of the expected *v-*; (2) *ser* uses a completely different stem and does not take normal endings; (3) *ir* uses -*ar* endings.

	ir	ser	ver
(yo)	iba	era	veía
(tú)	ibas	eras	veías
(usted, él/ella)	iba	era	veía
(nosotros/as)	íbamos	éramos	veíamos
(vosotros/as)	ibais	erais	veíais
(ustedes, ellos/as)	iban	eran	veían

Te **veía** más cuando trabajabas en esta oficina.
Cuando **era** muy joven, **íbamos** a la finca y mi padre me llevaba en su caballo.

I used to see you more when you worked in this office.
When I was very young, we used to go to the farm and my father would let me ride with him on his horse.

---

*Recognition: In the imperfect, the **vos** form is identical to the **tú** form: **manejabas, comías, vivías,** etc.

EJERCICIO 5

¿Qué hacían estas personas de niños?

MODELO: jugar mucho al tenis / Paula → Paula *jugaba* mucho al tenis.

1. andar en bicicleta / Guillermo
2. jugar con muñecas / Amanda y yo
3. leer las tiras cómicas del periódico los domingos / Andrea
4. bañarse en el mar en Acapulco / doña Lola y doña Rosita
5. comer muchos dulces / don Eduardo
6. limpiar su recámara / Estela
7. pasar las vacaciones en Acapulco / la familia Saucedo
8. escuchar música rock / Pedro Ruiz
9. ver dibujos animados en la televisión / Ernesto
10. cuidar el jardín / el abuelo de Ernestito

¡OJO!

Some Spanish speakers use **muñequitos** for cartoons instead of **dibujos animados.**

EJERCICIO 6

Complete cada oración con la forma apropiada del imperfecto, y luego indique a qué dibujo corresponde.

MODELO: Ya no monta a caballo mucho, pero antes *montaba* a caballo todos los fines de semana.

Ej. 6. This exercise contrasts present and imperfect forms and asks students to match completed sentences with the appropriate drawings.

OGA: Have students write an in-class composition describing junior-high (middle) school activities. You may need to remind them to use -*aba* and -*ía* forms (with a written accent on all -*ía* forms). Have students exchange papers and read each other's compositions, commenting when appropriate.

a. _____ Ya no juegan a las cartas, pero antes _____ todas las tardes.
b. _____ Antes _____ a misa todos los domingos, pero ya no van mucho.
c. _____ De niña _____ la cuerda, pero ya nunca salta la cuerda.
d. _____ Ya no se pelea con sus hermanas, pero antes _____ mucho con ellas.
e. _____ Ya no llora tanto cuando ve películas tristes, pero de adolescente _____ mucho.
f. _____ Cuando tenía ocho años, no _____ bien con las niñas.
g. _____ De niñas, _____ mucho.

9.4. The imperfect and the preterite of "state" verbs are presented
in a section separate from action
verbs, because their meanings and
functions are somewhat different.
Although notions such as aspect
and "beginning-middle-end"
accurately describe use of the
preterite and the imperfect—especially with state verbs—this
sort of complex detail is not helpful to most beginning students.
Instead we suggest you be guided
by frequency: In simple narration,
state verbs occur most frequently
in the imperfect, while action
verbs occur most frequently in
the preterite. So *sabía* is far more
frequent in conversation than
supe, and *comí* far more common
than *comía*. We recommend that
for action verbs students use the
preterite for simple events and
the imperfect for repeated events.
For state verbs, they should use
imperfect forms. Except, perhaps,
for *conocer* (met), subtle meaning
changes of other state verbs in the
past are more appropriate for
second-year students. The four-
way contrast *era/fue/estaba/es-
tuvo* is particularly difficult. We
recommend that first-year students use *era/estaba* in their output, when form is important,
while recognizing the approxi-
mate meaning of the other two.

9.4 Describing the Past: The Imperfect and Preterite of "State" Verbs

GRAMÁTICA ILUSTRADA

A. Some verbs express actions (*run, jump, eat*); others express states (*want, have, be, can*). In the narration of a past event, verbs describing states or ongoing conditions are usually conjugated in the imperfect tense.

> Verbs of state do not ex-
> press action—for exam-
> ple, *to want, to have.*
> When used in talking
> about the past, they are
> usually conjugated in
> the imperfect.

—Guillermo, ¿**sabías** la respuesta de la cuarta pregunta?
—**Sabía** una parte pero no toda.

—*Guillermo, did you know the answer to the fourth question?*
—*I knew part of it, but not all.*

—¿Qué **querías** hacer?
—**Quería** ir al cine.
—¿Por qué no **podías** ir?
—Porque no **tenía** dinero.

—*What did you want to do?*
—*I wanted to go to the movies.*
—*Why couldn't you go?*
—*Because I didn't have any money.*

B. When Spanish speakers use state verbs in the preterite, they usually do so to convey that the state came to an end. English speakers often use completely different verbs to express that meaning. Compare the English equivalents of the following state verbs in the imperfect and in the preterite.

IMPERFECT		PRETERITE	
sabía	I knew	supe	I found out
no sabía	I didn't know	no supe	I never knew
conocía	I was acquainted with	conocí	I met
tenía	I had	tuve	I had; I received
quería	I wanted	quise	I wanted (and tried)
no quería	I didn't want	no quise	I refused
podía	I was able; could	pude	I could (and did)
no podía	I wasn't able, couldn't	no pude	I (tried and) couldn't

> **(yo) sabía** = I knew
> **(yo) supe** = I found out
>
> **usted conocía** = you (pol. sing.) knew
> **usted conoció** = you (pol. sing.) met

—¿**Supiste** lo que les pasó a Graciela y a Amanda?

—*Did you find out what happened to Graciela and Amanda?*

—No, no **supe** nada. ¿Qué les pasó?

—*No, I didn't find out (never heard) anything. What happened to them?*

—¿Por qué no **pudiste** terminar?

—*Why weren't you able to finish?*

—**No quise** terminar, porque me cansé mucho.

—*I didn't try to finish, because I got very tired.*

C. The verbs **ser** and **estar** are usually used in the imperfect; they are used in the preterite only when the state has explicitly come to an end within a specified amount of time.

> When used to express *was/were*, **ser** and **estar** are usually in the imperfect.
> **Estaba muy cansado.** (*I was very tired.*)
> **Éramos amigas íntimas en la escuela secundaria.** (*We were very close friends in high school.*)

INFINITIVE	IMPERFECT		PRETERITE	
ser	era	I was	fui	I was
estar	estaba	I was	estuve	I was

> Within a limited or specified time frame, **ser** and **estar** may be used in the preterite to express *was/were*.
> **Estuvimos cinco días en Acapulco.** (*We were in Acapulco for five days.*)
> **Mi hijo fue presidente del Club de Español por dos años.** (*My son was president of the Spanish Club for two years.*)

—¿Cómo **eras** de niño?
—Yo **era** muy tímido.

—*What were you like as a child?*
—*I was very shy.*

—¿Cuánto tiempo **fuiste** presidente del club?
—**Fui** presidente seis años.

—*How long were you president of the club?*
—*I was president for six years.*

—¿Dónde **estaban** tus padres anoche?
—**Estaban** con los abuelos.

—*Where were your parents last night?*
—*They were with my grandparents.*

—¿Cuánto tiempo **estuvieron** en España?
—**Estuvimos** allí de mayo a julio.

—*How long were you in Spain?*
—*We were there from May to July.*

¡OJO!

All verbs here are state verbs and should be used in the imperfect. Note the use of **conociste** (met) in item 1.

EJERCICIO 7

Complete las oraciones según el modelo. Use el imperfecto de los verbos en letra cursiva (italics).

MODELO: Ahora no *soy* tímido, pero de niño *era* muy tímido.

1. Ahora Guillermo *tiene* 12 años, pero cuando tú lo conociste _____ sólo 8 años.
2. Ahora *sé* muy bien las respuestas, pero esta mañana, cuando tomé el examen, no las _____.
3. Ahora *conocemos* muy bien a doña Rosita, pero hace un año no la _____.
4. Ahora Paula *es* agente de viajes, pero yo recuerdo cuando _____ secretaria.
5. Ahora Paula *está* aquí en México, pero hace una semana _____ en España.

¡OJO!

In the first part, all the verbs are state verbs and should be used in the imperfect. The second part of this exercise provides practice for meanings and uses of state verbs in preterite forms.

Ej. 8. This late-acquired item causes little difficulty in comprehension, but do not expect students to spontaneously produce these subtle differences until they have heard and read much more Spanish.

EJERCICIO 8

Complete las siguientes oraciones con la forma apropiada del imperfecto de estos «verbos de estado»: **tener, querer, estar, ser, conocer, saber** y **poder.**

1. Luis _____ sólo 10 años cuando viajó a Colombia.
2. Einstein _____ un joven muy inteligente, pero sacaba malas notas.
3. Yo no _____ a tu hermano. ¡Qué guapo es!
4. (Nosotros) _____ comprar un carro nuevo pero no _____ dinero. Ahora, por fin tenemos suficiente dinero.
5. ¿Dónde _____ (tú) esta mañana?
6. Ayer almorcé a las 11:00 porque _____ mucha hambre.

Ahora, use la forma apropiada del pretérito de estos «verbos de estado»: **saber, tener, conocer, poder** y **querer.**

7. Ayer _____ que el hijo mayor de mi vecino es adoptado.
8. Hoy no fui a trabajar porque no dormí anoche. Toda la noche _____ un dolor de cabeza horrible.
9. ¡Qué simpático es el esposo de Andrea Ruiz! Lo _____ anoche en la fiesta.
10. Ah, sí, la fiesta de fin de año... Los Ruiz me invitaron pero yo no _____ ir. ¡A mí no me gustan las fiestas!
11. Ayer fui al parque con mis hijos; traté de patinar con ellos pero no _____. ¡Me estoy poniendo viejo!

¿RECUERDA?

Recall from **Gramática 2.1** that the present tense of **ir** + **a** + infinitive is used to express future actions.

Amanda, ¿**vas a llamar** a Ramón esta noche? (*Amanda, are you going to call Ramón tonight?*)

9.5 Saying What You Were Going to Do: The Imperfect of *ir* + *a* + Infinitive

The imperfect of **ir** (**iba, ibas, iba, íbamos, ibais, iban**) can be used in this construction to express past intentions (*was/were going to do something*).

Íbamos a esquiar el jueves, pero ahora dicen que va a llover.

We were going to ski on Thursday, but now they say it's going to rain.

Rubén y Virginia **iban a pasar** el día en el parque, pero decidieron visitar las pirámides.

Rubén and Virginia were going to spend the day at the park, but they decided to visit the pyramids.

> **va a** + infinitive = *he/she/you (pol. sing.) is/are going to*
>   **Paula va a comprar un coche.** (*Paula is going to buy a car.*)

The imperfect of **querer** and **pensar** + infinitive is similar in meaning.

Quería acampar en las montañas este verano, pero resulta que tengo que trabajar.

I wanted (was hoping) to go camping in the mountains this summer, but it turns out I have to work.

Carmen **pensaba pasar** el verano en España, pero no ahorró suficiente dinero.

Carmen was thinking about (was planning on) spending the summer in Spain, but she didn't save enough money.

> **iba a** + infinitive = *I/he/she/you (pol. sing.) was/were going to*
>   **Iba a viajar por Europa pero tuve que trabajar.** (*I was going to travel through Europe but I had to work.*)

EJERCICIO 9

Invente una excusa. Use **iba** + **a** + infinitivo, seguido de su excusa.

MODELO: —¿Por qué no me llamaste anoche?
        —*Iba a llamarte*, pero llegué a casa muy tarde.

1. ¿Por qué no viniste en tu carro anoche?
2. ¿Por qué no trajiste flores?
3. ¿Por qué no me compraste un regalo?
4. ¿Por qué no cenaste con nosotros?
5. ¿Por qué no fuiste al «Baile de los Enamorados»?
6. ¿Por qué no me dijiste que no sabías bailar?
7. ¿Por qué no llegaste a tiempo?
8. ¿Por qué no asististe a clase ayer?

9.5. This is a very handy construction in everyday conversation, although it is less common in classroom discourse. Emphasize *iba* when you use this construction in your input.

¡OJO!

Note that excuses can take either preterite or imperfect in the follow-up, depending on meaning.

OGA: Have students ask you questions like those in the exercise: *¿Tomó usted café por la noche? ¿Habló con sus amigos por teléfono? ¿Hizo usted ejercicio?* Answer each time with *Iba a...* and then explain why you did not do each activity.

show them in class. You can then progress to the history of Nicaragua, as an introduction to a discussion of the country's poverty. Students can look up the information in the *Encyclopedia Britannica*, which has one of the most complete—yet short—articles on Nicaragua.

Círculo de Amigas

¿Qué sabe usted de Nicaragua? ¿que hubo una revolución en 1979? ¿que hubo una sangrienta[1] contrarrevolución apoyada[2] por los Estados Unidos? ¿que el huracán Mitch causó gran destrucción en 1998? ¿que todavía hay una altísima tasa de desempleo[3] y que en las zonas rurales predomina la pobreza?[4] Sí, desgraciadamente, todo esto es cierto. Pero también hay buenas noticias. En Jinotega, un pequeño pueblo nicaragüense, existe ahora un Círculo de Amigas que ayuda a los pobres de este país.

El Círculo de Amigas fue fundado por una profesora de español en California, Pat McCully. Ella visitó Nicaragua varias veces en los años ochenta. Pero no visitó los sitios turísticos, sino las zonas rurales más remotas. Mientras charlaba con la gente, observaba su ropa harapienta[5] y sus pobres viviendas,[6] y decidió hacer algo para ayudar.

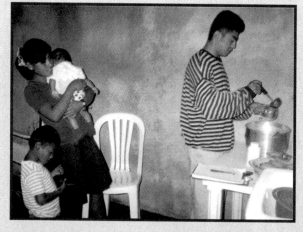

Empezó por ayudar a las mujeres a aprender a coser. Así empezó el Círculo de Amigas... un pequeño espacio en el que las mujeres podían aprender a coser la ropa de su familia. Con la ayuda de varias personas y las contribuciones de muchas otras, el Círculo de Amigas ha crecido. Ahora tiene una pequeña clínica médica y un centro de computación (con computadoras usadas).

Más importante, la organización ahora intenta ayudar a la gente a vivir mejor: Construye modestas viviendas, compra estufas de propano y consigue barriles para que la gente pueda tener agua limpia en su casa. Y no sólo eso, sino que tiene un programa de apoyo para las niñas. El Círculo consigue patrocinadores[7] que contribuyen $25.00 por mes. Ese dinero asegura que la niña más pequeña* de una familia pueda asistir a la escuela y que toda la familia coma mejor.

Como podemos ver, esta organización crece[8] cada día más y provee una ayuda valiosa para el pueblo de Jinotega. ¿Quiere usted saber cómo puede participar? Pues hay muchas maneras: Usted puede ser patrocinador(a) de una niña, puede regalar máquinas de coser, computadoras, lentes y otras cosas parecidas. Puede también contribuir con su talento.

---

[1]bloody [2]backed [3]tasa... unemployment rate [4]poverty [5]ragged [6]homes [7]sponsors [8]grows

---

*Círculo de Amigas has decided on the youngest female for two reasons: Whenever there are funds for school, it is often the boys who get this privilege. Why the youngest? Because the sooner a child starts her education, the more likely she is to continue with it.

Ask students to visit the Círculo de Amigas' Website and bring back two or three facts not mentioned in the article. You may wish to encourage your students to sponsor a child. The cost is minimal by U.S. standards. Besides having the personal satisfaction of helping those in need, your students will be rewarded with opportunities to practice their Spanish by writing to the sponsored child and reading his or her answer to their letters.

n Blades, un músico visionario. As an extra writing assignment, have stu- watch the movie *The Milagro Bean Field War* (available on video) and a re- about it anish: riba al naje Rubén s ren- nta en lícula. no se 1? de ¿Cuál profe- ¿Es erso- sim- o o á- e fa- ? 10 í- este naje historia se ta? You d show s that re Ru- Blades iscuss . Also, one of ongs in . We nmend atest ding, pos.

Rubén Blades, un músico visionario

Rubén Blades es un hombre de muchos talentos; es compositor, cantante, actor, abogado y político. Ha actuado en películas de mucho éxito, como *The Milagro Bean Field War*, que fue dirigida por Robert Redford. Blades tiene un título en derecho[1] internacional de la Universidad de Harvard, y se postuló[2] para presidente de su país natal, Panamá, en 1994. Pero sin duda este versátil artista panameño pasará a la historiá por su contribución al mundo de la música.

Durante los años setenta, Blades transformó el género de música tropical que hoy conocemos como la *salsa*. Rubén Blades escribió canciones de ritmo alegre y bailable, pero con letra[3] que describía las injusticias sociales y los problemas políticos de Panamá y otros países latinoamericanos. Durante sus años en Nueva York, grabó un disco que lo hizo famoso, *Buscando América* (1983). Con éste y otros discos que siguieron, Blades abrió el camino para otros cantantes y compositores de salsa, como el joven puertorriqueño Marc Anthony.

Hoy, muchos admiradores de Rubén Blades lo consideran un cantautor brillante y visionario.* A Blades no le interesa componer música para ganar dinero. Lo importante para él es seguir su impulso creativo sin sacrificar sus valores[4] y su visión artística.

[1] título... law degree [2] se... he ran (for office) [3] lyrics [4] values

*En su grabación de 1999, el disco *Tiempos*, Blades reunió a un grupo de músicos costarricenses, todos ellos con mucha experiencia del folclore musical latinoamericano. La música de *Tiempos* es una «suite» de 70 minutos al estilo clásico pero con ritmos latinos. La revista *Rolling Stone* describió esta producción como «el mejor album de música latina del año».

Las tapas. Ask students if they have traveled to Spain and what they thought of the food. Some students who have not been to Spain may be familiar with *tapas* anyway since they are popular in some large U.S. cities (Boston, New York, San Francisco, and many others). Students may enjoy one or two *tapa* dishes to share in class after reading the article. These can be prepared beforehand. You can also make this topic come alive if you share your photos of Spanish cities and any experiences you have had eating *tapas*. You may wish to ask students to visit some *tapas* sites on the Internet and bring a few of the names of tapas to class, print a menu, or get recipes for the class.

Las tapas

Antes del almuerzo, antes de la cena... ¡unas deliciosas tapas con vino tinto! Las tapas son pequeñas porciones de comida que los españoles comen con una copa de vino o de licor.* Existe una gran variedad de estos pequeños aperitivos.[1] Una tapa puede ser algo tan sencillo como trozos de queso, aceitunas, maní,[2] chorizo[3] asado o canapés. Pero también puede ser un platillo más complicado, como por ejemplo, trocitos de la típica tortilla española de patatas. Otros tipos de tapas son los camarones a la parrilla, los camarones u hongos preparados con ajo, los calamares[4] fritos, las ancas de rana o las anguilas.[5]

En España, las tapas se sirven en lugares que se llaman tascas. En las tascas los españoles se reúnen para beber y comer tapas antes del almuerzo o la cena. Ésta es la oportunidad para hablar de política, filosofía, literatura, cine, teatro... Con frecuencia, la gente va de una tasca a otra, especialmente si es antes de la cena. Pero, las tapas son más que una deliciosa costumbre española: Son un estilo de vida. Y, además de formar parte íntegra de la cultura de España, resultan muy prácticas. ¡Cuando se come a la vez que se bebe, los efectos del alcohol no son tan fuertes!

[1] appetizers [2] peanuts (also called cacahuates or cacahuetes) [3] sausage [4] squid [5] ancas... frog legs or eels

*Originally only a free small plate of salted almonds or a slice of jamón serrano (a very salty ham) were served. The slice of ham or the plate of almonds was placed on top of the wine glass as a cover, hence the name tapas (covers). People would eat the tapa, feel thirsty, and order another glass of wine.

La revista *Vida y cultura* continúa en el sitio Web: **www.mhhe.com/dosmundos**.

Capítulo 10

METAS

In **Capítulo 10** you will talk about places you have traveled to, including their geography and climate. You will also discuss transportation and automobile travel. Finally, you will learn about and discuss environmental issues and concerns.

Sobre el artista:
El artista dominicano Paul Leonor Chevalier estudió pintura en la Escuela Nacional de Bellas Artes en Santo Domingo. En 1995, se graduó magna cum laude en arquitectura en la Universidad Nacional Pedro Henríquez Ureña. Es miembro del Colegio Dominicano de Artistas Plásticos. Ha participado en numerosas exposiciones y ha recibido varios premios.

Fuga a la tierra de la fertilidad, por Paul Leonor Chevalier, de la República Dominicana   **Goals—Capítulo 10**

The focus of this and the following chapter is travel. *Capítulo 10* emphasizes students' own experiences; *Capítulo 11* emphasizes travel within the Hispanic world. The most important new topic in the grammar section of this chapter is the present perfect.

Pre-Text Oral Activities

1. Use your PF or sketch on the board to describe geographic locations.

2. Write 15 or so interesting recreational activities using *ha* + past participle on a 5 × 8 card. Tell the class that you need volunteers to answer *sí o no.* Ask questions from your list until a volunteer

ACTIVIDADES DE COMUNICACIÓN

- La geografía y el clima
- Los medios de transporte
- La ecología y el medio ambiente

EN RESUMEN

says *sí*. Then follow up with additional questions: *¿Cuándo fue? ¿Cuántas veces? ¿Dónde? ¿Con quién? ¿Le gustó?* Go on to the next volunteer. Repeat this activity with 4–5 volunteers until the class has heard many questions with *ha* + past participle. Then write questions on the board. Tell students that *¿Ha... ?* = Have you ever . . . ?

Possible questions: *¿Ha viajado a París alguna vez? ¿Ha subido una montaña a pie? ¿Ha buceado en Hawai? ¿Ha viajado por tren en Europa? ¿Ha visto las pirámides de México? ¿Ha ido a Nueva York*

LECTURAS Y CULTURA

- **Lectura** El paso feroz de un huracán
- **Ventanas culturales** La lengua: La conservación
- **El mundo hispano** La gente: Lety Guerrero
- **Ventanas culturales** Nuestra comunidad: Los campesinos ecologistas
- **Lectura** La visión ideal de Costa Rica

GRAMÁTICA Y EJERCICIOS

- **10.1** Saying What You Have Done: The Present Perfect
- **10.2** Exclamations with **¡Qué... !**, **¡Cuánto/a/os/as... !**
- **10.3** Expressing *by, through,* Destination, and Time: **por** and **para** (Part 1)
- **10.4** Describing Actions: Adverbs
- **10.5** Expressing Reactions: More Verbs like **gustar**

Nuestro planeta

PREGUNTAS DE COMUNICACIÓN

- ¿Ha visitado una isla alguna vez? ¿Cómo se llama esa isla?
- ¿Ha visto una tormenta con truenos y relámpagos?
- ¿Ha viajado por tren? ¿Le gustó el viaje o prefiere viajar por avión?
- ¿Hay metro en su ciudad? ¿Lo usa con frecuencia o prefiere manejar?
- ¿Le molesta a usted la contaminación del ambiente? ¿Tiene alergias?
- ¿Sabe cuántas especies de vegetales y animales están en peligro de extinción? ¿Le preocupa este problema a usted?

(*San Francisco, Montreal, Miami, Chicago)? ¿Ha viajado en crucero? (Draw a large ship on the board.) ¿Ha comido en un restaurante japonés (griego, vietnamés, indio)? ¿Ha conocido a alguien de Sudamérica? ¿Ha acampado en el desierto? ¿Ha visto un tornado o un huracán alguna vez? ¿Ha montado en motocicleta? ¿Ha visto la película _____? ¿Ha visto un volcán de cerca? ¿Ha viajado a Alaska? ¿Ha vivido en otro país por más de un mes?*

MULTIMEDIA ▼

Visit the Dos mundos Website at www.mhhe.com/dosmundos for additional activities, links, and other resources.

The video to accompany Dos mundos includes cultural footage on the Dominican Republic and Nicaragua.

The multimedia CD-ROM to accompany Dos mundos offers a variety of activities to review vocabulary and grammar from this chapter. You will also find additional cultural information and video clips.

Actividades de comunicación y lecturas

La geografía y el clima. Use your PF to talk about geography and climate conditions. Include some short definitions in your discussion: *El desierto es un lugar muy seco donde llueve poco. ¿Han visitado algún desierto? ¿Dónde? ¿Qué hicieron allí? ¿Qué tiempo hacía cuando estaban en el desierto?* Add a few of your

✳ **La geografía y el clima**

own personal experiences associated with any new vocabulary; for example, a trip to an island or an experience in a hurricane. *El huracán* and *el ciclón* are used almost interchangeably in Spanish. Here are some other weather expressions included in the vocabulary that you will want to introduce in your input: *llovizna (lloviznar), rocío, neblina, truenos, humedad, escarcha, inundación, terremoto.*

Lea Gramática 10.1–10.2.

Most words in this display and many in subsequent activities will be new to students. Verify class comprehension of all vocabulary in the display and the activities of this section as you proceed through these materials.

See IRK for additional activities: *La geografía y el clima.*

¡Qué bosque tropical más húmedo!

¡Qué desastrosa fue esa inundación!

Act. 1. Definiciones (individual; whole-class). **Suggestion:** Have students work individually to match these as you circulate to help with vocabulary. Many of these geographical terms were introduced in Pre-Text Oral Activities and in vocabulary display. Encourage students to use context to guess the meanings of the many new words, mostly cognates, in the definitions. Review with the whole class.

¡Cuántas islas hay en la costa de Chile!

AA 1 (whole-class). Use your PF to relate weather with seasons. Remind students of the reverse seasons north and south of the equator (*en el hemisferio norte/sur*). Then use pictures of various geographic locations to talk about climate: *¿Qué tiempo hace en las montañas? ¿en la playa? ¿en Florida? ¿en Canadá?*

ACTIVIDAD I Definiciones: La geografía

1. _____ la selva
2. _____ el río
3. _____ la inundación
4. _____ el lago
5. _____ la playa
6. _____ el desierto
7. _____ la península
8. _____ la isla
9. _____ el valle
10. _____ la bahía

a. porción de tierra rodeada completamente de agua
b. espacio entre dos montañas
c. parte de arena a la orilla del mar
d. lugar árido, a veces con mucha arena
e. porción de tierra rodeada de agua pero unida a tierra firme por un lado
f. entrada del mar en la costa, más pequeña que un golfo
g. extensión de agua rodeada de tierra
h. lugar donde llueve mucho y hay mucha vegetación
i. desbordamiento de los ríos, los lagos o el mar, que cubre la tierra de agua
j. corriente de agua que generalmente corre hacia el mar

ACTIVIDAD 2 **Descripción de fotos: ¡Qué impresionantes son esas montañas!**

Escuche la descripción que le da su profesor(a) y señale la foto correspondiente.

Act. 2. Descripción de fotos (whole-class; partner-pair). **Suggestion:** Select 2 photos to describe to the class. Allow the entire class to answer as a group. Then have students work in pairs to continue the descriptions of the rest of the photos. **Possible descriptions: 1.** *¡Qué montañas tan altas y nevadas!* **2.** *¡Cuántas flores hay en esta foto!* **3.** *¡Qué bosque tropical más denso!* **4.** *¡Qué cañón más profundo e impresionante!* **5.** *¡Qué olas tan grandes tiene esta playa! Y ¡qué blanca y limpia está la arena!* **6.** *¡Cuántos lagos tiene este país!* (You may want to embellish your descriptions with other details in the photos.)

1. El nudo de Huascarán, Perú

2. Bariloche, Argentina

3. El Yunque, Puerto Rico

4. La Cordillera Vilcabamba en Perú

5. La playa en Cancún, México

6. Bariloche, Argentina

Ahora, con un compañero / una compañera, mire las demás fotos y exprese los pensamientos que se le ocurran.

▶ **FRASES ÚTILES**

¡Cuánto/a/os/as... !	la vegetación
las olas	profundo/a
¡Qué... !	las flores

Act. 3. Del mundo hispano (whole-class; partner-pair). **Sug-gestion:** Introduce the Celsius scale with questions like: *Si la temperatura es de 17 grados cel-sio, ¿qué tiempo hace?* Then have students read the weather fore-casts silently. Ask comprehension questions: *¿Cuál va a ser la tem-peratura máxima el lunes?* (or in-troduce the form *será*). You may need to remind students of the meaning of the impersonal *se* in the expressions *se anticipa* and *se pronostica*. With each temperature forecast, ask questions: *¿Hace frío?* (or *¿Va a hacer frío?*) Assign questions for pair work. (Give students a for-mula for conversion from Fahren-heit to Celsius and vice versa. F → C: degrees F − 32 × .555 = degrees C. C → F: degrees C × 1.8 + 32 = degrees F.) **Expansion:** Have students work in small groups to write a two- to three-day forecast for your area. Write vocabulary guidelines on the board: *Va a hacer frío (calor, sol, fresco, viento, mal/buen tiempo). Va a haber neblina. Va a estar soleado (nublado). Va a llo-ver/nevar. En las montañas (por la costa) por la mañana (tarde, noche)..., La temperatura mí-nima/máxima va a ser de _____ grados.*

ACTIVIDAD 3   Del mundo hispano: El pronóstico del tiempo

Conteste las preguntas según la información de un periódico de San Juan, Puerto Rico.

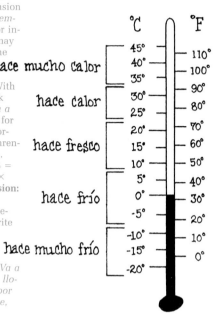

Agosto

La temperatura de la semana: San Juan, Puerto Rico

LUNES. Se anticipa un día de calor con una temperatura máxima de 35.9° C (grados centígrados) y una mínima de 30.4° C.

MARTES. Se anticipa neblina por la costa en la mañana, pero mucho calor el resto del día. La temperatura máxima va a llegar a los 41° grados centígrados. Por la noche la temperatura va a bajar a 33° C.

MIÉRCOLES. Se pronostica un día fresco, parcialmente nublado y con lloviznas frecuentes. La temperatura máxima durante el día será de 30° C y la mínima esta noche será de 24° C.

JUEVES. Va a ser un día soleado pero más frío que ayer. La temperatura máxima durante el día será de 27° C y la míniman esta noche, de 22° C. El huracán Eliza se acerca a la isla con vientos de 80 millas por hora.

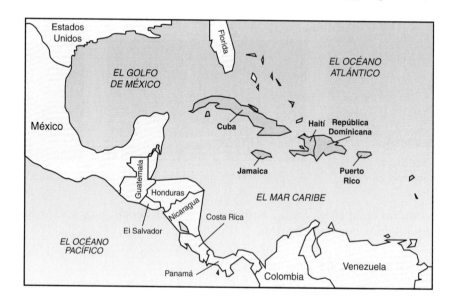

1. ¿Cuál va a ser el día más caluroso de esta semana?
2. ¿Qué noche va a hacer más frío?
3. ¿Va a llover esta semana?

4. ¿Qué día va a estar nublado?

5. ¿Va a haber neblina? ¿Dónde? ¿Qué día?

6. En su opinión, ¿va a causar muchos daños (destrucción) Eliza?

ACTIVIDAD 4   Descripción de dibujos: El tiempo

Use estas palabras para completar las oraciones a continuación: **escarcha, fresco, humedad, llovizna, neblina, nubes, rocío, tormenta, truenos** y **viento.**

Act. 4. Descripción de dibujos (whole-class; individual). **Suggestion:** Have students look at the sketches while you pronounce the words aloud. Expand discussion by talking about these weather items one by one. *En la mañana las plantas y las flores están cubiertas de rocío. El rocío es muy bonito, ¿no? ¿Les gustan los truenos y los relámpagos? A mí sí; me gusta preparar una taza de chocolate caliente, sentarme al lado de la chimenea y escuchar los truenos.* Students work individually to fill in the blanks.

1. Después de los relámpagos, casi siempre vienen los _____.

2. Si por la noche baja la temperatura puede aparecer _____ en las ventanas y en los techos.

3. Antes de una _____, las _____ cubren el sol.

4. Una lluvia ligera también se llama _____.

5. Cuando hace mucho _____, la gente pierde el sombrero.

6. En las zonas tropicales hay mucha _____.

7. Hay que manejar lentamente cuando hay mucha _____.

8. Cuando la temperatura está a 5° C, hay _____.

9. Las gotas de agua que aparecen en las plantas por la mañana son _____.

REFRÁN

Quien siembra vientos, recoge tempestades.

(*You reap what you sow.* Literally, *Those who plant winds, harvest storms.*)

ACTIVIDAD 5   Del mundo hispano: Los recursos naturales

Lea el siguiente artículo y luego trabaje con un compañero / una compañera para decir si las afirmaciones de la página 341 son ciertas o falsas. Corrijan las afirmaciones falsas con información del artículo.

Act. 5. Del mundo hispano (whole-class; partner-pair). **Suggestion:** Read the article aloud while students read silently. Stop to check for comprehension. Draw students' attention to the drawings of marine life mentioned in the article. Ask if they have ever seen any of these animals up close: *¿Ha visto un/una _____ de cerca? ¿Dónde?* Then pair students to work on the true/false statements. Finally, have them ask each other questions about the price of various tour packages.

Catalogado como uno de los ecosistemas más ricos del mundo por su abundante flora y fauna, el Mar de Cortés es todo un reto para buzos profesionales y aficionados.

EXPEDICIONES al Mar de Cortés

Por su gran concentración y diversidad de animales y aves marinas, los especialistas afirman que el Mar de Cortés y las lagunas de Baja California —a donde llega a aparearse la ballena gris después de recorrer 10.000 kilómetros— son la versión mexicana de las islas Galápagos. En este lugar se conocen bien muchos sitios de buceo por la belleza de sus cañones y montañas submarinas; las islas rocosas y áridas contrastan con la colorida variedad de plantas y animales debajo de la superficie: nudibranquios, estrellas marinas, esponjas, anémonas y moluscos en abundancia, peces multicolores, delfines, leones marinos...

Quienes desean sumergirse en estas aguas y descubrir su extraordinaria vida marina, lo pueden hacer de junio a noviembre en expediciones organizadas que parten desde la amistosa ciudad de La Paz. Los paquetes incluyen tres inmersiones al día con tanques y pesas, experimentados maestros de buceo y tripulación, duchas de agua fresca, fácil acceso a la rampa de buceo, cubierta con área de sombra, un cocinero a bordo que prepara desayunos, comidas, refrigerios y bebidas, sistema de video VHS, hotel, transporte al aeropuerto.

Salidas de junio a noviembre

Precio de los paquetes:	Cabañas Los Arcos	Hotel Los Arcos
3 noches, 2 días de buceo	$299	$325
4 noches, 3 días de buceo	$399	$460
5 noches, 4 días de buceo	$499	$595
6 noches, 5 días de buceo	$599	$730
7 noches, 6 días de buceo	$699	$865

Todos los precios son por persona con base en ocupación doble, en dólares. Reservaciones a Expediciones Baja California al teléfono 1-800-483-7696.

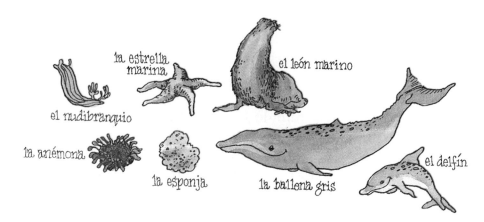

la estrella marina

el león marino

el nudibranquio

la anémona

la esponja

la ballena gris

el delfín

1. El Mar de Cortés se compara con las islas de Hawai.
2. Tanto en las Islas Galápagos como en el Mar de Cortés hay gran concentración y diversidad de animales y aves marinos.
3. En las lagunas de Baja California se pueden observar ballenas grises.
4. En este lugar hay abundancia de sitios de buceo muy bellos.
5. En el Mar de Cortés hay islas verdes y húmedas y arrecifes coloridos de muchos animales y plantas marinos.
6. Los paquetes turísticos incluyen tanques y pesas, lecciones de buceo, hotel y transporte aéreo.
7. Hay paquetes durante las cuatro estaciones del año: la primavera, el verano, el otoño y el invierno.

Ahora, hágale preguntas a su compañero/a acerca de los precios de los varios paquetes turísticos.

MODELO: E1: ¿Cuánto cuesta el paquete de 6 noches con 5 días de buceo en Cabañas Los Arcos?

E2: Cuesta *$599.00.*

ACTIVIDAD 6   Entrevistas: Los viajes, las actividades y el tiempo

¿ADÓNDE HAS VIAJADO?

1. ¿Has pasado algún tiempo en las montañas? ¿dónde? ¿Qué hiciste allí? ¿Te gustó? ¿por qué?
2. ¿Vives cerca del mar? Si no, ¿cuál es el mar más cercano a donde vives? ¿Cuántas veces has ido al mar / a la playa durante los últimos seis meses? ¿Cómo estaba el agua? ¿muy fría? ¿tibia?
3. ¿Conoces algún lago o río cerca de donde vives? ¿Cómo se llama? ¿Qué puedes hacer allí? ¿Vas con frecuencia? ¿por qué? Explica.
4. ¿Has ido alguna vez al desierto? ¿dónde? ¿cuándo? ¿Qué hiciste allí?
5. ¿Has visto una selva? ¿dónde? ¿Te gustó? ¿por qué? Explica.

LAS ACTIVIDADES Y EL TIEMPO

1. ¿Qué te gusta hacer cuando hace calor (frío, viento, mal tiempo)?
2. ¿Qué haces cuando llueve (nieva, hace buen tiempo, hay relámpagos y truenos)?
3. ¿Has vivido en un lugar muy húmedo? ¿en un lugar muy seco? ¿dónde? ¿Te gustó? ¿por qué?
4. ¿Has visto un huracán alguna vez? ¿Qué pasó? ¿Has visto un tornado alguna vez? ¿dónde? ¿Causó daño?
5. ¿Has manejado alguna vez por la carretera en la neblina? ¿Tenías miedo? ¿Has pasado por una tormenta en avión? ¿dónde? ¿Tuviste mucho miedo?

Act. 6. Entrevistas (whole-class; partner-pair). Read questions aloud to the entire class and answer each in turn with your personal information, expanding discussion and adding details as time and interest permit. Write some of your answers and/or other vocabulary on the board for students to use as reference. Pair students and circulate while they ask each other these questions. You may want to do the interviews on separate days.

AA 2 (OGA). Review geographical terms with photos from your PF that include scenes of jungles, beaches, mountains, streams, canyons, etc. As you hold each one up, react to it: *¿Qué cañón más profundo! ¡Qué río más bonito! ¡Qué agua tan cristalina!* Have class help you generate a list of geographical locations and a list of adjectives used to describe places and write these on the board. Pair students and pass out your photos, 2–3 per group. On the board write: *¡Qué _____ más (tan) _____!* Students react to places in the photos.

Lectura
Suggestions for Effective Reading. Go over the *Vocabulario útil* with your students and then ask: *Al oír estas palabras, ¿qué tema piensan ustedes que va a tratar esta Lectura?* **Some possible responses:** • *los daños de un*

LECTURA

El paso feroz de un huracán

Esta lectura describe el impacto que tienen los huracanes en algunas zonas del planeta. Las consecuencias de una catástrofe natural pueden ser devastadoras. Pero, como se afirma aquí, muchas personas afectadas dan un buen ejemplo de la fuerza del ser humano. El paso feroz de un huracán no destruye su determinación a seguir adelante.

VOCABULARIO ÚTIL

seguir adelante	to keep going
el paso feroz	fierce path
los daños	damages
las pulgadas	inches
los derrumbes	landslides
el intercambio	exchange
enterradas	buried
la esperanza	hope
luchan por sobrevivir	they struggle to survive
la supervivencia	survival
las cosechas	crops
los poblados	settlements
los damnificados	victims (of a natural catastrophe)
dejarnos vencer	let ourselves be defeated

En la zona del Caribe y Centro América ocurre periódicamente un fenómeno natural muy destructivo, el huracán tropical. El impacto del huracán se siente por años, y en muchos casos los países afectados nunca se recuperan del todo. En 1995, por ejemplo, el huracán Opal causó grandes daños en Guatemala, la Península de Yucatán y el estado de Florida. Y en 1996 el Caribe sufrió el impacto de tres terribles huracanes: Dolly en agosto, Hortensia en septiembre y Lili en octubre.*

![Mapa del Caribe y Centro América mostrando la trayectoria del Huracán Mitch, 24 de octubre de 1998, con EL GOLFO DE MÉXICO, EL OCÉANO ATLÁNTICO, EL OCÉANO PACÍFICO, México, Guatemala, Honduras, El Salvador, Nicaragua, Cuba, Jamaica, Haití, República Dominicana, Puerto Rico, Colombia, Venezuela]

Pero el más destructivo hasta la fecha ha sido el huracán Mitch, que nació el 24 de octubre de 1998 como tormenta tropical en el Océano Atlántico. Mitch causó un impacto terrible en Honduras, Nicaragua, Guatemala, El Salvador y Costa Rica. Descargó lluvias torrenciales (más de 4 pulgadas por hora), creando inundaciones y derrumbes. Durante los días 26 y 27 de octubre, los vientos de Mitch iban a 180 millas por hora. El huracán afectó áreas clave de la economía centroamericana, especialmente la agricultura, y paralizó el intercambio comercial entre los países de Centro América.[†]

Los países que más sintieron el impacto de Mitch fueron Honduras y Nicaragua. En Honduras murieron 17.000 personas y se perdieron 70.000 casas. Fueron destruidos los territorios de la costa norte, y de esa región viene el 70 por ciento de la producción agrícola hondureña: plantaciones de plátano, café, arroz y cereales. En Nicaragua la catástrofe fue tan grande como en Honduras. En el noroeste de este país, por ejemplo, hubo un enorme derrumbe que dejó a miles de personas enterradas en cuestión de minutos.

Las consecuencias de una tragedia como ésta son inmediatas. El progreso económico de años desaparece y la gente tiene que empezar de nuevo con mala salud, sin mucha esperanza. Pero las víctimas de Mitch luchan por sobrevivir. Entre todos los sitios afectados, dos pueblos se distinguen por su espíritu de supervivencia: Lechecuagos y Chacraseca,

huracán (inundaciones, derrumbes) • *las personas afectadas (enterradas, esperanza, damnificados)* • *la supervivencia de las víctimas (luchan por sobrevivir).* Now have students do the reading and follow up with this activity:

Set up three lists on the board, one with the title *CARACTERÍSTICAS,* one entitled *DAÑOS GENERALES,* and the third with *CONSECUENCIAS ESPECÍFICAS.* Ask students to read the *Lectura* with you, as you all note the characteristics of Hurricane Mitch. Discuss the different types of damage caused by hurricanes in general, and then gradually focus on specific consequences of Mitch. Under *CARACTERÍSTICAS,* you could include: *lluvias de 4 pulgadas por hora, vientos de 180 millas por hora.* Under *DAÑOS GENERALES: inundaciones, derrumbes, muertos, destrucción de casas y sistemas de transporte, daños a la agricultura.* Under *CONSECUENCIAS ESPECÍFICAS: 17.000 muertos en Honduras, 17 puentes destruídos en El Salvador, 70.000 casas perdidas en Honduras.*

Culture/History. Caribbean and Central American countries affected by natural disasters must confront many challenges with fewer resources than more highly

---

*Dolly causó inundaciones. Hortensia dejó 18 muertos y daños de 127 millones de dólares en la agricultura. Y Lili destruyó 43.000 casas en Cuba.

[†]El 90 por ciento de ese intercambio depende de los caminos (*roads*) y los puentes (*bridges*). En El Salvador quedaron destruidos 17 puentes. Y en Honduras se derrumbaron (*collapsed*) casi todos los puentes entre la capital, Tegucigalpa, y las otras dos ciudades grandes hondureñas, Comayaguela y San Pedro Sula.

situados cerca del municipio de León, en Nicaragua. En ocho años, estas comunidades sufrieron dos erupciones del volcán Cerro Negro, tres temporadas de sequías, y luego el ataque de Mitch. El huracán destruyó viviendas, cosechas y animales en estos poblados agrícolas.

Así describe su experiencia el campesino José Giménez, uno de los habitantes de Chacraseca: —¡Cuánto hemos sufrido! Nuestra alegría ha sido siempre trabajar, sembrar el maíz, los frijoles. Ésa es nuestra comida y es nuestra vida. Pero ahora, ¿qué vamos a hacer? El huracán se lo llevó todo. Yo tengo bastante familia, cinco hijos y mi esposa. ¿Cómo vamos a vivir? Sólo podemos… volver a empezar.

Lechecuagos y Chacraseca recibieron ayuda de varias agencias internacionales. Gracias a esas organizaciones y a su propia fuerza, los damnificados de estos pueblos —y de otros pueblos de Centroamérica y del Caribe— se recuperan poco a poco. Como José Giménez, cultivan otra vez la tierra, reconstruyen sus hogares y sus vidas. Lechecuagos y Chacraseca nos muestran el poder del ser humano: lo que hacemos para sobrevivir y no dejarnos vencer.

Comprensión

Imagínese que usted es periodista y debe escribir un breve informe sobre el huracán Mitch. Prepare un formulario que incluya la siguiente información.

1. Lugar y fecha en que nació el huracán.
2. Características de Mitch.
3. Países que sufrieron el impacto del huracán.
4. Daños específicos.
5. Áreas más afectadas.
6. Testimonio de una de las víctimas.

Ahora... ¡usted!

1. ¿Ha sufrido usted el paso feroz de un huracán? ¿Cómo fue el huracán? ¿Qué pasó? ¿Qué daños causó? Si no ha tenido esta experiencia, ¿conoce a alguien que sí la ha tenido? Describa la experiencia de esa persona.
2. ¿Qué fenómenos naturales afectan la región donde usted vive? ¿Hay huracanes? ¿terremotos? ¿tornados? ¿Qué hacen usted y su familia para protegerse de esos elementos?

Un paso más... ¡a escribir!

Imagínese que usted es miembro del comité «Ayuda a los damnificados de Mitch». Su misión es ayudar a una de las víctimas del huracán, específicamente al campesino José Giménez y su familia. Escriba un informe de una página en el que explica su plan de ayuda. ¿Qué servicios le va a ofrecer usted a esta familia? ¿Cuáles considera que son las necesidades más urgentes de José Giménez? Explique.

developed countries. Hurricanes destroy a major sector of the region's economy, which is agriculture, as well as road networks and supply systems. Economic growth that takes years to develop is wiped out in a matter of hours. The impact of such a catastrophe greatly affects the living standards of the nations involved. In the case of Hurricane Mitch, the victims received valuable help from France, the Netherlands, Great Britain, and the United States. In the 1990s, the U.S., for example, offered $263 million in assistance to Central America. Several agencies and organizations offered aid as well: MSF-France, OXFAM, Habitat for Humanity, the World Bank, the Social Investment Fund Project (FHIS IV), and the Organization of American States (OAS), among others. Unfortunately, many of the funds were not distributed effectively. There were delays, and the money didn't always get to the victims quickly enough. Today, years after Mitch, there are victims of that hurricane still homeless.

Pre-Reading. Discuss natural calamities (*fenómenos naturales*) with your class. Then focus on the elements that may affect your area. Possibilities: *terremotos, huracanes, tornados, lluvias torrenciales (aguaceros), sequías, nevadas, inundaciones.* Now prepare students for a reading experience in class, following the **Suggestions** above.

Post-Reading. Review the answers for *Comprensión.* Then have students do AU in pairs or groups. We suggest you assign UPM for homework, but first give students some vocabulary for the assignment. Ask: *¿Qué tipos de ayuda podemos ofrecerle a un campesino que lo perdió todo?* Make a list of responses on the board, under the heading *TIPOS DE AYUDA.* Some possibilities: *ropa, comida, alojamiento (o albergue), construcción de una casa, cultivo de la tierra, ayuda con la cosecha, ayuda financiera,* and so on.

Answers to *Comprensión.*
1. *Mitch comenzó el 24 de octubre de 1998 en el Océano Atlántico.* 2. *Fue muy destructivo; descargó lluvias torrenciales con vientos de 180 millas por hora.* 3. *Honduras, Nicaragua, Guatemala, El Salvador y Costa Rica. Los países más afectados fueron Honduras y Nicaragua.* 4. *Inundaciones, derrumbes; destrucción de casas, caminos y puentes; miles de personas murieron.* 5. *La economía centroamericana, especialmente la agricultura. Mitch paralizó el intercambio comercial entre los países de Centro América.* 6. *José Giménez, campesino nicaragüense, lo perdió todo. Piensa volver a empezar.*

✳ Los medios de transporte

Los medios de transporte. Use your PF and this display to introduce new words related to transportation. Talk about which means of transportation is more appropriate: plane for long distances, cruise ships for relaxation, etc. Recount one or more of your own experiences with public transportation. If you are a native speaker, describe major modes of transportation in your own country. Use photos from your PF and the display to talk about parts of a car and their functions. **Vocabulary notes:** *tocar la bocina* is also *pitar, el capó* is also *el bonete* or *el capacete. La placa* is also Mexican slang for "police." Many of the words in this display and in subsequent activities will be new to students. Verify class comprehension of all vocabulary in the display and the activities of this section as you proceed through these materials.

OGA: You may want to mention that compound words made up of a verb and a noun are masculine: *guardafango, parabrisas.*

See IRK for additional activities: *Los medios de transporte.*

AA 3 (TPR). See IRK for TPR: *Vamos a ir en taxi.* **Sample sequence:** *Son las diez de la noche y usted acaba de cenar en un restaurante con unos amigos. Van a regresar a casa y necesitan un taxi. Caminen a la plaza central de la ciudad; allí viene un taxi, no está libre, ah, pero ahí viene otro que sí está libre; levanten la mano y háganle una señal al taxista. ¡Ay! ¡qué lástima!, no los vio. Esperen unos minutos. Empieza a llover y ustedes tienen frío. Ahí viene otro taxi. Levanten la mano y háganle una señal al taxista, ¡ay! por fin, éste sí se detiene, ¡errrrk! Pregúntenle: ¿Cuánto nos cobra por llevarnos a _____? Es un buen precio; suban al taxi. Díganle al taxista su dirección. Ya llegaron. Páguenle y denle una propina. Bájense y díganle «Buenas noches».*

Lea Gramática 10.3–10.4.

Se puede viajar cómodamente por avión.

Salimos ahora para España.

Los trenes en Suiza salen y llegan puntualmente.

Hicimos una gira en bicicleta por dos semanas.

Hoy regresamos. Tenemos que estar en Madrid para el lunes.

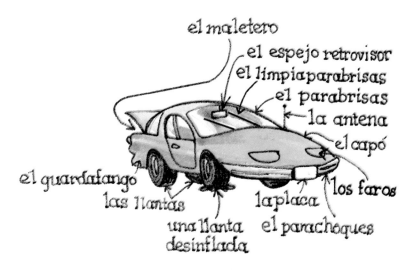

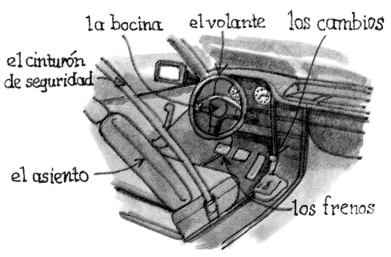

AA 4 (TPR). See IRK for TPR: *En el carro.* **Sample sequence:** *Ustedes van a recoger a un amigo suyo para ir al cine. Salgan de casa y suban al carro. Arránquenlo, errr, errr; no quiere arrancar. Bajen del carro y levanten el capó, revisen la batería, ajá, necesita agua. Pónganle agua y suban otra vez al carro. Arránquenlo, brrrrm, brrrrm. Esta vez sí arrancó. Abróchense el cinturón de seguridad y ajusten el espejo. Ya es casi de noche; prendan las luces, manejen, doblen a la derecha, doblen a la izquierda, sigan adelante. Empieza a llover; prendan los limpiaparabrisas, wish/wash/wish/wash. ¡Huy! ¡Un perro! Frenen. ¡Errrrkkk! ¡Ay, qué susto! Sigan manejando. No están mirando el camino y chocan con un carro estacionado. Apaguen el motor, bajen del carro, hablen con el dueño del carro, sí, yo sé, fue mi culpa: yo pago el daño, sí, sí. Denle su nombre y número de teléfono y el nombre de su compañía de seguros. Miren los dos carros, miren el guardafango, la puerta y el parachoques; no hay mucho daño. Sigan manejando a la casa de su amigo. Ya se está haciendo muy tarde. Dense prisa. 100, 120 kilómetros por hora, miren su espejo. Ahí está un carro de la policía con las luces prendidas. Deténganse otra vez. El policía les pone una multa por exceso de velocidad. Continúen manejando. Por fin llegan a la casa de su amigo; toquen la bocina, biiip, biiip. Ahí está su amigo. Ábranle la puerta del carro y salgan para el cine.*

Act. 7. **Definiciones** (whole-class: partner-pair). **Suggestion:** Read definitions aloud and have students volunteer answers, or do as pair work and review with the whole class.
    Follow-Up: Have them make up their own definitions: *¿Qué es un tranvía, un metro, una autopista, una multa? ¿Para qué sirven los asientos? ¿el espejo retrovisor? ¿los cambios?*

ACTIVIDAD 7   Definiciones: El transporte

LOS MEDIOS DE TRANSPORTE

1. _____ el avión
2. _____ el tren
3. _____ el barco
4. _____ el tranvía
5. _____ la bicicleta
6. _____ el autobús
7. _____ el transbordador
8. _____ el metro

a. medio de transporte que flota en el agua
b. medio de transporte subterráneo; se usa en las grandes ciudades del mundo
c. vehículo de dos ruedas que no usa gasolina
d. vehículo que puede transportar de 30 a 80 personas
e. vehículo aéreo
f. medio de transporte que tiene vagones y una locomotora
g. tipo de tren que, empleado en las ciudades, usa electricidad
h. flota en el agua; sirve para transportar personas y vehículos

Siempre fiel.

Batería Bosch: Potencia sin límites.

BOSCH
Así de seguro.

Act. 8. Descripción de dibujos (whole-class; partner-pair). Suggestion: Do this activity with the whole class or pair students and then review with the whole class. Answers for road signs: 1. d 2. e 3. g 4. i 5. b 6. f 7. c 8. j 9. l 10. a 11. m 12. h 13. k 14. n 15. q 16. p 17. r 18. o.

AYUDA EN CARRETERA

Ojalá que no ocurra, pero hay que estar prevenidos. En caso de avería o cualquier otro percance es útil ser socio de algún club automovilístico o asociación de ayuda al automovilista como la AMA, o ANA, que, por una cuota mensual ofrecen distintos servicios en carretera. También conviene llevar la lista de los talleres oficiales de la marca del auto que se conduzca.

LAS PARTES DEL CARRO

1. _____ los frenos
2. _____ los limpia-parabrisas
3. _____ el volante
4. _____ la bocina
5. _____ la placa
6. _____ el parabrisas
7. _____ el cinturón de seguridad

a. Protege a los pasajeros del viento.
b. Se usa para mantener en el asiento a los pasajeros de un automóvil o un avión.
c. Se usan cuando llueve.
d. Se usan para parar el coche.
e. Se usa para manejar el coche.
f. Tiene los números para identificar el coche.
g. Se toca para llamar la atención de los peatones y otros choferes.

ACTIVIDAD 8 Descripción de dibujos: Los letreros de la carretera

Diga cuál es la frase u oración que corresponde a cada número.

1.
2.
3.
4.

5.
6.
7.
8.

9.
10.
11.
12.
13.

14.
15.
16.
17.
18.

a. puente angosto
b. No doble a la izquierda.
c. tránsito de un solo sentido (una vía)
d. baños
e. gasolinera
f. ¡Cuidado! Puede haber personas a su izquierda.
g. mecánico
h. tránsito de doble sentido (vía)
i. estacionamiento de una hora

j. No se estacione.
k. tren
l. camino angosto
m. superficie resbalosa
n. prohibido el tránsito
o. Disminuya la velocidad porque hay una curva.
p. Tiene que ir por otro camino.
q. Disminuya la velocidad.
r. Tenga mucho cuidado.

> **¡OJO!**
>
> Manejar su coche es probablemente la acción más contaminadora que usted realiza. Un galón de gasolina genera 20 libras de bióxido de carbono.

ACTIVIDAD 9   Entrevistas: El transporte y los coches

EL TRANSPORTE

1. ¿Usas mucho el autobús? ¿por qué? ¿Andas mucho en bicicleta? ¿Andabas mucho en bicicleta de niño/a? ¿Cuál es tu forma de transporte preferida?
2. De niño/a, ¿viajabas mucho en auto con tu familia? ¿Adónde iban? ¿Te gustaba hacer viajes con tu familia?
3. ¿Has viajado por tren? ¿Adónde fuiste? ¿Te gusta viajar por tren? ¿Por qué? ¿Has viajado por avión? ¿Adónde has ido? ¿Te gusta viajar por avión? ¿Crees que es peligroso viajar por avión? Explica.
4. ¿Has andado alguna vez en motocicleta? ¿Te gustó? ¿Llevas casco cuando andas en moto? ¿Crees que es peligroso montar en moto? ¿Por qué?
5. ¿Has viajado en barco? ¿Adónde fuiste? ¿Te gustó el viaje? ¿Era grande o pequeño el barco? ¿Te mareas cuando viajas por barco?

TÚ Y TU COCHE

1. ¿Tienes tu propio coche? ¿De qué marca es? ¿Cómo es tu coche? ¿Es práctico? ¿grande? ¿elegante?
2. ¿Tienes seguro? ¿De qué compañía? ¿Es muy caro? ¿Te gusta manejar? ¿Cuántas millas manejas cada día, aproximadamente?
3. ¿Has tenido un accidente en tu coche? ¿Cuánto (tiempo) hace? ¿Fue serio o sin importancia?
4. ¿Has salido de vacaciones en tu coche? ¿Cuánto (tiempo) hace? ¿Adónde fuiste? ¿Con quién fuiste? ¿Cuántas horas tuviste que manejar? ¿Te gustó?
5. ¿Le has dado «un aventón» a una persona que no conocías? ¿Tuviste miedo? ¿Por qué lo hiciste?

Act. 9. Entrevistas (whole-class; partner-pair). **Suggestion:** Read questions aloud to the entire class and answer each in turn with your personal information, expanding discussion and adding details as time and interest permit. Write some of your answers and/or other vocabulary on the board for students to use as reference. Pair students and circulate while they ask each other these questions. You may want to do these interviews on separate days.

AA 5 (whole-class). Use photos from your PF showing travel by plane; recount some of your own experiences traveling by plane. Mention some well-known airlines (*líneas aéreas, compañías de aviación*): Iberia (*España*); *Aeroméxico, Mexicana* (*México*); *Aerolíneas Argentinas; Avianca* (*Colombia*); *VIASA* (*Venezuela*). Introduce vocabulary related to air travel: *abordar, abrocharse los cinturones de seguridad, aeropuerto, asistente de vuelo, aterrizar, despegar, entregar el equipaje, escala, sección de* (*no*) *fumar, tarjeta de abordaje,* etc.

✳ La ecología y el medio ambiente

La ecología y el medio ambiente.
Have students look at display art
while you read captions. As you

Lea Gramática 10.5.

Me parece que debemos hacer un esfuerzo serio por eliminar la contaminación de los ríos.

Nos urge salvar los árboles.
Debemos encontrar otros medios de transporte.

Me preocupa mucho el sistema ecológico del desierto.

read each one, create discussion
by adding comments or asking
simple questions of the whole
class: *¿Es un problema serio la
contaminación de los ríos? ¿Conocen ustedes un río que esté
contaminado? ¿Hay ríos que no
estén contaminados? ¿Dónde?
¿Creen ustedes que la destrucción
de las selvas tropicales es un problema? ¿Hay alguien en la clase
que haya visto una selva tropical?
¿Dónde? ¿Hay especies que están
en peligro de extinción en nuestro
estado? ¿Cuáles?* Ask students
what they can do to help protect
the environment.

Many of the words in this display and in subsequent activities
will be new to stu-dents. Verify
class comprehension of all vocabulary in the display and the
activities of this section as you
proceed through these materials.

See IRK for additional activities: *La ecología y el medio ambiente.*

A los científicos les interesa resolver el problema de la destrucción de las selvas tropicales.

A todos nos preocupa mucho el agujero en la capa de ozono.

Nos molesta la contaminación del aire (el esmog).

¿Puede Ud. salvar su hábitat?

A Esteban y a Raúl les llama mucho la atención el número de especies que están en peligro de extinción.

Act. 10. Intercambios (partner-
pair). Suggestion: Give students
1–2 minutes to look at drawings
and ask pertinent vocabulary
questions. Have pairs of students
ask each other questions about
what the people on the chart do
to protect the environment. When
students are done, put this question on the board as a trigger for
conversation or for a class discussion on this topic: *¿Y qué haces
tú para proteger el ambiente? / ¿Y
qué hacen ustedes para proteger
el ambiente?*

ACTIVIDAD 10 **Intercambios: Los amigos hispanos protegen el ambiente**

Hágale preguntas a su compañero/a sobre lo que hacen estos amigos hispanos para proteger el ambiente.

MODELO: E1: ¿Qué hace *Ernesto* para proteger el ambiente?
E2: *Va a su trabajo en autobús en vez de manejar. También…*

Ernesto

Andrea

Paula

Raúl

ACTIVIDAD 11   Intercambios: Especies en peligro de extinción, problemas y soluciones

MODELO: E1: ¿Cuál es el hábitat de *los quetzales*?
         E2: Los quetzales viven en *las selvas de Centroamérica*.

         E1: ¿Cuál es la solución al problema *de los quetzales*?
         E2: (No) Debemos *permitir su exportación*.

Act. 11. Intercambios (whole-class; partner-pair). **Suggestion:** Have students scan for unfamiliar vocabulary. Model both questions and make sure they know that the negative precedes the word *debemos*. Then pair students for interactions and circulate to help with question/answer formation. You may add other animals from the display such as *elefantes* (*no comprar productos de marfil*), *tigres* (*no comprar productos hechos de sus órganos*), *abejas* (*cultivar sus flores preferidas*), etcétera. You may also ask students to think of solutions different from those listed in the activity; you may need to help them express their solutions clearly.

ESPECIES EN PELIGRO DE EXTINCIÓN

NOMBRE	HÁBITAT	SOLUCIÓN
mariposas monarca	las sierras de México	no usar pesticidas
quetzal, guacamayo	selvas de Centroamérica	no permitir su exportación
águilas	Montañas Rocosas de Norteamérica	no permitir la caza de esta especie
ballenas	los océanos del mundo	imponer fuertes restricciones para la caza de esta especie
delfines	los océanos y mares del mundo	requerir el uso de redes especiales en la pesca
gorilas	las tierras bajas de África	crear reservas
lobos	los bosques del hemisferio norte	no permitir la caza de esta especie
osos panda	los bosques de bambú de Asia	proteger su hábitat creando reservas
tortugas	las playas tropicales	proteger sus huevos

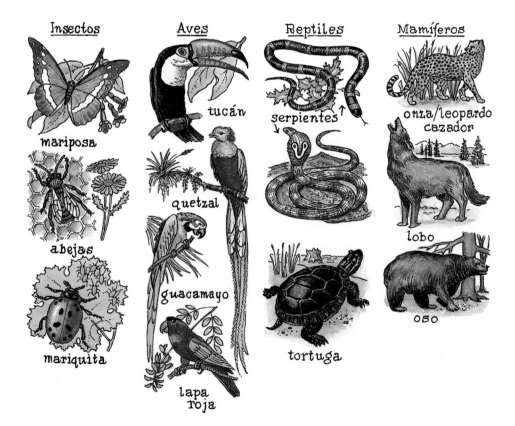

Insectos

mariposa

abejas

mariquita

Aves

tucán

quetzal

guacamayo

lapa roja

Reptiles

serpientes

tortuga

Mamíferos

onza/leopardo cazador

lobo

oso

VENTANAS CULTURALES   La lengua

La conservación

¿Quiere saber más sobre cuestiones del **medio ambiente**? ¿Le interesa la **conservación** de la naturaleza? Entonces recuerde estas ideas y palabras importantes. Todos debemos preocuparnos por no destruir la **capa de ozono** que cubre el planeta, pues ésta nos protege de la **radiación solar.** Hay **productos químicos,** como los **aerosoles,** que dañan el aire y el agua. ¡Dejemos de usarlos! Y no olvidemos **reciclar** lo más posible. Ciertos productos —el **vidrio** y el **plástico,** por ejemplo— se quedan con nosotros por mucho tiempo, ¡miles de años!

VOCABULARIO ÚTIL	
¡Dejemos de usarlos!	*Let's stop using them!*
las toneladas	*tons*
derrochamos	*we waste*
provocada	*triggered, produced*

Nuestras acciones afectan el planeta. Producimos toneladas de **basura** diariamente en el mundo, y todos los días **derrochamos** valiosos **recursos naturales,** como el agua. También creamos **lluvia ácida.** La lluvia ácida es provocada por los **gases tóxicos** de las fábricas que se mezclan con la **precipitación atmosférica,** contaminando el suelo y la vegetación.

Sin duda la energía nuclear es el enemigo más grande de la Tierra, especialmente el **uranio,** metal radiactivo que se usó para crear la bomba atómica. Lo ideal es poner fin a la producción de armas nucleares. Y además, debemos cuidar nuestras **selvas tropicales.** Esas selvas proveen **el oxígeno** que necesitamos para vivir en este hermoso planeta.

EL MUNDO HISPANO... LA GENTE

Lety Guerrero Romero tiene 29 años y es de México, D.F.

¿Le preocupan a usted los problemas del medio ambiente y la ecología? ¿Que hace para proteger su medio ambiente?

Este tema nos debe preocupar a todos. La Tierra es el único planeta que conocemos donde sabemos

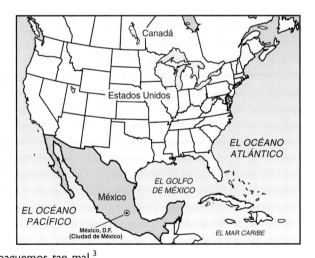

que existe la vida. Pero, parece que cada día lo lastimamos[1] más. Cada día avanzamos con paso agigantado[2] para destruir a la madre Naturaleza. De ella nos alimentamos y por eso vivimos. No es justo que le paguemos tan mal.[3]

Debemos colaborar cada uno de nosotros —por muy pequeña que sea la ayuda—[4] para tratar de no perjudicar[5] más este planeta. Por ejemplo, cuando vamos al parque, debemos recoger los desperdicios que originamos. En casa, recordemos no dejar abiertas las llaves del agua y reciclar la basura. Y los industriales deben tener reglas mucho más estrictas dentro de cada área o departamento.

Nuestro pequeño planeta azul es fuerte. Pero llegará un día en que ya no nos soporte más. ¡Hay que ayudarlo!

[1]lo... *we hurt it*   [2]*gigantic*   [3]No... *It's not fair to repay it so badly.*   [4]por... *no matter how small the help may be*   [5]no... *not damage*

Act. 12. Asociaciones (whole-class, group). **Suggestion:** Have students scan the list of ecological problems and solutions. Explain any new vocabulary. In addition to the model, create several more problem-solution sentences, using items that genuinely concern you. Students may work in groups or do as a class activity to come up with ecological concerns and possible solutions.

Follow-Up: Write problems and solutions on the board and expand discussion of these issues.

ACTIVIDAD 12 Asociaciones: El medio ambiente, problemas y soluciones

¿Le preocupan los siguientes problemas ecológicos? Diga qué podemos hacer para resolverlos.

MODELO: Me preocupa *la sequía*. Creo que no debemos *desperdiciar el agua.*

PROBLEMAS ECOLÓGICOS

1. el consumo excesivo de petróleo
2. la destrucción de las selvas tropicales
3. el uso excesivo de productos plásticos
4. la destrucción del hábitat de algunas especies de animales y plantas
5. la contaminación de los ríos y los océanos
6. el agujero en la capa de ozono
7. los desperdicios de las plantas nucleares
8. la contaminación del aire en las grandes ciudades
9. la sequía; la escasez de agua
10. ¿ ?

SOLUCIONES

a. usar pesticidas no tóxicos
b. imponerles fuertes restricciones a las industrias
c. usar menos energía
d. fomentar la agricultura orgánica
e. restringir el uso de los autos
f. criar animales en los zoológicos
g. controlar la natalidad
h. crear nuevas reservas naturales
i. desarrollar otros medios de transporte
j. reducir drásticamente o eliminar la producción de carburos fluorados
k. comprar productos en envases de vidrio y participar en programas de reciclaje
l. no desperdiciar el agua
m. ¿ ?

ACTIVIDAD 13 Del mundo hispano: El «abecedario ecológico»

Lea este artículo sobre la Amazonia con su compañero/a. Luego, unan las frases para tener una lista de las ideas principales del artículo.

¡ O J O !

- La recolección, el transporte y la eliminación de la basura gasta energía y contamina el aire y la tierra; además, ocupa espacio vital en las ciudades.

- En los basureros, los desperdicios no se descomponen, incluso si son biodegradables (el 65 por ciento) debido a la falta de oxígeno. Por esta razón continúan ocupando valioso espacio.

- Cada persona en Inglaterra genera cerca de 1.000 veces su peso en basura.

- Sólo el 5 por ciento de la población mundial reside en los Estados Unidos pero en este país se produce el 50 por ciento de los desperdicios del mundo.

- La Agencia para la Protección del Ambiente (EPA) calcula que en los Estados Unidos los pesticidas han contaminado el agua de 38 estados.

ABECEDARIO ECOLÓGICO

Amazonia: Es una zona selvática que llega al sur de Colombia y Venezuela, a una parte del oriente peruano y a toda la zona norte de Brasil. Su área total es de 7 millones de kilómetros cuadrados, tiene 200 millones de hectáreas de flora y alberga[1] a 30 millones de especies animales. Su temperatura promedio es de 27 grados centígrados y llueve durante todo el año. Está conformada[2] por densas selvas y grandes ríos, lo que le da un potencial maderero[3] e hidroeléctrico inmenso.

A pesar de esto, la flora tropical crece en terrenos relativamente infértiles, pues el 70%[4] del suelo[5] amazónico es muy pobre. La escasa cantidad de nutrientes que circula en el ecosistema se mantiene dentro de las plantas vivas. A esto se suma que el consumo maderero ha crecido 15 veces desde 1950 y para los próximos 25 años se espera una marcha de extinción animal próxima a las 100 especies por día.

Otro elemento de explotación que no ha sido controlado es el de las plantas: muchos medicamentos tienen origen en el trópico y, sin ciertas especies de la Amazonia, la industria farmacéutica no existiría. A propósito, el científico[6] brasileño Carlos Nobre asegura que «si existiera alguna cura para el cáncer, ésta se encontraría en algún lugar del Amazonas».

[1]*gives shelter* [2]*Está... It is made up* [3]*potencial... potential for lumber*
[4]*setenta por ciento* [5]*soil* [6]*scientist*

Act. 13. Del mundo hispano (whole-class). **Suggestion:** Have students scan this article, circle or underline key words, and then tell you the key words; write them on the board. Use these words to develop an oral summary of the article. Then read aloud as students follow along in the text. Do the activity with the entire class; write completed sentences on the board.

1. La Amazonia cubre una área inmensa y...
2. La temperatura promedio es de 27° centígrados y...
3. La Amazonia tiene densas selvas y grandes ríos que...
4. El suelo de esta región es muy pobre;...
5. Dentro de los próximos veinticinco años, se espera la extinción de...
6. Según un científico brasileño, si existe una cura para el cáncer...

a. los pocos nutrientes se mantienen en las plantas vivas.
b. aproximadamente cien especies por día.
c. está entre las plantas de la Amazonia.
d. tiene 30 millones de especies de animales.
e. ofrecen mucho potencial para producir madera y energía hidroeléctrica.
f. llueve durante todo el año.

¡OJO!

- Si reciclamos una tonelada de periódicos, podemos ahorrar la energía suficiente para que 550 hogares funcionen por un día.
- Si reciclamos mil botellas de vidrio, podemos ahorrar suficiente energía para que funcionen 34 hogares por un día.
- El 98 por ciento de todos los animales y plantas que han habitado la tierra se ha extinguido ya.

VENTANAS CULTURALES   Nuestra comunidad

Los campesinos ecologistas

En el estado de Guerrero, México, hay un grupo de campesinos que está tratando de salvar los árboles de su comunidad. Se oponen a la destrucción de los bosques en las montañas de Petatlán, y por sus acciones de protesta pacífica están sufriendo terribles abusos. Algunos de estos campesinos han desaparecido misteriosamente, y dos de ellos están encarcelados. Los prisioneros Teodoro Cabrera y Rodolfo Montiel tienen el apoyo de mucha gente. De hecho, varias organizaciones los están ayudando.*

Es difícil aceptar la situación de Teodoro Cabrera y Rodolfo Montiel, pues la causa que motiva su activismo es muy justa. Ellos quieren proteger su medio ambiente. Así ha expresado el Sr. Montiel sus sentimientos: «La ecología es el verdadero futuro de nuestros hijos».† ¡Cuánta razón tiene! Si destruimos la naturaleza, las futuras generaciones —«nuestros hijos» habitarán un mundo oscuro y moribundo.

Las palabras de Montiel no significan nada para las compañías que explotan los bosques de Guerrero, que destruyen diariamente sus árboles. Pero, por suerte, hay muchas personas que sí entienden el urgente mensaje de estos campesinos ecologistas.

VOCABULARIO ÚTIL

se oponen	*they oppose*
encarcelados	*in jail*
el apoyo	*support*
habitarán	*will inhabit*
moribundo	*moribund, dying*

*Entre otras, Amnesty International, Sierra Club, y el Centro de Derechos Humanos Miguel Agustín Pro Juárez.
†*Amnesty Now* (Summer 2000), p. 20.

Ventanas culturales: Nuestra comunidad
The topic of this reading could trigger an interesting—and heated!—debate. Have students work in groups of four, with two students arguing in favor of deforestation in Guerrero (they could be company employees or government officials) and two taking the side of Cabrera and Montiel. You may want to allow time in class for students to prepare their arguments, or have them do the preparation at home. As a follow-up, volunteers could engage in debate (for 10 minutes) in front of the class. Then, acting as moderator, you may want to allow questions and comments from the "audience."

LECTURA   La visión ideal de Costa Rica

En esta lectura se discute el tema de la desaparición de los bosques. Se menciona en específico la situación de Costa Rica, un país muy rico en territorio forestal. Usted también va a descubrir aquí por qué es tan especial este país centroamericano.

Costa Rica es un país único no sólo en el mundo hispano, sino en el mundo entero.* Varios aspectos de la sociedad costarricense contribuyen a formar esta imagen especial. De partida, el país no tiene ejército, pues los ciudadanos rechazan la idea de la guerra. Pero eso no es todo. Los costarricenses también están muy conscientes de la importancia de la naturaleza. El gobierno tiene reglas estrictas con respecto al desarrollo y la construcción de viviendas y hoteles en zonas selváticas. El 40 por ciento del territorio del país está poblado de bosques, y hay en Costa Rica uno de los sistemas más extensos de parques

*La población de Costa Rica es de 3 millones de habitantes. El país tiene una industria estable de turismo, y exporta café, plátanos, carne, azúcar y cacao. El clima es de dos estaciones: la seca, de diciembre a abril; y la húmeda, de mayo a noviembre.

Costa Rica: Parque Nacional Braulio Carillo

nacionales en todo el mundo hispano. Su nombre es verdaderamente apropiado, pues la *costa* que da al Océano Atlántico es muy *rica* en selvas tropicales.*

A muchos niveles de la sociedad, se nota el deseo de los costarricenses de conservar sus recursos naturales: sus especies de animales, sus bosques y selvas. De hecho, el reciente movimiento de «ecoturismo» —que propone, entre otras ideas, un tipo de turismo que no dañe el medio ambiente— comenzó en Costa Rica.

A pesar de esta visión ideal, Costa Rica ha tenido que hacer algunos sacrificios debido a presiones económicas. Hace apenas trece años, el país estaba exportando mucha madera. Como no había un plan oficial de repoblación forestal, los bosques de árboles para madera empezaron a desaparecer. Entre 1981 y 1990 Costa Rica perdió un 2 por ciento de todos sus bosques.

Por suerte, miembros del Movimiento Ambiental lanzaron una campaña para convencer al gobierno costarricense de la necesidad de sembrar árboles, y la campaña tuvo resultados muy positivos. Ahora hay varias iniciativas de repoblación forestal en Costa Rica, algunas subvencionadas por el gobierno.[†]

Los proyectos de repoblación forestal sufren diariamente una serie de obstáculos, no siempre económicos sino también provocados por fenómenos naturales. En 1996, por ejemplo, hubo una sequía que duró desde diciembre del año anterior hasta marzo. Inevitablemente, esta tremenda sequía afectó la siembra y el crecimiento de los árboles en regiones forestales. Pero lo importante es que los costarricenses han seguido tratando de conservar su flora y fauna. ¡Y siguen plantando árboles!

Hay pocos países como Costa Rica, con una conciencia nacional del medio ambiente, donde la gente toma en serio las cuestiones ambientales. En nuestro planeta —devastado por las guerras y por la destrucción de la naturaleza— Costa Rica representa una feliz excepción. Su visión de la Tierra es ideal. ✳

VOCABULARIO ÚTIL	
rechazan	*they reject*
la repoblación forestal	*reforesting*
el Movimiento Ambiental	*Environmental Movement*
lanzaron	*they launched*
subvencionadas	*subsidized*

---

*En realidad, *Costa Rica* no se refiere a la riqueza forestal del país. Cuando los exploradores españoles llegaron a la región en el siglo XVI, le dieron el nombre porque pensaban que iban a encontrar grandes cantidades de oro allí.

[†]Una de las más activas es la Iniciativa de Bosques Tropicales (*Tropical Forestry Initiative, TFI*). Esta iniciativa, formada por ocho personas, tiene como propósito repoblar las selvas tropicales de Costa Rica, plantando especies de árboles indígenas a cada región.

Lectura
Suggestions for Effective Reading. Have students practice the art of selective reading by looking at the *Comprensión* questions and AU section before they read. Have them scan the reading for the specific material requested in these sections before reading the selection more carefully a second time.

Culture/History. Since 1900, Costa Rica has suffered a number of political revolutions. Under the constitution adopted in 1949, the army was changed into a civil police force.

Pre-Reading. Bring pictures or slides of Costa Rica and other Central American countries, especially ones showing forested lands. Talk about controversies surrounding development versus deforestation. Then, have students focus on the photographs provided with the reading. Ask them what adjectives describe these visuals: *¿Qué palabras podemos usar para describir estas fotografías?* List their responses on the board. Then have them focus on the title of the article and the *Vocabulario útil.* Ask: *Pensando en las fotos, el título y el vocabulario útil, ¿creen que la lectura va a tener una perspectiva positiva o negativa sobre Costa Rica? ¿por qué?*

Post-Reading. Do *Comprensión* with the class as a whole. Use AU to generate whole-class discussion. Assign UPM as homework. In class the next day have student volunteers share some of their written monologues. (They may feel more comfortable if they are allowed to read a classmate's paper instead of their own.) Bring leaves or little branches from a tree to class to theatricalize the presentations. **Additional idea:** Conduct a class debate: *Las ventajas y desventajas de la deforestación y sus implicaciones para la sociedad.*

Answers to *Comprensión.* 1. d 2. c 3. a 4. b

Comprensión

Complete las siguientes oraciones con frases de la columna a la derecha.

1. En la década de los ochenta,...
2. El Movimiento Ambiental le hizo ver al gobierno...
3. Costa Rica es un país pacífico, pues...
4. El gobierno costarricense no permite...

a. no cree en la guerra y no tiene ejército.
b. la construcción de muchos hoteles en zonas selváticas.
c. la importancia de plantar más árboles.
d. Costa Rica perdió una gran cantidad de bosques.

Ahora... ¡usted!

1. ¿Ha estado usted en Costa Rica? Si no ha estado, ¿le gustaría visitar ese país?
2. ¿Le gustaría vivir en un país donde no haya ejército? Explique. ¿Cuáles son las ventajas y desventajas de tener una fuerza militar?
3. ¿Le preocupa la cuestión de la repoblación forestal? ¿Qué ideas o planes propone usted para evitar la destrucción de los bosques?

Un paso más... ¡a escribir!

Imagínese que, por un momento fantástico, un árbol en el bosque puede hablar. ¿Qué va a decir con respecto a su vida, su medio ambiente y sus vecinos? ¿Qué va a decir sobre los seres humanos? Escriba una composición titulada «El mensaje del árbol».

n resumen

De todo un poco: A. (whole-class; group). **Suggestion:** Ask students to attempt to locate these geographical areas without consulting maps in the text or on the wall. Once everyone is done you can use the overhead to help them correct their work. Then each group answers questions 1–4; review with the whole class.

De todo un poco

A. La geografía y el clima de América Latina

Trabaje con varios compañeros para poner los nombres de los siguientes mares y océanos, las cordilleras y los ríos más importantes de América Latina en el mapa de la página 357.

1. el Río Bravo
2. cuatro cordilleras:
   a. Sierra Madre Occidental
   b. Sierra Madre Oriental
   c. Sierra Madre del Sur
   d. cordillera de los Andes
3. el canal de Panamá
4. el lago Titicaca
5. el río Orinoco
6. el río Amazonas
7. el río Paraná
8. el río de la Plata
9. las cataratas del Iguasú
10. el Océano Atlántico
11. el Océano Pacífico
12. el Mar Caribe
13. el golfo de California
14. el golfo de México

Possible answers: 1. *Es invierno, hace frío, especialmente en el norte del país. Es verano, hace mucho calor, especialmente en el norte y en el sur del país.* **2.** *Es primavera, hace buen tiempo y no llueve. Es otoño y llueve.* **3.** *Es verano, hace mucho calor. Es invierno, hace bastante frío y nieva en algunas partes.* **4.** Accept all answers (unless factually incorrect) and comment if you have personal experience as well.

De todo un poco: B. (individual; whole-class) Ask students to make individual lists; then review them with the whole class and come up with ways in which various class members help the environment. Write these on the board.

Ahora, contesten estas preguntas.

1. ¿Cuál es la estación, y qué tiempo hace en México (parte del hemisferio norte) en enero? ¿y en julio y agosto?
2. ¿Qué tiempo hace en los países de América Central (Costa Rica y Nicaragua, por ejemplo) en marzo? ¿y en septiembre y octubre?
3. ¿Cuál es la estación, y qué tiempo hace en Argentina (parte del hemisferio sur) en enero? ¿y en julio y agosto?
4. ¿Qué más saben ustedes del clima de América Latina? ¿Dónde lo aprendieron?

B. ¡Salvemos el medio ambiente!

1. Hagan una lista de medidas que cualquier ciudadano puede tomar para reducir la cantidad de basura que produce diariamente. Compartan sus ideas con la clase.

MODELO: Uno puede llevar sus propias bolsas de lona al supermercado.

2. Digan lo que ustedes ya han hecho para proteger el medio ambiente, para reducir la cantidad de desperdicios que generan en su casa.

MODELO: Hemos usado ambos lados de las hojas de papel. Hemos reciclado el papel... .

¡Dígalo por escrito! Give students 2–3 days to prepare their description at home. Students may share their work in groups of 3 or 4. Written work may be used as extra credit.

¡Dígalo por escrito!

El medio ambiente y usted

Piense en algo que le preocupa a usted: un problema climático o ambiental o alguna especie de animal en peligro de extinción. Escriba una breve composición sobre el tema. Explique el problema, luego diga dónde ocurre, cuáles son sus causas principales y cuáles son las consecuencias. Para terminar, sugiera qué se puede hacer para mitigar o resolver este problema.

VIDEOTECA

El medio ambiente es un tema que nos preocupa a todos. En este episodio del video, Elisa Velasco, la periodista de Ecuador, escribe un artículo sobre el medio ambiente. Escuche bien mientras ella escribe.

Vea las actividades que corresponden al video en la sección *Videoteca* del *Cuaderno de trabajo*.

Vocabulario

• La geografía — Geography

el arrecife	reef
la bahía	bay
el bosque	forest
la catarata	waterfall
la colina	hill
la cordillera	(mountain) range
la isla	island
el llano	plain
la orilla	shore, (river) bank
el salto	waterfall
la selva (tropical)	(tropical) jungle
la sierra	mountains
el terremoto	earthquake
la tierra / Tierra	land/Earth

PALABRAS SEMEJANTES: la agricultura, el cañón, la corriente, la costa, el desierto, el golfo, el hemisferio, la península, la laguna, el valle, la vegetación

• El clima — Weather

caluroso	warm, hot
el cielo	sky
el desbordamiento	overflow
la escarcha	frost
la humedad	humidity
la inundación	flood
la llovizna	drizzle
la lluvia	rain
la neblina	fog
la nube	cloud
pronosticar	to forecast (*weather*)
el pronóstico	(weather) forecast
el relámpago	lightning
el rocío	dew
soleado	sunny
la tormenta	storm
el trueno	thunder

PALABRAS SEMEJANTES: el centígrado, el ciclón, húmedo, el huracán, la temperatura, el tornado
REPASO: el grado, llover (ue), nevar (ie), nublado/a

• Los medios de transporte — Means of Transportation

el pasajero / la pasajera	passenger
el tránsito	traffic
el transbordador	ferry
el tranvía	cable car, streetcar

PALABRAS SEMEJANTES: el taxi, transportar, el vehículo

• El automóvil — The Automobile

abrocharse el cinturón de seguridad	to fasten one's seat belt
el asiento	seat
la autopista	freeway
los cambios	gears
el capó	hood
la carretera	highway
el espejo retrovisor	rearview mirror
los faros	headlights
los frenos	brakes
el guardafangos	fender
el limpiaparabrisas	windshield wiper
la llanta (desinflada)	(flat) tire
el maletero	trunk
el parabrisas	windshield
el parachoques	bumper
el peatón / la peatona	pedestrian
la placa	license plate
la rueda	wheel
el seguro automovilístico	(automobile) insurance
el semáforo	traffic light
tocar la bocina	to honk the horn
el volante	steering wheel

PALABRAS SEMEJANTES: la antena, la circulación, el tanque

• Los letreros en la carretera — Road Signs

¡Alto!	Stop!
la curva	curve
despacio	slow
desviación	detour
doble sentido	two-way street
no hay paso	no entrance
peligro	danger
el puente	bridge
la señal	sign, signal
un solo sentido, una sola vía	one-way

• La ecología y el medio ambiente — Ecology and Environment

el agujero en la capa de ozono	hole in the ozone layer
la bolsa de lona	canvas bag
la caza	hunt; hunting
los desperdicios (nucleares)	(nuclear) waste
el envase	packaging, bottle, can

la madera	wood
la natalidad	birth rate
el promedio	average
la red de pesca	fishing net
el reciclaje	recycling
la sequía	drought
la superficie	surface
el vidrio	glass (*material*)

PALABRAS SEMEJANTES: el carburo fluorado, la contaminación del aire, la destrucción, la energía, las especies, la extinción, el hábitat, el nutriente, el pesticida, el petróleo, el planeta, la reserva, el uso

• Los animales — Animals

la abeja	bee
el águila	eagle
la ballena	whale
el delfín	dolphin
el guacamayo	parrot
la esponja	sponge
la estrella (marina)	(sea) star; starfish
el león (marino)	(sea) lion
el lobo	wolf
el mamífero	mammal
la mariposa	butterfly
la tortuga	turtle; tortoise

PALABRAS SEMEJANTES: la anémona, el gorila, el insecto, el quetzal, el reptil, la serpiente, el tucán

• Los verbos — Verbs

corregir (i, i) (j)	to correct
crear	to create
criar	to raise (animals, children)
desarrollar	to develop
desperdiciar	to waste
disminuir (y)	to reduce
hacer una gira	to take a tour
imponer (*irreg.*)	to impose
molestar	to bother
llamar la atención	to call attention
marearse	to get seasick
parar	to stop
parecer (zc)	to seem
preocupar	to worry
proteger (j)	to protect
resolver (ue)	to solve
salvar	to save
señalar	to indicate
tener (*irreg.*) cuidado	to be careful
urgir (j)	to be urgent

PALABRAS SEMEJANTES: compararse, controlar, eliminar, existir, flotar, fomentar, identificar, interesar, mantener, observar, reciclar, reducir, restringir

• Los sustantivos — Nouns

el buceo	underwater swimming, diving
el camino	road
la cantidad	quantity
el casco	helmet
el ciudadano / la ciudadana	citizen
los daños	damages
la entrada	entrance
el esfuerzo	effort
la gota	drop
el suelo	ground, soil

PALABRAS SEMEJANTES: la abundancia, el artículo, el bambú, la concentración, el consumo, la compañía, la cura, la electricidad, el espacio, la exportación, la industria, el norte, la porción, el potencial, el problema, la producción, el producto, la restricción, el sistema, el sur

• Los adjetivos — Adjectives

aéreo/a	pertaining to air (travel)
ambos/as	both
angosto	narrow
bello/a	beautiful
caro/a	expensive
fuerte	strong
profundo/a	deep
resbaloso/a	slippery
rocoso/a	rocky
rodeado/a	surrounded
tibio/a	warm
unido/a	connected; unified

PALABRAS SEMEJANTES: árido/a, denso/a, desastroso/a, ecológico/a, excesivo/a, impresionante, firme, inmenso/a, orgánico/a, plástico/a, prohibido, subterráneo/a, tóxico/a

• Los adverbios — Adverbs

cómodamente	comfortably
diariamente	daily
lentamente	slowly

PALABRAS SEMEJANTES: completamente, drásticamente, puntualmente

• Palabras y expresiones útiles — Useful Words and Expressions

¡Cuidado!	Be careful!
¡Cuanto/a/os/as... !	How many . . . !
hacia	toward
¡Qué + *noun* + tan/más + *adjective*!	What a + *adjective* + *noun*!

Gramática y ejercicios

10.1 Saying What You Have Done: The Present Perfect

A. The present perfect is formed with the present tense of the verb **haber*** (*to have*) followed by a form of the verb called the past participle.

—¿**Han visitado** ustedes Europa?   —*Have you visited Europe?*
—Sí, **hemos visitado** España   —*Yes, we've visited Spain twice.*
dos veces.

B. The present-tense forms of **haber** are irregular.

haber (to have)		
(yo)	he	*I have*
(tú)	has	*you (inf. sing.) have*
(usted, él/ella)	ha	*you (pol. sing.) have; he/she has*
(nosotros/as)	hemos	*we have*
(vosotros/as)	habéis	*you (inf. pl., Spain) have*
(ustedes, ellos/as)	han	*you (pl.) have; they have*

—Ernesto, ¿**has recogido** el coche?   —*Ernesto, have you picked up the car?*
—No, todavía no **han llamado** del taller.   —*No, they haven't called yet from the shop.*

C. The past participle is formed by adding **-ado** to the stem of **-ar** verbs and **-ido** to the stem of **-er** and **-ir** verbs.

-ar	
Infinitive	*Past Participle*
hablar	hablado
jugar	jugado
preparar	preparado

(Yo) He viajado a Panamá. (*I have traveled to Panama.*)
he = present tense of **haber**
viajado = past participle of **viajar**

Tú has visto el museo del Prado. (*You have seen the Prado museum.*)
has = present tense of **haber**
visto = past participle of **ver**

Ellos han ido a Europa cinco veces. (*They have gone to Europe five times.*)
han = present tense of **haber**
ido = past participle of **ir**

---

*Recognition: **vos habés**

-er / -ir	
Infinitive	*Past Participle*
comer	comido
vivir	vivido
dormir	dormido

¡OJO!

The present perfect is often used by speakers from Spain to relate simple past completed events: **¿Has visto a Pilar ayer?** (Did you see Pilar yesterday?) We have chosen to present Latin American usage, because it corresponds more closely to English. For most Latin Americans, the simple past is preferred for completed events except in "Have you ever . . ." questions and in negative answers ("I have never . . ."). The past participle forms are very common as adjectives.

—¿Ya **han comprado** los señores Ruiz los boletos?
—No, no **han tenido** tiempo todavía.

—*Have the Ruizes already bought the tickets?*
—*No, they haven't had time yet.*

—Andrea, **¿has terminado?**
—No, el agente de viajes no **ha conseguido** las reservaciones todavía.

—*Andrea, have you finished?*
—*No, the travel agent hasn't got the reservations yet.*

D. A few verbs have irregular participles.

abrir: **abierto**	to open / opened
cubrir: **cubierto**	to cover / covered
decir: **dicho**	to say / said; to tell / told
escribir: **escrito**	to write / written
hacer: **hecho**	to do / done; to make / made
morir: **muerto**	to die / died; dead
poner: **puesto**	to put / put
resolver: **resuelto**	to solve / solved
romper: **roto**	to break / broken
ver: **visto**	to see / seen
volver: **vuelto**	to return / returned

The participles of verbs derived from these verbs are also irregular. For example, **describir** is derived from **escribir.**

describir: **descrito**	to describe / described
devolver: **devuelto**	to return / returned
inscribir: **inscrito**	to enroll / enrolled
reponer: **repuesto**	to put back / put back
suponer: **supuesto**	to suppose / supposed

—Estela, ¿dónde **has puesto** mis pantalones nuevos?
—Ya te **he dicho** que están encima de la cama.

—*Estela, where have you put my new pants?*
—*I've already told you that they're on top of the bed.*

Ernesto fue a la agencia de viajes hace dos horas y todavía no **ha vuelto.**

Ernesto went to the travel agency two hours ago and hasn't come back yet.

Note that **ya** (*already*) and **todavía no** (*not yet*) are adverbs commonly used with the present perfect tense.

EJERCICIO I

Éstas son algunas de las cosas que han hecho los amigos y parientes de Estela. Complete las oraciones con **comer, escribir, ver, viajar, comprar, hablar, limpiar, oír, ir** y **pasar**.

MODELO: Mis cuñados *han ido* mucho a Puerto Vallarta porque les gustan las playas y el sol.

1. Ernesto y yo _____ la nueva película de Almodóvar cuatro veces.
2. Ramón le _____ varias cartas a Amanda.
3. Yo _____ tres veces este mes a Cuernavaca.
4. La señorita Batini _____ una casa nueva.
5. Pedro, ¿_____ en un restaurante chino últimamente?
6. Guillermo no _____ con Ernesto hoy.
7. Graciela, tú nunca _____ a España, ¿verdad?
8. Marisa y Clarisa _____ su cuarto muy bien.
9. Ernestito, ¿_____? ¡Tu padre dice que vamos a ir de vacaciones en Florida!
10. Pedro y Andrea _____ sus vacaciones en Acapulco muchas veces.

> **¡OJO!**
>
> When you see a comma after a proper name, it means you are addressing that person directly. Use **tú** or **usted.**

EJERCICIO 2

¿Cuántas veces ha hecho usted estas cosas? Haga preguntas y respuestas.

MODELO: bucear en el mar Caribe →
—¿Cuántas veces *has buceado* en el mar Caribe?
—Nunca *he buceado* allí. (Mi hermana y yo *hemos buceado* en el mar Caribe dos o tres veces.)

1. viajar a México
2. esquiar en un lago
3. subir a una pirámide
4. acampar en las montañas
5. alquilar un coche
6. cocinar para diez personas
7. leer tres novelas en un día
8. correr 5 kilómetros sin parar
9. decirles una mentira a sus padres
10. romper un vaso en un restaurante

> **¡OJO!**
>
> Negative answers are expected for many of these.

10.2 Exclamations with ¡Qué... !, ¡Cuánto/a/os/as... !

A. Form exclamations with **qué** using ¡Qué + *adjective* . . . !*

¡Qué bonita es la playa!	*How pretty the beach is!*
¡Qué interesante fue ese viaje!	*What an interesting trip that was!*

B. Use the pattern ¡**Qué** + *noun* + **tan/más** + *adjective*! to express *What a(n) . . . !*

¡Qué país tan grande!	*What a large country!*
¡Qué viaje más divertido!	*What an enjoyable trip!*

> **¡Qué montañas tan altas!** (*What tall mountains!*)
> **¡Qué azul es el agua aquí!** (*How blue the water is here!*)

---

*Note that **qué** and **cuánto** take an accent mark in exclamations as well as in questions.

**¡Cuántas personas hay
en esta playa!** (*There
sure are a lot of people
on this beach!* [*What a
lot of people there are
on this beach!*])

C. Use **cuánto/a/os/as** to express surprise about quantity.

¡**Cuánto** dinero tiene ese hombre! | *What a lot of money that man has!*

¡No te imaginas **cuántas** horas tuvimos que esperar! | *You can't imagine how many hours we had to wait!*

Ej. 3. OGA: In three columns on the board write a list of places, a list of adjectives, and the model: *¡Qué + lugar + tan/más + descripción!* Have students work in pairs to describe these places. **Suggestions:** *Lugares: el desierto en el sur de España, las autopistas de Alemania, las catedrales del norte de Francia, los campos de flores en Holanda, la playa por la Costa del Sol en España, el bosque en Suiza, el metro en Madrid, los Pirineos, el Río Sena en París, los llanos en el centro de España. Descripción: aburrido/a, alto/a, antiguo/a, árido/a, brillante, denso/a, hermoso/a, impresionante, inolvidable, interesante, lento/a, limpio/a, moderno/a, oscuro/a, rápido/a, sucio/a, útil, verde.*

10.3. In *Dos mundos, por/para* are introduced according to their function. This first presentation emphasizes *por* with means of transportation, as an equivalent to "through" or "by," and indicates duration. *Para* is associated here with destination and time limit or deadline. The former function of *para* is not as important because students can always use the preposition *a*. Other functions of *por/para* will be introduced in *Gramática 13.3* and in the *Expansión gramatical* in the *Cuaderno de trabajo*.

EJERCICIO 3

Imagínese que usted está mirando las fotos de Susana Yamasaki y sus hijos, quienes acaban de regresar de un viaje por América Latina. Exprese su sorpresa al ver estas fotos.

MODELO: las pirámides de Teotihuacán: pirámides / altas →
Las pirámides de Teotihuacán... ¡Qué pirámides tan (más) altas!

I. Bolivia: país / interesante
2. un vuelo de Buenos Aires a México, D.F.: vuelo / largo
3. los Andes: montañas / altas
4. una selva tropical en Venezuela: selva / verde
5. una playa en el Caribe: arena / blanca

EJERCICIO 4

Ahora imagínese que usted también ha hecho un viaje por España y por América Latina. Haga comentarios sobre los lugares interesantes que ha visto.

MODELO: azul / el agua del Caribe → ¡Qué azul es el agua del Caribe!

I. impresionantes / las ruinas de Machu Picchu
2. grande / el lago Titicaca
3. cosmopolita / la ciudad de Buenos Aires
4. húmeda / la selva de Ecuador
5. seco / el desierto de Atacama en Chile
6. alta / la torre de la Giralda en Sevilla
7. hermoso / el edificio del Alcázar de Segovia
8. inmenso / el parque del Retiro en Madrid
9. interesante / el Museo del Prado
10. antiguo / el acueducto de Segovia

por = movement
through or *by*, or *means
of transportation*
para = movement
toward a destination
**Caminamos por la
playa.** (*We walked
along the beach.*)
Fuimos por tren.
(*We went by train.*)
**Salen mañana para
Cuzco.** (*They leave
tomorrow for
Cuzco.*)

10.3 Expressing *by, through,* Destination, and Time: *por* and *para* (Part 1)

The prepositions **por** and **para** have distinct meanings.

A. Para indicates movement *toward* a destination.

Cuando era niño, salía **para** la escuela a las 7:30. | *When I was a kid, I used to leave for school at 7:30.*

Perdón, señor, ¿cuál es el tren que sale **para** Madrid? | *Excuse me, sir, which is the train that is leaving for Madrid?*

Por, on the other hand, indicates motion *through* or *by* (*along*) a place.

Pasamos **por** varios pueblos antes de llegar a Salamanca.	*We went through various villages before arriving in Salamanca.*
Por las noches caminábamos **por** la orilla del lago de Chapala.	*In the evenings we would take walks along the shore of Lake Chapala.*

Por is also used to indicate means of transportation.

Mis hermanos quieren viajar **por** barco, pero yo quiero ir **por** avión.	*My brothers want to travel by boat, but I want to go by plane.*

Note the contrast in usage in the following example.

Mañana salgo **para** París. Voy a viajar **por** tren.	*Tomorrow I'm leaving for Paris. I'll travel by train.*

B. Por and **para** can also be followed by expressions of time.

1. Use **por** to indicate length of time (although you may often omit **por** in these cases). Some examples of time expressions are **por una semana, por tres meses, por un año,** and **por mucho tiempo.**

Hoy tengo que trabajar en el taller (**por**) diez horas.	*Today I have to work in the shop for ten hours.*

You can also use **por** to express *during, in,* or *at* with parts of the day: **por la mañana, por la tarde, por la noche.**

Aquí **por la noche** todo el mundo sale a pasear.	*Here in (during) the evening everybody goes out for a walk.*

2. Use **para** to indicate a deadline by which something is expected to happen.

Hay que entregar el informe **para** las 10:00.	*We have to turn in the report by 10:00.*
La tarea es **para** el viernes.	*The homework is for (due) Friday.*

> **por** = *length of time, during*
> **para** = *deadline*
> **Estuvimos en España por tres semanas.** (*We were in Spain for three weeks.*)
> **Paula necesita terminar el trabajo para el lunes.** (*Paula needs to finish the job by Monday.*)

EJERCICIO 5

Aquí tiene usted parte de una conversación entre Silvia Bustamante y su novio, Nacho Padilla. Escoja **por** o **para.**

SILVIA: Ayer trabajé _____[1] ocho horas en la terminal de autobuses.

NACHO: Yo manejé mi taxi _____[2] solamente cinco horas.

SILVIA: ¿Cuándo sales _____[3] Morelia?

NACHO: En dos días. Salgo _____[4] la mañana, y voy a viajar _____[5] tres horas.

SILVIA: ¿No vas _____[6] avión?

NACHO: ¡Claro que no! Voy _____[7] tren. Es mucho más barato.

SILVIA: ¿Cuánto tiempo piensas quedarte allí?

NACHO: ¡Una semana! Necesito recoger unos documentos importantes. Van a estar listos _____[8] el próximo viernes.

-mente = -ly
cómodamente = comfortably
calmadamente = calmly

10.4. Students normally do not have trouble understanding and using the adverbial -mente forms.

10.5. The purpose of this section is to show that the structural pattern for gustar can be used with a number of common verbs. Beginning students usually learn to understand these verbs, but few ever produce them spontaneously. Teach the following short expressions as memorized routines: no me importa, no me interesa, me parece que sí, me parece que no.

¿RECUERDA?

Recall from **Gramática 1.6** and **8.2** that **gustar** and **encantar** are used with indirect object pronouns.

me   to me
te   to you (inf. sing.)
le   to you (pol. sing.); to him/her
nos   to us
os   to you (inf. pl., Spain)
les   to you (pl.); to them

Some useful expressions:
me interesa = I'm interested in
no me interesa = I'm not interested in
me importa = it matters to me
no me importa = I don't care
me parece que sí = I think so
me parece que no = I think not

10.4 Describing Actions: Adverbs

Words that describe actions are called *adverbs*. Many adverbs are formed in Spanish by adding **-mente** to the feminine or neuter form of the adjective: **rápida** (*fast*) → **rápidamente** (*quickly*); **libre** (*free*) → **libremente** (*freely*).

—Amanda, ¿vas al cine **frecuentemente**?
—Sí, voy casi todos los fines de semana.

—Amanda, do you go to the movies frequently?
—Yes, I go almost every weekend.

En este país puedes hablar **abiertamente**.

In this country you can talk openly.

EJERCICIO 6

Primero escoja el adjetivo más lógico entre **puntual, inmediata, constante, cómoda** y **rápida**. Luego forme un adverbio.

MODELO: (general) → *Generalmente* tomo el autobús número 73 para ir a la universidad.

1. ¡Los trenes en Japón transitan a 250 kilómetros por hora! Los pasajeros llegan _____ a su destino.
2. Me gusta viajar por tren. Me siento _____ y miro el paisaje por la ventanilla.
3. En Suiza los trenes y los autobuses llegan y salen _____.
4. ¡Nunca he visto tantos autobuses! En la estación de autobuses de Guadalajara, los autobuses llegan y salen _____.
5. Tenemos que correr; el próximo autobús sale _____.

10.5 Expressing Reactions: More Verbs like *gustar*

Like **gustar** and **encantar**, several other verbs also use indirect object pronouns.

dar miedo *to frighten*
dar rabia *to infuriate*
fascinar *to be fascinating; to love*
importar *to matter*
interesar *to be interesting*

llamar la atención *to attract attention*
molestar *to bother*
parecer *to seem like*
preocupar *to worry, be worrying*
urgir *to be pressing, really necessary*

The English equivalents of these verbs vary according to context.

—¿Qué **te interesa**?
—**Me interesa** la geografía porque **me fascina** viajar.

—What interests you?
—I'm interested in geography because I love to travel.

El paisaje es tan lindo que no **nos importa** si llueve.

The countryside is so pretty that it doesn't matter to us if it rains.

—Susana, ¿qué **te parece** un viaje a Chile y Bolivia?

—*Susana, what do you think about a trip to Chile and Bolivia?*

—**Me parece** una idea fantástica.

—*It seems like a great idea to me.*

The person whose opinion is described (**me, te, le, nos, os, les**) is usually mentioned first. The subject of this kind of sentence normally follows the verb. In the following sentence, *our* opinion (**nos**) is described, and the smoke (**el humo**) is the subject of the sentence. **Molesta** is singular because **el humo** is singular.

Nos molest**a el humo.** *The smoke bothers us.*

If the subject that follows the verb is a singular noun or an infinitive, the verb is singular. In the following sentence, the verb is followed by an infinitive, so the verb is singular.

Me import**a conservar** energía. *I care about conserving energy.*

In the next sentence, the subject (**las maletas**) is plural, so the verbs (**gustan/parecen**) are plural.

Me gustan **las maletas** que usted compró; **me** parece**n** muy prácticas.

I like the suitcases you bought; they seem very practical to me.

EJERCICIO 7

Exprese su opinión usando la forma apropiada de los verbos indicados. Luego pídale su opinión a un compañero / una compañera. ¿Están ustedes de acuerdo?

Ej. 7. In-class follow-up: Pair students and have them read their selections to each other and either agree or not. Write *A mí también/tampoco* on the board for reference.

MODELO: La contaminación del aire...

    a. me _____ (molestar)
    b. me _____ (encantar)
    c. ¿ ? →

La contaminación del aire me *molesta.*

1. La conservación de nuestros recursos naturales...
   a. me _____ necesaria. (parecer)
   b. no me _____. (importar)
   c. ¿ ?
2. Los bosques y las selvas...
   a. me _____. (fascinar)
   b. no me _____. (interesar)
   c. ¿ ?
3. Vivir en un clima caluroso...
   a. me _____. (encantar)
   b. no me _____. (gustar)
   c. ¿ ?
4. El tránsito en las autopistas...
   a. me _____. (molestar)
   b. no me _____. (gustar)
   c. ¿ ?
5. Los ríos del mundo...
   a. me _____. (importar)
   b. no me _____. (preocupar)
   c. ¿ ?

Capítulo 11

In **Capítulo 11** you will continue to talk about travel-related experiences: making plans, following directions, and reading maps. You will learn about travel in Spanish-speaking countries, including changing money, clearing customs, and finding lodging. You will also discover new places to visit in the Hispanic world.

Sobre el artista:
Rafael Cabella nació en Uruguay. Fue un pintor de una sensibilidad particular y con un intenso manejo de la paleta artística. En sus obras se ve una visión de la realidad de una forma densa y llena de color.

Sin título, por Rafael Cabella, de Uruguay

Goals—Capítulo 11
The activities in *Capítulo 11* address common travel situations and topics: making travel plans and reservations, reading maps, travel experiences and information in Hispanic countries, and tourist sites of the Spanish-speaking world. In the grammar section we present rules for formal command forms (students will recognize most of them already from experiences with TPR) and for the present subjunctive after *querer* and *cuando*—the two most common contexts for use of the subjunctive in Spanish. In addition, we introduce the imperfect progressive and imperfect to describe background actions or states that are interrupted by events. (We have included *vosotros/as* forms in all verb paradigms and have footnoted *vos* forms up to now. If you want to give students more practice with both *vosotros/as* and *vos* pronouns and verb forms, you may want them to read the explanation of these forms in the *Expansión gramatical* section of the *Cuaderno de trabajo* and do the accompanying exercises. These forms are also included in some listening materials and in certain readings.)

De viaje

PREGUNTAS DE COMUNICACIÓN

- Cuando usted viaja, ¿prefiere hacer las reservaciones con un agente de viajes o por medio del Internet?
- ¿Ha usado el metro u otro transporte público en otro país?
- ¿Ha cambiado dinero en un banco en el extranjero?
- ¿Ha viajado por algún país del mundo hispano? ¿Cuál? ¿Qué le impresionó más de su viaje?
- ¿A qué países del mundo hispano le gustaría viajar?
- ¿Qué sitios turísticos quisiera ver en esos países?

MULTIMEDIA ▼

Visit the *Dos mundos* Website at www.mhhe.com/dosmundos for additional activities, links, and other resources.

The video to accompany *Dos mundos* includes cultural footage on **Uruguay.**

The multimedia **CD-ROM** to accompany *Dos mundos* offers a variety of activities to review vocabulary and grammar from this chapter. You will also find additional cultural information and video clips.

Actividades de comunicación y lecturas

✳ **Los planes de viaje**

Los planes de viaje. Describe a trip you took, including vocabulary from the display in your input, if possible. Show slides of a Latin American country or Spain (preferably from your own travel). Tell what you were doing for each slide or narrate what you did on your trip. We have used *reservación*, *visa*, and *boleto*; in Spain *reserva*, *visado*, and *billete* are used.

Most of the travel vocabulary in this display will be new to students. Point out the many cognates: *vacunas*, *pasaporte*, *reservaciones*, *visa*, *crucero*, *lancha*, *clase turística*. Verify class comprehension of all vocabulary in the display and the activities as you proceed through these materials.

See IRK for additional activities: *Los planes de viaje.*

ACTIVIDAD 1   Intercambios: Reservaciones por Internet

MODELO: E1: ¿Cuánto cuesta el pasaje a *Costa Rica* desde México?
E2: Cuesta $7.150 pesos.

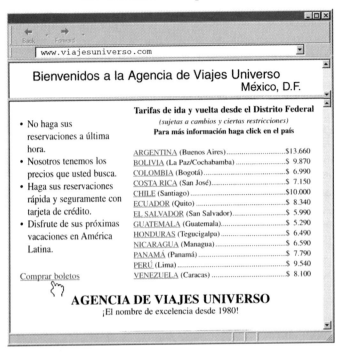

www.viajesuniverso.com

Bienvenidos a la Agencia de Viajes Universo
México, D.F.

- No haga sus reservaciones a última hora.
- Nosotros tenemos los precios que usted busca.
- Haga sus reservaciones rápida y seguramente con tarjeta de crédito.
- Disfrute de sus próximas vacaciones en América Latina.

Comprar boletos

Tarifas de ida y vuelta desde el Distrito Federal
(sujetas a cambios y ciertas restricciones)
Para más información haga click en el país

ARGENTINA (Buenos Aires)..............................$13.660
BOLIVIA (La Paz/Cochabamba) ....$ 9.870
COLOMBIA (Bogotá)..$ 6.990
COSTA RICA (San José).....................................$ 7.150
CHILE (Santiago) $10.000
ECUADOR (Quito) ....$ 8.340
EL SALVADOR (San Salvador) ....$ 5.990
GUATEMALA (Guatemala)................................$ 5.290
HONDURAS (Tegucigalpa) ....$ 6.490
NICARAGUA (Managua) ....$ 6.590
PANAMÁ (Panamá)...$ 7.790
PERÚ (Lima) ....$ 9.540
VENEZUELA (Caracas) ....$ 8.100

AGENCIA DE VIAJES UNIVERSO
¡El nombre de excelencia desde 1980!

Act. 1. Intercambios (whole-class; partner-pair). Before doing this activity, review the numbers 10–100 and 100–10.000. Write numbers on the board or make a large number chart for student reference while doing this activity. **Suggestion:** Read as students follow along. This activity gives students the opportunity to hear and produce large numbers. After one or two sample questions, have students do the interaction in pairs.
  Expansion: With the whole class make up a new set of destinations and flight prices. Have students practice in pairs. Refer students to the Internet to check airlines and prices from Spanish-speaking countries.
  El mundo hispano: La gente After students do the reading, point out that changes are taking place within the traditional family structure in Hispanic cultures. Stress that the two girls were traveling alone. Explain: *En general, la familia hispana tiende a ser tradicional, pero está cambiando. En este caso, por ejemplo, las dos chicas viajaban solas. Se nota una libertad e independencia nuevas para las jóvenes.*
  Note *colectivo* for bus in Argentina and the use of the English word *camping* for campground.

EL MUNDO HISPANO... LA GENTE

Verónica Lugo es una joven argentina de 20 años.

¿Ha hecho usted algún viaje interesante en su vida? Descríbalo, por favor.

Hace dos años, mi mejor amiga y yo decidimos veranear en las playas de Uruguay. Trabajamos durante un año para conseguir el dinero y el permiso de nuestros padres. Finalmente, en enero salimos. Viajamos toda una noche en colectivo[1] y al día siguiente llegamos a Montevideo. Como estábamos las dos solas, tuvimos que ocuparnos de todo: los documentos de la aduana, el transporte de las valijas[2] y el cambio de moneda.

SUDAMÉRICA

EL OCÉANO PACÍFICO

Uruguay
Montevideo
Buenos Aires
Argentina

EL OCÉANO ATLÁNTICO

Por fin llegamos al camping[3] y armamos la carpa.[4] El lugar era hermosísimo, a dos cuadras del mar y con muchos árboles. Y estábamos con otros jóvenes. Aunque parezca increíble, mi amiga y yo nos quedamos en ese lugar un mes, sin más lujos que[5] una carpa y las instalaciones del camping (baños, despensas,[6] agua). Pero teníamos todo lo que hacía falta para pasar unas vacaciones inolvidables: sol, playas, gente joven, ¡y muchas ganas de divertirnos!

[1]autobús (*Arg.*) [2]maletas (*Arg.*) [3]campground [4]tent [5]sin... with only [6]provisions

Act. 2. Conversación (individual; partner-pair; whole-class). **Suggestion:** Have students work individually or in pairs to order these activities logically.

ACTIVIDAD 2 Conversación: ¡Viajar es tan fácil como decir 1, 2, 3!

Ordene lógicamente estas actividades.

_____ comprar los boletos

_____ abordar el avión

_____ comprar ropa y otras cosas

_____ planear el viaje

_____ ir al aeropuerto

_____ hacer las maletas (empacar)

_____ comprar cheques de viajero

_____ ahorrar el dinero necesario

_____ hacer las reservaciones

_____ sacar el pasaporte y la visa

Act. 3. Intercambios (whole-class; partner-pair). **Suggestion:** Allow students to look over travel packages and clarify unfamiliar vocabulary. Then pair students to match tour packages with characters, following model. You may want to add *su profesor(a) de español y usted* to the list of travelers.

ACTIVIDAD 3 Intercambios: Las vacaciones ideales

Con su compañero/a, lean estas descripciones de excursiones y escojan las vacaciones perfectas para cada una de las personas que aparecen abajo.

MODELOS: A _____ le(s) recomiendo la excursión a _____ porque _____.

A mí me gustaría la excursión de _____ porque _____.

Unas vacaciones de 6 noches y 7 días por las antiguas ciudades de Roma y Atenas. Excursiones al Partenón, la Catedral de San Pedro y otros lugares históricos. Alojamiento en hoteles de lujo.

Viaje de 5 noches y 6 días para acampar en las montañas al sur de Chile. Guía experto, caminatas de 10 kilómetros diarias, alojamiento en cabañas. Todo el equipo incluido.

CARIBE

Viaje en crucero de 6 noches y 7 días por el Caribe. Comida internacional, música y baile todas las noches. Piscina y cancha de tenis a bordo. Excursiones a mercados y sitios turísticos en cada puerto.

Gira de 8 noches y 9 días por la costa noreste de los Estados Unidos, incluyendo las ciudades históricas de Williamsburg, Jamestown, Boston, Baltimore y Charleston, terminando en Nueva York. Hoteles de precios módicos.

DOS SEMANAS —13 noches y 14 días— en moderno club de vacaciones, en la península de Yucatán. Canchas de tenis, tres piscinas de agua dulce y una de agua salada. Clases de buceo, excursiones en barco de vela, campamento para niños.

Gira de dos semanas, 13 noches y 14 días, por las capitales de Europa: Londres, Roma, París, Estocolmo, Berlín y Viena. Excursiones en cada ciudad con guías expertos. Alojamiento en hoteles de precios módicos.

☆ ☆ ☆ ☆ ☆ ☆ ☆
Una semana, 6 noches y 7 días, en un hotel en la Playa Dominical de Costa Rica. Restaurante, bar, dos piscinas, jacuzzi, canchas de tenis.
☆ ☆ ☆ ☆ ☆ ☆ ☆

AA 1 (whole-class; individual). Travel itinerary: Referring to a large wall map, talk about countries and continents all over the world. Talk about famous tourist sites and geographical characteristics. Write new words on the board. Tell students the places you have traveled to: *He ido/viajado a* _____ (*dos veces, una*

1. Adriana Bolini: Adriana es argentina, soltera, de 35 años. Ella es mujer de negocios. Le gusta mucho viajar, y ha viajado por muchas partes de Europa.
2. Susana Yamasaki y sus hijos, Armando y Andrés (de 13 y 9 años, respectivamente): Susana es madre divorciada y trabaja de secretaria y también de guía de turistas para las ruinas de Machu Picchu. A Susana le gusta salir de vacaciones con sus hijos.

3. Raúl Saucedo: Raúl es estudiante de ingeniería en la Universidad de Texas, en San Antonio. Es muy aventurero y le gusta viajar porque le encanta conocer gente interesante.

4. Pilar y Clara: Clara está de visita en España por un año. Allí conoció a Pilar. Las dos son estudiantes y tienen un mes de vacaciones entre semestres.

Variation: Pair students and have them quickly interview each other, asking *¿Adónde has viajado? ¿Adónde te gustaría viajar? ¿Qué te gusta hacer?* When they have gathered enough information, they write an itinerary for their partner.

✳ En busca de sitios

Lea Gramática 11.1.

vez). Then tell them about places you would (not) like to travel to: *Quisiera ver/viajar a _____. No tengo ganas de ir a _____.* Ask each student to write a two-week itinerary for you for a wonderful vacation. Remind them to use *va a +* infinitive and have them start the itinerary with *Usted va a salir de _____, el día _____ de….*

En busca de sitios. Although students have heard many classroom commands, the commands associated with giving directions will be new. Allow students time to familiarize themselves with the map. Use an overhead transparency to help students locate the places mentioned in the model. Verify class comprehension of all vocabulary in the display and the activities as you proceed through these materials. Review formal commands with TPR commands that include directions: *camine, doble* (*a la derecha, a la izquierda*), *siga derecho, suba, baje, pare, mire,* etc. Use the overhead transparency of the map to point out typical attributes of a Hispanic city: *glorieta (traffic*

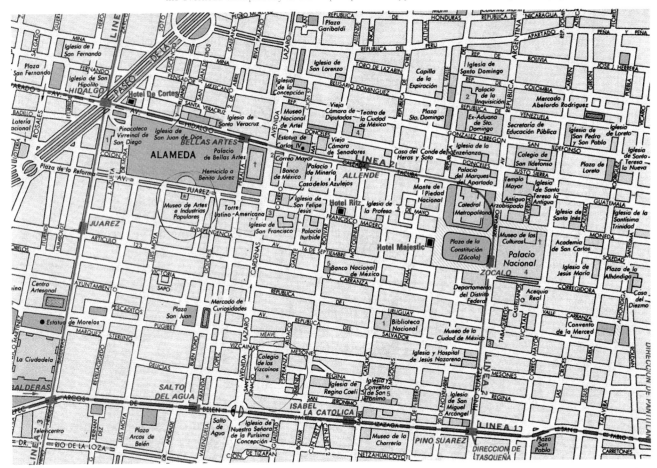

México, D.F.: Del Museo de Artes e Industrias Populares al Colegio de las Vizcaínas (los dos marcados con asterisco)

circle), monumento, parque, plaza central, mercado, etc. Ask for volunteers to come up and follow your directions on the map (indicating the route on the map with a pointer).

See IRK for additional activities: *En busca de sitios.*

TURISTA: Perdone, ¿puede decirme cómo llegar al Colegio de las Vizcaínas?

NACHO: Sí. Mire aquí en su plano. **Salga** del museo **a la derecha** y **camine por** Juárez hasta la avenida Lázaro

Act. 4. Conversación (whole-class; partner-pair). You may want to use an overhead projector and a transparency of the map to help students find locations easily. **Suggestion:** Walk students through the model and practice with other locations first, such as: *del Mercado de Curiosidades a la Catedral Metropolitana; del Palacio de la Inquisición al Palacio Iturbide.* Have students invent their own destinations while you provide routes and they follow along with their finger on the map. Do the first two with the whole class, with students giving you instructions. Pair students to do the last three. Teach other vocabulary as needed (*siga, adelante, derecho,* etc.).

Cuando salga de VIAJE...

La misma atención que se pone para planear las vacaciones, se debe de tener para cuidar la casa antes de emprender el viaje. Algunas sugerencias:

- Riegue las plantas antes de irse o pida a un vecino que lo haga.
- Pida a un vecino que recoja su correspondencia y el periódico.
- Dígales a los vecinos que usted sale de vacaciones y deles el nombre y el número de teléfono de su hotel.
- Tenga suficiente comida en casa para que cuando regrese no tenga que ir de compras.
- Encienda la contestadora telefónica.
- Deje encargadas a sus mascotas en casa de algún familiar o con su veterinario.
- Cubra su coche con una funda para protegerlo.
- Ponga las llaves en un lugar seguro de la casa.

Act. 6. Del mundo hispano (whole-class; partner-pair). **Suggestion:** Guide students through a metro route by giving them directions that they follow with their finger on their maps. **Example:** *Busquen la estación Empalme* (bottom left of map). *Tomen el metro de la Línea 10, dirección A. Martínez y pasen por las estaciones Campamento, Batán, Lago, hasta la Plaza (de) España. Ahora tomen la Línea 3, dirección Legazpi, y pasen las estaciones de Callao, Sol, Lavapiés, Embajadores y Palos de Moguer. Bájense en la estación de Delicias.* After 2–3 examples, pair students to practice giving directions to each other. Circulate to help. Emphasize *bajar de* and *subir a.* Some stations have been omitted to make the map easier to read.

Cárdenas. En Lázaro Cárdenas **doble a la derecha.** Así puede ver la Torre Latinoamericana también. Si tiene tiempo, **suba;** hay una vista hermosa de la ciudad. **Camine seis cuadras por** Lázaro Cárdenas. Luego **doble a la izquierda** en Vizcaínas. El colegio está al lado derecho.

TURISTA: Muchísimas gracias, señor.
NACHO: Para servirle. Adiós.

ACTIVIDAD 4   Conversación: La Ciudad de México

Mire el plano de la página 373 y explique cómo se va de una parte del centro de la ciudad a otra. (Los números en el plano van a ayudarle a encontrar los lugares mencionados.)

MODELO: del Museo de las Culturas hasta el Palacio de Bellas Artes (los dos están marcados con un obelisco [†]) →

Después de salir del museo, tome Moneda a la izquierda y siga hasta Seminario. Doble a la derecha en Seminario y siga hasta Calzada Tacuba; doble a la izquierda. Camine ocho cuadras hasta la avenida Lázaro Cárdenas. El Palacio de Bellas Artes está en la avenida Lázaro Cárdenas.

1. de la Biblioteca Nacional a la Pinacoteca Virreinal de San Diego
2. del Palacio de la Inquisición al Correo Mayor
3. del Museo de la Ciudad de México a la Torre Latinoamericana
4. del Palacio Nacional al Teatro de la Ciudad de México
5. de la Iglesia y Convento de San Jerónimo al Banco Nacional de México

REFRÁN

Todos los caminos llegan a Roma.

(*All roads lead to Rome.*)

Act. 5. Del mundo hispano (whole-class; partner-pair). **Suggestion:** Give students a few minutes to read the travel tips here. Allow time for questions about unfamiliar vocabulary. Then have them work in pairs to come up with a few more travel tips; write these on the board.

ACTIVIDAD 5   Del mundo hispano: Consejos para los viajeros

Lea el artículo de la izquierda. Luego, con un compañero / una compañera de clase, escriba otros dos o tres consejos útiles para los viajeros.

ACTIVIDAD 6   Del mundo hispano: El metro de Madrid

Dé instrucciones para ir de una estación del metro a otra. No olvide hacer los transbordos necesarios.

MODELO: De Atocha a El Carmen → Suba a un tren de la Línea 1 en Atocha, dirección Plaza de Castilla, y baje en la Estación Sol. Allí suba a un tren de la Línea 2, dirección Ventas, y baje en la Estación Ventas. En Ventas, suba a un tren de la Línea 5, dirección Canillejas, y siga hasta la primera estación. Bájese; allí es El Carmen.

1. de Tetuán a Sevilla
2. de Puente de Vallecas a Ríos Rosas
3. de Aluche a Puerta de Toledo
4. de Oporto a Portazgo
5. de Esperanza a Quintana

*AA 2 (whole-class). Have students give directions from one place to another. **Suggestions: 1.** Usted está en la universidad. Dele instrucciones a un turista para llegar a un lugar de interés en el área. **2.** Usted está en casa. Dele instrucciones a un vecino para llegar al hospital más cercano.*

Una tarjeta de Clara: ¡Cuánto me gusta Madrid!

En esta tarjeta, Clara habla de sus experiencias buscando sitios en Madrid. También expresa su opinión de la gente madrileña.

VOCABULARIO ÚTIL

me he perdido	I've gotten lost
sin saber cómo	not knowing how
se me acercó	approached me
ella misma	herself

Estimada profesora:

¡Cuánto me gusta Madrid! Ya conozco bien la ciudad, aunque me he perdido varias veces. Una vez tomé un autobús en la universidad para ir a la Plaza de España, y, sin saber cómo, ¡terminé en el barrio de Lavapiés! Por suerte los madrileños son muy amables; siempre ayudan a los extranjeros. Un día estaba yo buscando una calle, mirando mi plano de Madrid, y se me acercó una señora para ayudarme. ¡La señora me llevó ella misma a la calle!
Un abrazo,

Clara

Prof. Adela Martínez
Department of Foreign Languages
University of Texas at San Antonio
San Antonio, TX 78285
USA

Lectura
Pre-Reading. Share with students any personal experience you have had getting lost in a big city. Then discuss the following questions: ¿Se han perdido ustedes en una ciudad grande alguna vez? ¿Qué hicieron? ¿Qué pasó? ¿Les ayudó alguien en la calle? ¿Cómo terminó el episodio?

Post-Reading. Do *Comprensión* with the class as a whole. You may want to assign AU as written homework. Have students answer the questions on 5″ × 7″ cards, creating their postcard by drawing a picture of their city or their experience on the reverse side. Have students write UPM in pairs and present their dialogues to the class.
Answers to *Comprensión*.
3. *Tomó el autobús.* 5. *Recibió la ayuda de una señora.*

Plaza de España, Madrid

Comprensión

De la siguiente lista, escoja las actividades que menciona Clara en su tarjeta a la profesora Martínez.

I. Clara comió helado.
2. Fue al parque.
3. Tomó el autobús.
4. Jugó con un perro en la Plaza Mayor.
5. Recibió ayuda de una señora.

Ahora... ¡usted!

I. ¿Conoce muy bien la ciudad donde usted vive? ¿Se ha perdido en su ciudad alguna vez? Describa qué pasó.
2. ¿Se ha perdido en otra ciudad o en otro país? ¿Le ofrecieron ayuda las personas de ese sitio? ¿Encontró el lugar que buscaba? ¿Cómo lo encontró?

Un paso más... ¡a escribir!

Imagínese que usted está escuchando la conversación entre Clara y la amable señora madrileña que le ayudó en la calle. ¿Qué dicen? ¡Escriba el diálogo!

✳ De viaje por los países hispanos

De viaje por los países hispanos. Give students time to look at the display art while you read the captions aloud. Verify class comprehension of all vocabulary in the display and the activities as you proceed through these materials. You may ask students to look up the Hotel Horizonte in Palma de Mallorca on the Internet. Use your PF, slides, or pictures from your travels to introduce situations in the display: *reclamo de equipaje, inmigración, aduana, banco, alojamiento.* Recount one or more of your own experiences in these situations, writing key vocabulary on the board. Introduce present subjunctive forms in the structure *querer que* + subjunctive with TPR commands.
  See IRK for TPR sequence: *Quiero que* + subjunctive. In this sample sequence *quiero que* is like *Simón dice;* students are to do the action only if they hear you say *Quiero que... : Quiero que ustedes se pongan de pie.*

Lea Gramática 11.2–11.3.

reclamo de equipaje

Cuando llegue al hotel, voy a descansar.

Cuando encuentre mi traje de baño, voy a bajar a la piscina del hotel para broncearme.

Siéntense. Quiero que se sienten. Quiero que se pongan de pie. Ahora quiero que caminen. Ahora salten. Muy bien, ahora quiero que caminen a la puerta. Tóquenla. Quiero que se sienten. Repeat this activity in the next class period and write subjunctive forms on the board after you are done. Read display captions aloud as students look at the drawings. Ask students sí/no, either/or questions about display art, such as: ¿Qué quiere el aduanero (oficial de aduana) que haga Andrea? ¿Quiere que abra las maletas? ¿Quiere (el aduanero) que (Andrea) las abra o las cierre?
  See IRK for additional activities: De viaje por los países hispanos.

AA 4 (TPR). See IRK for TPR: *Llegando al hotel.* **Sample sequence:** *Usted llega al hotel en taxi. Abra la puerta y baje del taxi. Recoja su equipaje del maletero (baúl, cajuela) del taxi. Páguele al chofer y dele una propina. Llega el botones. Muéstrele su equipaje y sígalo a la recepción. Firme los papeles. Siga al*

el contrabando

los impuestos (los derechos de aduana)

la aduana

revisar el equipaje

la inmigración

←la cola→
hacer cola

—Hummm, cámara japonesa… Tiene que pagar 28.500 pesetas de derechos.
—¡Tres veces el valor de la cámara! Pero si no es nueva, es para mi uso personal.
—Está bien, entonces. Pase usted.

—Su pasaporte, por favor.
—Aquí lo tiene.

botones. Tome el ascensor al séptimo piso. Camine a la habitación. Tome la llave que le da el botones y dígale gracias. Dele una propina al botones. Abra la puerta y entre a la habitación. Acuéstese en la cama y descanse. ¡Qué viaje tan largo!

en el banco

el cajero

los billetes

Cambio
US $1.⁰⁰ = Ptas.175

(dinero en efectivo)

(las tarjetas de crédito)

—Quisiera cambiar cheques de viajero.
—Permítame ver su pasaporte, por favor.

el alojamiento

el gerente

el botones

la recepción

el ascensor (el elevador)

la camarera

la mesita de noche
la cama matrimonial

la habitación

—Bienvenidos al Hotel Horizonte. ¿Tienen reservaciones?
—Sí, somos los señores Ruiz.
—Ah, sí, una habitación para dos con cama matrimonial, ¿verdad?

AA 5 (whole-class; pair). **Situaciones: Problemas en el viaje. 1.** *Usted tiene tres hijos; uno tiene 8 años, otro 6 y la más pequeña tiene solamente 2 años y medio. Los niños de menos de 2 años vuelan gratis. Cuando llega al aeropuerto la señorita que vende los boletos le pregunta a usted la edad de la menor. ¿Qué le dice usted?* **2.** *Usted está viajando de Nueva York a Buenos Aires, Argentina, en un vuelo que va lleno. Usted no fuma y está en la sección de no fumar. Al lado de usted hay una señora que fuma un cigarrillo tras otro. ¿Qué va a hacer usted?* **3.** *Usted tiene reservaciones para volar desde la ciudad de México a Cozumel. Usted llega al aeropuerto un poco tarde, unos 15 minutos antes de la salida del vuelo. El señor que asigna los asientos le dice que no puede encontrar su nombre en la lista de pasajeros confirmados y que el avión está lleno. ¿Qué va a hacer usted?*

la salida

Los Ruiz se hospedaron en el Hotel Horizonte, en Palma de Mallorca, por siete días. Hoy van a regresar a Barcelona. Quieren que el botones ponga su equipaje en el maletero.

AA 6 (whole-class). Talk about procedures for changing money: waiting in line (in many countries one often has to wait in two or three lines to pick up the exchange voucher and then to

collect the money), exchange rates, where to exchange. Recount your experiences changing money. Show sample currencies from Latin America and Spain.

Act. 7. Intercambios (whole-class; partner-pair). These travel packages appeared in the newspaper *La Nación* in Costa Rica. **Suggestion:** Give students 1–2 minutes to look over as you ask questions: *¿Cuánto cuesta el paquete a Santiago? ¿Incluye traslados del aeropuerto al hotel el paquete Barranquilla Ejecutivo? ¿Se incluyen los impuestos del hotel en todos los paquetes?* and so on. Pair students to ask and answer questions.

AA 7 (pair). You may also want to role-play a situation at customs: *Aduanero: ¿Tiene usted algo que declarar? Turista: Traigo varios _____. Aduanero: Déjeme ver. ¿Tiene usted el recibo para este/a _____? Turista: Sí, aquí está. Lo/La compré en _____. Aduanero: Está bien, pase usted. (Lo siento, señor[a], pero va a tener que pagar derechos de aduana. Son _____ pesos [pesetas, colones, etc.].)*

ACTIVIDAD 7 Intercambios: Los paquetes turísticos

Mire estos paquetes turísticos ofrecidos por la aerolínea costarricense LACSA. Después, hágale preguntas a su compañero/a.

Santiago de compras
4 noches / 5 días
Desde **$899**
Incluye:
- Boleto aéreo ida y vuelta (sin impuestos).
- 4 noches de alojamiento en Hotel Galerías.
- Impuestos hoteleros.
- Traslado aeropuerto/hotel/aeropuerto.
- Desayuno Buffet.
- Coctel de bienvenida.
- Tour de compras.

Barranquilla Ejecutivo
2 noches / 3 días
Desde **$297**
Incluye:
- Boleto aéreo ida y vuelta (sin impuestos).
- Dos noches de alojamiento con desayuno americano.
- Impuestos hoteleros.

Quito Ejecutivo
3 noches / 4 días
Desde **$478**
Incluye:
- Boleto aéreo ida y vuelta (sin impuestos).
- Traslado aeropuerto/hotel/aeropuerto.
- 3 noches de alojamiento en hotel seleccionado.
- Impuestos hoteleros.

México tradicional
4 noches / 5 días
Desde **$399**
Incluye:
- Boleto aéreo ida y vuelta (sin impuestos).
- Traslado aeropuerto/hotel/aeropuerto.
- 4 noches de alojamiento en hotel seleccionado.
- Impuestos hoteleros.
- Tour Basílica/Pirámides.

Nueva Orleáns en auto
7 días
Desde **$541**
Incluye:
- Boleto aéreo ida y vuelta (sin impuestos).
- Hasta 7 días de auto económico con seguros incluidos.
- Algunas noches de alojamiento en Hotel Days Inn Canal.

1. ¿Cuánto cuesta el paquete a Barranquilla?
2. ¿Están incluidos los impuestos de hotel en el paquete «México tradicional»?
3. ¿Está incluido un tour de compras en el paquete «Quito Ejecutivo»?
4. ¿Está incluido el seguro de auto en el paquete de Nueva Orleáns?
5. ¿Qué más está incluido, además del alojamiento, en el paquete «Barranquilla Ejecutivo»?
6. ¿Qué incluye el paquete «Santiago de compras» además del boleto, el alojamiento y los traslados del aeropuerto al hotel?

ACTIVIDAD 8   Del mundo hispano: De viaje en Andalucía

Granada

HOTELES Y RESTAURANTES

HOTELES: Alhambra Palace. Caro. Hermoso palacio estilo morisco en la cumbre de la montaña Alhambra con magníficas vistas. Tel. 22-14-68. **Parador de San Francisco.** Caro. Está en un antiguo convento dentro de los muros de la Alhambra y es el

parador más popular de España. Se requiere hacer reservación de 4 a 6 meses de anticipación. Tel. 22-14-93. **América.** Moderado. Encantador hotel dentro de los terrenos de la Alhambra. Es muy popular, reserve con anticipación. Tel. 22-74-71.

RESTAURANTES: Baroca. Caro. Considerado uno de los mejores de Granada. Tel. 26-50-61. **Cunini.** Caro. Muy famoso por su pescado y comida marina. Tel. 26-37-01. **Colombia.** Caro-Moderado. En la montaña de la Alhambra con elegante decorado árabe, música de guitarra y espléndidas vistas. Muy turístico, pero divertido. Tel. 22-74-33.

*S*evilla ofrece a los visitantes hoteles de lujo, como el Alfonso XIII, un edificio de estilo morisco construido en 1929 para la Exhibición Mundial.

Sevilla

HOTELES Y RESTAURANTES

Todos los precios pueden duplicarse e incluso triplicarse durante la Semana Santa y los días que dura la Feria.

HOTELES: Alfonso XIII. De lujo. Construido en estilo morisco para la exhibición de 1929, es el

hotel clásico de Sevilla lleno de belleza y encanto. Tel. 22-28-50. **Doña María.** Caro. Pequeño, con habitaciones de buen gusto amuebladas con antigüedades y piscina en la azotea con vista a la Giralda. Tel. 22-49-90. **Bécquer.** Moderado. Hotel agradable y moderno. Tel. 22-89-00. **Fernando III.** Moderado. A orillas del barrio Santa Cruz; piscina en la azotea. Tel. 21-73-07.

RESTAURANTES: Albahaca. Caro. Todos frecuentan este restaurante, hermosamente localizado en el corazón del viejo barrio judío; platos creativos. Tel. 22-07-14. **La Dorada.** Caro. Muy famoso por sus pescados y comida marina. Tel. 45-51-00. **Bodegón Torre del Oro.** Moderado. Atmósfera rústica, buena comida y popular entre turistas y locales. Tel. 21-31-69. **Bolero.** Moderado. Muy popular para disfrutar paella y platos de pescado. Tel. 21-26-31.

*D*e estilo morisco, el Alhambra Palace es uno de los hoteles caros de Granada, con magníficas vistas desde la cumbre de la montaña.

EN GRANADA

1. Si usted necesita un hotel de precios módicos, ¿en dónde va a hospedarse?
2. ¿Cómo se llama un parador muy popular?
3. Si quiere comer en un restaurante de ambiente árabe, ¿en dónde va a cenar?
4. ¿En dónde va a cenar, si tiene ganas de comer mariscos?
5. Si desea cenar en el mejor restaurante de Granada, ¿a cuál va a ir?

EN SEVILLA

1. Si desea cenar en un restaurante en el centro del barrio judío, ¿a cuál piensa ir?
2. Si busca un hotel elegante y clásico, ¿cuál va a escoger?
3. Si prefiere un hotel de precios módicos con piscina, ¿en dónde va a hospedarse?
4. Si desea comerse una buena paella, ¿en qué restaurante puede hacerlo?
5. ¿Cómo se llama un restaurante de precios módicos y ambiente informal?

Act. 8. Del mundo hispano (whole-class). **Suggestion:** Give students 3–4 minutes to look over these descriptions of lodging and restaurants. If you have ever been to either of these cities, tell about your experiences. Then ask questions of the whole class, expanding responses when natural.

VENTANAS CULTURALES   Nuestra comunidad

Juan Luis Guerra, embajador musical

Ventanas culturales Juan Luis Guerra is the best known Dominican singer-songwriter. He performs to sold-out audiences in Spain, South America, and the United States, and many of his songs have become an integral part of Hispanic culture. Play several of his most popular recordings for your students. We suggest "Ojalá que llueva café" from the CD of the same name; "La bilirrubina" and "Burbujas de amor" from *Bachata rosa;* "Señales de humo" and "Frío frío" from *Areito;* "Palomita blanca," "El Niágara en bicicleta," and "Testimonio" from *Ni es lo mismo ni se escribe igual.* Survey your class to find out which songs your students liked best and why. We are sure that many of them will enjoy this music.

Las canciones de Juan Luis Guerra nos hablan de la vida cotidiana, de los deseos y necesidades del ser humano. La canción que lanzó a Juan Luis Guerra a la fama mundial, «Ojalá que llueva café», tiene un tema de esperanza en la voz de un campesino.

En el disco *Bachata rosa* (1989) están las canciones más famosas de Juan Luis Guerra, «La bilirrubina» y «Burbujas de amor». Pero hay otros discos muy hermosos, como el genial *Areito* (1992), que presenta temas taínos,* y *Ni es lo mismo ni se escribe igual* (1999).†

Desde 1989, Juan Luis dedica parte de su tiempo a una fundación que él creó con un amigo doctor. Su objectivo es ofrecer cuidado médico a los necesitados de la República Dominicana. El famoso cantautor a veces va con los doctores cuando éstos atienden a los enfermos.

Juan Luis Guerra se ha convertido en el embajador musical de su país. El compositor no encuentra barreras para llevar a todo el mundo sus ritmos tropicales, sus mensajes de amor y esperanza.

---

*Los taínos eran los indígenas caribeños, gente pacífica que habitaba las islas hoy conocidas como Cuba, Puerto Rico y la República Dominicana. Los taínos fueron exterminados por completo durante la colonización española.
†El disco compacto *Ni es lo mismo ni se escribe igual* ganó dos Grammys Latinos en el año 2000, en las categorías de *Best Engineered Album* y *Best Tropical Song* (por la canción "El Niágara en bicicleta").

VOCABULARIO ÚTIL	
el embajador	*ambassador*
cotidiana	*daily*
lanzó	*launched*
el campesino	*peasant*
el cantautor	*singer-songwriter*
las barreras	*barriers*

Cantante y compositor de la República Dominicana.

VOCABULARIO ÚTIL	
ubicada	*located*
broncearte	*to get a tan*
las sendas frondosas	*shaded paths*
mundialmente	*worldwide*
la obra	*art work*
el mármol	*marble*
los dramaturgos	*playwrights*
las conferencias	*lectures*

 LECTURA

Los amigos hispanos: Planes para un viaje a México

Paula Saucedo Muñoz tiene 27 años y es gerente de una agencia de viajes en la Ciudad de México. A Paula le encanta su trabajo; le gusta ayudar a sus clientes a planear sus vacaciones, y ofrecerles información sobre los sitios turísticos de México.

En esta carta, Paula le escribe a Pilar Álvarez, su amiga española que vive en Madrid. Las amigas se han escrito muchas veces, pero no se conocen en persona. Este verano por fin van a conocerse: Pilar está planeando una visita a México.

Querida Pilar:

¡Por fin vamos a conocernos! Sé que te va a gustar mi país. Hay tanto que ver en el Distrito Federal. Estoy preparando un itinerario para tu visita. ¡No vamos a tener un solo minuto libre! Aquí te envío algunas fotos muy bonitas y unos panfletos turísticos, para darte una idea. Pero también quiero hablarte un poquito de mi país, al que quiero mucho.

Ya sabes que la Ciudad de México es la capital más grande del mundo hispano. Los mexicanos también la llamamos «el D.F.» por el Distrito Federal. Las otras ciudades grandes de mi país son Guadalajara, Monterrey y Tijuana. También hay muchas ciudades hermosas que debes conocer, como Veracruz, un puerto en el Golfo de México, y Mérida, que está situada en la península de Yucatán. A propósito, Mérida es un centro importante de la cultura maya.

Acapulco y Puerto Vallarta son dos sitios turísticos en la costa del Pacífico, con clima tropical el año entero. Si quieres broncearte y nadar, debes ir a esas dos ciudades. (¡Y yo muy feliz te acompaño!) Hay muchas otras que conservan el aspecto colonial por su arquitectura, como Taxco, San Miguel de Allende y Guanajuato.

El centro y corazón de la capital es el Zócalo (creo que es comparable a la Plaza Mayor de Madrid, ¿no?). Aquí está la catedral, que data también de los tiempos de la colonia, y el Palacio Nacional. En éste hay varios murales impresionantes de Diego Rivera. Sé que te va a encantar su obra.

Aquí, en el D.F., vamos a visitar también el Palacio de Bellas Artes. Éste es un edificio de mármol blanco donde se presentan conciertos, óperas, obras de los más famosos dramaturgos del mundo, espectáculos de danza y conferencias.

Creo que esta carta se está haciendo demasiado larga, amiga mía. Antes de concluir, sólo te quiero mencionar las pirámides de Teotihuacán, que están al nordeste de la capital. Son una muestra importante de la cultura indígena.

Bueno, en mi familia todos estamos ansiosos por verte y recibirte en nuestra casa. Avísame cuando tengas tu viaje confirmado.

Abrazos de
Paula

Lectura
Suggestions for Effective Reading. This is a good reading for students to practice visualizing what they read in conjunction with making intelligent guesses regarding certain vocabulary words. Have them look at the map before reading and ask them to visualize these places as they are described in Paula's letter. For example, when they read about el Palacio de Bellas Artes have them picture a large marble structure with concerts or plays being presented.

Culture/History. Tourism is one of Mexico's greatest industries. The cities and places mentioned in the reading are popular among foreign visitors and Mexicans alike.

Pre-Reading. Show pictures of Mexico and share any personal experiences from your own travels. Ask students if they have ever had a pen pal in another country: *¿Han tenido ustedes amigos de correspondencia en otro país? ¿Qué país? ¿Sobre qué temas se escribieron? ¿Visitaron a estos amigos, finalmente? ¿Cómo fue su encuentro? ¡Descríbalo!* Remind students that the excitement behind meeting a pen pal for the first time is the background of this letter.

Post-Reading. Have students do *Comprensión* in pairs and then do AU with the whole class. Other possible AU questions: *¿Qué sitios turísticos visitaron? ¿Les gustaron estos lugares? ¿Qué platillos típicamente mexicanos probaron? ¿Cuál les gustó más?* Assign UPM as homework. In class the next day allow students to read each other's letters.

Una vista de la linda ciudad colonial de Taxco.

Las impresionantes pirámides de Teotihuacán, México.

Answers to *Comprensión*. 1. f 2. a 3. i 4. h 5. c 6. b 7. e 8. g 9. d

El Palacio de Bellas Artes, México, D.F.

Comprensión

Busque la definición correcta.

1. _____ el Palacio de Bellas Artes
2. _____ el Zócalo
3. _____ el Palacio Nacional
4. _____ Guanajuato
5. _____ Teotihuacán
6. _____ la Ciudad de México
7. _____ Puerto Vallarta
8. _____ Veracruz
9. _____ Monterrey

   a. zona en el centro de la ciudad
   b. ciudad grande que también se conoce como el Distrito Federal
   c. lugar al nordeste del D.F. donde están las Pirámides del Sol y de la Luna
   d. una de las ciudades grandes en el norte del país
   e. sitio turístico en la costa del Océano Pacífico
   f. edificio donde se hacen presentaciones culturales
   g. ciudad y puerto en el Golfo de México
   h. ciudad que conserva su aspecto colonial
   i. edificio donde se encuentran los murales de Diego Rivera

Ahora... ¡usted!

1. ¿Ha estado en México? ¿Dónde? Describa su experiencia.
2. Mire el mapa al final de esta lectura y diga cuáles de las ciudades indicadas conoce. ¿Cuál le parece más atractiva, según la descripción de Paula? ¿Cuáles no conoce pero le gustaría visitar? ¿Por qué?

Un paso más... ¡a escribir!

Imagínese que usted tiene un amigo hispano / una amiga hispana y que esta persona va a venir de visita a los Estados Unidos por primera vez. Escríbale una carta en que le describe los lugares que puede visitar. ¿Cuáles son los puntos de interés que usted piensa mostrarle a su visitante?

VENTANAS CULTURALES   Las costumbres

Los mariachis

Uno de los tipos de música más populares en México es el de los mariachis. Esta música tradicional y generalmente alegre se escucha en casi todas las celebraciones: en bodas, cumpleaños, quinceañeras. También muchos jóvenes les llevan serenatas a sus novias con canciones románticas de los mariachis.

La palabra **mariachi** aparece en el idioma español durante la ocupación francesa de México (la década de 1860). Los franceses contrataban a músicos vestidos con trajes de vaqueros para tocar en las bodas y otras fiestas. En el idioma francés «boda» se dice *mariage*, que en español se pronunciaba más o menos **mariache.** Con el tiempo, la palabra cambia a **mariachi** y la gente comienza a usarla para referirse a los músicos.

Hoy en día, muy pocas personas piensan en las bodas de los franceses cuando escuchan la hermosa música de los mariachis mexicanos.

Guadalajara, México

VOCABULARIO ÚTIL

las quinceañeras	*fifteenth birthday parties*
los vaqueros	*cowboys*

Ventanas culturales: Las costumbres Mariachi bands have also become quite popular in many cities in the U.S. with a large Hispanic population.

ACTIVIDAD 9   Del mundo hispano: La Barranca del Cobre en México

Lea este artículo y luego hágale las siguientes preguntas a un compañero / una compañera de clase.

Act. 9. Del mundo hispano (whole-class; partner-pair). Give students 3–5 minutes to read this article. Explain new vocabulary.
Optional follow-up activity: Have students search the Internet for information on the Barranca del Cobre.

Barranca del Cobre
Una de las maravillas naturales de México

Visitar la Barranca del Cobre es una de las grandes experiencias que puede tener un viajero en México. Localizada en la Sierra Madre Occidental de Chihuahua, en un área de más de 35,000 km², es 1.5 veces más profunda y cubre cuatro veces la extensión del Gran Cañón en Arizona. Su vegetación y fauna desde el fondo de las barrancas —que en algunas zonas llegan a tener 3,000 metros de profundidad— hasta sus sierras nevadas en invierno son tan diversas, que nunca se acaban de admirar. En la región viven dispersos más de 50,000 indios tarahumaras, que todavía conservan una cultura muy interesante.

Quienes deseen conocer esta región, considerada por muchos la octava maravilla natural del mundo, pueden hacerlo en una de las excursiones de siete días organizadas por Ecogrupos de México. Incluyen: organizador de grupo bilingüe, seis noches de hospedaje en hotel, transportación en autobús, lanchas, tren (desde donde se tienen vistas espectaculares atravesando puentes y túneles), camionetas, entradas a los sitios de interés, caminatas guiadas por los tarahumaras, 10 alimentos y bitácora impresa con información de la región. No incluye: transportación aérea, bebidas alcohólicas, gastos extras en el hotel (teléfono, lavandería, etc.).

Adulto doble: $4,405 (579 dólares), triple: $3,607 (474 dólares), sencillo: $5,677 (746 dólares), niño $2,576 (338 dólares). Los precios no incluyen IVA. Para mayores informes y reservaciones llame al 661-9121. Fax: 663-5381.

Nuevos vuelos entre
Lima y Santiago

Los viajeros de negocios pueden aho-ra salir por la mañana de Lima para asistir a una reunión en Santiago y estar de regreso a la hora de la cena, gracias al nuevo vuelo que ofrece United Airlines. Los vuelos que enla-zan ambas ciudades operan miérco-les, viernes y sábados en un Boeing 757. El vuelo 973 sale de Lima a las 8:35 a.m. y llega a Santiago a las 12:55 p.m.; el vuelo 972 sale de San-tiago a las 6:00 p.m. y llega a Lima a las 8:35 p.m. El trayecto dura aproxi-madamente tres horas y media. ◑

1. ¿Dónde está la Barranca del Cobre?
2. ¿Qué tribu de indígenas vive en esta región?
3. ¿Es más grande o menos grande la Barranca del Cobre que el Gran Cañón en Arizona?
4. ¿Cómo se llama la compañía que organiza las excursiones?
5. ¿Está incluido el vuelo en el precio de la excursión?
6. ¿Es necesario saber hablar español para ir en esta excursión?
7. ¿Cuánto cuesta una habitación doble, por adulto? ¿y una habitación sencilla?

✳ Los sitios turísticos

Los sitios turísticos. Give students time to look at the display art while you read the captions aloud. Verify class comprehension of all vocabulary in the display and the activities as you proceed through these materials. You may ask students to look up the *Aeropuerto Barajas* and the *Museo del Prado* on the Internet.

Then use pictures from your PF that introduce the concept of background descriptions and in-terrupting actions. Describe each scene using the imperfect progres-sive or imperfect, and then give a possible interrupting action. **Example:** If the scene depicts sunbathers on a beach, the de-scription might be *Hacía sol y mucho calor. La gente estaba to-mando el sol y durmiendo en la playa. De repente empezó a llover / apareció un tiburón / se nubló / llegaron los soldados,* etc. After you have done several, ask the class to invent the interrupt-ing action. (Interesting photos in-spire great creativity.)

See IRK for additional activities: *Los sitios turísticos.*

Lea Gramática 11.4–11.5.

Pedro y Andrea hicieron las reservaciones en la Agencia Universo el 6 de junio.

Pedro y Andrea llegaron a Madrid el 2 de julio.

Pedro y Andrea dormían cuando sonó el teléfono.

Estaban tomando un refresco en un café de la Gran Vía cuando vieron a un viejo amigo de Pedro.

A las 4:00 de la tarde Pedro y Andrea admiraban las pinturas de Goya en el Museo del Prado cuando las luces se apagaron.

ACTIVIDAD 10   Descripción de dibujos: El viaje de Virginia y Rubén

Diga qué estaba pasando.

MODELO: A las 6:05 Virginia y Rubén *estaban recogiendo (recogían) los boletos en la agencia de viajes.*

¡OJO!

Hay un sólo lugar en América desde el cual se puede ver el Océano Atlántico y el Pacífico a la vez: desde el volcán Irazú de Costa Rica, que está a unos 11.200 pies de altura.

Act. 10. Descripción de dibujos (whole-class; partner-pair). **Suggestion:** Narrate the model sketches, and then the others, as students listen. Then pair students to describe the scenes. You may wish to use the simple imperfect instead of the imperfect progressive. Keep in mind that normally the verb in the past (preterite) directly follows *cuando* in sentences 5–8. **Suggestions: 1.** *A las 11:30 de la mañana hacía sol y Virginia y Rubén estaban abordando el avión.* **2.** *A las 3:30 Rubén y Virginia estaban bajando del taxi / estaban llegando al*

MODELO: Virginia y Rubén *estaban paseando (paseaban) por el Paseo de la Reforma cuando dos carros chocaron.*

hotel. **3.** *A las 10:15 de la noche Rubén y Virginia estaban viendo el Ballet Folclórico en el Palacio de Bellas Artes.* **4.** *A las 3:00 de la tarde Virginia y Rubén estaban bronceándose en la playa de Acapulco.* **5.** *Virginia y Rubén bajaban las pirámides de Teotihuacán cuando empezó a llover.* **6.** *Virginia y Rubén entraban al Museo Nacional de Antropología cuando Rubén tropezó / se cayó.* **7.** *Rubén y Virginia esperaban en la sala de espera cuando anunciaron su vuelo.* **8.** *Rubén facturaba el equipaje cuando a Virginia se le cayó / rompió la cámara.*

Act. 11. Use a large classroom map of Spain to point out cities visited by Pedro and Andrea. Here are our suggestions for the series. **1.** *Andrea y Pedro llegaron al Aeropuerto de Barajas en Madrid a las 6:00 de la tarde.* **2.** *Se hospedaron en el Hotel Pintor.* **3.** *Cenaron en el restaurante Botín.* **4.** *Visitaron el Museo del Prado y vieron muchos cuadros de Velázquez.* **5.** *Pasaron una tarde en Toledo y visitaron la casa de El Greco.* **6.** *Tomaron el tren a Segovia.* **7.** *Vieron el famoso acueducto de Segovia.* **8.** *Pedro participó en la corrida de toros de Pamplona.* **9.** *Alquilaron un coche para ir a Barcelona.* **10.** *Compraron porcelana Lladró en Barcelona.* **11.** *Vieron el Patio de los Leones en la Alhambra en Granada.* **12.** *Pedro bailó flamenco en Sevilla.* Use this opportunity to talk about your own experiences in Spain and give additional cultural information about each place visited.

Nota cultural
Culture/History. Mayan society was organized in a pyramid shape. The ruling class at the top was constituted by the king, his family, and a small group of nobles. The middle class was at the center, and had a medium-size population. Below this class were the commoners, who comprised a large group. The lowest and largest group consisted of slaves, criminals, and war captives who were sacrificed at religious ceremonies. The king's "job" was to protect his people, intervening with the gods. He also led his people in war and oversaw the building of monuments and temples.
  Nobles were in charge of all intellectual activity. Male commoners were farmers, hunters, and fishermen, while female commoners were

ACTIVIDAD 11 Narración: De turistas en España

Diga qué hicieron Pedro y Andrea durante su viaje a España.

VOCABULARIO ÚTIL

precolombina	antes de la llegada de Cristóbal Colón (a América)
nos heredaron	*bequeathed us*
el orgullo	*pride*
los griegos	*Greeks*
quemaban	*burned*
el deterioro	*decline*
las guerras	*wars*
Sea cual sea	*Whatever might be*
disminuir	*diminish*
conquistados	*conquered*
los antepasados	*ancestors*

NOTA CULTURAL · El misterio de Tikal

Uno de los lugares más fascinantes de Guatemala es Tikal, el grupo de ruinas mayas que fue descubierto en medio de la selva. Tikal le invita a explorar su misterio y sus secretos...

Las hermosas ciudades mayas surgieron en los bosques tropicales de lo que hoy es el sureste de México, y en los países que hoy conocemos como Belice, Guatemala, El Salvador y Honduras. Entre las antiguas ciudades mayas se encuentra Tikal, que está al norte de Guatemala y es la ciudad más grande de la América precolombina. En su momento de prosperidad, este fascinante sitio tenía una población de 50.000 habitantes. Hoy es símbolo de orgullo para los guatemaltecos.

Al estar en Tikal, uno puede imaginarse la belleza y el esplendor del mundo prehispánico. La parte central de las ruinas, por ejemplo, tiene tres mil construcciones distintas. Allí hay templos, palacios, residencias de tamaño mediano y cinco pirámides. En el palacio ceremonial, un edificio impresionante, se encuentran más de doscientos monumentos de piedra, altares y figuras.

Los mayas nos heredaron una cultura rica: maravillosas obras de arquitectura, escultura, pintura y conocimientos avanzados de astronomía. Su organización política era similar a la de los griegos, basada en ciudades estados. Los mayas inventaron sistemas de numeración, que incluían el cero, y una escritura que aún no se ha podido interpretar totalmente. Se sostenían esencialmente de la agricultura. Sembraban maíz, frijoles, calabaza y otras legumbres. No era un trabajo fácil. El terreno que tenían disponible para el cultivo era de densa vegetación. Cortaban las plantas y los árboles, y los quemaban para fertilizar la tierra.

Los antiguos mayas, fundadores de Tikal, abandonaron ésta y otras ciudades mucho antes de la llegada de los españoles. No se sabe por qué exactamente —la razón es un misterio. Algunos investigadores opinan que los mayas fueron víctimas de una epidemia. Otros creen que hubo cambios bruscos en el clima. Hay quienes dicen que los mayas no pudieron sobrevivir porque sólo dependían de la agricultura en bosques tropicales. La superpoblación posiblemente también contribuyó a su deterioro. Sin duda les afectaron las numerosas guerras que tenían.

Sea cual sea la explicación de este misterio, lo cierto es que durante los años 800 d.C.,* la población empezó a disminuir gradualmente en Tikal y otras ciudades. Pero la civilización maya no desapareció. Muchos indígenas emigraron hacia otras zonas al norte, por ejemplo, a la península de Yucatán. Cuando los españoles colonizaron estas regiones entre 1524 y 1546, varios grupos de mayas —entre ellos el grupo Lacandón, que hoy se encuentra en Chiapas, México— hicieron resistencia y nunca fueron «conquistados».

Hoy en día hay más de 4 millones de personas que descienden de esos sobrevivientes. Estos mayas de hoy se dedican a la agricultura, como sus antepasados, y mantienen vivas sus tradiciones y su cultura. En ellos vive también el recuerdo de sus antiguas y hermosas ciudades.

El Castillo, Yucatán, México

Answers to Comprensión. A. CONSTRUCCIÓN: arquitectura, palacios, templos, pirámides, altares, monumentos de piedra. GEOGRAFÍA: península, vegetación, bosques. CIENCIA: astronomía, sistema numérico. CULTURA: pintura, escultura, sistema de escritura, ciudades estados, altares, monumentos de piedra. B. 1. una epidemia 2. cambios bruscos en el clima 3. la agricultura en bosques tropicales 4. la superpoblación 5. las guerras

Comprensión

A. Ponga las siguientes palabras bajo la categoría apropiada. Algunas van bajo más de una categoría.

altares
arquitectura
astronomía
bosques
ciudades estados
escultura

monumentos de piedra
palacios
península
pintura
pirámides

sistema de escritura
sistema numérico
templos
vegetación

MODELO:

Categorías: CONSTRUCCIÓN GEOGRAFÍA CIENCIA CULTURA
            arquitectura   *bosques*

---

*Año que representa el final del período maya clásico. La ciudad de Tikal fue construida durante este período (250–800 d.C.). A propósito, a.C. (*antes de Cristo*) significa lo mismo que B.C. en inglés, y d.C. (*después de Cristo*) lo mismo que A.D.

responsible for domestic activities like cooking, weaving, and child-rearing. The Mayas had many gods, such as the Creator, the Moon Goddess, the God of Rain and Lightning, the Maize God, the Jaguar God, and the Monkey Scribe Gods. The Mayas used a complex system of writing called hieroglyphs, which was also used to decorate walls and ceramics. The work of deciphering Mayan writing continues today, and major breakthroughs have been made.

An interesting fact about Tikal: One of its temples, *Templo IV*, is the tallest pyramid in the Western Hemisphere, at a height of 229 feet.

Pre-Reading. Show pictures and/or slides of Mayan ruins. Briefly describe this pre-Columbian culture: *Los mayas tenían una civilización avanzada. Tenían un sistema numérico, y cultivaban las artes y la arquitectura,* and so forth. Point out Tikal on the map. Tell students that Tikal, in Guatemala, was one of the most recent of pre-Columbian Mayan sites to be discovered. It has been designated a World Heritage Site by UNESCO and is one of two sites in the western hemisphere considered both a Natural and Cultural Heritage Site. The other one is Machu Picchu in Peru.

Post-Reading. Ask AU questions. Other suggestions: *¿Conoce usted las ruinas mayas? ¿Ha visitado las ruinas aztecas en México? ¿las ruinas incas en Perú? ¿Cuál fue su impresión? ¿Sabe algo de la historia de los países latinoamericanos antes de la llegada de los españoles?* For students who haven't seen any ruins, ask: *Imagínense que tienen la oportunidad de visitar unas ruinas en cualquier parte del mundo. ¿Cuáles van a visitar? ¿Por qué? ¿Cómo piensan que va a ser su experiencia?* Assign *Comprensión* as homework and go over it the next day. The UPM activity could also be done in groups. After the work is completed in class, one student from each group presents the group's theory and discoveries about Tikal.

B. Hay varias causas por las cuales los mayas abandonaron sus hermosas ciudades. En la Nota cultural se mencionan cinco causas posibles. ¿Cuáles son? ¿Cree usted que puede haber otras? ¿Cuáles?

Ahora... ¡usted!

1. ¿Ha visitado ruinas precolombinas? ¿Dónde están? ¿Cuál fue su reacción al verlas? ¿Tienen estas ruinas una historia interesante o misteriosa? Cuente algunos detalles de su historia.
2. ¿Conoce ruinas en los Estados Unidos? ¿Cuáles? ¿Le gustaron? Describa sus impresiones.

Un paso más... ¡a escribir!

Usted es arqueólogo/a y ha descubierto la razón por la cual los habitantes de Tikal abandonaron esa ciudad. Explique lo que pasó, usando las siguientes preguntas como guía.

1. ¿Hubo alguna epidemia? ¿De qué?
2. ¿Hubo algún cambio drástico en el clima? ¿Cómo lo sabe? ¿Qué pasó?
3. ¿Tuvieron que irse los mayas porque destruyeron los bosques?
4. ¿Hubo alguna guerra? ¿Contra quién?
5. ¿Qué documentos o pruebas ha encontrado usted para apoyar su teoría?

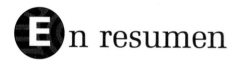

En resumen

De todo un poco

Con un compañero / una compañera, prepare una de las siguientes situaciones.

1. **En el aeropuerto:** Usted va a salir de vacaciones con destino a Centro y Sudamérica. Hable con el empleado / la empleada de la aerolínea para obtener la siguiente información: la hora de salida del avión, las escalas, la hora del almuerzo, la sección de fumar, la película y la hora de llegada del avión.

2. **En el banco:** Usted llega al banco para cambiar cheques de viajero.

   CAJERO: ¿En qué puedo servirle, señor/señora?
   USTED: Quisiera cambiar unos cheques de viajero.

3. **En el hotel:** Usted acaba de llegar a un hotel después de manejar ocho horas. Está muy cansado/a y necesita una habitación para una noche. Dígale al empleado / a la empleada lo que usted

UN CHISTE

Conversación en un hotel

—¿Cuánto cuesta una habitación?

—En el primer piso, doscientos dólares.

—¿Y en el segundo?

—Ciento cincuenta.

—¿Y en el tercero?

—Cien.

—¿Y en el cuarto?

—No tenemos cuarto piso.

—Entonces, no me hospedo aquí.

—¿Pero por qué?

—¡Su hotel no es lo bastante alto para mí!

De todo un poco. Drama (whole-class; partner-pair). Read descriptions of all scenarios with the whole class as students follow along. Then pair students and let them choose situations. Give students 5–10 minutes to work on their dialogues; tell them to add a minimum of two more original lines. Volunteers may present their dialogues.

quiere y pídale la información necesaria (el precio, etcétera). Luego, decida si quiere la habitación o no.

> EMPLEADO/A: Buenas noches, señor/señora. ¿En qué puedo servirle?
>
> USTED: Quisiera una habitación con…

¡Dígalo por escrito!

Viajando por el mundo hispano.

Prepare un folleto de turismo para viajeros que quieren visitar alguna ciudad o país del mundo hispano. El folleto debe incluir mapas, fotos o dibujos. Puede mencionar paisajes, excursiones, hoteles y restaurantes. Use mandatos como *conozca, disfrute, vea, visite, coma, venga, camine, descanse, diviértase,* etcétera.

En este segmento de video, Elisa hace los preparativos para un viaje a las famosas islas Galápagos, que son parte de Ecuador. ¿Qué sabe usted de las islas Galápagos?

Vea las actividades que corresponden al video en la sección *Videoteca* en el *Cuaderno de trabajo.*

VIDEOTECA

¡OJO!

Cada año, más turistas visitan España que el número total de personas que viven en ese país.

¡Dígalo por escrito! Help students brainstorm with a list of possible commands and descriptive words for writing travel brochures (*folletos turísticos*): *viaje, venga, visite, disfrute, nade, coma, vea, conozca, saque fotos, camine, romántico, inolvidable, cristalino, pintoresco, antiguo, simpático, puro, tibio, interesante, divertido, tradicional, cómodo, histórico,* and so on; write them on the board. You may want to use the sheet in the IRK prepared for this activity. As homework, have students cut out pictures from magazines or newspapers or print them from the Internet, then write a travel brochure based on the photos. This may be used as an extra-credit homework assignment.

In-class Follow-Up: Pair students and have them display and read their brochure to their partner. If brochures are mounted on construction paper and you have a permanent room, you can decorate the walls.

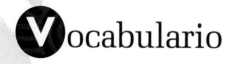ocabulario

• Los viajes
Trips

la aduana	customs
el alojamiento	lodging
el cheque de viajero	traveler's check
los derechos de aduana	customs duty, tax
el destino	destination
el equipaje	baggage
la excursión	tour, field trip
la habitación	(hotel) room
sencilla	single occupancy
doble	double occupancy
los impuestos	taxes
las instrucciones	directions
la llegada	arrival
la maleta	suitcase
el mostrador	counter
el pasaje	ticket
la primera clase	first class
la recepción	lobby
la sala de espera	waiting room
la salida	departure, exit
la vacuna	vaccination, shot
el visado (la visa)	visa

PALABRAS SEMEJANTES: la agencia de viajes, la clase turística, el consulado, el contrabando, la inmigración, el/la turista
REPASO: el plano, el seguro de automóvil

• El transporte aéreo
Air Transport

a bordo	on board
el boleto (de ida y vuelta)	(round-trip) ticket
la escala	stopover
el reclamo de equipaje	baggage claim
la tarifa	fare
el transbordo	transfer
el traslado de... a...	transportation from . . . to . . .

PALABRAS SEMEJANTES: la aerolínea
REPASO: el aeropuerto, el/la asistente de vuelo, el avión, el vuelo

• Los lugares y las atracciones turísticas
Places and Tourist Attractions

el barco	boat
la cabaña	cabin
el campamento	campground; camp
la corrida de toros	bullfight
el crucero	cruise ship
la estación de metro	subway station
el parador	state (tourist) hotel
el puerto	port
el sitio	place; site
la torre	tower

PALABRAS SEMEJANTES: el acueducto, el convento, la lancha, la ruina

• Los mandatos formales
Formal Commands

baje (bajar)	get off
doble (doblar)	turn
haga (hacer)	do, make
siga (seguir)	keep going
suba (subir)	board
tome (tomar)	take

• Los verbos
Verbs

abordar	to board
acabar de + *infinitive*	to have just done (*something*)
broncearse	to get a tan
caerse	to fall down
cambiar un cheque	to cash a check
chocar (con)	to crash, run into (*something*)
disfrutar	to enjoy
empacar	to pack
encantar	to love (*something*)
me encanta(n)...	I really like . . .
le encanta(n)...	You (*sing. pol.*) like / He/She really likes . . .
estar de visita	to be visiting
facturar (la maleta)	to check (baggage)
hacer clic en	to "click" on
hacer cola	to stand in line
hacer las maletas	to pack
ir de vacaciones	to go on vacation
olvidar	to forget
revisar	to check

romperse	to break; to tear
sacar el pasaporte	to get a passport
sacar el visado	to get a visa

PALABRAS SEMEJANTES: admirar, anunciar, ordenar, planear
REPASO: hospedarse

• La gente — People

el botones	bellboy
la camarera	chambermaid
el viajero / la viajera	traveler

• Los sustantivos — Nouns

el agua dulce/salada	fresh/salt water
el billete	ticket
el cambio	change (*money*)
el consejo	advice
la cuadra	(*street*) block
el dinero en efectivo	cash (*money*)
el equipo	equipment
el lujo	luxury
la mesita de noche	night table, nightstand
la pintura	painting
la tribu	tribe
el valor	value

PALABRAS SEMEJANTES: el ballet folclórico, el drama, el experto / la experta, el flamenco, la porcelana, la selección

• Los adjetivos — Adjectives

aventurero/a	adventurous
bienvenido/a	welcome
hermoso/a	beautiful
incluido/a	included

• Palabras y expresiones útiles — Useful Words and Expressions

además de	besides
Aquí lo tiene.	Here it is.
a última hora	at the last minute
¿Cómo se va de... a... ?	How does one get from . . . to . . . ?
¿En qué puedo servirle?	How may I help you?
para servirle	you are welcome
permítame	allow me

PALABRAS SEMEJANTES: ¡Qué coincidencia!
REPASO: a la derecha / a la izquierda

El lago de Nicaragua

Gramática y ejercicios

¿RECUERDA?

In **Gramática A.1** you learned that singular commands (to one person) end in **-a** or **-e.** Plural commands (to more than one person) end in **-an** or **-en.**

Polite commands:
-ar verbs take **-e(n)** endings: **hable** (usted), **tomen** (ustedes) **-er/-ir** verbs take **-a(n)** endings: **coma** (usted), **escriban** (ustedes)

11.1. Formal commands have been used receptively in TPR activities in each chapter, as well as in instructions for activities and exercises. The explanation here is a preliminary introduction to the subjunctive, which will be introduced in *Gramática 11.2* and *11.3* and again in *12.3.*

11.1 Giving Instructions: Polite Commands

A. Polite singular commands (a command you would make to a person you address with **usted**) are formed by changing **-ar** verb endings to **-e;** **-er** and **-ir** endings change to **-a.** (Informal commands are presented in **Gramática 14.3.**)

-ar:	Lleve el paquete.	*Take the package.*
-er:	Coma cereal por la mañana.	*Eat cereal in the morning.*
-ir:	Abra la ventana, por favor.	*Open the window, please.*

B. To give polite commands to more than one person, add **-n.***

No bailen más de dos horas.	*Don't dance more than two hours.*

C. If a verb stem is irregular in the **yo** form of the present tense, it usually has the same irregularity in the command form: **yo pongo** → **ponga.**

Venga(n) temprano, por favor.	*Come early, please.*
Salga(n) inmediatamente.	*Leave immediately.*

Here are some common irregular commands based on the **yo** form.

conozca	(conocer)	*know*	tenga	(tener)	*have*
diga	(decir)	*say*	traiga	(traer)	*bring*
haga	(hacer)	*do; make*	vea	(ver)	*see*
oiga	(oír)	*hear*	venga	(venir)	*come*

Tengan cuidado en la autopista.	*Be careful on the freeway.*
Traiga sus documentos mañana a la oficina de la aduana.	*Bring your documents tomorrow to the customs office.*

D. The following irregular command forms do not match the first-person singular forms.

dé	(dar)	*give*	sepa	(saber)	*know*
esté	(estar)	*be*	vaya	(ir)	*go*
sea	(ser)	*be*			

Sepa muy bien lo que quiere decir antes de hablar.	*Know well what you want to say before speaking.*
Si quiere reservar un asiento para diciembre, **vaya** ahora mismo a la agencia de viajes.	*If you want to reserve a seat for December, go to the travel agency right away.*

---

*In Spain the **vosotros/as** command form is used for plural *informal* commands. See the section on **vos** and **vosotros** in the **Expansión gramatical** at the end of the *Cuaderno de trabajo.* In most of Latin America, however, the plural polite command is used to give a command to more than one person, whether one normally addresses them politely or informally.

E. Verbs with vowel changes in the stem show the same changes in the polite command forms.

piense	pensar (ie)	*think*	**cie**rre	cerrar (ie)	*close*
duerma	dormir (ue)	*sleep*	**vue**lva	volver (ue)	*return*
sirva	servir (i)	*serve*	cons**i**ga	conseguir (i)	*get*

Duerma por lo menos ocho horas cada noche.

Sleep at least eight hours every night.

Cierre la maleta.

Close the suitcase.

Sirva los refrescos.

Serve the refreshments.

F. Object pronouns and reflexive pronouns are attached to affirmative commands and precede negative ones.

Tráigale café, por favor; **no le traiga** té.

Bring her coffee, please; don't bring her tea.

Dígame la verdad; **no me diga** que no la sabe.

Tell me the truth; don't tell me that you don't know (it).

Espere, **no lo haga** ahora; **hágalo** más tarde.

Wait, don't do it now; do it later.

Levántese temprano; **no se pierda** las noticias de las seis.

Get up early; don't miss the six o'clock news.

EJERCICIO I

Imagínese que usted es agente de viajes. Conteste las preguntas de sus clientes con un mandato lógico. Si es necesario, use un pronombre de complemento directo (**lo, la, los** o **las**).

> **¡OJO!**
>
> Remember to attach pronouns to the end of affirmative command forms.

MODELOS: ¿Tengo que pagar el pasaje hoy? →
Sí, *páguelo* hoy, por favor.

¿Necesito ir al consulado mañana? →
Sí, *vaya* lo más pronto posible.

1. ¿Debo hacer las reservaciones inmediatamente?
2. ¿Tengo que comprar ya los cheques de viajero?
3. ¿Tengo que traer el dinero mañana?
4. ¿Necesito recoger los pasajes la semana que viene?
5. ¿Debo llegar al aeropuerto dos horas antes de la salida de mi vuelo?
6. ¿Necesito conseguir otro pasaporte?

EJERCICIO 2

Sus primos dicen que deben hacer las siguientes cosas. Déles mandatos directos. Si es necesario, use un pronombre de complemento directo (**lo, la, los** o **las**).

> **conseguir** = *to get, obtain*

MODELOS: Debemos llamar a Jorge. → ¡Buena idea! *¡Llámenlo!*

Debemos volver antes de septiembre. →
Sí, *vuelvan* antes de septiembre.

11.2. Call students' attention to *Gramática ilustrada* and read the captions and/or speech bubbles aloud with the whole class.

This is the first formal introduction of subjunctive forms and structures. Although you probably have been using subjunctive forms in your speech, the change for regular verbs (*habla → hable; come → coma*) is so slight that it is highly unlikely that students will have noticed them. Even when you use the more obvious irregular forms (*Pablo, quiero que me traiga su prueba, por favor*), students tend to interpret them as commands and are not confused by the forms. Students are acquainted with command forms (*Gramática 11.1*), so subjunctive forms will not be new. In order for students to become more familiar with utterances containing subjunctive and pre-verbal placement of pronouns, the subjunctive structure is introduced with only the following two functions: (1) present subjunctive after *querer*, the most common context for subjunctive in native-speaker speech and the most useful for students to learn, and (2) present subjunctive after the temporal conjunction *cuando* (cf. 11.3) to signal the future, the second most common function of the present subjunctive in Spanish. In this latter section we also

1. Debemos preparar el itinerario.
2. Debemos conseguir los pasaportes.
3. Debemos limpiar las maletas.
4. Debemos hacer las maletas esta noche.
5. Debemos dormir antes de salir.
6. Debemos salir inmediatamente.

11.2 Softening Commands (Part 1): The Present Subjunctive Following *querer*

GRAMÁTICA ILUSTRADA

Paula quiere que compremos los boletos hoy.

Andrea y Pedro quieren que el empleado les revise el boleto.

Hijos estamos de vacaciones. Quiero que coman con nosotros; quiero que comamos todos juntos.

¡Ay, pero... estamos en los Estados Unidos! ¡Queremos comer en Burgerland!

discuss the contrast between habitual (present indicative) and future (present subjunctive) action.

Other uses of the subjunctive are described in *Gramática 12.3, 14.4, 14.5, 15.2–15.4, and 15.6.* Most students do not master the subjunctive until after several years of speaking Spanish. Our experience is that first-year students consciously learn it, practice it, and promptly forget it; it will eventually be acquired with more exposure. Keep in mind that present and past subjunctive together make up less than 5 percent of all verb forms in normal native-speaker conversation.

A. You already know the Spanish verb forms used to give direct commands: for example, **siéntese, escriba, camine.** Rather than give a direct command, a speaker may prefer to use a "softened" expression, such as *I want you to . . .* A softened expression is used to talk about what one person wants another to do: *My parents want me to . . .*

—¿Qué **quiere** el aduanero?

—*What does the customs inspector want?*

—**Quiere** que abramos todas las maletas.

—*He wants us to open all of our suitcases.*

In Spanish, the verb in the clause that follows softened expressions like **quiero que...** has the same form as a command, but because these softened commands can be addressed to anyone, the second verb changes endings to indicate who is to do the action. These forms are called the *subjunctive mood.* You will learn more about the subjunctive in **Capítulos 12** and **14.**

> Softened commands = command forms after **querer que**
> **Quieren que yo termine el trabajo.**
> (*They want me to finish the job*).
> **Quiero que tú comas con nosotros.**
> (*I want you to eat with us.*)

Quiero que
- **vayamos** al museo primero.
- tú **te quedes** con Adriana.
- Carla nos **compre** los boletos.

I want
- *us to go to the museum first.*
- *you to stay with Adriana.*
- *Carla to buy us the tickets.*

B. The forms of the present subjunctive are the same as the **usted** command forms plus the person/number endings: **hablar** → **hable** + **-s, -mos, -éis,*** **-n.** Thus, the endings contain a different vowel from the present tense (which we will call *present indicative* when we want to contrast it with the present subjunctive).

> Present subjunctive forms = polite command forms with person/number endings:
>
> | | |
> |---|---|
> | coma | viaje |
> | comas | viajes |
> | coma | viaje |
> | comamos | viajemos |
> | comáis | viajéis |
> | coman | viajen |

INFINITIVE	PRESENT INDICATIVE	PRESENT SUBJUNCTIVE
hablar	habla	hable
comer	come	coma
escribir	escribe	escriba

Here are the rest of the present subjunctive forms.[†]

	-ar	-er	-ir
(yo)	hable	coma	escriba
(tú)	hables	comas	escribas
(usted, él/ella)	hable	coma	escriba
(nosotros/as)	hablemos	comamos	escribamos
(vosotros/as)	habléis	comáis	escribáis
(ustedes, ellos/as)	hablen	coman	escriban

—¿Qué quiere la mesera?
—Quiere que **paguemos**[‡] en la caja a la salida.

—*What does the waitress want?*
—*She wants us to pay at the cash register when we leave.*

C. Although pronouns are attached to affirmative commands (**cómalo**), they are placed before negative commands and conjugated verbs. (Pronouns are also attached to infinitives and present participles.)

—¿Qué quiere nuestro agente de viajes?
—Quiere que **lo llamemos** mañana.
—Bueno, llámelo, pero no lo llame muy temprano.

—*What does our travel agent want?*
—*He wants us to call him tomorrow.*
—*OK, but don't call him too early.*

---

*Note that the **vosotros/as** form drops the **-e** of the **usted** command form.
[†]Recognition: **vos hablés, comás, escribás**
[‡]See Appendix 3 and the *Cuaderno de trabajo, Capítulo 11,* for an explanation of spelling changes in the present subjunctive.

EJERCICIO 3

Raúl invita a Esteban a pasar las Navidades en México con su familia. Quiere que Esteban disfrute de su viaje. ¿Qué recomendaciones le hace Raúl a Esteban? Use estos verbos: *subas, saques, hables, comas, visites, aprendas, veas.*

MODELO: Quiero que _veas_ los murales de Diego Rivera en el Palacio Nacional.

1. Esteban, quiero que _____ los platillos mexicanos que prepara mi abuela.
2. También quiero que _____ mucho español.
3. Quiero que _____ el Museo Nacional de Antropología.
4. También quiero que _____ las pirámides de Teotihuacán.
5. Quiero que _____ muchas fotos de tu viaje.
6. Quiero que _____ algo sobre la historia y cultura de México.

EJERCICIO 4

Aquí tiene usted algunas recomendaciones del agente de viajes de Rubén y Virginia Hernández. Ahora Virginia está repitiéndole la información a una vecina. Use el subjuntivo en todos los casos.

MODELO: Lleguen al aeropuerto con una hora de anticipación. →
Nuestro agente de viajes quiere que *lleguemos* al aeropuerto con una hora de anticipación.

1. Recojan sus boletos pronto.
2. Escriban una lista de lo que van a necesitar.
3. No lleven demasiadas cosas en las maletas.
4. Compren cheques de viajero.
5. Coman en restaurantes buenos; no coman en la calle.
6. Lleguen al aeropuerto temprano.
7. Beban refrescos o agua mineral; no beban el agua.

11.3 Expressing Indefinite Future and the Present Subjunctive of Irregular Verbs

GRAMÁTICA ILUSTRADA

¡OJO!

Verbs in **Ej. 4** are all regular. (There are spelling changes in **recoger** and **llegar**; see *Cuaderno de trabajo*.) Change verbs from third-person to first-person plural.

11.3. We follow the traditional analysis of deriving irregular subjunctives from the first-person singular form. This section is relatively complete; remind students to use it as a reference and to reread it from time to time. They should not attempt to memorize all irregular verb forms, but rather refer to them one at a time as they need to use them in writing, a skill in which form is important. You may want to teach the very common and useful expression *o sea.* You may want to point out that some Spanish speakers use the word *vaya* as an expression of surprise: *Vaya, hombre, no sabía eso.*

Cuando Pedro llegue al aeropuerto va a cambiar dinero.

¡Taxi!

Cuando Andrea y Pedro recojan las maletas, van a llamar un taxi.

A. When the action or state described in a clause that begins with **cuando** refers to the future, the subjunctive form of the verb is also used.

> Vamos a facturar el equipaje **cuando revisen** el boleto.
> *We are going to check in the bags when they check the ticket.*

> Pedro va a hacer las reservaciones **cuando hable** con Andrea.
> *Pedro is going to make the reservations when he speaks with Andrea.*

> **Cuando lleguemos** a Madrid, quiero ver el Museo del Prado.
> *When we get to Madrid, I want to see the Prado Museum.*

However, if the action or state described in the **cuando** clause refers to a habitual action, the present indicative is used.

> Mis primos **siempre** van a la costa **cuando viajan.**
> *My cousins always go to the coast when they travel.*

> Subjunctive (command forms) also used after **cuando** when referring to the future:
> **Cuando salga de viaje, voy a...**
> (*When I leave on my trip, I'm going to . . .*)

B. Verbs that have different stems in the **yo** forms of the present indicative have those same stems in the present subjunctive (as they do in the command forms).

> The subjunctive takes a long time to acquire. You will hear it and read it extensively before you are able to produce it comfortably.

conocer	conozco	conozca, conozcas, conozca, conozcamos, conozcáis, conozcan
construir	construyo	construya, construyas, construya, construyamos, construyáis, construyan
decir	digo	diga, digas, diga, digamos, digáis, digan
hacer	hago	haga, hagas, haga, hagamos, hagáis, hagan
oír	oigo	oiga, oigas, oiga, oigamos, oigáis, oigan
poner	pongo	ponga, pongas, ponga, pongamos, pongáis, pongan
recoger	recojo	recoja, recojas, recoja, recojamos, recojáis, recojan
salir	salgo	salga, salgas, salga, salgamos, salgáis, salgan
tener	tengo	tenga, tengas, tenga, tengamos, tengáis, tengan
traer	traigo	traiga, traigas, traiga, traigamos, traigáis, traigan
venir	vengo	venga, vengas, venga, vengamos, vengáis, vengan
ver	veo	vea, veas, vea, veamos, veáis, vean

> Cuando **recojamos** los boletos, le vamos a preguntar al agente si necesitamos vacunas.
> *When we pick up the tickets, we'll ask the agent if we need vaccinations.*

C. Verbs that end in **-oy** in the **yo** form, as well as the verb **saber,** have irregular stems in the present subjunctive.*

dar	doy	dé, des, dé, demos, deis, den
estar	estoy	esté, estés, esté, estemos, estéis, estén
ir	voy	vaya, vayas, vaya, vayamos, vayáis, vayan
ser	soy	sea, seas, sea, seamos, seáis, sean
saber	sé	sepa, sepas, sepa, sepamos, sepáis, sepan

*Recognition: **vos des, estés, vayás, seás, sepás**

Use this section as a reference; don't try to memorize all these forms!

Cuando **llegues** a Barcelona, quiero que me **llames**.

When you arrive in Barcelona, I want you to call me.

La profesora quiere que **hagamos** todos estos **ejercicios** para el **martes**.

The professor wants us to do all these exercises by Tuesday.

D. The present subjunctive forms of stem-changing verbs are as follows.

Group I. Verbs with stem-vowel changes **e → ie** and **o → ue** in the present indicative keep those changes in the present subjunctive. The stems of verbs like **pensar** and **volver** always change except for the **nosotros/as** and **vosotros/as** forms.*

INDICATIVE	SUBJUNCTIVE	INDICATIVE	SUBJUNCTIVE
pienso	piense	vuelvo	vuelva
piensas	pienses	vuelves	vuelvas
piensa	piense	vuelve	vuelva
pensamos	pensemos	volvemos	volvamos
pensáis	penséis	volvéis	volváis
piensan	piensen	vuelven	vuelvan

No quiero que tú **pienses** mal de mí.

I don't want you to think badly of me.

El presidente del Banco de Guadalajara quiere que sus empleados **vuelvan** al trabajo a las 2:00.

The president of the Bank of Guadalajara wants his employees to return to work at 2:00.

Group II. Verbs like **pedir** and **servir,** whose stems show an **e → i** change in the present indicative (except for the **nosotros/as** and **vosotros/as** forms†), have the same stem-vowel change in *all* the present subjunctive forms.

INDICATIVE	SUBJUNCTIVE	INDICATIVE	SUBJUNCTIVE
pido	pida	sirvo	sirva
pides	pidas	sirves	sirvas
pide	pida	sirve	sirva
pedimos	pidamos	servimos	sirvamos
pedís	pidáis	servís	sirváis
piden	pidan	sirven	sirvan

*Recognition: **vos pensés, volvás**

†Recognition: **vos pidás, sirvás**

EL PARADOR DE ZAFRA

Cuenta la historia que en un castillo de la localidad de Zafra habitó Hernán Cortés antes de partir para conquistar Méjico. Hoy, ese castillo ofrece todo el encanto de un cómodo Parador Nacional disponible para todos los que, sin sentirse héroes de grandes hazañas, están dispuestos a trasladarse hasta el siglo XV y revivir glorias pasadas. El Parador Hernán Cortés está acondicionado con todo tipo de comodidades. Destaca su restaurante especializado en platos típicos de la zona. Por su situación privilegiada, es la base

FOTOS A. GARRIDO

perfecta para recorrer los alrededores, que ofrecen pueblos medievales de gran interés cultural. Precio. 9.000 ptas habitación doble. Parador Hernán Cortés. Zafra, Badajoz.

Papá quiere que todos **pidamos** un sándwich.

Dad wants all of us to order a sandwich.

Cuando **se sirva** el pastel, vamos a cantarle «Las Mañanitas» a Andrea.

When the cake is served, let's sing "Happy Birthday" to Andrea.

Group III. Verbs like **divertirse**, which show an **e → ie** change in the present indicative as well as an **e → i** change in the preterite, and verbs like **dormir**, which show an **o → ue** change in the present indicative and an **o → u** change in the preterite, maintain *both* changes in the present subjunctive.*

INDICATIVE	SUBJUNCTIVE	INDICATIVE	SUBJUNCTIVE
me divierto	me divierta	duermo	duerma
te diviertes	te diviertas	duermes	duermas
se divierte	se divierta	duerme	duerma
nos divertimos	nos divirtamos	dormimos	durmamos
os divertís	os divirtáis	dormís	durmáis
se divierten	se diviertan	duermen	duerman

Todos quieren que **nos divirtamos** mucho en el viaje.

Everyone wants us to have a lot of fun on the trip.

Quiero que **te duermas** ahora, porque el viaje mañana va a ser difícil.

I want you to sleep now, because the trip tomorrow is going to be difficult.

EJERCICIO 5

Escoja el verbo que mejor corresponda al contexto.

MODELO: Voy a darte tu boleto cuando *subamos/subimos* al avión.

1. Voy a mandarte una postal cuando *llegue/llego* al hotel.
2. Cuando *viajemos/viajamos* a Argentina, siempre nos hospedamos en el Hotel Río Plata.
3. Todos los días la asistente de vuelo sirve las bebidas cuando los pasajeros *suban/suben* al avión.

Cuernavaca, México: uno de los impresionantes murales de Diego Rivera

postal = *postcard*
caja = *cash register*

¡OJO!

Decide whether **cuando** signals a habitual action (present indicative) or a future action (present subjunctive) and choose the appropriate verb form. Watch out for habitual action markers such as *siempre, todos los días*, etc.

*Recognition: **vos te divirtás, te durmás**

4. Voy a saber más de los mayas cuando *lea/leo* estos libros sobre su cultura.

5. José y Pilar van a pagar en la caja cuando *terminen/terminan* de cenar.

EJERCICIO 6

Usted va a ir de excursión a México con un grupo de estudiantes de su clase de español. Su profesor(a) le ha hecho una lista de recomendaciones para el viaje. Ahora sus padres le repiten estas recomendaciones.

MODELO: No salga sin los boletos. →
Hijo/a, no queremos que *salgas sin los boletos.*

seguro = *safe*

1. Haga las maletas un día antes de la salida.
2. Duerma ocho horas la noche anterior a la salida.
3. Llévese ropa para ocho días.
4. Vaya directamente a la estación de autobuses.
5. Ponga el dinero en un lugar seguro.
6. Dele su pasaporte al profesor.
7. Vuelva con buenos recuerdos del viaje.
8. No pida comida norteamericana en los restaurantes.
9. Diviértase mucho y traiga regalos para toda la familia.
10. Dígale «Adiós» a su familia.

¡OJO!

Provide the correct subjunctive forms in both clauses and then match clauses logically to form sentences.

EJERCICIO 7

Primero escriba las formas apropiadas de los verbos indicados. Luego señale la frase que mejor complete cada oración.

MODELO: Mi profesora quiere que yo *me divierta* (divertirse) cuando *salga* (salir: yo) de vacaciones.

1. Mis padres quieren que los _____ (llamar: yo)...
2. Queremos que Juan, el mesero más guapo, nos _____ (servir)...
3. Quiero que _____ (oír: tú) mi nuevo disco...
4. Alberto quiere que nosotros le _____ (traer) regalos...
5. Quiero que _____ (sacar: tú) muchas fotos...

a. cuando _____ (estar: tú) en México.
b. cuando _____ (venir: tú) a visitarme.
c. cuando _____ (llegar: yo) a mi destino.
d. cuando _____ (ir: nosotros) al restaurante argentino.
e. cuando _____ (volver: nosotros) de Madrid.

11.4 Talking about Past Actions in Progress: The Imperfect Progressive

11.4. Direct students' attention to *Gramática ilustrada* and read the captions aloud with the whole class. The imperfect progressive is almost identical in form and function to the English past progressive (*was + -ing*). We do not discuss past (preterite) progressive (*estuve hablando*), because it is a very low-frequency structure and can be introduced in the second year.

GRAMÁTICA ILUSTRADA

Ayer, a las 4:00 de la tarde,...

Andrea estaba descansando al lado de la piscina.

Pedro estaba escribiendo una carta.

Marisa y Clarisa estaban paseando en el parque con su abuela.

To describe an action that was taking place at some past moment, use the imperfect tense of **estar** (**estaba, estabas, estaba, estábamos, estabais, estaban**), followed by a present participle.

—¿Qué **estabas haciendo** a las 4:00?

—*What were you doing at 4:00?*

—Creo que **estaba viendo** la televisión.

—*I think I was watching television.*

—Rubén, ¿qué **estabas haciendo** ayer cuando te llamé?

—*Rubén, what were you doing yesterday when I called?*

—¡**Estaba durmiendo,** por supuesto!

—*I was sleeping, of course!*

> ### ¿RECUERDA?
>
> In **Gramática 3.5** you learned how to use a present-tense form of **estar** with a present participle (the **-ando/-iendo** form of the verb) to talk about actions currently in progress. Review that section now, if necessary.

EJERCICIO 8

Usando el participio del presente de **ver, estudiar, asistir, dormir** y **leer,** diga qué estaba haciendo y qué no estaba haciendo usted ayer.

Ayer a las 4:00 de la tarde estaba...

		SÍ	NO
1.	_____ una siesta.	☐	☐
2.	_____ a una clase.	☐	☐
3.	_____ la televisión.	☐	☐
4.	_____ la lección de español.	☐	☐
5.	_____ el periódico.	☐	☐

Ahora diga qué estaban haciendo las siguientes personas.

6. Mi profesor(a) _____.
7. Mi mejor amigo/a _____.
8. Dos compañeros de clase _____.
9. Mis padres _____.
10. El presidente de los Estados Unidos _____.

11.5. Direct students' attention to *Gramática ilustrada* and read the description aloud with the whole class. This section introduces the simple imperfect in its function of describing background states or events with the conjunction *cuando* leading to a past form. (You may wish to introduce *mientras* to connect two background actions or states.) In grammar sections up to this point we have concentrated on the imperfect in its function of describing past habitual action, reserving past ongoing action for the imperfect progressive. This strategy helps students to posit a prototypical meaning for each tense before being confronted with overlapping meanings and functions. However, it is the case here that both progressive and simple imperfect can have the same function. We will return to imperfect/past (preterite) contrast in *Gramática 12.5.*

11.5 Telling What Was Happening: The Imperfect in Contrast to the Preterite

GRAMÁTICA ILUSTRADA

Era un día de primavera. Hacía sol y hacía un poco de fresco. Pedro y Andrea estaban sentados en un café de la Gran Vía cuando de repente Pedro vio a un viejo amigo de la universidad. Pedro se levantó, corrió hacia él, lo saludó y lo invitó a tomar un refresco con él y Andrea. Los tres tomaron refrescos y charlaron.

Some review:
preterite = *action was completed*
imperfect = *action went on over time in past*
imperfect progressive = *action was going on at a particular time in the past*

¿RECUERDA?

In **Gramática 11.4,** you learned that the imperfect progressive can be used to indicate that something was happening at a particular time in the past.

Although the imperfect and the preterite both describe past actions or states, their uses are not the same. As you know, the preterite is used with verbs of action to emphasize that a past event was completed.

—¿Qué **hiciste** ayer?   —*What did you do yesterday?*
—**Visité** el Museo del Prado.   —*I visited the Prado Museum.*

The imperfect, on the other hand, is chosen if the speaker wishes to emphasize that an action happened repeatedly in the past.

Cuando **íbamos** de vacaciones a Acapulco, siempre **nos quedábamos** en el Hotel Condesa del Mar.   *When we were on vacation in Acapulco, we would always stay at the Condesa del Mar Hotel.*

—¿Qué **estabas haciendo** cuando te llamé?   —*What were you doing when I called?*
—**Estaba bañándome.**   —*I was taking a bath.*

Similarly, you can use the simple imperfect to describe an action that was in progress in the past when something else interrupted it. The interrupting action is expressed in the preterite tense.

Caminaba por la calle cuando **vi** al agente de policía.

I was walking down the street when I saw the policeman.

Descansaba en mi cuarto cuando **sonó** el teléfono.

I was resting in my room when the phone rang.

Salía de la casa cuando me **gritó** la vecina.

I was leaving (the house) when the neighbor yelled to me.

Llegábamos a Madrid cuando **se descompuso** el motor.

We were arriving in Madrid when the engine broke down.

> **action in progress** = *imperfect*
> **interrupting action** = *preterite*

> Imperfect is used for past habitual action:
> **De joven, *vivía* en México.**
> or past action in progress:
> ***Caminaba* por la plaza cuando oí la música.**

EJERCICIO 9

Escriba la forma apropiada de los verbos entre paréntesis. Luego indique si eso le ha pasado a usted alguna vez.

MODELO: El profesor *hablaba* (hablar) cuando me dormí en clase.

	SÍ	NO
1. _____ (manejar: yo) en la autopista cuando dos carros chocaron.	☐	☐
2. _____ (ver: yo) mi programa favorito cuando sonó el teléfono y no contesté.	☐	☐
3. _____ (caminar: yo) por la calle cuando vi un accidente.	☐	☐
4. Mi profesor _____ (hablar) cuando entré tarde a la clase.	☐	☐
5. _____ (bañarse: yo) cuando entró un amiguito de mi hijo.	☐	☐

Ej. 9. Imperfect verbs provide a backdrop to the interrupting event, which is expressed by the past. You may want to briefly review the past-tense functions: past for single, completed events (narration); imperfect for past habitual actions or for ongoing events that provide a backdrop for a completed event.

EJERCICIO 10

Pilar habla de sus vacaciones. Lea toda la historia primero y luego escoja entre el imperfecto o el pretérito según el contexto.

Cuando *era/fui*[1] niña, todos los años mi familia y yo *íbamos/fuimos*[2] a las islas Baleares. Siempre *alquilábamos/alquilamos*[3] una casa con vista al mar. De día *buceábamos/buceamos*[4] y nos *bañábamos/bañamos*.[5] De noche *salíamos/salimos*[6] a cenar a un restaurante elegante y luego *caminábamos/caminamos*[7] por la plaza.

Una tarde de verano, cuando mi hermano menor, Felipe, *tenía/tuvo*[8] 8 años, él y yo *íbamos/fuimos*[9] solos a la playa. Nuestros padres *dormían / durmieron*[10] todavía. Mi hermanito *jugaba/jugó*[11] en el agua y yo *hablaba/hablé*[12] con unos chicos que ya *conocía/conocí*[13] de otros veranos. Después de unos minutos *miraba/miré*[14] hacia donde *jugaba/jugó*[15] mi hermanito y no lo *veía/vi*.[16] Mis amigos y yo nos *levantábamos/levantamos*[17] y *corríamos/corrimos*[18] al agua para buscarlo. No lo *encontrábamos/encontramos*.[19] Lo *buscábamos/buscamos*[20] por toda la playa y no lo *podíamos/pudimos*[21] encontrar. *Estaba/Estuve*[22] desesperada. Por fin *regresábamos/regresamos*[23] adonde *teníamos/tuvimos*[24] las toallas... allí *estaba/estuvo*[25] mi hermanito, comiendo sandía. «¿Adónde *ibas/fuiste*?[26]» le *gritaba/grité*.[27] Él no me *contestaba/contestó*[28] pero yo *estaba/estuve*[29] tan contenta de verlo que no me *enojaba/enojé*[30] demasiado con él.

Ej. 10. Check or review this exercise in class. Do not confuse students with a detailed explanation of imperfect/past differences. This contrast is developed slowly through input and interaction experiences, not by more grammar exercises and explanations.

Capítulo 12

In **Capítulo 12** you will talk about health-related situations, including keeping healthy and fit. You will also talk about experiences with illnesses and accidents.

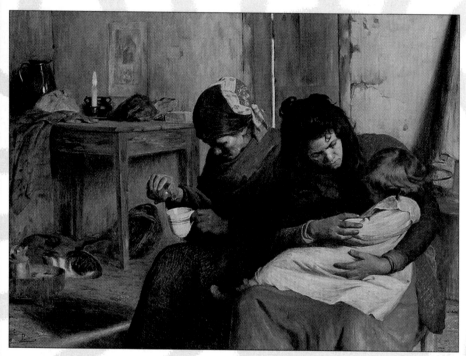

El niño enfermo, por Pedro Lira, de Chile

Sobre el artista:
Pedro Lira nació en Santiago en 1845. Estudió humanidades en el Instituto Nacional y más tarde se recibió de abogado. Viajó a Francia para ampliar sus conocimientos de la pintura europea. Organizó las primeras exposiciones de arte en Chile. Lira se considera uno de los grandes maestros de la pintura chilena.

Goals—Capítulo 12

The goal of *Capítulo 12* is to create opportunities to communicate about good health, illnesses, accidents, and emergencies. In the grammar section we review the tenses of the impersonal *haber* and introduce ways of expressing changes in states (*become, get*). We review direct *usted* command forms, which are used in health-related situations and in emergencies. We describe indirect object pronouns with verbs of volition (*aconsejar, pedir, decir,* etc.) and introduce the use of *se* with unplanned occurrences. There is also a summary of the past tenses presented to date with a more detailed explanation of the functions of past and imperfect in narration.

La salud y las emergencias

PREGUNTAS DE COMUNICACIÓN

- ¿Cree usted que es bueno para la salud tomar el sol? ¿Y qué piensa de comer legumbres tres veces al día?
- En su opinión, ¿es necesario calentar los músculos antes de empezar a hacer ejercicio?
- ¿Tiene usted dolor de estómago con frecuencia? ¿dolores de cabeza? ¿Sufre alergias? ¿a qué?
- ¿Qué hace usted cuando tiene catarro? ¿cuando tiene tos?
- ¿Ha estado internado/a en el hospital alguna vez? ¿Qué tenía?
- ¿Se le ha perdido una mascota (un perro o un gato, por ejemplo) alguna vez? ¿Se le ha perdido algún objeto de valor? ¿Qué cosa?

MULTIMEDIA ▼

Visit the *Dos mundos* Website at www.mhhe.com/dosmundos for additional activities, links, and other resources.

The video to accompany *Dos mundos* includes cultural footage on Chile.

The multimedia CD-ROM to accompany *Dos mundos* offers a variety of activities to review vocabulary and grammar from this chapter. You will also find additional cultural information and video clips.

Actividades de comunicación y lecturas

✳ El cuerpo humano y la salud

El cuerpo humano y la salud. Review words for parts of the body that students already know by using TPR: *Tóquense el brazo derecho, tóquense la pierna derecha con la mano izquierda, etc.* See IRK for TPR: *El cuerpo humano.* Then use TPR to review and introduce verbs associated with parts of the body: *estornudar, respirar, tragar, etc.* See IRK for TPR sequence: *Las acciones del cuerpo.* Give someone a command and then ask the class: *¿Qué está haciendo?* **Example:** *¡Estornude! ¿Qué está haciendo Jaime? ¿Está estornudando o está tosiendo?* Or use the past tense: *¿Qué hizo Jaime? ¿Estornudó o tosió?* Teach *¡Salud!* and comment on other phrases Spanish speakers use, such as *¡Jesús!* or *¡Jesús te (lo/la) ayude!* for "God bless you."

Many of the words in this display and in subsequent activities will be new to students. Verify class comprehension of vocabulary in the display and the activities as you proceed through this section.

See IRK for additional activities: *El cuerpo humano y la salud.*

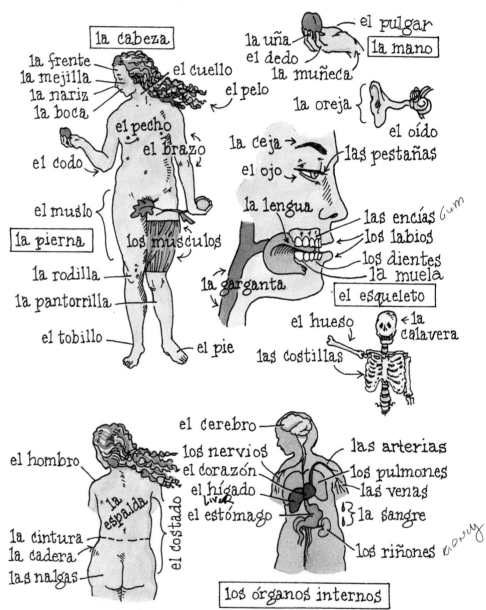

REFRÁN

Ojos que no ven, corazón que no siente.

(*Out of sight, out of mind.* Literally, *The heart can't feel what the eyes can't see.*)

ACTIVIDAD 1   Asociaciones: Las funciones de las partes del cuerpo

¿Para qué usamos estas partes del cuerpo?

MODELO: E1: ¿Para qué usamos *la boca*? →
E2: Usamos la boca *para comer y para hablar.*

1. los dientes	**a.** caminar
2. las piernas	**b.** tocar
3. los ojos	**c.** abrazar
4. los brazos	**d.** besar
5. los labios	**e.** oír
6. la nariz	**f.** ver
7. los oídos	**g.** oler
8. los dedos	**h.** morder

Act. 1. Asociaciones (whole-class). **Preview:** Use TPR to review and introduce the verbs in the right-hand column. **Suggestion:** Give students a few minutes to match parts of the body with the action. Expand their responses to include *para;* for example, *Usamos las manos para tocar.* Allow several different answers and encourage students to include verbs other than those on the list. Other possibilities: *las muelas, masticar; los pulmones, respirar.*
   Answers: 1. h **2.** a **3.** f **4.** c **5.** d **6.** g **7.** e **8.** b.

ACTIVIDAD 2   Definiciones: Los órganos internos

1. los pulmones	**a.** Órganos internos que se usan para respirar.
2. el cerebro	**b.** Parte interior del cuello.
3. el corazón	**c.** Órgano que se usa para hablar y comer.
4. la garganta	**d.** Lo que usamos para percibir los sonidos.
5. los músculos	**e.** Órgano del pensamiento que forma parte del sistema nervioso.
6. la sangre	**f.** Órgano principal de la circulación de la sangre.
7. los oídos	**g.** Sus contracciones permiten los movimientos del cuerpo.
8. la lengua	**h.** Líquido rojo que circula por las venas y las arterias.

Act. 2. Definiciones (whole-class; partner-pair). **Suggestion:** Give students a few minutes to match internal organs with definitions (students may work in pairs).
   Answers: 1. a **2.** e **3.** f **4.** b **5.** g **6.** h **7.** d **8.** c.
   Follow-Up: Have students brainstorm definitions of parts of the body. For example, *riñones: órganos internos que limpian la sangre; costillas: huesos a los dos lados del pecho; muñeca: parte que permite mover la mano.*

ACTIVIDAD 3   Encuesta: ¿Es bueno para la salud?

Diga si estas actividades son beneficiosas para la salud y para mantenerse en buenas condiciones físicas. Explique por qué.

¿Es beneficioso...

1. comer carne roja con frecuencia?
2. tomar el sol tres horas o más diariamente?
3. hacer ejercicio cada día?
4. trabajar diez horas al día?
5. tomar vino con la cena?
6. dormir siete horas o más cada noche?
7. tomar refrescos dietéticos?
8. tomar café todas las mañanas?
9. beber seis vasos de agua o más diariamente?
10. tomar muchas vitaminas?
11. comer comidas con mucha grasa?
12. ¿ ?

Act. 3. Encuesta (whole-class; partner-pair). **Suggestion:** Read over each item with the whole class. Have class add one more. Discuss positive and negative effects of each recommendation. Poll the class and write the number of students who agree with each recommendation on the board.
   Expansion: 13. *lavarse los dientes dos veces al día?* **14.** *tomar una siesta después del almuerzo?* **15.** *comer comidas muy picantes?* **16.** *comer pescado por lo menos tres veces a la semana?*

EL MUNDO HISPANO... LA GENTE

Virginia Muñoz es cubanoamericana. Nació y vive en Los Ángeles, California. Tiene 23 años.

¿Se mantiene en forma? ¿Qué hace para lograrlo?
¿Hace ejercicio? ¿Tiene una dieta equilibrada?[1]
¿Evita el estrés?

Sí, trato de mantenerme en forma. Es muy importante para vivir y sentirse bien. Hago ejercicio todos los días y siempre trato de caminar en vez de[2] usar mi carro. También como muchas frutas y menos dulces. Dicen que evitar el estrés lo ayuda a uno a mantenerse saludable, pero evitar el estrés es prácticamente imposible cuando se vive en una ciudad grande. Para combatir el estrés, junto con hacer ejercicio, duermo lo suficiente todos los días.

[1]*balanced* [2]*en... instead of*

El mundo hispano: La gente After reading Virginia's answers to the initial questions, students, working in pairs, may want to ask each other the same questions to see how their exercise routines and eating habits compare.

Act. 4. Del mundo hispano (whole-class; partner-pair). **Suggestion:** Read this article from *Vanidades* aloud with the whole class, pausing to check for comprehension. Ask the first five questions of the whole class, then pair students to ask and answer the personal questions.

AA 1. Entrevista (whole-class; pair). Discuss habits or activities that may affect health. Ask: *¿Cuáles son los hábitos que afectan la salud? ¿Cuáles son más dañinos* (harmful)? Invite students to express their opinions about smoking. Ask students who smoke if they have tried to quit or if they would like to: *¿Han tratado de dejar de fumar? ¿Les gustaría dejar el vicio?* Discuss drug addiction and alcoholism (*la drogadicción y el alcoholismo*): *¿Conocen ustedes a alguien que abuse de drogas? ¿del alcohol?* Then write these questions on the board and pair students to interview each other: 1. *¿Fumas? ¿Cuántos cigarrillos fumas al día? ¿Quieres dejar de fumar? ¿Por qué?* 2. *Si no fumas, ¿tienes otro vicio que quieras dejar?* 3. *¿Puedes nombrar otros hábitos que también dañan la salud? ¿Es posible dejar estos hábitos?* 4. *¿Crees que es muy difícil dejar de usar las drogas? ¿dejar de tomar el alcohol? ¿Por qué sí o por qué no? Explica.*

ACTIVIDAD 4   Del mundo hispano: Consejos para la salud

Lea los siguientes consejos de una revista hispana y luego hágale preguntas a un compañero / una compañera de clase. Las preguntas siguen en la próxima página.

Consejos...

Ejercicios: Los músculos fríos se lastiman con el estrés del ejercicio. Todas las investigaciones muestran que calentar los músculos antes de ejercitarse evita lesiones.

La regla de los 3/4: Ésta es la proporción de legumbres, granos y frutas que tiene que haber en su plato. El 1/4 restante debe dedicarlo a carne, pollo o pescado.

Dieta: Si ingiere más panes de granos enteros, arroces y pastas, consumirá más fibra y carbohidratos complejos, lo cual mejorará su dieta.

Legumbres verdes: ¿Sabía usted que mientras más oscuro sea el verde de las hojas de las legumbres más nutritivas son? En este sentido, las espinacas, el berro, etcétera, resultan inmejorables.

Sueño: ¿Es malo dormir con la TV o la radio puestas toda la noche? Sí, el ruido puede hacer su sueño menos profundo y también interferir con las fases más relajadoras del sueño, de acuerdo con un estudio de la Universidad de la Florida.

1. ¿Por qué se recomienda calentar los músculos antes de hacer ejercicio?
2. Según este artículo, ¿se recomienda dormir con la televisión y la radio puestas? Explique.
3. ¿Cómo se puede obtener más fibra en la dieta?

4. ¿A qué se refiere la regla de los ¾?
5. ¿Cuáles son las legumbres verdes que contienen más vitaminas y minerales?

PREGUNTAS PERSONALES

1. ¿Duermes con la radio o la televisión puesta?
2. ¿Haces ejercicio todos los días? ¿Calientas los músculos antes de empezar?
3. ¿Observas la regla de los ¾? ¿Cuántas porciones de legumbres y frutas comes al día?
4. ¿Qué legumbres verdes te gustan? ¿Las comes con frecuencia?
5. ¿Qué otros consejos tienes para mantener la salud?

LECTURA «Los sentidos»,[1] poema de Amado Nervo

Amado Nervo (México, 1870–1919) es uno de los escritores y poetas más conocidos de México. Fue periodista y también diplomático, así como miembro de la delegación mexicana en Madrid. Nervo publicó muchas obras, sobre todo poesía y cuentos. En esta hermosa canción infantil, el poeta describe los cinco sentidos, que son la vista, el tacto, el oído, el gusto y el olfato.

Los sentidos

Niño, vamos a cantar
una bonita canción;
yo te voy a preguntar,
tú me vas a responder:
—Los ojos, ¿para qué son?
—Los ojos son para ver.
—¿Y el tacto? —Para tocar.
—¿Y el oído? —Para oír.
—¿Y el gusto? —Para gustar.
—¿Y el olfato? —Para oler.
—¿Y el alma[2]? —Para sentir,
para querer y pensar.

[1]senses   [2]soul

Comprensión

1. ¿Quiénes son las dos personas que hablan en el poema?
2. Mencione la función de los cinco sentidos. ¿Para qué se usa cada uno?

Ahora... ¡usted!

1. ¿Ha tenido que enseñarle algo a un niño / una niña alguna vez? ¿Qué le enseñó? ¿Cómo lo hizo? ¿Aprendió el niño / la niña lo que usted quería enseñarle?

Lectura
Pre-Reading. Preview the reading by talking about some parts of the body and their function. Ask: *¿Para qué se usa la mano?* (*para tocar, escribir, dibujar*) *¿y la pierna?* (*para caminar*) *¿la boca?* (*para respirar, comer, besar*) *¿los ojos?* (*para ver*). Then ask: *¿Conocen ustedes alguna canción de niños en inglés con el tema de las partes del cuerpo o los cinco sentidos? ¿Qué canción es?* (Possible answer: "Hokey Pokey"). Read the introduction on Amado Nervo aloud with students. You may want to have them read the poem aloud in pairs to emphasize that a conversation is taking place between a child and an adult.

Post-Reading. Have students do *Comprensión* in pairs. Use AU to generate whole-class discussion. Assign UPM as homework and, if possible, have students set their poems to music. In class the next day some students may want to sing their songs. They may also want to arrange gestures to go along with the poems or songs, a popular feature of children's literature.

Answers to *Comprensión*. 1. *Un niño y un adulto (su padre o su madre, tal vez)* **2.** *Los ojos para ver, el tacto para tocar, el oído para oír, el gusto para saborear (to taste), el olfato para oler.*

Ventanas culturales: Las costumbres
This *Ventana* could trigger an interesting class discussion or debate. Ask for a show of hands to find out whether any students are vegetarians and which students prefer a meat-based diet. Then ask personalized questions: *Si usted sigue una dieta estrictamente vegetariana, ¿por qué lo hace? ¿Combina bien sus alimentos para obtener todos los nutrientes necesarios? Y si usted es una persona carnívora, ¿qué le parecen los platillos que no llevan carne? ¿Le gustaría probar una dieta vegetariana por un tiempo? Sería interesante ver qué cambios nota en su cuerpo y en su salud, ¿no cree?*
   Now have vegetarians help you list reasons why a person might choose not to eat meat or consume animal-derived products. Write on the board: *RAZONES PARA SEGUIR UN RÉGIMEN VEGETARIANO.* Some possible responses: *porque los animales que se crían para el consumo humano sufren mucho abuso; porque la carne que se vende en los supermercados contiene demasiadas sustancias artificiales; porque su sistema digestivo no tolera bien la carne; porque quiere bajar de peso y la carne engorda; porque la producción de carne requiere más recursos naturales que la producción de vegetales, y no es buena para el planeta; porque sus amigos y mucha gente hoy en día son vegetarianos.*

2. En su opinión, ¿por qué se incluye el alma en el poema, si no es uno de los cinco sentidos?

Un paso más... ¡a escribir!

Escriba una canción o un poema para niños con el propósito de enseñarles una idea o un concepto. Puede hacerlo en forma de una conversación, como lo hizo Amado Nervo.

VENTANAS CULTURALES   Las costumbres

Para la buena salud, ¿carne o verduras?

   The whole class should decide which of these reasons are most compelling. Follow up with a debate topic to be discussed in groups: *¿Qué es mejor para la buena salud, un régimen que incluya carne o un régimen vegetariano?*

Si uno se fija en la cantidad de platillos hispanos que llevan carne, puede llegar a la conclusión de que la gente hispana, en su mayoría, es carnívora. Esta conclusión no sería del todo incorrecta. En general, los hispanos tienden a pensar que un régimen alimenticio sin carne es deficiente. Se cree que una dieta vegetariana carece de los nutrientes necesarios, como vitaminas y proteínas, para el buen funcionamiento del cuerpo humano. Pero lo cierto es que, si uno combina sus alimentos con cuidado, puede recibir los nutrientes necesarios sin comer carne de ningún tipo.

VOCABULARIO ÚTIL	
se fija	takes note
carnívoro/a	meat-eating
alimenticio	dietary
carece	lacks
el ganado / la ganadería	cattle / cattle ranching
las tiendas dietéticas	health food stores
tomando conciencia	becoming aware

   La preferencia por la carne se nota en las cocinas del mundo hispano. La española, por ejemplo, incluye muchos mariscos, sobre todo en las regiones junto al mar Mediterráneo. El pollo es un ingrediente básico de varios platillos suramericanos. Y un tipo de carne muy popular en el Caribe es la de puerco. Entre los países donde más carne de res se come está Argentina. Durante la segunda mitad del siglo diecinueve, este país ofrecía muchas oportunidades económicas. Tenía terrenos vastos y fértiles con condiciones ideales para criar ganado. La ganadería ha sido, desde entonces, una de las industrias argentinas más importantes. Y la carne de res —las famosas parrilladas— todavía se consume en Argentina en grandes cantidades.

   Claro que también hay países donde la mayoría de la población come muy poca carne. La comida diaria de mucha gente en Perú, por ejemplo, es la papa, y la de los mexicanos son los frijoles acompañados con tortillas. En todo caso, la actitud de los hispanos con respecto a la carne está cambiando. En años recientes han surgido tiendas dietéticas y restaurantes vegetarianos en todas las capitales hispanas. En España, hasta se han transformado algunos platillos tradicionales. La paella lleva varios tipos de carne, ¡pero hoy se puede conseguir paella vegetariana! Y muchos hispanos están tomando conciencia del valor de un régimen equilibrado, una dieta que incluye sobre todo verduras, granos, legumbres y frutas. Estos alimentos son esenciales, más importantes que la carne, para una buena salud.

✳ Las enfermedades y su tratamiento

Lea Gramática 12.1–12.2.

Las enfermedades y su tratamiento. From your PF select
people in various states of health.
Ask: *¿Cómo se siente?* or *¿Cómo
está?* **Possible descriptions:** *ado-
lorido/a, congestionado/a, débil,
fracturado/a, herido/a, inconsciente, mareado/a, torcido/a;
tener alergia, catarro, dolor de,
fiebre, gripe, infección, lesión,
náuseas, tos.* Discuss illnesses
you and students may have had
when you were children: *paperas,
sarampión, varicela,* etc. Ask
what sorts of remedies they use:
*antibióticos, aspirinas, curitas,
jarabes, píldoras, rayos X.*
   Many of the words in this display and in subsequent activities
will be new to students. Verify
class comprehension of vocabulary in the display and the activities as you proceed through this
section.
   See IRK for additional activities: *Las enfermedades y su tratamiento.*

AA 2 (TPR). See IRK for TPR: *Ustedes están enfermos.* **Sample sequence:** *Ustedes están enfermos.
Acuéstense, tomen aspirinas. Ustedes se sienten muy mal. Estor-
nuden, achú, traguen una vez,
¡ay, les duele la garganta! Miren
la televisión, duerman un poco,
despiértense, tosan, caj, caj, caj.
Levántense y vayan a la cocina.
Abran el refrigerador y sírvanse
un poco de jugo de naranja;
tómenlo. Vuelvan a la cama y
acuéstense.*

AA 3 (individual; pair). Prepare
index cards with situations on
each. **Example:** *Cuando llueve,
¿cómo se siente usted?* Give out
one card per student and ask
them to think of as many emotions as possible for that situation. **Other possibilities:** *Cuando
nieva,.... Cuando maneja un carro
nuevo,.... Cuando no puede dormir,.... Cuando compra ropa
nueva,.... Cuando llega tarde a
clase,.... Cuando come demasiado,.... Cuando corre más de un
kilómetro,....*

Act. 5. Preferencias (whole-class;
partner-pair). **Suggestion:** Read
Cuando... clause aloud and ask
students to read possible responses and indicate *siempre, generalmente, a veces,* or *nunca.* Encourage additional responses. (We use
la gripe here, though *la gripa* is
often heard.) Then pair students
and have them read their selections to their partner, who will
then comment. **Example:** *E1:
Cuando tengo dolor de cabeza,
nunca me acuesto; generalmente*

ACTIVIDAD 5   Preferencias: Cuando me siento mal...

Responda con **siempre, generalmente, a veces** o **nunca**.

1. Cuando tengo fiebre,...
   a. me quedo en la cama.
   b. tomo aspirinas.
   c. consulto con el médico.
   d. tomo muchos líquidos.
   e. ¿ ?

2. Cuando tengo tos,...
   a. tomo jarabe.
   b. tomo té caliente.
   c. corro.
   d. voy al trabajo.
   e. ¿ ?

tomo aspirinas. E2: Yo no, yo descanso o a veces tomo té caliente.

Es peor el remedio...

Sabemos lo recomendable de hervir el agua antes de beberla. El otro día, cuando mi hijo Eduardo (7 años) llegó corriendo y se fue a la llave a beber, le dije que no lo hiciera, que había que hervirla para matar a los microbios. El puso una cara muy rara y me dijo: "Pues qué asco, beberse luego los microbios muertos".

Estrella Serrano

This is an authentic anecdote sent to the Mexican magazine *Padres e Hijos*. Read it aloud slowly, using intonation and gestures to help students understand the humor.

Act. 6. Intercambios (whole-class; partner-pair), **Suggestions:** Read the *modelo* and act out both parts. Pair students to give symptoms and recommendations. (A synonym for *resfriado* is *resfrío* or *catarro*.)

Act. 7. Encuesta (whole-class; partner-pair). This is our version of a personality quiz that appeared in a Mexican magazine. **Suggestion:** Read over all statements with the whole class first. Then have students work in pairs to rate their own personality or that of someone they pretend to be.

3. Cuando tengo dolor de cabeza,...
   a. me acuesto y descanso.
   b. escucho música clásica.
   c. tomo aspirinas.
   d. me pongo algo frío en la frente.
   e. ¿ ?

4. Cuando tengo gripe,...
   a. tomo aspirinas y me acuesto.
   b. bebo muchos líquidos.
   c. tomo el sol en la playa.
   d. leo y descanso.
   e. ¿ ?

▶ **Y TÚ, ¿QUÉ DICES?**

Yo también.	Yo prefiero...
Yo no.	Es mejor...

ACTIVIDAD 6   Intercambios: Doctor, ¿qué debo hacer?

Trabaje con un compañero / una compañera. Uno de ustedes debe hacer el papel de paciente y el otro el de doctor(a). El doctor / La doctora debe escoger el consejo o remedio adecuado para los síntomas del / de la paciente.

MODELO: PACIENTE: Doctor(a), *tengo el tobillo hinchado.*
          DOCTOR: Si tiene el tobillo hinchado, *póngalo en agua fría.*

1. Tengo resfriado.
2. Tengo tos.
3. Me duele la cabeza.
4. Me corté el dedo.
5. Tengo dolor de garganta.
6. Tengo la nariz tapada.
7. Tengo fiebre.
8. Tengo el tobillo torcido.
9. Tengo dolor de muelas.
10. Tengo diarrea.

  a. beba muchos líquidos y descanse
  b. póngase gotas
  c. consulte con el dentista
  d. póngase una curita
  e. use muletas o no camine
  f. tome jarabe para la tos
  g. coma arroz y puré de manzana
  h. haga gárgaras de agua con sal
  i. tome aspirinas u otro analgésico
  j. tome vitamina C
  k. ¿ ?

REFRÁN

No hay mal que dure cien años, ni cuerpo que lo resista.

(*Nothing bad lasts forever.* Literally, *There is no ailment that can last a hundred years, nor body that can withstand it.*)

ACTIVIDAD 7   Encuesta: Los estados de ánimo

¿Es usted irritable? ¿tranquilo/a? Conteste estas preguntas.

	SÍ	NO	A VECES
1. Me pongo muy nervioso/a cuando tengo un examen.	☐	☐	☐
2. Me vuelvo loco/a con las presiones de la vida moderna.	☐	☐	☐
3. Me pongo molesto/a cuando mi familia quiere que haga algo que no quiero hacer.	☐	☐	☐

4. Me enojo si pierdo algo valioso.   ☐ ☐ ☐
5. Me pongo de mal humor cuando hay mucho   ☐ ☐ ☐
tránsito y no puedo llegar a tiempo a una cita.

VALOR DE SU RESPUESTA

sí = 2 puntos   **a veces** = 1 punto   **no** = 0 puntos

De 8 a 10 puntos = Usted es una persona muy irritable. No es bueno
para su salud. ¡Contrólese un poco!

De 5 a 7 puntos = Usted es una persona de un estado de ánimo
normal.

De 0 a 4 puntos = Usted es una persona muy tranquila.

ACTIVIDAD 8   Entrevistas: La salud física y mental

LAS MEDICINAS Y LOS REMEDIOS

1. ¿Qué medicinas buenas hay para el dolor de cabeza? ¿para el
dolor de estómago? ¿para la tos? ¿la gripe?

2. ¿Había medicinas buenas para estas dolencias hace 20 años?

3. ¿Crees que algún día va a haber una vacuna contra el VIH? ¿y
una medicina buena para los que ya sufren del SIDA? ¿Hay algún
tratamiento o medicina ahora?

4. ¿Crees que los científicos van a descubrir un nuevo antibiótico?
¿Crees que es necesario tener más antibióticos? ¿Por qué?

LOS ESTADOS FÍSICOS Y ANÍMICOS

1. ¿Cuándo estás más contento/a? ¿Te sientes feliz cuando estás
solo/a? ¿Por qué? Explica.

2. ¿Te sientes cansado/a frecuentemente? ¿Qué actividades te cansan?

3. ¿Te enojas con frecuencia? ¿Qué te hace enojarte? ¿Qué cosas te
entristecen? ¿Te entristeces fácilmente?

4. Cuando hay muchas presiones en tu vida, ¿qué síntomas tienes?
¿Sientes cansancio? ¿mareo? ¿comezón?

Follow-Up: Write various point totals on the board and ask for a show of hands for each number. Include your own total and comment on your personality. Make light of this quiz and maintain a sense of humor while doing it.

AA 4 (whole-class). Lead a class discussion about health and nutrition. **Possible questions:** 1. *¿Qué comidas son buenas para la salud? ¿Y cuáles son malas?* 2. *¿Come usted siempre alimentos saludables? ¿Por qué?* 3. *¿Come usted comidas con conservadores artificiales? ¿Los considera necesarios? ¿peligrosos?* 4. *Si uno quiere adelgazar, ¿qué comidas debe comer?* 5. *¿Es importante el desayuno? ¿Desayuna usted generalmente?* 6. *¿Es indispensable tomar vitaminas o es suficiente comer comidas nutritivas?*

Act. 8. Entrevistas (whole-class; partner-pair). **Suggestions:** Read questions aloud to the entire class and answer each in turn with your personal information, expanding discussion and adding details as time and interest permit. You may want to write some of your answers and/or other vocabulary on the board for students to use as reference. Students may need help understanding the imperfect form of *haber* (*había*) and the expressions *te cansan, te enojas (enojarse), te hace enojar, te entristecen, te entristeces (entristecerse)*. Pair students and circulate while they ask each other these questions.

Lectura
Suggestions for Effective Reading. Introduce students to this reading strategy: learning to simplify sentence structure. Explain that sometimes a sentence that seems complicated and confusing is not really so difficult. The key is to focus first on the most

La prevención del SIDA

En la siguiente lectura le ofrecemos información sobre las formas de contagio del VIH y las causas del SIDA. ¡Infórmese, por favor!

VOCABULARIO ÚTIL

el SIDA	AIDS
el peligro	danger
expuesto	exposed
las agujas	needles
endovenosas	intravenous
contraer	contract
la prueba	test
se logra	is achieved, obtained
alentadores	encouraging
protegernos	protect ourselves

Hay más de 34 millones de personas en el mundo que están infectadas con el VIH, es decir, con el virus de inmunodeficiencia humana. Entre todas esas personas, más de un millón son niños. En los Estados Unidos, 40.000 individuos se infectan cada año. Y el VIH casi siempre resulta en la enfermedad conocida como el SIDA (síndrome de inmunodeficiencia adquirida).

Según las estadísticas, las poblaciones más devastadas por el SIDA están en África y en Asia. En los comienzos de esta epidemia, hace ya casi treinta años, había grupos específicos muy afectados: los hombres homosexuales, las prostitutas y algunas personas que recibían transfusiones de sangre. Pero hoy la población del mundo entero está en peligro.

important part of the sentence: the subject and the verb. The verb stem indicates the action that is taking place. If the subject is not clear, the verb ending identifies who or what the subject is. Once it is clear who is doing what, it is usually not so hard to see how the other parts of the sentence relate to the main idea. Similarly, when the verb is a form of *ser*

or *estar*, rather than an action verb, you will need to determine who or what is being defined or described.

In the following sentences from the reading, have students identify the subject of the verb in boldface: • *Hay más de 34 millones de personas en el mundo que* **están** *infectadas con el VIH.* • *Los niños* **pueden contraer** *el virus al nacer, si la sangre materna* **está** *contaminada.* • *La prevención del SIDA* **es** *responsabilidad de todos los seres humanos.*

Pre-Reading. Introduce the topic of AIDS by asking, *¿Saben ustedes lo que es el SIDA?*

De hecho, el sector que más ha crecido recientemente es el de las mujeres jóvenes. Todos somos susceptibles. Todos debemos ayudar a prevenir la propagación del VIH.

¿Sabe usted cómo funciona el virus de inmunodeficiencia humana (VIH)? Al invadir la sangre, el VIH le quita al cuerpo sus defensas. Es por eso que el organismo queda expuesto a infecciones y enfermedades que pueden causar la muerte. El contagio se produce cuando la gente comparte agujas (para el uso de drogas endovenosas) o tiene relaciones sexuales con una persona infectada. Los niños pueden contraer el virus al nacer, si la sangre materna está contaminada.

Hasta ahora ha sido muy difícil crear una vacuna para el SIDA, porque este virus se transforma constantemente por mutación. Por eso es tan importante hacerse la prueba del SIDA, si hay sospecha de contagio. Al descubrir la infección pronto, uno tiene más tiempo para prevenir o combatir las enfermedades oportunistas. Claro que la mejor manera de prevenir la infección es no permitir la entrada del VIH en el organismo. Esto se logra siguiendo tres reglas básicas: (1) practicando la abstinencia sexual; (2) practicando la monogamia; (3) usando un preservativo o condón durante cada relación sexual.

Ya tenemos algunas maneras de combatir este síndrome infeccioso. Los científicos han hecho descubrimientos alentadores, gracias a organizaciones como la Fundación Americana para la Investigación del SIDA (*American Foundation for AIDS Research*). Hay avances médicos que mejoran y prolongan la vida de los enfermos. Y por primera vez en las tres décadas de esta epidemia, se está hablando de una posible cura. Pero lo más urgente sigue siendo protegernos contra el VIH. La prevención del SIDA es responsabilidad de todos los seres humanos.

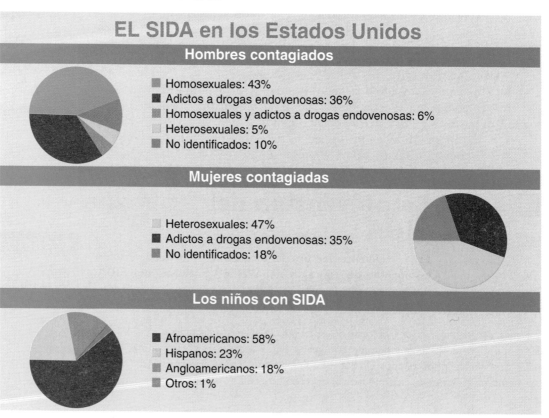

EL SIDA en los Estados Unidos

Hombres contagiados

- Homosexuales: 43%
- Adictos a drogas endovenosas: 36%
- Homosexuales y adictos a drogas endovenosas: 6%
- Heterosexuales: 5%
- No identificados: 10%

Mujeres contagiadas

- Heterosexuales: 47%
- Adictos a drogas endovenosas: 35%
- No identificados: 18%

Los niños con SIDA

- Afroamericanos: 58%
- Hispanos: 23%
- Angloamericanos: 18%
- Otros: 1%

Comprensión

Write on the board: *SIDA = síndrome de inmunodeficiencia adquirida*. Tell students: *Es importante estar informado sobre todas las enfermedades letales. Hay que saber cómo prevenirlas, ¿no? ¿Saben ustedes cómo se transmite este virus? ¿Qué podemos hacer para protegernos?*

Provea la información necesaria.

1. Descripción del VIH.
2. Número de personas infectadas hasta la fecha.
3. Causas del contagio.
4. Ventajas de hacerse la prueba del SIDA.
5. Maneras de combatir la propagación del VIH y el SIDA.

Ahora... ¡usted!

Post-Reading. Follow up with *Comprensión* and discuss AU question 1 with whole class, then have students do AU question 2 and UPM as homework.

1. ¿Piensa que hay suficiente información sobre el SIDA en su comunidad? Explique.
2. ¿Ha comentado el tema del SIDA con su familia? ¿con sus amigos? ¿con su novio/a o esposo/a? ¿Cómo han reaccionado estas personas?

Un paso más... ¡a escribir!

Imagínese que un(a) representante de la Fundación Americana para la Investigación del SIDA está de visita en su universidad. Su objetivo es informar a los estudiantes sobre el síndrome y la epidemia de esa enfermedad. Prepare una lista de tres o cuatro preguntas para hacerle a esa persona experta.

Answers to *Comprensión*. 1. *un virus que le quita al cuerpo sus defensas, y lo expone a infecciones y enfermedades* 2. *más de 34 millones de personas en todo el mundo* 3. *cuando la gente comparte agujas o tiene relaciones sexuales con personas infectadas* 4. *uno tiene más tiempo para prevenir o combatir las enfermedades* 5. *practicar la abstinencia sexual; practicar la monogamia; usar un preservativo o condón durante el acto sexual.*

Las visitas al médico, a la farmacia y al hospital. Read captions aloud while students follow in the text. Ask questions such as: *¿Quién opera a los pacientes?*
  Many of the words in this display and in subsequent activities will be new to students. Verify class comprehension of vocabulary in the display and the activities as you proceed through this section.
  See IRK for TPR: *Las profesiones médicas.* **Sample sequence:** *Usted es médico. Examine a su compañero/a, examínele la garganta y los oídos. Usted es enfermero/a. Tómele el pulso y la temperatura a su compañero/a. Usted es dentista. Examine los dientes de su compañero/a. Usted es cirujano/a. Opere a su compañero/a y sáquele el apéndice.*
  See IRK for additional activities: *Las visitas al médico, a la farmacia y al hospital.*

¡QUE CREZCA EL ESFUERZO, NO EL SIDA!

PARTICIPACION SOCIAL

• EL SIDA NO SOLO ES UN PROBLEMA MEDICO, AFECTA A LA SOCIEDAD Y AL INDIVIDUO.

• TODOS DEBEMOS PARTICIPAR PARA COMBATIR ESTA EPIDEMIA.

• INFORMATE Y PROMUEVE LA PARTICIPACION EN LA ESCUELA, CENTRO DE TRABAJO Y CON TU FAMILIA Y AMIGOS.

SI TIENES DUDAS LLAMA A:

CONASIDA
SIDA 207 40 77
Lun. a Vie. de 9 a 21 hrs. Sáb. y Dom. de 10 a 16 hrs.

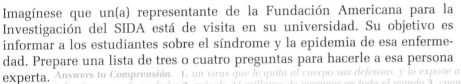

✳ Las visitas al médico, a la farmacia y al hospital

Lea Gramática 12.3.

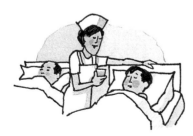

La enfermera atiende a los pacientes.

El dentista le examina los dientes a su paciente.

La farmacéutica surte las recetas médicas.

AA 5 (TPR). See IRK for TPR:
Una consulta con el médico.
Sample sequence: *Ustedes tienen
la gripe. Llamen al médico y hablen con la recepcionista. Ustedes
tienen cita en una hora. Acuéstense y descansen por 30 minutos. Manejen su carro al consultorio del médico. Pasen a la oficina
y díganle su nombre a la recepcionista. Esperen 30 minutos,
lean una revista, tosan varias veces. La enfermera dice su nombre,
levántense y pasen al consultorio
del médico. ¡Ay, qué frío! Siéntense en la mesa. Aquí viene el
médico. Explíquenle sus síntomas. El médico escucha y entonces les dice: quítense la camisa,
respiren profundo, tosan tres veces, traguen, otra vez, abran la
boca y digan «ah». Bueno, pónganse la camisa, tomen esta medicina tres veces al día, duerman
mucho, tomen muchos líquidos y
vuelvan a verme en una semana.*

Act. 9. Del mundo hispano
(whole-class; partner-pair). Suggestion: Read these recommendations from a doctor's column in a
Spanish-language magazine.
Allow students time to ask about
unfamiliar vocabulary. Ask the
first 7 questions of the whole
class. Then pair students to ask
and answer personal questions.

El médico examina al enfermo.

La psiquiatra (psicóloga) cuida de la
salud mental de sus pacientes.

El cirujano opera a los pacientes.

El veterinario cuida a los animales.

ACTIVIDAD 9   Del mundo hispano: El médico recomienda...

Lea estas recomendaciones de un médico que aparecieron en una revista
hispana. Con su compañero/a, conteste las preguntas a continuación y luego
háganse las preguntas personales.

El médico recomienda

Resfriado	Tos	Fiebre del heno	Pulmonía
QUÉ HACER: • Tome aspirina o paracetamol para bajar la fiebre. • Utilice descongestionantes para reducir la inflamación y destapar la nariz. • Quédese en casa uno o dos días; esto le ayudará a recuperarse más rápidamente. • Cuide el resfriado. Si no, puede abrirle la puerta a una enfermedad más grave. **QUÉ NO HACER:** • No tome antibióticos, ya que no tienen efecto sobre el virus. • No les dé aspirinas a los niños menores de 6 años.	**QUÉ HACER:** • Insista en que los niños se suenen la nariz frecuentemente. • Beba gran cantidad de líquido. • Inhale vapor. • Acuda al doctor / a la doctora si las secreciones son verdes, si la tos provoca dolor en el pecho o si sube la fiebre. **QUÉ NO HACER:** • No fume. • No tome antibióticos si no hay infección bacteriana.	**QUÉ HACER:** • Consulte con el doctor / la doctora y aplíquese inyecciones preventivas. • Utilice descongestionantes por períodos breves. • Evite la exposición al polen. • Evite el contacto con la hierba recién cortada. **QUÉ NO HACER:** • No use los descongestionantes por períodos prolongados (mucho tiempo).	**QUÉ HACER:** • Acuda al doctor / a la doctora para que le haga un diagnóstico con la ayuda de radiografías. • Tome antibióticos en caso de infección bacteriana. • Beba grandes cantidades de líquidos para evitar la deshidratación. • Haga inhalaciones de vapor. • Quédese en cama una semana o más. **QUÉ NO HACER:** • No impida la tos; es aconsejable que se expulsen libremente las secreciones. • No fume.

1. ¿Se debe tomar antibióticos si uno tiene tos o resfriado? ¿Por
   qué? Explica. no
2. ¿Por qué es recomendable cuidar un resfriado (resfrío)?

3. Si uno tiene tos, ¿qué síntomas indican una visita al médico / a la doctora?
4. ¿Para qué malestares se recomienda el uso de descongestionantes?
5. Si uno tiene fiebre del heno, ¿qué debe evitar?
6. ¿Es recomendable tomar antibióticos para la pulmonía?
7. ¿Para qué enfermedades se recomienda la inhalación de vapor?

PREGUNTAS PERSONALES

1. ¿Te resfrías con frecuencia? ¿Cuáles de estas recomendaciones sigues?
2. ¿Cuándo tomas antibióticos?
3. ¿Consultas siempre al médico / a la doctora si estás enfermo/a?
4. ¿Padeces de fiebre del heno? ¿Qué síntomas tienes? ¿Vas a un médico / una doctora alergista?
5. ¿Has tenido pulmonía alguna vez? ¿Fuiste al médico / a la doctora? ¿Te dolían los pulmones? ¿Cuánto tiempo tardaste en recuperarte?

Use this ad to talk about respiratory problems: *asma, bronquitis, tos*. Discuss home remedies for coughs and talk about when a cough is serious enough to require a visit to the doctor.

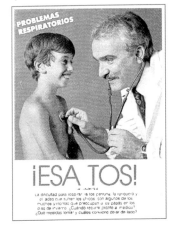

PROBLEMAS RESPIRATORIOS

¡ESA TOS!

ACTIVIDAD 10   Narración: Silvia tiene bronquitis

LOS SÍNTOMAS

ESE MISMO DÍA

AL DÍA SIGUIENTE

Act. 10. Narración (whole-class; partner-pair). Narrate Silvia's illness to the whole class. Then pair students and have them retell the narrative. **Suggestions:** 1. *Silvia estaba en clase y empezó a toser.* 2. *Tenía fiebre* (calentura). 3. *Silvia también tenía dolor de cabeza.* 4. *Silvia se sentía muy cansada cuando caminaba a la parada del autobús.* 5. *Llegó a casa y se sentía aún peor.* 6. *Su madre le preparó té caliente.* 7. *Silvia tomó dos aspirinas* (píldoras). 8. *Se acostó.* 9. *Al día siguiente Silvia consultó con el médico.* 10. *El médico la examinó* (le escuchó los pulmones). 11. *El médico le recetó una medicina.* 12. *Silvia descansó mucho; tomó muchos líquidos, leyó mucho. Se sintió un poco mejor pero todavía estaba muy cansada.*

ACTIVIDAD 11   Entrevista: Historial clínico

1. De niño/a, ¿te enfermabas con frecuencia? ¿Cuáles de estas enfermedades tuviste: las paperas, la varicela, el sarampión, gripe o resfriados, infecciones de los oídos?

Act. 11. Entrevista (whole-class; partner-pair). **Suggestion:** Read questions aloud to the entire class and answer each in turn with your personal information, expanding discussion and adding details as time and interest permit. Write some of your answers and/or other vocabulary on the board for students to use as reference. Pair students and circulate while they ask each other questions.

Nota cultural
Suggestions for Effective Reading. Have students organize the information in this reading on the basis of topics (*temas*). They should first scan the narrative for useful facts, then help you compose a list of relevant topics presented in the *Nota cultural*. Write the list on the board and have students read the text again, this time underlining the words or phrases pertaining to each *tema*. For example, the main topic in the first paragraph is *la medicina natural*. Here are the words (in boldface) that should be highlighted accordingly: *El uso de la **medicina natural** es una fuerte tradición en el mundo hispano —y en este contexto la palabra «natural» se refiere a **los medicamentos obtenidos directamente de la naturaleza**: todos preparados con **una variedad de hierbas**. En general, estos remedios deben combinarse con un tratamiento médico. Pero hay hispanos que prefieren curarse con **el «recetario de su abuela»** exclusivamente, pues confían más en **las curaciones tradicionales** que en la medicina moderna.*

Suggested topics: *los médicos tradicionales* (second paragraph); *la opinión oficial* (third paragraph); *el uso de los remedios naturales en todo el mundo* (fourth paragraph);

2. ¿Tenías miedo de ir al médico cuando eras niño/a? Cuenta alguna experiencia cómica o interesante que tuviste en el consultorio del médico o en el hospital.

3. ¿Tienes miedo ahora cuando te ponen una inyección? ¿Y cuando te sacan sangre para un análisis?

4. ¿Has estado internado alguna vez en un hospital? (Si nunca has estado internado, describe la experiencia de un amigo / una amiga, o un/a pariente.) ¿Qué tenías? ¿Cuánto tiempo estuviste allí? ¿Fue una experiencia desagradable? ¿Tenías seguro médico o tuviste que pagar la cuenta?

NOTA CULTURAL La medicina natural

Presentamos aquí el tema de los remedios naturales en el mundo de hoy. Descubra todo tipo de información sobre las plantas medicinales y otros datos interesantes.

VOCABULARIO ÚTIL

el recetario	prescription book
confían	they trust
se desarrollaron	developed
la vigencia	relevance
el parto	childbirth
el embarazo	pregnancy
dan a luz	they give birth
fortalece	strengthens
el poder curativo	healing power
el jengibre	ginger
el mareo	dizziness

El uso de la medicina natural es una fuerte tradición en el mundo hispano —y en este contexto la palabra «natural» se refiere a los medicamentos obtenidos directamente de la naturaleza: todos preparados con una variedad de hierbas. En general, estos remedios deben combinarse con un tratamiento médico. Pero hay hispanos que prefieren curarse con el «recetario de su abuela»* exclusivamente, pues confían más en las curaciones tradicionales que en la medicina moderna.

Parteras tradicionales del sur de México.

Una de las regiones hispanas más ricas en el cultivo de remedios naturales es el sur y el sureste de México.† Las culturas que se desarrollaron en esa zona —la olmeca, la maya, la mixteca y la zapoteca— tenían prácticas médicas avanzadas. Esas prácticas siguen teniendo gran vigencia gracias a los médicos indígenas. Entre esos médicos están los hierbateros, que conocen la flora medicinal de la región; y las parteras, que ayudan a las mujeres embarazadas con el cuidado de su embarazo y también las atienden durante el parto —por eso se les llama «parteras».

Durante largo tiempo, los métodos alternativos de curación no fueron reconocidos por la institución médica. Se los consideraba parte del pasado. Pero la opinión oficial está cambiando. El trabajo de la partera es un buen ejemplo, pues ha sido aceptado por la medicina académica en América Latina y los Estados Unidos. En muchos hospitales hoy en día, son las parteras, y no los doctores, quienes atienden a las futuras madres cuando dan a luz.

En todo el mundo está aumentando el número de personas que se cura con remedios naturales. De hecho, las plantas medicinales son los medicamentos principales para dos tercios (2/3) de la población mundial. En los Estados Unidos, un 25 por ciento de los

las plantas y sus usos (fifth paragraph); *la combinación de remedios naturales y datos científicos* (sixth and last paragraph).

Culture/History. In Latin America, the European and indigenous cultures fused, resulting in rich cultural traditions that encompassed the areas of language, religion, and medical practices, among others. Mexico (south and southeast) is a remarkable case in regard to the use of traditional medicine. There the Mayas resisted complete assimilation into the Hispanic culture and managed to preserve and pass on their medical knowledge. Many present-day Mayas rely on that knowledge for their health needs.

*La frase se refiere a los remedios que pasan de generación a generación; de las abuelas a sus nietos, por ejemplo.

†Los estados de Oaxaca, Guerrero, Chiapas, Veracruz (sur), Campeche, Tabasco, Yucatán y Quintana Roo.

medicamentos recetados contiene ingredientes basados en plantas. Y muchos estadounidenses están utilizando derivados de hierbas en vez de medicina sintética.

Entre las plantas medicinales más populares en los Estados Unidos está la equinacia, que fortalece el sistema inmunológico. La equinacia ayuda a prevenir los resfríos y a aliviar los síntomas de la gripe y las alergias. ¿Conoce usted otras plantas con poder curativo? Hay muchas. El jengibre, por ejemplo, es ideal para el mareo y el vértigo. La pasiflora sirve para quitar el insomnio. La planta áloe se usa para las quemaduras de primer y segundo grados. Y el pimiento puede eliminar los dolores musculares.

No debemos recomendar el uso exclusivo de esas plantas u otros remedios naturales. Algunas enfermedades necesitan los avances de la ciencia moderna. Lo ideal es consultar con un doctor, combinando la información científica con el «recetario de la abuela». En todo caso, la naturaleza nos ofrece una abundancia de medicinas. Es un valioso regalo. Hay que descubrir —¡y celebrar!— ese regalo.

Pre-Reading. Discuss the use of prescribed drugs in the United States. Ask: *¿Piensan ustedes que es excesivo el uso de las medicinas sintéticas en los Estados Unidos?* (Write *sintéticas* on the board = synthetic, artificial.) *En este país, ¿dependemos demasiado de las drogas para curarnos? ¿Por qué? ¿Hay problemas de salud que podrían curarse sin medicamentos artificiales? ¿Cuáles? ¿Conocen o usan ustedes algunos remedios naturales?* (Write *naturales* on the board = obtenidos de la naturaleza.) Inform students that the main topic of this *Nota* is the worldwide use of natural remedies. Then have them read, following the **Suggestions** above.

Comprensión

Post-Reading. Have students do *Comprensión* in class and then go over the answers with them, using the opportunity for review. Assign the two AU questions to be discussed in groups. Then do a whole-class discussion based on question 2. You may want to point out that many medicinal herbs are quite effective if used properly and are not as expensive as synthetic drugs. A wide variety of herbs is sold at health stores—and even in supermarkets—throughout the United States; they can also be purchased in most *mercados* in Hispanic countries.

Busque la definición de las siguientes palabras.

1. la partera
2. los hierbateros
3. la equinacia
4. el sur y el sureste de México
5. el jengibre
6. la medicina natural

a. región que tiene una rica tradición relacionada con los remedios naturales y los médicos tradicionales
b. una planta que se usa en casos de gripe o resfrío
c. médico tradicional que ayuda a las mujeres embarazadas durante el parto
d. esta planta alivia el mareo
e. es una hierba que cura el dolor de garganta
f. estas personas conocen las plantas medicinales de su región
g. incluye remedios obtenidos directamente de la naturaleza

uno que se ha usado en su familia por varias generaciones.

For students wanting more information on health-related issues and/or medicinal plants, we recommend the Spanish-language series *Ediciones Prevención, Guías para mejorar su salud* (Rodale Press). And there is also a very informative book by Michael Castleman, *Las hierbas que curan* (The Healing Herbs), also from Rodale Press.

Ahora... ¡usted!

Answers to *Comprensión.* **1.** c **2.** f **3.** b **4.** a **5.** d **6.** g.

1. ¿Prefiere curarse solamente con los medicamentos que le receta su doctor(a)? ¿Utiliza también remedios naturales cuando se enferma? Si los utiliza, diga cuáles son. ¿Para qué sirven?
2. ¿Cree usted que debemos saber más de los remedios naturales en nuestra sociedad? Explique.

Un paso más... ¡a escribir!

Imagínese que usted ha descubierto una hierba medicinal muy importante. Describa su descubrimiento: ¿Cómo se llama la hierba? ¿Dónde y cómo la descubrió? ¿Qué padecimientos (*ailments*) puede curar? ¿Cómo se prepara este medicamento? ¿En forma de pastillas? ¿en forma de bebida? ¿De qué manera piensa usted presentar este nuevo medicamento al mundo?

¡OJO!

En muchos países hispanos —México y Guatemala, por ejemplo— los estudiantes de medicina pasan un año trabajando en zonas rurales. Este trabajo es parte de su entrenamiento y de su servicio social.

ESE OJO NO ME GUSTA NADA.

Assign UPM as written homework. If you have a multicultural class, you may want to assign the following activity: *Describa un remedio natural que se usa en su cultura, o*

VENTANAS CULTURALES   Nuestra comunidad

La doctora Aliza

Ventanas culturales: Nuestra comunidad
Other Hispanic doctors are doing outstanding community work and have attained national recognition in the United States. Among them is Dr. Elmer E. Huerta, nominated by former President Clinton as a member of the National Cancer Advisory Board in 2000. Another notable Hispanic physician is Dr. Pedro José Greer, founder of Camillus Health Concern in Miami, Florida. The Camillus is a free health care clinic for the homeless, which serves more than 10,000 people a year.

Para muchos hispanos en los Estados Unidos, Aliza Lifshitz es más que una doctora. En su consultorio o por televisión, la doctora Lifshitz les ofrece consejos, valiosa información y ayuda médica a sus pacientes. Y lo hace con la sinceridad de una buena amiga.

La doctora Aliza, como la llaman sus pacientes, comprende que hay una gran necesidad de información en las comunidades hispanas de este país. Uno de los grupos más necesitados es el de las futuras madres. Muchas mujeres embarazadas no buscan cuidado médico desde el comienzo de su embarazo; esperan demasiado y esto puede causarles problemas. Es para estas mujeres que la doctora Aliza ha escrito un libro bilingüe, *Mamá sana, bebé sano* (*Healthy Mother, Healthy Baby*), en el cual presenta cuestiones importantes para las futuras madres hispanas.

Aliza Lifshitz hace trabajo voluntario en varias organizaciones —la Asociación Médica Americana, por ejemplo— y tiene además un programa de televisión en la cadena Univisión. ¿Cómo encuentra la famosa doctora tiempo y energía para hacer tanto? Obviamente la motiva su deseo humanitario de ayudar al prójimo. Cuando la doctora no tiene los datos adecuados respecto a un problema de salud, hace las indagaciones necesarias para informarse e informar a sus pacientes.

La doctora Aliza nació y se crió en México, de padre ruso y madre neoyorquina. Estudió medicina en la Universidad Autónoma de México, y luego vino a terminar sus estudios en los Estados Unidos. Hoy la doctora Aliza está casada y vive con su esposo en Los Ángeles. A pesar de sus días tan llenos de obligaciones, encuentra tiempo para salir a bailar y escuchar música.

VOCABULARIO ÚTIL

los consejos	*advice*
el prójimo	*fellow human being*
las indagaciones	*research*

Similarly, Dr. Armando Agustín coordinates an unusual community-oriented program called *Programa de Ampliación de Cobertura* (*PAC*) in the municipality of San Felipe del Progreso in Mexico.

✳ Los accidentes y las emergencias

Lea Gramática 12.4–12.5.

Esteban subía la escalera cuando tropezó y se le cayeron los lentes.

—Sí, señor, iba despacio, pero se me descompusieron los frenos y no pude detener el coche.

—¿Tomaste la medicina esta mañana?
—¡Ay! Se me olvidó en casa. La voy a tomar cuando vuelva esta tarde.

Andrea se siente muy frustrada. Se le perdió una medicina. La ha buscado por todas partes pero no la encuentra.

Nora iba a esquiar con sus amigos este fin de semana, pero no pudo porque se le rompieron los esquíes.

ACTIVIDAD 12 Descripción de dibujos: Los accidentes

Escuche a su profesor(a) mientras describe los siguientes dibujos. Señale el dibujo que mejor corresponda a cada descripción.

Los accidentes y las emergencias. The display contains the *se* construction for unplanned occurrences. Begin by talking about a terrible day in your life, a day in which you forgot, lost, or broke things. Throughout your narration, ask comprehension/personal questions that require only *sí/no* answers: *¿Se le _____ a veces?* Then ask students to look at the display while you narrate the first five drawings. Then narrate what happened in the scene that follows. Write key words on the board as you narrate. Possible narration for the scene: *Un muchacho iba en su bicicleta cuando un carro lo atropelló. El chofer se detuvo pero el chico estaba inconsciente en el suelo. Varios testigos vieron el accidente. Estela gritó «¡Auxilio! ¡Socorro!» y corrió a su casa para llamar una ambulancia. La ambulancia llegó y los asistentes subieron al chico a la camilla y luego a la ambulancia. Lo llevaron a la clínica. El muchacho estaba herido, se le rompió el brazo, pero sobrevivió.*

Many of the words in this display and in subsequent activities will be new to students. Verify class comprehension of vocabulary in the display and the activities as you proceed through this section.

See IRK for additional activities: *Los accidentes y las emergencias.*

AA 6 (individual; whole-class). From your PF select pictures of people doing various activities. Have students pretend they were doing these activities: *¿Qué estaba haciendo? ¿A qué hora? ¿Por qué lo estaba haciendo?*

Act. 12. Descripción de dibujos (whole-class). Suggestion: Describe these drawings, one at a time and out of order. Ask the whole class to identify which drawing you describe. Possible descriptions: 1. *A la enfermera se le cayeron las medicinas.* 2. *Al niño se le descompuso la bicicleta.* 3. *El paciente se les escapó a las enfermeras porque tiene miedo.* 4. *El doctor necesita un narcótico para su paciente, pero se le perdieron las llaves.* 5. *A Estela Saucedo se le quedó la receta en su casa.* 6. *Hay una emergencia pero a los paramédicos se les descompuso la ambulancia.* 7. *A las niñas se les rompieron todos los juguetes.* 8. *A la enfermera se le rompió el florero del paciente.*

Follow-Up: For later production practice, write verbs on the board and have students work in pairs to describe scenes: *se le(s) cayó/cayeron, descompuso/descompusieron, olvidó/olvidaron, perdió/perdieron, quedó/quedaron, rompió/rompieron.*

Act. 13. **Narración** (whole-class; partner-pair). **Suggestion:** Narrate Guillermo's accident to the whole class. Pair students and have them retell the narrative. **Suggested sequence: 1.** *Hacía sol y Guillermo decidió pasear en bicicleta. Se puso el casco y montó en su bicicleta.* **2.** *Paseó por la calle y se detuvo en la señal de alto.* **3.** *Seguía por esa calle cuando un carro cruzó la bocacalle sin parar y chocó con la bicicleta de Guillermo.* **4.** *Guillermo se cayó de la bicicleta y el chofer se detuvo inmediatamente.* **5.** *Guillermo estaba herido y la bicicleta también sufrió daños. Un testigo llamó a la ambulancia y otros atendieron a Guillermo.* **6.** *El chofer hablaba con la policía cuando la ambulancia llegó.* **7.** *Los asistentes subieron a Guillermo a la camilla y luego a la ambulancia.* **8.** *Al siguiente día Guillermo recibió visitas en el hospital. Sus amigos y familiares le llevaron globos y flores. Estuvo internado por una semana. Do*

UN CHISTE

Un señor está tosiendo mucho. Un amigo le dice:

—¿Oye, quieres jarabe para la tos?

—No, no. ¡Ya tengo tos!

not attempt to force students to use the preterite and imperfect correctly. Allow them to narrate in their own words as best they can.

Follow-Up: (Another day) Ask the whole class to help you narrate this incident as you expand and correct while writing the sequence on the board.

AA 7 (group). Divide the class into groups of 2–3. Students think of an incident from their lives that for some reason frightened them, then describe the incident to the group. While students prepare for the activity, walk around the room, interacting and conversing with students.

AA 8 **Situaciones adicionales: 1.** *Usted toma el ascensor para subir al décimo piso de un edificio ultramoderno. Cuando aprieta el botón número 10, el aparato*

ACTIVIDAD 13 Narración: El accidente de Guillermo

▶ **PALABRAS ÚTILES**

primero	más tarde	también
luego	(poco) después	por fin

ACTIVIDAD 14   Entrevista: Los accidentes

1. ¿Se te ha descompuesto el carro en la autopista alguna vez? ¿Tuviste miedo? ¿Qué hiciste?
2. ¿Se te ha perdido algo valioso? ¿Qué se te perdió? ¿Lo encontraste?
3. ¿Cuántas veces has ido a la sala de emergencias? ¿Cuándo fue la última vez? ¿Qué te pasó? ¿Fue grave? ¿Te atendieron rápidamente?
4. ¿Has sufrido un accidente automovilístico alguna vez? ¿Fue serio? ¿Cómo ocurrió? ¿Quién tuvo la culpa?

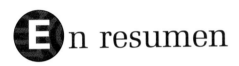

En resumen

De todo un poco

Dramas

1. EN EL CONSULTORIO DEL DOCTOR / DE LA DOCTORA

   Trabaje con un compañero / una compañera. Una persona va a hacer el papel del médico / de la doctora y la otra, el papel de paciente. Escriban un diálogo para actuar en clase. El/La paciente debe saludar al doctor / a la doctora y luego decirle sus síntomas. El doctor / La doctora debe escuchar los síntomas, hacerle algunas preguntas, luego dar su diagnóstico y recetar las medicinas apropiadas.

2. EN EL HOSPITAL

   Trabaje con otros dos compañeros para representar una escena en el hospital. Una persona es el/la asistente de la ambulancia, otra es el/la paciente y otra es el doctor / la doctora de la Sala de Urgencias (emergencias). El/La asistente de la ambulancia llega con el/la paciente en una camilla. El doctor / La doctora sale a recibir al / a la paciente. El/La asistente le da los datos del / de la paciente y la información básica del accidente. El/La paciente también debe darle algunos datos. Luego el doctor / la doctora le dice lo que va a hacer para atenderlo/la.

¡Dígalo por escrito!

Los recuerdos

Describa un accidente que usted tuvo o una situación en la cual usted sintió mucho miedo. Si describe un accidente, hable de los daños y de quién tuvo la culpa. Si habla de una situación que le dio miedo, describa el lugar y cómo reaccionó usted.

salta y sube velozmente. Pero al llegar al octavo piso, se detiene. El botón de emergencia no funciona y la puerta no se abre. Usted está atrapado/a. ¿Qué puede hacer? **2.** Usted espera su turno para consultar al dentista en el sexto piso de un edificio. De repente usted oye una explosión en el primer piso. Usted está atrapado/a en el consultorio del dentista. Hay dos ventanas pequeñas. ¿Qué puede hacer?

Act. 14. Entrevista (whole-class; partner-pair). Some of these questions may not be relevant for all students. **Suggestion:** Read the questions aloud to the entire class and answer each in turn with your personal information, expanding discussion and adding details as time and interest permit. Write some of your answers and/or other vocabulary on the board for students to use as reference. Pair students and circulate while they ask each other these questions.

De todo un poco: Dramas (whole-class; partner-pair). **Suggestion:** Read both of these situations with the whole class. Then pair or group students and let them choose which scene to create.
Follow-Up: Ask for volunteers to present.

¡OJO!

- La lesión más frecuente entre los deportistas es el tobillo torcido.
- La condición médica más común es el dolor de garganta. La segunda condición más común es el dolor de espalda.
- Los tres objetos que causan más accidentes son las bicicletas, las pelotas de fútbol americano y las escaleras.
- Los seres humanos tienen sesenta y seis libras de músculo, cuarenta libras de hueso, ¡y solamente 3,25 libras de cerebro!

¡Dígalo por escrito! Read the situation aloud with the whole class. Give students a few minutes to make notes. **Optional:** Pair students and have them describe their accident scenes to each other.
Follow-Up: Assign a written witness declaration as homework.

Recuerdo que una vez, cuando tenía _____ años, yo iba a _____ cuando de repente _____.

VIDEOTECA

En este episodio Marta, la hija de Lola y Manolo, está enferma. Su madre la lleva a la clínica para consultar con la doctora.

Vea las actividades que corresponden al video en la sección Videoteca del *Cuaderno de trabajo*.

ocabulario

• El cuerpo humano	The Human Body	la rodilla	knee
		la sangre	blood
la cadera	hip	el tobillo	ankle
la calavera	skull	la uña	fingernail

• **El cuerpo humano**	The Human Body
la cadera	hip
la calavera	skull
la ceja	eyebrow
el cerebro	brain
la cintura	waist
el codo	elbow
el corazón	heart
el costado	side
la costilla	rib
el dedo	finger
el diente	tooth
las encías	gums
la frente	forehead
la garganta	throat
el hueso	bone
el labio	lip
la lengua	tongue
la mejilla	cheek
la muela	molar (tooth)
la muñeca	wrist
el muslo	thigh
la nalga	buttock
el oído	(inner) ear
la pantorrilla	calf
el pecho	chest
la pestaña	eyelash
el pulgar	thumb
el pulmón	lung
el riñón	kidney

la rodilla	knee
la sangre	blood
el tobillo	ankle
la uña	fingernail

PALABRAS SEMEJANTES: la arteria, el esqueleto, el músculo, el nervio, el órgano interno, la vena
REPASO: la boca, el brazo, la cabeza, la cara, el cuello, la espalda, el estómago, el hígado, los hombros, las manos, la nariz, los ojos, las orejas, el pelo, las piernas, los pies

• **Las enfermedades**	Illnesses
el ataque al corazón	heart attack
la comezón	rash, itch
el estornudo	sneeze
la fiebre del heno	hay fever
el malestar	illness, indisposition
el mareo	nausea, seasickness
las paperas	mumps
la pulmonía	pneumonia
el resfriado	cold
el resfrío	cold
el sarampión	measles
el SIDA	AIDS
la varicela	chicken pox
el VIH	HIV

PALABRAS SEMEJANTES: la alergia, la bronquitis, el cáncer

• Los síntomas y los estados físicos
Symptoms and Physical States

estar...	to be . . .
congestionado	congested
hinchado/a	swollen
internado/a (en el hospital)	hospitalized
mareado/a	dizzy, seasick, nauseous
estar resfriado/a	to have a cold
tener...	to have . . .
calentura	a fever
catarro	a cold
diarrea	diarrhea
fiebre	a fever
gripe	the flu
la nariz tapada	a stuffy nose
tos	a cough
tener dolor de...	to have a . . .
cabeza	headache
estómago	stomachache
garganta	sore throat
muelas	toothache
tener náuseas	to be nauseated

• Las medicinas y los remedios
Medicines and Remedies

el agua con sal	salt water
la curita	Band-Aid
las gotas (para la nariz)	(nose) drops
el jarabe (para la tos)	(cough) syrup
la píldora	pill
el puré de manzana	apple sauce
la receta (médica)	prescription
el tratamiento	treatment

PALABRAS SEMEJANTES: el analgésico, el análisis, el antibiótico, la aspirina, la inhalación de vapor, la inyección

• Las profesiones médicas
Medical Professions

el/la asistente de ambulancia	ambulance attendant
el cirujano / la cirujana	surgeon

PALABRAS SEMEJANTES: el/la alergista, el farmacéutico / la farmacéutica, el/la paramédico, el psicólogo / la psicóloga, el/la psiquiatra, el/la veterinario
REPASO: el/la dentista, el doctor / la doctora, el enfermero / la enfermera, el médico, el/la paciente

• Los accidentes y las emergencias
Accidents and Emergencies

atropellar	to run over with a car
la camilla	gurney
el choque	crash
la cicatriz (las cicatrices)	scar
detener(se)	to stop (oneself)
la herida	wound
el herido / la mujer herida	wounded man/woman
la muleta	crutch
la quemadura	burn
la sala de emergencias	emergency room
la sala de urgencias	emergency room
¡Socorro!	Help!
sobrevivir	to survive
el/la testigo	witness

REPASO: ¡Auxilio!, la clínica

• Los verbos
Verbs

abrazar	to hug, to embrace
actuar	to act
atender (ie)	to assist, to attend to someone
besar	to kiss
cansar	to exhaust, to tire
cansarse	to get tired
consultar con	to consult
cortarse	to cut oneself
desmayarse	to faint
doler (ue)	to hurt, ache
enfermarse	to get sick
enojarse	to get angry
entristecerse	to become sad
estornudar	to sneeze
evitar	to avoid
haber	to be (to exist)
había	there was/were
va a haber	there will be
hay	there is, are
hacer el papel (de)	to play the role (of)
hacer gárgaras	to gargle
mantenerse	to maintain oneself
morder (ue)	to bite
oír	to hear
oler (ue)	to smell
huele/huela	it smells / smell (command)
padecer	to suffer
percibir	to perceive
ponerse de buen/mal humor	to get in a good/bad mood

recetar	to prescribe
resfriarse	to catch a cold
respirar	to breathe
surtir (una receta)	to fill (a prescription)
tardar	to take time
tener la culpa	to be guilty, to be to blame
toser	to cough
tropezar	to trip
volverse (ue) loco/a	to go crazy

PALABRAS SEMEJANTES: circular, controlarse, decidir, indicar, ocurrir, operar, recuperarse, referirse, (ie, i), responder, representar, sufrir, usar

REPASO: chocar, sentirse (ie, i)

• Accidentes y casos imprevistos
Accidents and Unforeseen Occurrences

caerse	to fall down
se le cayó/cayeron	[something (sing. or pl.)] fell (from your/his/her hands)
se me cayó/cayeron	[something (sing. or pl.)] fell (from my hands)
descomponerse	to break down
se le descompuso/ descompusieron	[something (sing. or pl.)] broke down (on you/him/her)
se me descompuso/ descompusieron	[something (sing. or pl.)] broke down (on me)
escaparse	to escape, run away
se le escapó/escaparon	[something/someone (sing. or pl.)] escaped (from you/him/her)
se me escapó/ escaparon	[something/someone (sing. or pl.)] escaped (from me)
olvidarse	to forget
se le olvidó/olvidaron	[something (sing. or pl.)] slipped your/his/her mind
se me olvidó/olvidaron	[something (sing. or pl.)] slipped my mind
perderse (ie)	to get lost
se le perdió/perdieron	you/he/she lost [something (sing. or pl.)]
se me perdió/ perdieron	I lost [something (sing. or pl.)]
quedarse	to stay remain, to get left behind
se le quedó/quedaron	you/he/she left [something (sing. or pl.)] behind
se me quedó/quedaron	I left [something (sing. or pl.)] behind

romperse	to break
se le rompió/ rompieron	[something (sing. or pl.)] broke (on you/him/her)
se me rompió/ rompieron	[something (sing. or pl.)] broke (on me)

• Los sustantivos
Nouns

la bocacalle	intersection
el cansancio	tiredness, exhaustion
la cita	appointment; date
la dolencia	ailment
el dolor	pain
la fibra	fiber
el florero	flower vase
el historial clínico	medical history
la llave	key
el pensamiento	thought
la regla	rule; ruler (measurement)
la salud (mental)	(mental) health
el seguro médico	medical insurance
el sonido	sound

PALABRAS SEMEJANTES: la condición, la contracción, el descongestionante, el diagnóstico, la escena, la función, el/la futbolista, la infección, interior, el movimiento, el narcótico, la parte, la presión, el pulso

REPASO: el consejo, el globo

• Los adjetivos
Adjectives

automovilístico/a	of or related to an automobile
enyesado/a	in a cast
feliz	happy
inconsciente	unconscious
molesto/a	upset
puesto/a	turned on (appliance)
torcido/a	twisted, sprained
valioso/a	valuable

PALABRAS SEMEJANTES: adecuado/a, alérgico/a, básico/a, beneficioso/a, dietético/a, frustrado/a, grave, irritable, tranquilo/a

• Palabras y expresiones útiles
Useful Words and Expressions

fácilmente	easily
¡Salud!	To your health!; Bless you!

Gramática y ejercicios

12.1 Expressing Existence: *haber*

The verb that signals existence in Spanish is **haber** (see **Gramática B.4**). It has only singular forms when used in this manner.

hay	*there is/are*
hubo, había	*there was/were*
va a haber	*there is/are going to be*
tiene que haber	*there has/have to be*
cuando haya	*when there is/are*

Hay 118 pacientes en el hospital.	*There are 118 patients in the hospital.*
Ayer **hubo** un accidente en la calle Octava.	*Yesterday there was an accident on Eighth Street.*
¿**Había** mucha gente allí cuando llegaste?	*Were there many people there when you arrived?*
¿**Va a haber** mucha gente en el consultorio?	*Are there going to be many people at the doctor's office?*
Tiene que haber varios médicos, no uno sólo.	*There have to be several doctors, not just one.*
Avíseme **cuando haya** una enfermera disponible.	*Let me know when there is a nurse available.*

> **hay** = *there is/are*
> **Hay cien centavos en un dólar.** (*There are a hundred cents in a dollar.*)

> **hubo** = *there was/were*
> **Ayer hubo un terremoto en Chile.** (*Yesterday there was an earthquake in Chile.*)

> **había** = *there was/were*
> **Después del terremoto, había mucha gente en las calles.** (*After the earthquake, there were a lot of people in the streets.*)

> **va a haber** = *there is/are going to be*
> **Mañana va a haber una conferencia sobre el SIDA.** (*There is going to be a conference on AIDS tomorrow.*)

> **haya** = *there might be*
> **Llámeme cuando haya una camilla disponible.** (*Let me know when there is [might be] a gurney available.*)

EJERCICIO 1

Complete lo siguiente con **hay, tiene que haber, había, haya** o **va a haber**.

1. Ayer me sentía mal. A las 11:30 hablé con la recepcionista de la doctora Estrada y le dije: «Señorita, me siento muy mal. ¡_____ una buena medicina para mis dolores!»

2. Ella me dijo: «Necesita ver a la doctora. _____ una hora libre esta tarde, de las 2:00 a las 3:00.»

3. Yo le dije que por la tarde no podía ir. Luego le pregunté si _____ muchos pacientes esperando en este momento.

4. Ella me contestó: «No, solamente _____ dos ahora, pero seguramente _____ más a la hora del almuerzo. ¡_____ una epidemia de gripe!»

5. Yo tosía y me quejaba. Entonces ella me dijo que la doctora podía verme esa mañana, que los casos de gripe no toman mucho tiempo. Yo le dije: «Vivo muy cerca del consultorio. Por favor llámeme cuando no _____ nadie esperando.»

12.2 Expressing Changes in States: *become, get*

GRAMÁTICA ILUSTRADA

12.2. Gramática ilustrada. Direct students' attention to these drawings; read the captions aloud. In our experience students often have difficulty understanding these structures and expressions. We do not expect first-year students to use these expressions in their own speech.

Esteban se puso nervioso cuando daba un informe en su clase de historia.

Después de muchos años de estudios, Luis Ventura se hizo médico.

A veces Estela se vuelve loca con todas las presiones de los niños y la casa.

ponerse: *signals a change in condition*
hacerse: *signals a more permanent change of being*

Al oír la mala noticia, se puso triste. (*On hearing the bad news, he became sad.*)

Después de tres años de estudios, se hizo abogada. (*After three years of study, she became a lawyer.*)

A. Ponerse, hacerse, and **volverse** describe changes in states when followed by adjectives and certain nouns.

Use **ponerse** with	most adjectives, such as **triste, furioso/a, nervioso/a, contento/a, serio/a, de mal (buen) humor, molesto/a,** and so on.
Use **hacerse** with	**rico/a, bueno/a, malo/a;** all professions (**abogado/a** and so on); religions and political affiliations (**católico/a** and so on).
Use **volverse** with	**loco/a, desobediente, antipático/a**

Me puse muy contenta cuando leí tu carta.
I became very happy when I read your letter.

Adela estudió mucho y **se hizo profesora** en tres años.
Adela studied a lot and became a professor in three years.

Alberto va a **volverse loco** con todo el trabajo que tiene.
Alberto is going to go crazy with all the work that he has.

B. Some adjectives have corresponding verb forms that express *become* + the adjective. In these cases, either the verb form or the expressions **ponerse** + adjective can be used.

ponerse alegre = alegrarse
ponerse delgado/a = adelgazar
ponerse enfermo/a = enfermarse

ponerse enojado/a = enojarse
ponerse gordo/a = engordar
ponerse triste = entristecerse

Cuando Estela leyó la noticia de la muerte de su primo, **se entristeció.**

Ernesto **se enojó** cuando le contaron la historia del accidente.

Diego **engordó** mucho el verano pasado porque no hizo bastante ejercicio.

When Estela read the news of her cousin's death, she *became sad.*

Ernesto *got angry when they told him the story of the accident.*

Diego *became very fat last summer because he didn't exercise enough.*

EJERCICIO 2

Indique la respuesta lógica.

Ej. 2. Students need select only the most logical answer, not produce correct forms.

MODELO: Ayer cuando salió el sol,...
a. nos pusimos de buen humor.
b. nos enfermamos.
c. nos hicimos médicos. →
Ayer cuando salió el sol, nos pusimos de buen humor.

1. Después de muchos años de estudio, Esteban...
a. se puso muy nervioso.
b. se hizo veterinario.
c. se entristeció.

2. Cuando supieron los detalles del accidente de Amanda con el coche nuevo, sus padres...
a. se pusieron molestos.
b. se hicieron republicanos.
c. se alegraron.

3. Cuando el héroe murió al final de la película, Graciela...
a. se volvió loca.
b. se puso triste.
c. se hizo actriz.

4. Con tantos exámenes la semana pasada, los estudiantes...
a. se volvieron locos.
b. se pusieron contentos.
c. se hicieron católicos.

5. Después de caminar algunos kilómetros bajo la lluvia, don Eduardo...
a. se puso enfermo.
b. se hizo rico.
c. se puso alegre.

12.3. The position of object pronouns with commands was mentioned in *Gramática 11.1*. This section includes placement of pronouns in affirmative and negative commands and introduces verbs of volition, such as *aconsejar*, that normally

12.3 Making Requests: Indirect Object Pronouns with Commands and the Present Subjunctive

---

¿RECUERDA?

As you know from **Gramática 11.1** and **11.2**, object pronouns follow and are attached to affirmative commands but precede negative ones.

Muéstreme dónde le duele.	*Show me where it hurts (you).*
No **le** lleve la medicina al señor Ruiz hasta mañana.	*Don't take the medicine to Mr. Ruiz until tomorrow.*

Object pronouns also precede subjunctive verb forms.

El médico quiere que **le** ponga a la señora Silva una inyección de antibióticos.	*The doctor wants you to give Mrs. Silva an injection of antibiotics.*
Voy a comprar la medicina cuando mi esposo **me** dé el dinero.	*I'm going to buy the medicine when my husband gives me the money.*

Object pronouns:

1) are generally placed before the first verb.

El médico le recetó jarabe para la tos. (*The doctor prescribed cough syrup for him/her.*)

2) may optionally be attached to the end of an infinitive or present participle (*-ando/-iendo*).

La doctora iba a ponerle una inyección. / La doctora le iba a poner una inyección. (*The doctor was going to give him/her a shot.*)

¿El paciente? Están examinándole la pierna ahora mismo. / ¿El paciente? Le están examinando la pierna ahora mismo. (*The patient? They are examining his leg right now.*)

3) *must* be attached to the end of affirmative commands.

Póngale una curita. (*Put a Band-Aid on him/her.*)

Here are four additional verbs that can be used like **querer** to give "softened" commands. It is necessary to use an indirect object pronoun with these verbs to point out to whom the command is given, even when the person or persons receiving the action are mentioned.

aconsejar *to advise* (*someone to do something*)
decir *to tell* (*someone to do something*)
pedir (i) *to ask* (*that someone do something*)
recomendar (ie) *to recommend* (*that someone do something*)

Los médicos siempre **les recomiendan** a los niños que no **coman** muchos dulces.	*Doctors always recommend to children that they not eat a lot of candy.*
Voy a **pedirles** a las enfermeras que **estén** aquí a las 4:00.	*I am going to ask the nurses to be here at 4:00.*
Mi papá siempre **me dice** que **tenga** mucho cuidado en la autopista.	*My dad always tells me to be very careful on the freeway.*
El psiquiatra **les aconseja** a muchos de sus pacientes que **tomen** unas vacaciones.	*The psychiatrist advises many of his patients to take a vacation.*

¡OJO!

Only the position of the pronoun changes; the verb forms are the same in affirmative and negative **usted** commands.

---

take indirect object pronouns. You may want to remind students that command and subjunctive forms are the same. (The present subjunctive was introduced in *Gramática* 11.2 with the verb *querer* and in *Gramática* 11.3 after *cuando*.) We do not

EJERCICIO 3

Usted no está de acuerdo. Haga negativos estos mandatos afirmativos.

MODELO: Hágale las preguntas a la dentista. →
No le haga las preguntas.

1. Muéstrele su pierna a la enfermera.
2. Dígame si le duele mucho.

expect first-year students to be proficient in their speech with either commands or the volitional subjunctive in general, but most do learn some common combinations (such as *dígale*) and at least understand them.

3. Llévele estos papeles a la recepcionista.
4. Tráigale la comida al paciente.
5. Déle la receta al farmacéutico.

EJERCICIO 4

Cambie estos mandatos negativos por mandatos afirmativos.

MODELO: No le muestre la herida a la enfermera. →
Muéstrele la herida a la enfermera.

1. No me llame el miércoles.
2. No nos traiga la medicina.
3. No le diga su nombre al médico.
4. No les lleve la receta a los pacientes.
5. No me dé la información.

EJERCICIO 5

¿Qué les recomienda el doctor Sánchez a estas personas?

MODELO: Al paciente: Explíqueme sus síntomas. →
El doctor Sánchez le recomienda al paciente que *le explique* sus síntomas.

1. A la enfermera: Póngale la inyección a la paciente del cuarto número 408.
2. Al paciente: Llámeme mañana para pedir los resultados del análisis de sangre.
3. A la enfermera: Explíquele los síntomas de la gripe a la señora López.
4. A la recepcionista: Lléveles a los señores Gómez estos papeles del seguro médico.
5. Al paciente: Cuéntele a la enfermera cómo ocurrió el accidente.

12.4 Relating Unplanned Occurrences: *se*

Use the pronoun **se** + a verb to describe unplanned occurrences such as forgetting, dropping, leaving behind, and breaking.

—¿Qué le pasó al coche?
—**Se** descompuso.
—¿Qué le pasó a la botella?
—**Se** cayó y **se** rompió.

—*What happened to the car?*
—*It broke down.*
—*What happened to the bottle?*
—*It fell and broke.*

If a person is involved, he or she is referred to with an indirect object pronoun: **me, te, le, nos, os,** or **les.**

Se me olvidó la medicina.
A Ernestito **se le** perdió el dinero.

I forgot the medicine.
Ernestito lost the money.

If the object involved is plural, the verb must also be plural.

Se me **quedaron los libros** en casa.

I left my books at home.

In negative commands and subjunctive forms, object pronouns precede the verb.

No le ponga la inyección ahora. (*Don't give him/her the shot now.*)
El médico recomienda que Andrea les dé la medicina a las niñas antes de la cena. (*The doctor recommends that Andrea give the girls their medicine before dinner.*)

¡OJO!

Use both the indirect object pronoun and a prepositional phrase. Remember that object pronouns must precede conjugated verbs.

The **se** construction will take some time to acquire, but it is very common. You will read and hear it often.

12.4. This is a common but highly complex structure. Do not expect more than recognition ability from your students. Most students memorize a few of the most common forms (for example, *se me olvidó*) but do not produce them until after they have heard them a number of times in the input and have reached a relatively high level of fluency.

EJERCICIO 6

Mire los dibujos y diga qué les pasó a estos objetos.

MODELO: —¿Qué le pasó al cajero automático?
—¡Se descompuso!

1. —¿Qué le pasó al perrito?

2. —¿Qué les pasó a los lentes?

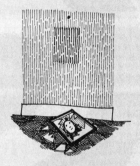

3. —¿Qué le pasó al cuadro?

4. —¿Qué le pasó a la máquina de los refrescos?

EJERCICIO 7

Ej. 7. This exercise requires relatively complex structure manipulation; you may wish to omit it or do it in class.

¿Qué les pasó a estas personas? Describa las escenas. Los dibujos siguen en la página 433.

MODELO: romper / botella de jarabe para la tos / el médico →
Al médico *se le rompió* la botella de jarabe para la tos.

1. descomponer / carro / Lan

2. caer / espejo / dentista

3. olvidar / estetoscopio / en su coche / doctor Rocha

4. quedar dentro de la casa / llave / Ernesto y Estela

5. perder / vendajes / las enfermeras

12.5 Narrating Past Experiences: The Present Perfect, Imperfect, and Preterite

GRAMÁTICA ILUSTRADA

1. Cuando el paciente llegó al consultorio del doctor Eloy Ovando, ya había tres pacientes. Todos esperaban con paciencia. Pero él no quería esperar.

2. Habló con la recepcionista y ella le dijo que el doctor no podía atenderlo porque no tenía cita y había muchos pacientes esperando. El paciente se puso furioso y dijo: —Siempre he venido sin hacer cita y el doctor siempre me ha atendido inmediatamente. ¡Eloy es mi mejor amigo!

12.5. Gramática ilustrada. Direct students' attention to the drawings; read the captions aloud. In this section we describe the meaning of the past and imperfect when they are used in simple narration. Most students will not be able to use the preterite and the imperfect in either spoken or written narration with any degree of accuracy until they have had much more exposure to Spanish. Our opinion is that students develop a feel for the preterite and the imperfect by listening to and reading Spanish rather than by reading grammar explanations and doing exercises.

3. El doctor salió a ver quién gritaba tanto. La recepcionista le dijo que un paciente insistía en entrar inmediatamente pero que había llegado después de todos y no tenía cita.

4. Al ver al paciente, el doctor lo saludó cortésmente y le preguntó: —¿Se siente mal? ¿Tiene cita hoy? —Los pacientes y la recepcionista se pusieron contentos. Pero el paciente se puso más furioso todavía.

> Tenses and examples:
> present perfect: (**yo**) **he hablado** (*I have spoken*)
> imperfect: (**yo**) **hablaba** (*I used to speak, was speaking*)
> preterite: (**yo**) **hablé** (*I spoke* [completed event])

A. English and Spanish each have several verb forms to choose from that relate past experiences. For example, the verb *to go* has the following past forms in English: *went, used to go, was going,* and *have gone.* Here are some guidelines to help you choose the Spanish form that will best convey the information you want to express.

PRESENT PERFECT

(See **Gramática 10.1**) This tense is used to ask and answer a *Have you ever . . . ?* question. It has no reference to the specific time in the past when an event occurred.

—¿**Has escalado** una montaña alguna vez en tu vida?	—*Have you ever in your life climbed a mountain?*
—Sí, **he escalado** muchas montañas.	—*Yes, I've climbed many mountains.*

It also describes something you *have* or *have not yet* done.

> **Nunca he hablado con el presidente.** (*I've never spoken with the president.*)
> **De niña, hablaba mucho en clase.** (*As a child, I talked a lot in class.*)
> **Ayer hablé con mi vecino.** (*Yesterday I talked with my neighbor.*)

Nunca **he montado** a caballo, pero mañana voy a aprender.	*I have never ridden a horse, but tomorrow I am going to learn.*

IMPERFECT

(See **Gramática 9.3–9.5.**) The imperfect tense describes things you *used to do* or *would always do.*

De niña, siempre **jugaba** con mis muñecas en el patio.	*As a little girl, I used to play with my dolls on the patio.*

It commonly describes states in the past.

En el kínder, yo **era** una niña muy curiosa y nunca **tenía** miedo de nada.	*In kindergarten, I was a very curious little girl and was never afraid of anything.*

It also describes what someone was doing or what was happening when something else interrupted the action.

| **Caminaba** tranquilamente por la calle cuando oí los gritos. | *I was walking peacefully down the street when I heard the screams.* |

PRETERITE

(See **Gramática 6.3; 7.1–7.3.**) The preterite (simple past tense) is used to describe *completed events* that are isolated in the past.

| Anoche **fui** al cine con mis amigos. **Vimos** una película muy aburrida. Después **comimos** pizza en un restaurante italiano. | *Last night I went to the movies with my friends. We saw a very boring movie. Afterward we ate pizza in an Italian restaurant.* |

B. To tell a story or relate past events, the preterite forms are most frequently used: **fui, comí, salí, bailé, me divertí, dormí,** and so on. Imperfect forms usually describe the background or set the stage for the story: **vivía, jugaba, llovía, hacía calor.** In the following examples, the tenses in parentheses indicate what tense the corresponding Spanish verb would be in.

> To tell the action of a story, use the preterite: **fui, salió, comieron, bailaste, nos divertimos.**

One night I was waiting (*imperfect*) at the bus stop on my way home from work. It was raining (*imperfect*) very hard, and I was (*imperfect*) very tired after a long, difficult day at work.

In most stories after the stage has been set with the imperfect, as in the preceding example, the story line is developed with the preterite.

> To set the scene or describe the background for a story, use the imperfect: **Hacía sol... , Eran las 2:30... , Todos dormían...**

Suddenly, I saw (*preterite*) the familiar face of my friend Ralph speed by in a new car. I waved (*preterite*) to him, but he didn't stop (*preterite*). He sped (*preterite*) on by without even a glance toward me. The bus arrived (*preterite*) within a few minutes, and I boarded (*preterite*).

Often in a story, description and narration of the main events are intermixed, so the tenses are, too.

I immediately noticed (*preterite*) that the bus was (*imperfect*) full and that I had to (*imperfect*) stand. Many other people were standing (*imperfect*), too. Buses were (*imperfect*) always so crowded during rush hour in San Francisco.

The preterite is often used to narrate the outcome of a story.

Finally we arrived (*preterite*) at my stop. I quickly got off (*preterite*) and walked (*preterite*) home. The house was (*imperfect*) dark, but when I opened (*preterite*) the door about fifty people, including Ralph, shouted (*preterite*) "Happy Birthday!" It turned out (*preterite*) to be a very good day indeed!

Ej. 8. OGA: Before assigning this exercise, ask students to identify the picture you describe. Give descriptions out of order. **Descriptions: 1.** *Estela barría (estaba barriendo) el patio cuando Ernesto se cayó de la escalera.* **2.** *Amanda se cayó cuando patinaba (estaba patinando).* **3.** *Andrea se maquillaba (estaba maquillándose) cuando Pedro se resbaló y se cayó en la bañera.* **4.** *Ernesto manejaba (estaba/iba manejando) su coche cuando un perro atravesó la calle… ¿Lo atropelló Ernesto?* **5.** *Los chicos jugaban (estaban jugando) cuando la pelota rompió la ventana / el vidrio.* **6.** *Ernesto y Estela veían (estaban viendo) la televisión cuando ocurrió un terremoto.* Then assign as homework.

EJERCICIO 8

En cada uno de los dibujos a continuación hay dos actividades: una interrumpe la otra. Describa cada dibujo, siguiendo el modelo.

MODELO: Amanda y Graciela *caminaban* por el parque cuando don Eduardo *tuvo* un infarto (ataque al corazón).

1. Estela y Ernesto

2. Ramón y Amanda

3. Andrea y Pedro

4. Ernesto

5. Ernestito y sus amigos

6. Ernesto y Estela

¡Salud empieza con Tadin… naturalmente!

SIETE AZAHARES
…y duerma bien!

MANZANILLA
…y disfrute de la vida!

Adquiera estos productos en su mercado preferido.

Visítenos en www.tadininc.com o llámenos al 323/728-5100

TADIN
HERBS & TEA CO.

EJERCICIO 9

Aquí tiene usted lo que Paula le contó a su hermana Andrea anoche. Escoja la forma correcta de los verbos en letra cursiva.

Ayer *trabajé/trabajaba*[1] hasta las ocho de la noche. *Salí/Salía*[2] como de costumbre de mi oficina y *caminé/caminaba*[3] hasta la parada del autobús. *Hubo/Había*[4] poca gente que *esperó/esperaba*[5] porque ya *fue/era*[6] muy tarde. *Pensé/Pensaba*[7] en el proyecto para el día siguiente, cuando *vi/veía*[8] a una señora muy vieja que *caminó/ caminaba*[9] por la calle directamente enfrente de la parada donde yo *estuve/estaba.*[10] De repente, *llegó/llegaba*[11] un hombre, muy joven, y por supuesto, mucho más grande que la viejita, y le *robó/ robaba*[12] la bolsa a la señora. Ella *empezó/empezaba*[13] a gritar. El ladrón *desapareció/desaparecía*[14] rápidamente, pero cuando *llegó/ llegaba*[15] el policía, yo le *di/daba*[16] una descripción muy detallada del hombre y de su ropa. Por fin *llegó/llegaba*[17] el autobús y *llegué/llegaba*[18] a casa un poco antes de las diez.

Ej. 9. This is a fairly difficult exercise for most students, and some teachers may choose to omit it. **OGA:** You may want to remind students about the idea of background action/state versus single completed events and then do this exercise together with the whole class.

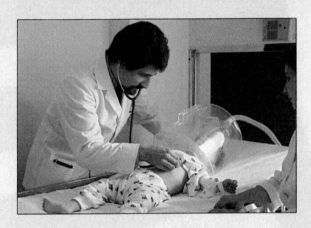

Bogotá, Colombia: Este doctor especialista en pediatría revisa el aparato de oxígeno de su pequeño paciente.

Capítulo 13

METAS

In **Capítulo 13** you will talk about manufactured goods of all kinds. You will also use numbers in the thousands and millions to describe buying and selling.

Sobre la artista:
Mihra es el seudónimo de Haydée Mendizábal. Esta artista nació en Lima, Perú, en 1948. Empezó sus estudios en la Escuela de Artes Plásticas en Lima en 1976. También estudió en Brasil y en los Estados Unidos. Sus obras reflejan la diversidad cultural que es Perú y se transmiten por medio de una paleta colorida y espontánea.

Domingo en la mañana, por Mihra (Haydée Mendizábal), de Perú

Goals—Capítulo 13
Capítulo 13 gives students the opportunity to talk about manufactured products and the materials from which they are made. Students will also talk about their experiences buying and selling. They will use numbers in the thousands and millions through several different types of activities. The chapter also provides information on clothing, fashion, shopping, and commerce in the Hispanic world. The grammar section includes nominalization of adjectives, demonstrative pronouns, additional uses of *por* and *para*, more on indirect object pronouns, and use of direct and indirect object pronouns together.

ACTIVIDADES DE COMUNICACIÓN

- Los productos y los materiales
- Los precios
- Comprando ropa
- Las compras y el regateo

EN RESUMEN

Los productos y los materiales. Bring in objects or pictures to illustrate materials in the display. Talk about each, asking questions such as *¿Para qué se usa? ¿De qué está hecho/a?* Distribute objects (a block of wood, ball of yarn, piece of silk, scissors, frying pan, manual can opener, drinking glass, piece of leather, piece of brick, large rock [a foam rock is fun], tools [toy tools work well], costume jewelry, etc.). Have students arrange desks in a circle and pass out items to various class members, commenting as you do. *Estas tijeras son de plástico, son para niños, pero se puede cortar cosas con ellas. Son para Julie.* (Give to student.) *Julie las tiene. Este abrelatas es para abrir latas. Se lo doy a Jeff. Ahora Jeff lo tiene.* After all the items have been distributed, ask: *El abrelatas, ¿quién lo tiene? (Jeff) Sí, Jeff lo tiene. Jeff, déselo a Tammy.* Repeat this sequence with many objects, commenting on materials (*Es/Son de...*) and function (*Es/Son para ... /Se usa(n) para...*). Zany

LECTURAS Y CULTURA

- **Ventanas culturales**
  Las costumbres: El arte de los taínos
- **El mundo hispano**
  La gente: Ana Lilia Gaitán
- **Ventanas culturales**
  La vida diaria: La moda joven
- **Lectura**   El Rastro

GRAMÁTICA Y EJERCICIOS

13.1 Describing People and Things: Adjectives Used as Nouns

13.2 Indicating Which One(s): Demonstrative Pronouns

13.3 Talking about Price, Beneficiary, and Purpose: *por* and *para* (Part 2)

13.4 Exchanging Items: Indirect Object Pronouns

13.5 Referring to People and Things Already Mentioned: Using Indirect and Direct Object Pronouns Together

De compras

PREGUNTAS DE COMUNICACIÓN

- ¿Le gusta ir de compras?
- ¿Prefiere hacer las compras en un centro comercial, en una tienda pequeña o por medio del Internet? ¿Qué tipo de cosas ha comprado por el Internet?
- ¿Le gusta ir de compras cuando hay ventas especiales?
- ¿Le gusta comprar ropa o prefiere comprar otras cosas? ¿libros? ¿discos compactos? ¿aparatos domésticos?
- ¿Ha ido de compras en el extranjero? ¿Pudo regatear? ¿Le gustó la experiencia?

commands make this an entertaining activity: *Tammy, póngase de pie, acérquese a Rob, ábrale la cabeza con el abrelatas. ¿Qué hay adentro? ¿Nada? Pobrecito. Kyle, póngale el pedazo de seda alrededor del cuello a Kim. ¡Qué bonita está Kim con su bufanda!* See the IRK for TPR: *Los productos y los materiales.*

MULTIMEDIA ▼

Visit the *Dos mundos* Website at www.mhhe.com/dosmundos for additional activities, links, and other resources.

The video to accompany *Dos mundos* includes cultural footage on Venezuela.

The multimedia CD-ROM to accompany *Dos mundos* offers a variety of activities to review vocabulary and grammar from this chapter. You will also find additional cultural information and video clips.

Actividades de comunicación y lecturas

❋ Los productos y los materiales

Lea Gramática 13.1–13.2.

Los productos y los materiales. Much of the vocabulary in this display will be new to students. Verify class comprehension of all vocabulary in the display and the activities as you proceed through these materials.
See IRK for additional activities: *Los productos y los materiales.*

Las tijeras son de acero.

El hilo es de algodón.

La caja es de cartón.

Los pantalones vaqueros son de mezclilla.

Las botas son de cuero.

El anillo es de diamantes.

Las botas están hechas de goma.

La sartén es de hierro.

Las herramientas son de acero.

La chimenea es de ladrillo.

El suéter es de lana.

La mecedora es de madera.

El abrelatas está hecho de plástico.

Las joyas son de oro y plata.

El vaso es de vidrio.

Act. 1. Definiciones (whole-class). Suggestion: Read the definitions aloud with the whole class and have them identify materials.

ACTIVIDAD I Definiciones: Los materiales

Lea las seis definiciones siguientes y diga qué material corresponde a cada descripción.

1. Es una piedra preciosa translúcida y muy valiosa. África del Sur exporta muchas de estas piedras.
2. Es la piel de un animal que se usa en la fabricación de botas, cinturones, bolsas y maletas.
3. Este material es como el papel, pero es más resistente. Se utiliza en la fabricación de cajas.
4. Este material se deriva del petróleo. Se usa para fabricar envases, botellas, bolígrafos, cepillos, aparatos domésticos y muchas cosas más.

5. Éstos son de un material derivado de la tierra. Vienen en varios colores naturales como rojo, café o beige. Se usan mucho en la construcción de edificios, chimeneas, asadores y patios.

6. Es una materia prima que viene de los árboles. Se usa en la construcción de casas y para fabricar muebles.

ACTIVIDAD 2   Intercambios: Los productos, los materiales y sus usos

Diga para qué se usan estas cosas o materiales.

MODELO: E1: ¿Para qué se usa *una computadora*?
             E2: Se usa para *escribir cartas, y para navegar por el Internet.*

             E1: ¿Para qué se usa *la plata*?
             E2: Se usa para *hacer anillos y otras joyas.*

1. una caja de cartón	5. una licuadora	8. la lana
2. las herramientas	6. el acero	9. el vidrio
3. un asador	7. el algodón	10. la goma
4. un abrelatas		

¿De qué están hechos los siguientes objetos?

MODELO: E1: ¿De qué está hecha la mecedora?
             E2: Está hecha de madera.

             E1: ¿De qué están hechos los lentes?
             E2: Están hechos de vidrio, plástico y metal.

1. la mesa	3. el anillo	5. los zapatos
2. las tijeras	4. el martillo	6. las llantas

ACTIVIDAD 3   Intercambios: Las preferencias

Usted necesita comprar varios regalos. El dependiente / la dependienta (su compañero/a) le ha mostrado varios objetos de diferentes estilos. Diga cuál prefiere y por qué.

▶ **PALABRAS ÚTILES**

más elegante(s)	más bonito(s)/a(s)
más práctico(s)/a(s)	más durable(s)

MODELO: DEPENDIENTE/A: ¿Prefiere usted el suéter grueso o el ligero?
             USTED: Prefiero el grueso porque es de lana.

1. el anillo de oro o el de plata	4. la mesa de madera o la de vidrio
2. las tijeras de acero o las de plástico	5. el abrelatas eléctrico o el manual
3. la calculadora pequeña o la grande	6. el disco compacto o el cassette

Act. 2. Asociaciones (whole-class; partner-pair). **Preview:** Write useful infinitives on the board to help students do this activity. **Suggestions:** Do the *modelo* with the whole class. Then pair students to match these items and add an activity.

Possible answers, first section: 1. *Una caja de cartón se usa para poner cosas adentro.* 2. *Las herramientas se usan para reparar un carro.* 3. *Un asador se usa para preparar la carne.* 4. *Un abrelatas se usa para abrir latas.* 5. *Una licuadora se usa para mezclar varios ingredientes (para licuar las comidas).* 6. *El acero se usa para hacer muebles, carros y muchas otras cosas.* 7. *El algodón se usa para hacer ropa, tela e hilo.* 8. *la lana se usa para hacer suéteres y gorras.* 9. *El vidrio se usa para hacer vasos, floreros y parabrisas.* 10. *La goma se usa para hacer llantas y botas.*

Second section: 1. *Una mesa está hecha de madera, de vidrio o de metal.* 2. *Las tijeras están hechas de metal o de plástico.* 3. *Un anillo está hecho de plata o de oro.* 4. *Un martillo está hecho de madera y de hierro o acero.* 5. *Los zapatos están hechos de cuero y de goma.* 6. *Las llantas están hechas de goma.*

AA 1 (whole-class). Use your PF to talk about preferences and styles: *Aquí hay dos faldas. ¿Prefiere usted la roja o la azul?* Clothing, houses, and cars lend themselves well to questions about preferences for items.

Act. 3. Intercambios (whole-class; partner-pair). **Suggestion:** Read the situation and *modelo* aloud with the whole class. Then pair students to do the *intercambios.*

VENTANAS CULTURALES · Las costumbres

El arte de los taínos

Ventanas culturales: Las costumbres After students read the segment, emphasize that there are few, if any, *taíno* descendants in contemporary Caribbean societies. Explain: *La población nativa desapareció a causa del arduo trabajo y las enfermedades que trajeron los españoles, como la viruela* (smallpox) *y el sarampión* (measles). *Hubo también muchos suicidios masivos: Los taínos se* suicidaban porque no soportaban el abuso, la humillación, y el trabajo brutal que exigían los españoles.

La primera isla colonizada por los españoles en el Nuevo Mundo fue «La Hispaniola», que hoy comparten Haití y la República Dominicana. Allí vivían varias tribus indígenas: los taínos, los caribes, los arawakos y los siboney. Los taínos eran gente pacífica. Tenían la piel de color cobre y el pelo espeso, largo y negro. Andaban desnudos, pero las mujeres casadas llevaban «naguas», un tipo de delantal de algodón. A veces se pintaban con tinturas sacadas de la tierra y se adornaban con conchas y metales. Los taínos comenzaban su día con el ritual de un baño y oraciones.

El arte era esencial en la vida de los taínos. Muchos de ellos se dedicaban a la artesanía. Hacían esculturas de piedra y cerámica. Hacían también joyería de coral, concha y piedra. Elaboraban artefactos religiosos llamados *cemis*, y sillas de madera que los taínos llamaban *duhos*. Los duhos ceremoniales eran sillas grandes decoradas con oro y piedras semipreciosas.*

El final de estos indígenas caribeños fue muy triste. Todos murieron durante la colonización española a causa del duro trabajo y las enfermedades traídas por los europeos. Pero por suerte nos queda su arte: una obra hermosa que muestra la armonía y la fuerza espiritual del mundo que habitaban los taínos.

VOCABULARIO ÚTIL

cobre	copper
espeso	thick
desnudos	nude
el delantal	apron
las tinturas	dyes
las conchas	sea shells
las oraciones	prayers
la artesanía	crafts
las esculturas	sculptures
Elaboraban	They made

---

*Si usted viaja a la República Dominicana, trate de visitar el Museo del Hombre Dominicano, que se encuentra en la Plaza de la Cultura de la ciudad de Santo Domingo. Este museo conserva una de las más grandes colecciones de arte taíno. Y no muy lejos hay otra colección muy valiosa en la Sala de Arte Prehispánico de la Fundación García Arévalo.

You may want to assign a composition or oral presentation for extra credit: Students can research the *taíno* culture and write about other aspects of their civilization such as social hierarchies (the role of the *cacique* or chieftain, for example), dwellings, religion (the *areito* ceremony), food (the importance of the breadlike *casabe*), language, and so forth. There could also be a report on the colonization process.

✳ Los precios

Lea Gramática 13.3.

—¿Cuánto valen estas playeras?
—Pido sólo $83.00 pesos por cada una.
—¡Qué ganga!

—¿Cuánto cuesta esta chamarra de cuero?
—Cuesta $975.00 pesos, señorita.
—¡Qué lástima! Sólo tengo $725.00.

—Compré una playera y una chamarra muy lindas hoy.
—¿Cuánto pagaste por la chamarra?
—Pagué $725.00 pesos ¡y ahora no tengo ni un centavo!

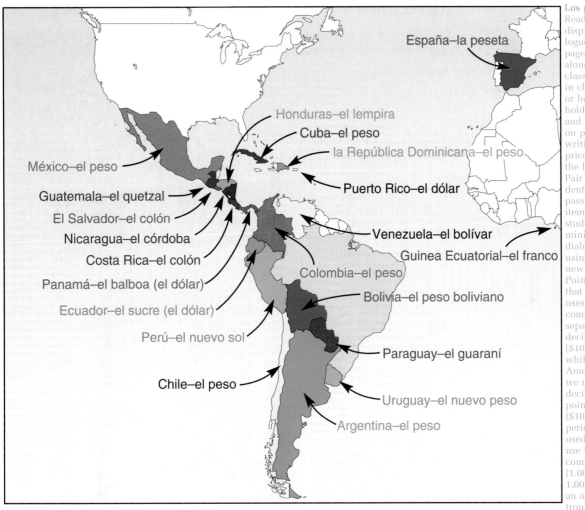

España–la peseta

Honduras–el lempira

Cuba–el peso

la República Dominicana–el peso

México–el peso

Puerto Rico–el dólar

Guatemala–el quetzal

El Salvador–el colón

Nicaragua–el córdoba

Venezuela–el bolívar

Guinea Ecuatorial–el franco

Costa Rica–el colón

Panamá–el balboa (el dólar)

Colombia–el peso

Ecuador–el sucre (el dólar)

Bolivia–el peso boliviano

Perú–el nuevo sol

Paraguay–el guaraní

Chile–el peso

Uruguay–el nuevo peso

Argentina–el peso

Los precios. Read the display dialogues on page 442 aloud to the class. Bring in clothing or household items and decide on prices, writing a price list on the board. Pair students and pass out items. Have students do mini display dialogues using the new items. Point out that Europe uses a comma to separate decimals ($10,99), while in the Americas we use a decimal point ($10.99); the period is used as we use the comma (1.000 = 1,000), and an apostrophe is used for millions (28'580.000). Some of the clothing vocabulary and most of the vocabulary for monetary units in this display will be new to students. Verify class comprehension of all vocabulary in the display and the activities as you proceed through these materials. See IRK for additional activities: *Los precios.*

AA 2 (whole-class). Use the Internet to find out what the current exchange rate is for the money shown in the display. Discuss the monetary status of countries that switched to U.S. currency in the late 1990s (El Salvador and Ecuador). Have students practice converting from dollars to *pesetas, bolívares, quetzales, colones,* and *pesos mexicanos.* Bring in photos of objects and have the class decide on prices for items in *pesetas* one day, *pesos* another, and so on. If you have samples of these coins or paper bills, bring them in.

1000	mil	230,000	doscientos treinta mil
2000	dos mil	500,000	quinientos mil
10,000	diez mil	1,000,000	un millón (de)
26,000	veintiséis mil	3,700,000	tres millones, setecientos mil
100,000	cien mil	150,000,000	ciento cincuenta millones (de)

ACTIVIDAD 4   Asociaciones: ¿Cuánto cuestan?

¿Cuánto cuestan los siguientes aparatos en los Estados Unidos? Haga una lista, empezando con el artículo más caro y terminando con el más barato. Luego decida cuáles considera usted más útiles y necesarios y explique por qué.

GRUPO A

1. un televisor en colores
2. un abrelatas eléctrico
3. una calculadora de bolsillo
4. un horno de microondas
5. un reproductor de discos compactos (un tocacompactos)

GRUPO B

1. un radio-reloj despertador
2. un diccionario electrónico
3. una sartén eléctrica
4. una computadora con impresora a colores
5. una videocasetera para DVD

Act. 4. Asociaciones (partner-pair; group). **Suggestion:** Pair or group students; have them decide on a price for each item, then order the items from the most expensive to the least. Point out that the words used to refer to modern electronic equipment are often cognates; however, they vary from country to country. We use *videocasetera* for a videorecorder or a video playback unit, but we have also heard *videograbadora*. We call a portable radio cassette player *un radio cassette portátil*, but most speakers leave off the word *portátil*. The Walkman-type radio cassette players are called *audífonos* by most Mexicans, even though the word properly refers only to the earphones. *Televisor a colores, televisor en colores,* and *televisor de color* are all used.

Follow-Up: With the whole class, order items in each group, write on the board and assign a price. Then ask questions such as: *¿Tiene usted un televisor en colores en su cuarto? ¿Tiene control remoto? ¿Tiene cable? ¿Cuántos canales recibe? ¿Tiene un diccionario electrónico? ¿Lo usa con frecuencia?*

Act. 5. Intercambios (whole-class; partner-pair). **Preview:** First use pictures of houses and/or cars to introduce and review large numbers: *¿Cuánto cuesta esta casa? $305,000 (trescientos cinco mil dólares.)* Place the pictures in a row on the board and write prices in dollars above them, then ask questions about the prices. **Suggestion:** Have the whole class read these ads for houses; answer any vocabulary questions. Then pair students and have them do the activity. **Expansion:** Give students the conversion rate for the Mexican peso or Spanish *peseta* (euro) and have them calculate equivalent prices for these houses in the new currency. **Example:** Let's say the Mexican peso was worth about 9.5 to the dollar when these ads were written, so the above house would have cost $2,897,500 (*dos millones, ochocientos noventa y siete mil, quinientos pesos*).

ACTIVIDAD 5   Intercambios: El precio de una casa

Pregúntele a su compañero/a cuánto cuestan estas casas y luego dígale qué casa prefiere usted y por qué.

SAN ANTONIO, TEXAS
4 dormitorios • 3 baños • sala de recreo • garaje para 3 carros •
• $198,800.00

FILADELFIA, PENSILVANIA
3 dormitorios • 2 baños • chimenea enorme • cocina renovada •
• $305,000.00

SAN JUAN, WASHINGTON
2 dormitorios • 1 baño • cocina y comedor combinados • vista panorámica •
• $285,750.00

MIAMI, FLORIDA
3 dormitorios • 3 baños • terraza con spa • aire acondicionado • garaje para dos autos •
• $174,900.00

ANN ARBOR, MICHIGAN
4 dormitorios • 3 baños • piscina • cocina amplia • sala y sala de recreo • corral y establo para caballos •
• $462,000.00

SANTA CRUZ, CALIFORNIA
5 dormitorios • 5 baños • cocina ultramoderna • dos salas enormes con chimenea • garaje para 4 carros • piscina y canchas de tenis •
• $774,500.00

REFRÁN

Lo barato cuesta caro.

(*You get what you pay for.* Literally, *What seems cheap costs more.*)

✳ Comprando ropa

Comprando ropa. Use clothing to introduce words for items of clothing students have not learned yet. Comment about size and colors: *Esta blusa es muy bonita, pero me queda grande. A ver, ¿qué talla es?* Words for clothing change somewhat from country to country. We use *cartera* for wallet, but *billetera* is used in many places. For purse we give *bolsa*, but *bolso* is also used, and Spain and several other countries use *cartera*. Note also, *medias* (used for socks and hose in the Caribbean), *cinto* (for *cinturón* in Mexico), *trusa* (for *calzoncillos* in Mexico) and *pantuflas* (for *zapatillas* in many countries). See IRK for TPR: *La ropa* and *Vamos de compras.*

Most of the vocabulary for clothing in this display will be new to students. Verify class comprehension of all vocabulary in the display and the activities as you proceed through these materials.

See IRK for additional activities: *Comprando ropa.*

ACTIVIDAD 6 Definiciones: La ropa

1. la bufanda
2. el pijama
3. los calcetines
4. el cinturón
5. los guantes
6. la bata
7. la guayabera
8. el paraguas

a. Se ponen en las manos cuando hace frío.
b. Se usa después de bañarse.
c. Los hombres la llevan en los países tropicales.
d. Se usa cuando llueve.
e. Se pone en el cuello cuando hace frío.
f. Se usa para sujetar los pantalones.
g. Se usa para dormir.
h. Se ponen en los pies.

Act. 6. Definiciones (whole-class). Suggestion: Give the definition and have students name the clothing. Expansion: Have them make up definitions for other *prendas: el sombrero, los zapatos, los calzoncillos,* etc. You can also ask: *¿Para qué nos ponemos una bufanda?* (*para no tener frío en el cuello*)

Act. 7. Intercambios (whole-class; partner-pair). This is a slightly revised version of an ad that appeared in a Mexican newspaper. The vocabulary is authentic for Mexican clothing ads: note the use of *piel* for what English calls leather (*cuero*). The exchange rate when the ad was published was about 10 Mexican pesos to $1 U.S. **Preview:** Ask questions about materials: *acrilán, poliéster, mezclilla, pana.* Explain these terms as needed, as well as *corte recto* (straight legs). **Suggestion:** Have students do the interaction in pairs. Point out that since this is a sale, there are two prices: the original and the sale price.

AA 3 (individual; whole-class). Have students think of special items of clothing they would like to buy for certain people: *Piense en una prenda de vestir muy especial que usted quisiera comprar para las siguientes personas. Explique por qué quiere regalartes lo que ha escogido: su padre, su profesor(a) de español, su hermano/a, su abuelo/a, su novio/a, su mejor amigo/a.* Ask students to share with the whole class.

AA 4 (group). Divide students into groups of 4–5. Each group must decide on a gift for the instructor, who then guesses what gift each group has selected by asking *sí/no* questions. Alternative: students in pairs guess what gift their partner has selected for them.

ACTIVIDAD 7   Intercambios: Una venta

deTodo
San Francisco esquina Félix Cuevas
GRAN LOTE REBAJADO

Para niñas
Pantalones de pana de algodón, corte vaquero; tallas para 10 a 16 años de $145.00 a **$125.98**

Suéter cerrado, de acrilán, cuello «V» en colores de moda; tallas 4 a 16 años de $127.95 a **$97.95**

Para niños
Chamarra en pana de algodón, elástico en mangas y cintura, en gris, azul marino o beige; tallas 8 a 10 años de $455.89 a **$285.89**

Playera de algodón, manga larga o corta; tallas de 6 a 15 años, colores de moda de $79.99 a **$49.99**

Para damas
Pantalón estilo «jean» en mezclilla de algodón, corte recto; tallas del 5 al 13 de $236.99 a **$186.99**

Elegante **vestido** de seda de manga corta. Colores de moda; tallas del 36 al 42 de $510.00 a **$390.95**

Para caballeros
Saco de hilo y algodón, en gris y negro de $629.90 a **$439.90**

Comodísimos **zapatos** de fina piel, importados de Italia, en todos los tamaños de $695.95 a **$385.95**

deTodo *tiene* de todo
Para toda la familia

MODELOS: E1: ¿Cuánto cuesta una playera de algodón?
E2: Cuesta 49 pesos, 99 centavos.

E1: ¿Cuánto costaban los sacos?
E2: Costaban 629.90 pesos.

E1: ¿Cuánto ahorras si compras el suéter?
E2: Ahorro 30 pesos.

Act. 8. Intercambios (partner-pair). **Suggestion:** Read the model aloud, playing both parts. You may want to do this two or more times through. Then pair students to do the *Intercambios.* Encourage students to make up new items with new prices.

ACTIVIDAD 8   Intercambios: De compras

Trabaje con su compañero/a. Imagínese que usted acaba de ir de compras a varias tiendas de ropa en México, D.F. Su compañero/a le pregunta qué cosas compró usted, dónde las compró, cuánto le costaron y de qué material son.

MODELO: E1: ¿Qué compraste?
E2: *Una guayabera azul.*
E1: ¿Cuánto te costó?
E2: *Estaba rebajada a $250.00.*

E1: ¡Qué *barata*! ¿De qué es?
E2: *Es de algodón.*
E1: ¿Dónde *la* compraste?
E2: *En el Bazar de San Ángel.*

PRENDAS

un suéter de lana ($465.50)
una bufanda de seda ($220.00)
un par de guantes de piel ($392.00)
una cartera de cuero ($440.00)
un pijama de seda ($644.00)
una bata de algodón ($288.00)
un sombrero color caqui ($528.75)
un vestido de lino ($976.00)
un anillo de plata ($120.00)
un pantalón de mezclilla ($360.00)
¿ ? ($_____)

TIENDAS

El Palacio de Hierro
El Correo Francés
Safari Europeo
Sanborn's
el Bazar de San Ángel
Milano—Ropa para Caballero
la Zapatería Tres Estrellas
Trajes Suárez
Mercado de Artesanías
El Puerto de Liverpool

El mundo hispano: La gente
Ana Lilia relates a comical experience when shopping with a friend and the friend's mother. Note that there are few U.S.–style indoor malls in the Hispanic world, but all major cities have commercial areas where people go shopping, such as Quevedo and the Gran Vía in Madrid, the Zona Rosa in Mexico City, and Providencia in Santiago.

EL MUNDO HISPANO... LA GENTE

Ana Lilia Gaitán tiene 31 años y es de Chile.

¿Ha tenido usted alguna experiencia cómica o desagradable en una tienda?

Una vez acompañé a una de mis amigas y a su mamá a comprar una falda; ésta tenía que ser muy elegante, pues la señora la usaría en el matrimonio de mi amiga. Fuimos a una tienda elegante en Providencia.* La señora se probó tantas faldas que al final ella se ponía una encima de la otra.[1] Pero no compró ninguna, pues nada de lo que nos gustaba a mi amiga y a mí estaba dentro del presupuesto.[2]

SUDAMÉRICA

EL OCÉANO PACÍFICO

Chile

Santiago

EL OCÉANO ATLÁNTICO

Cuando salimos de la tienda la señora decía que se sentía incómoda,[3] que tenía mucho calor y de repente[4] se pone a reír y con cara asustada nos mira y nos dice: —¿Saben, chiquillas? ¡Tengo una falda de la tienda puesta!

«¡Qué distraída[5] la señora!», pensé yo.

---

*Providencia es una zona en la ciudad de Santiago de Chile.
[1]una... *one on top of the other* [2]*budget* [3]*uncomfortable* [4]de... *suddenly* [5]¡Qué... *How absent minded...!*

Act. 9. Situación (whole-class; partner-pair). **Preview:** Bring in several items of clothing, the crazier the better; have volunteers bring in some, too. If you can, bring in cotton, silk, wool, linen, etc., and stripes, polka dots, and checks. Write phrases on the board such as *Me queda: mal, horrible, estrecho, apretado, pequeño; Me queda (muy) bien; Me queda grande, suelto. Prefiero éste/a de rayas, lunares, cuadros; es de lino, lana, algodón,* etc. **Suggestion:** Do dialogue one or two times with a student so the class gets an idea of what is expected. Then give several items to pairs of students; have the *turista* try them on and comment on how they fit, following the pattern given in the activity.
Follow-Up: Volunteers can act out the dialogue for the class. Ask students to look for clothing stores in Spanish-speaking countries on the Internet.

AA 5 (individual; whole-class). Have students write ads for various products, bringing a picture of their product to class with the text of their ad in Spanish. Each student shows his or her product and tries to persuade the class to buy it.

AA 6 (group). Have students each bring in an object or a picture of an object. In groups of 4–6, set up an auction (*subasta*). The auctioneer describes the object, pointing out its qualities.

Ventanas culturales: La vida diaria
Have students compare the styles mentioned in the reading and those portrayed in the photo with the fashions in their

ACTIVIDAD 9   Situación: De compras en Cancún

Imagínese que usted está de vacaciones en Cancún. Entra a una tienda donde hay ropa muy original, de colores vivos. Todo le gusta, y quiere comprar algo. Pruébese varias cosas y comente cómo le quedan. Trabaje con un compañero / una compañera. Uno de ustedes debe hacer el papel de dependiente/a y la otra persona, el de turista.

DEPENDIENTE/A: ¿En qué puedo servirle?
TURISTA: Quisiera probarme un(a) _____.
DEPENDIENTE/A: ¿Qué talla usa?
TURISTA: ¿Talla? Pues, creo que _____.
DEPENDIENTE/A: Aquí están los probadores. ¿Por qué no se prueba éste/a? Creo que le va a quedar bien.
TURISTA: A ver… Pues,… creo que me queda _____.
DEPENDIENTE/A: Entonces, pruébese éste/a.
TURISTA: …

VENTANAS CULTURALES   La vida diaria

La moda joven

town or among their friends. There are several popular magazines that feature a great deal of fashion and "fashion statements" in the Hispanic communities: *Latina, People en español, Cristina, Eres, Vanidades.* Bring copies of one or more of these magazines to class and have students scan for fashion. Help them describe the clothing

VOCABULARIO ÚTIL

teñidas	*tie-dyed*
los pantalones	*bell*
de campana	*bottoms*
los atuendos	*outfits*
rebelde	*rebellious*

¿Qué ropa les gusta llevar a los jóvenes hispanos? Pues, hay varios estilos de moda. Los *jeans,* o pantalones vaqueros, se llevan para casi toda ocasión. La ropa va de acuerdo también con la personalidad. Hay jóvenes que se visten con ropa formal y elegante, mientras que otros prefieren la ropa cómoda, deportiva y amplia. Así como en los Estados Unidos, en el mundo hispano los estilos de años pasados siempre regresan. La ropa *hippie* de los años sesenta vuelve a estar de moda, por ejemplo: chalecos de cuero, camisetas teñidas con dibujos psicodélicos, pantalones de campana, minifaldas. Y los atuendos que usan los célebres de la música popular —las estrellas de *rock, hip-hop* y *rap* especialmente— influyen mucho en la manera de vestir de los adolescentes. Bueno, en todo caso, la moda joven proyecta una imagen fresca y rebelde en cualquier parte del mundo.

items in articles and ads and the images portrayed. Ask: *¿Qué imágenes proyecta esta ropa? ¿Hay un estilo que predomina? ¿Cómo es? ¿Hay aspectos en común entre la moda de las mujeres y la de los hombres?* Have students work in groups to discuss their personal views. Topic: *¿Qué opina usted de la moda?*

❋ Las compras y el regateo

Lea Gramática 13.4–13.5.

Las compras y el regateo. Read the mini display dialogues aloud. Bring in items (or have students bring in items) and pair students to do a bargaining dialogue using the new items. Teach: *Se lo (la, los, las) dejo en $* and *Lléveselo (la, los, las) por* _____ as memorized routines. Ask the class what is sold or made in each of the stores illustrated: *¿Qué se vende en una heladería?*

Follow-Up: Ask: *¿Cómo se llama una tienda donde se venden tortillas (café, papel)?* and so on.

See IRK for TPR: *Las compras y el regateo.* **Sample sequence:** *Usted está en el mercado central y quiere comprar varias cosas. Es necesario regatear. Primero, usted ve una camisa (una blusa) que le gusta. Pregúntele al vendedor cuánto cuesta. El señor le dice que vale 225 pesos. Mírela bien, entonces ofrézcale 175 pesos (Le doy 175.). El vendedor le dice que se la puede dejar en 200. Piense un poco y ofrézcale 190. El señor no los acepta y dice que 200 es el precio. Dígale gracias y siga a otra tienda. Espere, el señor lo/la está llamando. (Señor[it]a, vuelva al puesto.) El señor se la ofrece en* _____.

Verify class comprehension of all vocabulary in the display and the activities as you proceed through these materials.

See IRK for additional activities: *Las compras y el regateo.*

AA 7 (whole-class). Bring in a bag of clothing and objects from the vocabulary of this chapter. Arrange students in a circle and distribute items, giving commands: *Russ, quiero que le lleve la chaqueta amarilla a Megan. Ahora, Megan, póngasela. Nick, quiero que me traiga el abrelatas que tiene Gayle.* Give as many commands with as many objects as possible, commenting on objects and their use as you go. Some students may be able to give commands to others; some may need a little filling-in from you to do so.

AA 8 (individual; whole-class). Have students think of appropriate birthday gifts for the following people: *Luis Alberto Sánchez, un señor de 60 años de edad, aficionado a la música; María Hinostoza, señora a quien le gusta viajar; Elena Quiroga, señora a quien le gusta esquiar; Juan y Miriam Laredo, recién casados; Julio Espinoza, joven aficionado a los deportes; María Galván, ama de casa a quien le gusta cocinar.* Since by now students know quite a bit about each other, you can also ask: *¿Qué le vamos a regalar a* _____?

Act. 10. Asociaciones (whole-class; partner-pair). Suggestion: Ask the whole class *¿Dónde se compra el helado? ¿Sabe usted dónde hay una heladería en nuestra ciudad / cerca de la universidad?* Then pair students for the interview.

ACTIVIDAD 10 Asociaciones: Las tiendas en el mundo hispano

¿Dónde se compran estas cosas?

MODELO: el helado → El helado se compra *en la heladería.*

1. la fruta	**5.** el pan	**9.** los muebles
2. la carne	**6.** las tortillas	**10.** los juguetes
3. un anillo (joya)	**7.** un reloj	**11.** las flores
4. los zapatos	**8.** un libro	**12.** los dulces

Act. 11. Narración (whole-class; partner-pair). **Suggestion:** Narrate this series to the whole class, then pair students to practice the narrative. Remind them to use the *Palabras útiles*. **Possible sequence:** *1. Amanda fue al Bazar de San Ángel, un mercado al aire libre. Llevaba su bolsa y otra bolsa de mano. 2. Primero fue a un puesto donde había bufandas de colores. Ella preguntó: «Cuánto valen?» y el vendedor le dijo, «Valen 175 pesos; son de seda, señorita.» 3. Amanda dijo: «¡175 pesos! No quisiera gastar tanto en una bufanda. Le doy $115 pesos.» 4. El vendedor le respondió: «No se las puedo rebajar tanto. Si se lleva dos, se las dejo en $135 pesos.» 5. Amanda dijo: «Está bien, me las llevo.» 6. El vendedor se las envolvió. 7. Amanda fue a otro puesto donde vendían chaquetas de mezclilla. Preguntó, señalando una chaqueta, «¿Cuánto cuesta esta chamarra, señor?» El vendedor le dijo, «Se la doy en $465, está hecha a mano.» 8. Amanda se probó la chamarra. 9. Luego se la devolvió al vendedor y dijo: «No me queda bien, me queda un poco apretada. Gracias.» 10. Amanda caminó al próximo puesto donde había artículos de cerámica. El vendedor del otro puesto la llamó, diciendo: «Señorita, tengo una más grande. Se la puedo rebajar a $405 pesos.» 11. Amanda volvió al puesto y dijo: «No pensaba gastar tanto dinero. ¿Acepta usted $375 pesos?» El vendedor dijo: «Está bien, llévesela por $375. Es una ganga.» 12. Amanda pagó y el vendedor le dio la chaqueta. 13. Después Amanda fue a un puesto donde vendían botas de cuero. 14. Más tarde fue a una joyería donde vendían joyas de oro y de plata. 15. Por último, Amanda caminó a su casa, contenta con su bolsa llena de compras. 16. En casa, Amanda le mostró a su mamá todas sus compras: dos bufandas, una chaqueta de mezclilla, y unas botas de cuero. Su mamá se alarmó porque Amanda había gastado tanto dinero.*

Follow-Up: Bring the whole class back together and ask for volunteers to narrate as you expand and write on the board or overhead.

AA 9. Entrevista (pair). *1. ¿Has ido de compras en otro país? ¿Qué compraste? ¿Dónde? ¿Cuándo? 2. ¿Pudiste regatear o era una tienda de precios fijos? 3. ¿Qué diferencia hay entre comprar en los Estados Unidos y comprar en el extranjero? 4. ¿Te gusta ir de compras solo/a o prefieres ir acompañado/a? 5. ¿Te gusta ir de compras cuando hay una venta especial o prefieres ir cuando hay menos gente?*

Ahora, entreviste a un compañero / una compañera.

1. ¿Cómo se llama tu zapatería favorita? ¿Por qué te gusta comprar los zapatos allí?

2. ¿Hay muchas librerías en tu ciudad? ¿Cuál prefieres? ¿Vas allí con frecuencia?

3. ¿Vas con frecuencia a las tiendas de discos o a los videocentros? ¿Compras algo o solamente vas para alquilar videos?

4. ¿Te gustan los dulces y los chocolates? ¿Cómo se llama la dulcería más famosa de tu ciudad?

5. ¿Compras el pan en el supermercado o vas a una panadería? ¿Hay una panadería buena en tu barrio? ¿Cómo se llama?

ACTIVIDAD 11   Narración: Un día de compras

¿Qué hizo Amanda y que compró? Narre las experiencias de Amanda en su día de compras.

▶ **PALABRAS ÚTILES**

primero	más trade	también
luego	después	por fin

AA 10 (individual; whole-class). Give students two minutes to make a birthday or holiday wish list of clothing and other items that they need or want. Have them assign prices, then have them pick 3–4 items and write a sentence for each, telling why they need or want the item. Share with the whole class.

ACTIVIDAD 12   Intercambios: Entre amigos

Usted vive en un apartamento y su amigo/a vive al lado. Él/Ella siempre le pide cosas prestadas. Trabaje con un compañero/a en esta situación.

▶ **EXPRESIONES ÚTILES**

¿Me prestas... ?	Con mucho gusto, te lo/la/los/las presto.
Lo siento, pero no tengo.	Lo siento, pero lo/la/los/las necesito hoy.

▶ **PALABRAS ÚTILES**

unos rollos de película	el asador	unos discos compactos
el televisor	la sartén eléctrica	el diccionario electrónico

MODELO: E1: Se me descompuso el abrelatas. ¿Me prestas uno?
            E2: Sí, con mucho gusto te lo presto.

1. Quiero hacer una carne asada.
2. Mis amigos y yo queremos ver la Copa Mundial de Fútbol.
3. No encuentro mi diccionario y tengo que escribir una composición.
4. Quiero dar una fiesta y tengo pocos discos compactos.
5. Salgo esta tarde para las montañas.
6. Mi estufa de gas no funciona.

Lectura
Suggestions for Effective
Reading. This is a good
reading to have students
practice visualizing as

El Rastro, un mercado al
aire libre en un barrio típico
de Madrid. Para comprar en
el Rastro hay que regatear.
¡Es un juego y hay que
saber jugarlo!

VOCABULARIO ÚTIL

miradme	*look at me*
	(vosotros/as
	command)
Ya vais	*You'll see*
a ver	*(vosotros/as)*
¿A que	*I bet you can't*
no	*guess*
adivina?	
no nos	*we didn't dare*
atrevi-	
mos	
de ahora	*from now on*
en	
adelante	

they read. Remind them not to
translate but to picture scenes
within the reading.

Culture/History. Madrid's famous
flea market is called *el Rastro*. In
other Spanish cities and in other
countries the outdoor market
might be known by a variety of
other terms, such as *el mercado*
or *el mercadillo*.

Pre-Reading. Preview by talking
about *el regateo: En las tiendas
de los Estados Unidos, ¿son fijos
los precios generalmente o se
puede regatear? ¿Dónde se regatea en los Estados Unidos? ¿Le
gusta a usted regatear? ¿Qué le
gusta comprar cuando regatea?*

LECTURA El Rastro

**Si a usted le gusta regatear, Madrid le ofrece una expe-
riencia ideal: el Rastro. En la siguiente carta, Clara Martin
le describe ese lugar a la profesora Martínez. Obviamente,
a la joven le fascinó el Rastro. También aprendió una lección
valiosa sobre el regateo.**

Estimada profesora:

Hoy tuve una experiencia muy interesante que quiero contarle. Fui de
compras con un grupo de estudiantes al Rastro. Nos acompañó José Estrada,
un amigo español. El Rastro me fascinó; es un mercado al aire libre y los
domingos por la mañana varias calles de esta zona se cierran al tránsito y
se llenan de puestos y de gente.

En el Rastro se puede comprar de todo: desde pájaros o cuadros hasta
ropa, zapatos, radios y libros. Es divertido escuchar las voces de los vende-
dores que ofrecen su mercancía: «¡Los precios más bajos!» «¡La mejor calidad!»

Cuando llegamos al lugar, José nos dijo: —Para comprar aquí hay que
regatear. Porque si no, pagáis el precio más alto. Es como un juego, y uno
tiene que saber jugarlo. Miradme a mí...

José fue entonces a un puesto de ropa para hombres y le preguntó al
vendedor: —Oiga, señor, ¿cuánto cuesta esta chaqueta?

—Treinta mil pesetas, joven.

—¿Treinta mil? Es demasiado cara.

—¡Pero es de muy buena calidad!

José tocó la chaqueta, la miró, la revisó con cuidado y luego le dijo al
vendedor: —Le doy quince mil pesetas.

—Imposible— respondió el vendedor—. Se la dejo en veintiocho mil.

—Bueno, voy a pensarlo.

Dimos sólo unos pasos para irnos y en seguida escuchamos la voz del
vendedor: —No se vaya, joven, no se vaya. Pues... veinticinco mil. ¿Qué le
parece veinticinco mil?

José no compró la chaqueta. Sólo quería enseñarnos una lección. (El pobre
vendedor, ¡no hizo su venta!) Cuando nos fuimos de aquel puesto, José nos dijo
sonriendo:

—Probablemente vamos a encontrar una chaqueta igual por mejor precio.
Ya vais a ver.

En esa misma calle, un poco más abajo, vimos otro puesto de ropa para
hombres y allí José sí compró la chaqueta. ¿A que no adivina por cuánto?
¡Por dieciocho mil pesetas! ¡Qué ganga!

Todos pensamos regresar al Rastro el próximo domingo, porque hoy no
nos atrevimos a regatear. Estoy ansiosa por probar mi suerte con este juego.
Si aprendo a regatear, de ahora en adelante voy a ir al Rastro de compras.
¿Hay un mercado como éste en Guanajuato? ¡Me imagino que usted consigue
los mejores precios!

Recibí sus dos amables cartas, profesora, y me agradaron mucho.
¡Le agradezco todos sus consejos! Gracias a usted hablo esta lengua
y conozco esta cultura fascinante.

Un abrazo muy fuerte,
Clara

Comprensión

¿Quién diría cada oración, Clara (**C**), José (**J**), el vendedor (**V**) o ninguno de ellos (**N**)?

1. _____ Cuesta demasiado.
2. _____ Es una chaqueta de muy buena calidad.
3. _____ Me gusta, pero es muy barata. Le ofrezco mil pesetas más.
4. _____ ¿Se la envuelvo?
5. _____ Voy a pensarlo un poco.
6. _____ Se la dejo en veinticinco mil pesetas.
7. _____ Hoy no compré nada.
8. _____ Sí, señor, me gusta. Envuélvamela, por favor.
9. _____ En el Rastro hay que regatear.

Ahora... ¡usted!

1. ¿Ha ido de compras en otro país? ¿Dónde? ¿Cuándo? ¿Qué compró? ¿Pudo regatear o era una tienda de precios fijos?
2. ¿Dónde se puede regatear en los Estados Unidos? ¿Qué diferencias hay entre regatear en los Estados Unidos y regatear en el extranjero?
3. ¿Le gusta ir de compras solo/a o acompañado/a? ¿Por qué?
4. ¿Prefiere ir de compras cuando hay una venta especial o cuando hay menos gente?

Un paso más... ¡a escribir!

Imagínese que hay un mercado como el Rastro en su ciudad y que usted está de compras allí. Quiere comprar un vestido o traje muy elegante o un objeto muy especial, pero cuesta demasiado. Escriba un diálogo entre usted y el vendedor / la vendedora. ¡Y no olvide regatear!

▶ **FRASES ÚTILES**

¿Qué talla lleva usted?	¿Me lo/la puede dejar en... ?
(No) Me queda bien.	Es de muy buena calidad.
Me queda apretado/a (suelto/a).	Es de... Está hecho/a a mano.
Me queda grande/pequeño/a.	No puedo rebajárselo/la tanto.
No traigo tanto dinero.	Lléveselo/la por...
No puedo gastar tanto.	¿Se lo/la envuelvo?

Post-Reading. After reading, do *Comprensión.* (Tell students that *diría* means *would say.*) Use AU to generate whole-class discussion and assign UPM as homework. Then ask volunteers to role-play the reading's dialogue section in class. Vary the situation: Play one of the roles yourself (preferably the seller) and be a very good (or poor) bargainer.

¡OJO!

En gran parte del mundo hispano los vecindarios son mixtos: Hay residencias y negocios en la misma zona. Así en vez de usar el carro, la gente camina para hacer las compras. Además, en las tiendas no les dan bolsas de papel o plástico a los clientes. Para hacer las compras es necesario que uno lleve su propia bolsa de lona, plástico u otro material.

Bring in objects for students to buy and sell.

Answers to *Comprensión.* 1. J 2. V 3. N 4. V 5. J 6. V 7. C 8. N 9. J

En resumen

De todo un poco. Give students ample time to get their photos together. (The Internet is a great source of color images of products.) Groups will need 20–30 minutes to finish this project.

Follow-Up: Ask volunteers to share their ads with the class.

De todo un poco

Traiga a clase dos o tres fotos de diferentes objetos (puede recortarlas de un periódico o revista o sacarlas del Internet). En grupos de 3, escriban 2 ó 3 anuncios comerciales para varias tiendas. Use las fotos para ilustrar la mercancía de estas tiendas. Incluya mandatos, los precios, los materiales u otra información pertinente. Luego compartan sus anuncios con la clase.

▶ **VOCABULARIO Y EXPRESIONES ÚTILES**

> **frases:** Está(n) a $_____$. Está(n) rebajado/a(s) a $_____$.
> **otras palabras:** venta, especial, liquidación, ganga, en oferta
> **mandatos:** compre, vea, venga, dé, disfrute, muestre, aproveche
> **materiales:** seda, cuero, cartón, bronce, oro, plata, hierro, cristal,
> madera, acero, algodón, lino, nilón, plástico

¡Dígalo por escrito! This may be assigned as an extra-credit homework assignment.

¡Dígalo por escrito!

A. Diseñe el plano para un pequeño centro comercial en una comunidad. Incluya diez tiendas; póngales nombre y describa su mercancía. Sugerencias: un restaurante o café, una librería, un lugar para descansar, una tienda de ropa o un almacén, una zapatería, una joyería, etcétera.
B. Escoja tres de estas tiendas y haga una lista de algunos de sus productos, de qué materiales son y cuál es el precio de cada uno.

MODELO: En la mueblería «La Silla de Oro» hay sofás de cuero a $2.000,00. Hay estantes de madera para libros a $800,00. También hay lámparas de bronce muy elegantes a $175,00 y...

VIDEOTECA

Diego, el estudiante de Los Ángeles, quiere comprarle un regalo a su hermana. Él y su amiga Lupe van de compras a un mercado al aire libre.

Vea las actividades que corresponden al video en la sección *Videoteca* en el *Cuaderno de trabajo*.

ocabulario

• Los materiales — Materials

el acero	steel
el algodón	cotton
el cartón	cardboard
el cuero	leather
la goma	rubber
el hierro	iron
el hilo	thread; linen
el ladrillo	brick
la lana	wool
el lino	linen
la materia prima	raw material
la mezclilla	denim
el oro	gold
la pana	corduroy
la piedra (preciosa)	(gem) stone
la piel	skin, leather
la plata	silver
la seda	silk

PALABRAS SEMEJANTES: el acrilán, el bronce, el cristal, el diamante, el elástico, el gas, el metal
REPASO: la madera, el vidrio, el plástico

• Las prendas de vestir y las joyas — Articles of Clothing and Jewelry

el anillo	ring
la bata	(bath) robe
el bolsillo	pocket
la bufanda	scarf
los calcetines	socks
los calzoncillos	men's underwear
el camisón	nightgown
la cartera	wallet
la chamarra	jacket
la combinación	(women's) slip
el corte (recto)	(straight) cut (*style*)
el cuello en V	V-neck
la gorra	cap
los guantes	glove(s)
la guayabera	*embroidered light weight shirt worn in tropical climates*
la manga	sleeve
las medias	stockings
la moda	fashion
las pantaletas	women's underpants
las pantimedias	pantyhose

un par de...	a pair of . . .
los pantalones vaqueros	jeans
el paraguas	umbrella
la playera	T-shirt (*Mex.*)
¿Qué talla usa?	What size do you wear?
la ropa interior	underwear
el sostén	bra
la tela	cloth, fabric
las zapatillas	slippers
los zapatos de tacón alto	high-heeled shoes

REPASO: las botas, la camiseta, el cinturón, el pijama, el suéter

• De compras — Shopping

la calidad	quality
dárselo(s)/la(s) en	to let you have it/them for . . .
dejárselo(s)/la(s) en	to let you have it/them for . . .
¿De qué (material) es?	What (material) is it made of?
Es de...	It's (made) of . . .
¿De qué está hecho/a?	What is it made of?
Está hecho/a de...	It's made of . . .
devolver (ue)	to return (*something*)
en oferta	on sale
envolver (ue)	to wrap
la especial	sale
la fabricación	making, manufacture
fabricar	to manufacture, to make
gastar	to spend (*money*)
hecho/a a mano	handmade
rebajado/a	reduced (*price*)
la liquidación	closing sale
llevarse	to take away, to take with one
la mercancía	merchandise
mostrar (ue)	to show
no tener ni un centavo	to be broke
el probador	dressing room
probarse (ue)	to try on
el puesto	market stall, small shop
quedarle apretado/suelto	to fit tightly/loosely
quedarle bien/mal	to look nice/bad (*on someone*)
quedarle grande/pequeño	to be too big/small (*on someone*)
quedarle (una cantidad de)	to have (a quantity) left
¡Qué ganga!	What a bargain!
el Rastro	the Rastro (*Madrid flea market*)

rebajar (tanto)	to lower the price (so much)
regatear	to bargain
el regateo	bargaining
tener de todo	to be well-stocked
traer dinero	to have money with one
valer	to be worth
¿Cuánto vale(n)?	How much is it/are they (worth)?
vender	to sell
la venta	sale

• Los verbos — Verbs

aprovechar	to take advantage of
derivarse	to be derived from
funcionar	to work, function
licuar	to blend, liquefy
mezclar	to mix
pedir prestado/a(s)	to borrow
prestar	to lend
recortar	to cut out
sujetar	to hold up, to attach

PALABRAS SEMEJANTES: aceptar, exportar, ilustrar, utilizar

• Las personas — People

el caballero	gentleman
la dama	lady
el vendedor / la vendedora	salesman/saleswoman

• Los lugares — Places

la carnicería	meat market
la dulcería	candy store
la frutería	fruit store
la heladería	ice cream parlor
la joyería	jewelry store
el mercado al aire libre	open-air market

REPASO: la cafetería, la panadería, la papelería, el videocentro, la tienda de discos, la zapatería

• Los aparatos domésticos — Household Appliances

el abrelatas	can opener
el asador	barbecue grill
la impresora a colores	color printer
la licuadora	blender
el radio-reloj despertador	radio alarm clock

el tocacompactos	CD player
la videocasetera	VCR

PALABRAS SEMEJANTES: el aire acondicionado
REPASO: la calculadora, el televisor en colores

• Los sustantivos — Nouns

el anuncio comercial	advertisement
la caja	box
la Copa Mundial	World Cup
la herramienta	tool
el martillo	hammer
la mecedora	rocking chair
el rollo de película	roll of film
la sala de recreo	recreation room

PALABRAS SEMEJANTES: la cerámica, la construcción, el corral, el establo, el estilo, el lote
REPASO: el cepillo, el tamaño, las tijeras

• Los adjetivos — Adjectives

azul marino	navy blue
cerrado/a	closed
cómodo/a	comfortable
color caqui	khaki
(color) vivo	bright (color)
de cuadros	checkered, plaid
de lunares	polka-dotted
de moda	fashionable
de rayas	striped
fino/a	of good quality
grueso/a	thick, heavy
lleno/a	full
renovado/a	remodeled

PALABRAS SEMEJANTES: durable, enorme, derivado/a, importado/a, manual, original, resistente, pertinente, panorámico/a, translúcido/a

• Palabras y expresiones útiles — Useful Words and Expressions

A ver	Let's see
lo siento	I'm sorry

• Los números — Numbers

un millón (de)	a million (*of something*)
veintidós millones de personas	twenty-two million people
mil millones (de)	a billion (*of something*)

Gramática y ejercicios

13.1 Describing People and Things: Adjectives Used as Nouns

A. In English and Spanish, adjectives can be nominalized (used as nouns). To nominalize an adjective in Spanish, delete the noun to which it refers and use a definite or indefinite article before the adjective.

—¿Te gusta esta **blusa**? — *Do you like this blouse?*
—Sí, pero prefiero **la roja.** — *Yes, but I prefer the red one.*

—¿Quieres una **ensalada** grande — *Do you want a large salad or*
o **una pequeña**? — *a small one?*
—**Una grande,** por favor. — *A large one, please.*

Note that **uno** rather than **un** is used in nominalizations before masculine singular adjectives.

—¿Tienes un **coche** viejo o — *Do you have an old car or a*
uno nuevo? — *new one?*
—Tengo **uno** muy **viejo.** — *I have a very old one.*

B. The nominalization of adjectives is also possible in sentences that contain adjectival phrases using **de.**

Me gustan más los muebles de — *I like wood furniture more than*
madera que **los de plástico.** — *plastic (furniture).*
Carmen se compró una blusa de — *Carmen bought herself a silk*
seda, pero yo me compré — *blouse,* but I bought myself a
una de algodón. — *cotton one.*

C. To express an abstract idea using a nominalized adjective, use **lo** before the masculine singular form of the adjective: **lo atractivo, lo bueno, lo difícil, lo divertido, lo increíble, lo moderno, lo malo,** etc.*

Hay muchas novelas buenas. — *There are many good novels.*
Lo difícil es encontrar tiempo — *The hard part is finding time*
para leerlas. — *to read them.*
Lo malo es que él nunca — *The bad part (thing) is that he*
comprendió lo que hizo. — *never understood what he did.*
¡Qué mercado más lleno de — *What a crowded market! The*
gente! **Lo bueno** es que — *good thing is that we were*
pudimos regatear y comprar — *able to bargain and buy some*
varias cosas a precios bajos. — *things at low prices.*

> ¿**Cuál prefieres, la chaqueta roja o la amarilla?** (*Which do you prefer, the red jacket or the yellow one?*)
> **Prefiero la roja.** (*I prefer the red one.*)

> **13.1.** Students should be able to recognize the meaning of nominalized adjectives, but we do not expect students to produce them in their own speech. **OGD:** Emphasize the use of *lo* + adjective for abstract ideas and meaning of *lo que,* because they are both commonly used and their meaning is not always obvious from context.

> **Cuando compro ropa, nunca compro la de poliéster.** (*When I buy clothes, I never buy polyester.*)

> **Lo difícil es hacer paella; lo bueno es comérsela.** (*The hard part is making paella; the good part is eating it.*)

****Lo que** corresponds to *what (that which)* in English.
Rafael no sabe **lo que** quiere. — *Rafael doesn't know what (that which) he wants.*
Lo bueno es que Amanda nunca — *The good thing is that Amanda never found out what*
supo **lo que** pasó. — *(that which) happened.*

¡OJO!

Choose either item; the answer is arbitrary.

EJERCICIO 1

Los estudiantes de la clase de español van a una fiesta, pero nadie puede decidir lo que va a llevar. Dígales lo que prefiere usted.

MODELO: Carmen / las botas largas o las cortas →
Carmen, yo prefiero *las largas.*

1. Nora / el vestido largo o el corto
2. Alberto / el abrigo de cuero o el de lana
3. Pablo / el suéter ligero o el grueso
4. Carmen / la falda azul o la blanca
5. Esteban / la camisa de seda o la de algodón

¡OJO!

Choose either item; the answer is arbitrary.

EJERCICIO 2

Pregúnteles a los parientes y amigos de Estela lo que van a comprar.

MODELO: Pedro Ruiz: un carro rojo / un carro azul →
Sr. Ruiz, ¿va a comprar *uno rojo o uno azul*?

1. Andrea Ruiz: una licuadora verde / una licuadora amarilla
2. Lola Batini: un abrelatas eléctrico / un abrelatas manual
3. Paula: un asador pequeño / un asador grande
4. Ramón: una raqueta grande / una raqueta mediana
5. Pedro: una computadora grande / una computadora portátil

13.2. Demonstrative pronouns are not difficult for students to comprehend when they are used in context (especially if you point). However, beginning students continue to make gender agreement errors and also frequently confuse *este* and *esto*. *Este* and *ese* can also be problematic for first-year students, but will be acquired with more exposure to Spanish. We do not stress use of *aquel* because, in addition to the distance contrast, it has negative connotations for some speakers.

13.2 Indicating Which One(s): Demonstrative Pronouns

When a demonstrative adjective (**este, ese, aquel**) functions as a noun, it is called a *demonstrative pronoun.** As you saw in **Gramática 5.3,** there are three different demonstrative adjectives/pronouns to indicate distance from the speaker. Often you will hear these used in conjunction with adverbs of place that further clarify distance from the speaker.

este/a, estos/as...	ese/a, esos/as...	aquel/aquella,
aquí (*nearest*)	allí	aquellos/as... allá (*farthest*)

—¿Quieres este reloj o **ése**? —*Do you want this watch or that one?*

—Prefiero **éste.** —*I prefer this one.*

—Estos vestidos son muy caros. —*These dresses are very expensive.*

—Sí, pero **aquéllos** no. —*Yes, but those aren't.*

---

*In *Dos mundos* and many other books you will see an accent on these pronouns because, until recently, they were always written with an accent mark to distinguish them from demonstrative adjectives. Up-to-date usage suggests that the accent mark can be omitted when context makes the meaning clear. Obviously, all books published before the rule was changed have accents on demonstrative pronouns.

EJERCICIO 3

Estas personas están tratando de decidir lo que quieren comprar. Mire los dibujos y use el adjetivo o el pronombre demostrativo en cada caso.

MODELO: Ayer me gustó *esta* blusa, pero ahora prefiero *ésa* que está allí.

I. Me gusta _____ bata, pero voy a comprar _____, la rosada.

2. No me gustan _____ guantes. Quiero comprar _____, los negros.

3. Creo que _____ tijeras funcionan bien, pero por favor muéstreme _____, las que cuestan más.

4. No me dé _____ martillo; es demasiado pequeño. Déme _____.

5. _____ pijama es caro. Prefiero comprar _____ porque tiene el precio rebajado.

¡**OJO**!

Pay attention to the distance of objects from speaker. If there are only two objects, choose between **este/esta** and **ese/esa**.

13.3 Talking about Price, Beneficiary, and Purpose: *por* and *para* (Part 2)

A. You already know from **Gramática 10.3** that **por** is used as an equivalent for *through, by,* and *along* (**Caminamos por el río.**) and with time (**Esperamos por diez minutos.**). **Por** is also used with quantities and prices and corresponds to English (*in exchange*) *for.*

—Raúl, ¿cuánto pagaste **por** el suéter?

—Lo compré **por** sesenta pesos.

—*Raúl, how much did you pay for the sweater?*

—*I bought it for sixty pesos.*

If a number is involved when you are choosing between **por** and **para** to express *for,* **por** is usually correct:

por 10 kilómetros
por 250 pesos
por 3 horas
por 8 meses

para = *in order to, for* (recipient)

¡OJO!

The use of **para** as an equivalent for "in order to" is common in ordinary speech.

Para is used to express:
destination
Salgo mañana para Madrid.
deadline
Tenemos que terminar el reportaje para el martes.
purpose
Las tijeras son para cortar.
recipient
Este anillo es para ti.

B. In addition to indicating destination (**Mañana salgo para Madrid.**) and deadlines (**La tarea es para el lunes.**), **para** can be followed by an infinitive to indicate function or purpose. In such cases **para** corresponds to English (*in order*) *to*.

—**¿Para qué** usan estos trapos?
—**Para** limpiar las ventanas.

—*What do you use these rags for?*
—*To clean the windows.*

Para coser su propia ropa, uno necesita mucha paciencia.

In order to make your own clothes, you need a lot of patience.

Para is also used to indicate the beneficiary or recipient of something.

—**¿Para** quién es este regalo?
—Es **para** mi esposa.

—*For whom is this gift?*
—*It's for my wife.*

EJERCICIO 4

Indique la respuesta más lógica.

MODELO: ¿Para qué haces ejercicio? →
Para mantenerme en buena condición física.

Use this ad from *Vogue* magazine to talk about appropriate fabrics for certain kinds of clothing: *El lino es muy elegante pero se arruga fácilmente. La lana se usa mucho para la ropa del invierno,* etc.

1. ¿Para qué vas a la biblioteca?
2. ¿Para qué estás limpiando tu cuarto ahora?
3. ¿Para qué vas a usar la aspiradora?
4. ¿Para qué trajiste las herramientas?
5. ¿Para qué compraste el mantel rojo?

a. limpiar la alfombra de la sala
b. reparar el coche
c. buscar un libro que necesito para una clase
d. usarlo en la fiesta esta noche
e. no tener que limpiarlo después

Casa Armand

INSURGENTES SUR 1391

Proveedores de la alta costura

La mejor colección en telas finas de Importación para Novia y Ceremonia.

Sedas, Linos, Casimires ingleses, Gabardinas italianas, Encajes, Lanas, etc . . . .

Accesorios y Novedades

Centro Armand
EL CENTRO COMERCIAL
MAS EXCLUSIVO Y ELEGANTE
DE MEXICO
CON ESTACIONAMIENTO PROPIO

EJERCICIO 5

Complete los diálogos entre Pilar y Clara con **por** o **para**.

—Mira, ¡qué blusa más bonita! Y la compré _____[1] solamente 5.200 pesetas.
—¿_____[2] quién es?
—Es_____[3] mi hermana, pero me gustaría comprar una _____[4] mí también.
—En El Corte Inglés vi unos pantalones Levi _____[5] 9.150 pesetas.
—Eso es un poco caro. Los míos los compré _____[6] 7.000.
—Acabo de comprar una bufanda de lana _____[7] 6.950 pesetas.
—¿_____[8] quién es?
—Es _____[9] mi abuela.
—Yo vi unas bufandas de seda muy lindas en Juvenil Cortefiel _____[10] solamente 10.200 pesetas.
—¿Bufandas de seda? ¿A ese precio? ¡Es una ganga! Tal vez compre una _____[11] mi mamá también.

13.4 Exchanging Items: Indirect Object Pronouns

Certain verbs describe the exchange of items between persons: **dar** (*to give* [*something to someone*]), **traer** (*to bring* [*something to someone*]), **llevar** (*to carry, take* [*something to someone*]), **prestar** (*to lend* [*something to someone*]), **devolver** (*to give* [*something*] *back* [*to someone*]), **regalar** (*to give* [*something*] *as a gift* [*to someone*]), and so forth.

Amanda me va a **traer** el disco compacto que le **presté.**	*Amanda is going to bring me the CD that I lent her.*
Guillermo me **devolvió** el dinero que me debía.	*Guillermo returned (to me) the money that he owed me.*

¿RECUERDA?

Indirect object pronouns generally answer the questions *To whom?* and *For whom?* Review **Gramática 1.6, 5.1, 7.4,** and **10.5** for more information about these pronouns.

Normally these verbs are accompanied by indirect object pronouns (**me, te, le, nos, os,** and **les**) even when the person involved is specifically mentioned.

Le di el dinero **a mi hermano Guillermo.**	*I gave the money to my brother Guillermo.*
Ramón, ¿**le** llevaste **a tu novia** las flores que le prometiste?	*Ramón, did you take your girlfriend the flowers you promised her?*
Amanda, ¿qué **le** vas a regalar **a tu novio** para Navidad?	*Amanda, what are you going to give (to) your boyfriend for Christmas?*

13.4. Up to this point we have mostly discussed use of indirect object pronouns with verbs of reporting and *gustar*. Here we introduce their use with verbs of giving and exchange. We continue to adhere to the notion that students learn indirect object pronouns more easily if they are associated with particular verbs, rather than as a general concept. Combinations such as *darle, comprarle, traerle, llevarle, regalarle,* and *devolverle* are especially useful to students. Keep in mind that we include the actual direct object in all examples and in the exercises. Double object pronouns are introduced in *Gramática 13.5.*

EJERCICIO 6

Llene cada espacio en blanco con el pronombre apropiado y luego indique la(s) respuesta(s) lógica(s).

MODELO: Este año mis padres *me* (a mí)…
- ⓐ prestaron dinero.
- ⓑ regalaron ropa nueva.
- ⓒ trajeron comida cuando estaba enfermo/a.
- d. dieron una F en la clase de matemáticas.

Indirect object pronouns are used with verbs of giving and exchanging.
Pedro le dio un anillo a Andrea.
(*Pedro gave a ring to Andrea.*)

¡OJO!

Ej. 6. There may be more than one answer.

1. La semana pasada la profesora _____ (a nosotros)…
   - a. hizo muchas preguntas.
   - b. dio buenas notas.
   - c. explicó el subjuntivo muy bien.
   - d. regaló carros nuevos.
2. La semana pasada yo _____ (a mi mejor amigo/a)…
   - a. conté mis secretos.
   - b. ofrecí un café.
   - c. hice un regalo barato y feo.
   - d. compré una casa en las Bahamas.
3. En la última clase de español yo _____ (a mis compañeros)…
   - a. dije: —¡Hola!
   - b. regalé camisetas viejas.
   - c. contesté las preguntas de las entrevistas.
   - d. presté mis herramientas para hacer la tarea.
4. Ayer, cuando fui de compras, la dependienta _____ (a mí)…
   - a. atendió muy bien.
   - b. sirvió la cena rápidamente.

    c. llevó ropa de mi talla al probador.
    d. preguntó: —¿En qué puedo servirle?
5. La última vez que yo fui al cine contigo _____ (a ti)...
    a. compré palomitas.
    b. presté mi diccionario.
    c. conté toda la historia de la película antes.
    d. pagué $1000.00 por tu suéter favorito.

13.5. Gramática ilustrada. Direct students' attention to these drawings. Read the captions aloud. In our experience, first-year students can usually understand two object pronouns together when they hear or read them in a clear context. However, most first-year students are not yet able to use double-object pronouns spontaneously in their own speech, except for a few common phrases such as *hágamelo, tráigamelo,* and *lléveselo.* True acquisition of these takes much exposure to spoken and written Spanish. When proficiency is finally attained, advanced students operate with double object pronouns as sets—such as *me lo, se lo, se las*—rather than as two separate words.

13.5 Referring to People and Things Already Mentioned: Using Indirect and Direct Object Pronouns Together

GRAMÁTICA ILUSTRADA

A. Sometimes there is more than one object pronoun in a sentence. This is common if you want to *do something for someone, take something to someone, fix something for someone, buy something for someone,* and so forth. The indirect object (**me, te, le, nos, os,** or **les**) is usually the person *for whom* you are doing something, and the direct object (**lo, la, los,** or **las**) is the thing involved.

—¿Me compraste las pantimedias ayer? — *Did you buy me the pantyhose yesterday?*

—Sí, **te las** compré por la tarde. — *Yes, I bought them for you in the afternoon.*

—¿Quiere usted **el postre** ahora? — *Do you want the dessert now?*

—Sí, tráiga**melo**, por favor. — *Yes, bring it to me, please.*

(command– AFTE)
(POSATE)

B. Note the following possible combinations with **me, te, nos,** and **os.**

me lo(s)
me la(s) } *it/them to me*

te lo(s)
te la(s) } *it/them to you (inf. sing.)*

nos lo(s)
nos la(s) } *it/them to us*

os lo(s)
os la(s) } *it/them to you (inf. pl.)*

Pedro, si **te** falta **dinero,** puedo prestár**telo.** (INFINITIVE)

Pedro, if you need money, I can lend it to you.

—¿**Me** lavaste las camisetas el sábado? — *Did you wash my T-shirts on Saturday?*

—Sí, **te las** lavé; aquí están. — *Yes, I washed them for you; here they are.*

—Señores, ¿**les** preparo **la cena** ahora? — *Gentlemen, should I prepare dinner for you now?*

—No, por favor, prepáre**nosla** más tarde.   POS. command — *No, please prepare it for us later.*

C. The indirect object pronouns **le** and **les** change to **se** when used together with the direct object pronouns **lo, la, los,** and **las.**

se lo   *it (m.) to you (pol. sing. or pl.), him, her, them*
se la   *it (f.) to you (pol. sing. or pl.), him, her, them*
se los *them (m.) to you (pol. sing. or pl.), him, her, them*
se las *them (f.) to you (pol. sing. or pl.), him, her, them*

All these combinations may look confusing in abstract sentences, but in the context of real conversations you will generally know to whom and to what the pronouns refer.

—Ernestito, ¿**le** llevaste a **papá** sus zapatillas? — *Ernestito, did you take Dad his slippers?*

—Sí, ya **se las** llevé.
   le — *Yes, I already took them to him.*

—Mamá, ¿**le** compraste una camisa nueva a **papá**? — *Mom, did you buy Dad a new shirt?*

—Sí, **se la** compré hoy.
   le — *Yes, I bought it for him today.*

> When the context is clear, you will be able to understand speech with two object pronouns, but you may not be able to produce such sentences for a while.

> indirect object pronoun (**me, te, le, nos, os, les**) = person to or for whom you are doing something
>
> direct object pronoun (**lo, la, los, las**) = the thing involved
>
> When two object pronouns are used together, the indirect object pronoun always precedes the direct object pronoun.
> **Me las** compró ayer. (*He bought them for me yesterday.*)
>
> The correct order of pronouns in a sentence is *indirect object + direct object.*
> Object pronouns:
> 1. are usually placed immediately before the verb.
> 2. may optionally be attached to the end of infinitives and present participles.
> 3. *must* be attached to the end of affirmative commands.

> **Le** and **les** become **se** when they precede **lo, la, los,** or **las.**

—Guillermo, ¿**les** diste los discos compactos a las amigas de Amanda?

—Sí, **se los** di esta mañana.

—*Guillermo, did you give the CDs to Amanda's friends?*

—*Yes, I gave them to them this morning.*

—Señor Saucedo, ¿**le** entregó usted las llaves al **gerente**?

—Sí, **se las** entregué ayer.

—*Mr. Saucedo, did you hand in the keys to the manager?*

—*Yes, I handed them in to him yesterday.*

D. Remember that object pronouns can be attached to infinitives and present participles and are always attached to affirmative commands. When the verb form and the object pronouns are written together as one word, you must place an accent mark on the stressed syllable.

—Señorita López, en cuanto al informe para la señorita Saucedo, ¿va usted a *Inf* **entregárselo** ahora?

—No, ya **se lo entregué** esta mañana. *Conjugated Verb*

—*Miss López, about that report for Miss Saucedo: Are you going to give it to her now?*

—*No, I already turned it in to her this morning.*

—Adriana, necesito las listas de los clientes. ¿Vas a **preparármelas** esta tarde? *Inf.*

—No, estoy **preparándotelas** ahora mismo.

—*Adriana, I need the lists of clients. Are you going to get them ready for me this afternoon?*

—*No, I'm getting them ready for you right now.*

¡OJO!

Ej. 7. Note that the verb in the answer is always a first-person form (**yo**) and that in items 1–5 the indirect object (**se**) is invariable: Only the direct object changes. In items 1–5 the past is used: in items 6–10 the informal future.

Ej. 7. You may want to have students practice items 6–10 using preverbal position for pronouns (*Te lo voy a mostrar*). (Keep in mind that even some native speakers confuse combinations such as the one in item 5, saying *se las llevé* instead of the correct *se la llevé.*)

EJERCICIO 7

Hoy Ernestito le hace muchas preguntas a Guillermo. Conteste por Guillermo según el modelo.

MODELO: ERNESTITO: ¿Ya le diste la revista a mamá?
GUILLERMO: Sí, *se la di* ayer. *past tense*

1. ¿Ya le entregaste la tarea de biología a la profesora?
2. ¿Ya le vendiste el cassette de Shakira a Ramón?
3. ¿Ya le diste la carta a Amanda?
4. ¿Ya le prestaste la calculadora a Diego?
5. ¿Ya les llevaste la muñeca a las niñas?

Ahora Guillermo le hace a Ernestito algunas preguntas. Haga el papel de Ernestito y conteste según el modelo.

MODELO: GUILLERMO: ¿Cuándo me vas a mostrar tu nuevo radio cassette? →
ERNESTITO: Voy a *mostrártelo* mañana. *future tense*

6. ¿Cuándo vas a prestarme las herramientas para reparar mi bicicleta?
7. ¿Cuándo vas a devolverme el suéter que te presté la semana pasada?

8. ¿Cuándo vas a traerme el cassette de Christina Aguilera que me prometiste?

9. ¿Cuándo vas a darme la carta que me escribió Raúl?

10. ¿Cuándo vas a mostrarme tus libros nuevos?

EJERCICIO 8

La madre de Guillermo le hace algunas preguntas sobre lo que él va a hacer. Conteste por él, según el modelo.

MODELO: MADRE: ¿Les vas a mostrar tu nuevo radio portátil a tus amigos? →
            GUILLERMO: Sí, voy a *mostrárselo* mañana.

1. ¿Le vas a pedir dinero a tu padre?

2. ¿Les vas a prestar los juegos de video a Ernestito y a sus amiguitos?

3. ¿Le vas a llevar las fotos a tu abuelita?

4. ¿Les vas a devolver las herramientas a tus tíos?

5. ¿Le vas a regalar un cassette a Graciela?

¡OJO!

Ej. 8. Although the indirect object in the question is sometimes **le** and sometimes **les,** the answer is invariable: **se.**

Ej. 8. You may want to have students do this exercise twice, first attaching the pronouns to the infinitive and then using the preverbal position.

EJERCICIO 9

Estela tiene mucha prisa y por eso le pide a Ernesto que haga algunas cosas. Conteste las preguntas, haciendo el papel de Ernesto.

MODELO: ESTELA: Sírveme el desayuno, por favor. →
            ERNESTO: *Te lo estoy sirviendo* ahora mismo.

1. ¿Puedes darme una servilleta, por favor?

2. No voy a tener tiempo de salir a almorzar. ¿Puedes prepararme una torta de jamón?

3. Ernesto, quiero ponerme una blusa limpia. ¿Puedes plancharmela?

4. Ay, tengo prisa y no encuentro mi cinturón. ¿Puedes buscármelo?

5. Hoy trabajé mucho y estoy muy cansada. ¿Puedes buscarme las pantuflas (zapatillas)?

EJERCICIO 10

Ernesto Saucedo le hace a Amanda varias preguntas sobre lo que van a hacer sus amigos, vecinos y familiares. Haga el papel de Amanda y conteste según el modelo.

MODELO: ERNESTO: ¿Te va a reparar Ramón tu radio cassette? →
            AMANDA: Ya *me lo reparó* la semana pasada.

1. ¿Te va a regalar tu abuela una blusa nueva para tu cumpleaños?

2. ¿Te va a comprar Graciela un regalo para tu cumpleaños?

3. ¿Te va a prestar Guillermo su bicicleta para este fin de semana?

4. ¿Te va a traer Diego los libros de la escuela?

5. ¿Te va a dar tu madre el dinero para el cine?

¡OJO!

Ej. 10. The verb form in the answers will always be third-person singular (**él/ella**).

Capítulo 14

In **Capítulo 14** you will have an opportunity to share your views on relationships, as well as on your own personal values. You will practice persuading others by giving commands, offering advice, and making suggestions. You will also talk about child rearing and social behavior.

Sobre el artista:
El pintor español Diego Rodríguez de Silva y Velázquez nació en Sevilla en 1599 y murió en 1660.

Desde 1623 fue retratista de los reyes de España. Pintó «Las meninas» en 1656. Esta obra compleja es como una instantánea fotográfica. El espectador parece estar en el frente, pero dándole la espalda a los reyes, que se ven reflejados en el espejo.

Las meninas, por Diego Velázquez, de España

Goals—Capítulo 14

Capítulo 14 focuses on persuading others to do things. This includes giving direct commands; giving and following advice; and making dates, suggestions, and invitations. The structures in the grammar section include formal and informal commands, subjunctive forms used in noun phrases preceded by expression of volition, and "let's" commands.

All topics in this and the next chapter are more appropriate for second-year students or advanced first-year students. If you are using this text with second-year students, you will want to follow up each section with more oral work and reading. If you have not done so already, this is a good point to begin a self-selected reading program, using newspapers, magazines, children's stories, or any other interesting printed material for students to read on a daily basis. **Reminder:** The activities and the grammar are only loosely coordinated, and most of the *Actividades de comunicación* are not designed with an obvious grammar focus. The activities in this and the next chapter can be done without emphasizing the grammar in detail. **Ser/estar** and command forms

ACTIVIDADES DE COMUNICACIÓN

- La familia, las amistades y el matrimonio
- Las instrucciones y los mandatos
- Las órdenes, los consejos y las sugerencias
- La crianza y el comportamiento

EN RESUMEN

may be difficult for students. They should be aware that acquisition of these concepts takes more contact time.

LECTURAS Y CULTURA

- **Ventanas culturales**
  Las costumbres: La fiesta de los quince años
- **Lectura**   Escuche a sus hijos
- **El mundo hispano**
  La gente: Ilia Rolón
- **Nota cultural**   Los refranes
- **Lectura**   Lazarillo y el ciego
- **Ventanas culturales**
  La lengua: ¡Ojalá!

GRAMÁTICA Y EJERCICIOS

- 14.1 Expressing *each other:* Reciprocal Pronouns
- 14.2 Describing: **ser** and **estar**
- 14.3 Giving Direct Commands: Polite and Informal
- 14.4 Using Softened Commands: The Subjunctive Mood
- 14.5 Saying *Let/Have someone else do it!:* **¡Que** + Subjunctive!

Pre-Text Oral Activity
Bring pictures from your PF to class. Tell students that you want them to command you to do certain activities. Divide the class into groups of 3–4 and pass out all your pictures. Let each group pick 2–3 images showing actions that they will command you to do. Have them hold up the pictures while you ask: *¿Quieren (ustedes) que (yo) _____?* Then you perform the action. When students have heard many command forms, ask each group to invent commands for you. Encourage them to give funny or outrageous commands (prompt, if necessary): *baile en la mesa, cante en español, salte la cuerda, escriba su nombre con la mano izquierda, quítese los zapatos y corra por el salón de clase.*

La familia y los consejos

PREGUNTAS DE COMUNICACIÓN

- ¿Cómo es su familia? ¿Se lleva bien usted con sus padres? ¿y con sus hermanos?
- ¿Qué cualidades busca usted en sus amigos? ¿generosidad? ¿lealtad? ¿comprensión?
- ¿Qué quieren sus padres que usted haga al terminar su carrera? Y usted, ¿qué quiere hacer?
- ¿Qué les aconseja usted a sus amigos cuando tienen problemas sentimentales? ¿Qué hace usted? ¿Qué les recomienda usted a sus compañeros cuando tienen problemas en sus estudios?
- En su opinión, ¿qué efecto tiene la televisión sobre la crianza de los niños? ¿Debemos permitirles ver cualquier programa que quieran? Explique.

MULTIMEDIA ▼

Visit the *Dos mundos* Website at www.mhhe.com/dosmundos for additional activities, links, and other resources.

The video to accompany *Dos mundos* includes cultural footage on Puerto Rico.

The multimedia CD-ROM to accompany *Dos mundos* offers a variety of activities to review vocabulary and grammar from this chapter. You will also find additional cultural information and video clips.

Actividades de comunicación y lecturas

✳ La familia, las amistades y el matrimonio

La familia, las amistades y el matrimonio. Review family terms by means of a family tree—perhaps your own. Talk first about a traditional American wedding, using words such as *boda, anillo, luna de miel, novio, novia,* and *quererse.* Then talk about Hispanic weddings and the roles played by the various participants. You may want to explain the function of the *padrinos de velación, de lazo,* and *de arras.* The *padrinos de velación* are in charge of lowering and lifting the bride's veil at the nuptial mass, the *padrinos de lazo* symbolically tie the bride and groom together, and the *padrinos de arras* present the 13 coins that are given to the bride by the groom to symbolize his role as provider. You may want to introduce the terms *bisabuelo* and *tatarabuelo.*

Many of the words in this display and in subsequent activities will be new to students. Verify class comprehension of all vocabulary in the display and the activities as you proceed through these materials.

See IRK for additional activities: *La familia, las amistades y el matrimonio.*

AA 1 (whole-class). Ask if any students are married. Ask if they had a large or small wedding, if it was very expensive, how many people came, how long it took them to plan it, if anything went wrong, and so on. Or have students describe in detail a wedding they have attended. Ask unmarried students questions such as *¿Van a casarse ustedes? ¿Cómo va a ser la boda? ¿Van a casarse por la iglesia o será una ceremonia civil? ¿Por qué? En su opinión, ¿hoy día hay menos parejas que deciden casarse? ¿Hay más personas solteras hoy? ¿Por qué?*

Lea Gramática 14.1–14.2.

Dora Muñoz de Saucedo y
Javier Saucedo González
participan a usted
el enlace matrimonial de su hija
Andrea
con el señor
Pedro Ruiz Galván

Y tienen el honor de invitarle
a la ceremonia religiosa
que se llevará a cabo
el 29 de junio a las 14:00
en la Iglesia San Bonifacio
Parroquia de San Agustín
Horacio 921, Colonia Polanco

Recepción en el Casino Español
Calle Isabel la Católica, Nº 4385
Comida 17:30–18:30
Baile 17:30–23:30

Padrinos		Madrinas
Ernesto Saucedo	de Honor	Estela de Saucedo
José Ortega		Paula Saucedo Muñoz
Jesús Escobar	Velación	Raquel Álvarez
Édgar Ibarra	Anillos	Marta Zamora
Benjamín Román	Arras	Blanca Velásquez
Alejandro Estrada	Copas	Araceli Estrada
Manuel Muñoz	Cojines	Graciela Muñoz
Víctor Trujillo	Lazo	Leticia Saucedo
Joaquín Jiménez	Libro	Ángela Chávez
Ricardo Rubalcava	Pastel	Vanesa Zamora
Reynaldo Carrillo	Brindis	Julieta Quijada

La boda

Se conocen; se dan la mano. Se enamoran. Se quieren mucho y se abrazan. Se besan. Se casan.

los parientes — las madrinas — los padrinos

el hermano / la hermana — los cuñados — los padres — los suegros — la novia / el novio — los (bis)abuelos — el cura

REFRÁN

Antes que te cases, mira lo que haces.

(*Look before you leap.* Literally, *Before you get married, look at what you are doing.*)

ACTIVIDAD I   Definiciones: La familia y las amistades

1. el noviazgo
2. el compadre
3. la amistad
4. el bautizo
5. la hermanastra
6. el ahijado
7. el cura
8. la madrina

a. el hijo de un amigo de la familia, a quien usted lleva a bautizar; usted es responsable del bienestar del niño en caso de que los padres de él se mueran

b. dirige la ceremonia del matrimonio

c. el padrino de su hijo

d. la relación entre dos personas que están comprometidas para casarse

e. una amiga de la familia presente en el bautizo que debe criar al niño / a la niña si la madre no está

f. la hija de su madrastra o padrastro

g. la relación entre amigos

h. una ceremonia religiosa en la cual se le da un nombre al niño recién nacido / a la niña recién nacida

ACTIVIDAD 2   Intercambios: La boda de Andrea

Mire la invitación a la boda de Andrea en la página 468 y, con su compañero/a, contesten las siguientes preguntas.

1. ¿Dónde tuvo lugar la boda de Andrea?
2. Según la invitación, ¿crees que fue una boda formal o informal?
3. ¿Cuántos padrinos de honor tuvo Andrea? ¿Cómo se llamaban?
4. ¿Cómo se llamaba la madrina de *velación*?
5. ¿Cómo se llamaba el padrino del *brindis*?
6. ¿A que hora comenzó el baile?

Act. 1. Definiciones (whole-class). **Suggestion:** Read family relationship terms and definitions aloud. Give students 2–3 minutes to match terms and definitions. Go over with the whole class, explaining and adding comments from your own experience. Other terms and definitions you may want to include: *la luna de miel* (*el viaje que hacen los recién casados*), *la tatarabuela* (*la abuela de su abuela*), *la boda* (*una ceremonia que une a un hombre y a una mujer en matrimonio*), *el parentesco* (*la relación entre los miembros de una familia*).

AA 2 (individual; pair). Give students 2 minutes to write down as many words for family members as they can think of. Then ask them to write down a name from their family for each family relationship: *tía*-Sharon, *abuela*-Rebecca, *primo*-Kenneth, *suegra*-Betty, etc. (They may have some gaps; they may have written down *cuñado*, without having one.) Have students describe the persons on their list with an adjective, their favorite activity, and where they live, and tell if they get along with this person and why. Write on board: *Tengo un(a) _____ que se llama _____. Es _____ y le gusta _____. Vive en _____. (No) Me llevo bien con el/ella porque _____.* Pair students and have them share information about their families.

Act. 2. Intercambios (whole-class; partner-pair). **Suggestion:** Direct students' attention to Andrea's wedding invitation in the display art at the beginning of this section. Have students read the questions. Explain any unfamiliar vocabulary. Then pair students to ask and answer the questions. **Follow-Up:** You may want to use personalized questions for students to interview each other about weddings: **1.** *¿Quieres tener una boda grande?* / *¿Fue grande tu boda?* **2.** *¿Cómo piensas pagar los gastos de tu boda?* / *¿Quién pagó los gastos?* **3.** *¿Dónde va a tener lugar tu boda?* / *¿Dónde tuvo lugar tu boda?*

AA 3 (pair). Have students work in pairs: *Usted acaba de conocer a un amigo / una amiga y lo/la invitó a una reunión familiar. Ahora tiene que presentarle a todos sus parientes. Explíquele el parentesco entre sus familiares. Mencione por lo menos tres generaciones. Por ejemplo: Quiero presentarte a mi cuñada, _____; es la esposa de mi hermano.* Give one student (the presenter) a card with a description of his or her "family" on it. The other student should try to jot down a description of the family. Then the two can compare notes to see if the family was accurately described and understood.

Read this *Los Melaza* cartoon. Students may need some explanation to understand the joke.

"*Nuestro matrimonio es un dar y tomar. Si no le doy a Enriqueta lo que quiere, ella lo toma*"

Act. 3. Conversación (whole-class). **Suggestion:** Allow students to read discussion questions first and ask questions about new vocabulary. Go through the questions one by one, eliciting comments from the whole class and contributing your own opinions. **Expansion:** Change all verbs to the *tú* form and have students interview each other.

Act. 4. Del mundo hispano (whole-class; partner-pair). This article is taken from the Spanish magazine *Mía.* **Suggestion:** Have students read it silently. Use the *Comprensión* as a springboard to a broader discussion of the topic. Then pair students for the *entrevista.*

AA 4 Conversación (whole-class). Use these questions to start a discussion about marriage and family: **1.** *En su opinión, ¿cuál es la edad óptima para casarse?* **2.** *¿Piensa usted casarse antes o después de los 25 años?* **3.** *¿Cuál es la edad óptima para tener hijos? ¿Cuántos hijos piensa tener?* **4.** *¿Es mejor tener el primer hijo inmediatamente después de casarse o es mejor esperar un poco?* **5.** *¿Hay o debe haber una edad límite para tener el primer hijo?* **6.** *¿Deben trabajar fuera de casa las madres que tienen niños pequeños?* You may write these questions on the board in the *tú* form and use them as an *Entrevista.*

ACTIVIDAD 3   Conversación: El buen carácter

1. ¿Qué características va a tener la persona con quien usted se case? (Si ya está casado/a, ¿qué características valora más en su esposo/a?)
2. El 50% de los matrimonios en los Estados Unidos termina en divorcio. En su opinión, ¿qué factores contribuyen al fracaso de tantos matrimonios?
3. ¿Qué características quiere usted que tengan los amigos? ¿Quiénes son más importantes en su vida: sus amigos íntimos o los miembros de su familia? ¿Por qué?
4. ¿Cuál de estas cualidades es más importante en los buenos amigos: la lealtad o la inteligencia? ¿Cree usted que una persona egoísta puede ser un buen amigo / una buena amiga? ¿Por qué? Explique.
5. ¿Qué espera usted de los amigos? ¿comprensión? ¿lealtad? ¿ayuda incondicional? ¿Cuáles de estas cualidades les ofrece usted a sus amigos?

ACTIVIDAD 4   Del mundo hispano: Familia numerosa

Guadalajara, México

Hace años, tener familia numerosa era un síntoma de prosperidad. Ahora, que los tiempos han cambiado, la gente se piensa un poco más eso de[1] tener hijos y más hijos, para lograr un premio de natalidad. ¿Es, pues, un beneficio o una desventaja la familia numerosa?

★★★★★ Félix Tabernero, médico: Estoy a favor de la familia numerosa, y de hecho yo tengo seis hijos. Sabiéndose administrar, uno no encuentra excesivos problemas para vivir desahogadamente.[2] Pero soy

consciente de que al tener tantos hijos hay que estar dispuesto a renunciar[3] a muchas cosas, como salidas con los amigos, vicios mayores...

★★★★★ Ana Mérida, estudiante: No soy partidaria de[4] familias numerosas, tal y como funciona la sociedad española de hoy día. Ya es difícil sacar adelante[5] a un par de hijos, como para tener seis o siete.

[1]eso... *the idea of* [2]confortablemente [3]*give up* [4]partidaria... *in favor of* [5]sacar... *to raise*

COMPRENSIÓN

1. En el pasado, ¿de qué era símbolo el tener muchos hijos?
2. Según Félix Tabernero, ¿a qué deben estar dispuestos los padres que quieren tener muchos hijos?
3. ¿Está a favor o en contra de una familia numerosa Ana Mérida? ¿Por qué?

ENTREVISTA

4. ¿Con quién estás de acuerdo, con Félix o con Ana? ¿Por qué?

5. ¿Crees que es mejor para un niño criarse en una familia numerosa o en una de dos hijos? ¿Por qué?

6. ¿Qué opinas de la situación de un hijo único? ¿Qué ventajas o desventajas tiene?

7. ¿Qué oportunidades que tú no tuviste quieres darles a tus hijos?

Ventanas culturales: Las costumbres
This celebration is usually called *La fiesta de los quince años* in Mexico and most Latin American countries. It is also known as *Tus quince años, La fiesta de los quince*, and *La fiesta rosa*. But in the Mexican-American communities of the United States, this tradition is generally referred to as *La quinceañera*. Note of interest: The Catholic church in the United States has come out officially against one aspect of the *quinceañera*: the practice of spending the family's entire savings for the celebration.

¡OJO!

Muchas familias hispanas se reúnen los domingos y los días de fiesta, aun en estos tiempos en que el cine, la televisión y las computadoras han cambiado muchas costumbres tradicionales. Los familiares comparten experiencias, cuentos, anécdotas. En estas reuniones todos se divierten juntos: se oye el bullicio[1] de los niños, risas, conversaciones y música.

[1]bustle

VENTANAS CULTURALES   Las costumbres

La fiesta de los quince años

Muchas culturas tienen celebraciones para los jóvenes. En la cultura hispana, la celebración más importante para las muchachas es la fiesta de los quince años, que también se conoce como «la fiesta rosa» y «la quinceañera». Este festejo representa la transición entre la vida de una niña y el mundo de una mujer.

La fiesta de los quince años se celebra de muchas maneras —con un rico pastel de cumpleaños y un baile entre amigos,

VOCABULARIO ÚTIL	
festejo	party
la festejada	birthday girl
acompañada	escorted
los chambelanes	escorts
los ritos de iniciación	rites of passage
el sacerdote	priest
los bendecía	he blessed them

por ejemplo. Pero hay quienes prefieren una fiesta más tradicional. En las quinceañeras tradicionales, la festejada lleva un vestido blanco o color de rosa elegante. La chica va acompañada por catorce amigas, que son sus «damas», y catorce muchachos, los «chambelanes». El padre de la joven baila el primer vals con su hija, presentándola así en la sociedad. Luego las damas bailan con sus compañeros y también los demás invitados salen a bailar. La música sigue hasta tarde en la noche. Nunca falta la rica comida, ¡y regalos para la festejada!

La celebración de los quince tiene una tradición de más de 500 años. Se celebra en México, en toda América Latina y en algunas poblaciones hispanas de los Estados Unidos. Sus orígenes se encuentran en los ritos de iniciación que observaban los incas, los mayas y los aztecas. Cuando los jóvenes llegaban a la pubertad —tanto las hembras como los varones— se separaban de sus padres por un período de seis meses. Durante ese tiempo, los mayores de la comunidad les hablaban de la sexualidad y de las responsabilidades que tendrían como adultos. Al regresar a la tribu, los jóvenes se sentaban en un círculo y el sacerdote los bendecía. Después seguía una gran fiesta para celebrar la entrada de los nuevos adultos en la comunidad. Este aspecto festivo sigue siendo parte esencial de la celebración hoy en día.

✳ Las instrucciones y los mandatos

Las instrucciones y los mandatos. Review formal commands with TPR. See IRK for TPR sequences: *Los mandatos, repaso,* and *En la escuela primaria.* Mix complex commands with simpler ones. Write examples on the board: *Pónganse la mano derecha en el hombro izquierdo. Tóquenle el zapato a un compañero de clase. Den una vuelta a la derecha y luego salten a la pizarra y escriban su nombre.*

Many of the words in this display and in subsequent activities will be new to students. Verify class comprehension of all vocabulary in the display and the activities as you proceed through these materials.

See IRK for additional activities: *Las instrucciones y los mandatos.*

AA 5 (individual). Show pictures of people doing things. Give a picture to a student and ask him or her to command you to do whatever is being done in the picture.

AA 6 (individual). Review giving directions. Have a volunteer stand up. Command him or her to walk in various directions: *Siga adelante. Doble a la derecha. Doble a la izquierda,* etc. Pair students and have them give each other directional commands.

Act. 5. Identificaciones (whole-class). **Suggestion:** Read these commands aloud, with students following along. Ask the whole class who would be likely to give each command.

Lea Gramática 14.3.

Los mandatos de los vecinos mexicanos

ACTIVIDAD 5   Identificaciones: Mandatos para Ernestito

Si usted piensa un poco en su niñez, va a recordar que los niños pasan mucho tiempo escuchando órdenes. Ernestito tiene 8 años. ¿Quién le da los siguientes mandatos: la prima, la madre o la maestra?

	LA PRIMA	LA MADRE	LA MAESTRA
1. Haz la tarea antes de acostarte.	☐	☐	☐
2. Entrega la tarea a tiempo.	☐	☐	☐
3. Sal de mi cuarto.	☐	☐	☐
4. No toques mi muñeca.	☐	☐	☐
5. No grites; estoy hablando por teléfono.	☐	☐	☐
6. No escribas en tu pupitre.	☐	☐	☐
7. Juega conmigo, por favor.	☐	☐	☐
8. No me jales el pelo.	☐	☐	☐
9. Escribe las respuestas en la pizarra.	☐	☐	☐
10. Báñate y lávate los dientes.	☐	☐	☐

ACTIVIDAD 6   Del mundo hispano: Consejos del veterinario

Lea esta columna y luego empareje a las amas con las recomendaciones del veterinario.

Consejos del veterinario

problema bacteriano o de hongos. Llévala al veterinario para que le haga un cultivo.

■ **Cambié a mi tortuga de hábitat y desde entonces casi ha dejado de comer, incluso después de regresarla a su lugar. ¿Por qué?**
Patricia Pidrahita
Las tortugas tienen menos apetito ahora porque están medio invernando. Vigila la temperatura (22º y 28º) y si pasado un tiempo no reacciona llévala al veterinario.

■ **Mi perra de 13 años se fracturó la cadera, ¿debo sacrificarla?**
Ma. del Pilar Ansa
Depende de la fractura y su reparación. En principio es operable, pero hay que estudiar los riesgos de una operación en un animal tan mayor.

■ **A mi gata le salieron unas heridas, con caída de pelo, alrededor del cuello, ¿qué le pasa?**
Marisol Briviesca
Seguramente se trata de un

■ **Me gustaría saber por qué no crían mis dos parejas de periquitos.**
Rosario Pérez
Observa qué parejas se llevan mejor y júntalos en época de cría -primavera- en las mejores condiciones: un nido, tranquilidad, buena temperatura etc. Los periquitos son monógamos y tienen que "gustarse" para reproducirse.

ENVIA TUS CARTAS A:
"Consejos del Veterinario"
Revista *Clara*, Mier y Pesado
126, Col. del Valle. C.P. 03100.

1. al ama de la perra
2. al ama de los periquitos
3. al ama de la tortuga
4. al ama de la gata

a. «Cuida bien la temperatura.»
b. «Llévala al veterinario.»
c. «Obsérvalos bien. Si se llevan bien, ponlos juntos.»
d. «Opérale sólo si no hay muchos riesgos.»

Ahora, trabaje con un compañero / una compañera para inventar uno o dos problemas más que suelen tener los amos de las mascotas. Léanselos al resto de la clase para que los demás estudiantes respondan con unas recomendaciones lógicas.

Act. 6. Del mundo hispano (whole-class; partner-pair). This pet question/answer column appeared in the Spanish magazine *Clara*. **Suggestion:** Give students 4–5 minutes to read silently. Answer any vocabulary questions. Ask the whole class to match pets with advice. Then pair students to come up with one or two more pet problems. Ask for volunteers to share them with the class so students can create responses.

AA 7 (partner-pair). Have students practice giving commands to each other in pairs, using either *usted* or *tú* commands according to the roles they play: friend-friend, mother-child, teacher-student, etc. **Examples:** *explicar cómo llegar a la biblioteca, cómo llegar a un restaurante que está cerca, cómo ponerse el maquillaje, cómo vestirse.*

Act. 7. Descripción de dibujos (whole-class). **Suggestion:** Ask the class to look at the drawings for a minute or so and think about what commands Ernesto and Estela Saucedo might be making to Amanda, Guillermo, and Ernestito. Write possible infinitives on the board. Then go through these with the whole class, writing on the board commands that both you and students come up with. Expect students to make errors in command forms; just fill in gaps for them as you restate their commands and write them on the board. **Possible commands:** 1. *Guillermo, ¡no juegues al fút-*

ACTIVIDAD 7   Descripción de dibujos: Mandatos para los muchachos Saucedo

Interprete los mandatos que sus padres y maestros les dan a Amanda, a Guillermo y a Ernestito.

bol en la sala! **2.** *Ernestito, saca la basura por favor.* **3.** *Ernestito, ¡bájate de allí!* **4.** *Ernestito, ponte esa ropa por favor.* **5.** *Ernestito, ¡péinate ahora mismo!* **6.** *Ernestito, arregla tu pupitre.* **7.** *Amanda, borra el pizarrón, por favor.* **8.** *Amanda, no hables con tu compañera /*

pon atención. **9.** *Amanda, lee la lectura.* **10.** *Amanda, ¡límpiate la cara!* **11.** *Vuelvan antes de las 10:00.* **12.** *Amanda y Guillermo, ¡no se peleen!*

AA 8 (pair; group). Place students in groups of four, then divide each into pairs. Each pair is to make up two commands for the other pair (out-of-the-ordinary commands are fine). Tell them commands must be performed in class or close by (otherwise you may get statements like *lávenme el carro*). Give them 5 minutes or so to create while you circulate to help with vocabulary. Remind them to keep things simple and comprehensible for their group. Then ask for volunteers to give the first commands to the others in their group. If the instructor is willing to do the commands of the Pre-Text Oral Activities, students are usually willing to perform, too. Some commands that students have come up with: *canten «De colores», bailen enfrente de la clase, salgan del salón de clase y salúdennos por la ventana, hagan ejercicio enfrente de la clase, bésenle la mano a _____ , jueguen a la rayuela, limpien el piso.* (Instructor, of course, has veto power.)

VOCABULARIO ÚTIL

cuanto	as soon as
antes	possible
anime	encourage
a gusto	comfortable
valores	values
habrá	there will be

LECTURA   # Escuche a sus hijos

La siguiente lectura trata el tema de las relaciones entre padres e hijos. Es un artículo muy interesante, especialmente para las personas que quieren mejor comunicación en su familia.

ESCUCHE A SUS HIJOS

En este artículo algunos jóvenes hispanos de los Estados Unidos les ofrecen sugerencias a los padres.

«Cuando su hijo tenga un problema en la escuela, resuélvalo cuanto antes», dice Fernando, de 14 años. «No lo deje para luego, pensando que se va a resolver solo o que es simplemente una etapa. Una vez saqué una mala nota en mi clase de historia y no se lo dije a mis padres porque me moría de miedo. Yo, de verdad, quería contárselo pero no sabía cómo ellos iban a reaccionar.»

«Si usted es una madre soltera, anime a su hijo a encontrar otro adulto modelo, como un tío, un muchacho mayor o algún amigo de la familia», sugiere Rubén, de 16 años. «Muchos adolescentes se sienten más a gusto con los padres de sus amigos que con los suyos. Cuando su hijo esté en casa de un amigo, no lo llame para darle órdenes.»

«Si usted es de otro país, haga un esfuerzo por entender que nosotros hemos crecido en una cultura diferente con reglas diferentes», dice Angélica, de 15 años. «En el país de mi padre, las niñas pasan mucho tiempo en casa. Quiero que él comprenda que yo me crié en los Estados Unidos y que ésta también es mi cultura. Trato de llegar a la hora que él me dice, pero necesito un poquito más de libertad.»

«Es difícil hablar de cosas serias», agrega Rubén. «Si su hijo no quiere hablar con usted, no lo obligue. Trate de encontrar un momento durante la semana —una tarde o una noche— para hacer cosas divertidas juntos, ir de compras, ver una película, salir a comer.»

«Si nos crían con disciplina y nos enseñan los buenos valores, no tendrán que gritarnos», dice Julieta, de 13 años. «Mi mamá y yo nos sentamos a conversar y hablamos de mis problemas. Cuando hago algo incorrecto, ella me lo explica pero siempre termina diciéndome que me quiere mucho. No trate de controlar todos nuestros actos ni de estar siempre con nosotros; el exceso de control pone distancia entre los padres y los hijos.»

«Por lo general, los adolescentes lo critican todo», comenta Eduardo, de 17 años. «¡Están descubriendo el mundo a su manera! No les diga siempre 'no', así habrá menos conflicto. Si usted los trata con amor y respeto, ellos reaccionarán positivamente.»

Comprensión

¿Quién les daría los siguientes consejos a los padres: Fernando (**F**), Rubén (**R**), Angélica (**A**), Julieta (**J**) o Eduardo (**E**)?

1. _____ Demuéstreles respeto y amor y habrá menos conflicto.
2. _____ Comprenda que sus hijos viven en un mundo distinto de aquél en el que usted creció.
3. _____ Resuelva inmediatamente cualquier problema relacionado con la escuela.
4. _____ Si usted creció en otro país, déles más libertad a sus hijos aquí en los Estados Unidos.
5. _____ Cuando sus hijos han hecho algo incorrecto, converse con ellos y explíqueles su error.

Lectura

Suggestions for Effective Reading. First, help students identify the speakers in this short article. Have them look at the *Comprensión* activity, where all names appear, then look for those names and speakers' ages in each paragraph. Once the speakers have been identified, work with students on pinpointing the problem or situation that each person brings up. You may want to write these on the board (note that Rubén appears twice): *Fernando: problema en la escuela. Rubén: una madre soltera. Angélica: padres de otro país. Rubén: hablar de cosas serias. Julieta: la disciplina y los buenos valores. Eduardo: las críticas de los adolescentes.* Now have students do the reading in class.

Culture/History. The piece consists of a series of comments by U.S. Hispanic teenagers about the relationship between parents and adolescents. Topics include single mothers (*madres solteras*), male substitutes for fathers (*adultos modelos*), bad grades (*malas notas*), as well as cultural differences between Hispanic countries and the United States regarding gender roles: *la crianza de las niñas en un país hispano comparada con la de las niñas en los Estados Unidos.*

Pre-Reading. Preview reading by discussing some of the questions in AU: *¿Quién en la clase tiene hijos? Los que no tienen hijos, ¿piensan tenerlos? ¿Por qué? ¿Cómo eran las relaciones entre usted y sus padres cuando era más joven? ¿Son mejores estas relaciones ahora? ¿Por qué?* If possible, show pictures of different types of families: traditional families with two parents and children, extended families, single mothers and single fathers. As you show pictures, ask, *¿Quiénes son los miembros de esta familia? ¿Es una familia tradicional? ¿Qué imagen proyectan los miembros de la familia? ¿Se ven tensas sus relaciones o parece que se llevan bien? ¿Qué tipo de familia tienen ustedes ahora? ¿Por qué es tan importante el concepto de la familia en una sociedad?*

Post-Reading. Review the article by going over statements in *Comprensión* with the class. Then assign AU questions to be discussed in small groups. As a variation of UPM, have students write a dialogue between a child or youth and a parent in which there is a dilemma regarding particular rules of the house. In class, set up a forum of discussion: Students present the dilemma and expert psychologists (volunteers and yourself) give advice on the best way to resolve the problems.

Answers to *Comprensión.* 1. E 2. A 3. F 4. A 5. J 6. R 7. J 8. R

6. _____ Haga cosas con sus hijos, pero no los presione para que hablen cuando ellos no quieran hacerlo.

7. _____ No trate de estar siempre al lado de sus hijos; esto puede crear más distancia entre ustedes.

8. _____ Deje que sus hijos hagan amistad con otros adultos, un familiar o un joven mayor.

Ahora... ¡usted!

1. ¿Tiene hijos? ¿Piensa tener hijos? ¿Por qué? Explique.
2. Según su experiencia, ¿es fácil o difícil para los adolescentes mantener buenas relaciones con sus padres?
3. ¿Cómo eran las relaciones entre usted y sus padres cuando era más joven? ¿A qué atribuye usted el éxito o el fracaso de esas relaciones?

Un paso más... ¡a escribir!

Basándose en su propia niñez o adolescencia, haga una lista de cinco sugerencias para mejorar la comunicación entre un muchacho o una muchacha y sus padres. Puede dirigir sus consejos tanto a los hijos como a los padres.

Act. 8. Intercambios (whole-class; partner-pair). **Suggestion:** Read these aloud while the class follows along. As you read each one, think of one *consejo* and write it on the board. Then pair students for the activity.

ACTIVIDAD 8   Intercambios: Consejos para los amigos

Con su compañero/a, piensen en dos o tres buenos consejos para las siguientes personas. Luego, coméntenlos con el resto de la clase.

1. Un compañero: siempre llega tarde a clase.
2. Una estudiante en su clase de español: quiere sacar buenas notas.
3. Su hermana menor: tiene muchos problemas con sus padres; usted no fue un «ángel» pero nunca tuvo problemas con ellos.
4. Un amigo: tiene una exnovia que a él ya no le gusta, pero ella es muy insistente.
5. Una amiga: va a salir con un chico a quien no conoce.
6. Su papá/mamá: está preocupado/a por el precio de la matrícula de la universidad.

JUGUETES QUE LOS BEBÉS ADORAN

Muchos padres habrán notado que a veces los bebés prefieren jugar con artículos domésticos que con juguetes caros. Después de todo, ellos ven que ustedes también "juegan" con esas cosas. He aquí algunas sugerencias para los bebés de cinco a doce meses:

• Sombreros
• Escobillas de uñas
• Prensador de ajos
• Cucharas plásticas para medidas y vasijas de diversos tamaños y colores

• Bloques de colores
• Agarradores de ollas de diferentes colores
• Botellas plásticas vacías
• Coladores
• Cartones de huevos
• Envases plásticos con etiquetas de colores y objetos que puedan colocar adentro
• Cucharas de madera
• Pelota de playa o cualquier otra pelota
• Espejos irrompibles

–R.M.

✳ Las órdenes, los consejos y las sugerencias

Lea Gramática 14.4.

Los consejos

Las órdenes, los consejos y las sugerencias. Brainstorm with the whole class to come up with other *órdenes* that Pedro might give Amanda, Guillermo, and Ernesto. Then tell various students to do things in the classroom, using familiar commands in the following pattern: *Quiero que te levantes. Ahora quiero que te sientes*, etc. Use other expressions of volition included in the display. See IRK for TPR: *Los mandatos indirectos*.

Many of the words in this display and in subsequent activities will be new to students. Verify class comprehension of all vocabulary in the display and the activities as you proceed through these materials.

See IRK for additional activities: *Las órdenes, los consejos y las sugerencias.*

Es necesario que terminemos este proyecto hoy.

Les prohíbo que se casen tan jóvenes.

Te recomiendo que no compres un coche deportivo.

Espero que recibas buenas notas este año.

Les ruego que no hagan tanto ruido. Estoy trabajando.

No tengo ganas... ¡Que los lave Amanda!

ACTIVIDAD 9　Conversación: Consejos para una vida feliz

¿Qué importancia tienen estos consejos para tener una vida feliz? Explique sus opiniones.

> Para vivir feliz, es indispensable que uno... porque...
> es importante que uno... porque...
> no es necesario que uno... porque...

1. tenga paciencia.
2. cuide su salud.
3. visite a la familia y a los amigos con frecuencia.
4. trabaje por el gusto de trabajar y no solamente para ganar dinero.
5. duerma ocho horas diariamente.
6. se case con una persona físicamente atractiva.
7. conserve su sentido del humor.
8. no use drogas.

Act. 9. Conversación (whole-class; individual). **Suggestion:** Go over these *consejos* with the whole class. Then have students invent 2–3 on their own to share with the whole class. (The three suggestions [*es indispensable que, es importante que, no es necesario que*] were meant to illustrate three levels of possible replies; however, you may want to substitute your own replies or have students supply their own.)

You may need to remind your students that Mafalda is a character similar to Charlie Brown. Tell them that Mafalda, a serious child who worries about social issues such as poverty, intellectual drain from Latin American countries, world peace, and so on, offers a point of view wiser than that of most adults. Susanita, on the other hand, represents the stereotype of the vacuous blond whose life is occupied by consumerism. As most others, this strip offers social criticism by presenting Mafalda's speechless reaction to Susanita's ridiculous premise. After students have read the strip, ask them what they think the strip is criticizing . . . poorly planned marriages that contribute to a high divorce rate, perhaps?

EL MUNDO HISPANO... LA GENTE

Ilia Rolón tiene 25 años y nació en Nueva York, donde vive ahora.

¿Qué consejos le daría a alguien para que viva feliz? ¿Qué debe hacer esa persona?

La felicidad no es un estado físico o emocional constante sino[1] una serie de iluminaciones psicológicas que producen placer y satisfacción. Para ser feliz es necesario exponerse a personas, lugares, obras de arte, libros, música, cosas que produzcan sentimientos positivos. Uno es feliz cuando menos lo sospecha.[2] Uno es feliz cuando no tiene que preguntarse: ¿Soy feliz?

[1]*but rather*   [2]*cuando... when you least suspect it*

El mundo hispano: La gente. After reading, have students answer the same questions to which Ilia responded. They may then compare their ideas to hers.

Act. 10. Descripción de dibujos (whole-class; partner-pair). Suggestion: Give students a minute or so to look at the drawings. Write on the board: *Le(s) aconsejo que _____ / Le(s) recomiendo que _____.* Do the first two with the whole class and then pair students to finish while you circulate, helping with vocabulary or expanding discussion.

ACTIVIDAD 10   Descripción de dibujos: ¿Qué les aconseja?

¿Qué les aconseja usted a estos compañeros de la clase de la profesora Martínez?

MODELO: Le aconsejo / Le recomiendo *que llegue a clase a tiempo.*

sábado por la noche
Nora   Carmen

Esteban

Act. 11. Entrevista (whole-class; partner-pair). **Suggestion:** Have students scan questions and ask you about new vocabulary. Then, read questions aloud and answer each one, giving advice based on your own opinions. Pair students for the *entrevista*. **Follow-Up:** As you go around listening and helping, jot down any advice that you consider original/interesting/unique and write it on the board to share with the class and spark a discussion.

AA 9 Write the following on the board: *Sr. Presidente, Sr. Senador / Sra. Senadora, Sr./Sra. _____* (su jefe/jefa), *Profesor/Profesora*, and any other titles or names you consider appropriate. Work with the whole class to formulate advice (using the subjunctive) for these people. You may wish to jot down some ideas such as: *que nos dé más/menos tarea, que (no) suba los impuestos, que me aumente el sueldo, que reduzca el déficit federal,* and so on. Ask students to use phrases like *le aconsejo que, le recomiendo que, le ruego que, espero que, es preferible que, es necesario que.* Give the first one: *Profesora, le ruego que (no) nos dé más tarea.*

AA 10 Work with the whole class to formulate advice (using the subjunctive) for some of the students. You may have to jot down such ideas as: *que me prestes tu tarea, que no copies durante el examen, que llegues a clase a tiempo, que le traigas chocolates a la profesora.* Give the first one: *Chicos, les aconsejo que me traigan una manzana mañana antes del examen.* Or: *Clase, espero que mañana lleguen temprano a clase.*

ACTIVIDAD 11   Entrevista: Los consejos

1. ¿Qué le aconsejas a un estudiante que no tiene dinero para comprar los libros para las clases de la universidad, pero va a comprar un coche nuevo?
2. ¿Qué le recomiendas a una estudiante de 18 años que quiere casarse en vez de seguir sus estudios?
3. ¿Qué le sugieres a un amigo que quiere dejar de fumar?
4. Un profesor está enojado porque los estudiantes siempre llegan tarde a clase. ¿Qué le recomiendas al profesor?
5. Un amigo tiene ya seis hijas pero quiere un varón. ¿Qué le aconsejas?

Los refranes

VOCABULARIO ÚTIL	
los refranes	sayings, proverbs
estiró la pata	"kicked the bucket"
la espada	sword
amenaza	threatens
cumple	follows through
ladra	barks
muerde	bites
madruga	wakes up early
la sabiduría	wisdom
los dichos	sayings
te embarques	embark on a journey
el diablo	devil

Los refranes son una parte esencial de todo idioma. Estas frases populares expresan la actitud de los seres humanos hacia la vida, y también reflejan su cultura. El origen de muchas de estas expresiones se encuentra en la literatura y el folclore. Los refranes pueden ser muy humorísticos y siempre dan color al lenguaje coloquial. Aquí tiene algunos ejemplos. ¡Trate de usarlos!

Cuando decimos que una persona «pasó a mejor vida» o que «estiró la pata», queremos decir que murió. Cuando una persona tiene un dilema difícil de resolver, está «entre la espada y la pared». Si alguien ofrece su opinión abiertamente, con honestidad, se dice que esa persona «llama al pan, pan y al vino, vino»; en otras palabras, que expresa la verdad.

Con respecto a alguien que amenaza mucho pero no cumple sus amenazas, podemos comentar: «Perro que ladra, no muerde.» Las personas que se levantan muy temprano, trabajan más y tienen buena suerte. La razón es que «al que madruga, Dios le ayuda». Cuando hay un problema que puede afectar su vida y usted no lo sabe, no va a sufrir porque «ojos que no ven, corazón que no siente». Es decir, para usted el problema ¡prácticamente no existe!

Muchos de estos refranes expresan la sabiduría popular. Los siguientes dichos, por ejemplo, ofrecen algún tipo de consejo.

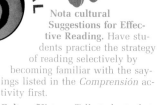

NOTA CULTURAL

Nota cultural
Suggestions for Effective Reading. Have students practice the strategy of reading selectively by becoming familiar with the sayings listed in the *Comprensión* activity first.

Culture/History. Tell students that in this reading they will learn some useful idiomatic expressions. Many expressions in the form of *consejos* are based on folklore; some originated in classic works of literature; others are simply based on common sense. Many of these sayings have an equivalent in English: *Más vale pájaro en*

mano que cien volando = A bird in the hand is worth two in the bush.

Pre-Reading. Ask students what some of the most popular sayings are in English. Ask them if they know any sayings in Spanish. Before assigning the reading, write on the board the first *dicho* from the *Comprensión* list: *Cada loco*

con su tema. Have students try to explain (in Spanish) what it means, then ask if they know an equivalent saying in English (To each his own). Do this with several sayings from the list.

Post-Reading. After reading, follow the procedure from the Pre-Reading Oral Activity with the rest of the sayings on the *Comprensión* list. Ask which ones are illustrated by the drawings. Then have students do the matching activity. Follow up with AU questions, to be done by students individually and then with the whole class. Assign UPM for homework.

　Additional UPM activity: Have students read the *refranes* that appear in each chapter (starting with Capítulo 1) and write a short dialogue using some of them.

Answers to *Comprensión*. 1. d **2.** a **3.** b **4.** c **5.** h **6.** i **7.** f **8.** e **9.** g

- «Más vale (andar) solo que mal acompañado.» Es mejor estar solo, sin amigos, que tener malos amigos.

- «El martes ni te cases ni te embarques.» El martes es un día de mala suerte, como el viernes trece en los Estados Unidos. No se debe hacer nada importante ese día.

- «Más vale pájaro en mano que cien volando.» No corra riesgos. Lo más seguro es lo que uno tiene ahora; no importa que sea poco. Debemos estar contentos con lo que tenemos.

- «Hay que consultarlo con la almohada.» Es necesario reflexionar y considerar las decisiones importantes con calma, cuando uno se acuesta.

- «Más sabe el diablo por ser viejo que por ser diablo.» Escuche los consejos de las personas mayores. Éstas tienen mucha experiencia del mundo.

Comprensión

Busque el equivalente en inglés de cada refrán.

1. _____ Cada loco con su tema.
2. _____ Al que le venga el saco, que se lo ponga.
3. _____ Dime con quién andas y te diré quién eres.
4. _____ Agua que no has de beber, déjala correr.
5. _____ Aunque la mona se vista de seda, mona se queda.
6. _____ Estar entre la espada y la pared.
7. _____ La mentira tiene las piernas cortas.
8. _____ Perro que ladra, no muerde.
9. _____ Llamar al pan, pan y al vino, vino.

a. If the shoe fits, wear it.
b. Birds of a feather flock together.
c. Live and let live.
d. To each his own.
e. His bark is worse than his bite.
f. Oh, what a tangled web we weave . . .
g. To call a spade a spade.
h. You can't make a silk purse out of a sow's ear.
i. Between a rock and a hard place.

Ahora... ¡usted!

1. ¿Recuerda algún refrán que usted aprendió cuando era niño/a? ¿Cuál es? ¿Quién le enseñó ese refrán?
2. ¿Hay una expresión en particular que su familia usa mucho? ¿Cuál es? ¿Qué significa?
3. ¿Le gusta usar refranes cuando conversa? ¿Por qué?
4. En general, ¿para qué sirven los refranes?

Un paso más... ¡a escribir!

Imagínese que usted va a enseñarle un refrán o expresión coloquial de su idioma a un estudiante hispano / una estudiante hispana. Escriba un diálogo explicándole a esta persona lo que significa el refrán. Luego trate de darle un equivalente en español.

✳ La crianza y el comportamiento

Lea Gramática 14.5.

La crianza y el comportamiento. Read the display captions aloud as students follow along. Comment about the conditions under which the people in each illustration would make the suggestions. For example, expand on the fact that the mother is telling the boy to sweep the floor and he is not willing to do it: *La madre le dice al chico que barra el patio pero él no quiere barrerlo. Él dice: —Que lo barra Amanda (su hermana)*. Third drawing: Say: *El padre quiere que los chicos corran con él. Ellos son adolescentes: no quieren correr con su papá. Ellos piensan: —¡Que corra él solo!* Ask the class to help you think of other suggestions and give you the setup for each. Drawings 5 and 6 illustrate a use of the subjunctive to give advice. Go over the two scenes and, if necessary, explain what is going on. Then ask students to look at drawing 5 again and suggest other examples of grandparents helping with the upbringing of their grandchildren.

Many of the words in this display and in subsequent activities will be new to students. Verify class comprehension of all vocabulary in the display and the activities as you proceed through these materials.
See IRK for additional activities: *La crianza y el comportamiento.*

Act. 12. Asociaciones (whole-class; partner-pair). Suggestion: Have students scan both lists and ask you vocabulary questions. Go over the model and create a couple more examples using typical student problems. Let students work in pairs to play the roles of the parents and the pediatrician and match each problem with its solutions. Then, have them come up with several original problems and solutions.
Follow-Up: Ask for volunteers to share the problems and advice they have suggested. Put these on the board (as well as several from the activity) and start a discussion on those topics.

ACTIVIDAD 12 Asociaciones: Problemas y consejos

Trabaje con un compañero / una compañera para emparejar los deseos de los padres con los consejos del / de la pediatra. Después, inventen otros problemas y otras soluciones.

MODELO: —No queremos que nuestros hijos sean racistas.
—Les recomiendo que nunca hagan comentarios racistas delante de ellos.

LOS PADRES

1. Queremos que nuestro hijo sepa leer bien.
2. Queremos que a los niños les guste comer comidas variadas.
3. No queremos que nuestro hijo sea violento.
4. Nuestro hijo llora mucho. No queremos que llore sin motivo.
5. Nuestra hija atormenta a su hermanita menor.
6. En el kínder hay un niño que muerde a mi hija.
7. Mi hijo de 8 años se chupa el dedo constantemente.
8. ¿ ?

EL/LA PEDIATRA

a. Les aconsejo que hablen con la maestra inmediatamente.
b. Les recomiendo que no le permitan ver programas violentos en la televisión.
c. Es necesario que vean a un psiquiatra lo más pronto posible.
d. Les sugiero que hablen con su hija y le pregunten por qué es tan cruel con su hermana.
e. Les aconsejo que le compren muchos libros y que lo lleven a la biblioteca pública.
f. Es importante que preparen comidas variadas en casa y que cuando ustedes salgan a cenar, lleven a los niños.
g. Les sugiero que hablen con el niño y le pregunten qué le pasa.
h. ¿ ?

Act. 13. Descripción de dibujos (whole-class; partner-pair). **Suggestion:** Have the class look at the drawings for a minute or so and think about what advice they would give to these children. Then go through the model and the first two items with the whole class, writing commands on the board that you and students come up with. Expect students to make errors in command forms; just fill in the gaps as you restate and write their commands on the board. Then, depending on your students' proficiency with the subjunctive, have students work in pairs or work with the whole class to finish the activity.

ACTIVIDAD 13 Descripción de dibujos: La crianza de los niños

¿Qué les recomienda usted a estos niños y jóvenes?

MODELOS: Le aconsejo que *limpie su cuarto.*
Le recomiendo que *recoja sus juguetes y sus libros.*

1.

2.

3.

4.

5.

6.

ACTIVIDAD 14   Conversación: El comportamiento social de sus hijos

Imagínese que usted es la madre o el padre de un niño / una niña de 4 años. ¿Qué hace o dice usted en las siguientes situaciones?

1. Su hijo/a no quiere jugar con el hijo / la hija de un amigo que ha llegado de visita.
2. Su hijo/a le pregunta si de veras existe Papá Noel. Sólo faltan seis semanas para la Navidad.
3. Usted entra en el comedor y ve que se ha roto un plato de porcelana muy bonito. Usted sospecha que lo rompió su hijo/a porque hace cinco minutos él/ella estaba jugando allí. Cuando se lo pregunta, su hijo/a no lo admite y dice: «No fui yo.»

Ahora su hijo/a tiene 13 años. ¿Qué hace o dice usted en estas situaciones?

4. Su hijo/a está enamorado/a y a cada rato quiere llamar a su novia/o por teléfono —hasta tres o cuatro veces al día.
5. Su hijo/a quiere llevar un arete en la ceja (la nariz, la lengua...), pero eso a usted no le gusta.
6. Su hijo/a no se lleva bien con uno de sus maestros. Ha habido varios problemas y ya no hace la tarea para esa clase. Dice que el maestro es un tipo imposible.

LECTURA   «Lazarillo y el ciego» (selección)

El siguiente pasaje viene de la novela *Lazarillo de Tormes*, escrita en 1554 por un escritor español anónimo. Lazarillo es un niño muy pobre que no tiene padres ni hogar. Es por eso que vive con diferentes amos. Sus aventuras son casi siempre humorísticas, pero también contienen mensajes y una crítica social. A Lazarillo se le conoce como el «pícaro», un personaje que aparece mucho en la literatura española.

En este pasaje, Lazarillo cuenta una anécdota de su vida con el ciego, uno de sus amos.

Un campesino le dio al ciego un racimo de uvas y el ciego decidió compartirlas conmigo. Nos sentamos entonces a disfrutar del banquete. ¡Teníamos tanta hambre! Pero antes de empezar a comer, mi amo me dijo:

—Quiero que los dos nos comamos este racimo y que tú comas tantas uvas como yo. Tú tomarás una y yo otra. Pero debes prometerme que no vas a tomar más de una uva cada vez. Yo voy a hacer lo mismo, hasta que acabemos el racimo y de esa manera no habrá engaño.

Hecho así el acuerdo, comenzamos a comer. Pero inmediatamente el ciego empezó a tomar uvas de dos en dos. Como vi que él rompía nuestro trato, decidí hacer lo mismo que él. Pero no me contenté con tomar sólo dos uvas. ¡Empecé a tomarlas de tres en tres y a veces hasta más!

Cuando terminamos el racimo, el ciego levantó su bastón y, moviendo la cabeza, dijo:

—Lázaro, ¡me has engañado!

Act. 14. Conversación (whole-class). **Suggestion:** Read each question aloud and stimulate discussion with the whole class by talking about what you do or did with your own children, if you have children, or what your parents did with you at these ages.

Lectura
Suggestions for Effective Reading. Have students practice visualizing the actions and interactions between the two characters in this excerpt from the famous novel.

Culture/History. Tell students that this passage contains a message about *la honestidad*. The entire novel, through irony, humor, and satire, criticizes social injustices of the times (Renaissance Spain). In general, it denounces man's inhumanity to man.

Pre-Reading. Discuss the topic of *el engaño* (deceit): *¿Conocen ustedes algún cuento o alguna novela donde una persona engañe a otra persona? ¿Qué pasó? En general, ¿por qué comete engaños la gente? ¿Hay engañadores o mentirosos famosos? (Don Juan, por ejemplo.) ¿Quién gana y quién pierde en una situación engañosa?*

Tell students they will witness a tricky or deceitful situation involving a boy named Lazarillo and a blind man. Bring grapes and a cane to class and set the stage for this reading. Because a large portion of the reading involves dialogue, you may want to present the material as reader's theater. Have students read aloud in pairs first. Then, select volunteers to read the conversational parts as you act as narrator. Re-enact the episode with the grapes in front of the class, inviting the student readers to use the grapes as specified in the text. This will enhance their visualization of the story.

Post-Reading. Do *Comprensión*, which involves personalized

VOCABULARIO ÚTIL

el amo	*master*
el pícaro	*rogue*
el ciego	*blind man*
el racimo	*bunch*
el banquete	*feast*
el engaño	*trick*
de dos en dos	*by twos*
el trato	*agreement*
el bastón	*cane*
¡me has engañado!	*you deceived me!*
astuto	*astute, clever*

—¿Yo? ¡No, señor! —le respondí.

—Estoy seguro que tomaste tres uvas cada vez. ¡Y a veces más!

—No es verdad. ¿Por qué sospecha eso? —le pregunté.

Y el ciego astuto respondió:

—¿Sabes cómo lo sé? Porque cuando yo tomaba dos, tú no decías nada.

Comprensión

Narre con sus propias palabras la anécdota, tomando en cuenta los siguientes pasos.

1. el racimo de uvas
2. el trato (o acuerdo)
3. el banquete
4. el engaño

narration. Suggestions for more comprehension questions: **1.** *¿En qué consiste el «acuerdo» que propone el ciego?* **2.** *¿Quién rompió el acuerdo primero?* **3.** *¿Por qué empezó Lazarillo a tomar varias uvas a la vez?* (*Tenía hambre. El ciego tomaba dos. / Creía que el ciego no lo iba a descubrir*). Assign UPM as written homework and discuss AU questions with the whole class. One possible message: *Si queremos que los demás sean honestos con nosotros, debemos primero actuar honestamente.*

   Related topics that you may want to discuss: *los niños sin padres (huérfanos) que tienen que ser fuertes y astutos para sobrevivir; los desamparados* (the homeless); *las personas con impedimentos físicos o mentales y la manera en que los superan.*

   Additional activity: Have students write a creative ending to this episode by answering the following questions: **1.** *¿Qué hace el ciego después de saber que Lazarillo lo engañó?* **2.** *¿Cómo reacciona Lazarillo?* **3.** *¿Serán amigos los dos en el futuro?* (You may want to tell them after they hand in their work that in the novel the blind man mistreats Lazarillo and Lazarillo eventually leaves him in search of a more just master.)

Ahora... ¡usted!

1. ¿Piensa que esta breve historia tiene un mensaje? Explique.
2. ¿Conoce alguna novela o cuento similar de su país? ¿Cuál es? ¿Qué tiene en común con la historia de Lazarillo?

Un paso más... ¡a escribir!

Imagínese que usted va a contribuir a una nueva versión de la novela *Lazarillo de Tormes*. En esta versión, el pícaro Lazarillo vive en el mundo de hoy. Escriba una anécdota o aventura en la vida de este niño. Recuerde que es huérfano y no tiene hogar. ¿Contiene un mensaje la historia que usted va a contar?

VENTANAS CULTURALES   La lengua

Ventanas culturales: La lengua
The reading deals with the strong influence the Arabic language had on the Spanish language from nearly 800 years of Muslim occupation of the Iberian peninsula. Ask students to name other cultures that have mingled, either by political force or by geographical circumstances, and that manifest linguistic influences from one culture to the other. Mention the influence of English on spoken Spanish and vice versa, in

¡Ojalá!

certain parts of the U.S. (the "Spanglish" phenomenon). **Examples:** In some areas of the Southwest one can hear *troca* for truck, instead of *camión* or *camioneta; lonche* for lunch, not *almuerzo;* and *raide* or *raite* for ride, in the sense of needing a ride somewhere.

Una gran cantidad de palabras del idioma español es de origen árabe; por ejemplo, **algodón,** de *al qutn.* Además, varios lugares de España y México tienen nombres árabes, como Guadalajara y Guadalquivir (*guadi* significa **río**). Es de notar que el artículo árabe *al,* equivalente a *el* o *la,* se fundió con varios sustantivos. Por eso tenemos hoy las palabras **álgebra** (de *al-yabra*), **alberca, almohada, alcázar, alcohol** y **azúcar,** entre otras.

Una de las palabras de origen árabe más usadas en español es **ojalá,** la cual se refiere a Alá, nombre que dan los musulmanes a Dios. La palabra **ojalá** viene del árabe *wa-sa Alláh,* que significa «Y quiera Dios». Como casi todas las palabras árabes que se incorporaron al castellano, **ojalá** se hizo parte del español después de la invasión musulmana de la península ibérica, la cual comenzó en el año 711. Durante ocho siglos, los musulmanes ocuparon el sur de la península.

Encontramos palabras árabes en muchísimos campos. En el de la ciencia tenemos **almanaque,** que viene de *al-manaj.* En el campo de la medicina: **alcohol,** de *al-kuhl,* y **alcanfor,** de *al-kafur.* En la agricultura: **azahar,** que significa *orange blossom* y viene de la palabra árabe para «flor», *zhar;* también **alfalfa,** de *al-fasfasa.* En el campo de la arquitectura: **alcoba,** que viene de *al-qubba* y significa «cuarto pequeño» en árabe; **almacén,** de *al-majzan,* que quiere decir «depósito». Y, finalmente, en el campo del gobierno: **alcalde,** del árabe *al-qadi,* que significa «juez».

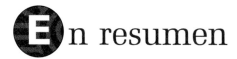n resumen

De todo un poco

Cartas a la pediatra Elsa Ríos

Lea las dos cartas que ha recibido la doctora Ríos. Luego, trabaje solo/a o con un compañero / una compañera o con un grupo. Haga(n) el papel de la pediatra y conteste(n) una de las cartas de los padres, dándoles consejos para resolver su problema. Recuerde(n) que debe(n) usar el subjuntivo después de frases como **le(s) recomiendo que, le(s) sugiero que, le(s) aconsejo que; es importante que, es necesario que.**

De todo un poco (whole-class; group). Have students work in groups of 3–4 to read letters and play the role of Doctora Ríos, writing a return letter with advice. Help with vocabulary as you circulate, sharing ideas with different groups.

1.

Querida doctora Ríos:

Mi hijo Toño tiene cinco años. Mi esposo y yo creíamos que iba a ser hijo único pero, para nuestra sorpresa, estoy embarazada. Últimamente Toño, que antes era un niño alegre y obediente, literalmente un ángel, se ha vuelto un niño egoísta que siempre está de mal humor y llora por nada. ¿Qué podemos hacer para que Toño sea nuestro angelito otra vez?

Padres preocupados

2.

Estimada doctora Ríos:

¡Por favor ayúdenos! Mi esposo y yo ya no sabemos qué hacer. Tenemos dos hijas, una de seis años y una de cinco años. Se parecen mucho físicamente pero su personalidad es 100 por ciento distinta. Lilia, la de seis años, es una niña callada y tímida, pero obediente y estudiosa. Sus maestros la quieren mucho y siempre la ponen de ejemplo.

Su hermana Clarita es todo lo opuesto, sobre todo en la escuela. Todos los días recibimos quejas. En la escuela disfruta peleando con todos los niños y en casa atormenta a Lilia. Ya estamos cansados de decirle que debe ser como su hermanita. Ella sólo se enoja más y dice que preferimos a Lilia, que a ella no la queremos. Nada es efectivo: ni regaños ni castigos. ¿Qué nos aconseja? ¿Cómo podemos resolver este problema tan tremendo?

Padres frustrados y tristes

¡Dígalo por escrito!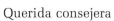

Querida consejera

Trabaje solo/a o con un compañero / una compañera. Invente(n) un problema y luego escriba(n) una carta dando consejos para resolverlo. Puede(n) escribir la carta con el problema, pero si prefiere(n), escriba(n) solamente la respuesta con los consejos para resolver el problema. Recuerde(n) lo que aprendió/aprendieron en la actividad anterior: Salude(n) a la(s) persona(s), haga(n) comentarios sobre su problema y luego use(n) el subjuntivo después de frases como **le(s) recomiendo que, le(s) sugiero que, le(s) aconsejo que, es importante que, es necesario que** para expresar sus consejos.

¡Dígalo por escrito! (individuals; pairs; groups) Have students think of a problem and its solution. If you wish, ask them to write a letter with a problem similar to those found in *"Dear Abby."* If your time is limited, brainstorm with the class to come up with a few problems, then ask students to write a letter giving advice. Review *De todo un poco* to help students remember the format for answering this type of letter.

VIDEOTECA

En este segmento de video, José Miguel le cuenta a su prima Paloma que tiene un problema muy grave, y que quiere que ella lo aconseje.

Vea las actividades que corresponden al video en la sección *Videoteca* del *Cuaderno de trabajo*.

Vocabulario

• La familia, las amistades y el matrimonio

Family, Friendship and Marriage

el ahijado / la ahijada	godson/goddaughter
el amigo íntimo / la amiga íntima	close friend
la amistad	friendship
las arras	*coins given by a bridegroom to a bride as a token of his ability to support her*
la boda	wedding
el bisabuelo	great-grandfather
la bisabuela	great-grandmother
el brindis	toast (drink or speech)
el compadre / la comadre	godfather/godmother (*what a child's parents and godparents call each other*)
el cura	priest
el enlace	union, marriage
estar comprometido/a	to be engaged
el lazo	tie
la luna de miel	honeymoon
la madrina	godmother; bridesmaid
la novia	bride
el noviazgo	courtship, engagement
el novio	groom
el padrino	godfather; best man in wedding
la velación	*ceremonial covering of the bride and groom with a veil during the nuptial mass*

PALABRAS SEMEJANTES: matrimonial, el matrimonio

REPASO: el bautizo, el hermanastro / la hermanastra, el hijo único / la hija única, la madrastra, el padrastro

• Acciones recíprocas (verbos)

Reciprocal Actions (Verbs)

abrazarse	to hug each other
besarse	to kiss each other
conocerse	to meet each other
darse la mano	to shake hands with each other
enamorarse	to fall in love (with each other)
entrevistarse	to interview each other
quererse (ie)	to love each other

PALABRAS SEMEJANTES: divorciarse
REPASO: casarse, parecerse, pelearse, llevarse bien

• Los verbos

Verbs

aconsejar	to advise
atormentar	to torment
bautizar	to baptize
borrar	to erase
comenzar (ie)	to begin, commence
criarse	to be brought up, to grow up
chuparse el dedo	to suck one's thumb (*finger*)
dejar de (+ *infin.*)	to stop (*doing something*)
dejar que (+ *subjunctive*)	to allow (*someone to do something*)
dirigir	to direct
entregar	to turn in, hand over
estar dispuesto/a a (+ *infin.*)	to be willing (*to do something*)

faltar (tiempo) para (evento)	(*event*) is in (*period of time*)
jalar	to pull
recordar (ue)	to remember
rogar (ue)	to beg
sacudir	to dust, to shake off
soler (ue) (+ *infin.*)	to be accustomed to (*doing something*)
sospechar	to suspect
sugerir (ie, i)	to suggest
tocar	to touch
valorar	to value
volverse	to turn into, become

PALABRAS SEMEJANTES: admitir, conservar, contribuir, interpretar, prohibir
REPASO: compartir, consultar, estar de acuerdo

• Los mandatos informales
Informal Commands

bájate	get off, get down
haz	make; do
pon atención	pay attention
sal	get out

• Las personas
People

el amo / el ama	master/mistress
el miembro	member
(el) Papá Noel	Santa Claus
el/la pediatra	pediatrician
el recién nacido / la recién nacida	newborn baby
el varón	male

PALABRAS SEMEJANTES: el ángel

• Los sustantivos
Nouns

la ayuda	help
el bienestar	well-being
el castigo	punishment
el coche deportivo	sports car
el comportamiento	behavior
la crianza	upbringing
la cualidad	quality, trait
la desventaja	disadvantage
los estudios	studies
el fracaso	failure
el gusto	pleasure; taste
la lealtad	loyalty
la matrícula	(school) registration fees
el periquito	parakeet, little parrot
la queja	complaint
el regaño	scolding

el riesgo	risk
el ruido	noise
el sentido del humor	sense of humor
la ventaja	advantage

PALABRAS SEMEJANTES: el carácter, la característica, el comentario, el divorcio, el documento, la droga, el factor, el honor, la importancia, la inteligencia, el kínder, el motivo, la oportunidad, las órdenes, la paciencia, la personalidad, el proyecto, el resto, el símbolo, el subjuntivo

• Los adjetivos
Adjectives

callado/a	quiet
distinto/a	different
embarazada	pregnant
estimado/a	dear, esteemed
estudioso/a	studious
opuesto/a	opposite
querido/a	dear
roto/a	broken
universitario/a	of or pertaining to the university
variado/a	varied

PALABRAS SEMEJANTES: cruel, efectivo/a, egoísta, formal, imposible, incondicional, informal, insistente, numeroso/a, obediente, racista, responsable, social, tremendo/a

• Los adverbios
Adverbs

PALABRAS SEMEJANTES: constantemente, físicamente, literalmente

• Frases impersonales
Impersonal Phrases

Es importante que... (+ *subjunctive*)	It's important that ...
Es indispensable que... (+ *subjunctive*)	It's absolutely necessary that ...
Es mejor que... (+ *subjunctive*)	It is better that ...

REPASO: Es necesario que... (+ *subjunctive*), Es recomendable que... (+ *subjunctive*)

• Palabras y expresiones útiles
Useful Words and Expressions

a cada rato	every little while
delante de	in front of, in the presence of
en caso de que... (+ *subjunctive*)	in case (*something happens*)
entre semana	on weekdays, during the week

Gramática y ejercicios

¿RECUERDA?

In **Gramática 9.1** you saw how two common reflexive verbs, **parecerse** and **llevarse,** are used to express reciprocal actions, that is, actions *to each other.* Review that section now, if necessary.

14.1. **Gramática ilustrada.** Direct students' attention to these drawings. Read the captions aloud. First-year students normally have no problem learning to recognize and understand the reflexive/reciprocal; some even produce it sporadically.

OGD: For very good first-year students and second-year students, you may wish to point out the possible prepositional phrase expansions: *el uno al otro* and *uno a otro.*

14.1 Expressing *each other:* Reciprocal Pronouns

GRAMÁTICA ILUSTRADA

Se besaron.

Se abrazaron.

Se dieron la mano.

Se despidieron.

Reciprocal actions are expressed in Spanish with reflexive pronouns.

reciprocal (*each other*) = (same form as reflexive; see **Gramática 4.3**)

$$\left\{\begin{matrix} \textbf{nos} \\ \textbf{os} \\ \textbf{se} \end{matrix}\right\} + \text{verb}$$

Se besaron. (*They kissed each other.*)
Nos escribimos. (*We write [to] each other.*)

Los novios **se abrazaron** y luego **se besaron.**

The bride and groom embraced (each other) and then kissed (each other).

Nos vemos mañana en el bautizo de tu sobrino.

We'll see each other tomorrow at the christening of your nephew.

Context usually indicates whether the pronoun is reflexive (*self*) or reciprocal (*each other*).

Tenemos que **vestirnos** antes de ir a la boda.

We have to get dressed before going to the wedding.

Don Eduardo y don Anselmo **se reconocieron** en seguida y **se dieron** la mano.

Don Eduardo and don Anselmo recognized each other at once and shook hands with each other.

Some common reciprocal verbs:

abrazarse	darse la mano	quererse
besarse	divorciarse	reconocerse
comprenderse	mirarse	respetarse
conocerse	parecerse	verse

EJERCICIO I

Exprese las acciones recíprocas según el modelo.

MODELO: Yo quiero a mi esposo y mi esposo me quiere mucho también. →
Mi esposo y yo *nos queremos* mucho.

1. El señor Ruiz llamó a su suegra por teléfono y su suegra lo llamó a él también.
2. Mi ahijada me escribe a mí y yo le escribo a ella a menudo.
3. Amanda habla con su novio y él habla con Amanda todos los días.
4. Mi madre respeta mucho a mi padre y mi padre respeta mucho a mi madre.
5. El abuelo de Guillermo me conoce y yo lo conozco a él muy bien.

¡OJO!

Ej. I. New word: **quererse** = *to love each other*

14.2 Describing: *ser* and *estar*

GRAMÁTICA ILUSTRADA

1. Paula Saucedo es una mujer muy activa.
2. Esta semana Paula tuvo que trabajar horas extra y hoy está muy cansada.

1. Ernesto es un hombre muy feliz.
2. Hoy está deprimido porque no le aumentaron el sueldo.

14.2. **Gramática ilustrada.** Direct students' attention to these drawings. Read the captions aloud. Our approach with *ser/estar* has

ser = inherent quality
estar = transitory state

¿Quién es... ? (*Who is . . . ?*)

¿Dónde está... ? (*Where is . . . [a person or thing]?*)

¿Dónde es... ? (*Where is . . . [an event]?*)

¿Cómo es? (*What is [someone or something] like?*)

¿Cómo está? (*How is [someone or something] feeling?*)

been to introduce the most important and useful meanings of each in separate sections and in separate contexts, avoiding contexts in which they contrast. This section, for advanced first-year or second-year students, summarizes what they already know about the meanings of *ser/estar* and introduces contrast in two contexts: location and description. We feel that the contrast is meaningful: The two words mean different things even though they correspond to the same word in English. The main idea is that *ser* refers to the norm, and *estar* refers to a transitory state.

OGA: In addition to the two exercises provided, you can use pictures of people doing various things and in various states of being to ask: *¿Cómo está en esta foto?* Then ask students to describe the person and speculate on his or her personality: *¿Cómo es este hombre (esta mujer)?*

A. To identify someone or something, use the verb **ser** followed by a noun.

—¿Quién **es** ese **muchacho**?	—*Who is that guy?*
—Es **Guillermo,** el primo de Marisa.	—*That's Guillermo, Marisa's cousin.*
—¿Y este vestido?	—*And this dress?*
—**Es** el **vestido** de novia que llevó mi abuelita.	—*It's the wedding dress that my grandmother wore.*

B. To form the progressive tenses, use **estar** with a present participle.

—¿Qué **estaban haciendo** el padrino y la madrina?	—*What were the best man and maid of honor doing?*
—**Estaban saludando** a los invitados que llegaban.	—*They were greeting the guests who were arriving.*

C. Use the verb **estar** to give the location of people or things.

—¿Dónde **está** el novio?	—*Where is the groom?*
—Creo que **está** en el baño.	—*I think he is in the bathroom.*

Use the verb **ser** to tell the location of an event.

—¿Dónde va a **ser** la ceremonia?	—*Where is the ceremony going to be (held)?*
—En la capilla.	—*In the chapel.*
—¿Dónde **es** la conferencia?	—*Where is the lecture?*
—En el salón 450.	—*In room 450.*

D. Although **ser** and **estar** are both used with adjectives to describe nouns, they are used in different situations. An adjective with **ser** tells what someone or something is like.

La novia **es** muy hermosa. **Es** alta, de pelo negro y **es** joven.	*The bride is very beautiful. She is tall, has black hair, and is young.*

An adjective with **estar** describes the condition of someone or something at a particular moment.

La clase de historia normalmente es aburrida, pero hoy está interesante.
(*History class is usually boring, but today it's interesting.*)

—¿Cómo **está** la novia?	—*How is the bride?*
—Ahora mismo **está** un poco nerviosa y cansada.	—*Right now she's a bit nervous and tired.*

In the following example, note that **ser** and **estar** can convey different meanings even when used with the same adjective. **Ser** emphasizes identification or normal characteristics, **estar** the state of someone or something at a certain point in time.

—¿**Es** delgada la madre de la novia?	—*Is the bride's mother slender?*
—Sí, pero hoy parece que **está** aún más delgada porque estuvo enferma hace poco.	—*Yes, but today she looks even more slender because she was ill a short time ago.*

By using **estar** with an adjective usually associated with **ser,** we can emphasize how something is or looks *right now,* rather than how it is normally. Thus, the choice between **ser** + adjective and **estar** + adjective emphasizes the difference between the norm and variation from the norm.

Te juro que **generalmente** el mar aquí **es** tranquilo y limpio y las olas **son** pequeñas. Pero **hoy está** todo muy feo. Las olas **están** muy grandes y el mar **está** muy sucio por la tormenta de anoche.	*I swear to you that the ocean here is usually calm and clear, and the waves small. But today everything is very ugly. The waves are very large and the ocean is dirty due to last night's storm.*

Here are some other phrases that emphasize the difference in meanings between **ser** and **estar** with adjectives.

es bonito / está bonito	*is pretty / looks pretty*
es generoso / está generoso	*is generous / is being generous*
es nervioso / está nervioso	*is a nervous person / is nervous now*

In a few cases, the meaning of the adjective is quite different depending on whether it is used with **ser** or **estar.**

es listo / está listo	*is clever / is ready*
es aburrido / está aburrido	*is boring / is bored*
es verde / está verde	*is green / looks green; is unripe*

ser	estar
Identification	*Present Progressive*
Es hombre.	Está comiendo.
Location of Event	*Location of People, Things*
El baile es aquí.	El muchacho está aquí.
Description of Norm	*Description of State*
Es bonita.	Está enferma.

Ser:

- Identification = **ser** + noun
  Es abogado.
  Son los compadres de Ernesto.
- Description = **ser** + adjective
  Soy entusiasta.
  Eran ricos.
- Location of an event = **ser** + location
  ¿Dónde es la conferencia?
  Los conciertos son en el salón 459.

Estar:

- Current condition of someone or something = **estar** + adjective
  ¿Estás triste?
  Estaban enojados.
- To be doing something = **estar** + present participle
  Estoy navegando por el Internet
  A las 4:00 estaban nadando.
- Location of someone or something = **estar** + location
  ¿Dónde está la carta?
  Mis hijos están en casa de los abuelos.

EJERCICIO 2

Don Anselmo está de mal humor hoy y no está de acuerdo con nada de lo que le dice don Eduardo.

MODELO: DON EDUARDO: Doña Rosita es una persona muy activa. →
DON ANSELMO: Pues, no está muy activa hoy.

1. Paula es muy amable con todos.
2. El clima de aquí es algo frío.
3. Normalmente este programa es muy cómico.
4. En la Tienda Miraflores la ropa es muy cara.
5. Ernesto es muy eficiente en su trabajo.

EJERCICIO 3

¿Ser o **estar?** Lea el contexto con mucho cuidado.

I. —¿Te gusta la clase de biología?

—No, _____ una clase muy aburrida.

2. —¿Tienes hambre? ¿Quieres comer un poco de fruta?

—Gracias, pero toda la fruta _____ verde. No voy a comerla porque no quiero enfermarme.

3. Voy a llegar tarde a mi clase de las 9:00. ¡Ya son las 8:49 y yo todavía no _____ listo/a!

4. Pablo _____ muy aburrido porque esta película _____ aburridísima. ¡Prefiere estudiar!

5. ¡Ay! Estas manzanas no están buenas. _____ manzanas rojas pero todavía _____ verdes.

6. Los estudiantes _____ muy listos pero hoy todavía no _____ listos para el examen final; necesitan estudiar más.

14.3 Giving Direct Commands: Polite and Informal

GRAMÁTICA ILUSTRADA _____

14.3. Gramática ilustrada. Direct students' attention to the drawings; read the captions aloud. This section reviews the formation of direct *usted/ustedes* commands and introduces rules for the formation of *tú* commands. One can derive affirmative informal commands from the present indicative, and negative commands from the present subjunctive. Short forms (*sal, ten, ven,* etc.) are simply listed without explanation. We do not attempt to provide grammar exercises for all irregular forms. Students are usually able to recognize informal commands in context. Almost no first-year student becomes proficient in the use of command forms. Keep in mind that pronoun placement with commands is extremely late in acquisition.

A. Polite commands are used to give a direct order to someone you address with **usted**. The forms of the polite commands were introduced in **Gramática 11.1**. They are also the same as the **usted** form of the present subjunctive (see **Gramáticas 11.2** and **11.3**).

INFINITIVE	PRESENT (yo/usted)	COMMAND (usted)	COMMAND (ustedes)
hablar	hablo/habla	hable	hablen
vender	vendo/vende	venda	vendan
escribir	escribo/escribe	escriba	escriban

A review of polite (**usted**) commands

Remember that **-ar** verbs take «**e**» endings; **-er/-ir** verbs take «**a**» endings.

hablar → hable
vender → venda
escribir → escriba

B. Singular informal commands are given to people you address with **tú** rather than **usted**—for example, your classmates or close friends.

> Esteban, **trae** algunas bebidas para la fiesta.
> Nora, no **mandes** los libros ahora, por favor.

> *Esteban, bring some drinks for the party.*
> *Nora, don't send the books now, please.*

C. If the singular informal command is affirmative, it is identical to the *he/she* form of the present indicative.

> Nora, **busca** las palabras en el diccionario y después **escribe** las definiciones.
> Alberto, **come** temprano porque después vamos a la discoteca.

> *Nora, look up the words in the dictionary and afterward write down the definitions.*
> *Alberto, eat early because afterward we're going to the discotheque.*

D. If the informal command is negative, add **-s** to the **usted** command form.

> **No hables** con ella; habla con Esteban.
> **No comas** tanto, Luis, y come más despacio.

> *Don't talk to her; talk to Esteban.*
> *Don't eat so much, Luis, and eat more slowly.*

affirmative **tú** commands = *he/she* form of present indicative
   Él/Ella/Usted *come*.
   (*He/She eats; You [pol. sing.] eat.*)
   ***Come* (tú).** (*Eat [inf. sing.].*)
   Él/Ella/Usted *arregla* los papeles. (*He/She straightens up the papers; You [pol. sing.] straighten up the papers.*)
   ***Arregla* (tú) los papeles.** (*Straighten up the papers [inf. sing.].*)

E. Here is a summary of the singular informal command forms.

-ar VERBS		-er/-ir VERBS	
(-a)	(-es)	(-e)	(-as)
habla	no hables	come	no comas
canta	no cantes	escribe	no escribas
estudia	no estudies	pide	no pidas

negative **tú** commands = **usted** command form + **-s**

hable [usted]
no hables [tú]

coma [usted]
no comas [tú]

pida [usted]
no pidas [tú]

venga [usted]
no vengas [tú]

F. Some verbs have an irregular affirmative informal command form; these verbs still take the regular forms in the negative.

The affirmative **tú** command of some verbs is irregular, but the negative command follows normal command/subjunctive rules.

ven
no vengas

di
no digas

pon
no pongas

INFINITIVE	tú (+)	tú (−)	
decir	di	no digas	*say / don't say*
hacer	haz	no hagas	*do / don't do*
ir	ve	no vayas	*go / don't go*
poner	pon	no pongas	*put / don't put*
salir	sal	no salgas	*leave / don't leave*
ser	sé	no seas	*be / don't be*
tener	ten	no tengas	*have / don't have*
venir	ven	no vengas	*come / don't come*

Ven ahora; no **vengas** mañana.

Come now; don't come tomorrow.

Ponlo en tu cuarto; no lo **pongas** en la cocina.

Put it in your room; don't put it in the kitchen.

G. Affirmative **vosotros/as** commands are derived from the infinitive by changing the final **-r** to **-d**. Negative **vosotros/as** commands use the subjunctive.

affirmative **vosotros/as** commands = change final **-r** of infinitive to **-d**

hablar → hablad
decir → decid

negative **vosotros/as** commands = subjunctive

hablar → no habléis
decir → no digáis

INFINITIVE	vosotros/as (+)	vosotros/as (−)	
hablar	habla**d**	no habléis	*speak / don't speak*
comer	come**d**	no comáis	*eat / don't eat*
escribir	escribi**d**	no escribáis	*write / don't write*
decir	deci**d**	no digáis	*say / don't say*
ir	i**d**	no vayáis	*go / don't go*
venir	veni**d**	no vengáis	*come / don't come*

H. Here is a summary of the polite and informal command forms.* Note that with the exception of the affirmative **tú** and **vosotros/as** commands, all commands use subjunctive forms.

usted(es)	tú (−)	tú (+)	vosotros/as (−)	vosotros/as (+)
(no) habl**e(n)**	no hables	habla	no habl**éis**	habla**d**
(no) com**a(n)**	no comas	come	no com**áis**	come**d**
(no) escrib**a(n)**	no escribas	escribe	no escrib**áis**	escrib**d**
(no) dig**a(n)**	no digas	**di**	no dig**áis**	deci**d**
(no) pong**a(n)**	no pong**as**	**pon**	no pong**áis**	pone**d**

*Affirmative **vos** commands drop the **-r** of the infinitive and add an accent to the last vowel: **hablá vos, comé vos, escribí vos, decí vos, vení vos.** Negative **vos** commands are the same as the **tú** subjunctive forms, but these too add an accent to the last vowel: **no hablés vos, no comás vos, no escribás vos, no digás vos, no vengás vos.**

EJERCICIO 4

Éstos son algunos de los mandatos que Estela le dio a Ernestito durante el día. Complételos con **acuéstate, apaga, bájate, dile, habla, haz, lee, levántate, sal, ten, ve** o **ven.**

¡O J O!

Ej. 4. Read the informal commands and fit them logically into the sentences. Each answer can be used only once.

1. _____ rápido porque es muy tarde.
2. _____ conmigo a tu cuarto ahora.
3. _____ cuidado al cruzar la calle.
4. _____ de la casa por un ratito.
5. _____ de ese árbol ahora mismo.
6. _____ con tu papá si quieres una bicicleta nueva.
7. _____ en tu cama y _____ la luz.
8. _____ adiós a tu abuelita.
9. _____ a la sala y _____ uno de tus libros.
10. _____ tu tarea ahora y luego puedes ver la televisión.

EJERCICIO 5

Nora y Esteban están de compras en un mercado en Nuevo Laredo. Ponga los infinitivos en el mandato (**tú/ usted**) apropiado para el contexto.

MODELO: Ay, Esteban, no *compres* dulces, *come* fruta. (comprar/comer)

¡O J O!

Ej. 5. Look at the drawings and decide for each situation whether to use a **tú** or an **usted** command and then write in the correct form.

1. _____ nos dos especialidades de la casa, por favor. (traer) No nos _____ la cuenta ahora. (dar)

2. _____me éste, por favor. (mostrar) ¿Cuánto cuesta? Cuesta mil pesos, señorita. ¡No me _____ ! (decir)

3. Momentito, _____ me aquí, Nora, quiero ver aquellas chaquetas de cuero. (esperar) No _____ a otra tienda. (irse)

4. _____ me el precio, por favor. (rebajar) No me lo _____. (subir)

5. _____ mi nueva chaqueta, Nora. (mirar) ¡Qué ganga! No me _____ que gasté demasiado dinero. (decir)

14.4. This section presents a more formal and theoretical introduction to the subjunctive. Our opinion is that the subjunctive is really a second-year topic, but that advanced first-year students can benefit from a superficial introduction to it. We introduced present subjunctive forms in *Gramáticas 11.2–11.3* to express indirect commands after *querer que* and future events after *cuando*. The present subjunctive was reentered in *Gramática 12.3* to express indirect commands after personal expressions such as *aconsejarle que*. In this section we complete the description of the subjunctive with matrices of volition, both personal (*esperar que*) and impersonal (*es necesario que*).

Use of the subjunctive after impersonal expressions such as *es preferible que*, just as for its use after personal expressions (*preferir que*), depends on the meaning of those expressions. (Point out that not all impersonal expressions take the subjunctive.)

OGD: If you go over the exercises on the subjunctive in class, we suggest that you focus on the meaning and use of the matrix expressions (such as *preferir que*) and on the word order of the dependent clause (making sure that the conjunction *que* is used and that the correct pronouns are in proper order). Subjunctive forms themselves are almost always

14.4 Using Softened Commands: The Subjunctive Mood

¿ R E C U E R D A ?

Spanish has two present tenses: the present indicative and the present subjunctive. The present indicative is used to ask questions and make statements. As you saw in **Gramática 11.2** and **11.3**, in Spanish the present subjunctive is used after the verb **querer** in softened commands and after **cuando** in statements about the future.

Cuando llegues al aeropuerto, llámame.

—¿Qué **quiere** Ramón?

—Quiere que yo **vaya** con él al Baile de los Enamorados.

When you get to the airport, call me.

—What does Ramón want?

—He wants me to go with him to the Valentine's Day Dance.

A. Like Spanish, English has a present subjunctive, but because most of its forms are identical to the infinitive, many speakers never notice them. Only in the singular *he/she* form in English is there a difference between the present indicative and the present subjunctive. Note the indicative *goes* and the subjunctive *go* in these examples.

Did you know that John *goes* to football practice after class?
Is it necessary that John *go* to football practice after class?

B. As you learned in **Gramáticas 11.2** and **12.3,** it is possible to give softened commands in Spanish with verbs like **querer** (*to want*) and **aconsejar** (*to advise*) plus a present subjunctive verb form.

Diego, **te aconsejo que no comas** tantos dulces.

Diego, I advise you not to eat so many sweets.

Such sentences consist of two parts, or clauses. The first clause contains a verb or a verb phrase indicating a desire, a recommendation, or a suggestion. The second begins with the connector **que** (*that*) and contains a verb in the subjunctive.

Other, similar sentences may contain a personal verb phrase like **espero que** (*I hope that*) or an impersonal one like **es necesario que** (*it is necessary that*).

Espero que no nos llame nadie esta noche.

Es necesario que llegues a tiempo para el banquete.

I hope (that) nobody calls us tonight.

It is necessary that you arrive on time for the banquet.

Here is a list of typical phrases, both personal and impersonal, that are used with the present subjunctive to give softened commands.

redundant, and student errors of form will not cause misunderstanding. On the other hand, leaving out the *que* or misplacing pronouns can lead to confusion.

The present subjunctive is used to give softened commands.

Quiero que me digas la verdad. (*I want you to tell me the truth.*)

Les aconsejo que no lo compren. (*I advise you not to buy it.*)

PERSONAL

aconsejar que	*to advise* (*that*)	pedir (i) que	*to ask, request that*
decir que	*to tell, order* (*that*)	permitir que	*to permit that*
dejar que	*to allow* (*that*)	preferir (ie) que	*to prefer that*
desear que	*to desire* (*that*)	prohibir que	*to prohibit that*
esperar que	*to hope* (*that*)	querer (ie) que	*to want that*
exigir que	*to demand* (*that*)	rogar (ue) que	*to beg, plead that*
mandar que	*to command* (*that*)		

IMPERSONAL

es importante que	*it is important that*
es imposible que	*it is impossible that*
es mejor que	*it is better that*
es necesario que	*it is necessary that*
es preferible que	*it is preferable that*

> **¡OJO!**
> You may wish to review the forms of the present subjunctive in **Gramáticas 11.2** and **11.3** before doing the exercises that follow.

EJERCICIO 6

La profesora Martínez requiere la participación de todos sus alumnos. Siguiendo el modelo, diga lo que quiere la profesora.

MODELO: Le *pide* a Luis que *borre* la pizarra. (pedir/borrar)

1. Le _____ a Alberto que _____ a clase a tiempo. (rogar/llegar)
2. _____ que todos _____ buenas notas en el examen. (esperar/sacar)
3. _____ que Esteban y Nora _____ las preguntas. (desear/contestar)
4. _____ que Pablo _____ en voz alta. (preferir/leer)
5. _____ que nosotros le _____ la tarea a tiempo. (querer/entregar)

> **¡OJO!**
> **Ej. 6. Rogar** is a **ue** verb and, like **aconsejar,** it takes an indirect object pronoun: **le ruego que.** Also remember spelling changes in **llegar, sacar,** and **entregar.**

EJERCICIO 7

Estela Saucedo les hace sugerencias a varias personas.

MODELO: a Ernesto: prefiero que / lavar el coche →
Ernesto, prefiero que tú *laves* el coche.

1. a Guillermo: es mejor que / hacer la tarea
2. a Graciela: quiero que / hablar con Amanda
3. a Amanda: es necesario que / llamar a Graciela
4. a Clarisa: es muy importante que / quedarse en el patio
5. a Marisa: sugiero que / jugar con tu hermanita

> **¡OJO!**
> **Ej. 7.** Be careful with pronoun placement in item 4.

¡OJO!

Ej. 8. Write the correct verb form, indicative or subjunctive, and then pick a logical response or responses. Remember spelling changes in **dormir, jugar, sacar,** and **almorzar.**

EJERCICIO 8

En las siguientes situaciones unas personas quieren que otras hagan algo. Primero, llene cada espacio en blanco con la forma correcta del verbo indicado. Luego, indique las opciones lógicas. Siga el modelo.

MODELO: Todos los días mi mamá me pide que...
a. *saque* la basura. (sacar)
b. *beba* licor en la autopista. (beber)
c. *haga* mi tarea. (hacer)
d. *regrese* muy tarde de las fiestas. (regresar)

1. Les sugiero a mis compañeros de clase que...
a. _____ conmigo a la biblioteca. (ir)
b. _____ a clase mucho. (faltar)
c. _____ español en clase. (hablar)
d. me _____ las respuestas durante el examen. (dar)
2. El médico nos aconseja que...
a. _____ muchos cigarrillos. (fumar)
b. _____ ocho horas. (dormir)
c. _____ al psiquiatra todos los días. (consultar)
d. _____ más legumbres. (comer)
3. Ernesto y Estela les dicen a sus hijos que...
a. _____ en la calle. (jugar)
b. _____ sus recámaras. (limpiar)
c. _____ galletitas todo el día. (comer)
d. _____ televisión toda la tarde. (ver)
4. Es importante que...
a. yo le _____ un regalo bonito a mi novio/a. (hacer)
b. mi hermano me _____ hoy. (llamar)
c. mis padres me _____ con los gastos de la matrícula. (ayudar)
d. yo _____ muy buenas notas en la clase. (sacar)
5. Quiero que tú...
a. _____ conmigo en la cafetería. (almorzar)
b. _____ a mi casa a estudiar esta noche. (venir)
c. _____ todos los muebles. (sacudir)
d. me _____ un horno de microondas. (regalar)

14.5. You will probably have few occasions in the classroom to use this construction; a first-year student would rarely need to produce it. However, in real conversational interactions between native speakers, it seems to be a relatively common structure. Most students simply memorize a few of the more common expressions, such as *Que te/les vaya bien.* (In Mexico one hears more and more frequently the expression *Que pase un buen día,* probably a translation of "Have a nice/good day!") *Ojalá* + subjunctive is also very frequently heard and can be taught as a memorized routine.

¿Bróculi? ¡Que lo coma Jorge! (*Broccoli? Let George eat it!*)

14.5 Saying *Let/Have someone else do it!:* ¡Que + Subjunctive!

A. To form the indirect command *let/have someone else do it,* omit the initial verb of the softened command and start the sentence with **que.**

Quiero que manejen con cuidado. *I want them to drive carefully.*
¡Que manejen con cuidado! *Have them drive carefully!*

Sugiero que lo termine Carmen. *I suggest that Carmen finish it.*
¡Que lo termine Carmen! *Have/Let Carmen finish it!*

You can also use this form to express good wishes. As before, the initial verb is omitted. For example, to a sick person you might say the following.

Deseo que te mejores pronto.   *I hope you get well soon.*
¡Que te mejores pronto!   *Get well soon!*

Here are other common good wishes.

¡Que tenga un buen viaje!   *Have a good (safe) trip!*
¡Que les vaya bien!   *I hope everything goes well for you!*
¡Que pasen buenas noches!   *Have a nice evening!*
¡Que pases un buen día!   *Have a nice day!*
¡Que duermas bien!   *Sleep well!*
¡Que vuelvan pronto!   *Come back soon!*

B. The word **ojalá** derives from an old Arabic expression that meant *May Allah grant that . . .* Today the expression **Ojalá (que)** . . . means *I hope (that)* . . . and is used with the present subjunctive.

Ojalá (que) no llueva.   *I hope it doesn't rain.*
Ojalá (que) me quiera.   *I hope that she loves me.*

> **Ojalá que todo salga bien.** (*I hope everything goes well.*)

EJERCICIO 9

Estela está muy cansada y no quiere hacer las siguientes cosas. Por eso sugiere que las hagan otras personas. ¿Qué dice Estela?

MODELO: preparar las enchiladas / Berta →
¿Las enchiladas? *¡Que las prepare* Berta!

¡OJO!

Ej. 9 Watch for correct pronoun placement. Remember spelling changes in **pagar, jugar,** and **recoger.**

1. bañar al perro / Ernestito
2. barrer el patio / Guillermo
3. pagar las cuentas / Ernesto
4. cuidar a los niños / Ernesto
5. sacudir los muebles / Berta
6. arreglar el coche / Ernesto
7. enviar el paquete / Amanda
8. jugar con la gata / los niños
9. recoger la ropa / Ernestito
10. poner flores allí / Berta

EJERCICIO 10

Lea las siguientes situaciones y escriba la respuesta apropiada.

MODELO: E1: ¡Adiós! Nos vemos el mes próximo.
E2: *Que tengas buen viaje.*

Ej. 10. This exercise is one you may want to do in class since it lends itself to discussion of social interaction and appropriate comments for various situations.

1. Me voy a acostar. Hasta mañana.
2. Se me está haciendo tarde. Ya me voy al trabajo.
3. ¡Ay! Tengo un examen hoy.
4. Mi esposo está en el hospital y está muy grave (muy enfermo).
5. Mañana mis amigos y yo salimos para San Sebastián.

EJERCICIO 11

Es su cumpleaños. Use **ojalá (que) / ojalá (que) no** para expresar lo que espera que ocurra.

Ej. 11. Students can add more examples.

MODELO: llover hoy → Ojalá (que) *no llueva hoy.*

1. recibir muchos regalos
2. hacer buen tiempo
3. tener que trabajar
4. estar enfermo/a
5. venir a visitarme mis amigos
6. ¿ ?

Capítulo 15

M E T A S

In **Capítulo 15** you will express your opinions and talk about future plans, goals, possibilities, and consequences. You will also talk about cultural diversity and other issues that affect modern society. In addition, you will discuss the role of technology in our lives.

Sobre el artista: David Alfaro Siqueiros (1896–1974) nació en Chihuahua, México. En 1919 viajó a Europa para ampliar su formación artística. El arte de Siqueiros se destaca por sus colores vivos y la combinación de elementos precolombinos y surrealistas. Sus murales, casi todos con temas político-sociales, decoran muchos edificios en México.

Para la seguridad de todo obrero mexicano, por David Alfaro Siqueiros, de México

Goals—Capítulo 15
Discussion topics in *Capítulo 15,* although advanced, are usually quite interesting to students, so participation is not difficult to elicit. Remember, however, that the more comprehensible input you provide at the beginning of the chapter, the easier it will be for students to acquire the vocabulary and a working command of some of these advanced grammar points—especially the future and the conditional. The forms and uses of the subjunctive will still be difficult for students. They should be aware that acquisition of these concepts takes much more contact time than that provided by the average length of first-year college courses (100 to 160 contact hours).

Pre-Text Oral Activity
Introduce future goals with a review of *quisiera* + activity. Ask students what they would like to do when they graduate; write on the board: *Cuando me gradúe quisiera…* and have each student finish the sentence with at least two activities. Do this as an association activity.

Introduce the future tense with an association activity. Have students predict what they will be doing in five years. Start by listing your own future plans: *Dentro de cinco años, iré a España y a Cuba. Viviré en una casa más pequeña y tendré más tiempo libre.* Write on the board: *Dentro de cinco años (yo)…*

Introduce the conditional with various hypothetical situations. Students have already heard and used conditional forms of *gustar (Gramática 5.5: me gustaría, te gustaría, le gustaría,* and so on.). Have students complete sentences such as these: *Si se me descompusiera el coche en la autopista… Si recibiera una mala nota… Si mi novio/a saliera con otro/a… / Si no tuviera computadora…*

El porvenir

PREGUNTAS DE COMUNICACIÓN

- ¿Qué hará usted después de graduarse en la universidad? ¿Trabajará en casa, usando su computadora, o trabajará en una oficina?
- ¿Cree usted que la tecnología resolverá los problemas de la contaminación del aire y del agua?
- En el futuro, ¿podrán las computadoras pensar y hablar como los seres humanos?
- Si usted pudiera vivir en otra ciudad, otro estado u otro país, ¿en dónde viviría?
- Si usted ganara un millón de dólares en la lotería, ¿cómo cambiaría su vida? ¿Viajaría más? ¿Compraría algo? ¿Le daría parte del dinero a alguna institución de caridad?

MULTIMEDIA ▼

Visit the *Dos mundos* Website at www.mhhe.com/dosmundos for additional activities, links, and other resources.

The video to accompany *Dos mundos* includes cultural footage on El Salvador.

The multimedia CD-ROM to accompany *Dos mundos* offers a variety of activities to review vocabulary and grammar from this chapter. You will also find additional cultural information and video clips.

Actividades de comunicación y lecturas

El futuro y las metas personales. Tell students that the formal future studied in *Gramática 15.1* is equivalent to *ir a* + infinitive. Present a list of your own New Year's resolutions: *El año que viene (yo)... iré a Europa, estudiaré francés, compraré ropa nueva, ganaré más dinero,* etc. Have students write down their own resolutions, then share them with the class.

✳ El futuro y las metas personales

OGD: Note the use of the present subjunctive in *cuando* clauses.

Although most subjunctive verb forms have already been introduced, students may still need some help. The future tense forms, especially those of regular verbs, should present little or no

Lea Gramática 15.1–15.2.

Éstos son los planes de
Amanda, Ernesto y Estela Saucedo

1. Tan pronto como me gradúe, viajaré a Europa.
2. Cuando me case, iré a Río de Janeiro de luna de miel.
3. Después de que nazca nuestro primer hijo, nos sentiremos orgullosos.

1. En cuanto mi hijo menor termine la preparatoria, trabajaré para una empresa importante.
2. Cuando gane más de $890,000 pesos al año, me mudaré a un vecindario elegante.
3. Trabajaré hasta que tenga sesenta y cinco años.

problem to students, but they may still need some help interpreting them. Also, many of the words in this display and in subsequent activities will be new to students. Verify class comprehension of all vocabulary in the display and the activities as you proceed through these materials.

See IRK for additional activity: *El futuro y las metas personales.*

Act. 1. Encuesta (whole-class; group). **Suggestion:** Read the statements aloud to students or have them read silently. Give them 2–3 minutes to ask about unfamiliar vocabulary and to check their responses. Poll the entire class and use these statements to elicit serious discussion about the future. Or you may do the first five statements with the whole class and then have students work in groups of 3–4 for the last five. Help students remember the use of *ya* (already) and *ya no* (no longer).

1. Cuando logre mis metas, seré feliz.
2. Si me cuido bien, viviré mucho tiempo y gozaré de la vida.
3. Después de que me jubile, realizaré mi sueño de vivir en las montañas.

ACTIVIDAD I   Encuesta: ¿Cómo será el mundo dentro de cincuenta años?

Indique si usted está de acuerdo o no con estas afirmaciones. Explique sus respuestas.

DENTRO DE CINCUENTA AÑOS	ESTOY DE ACUERDO	NO ESTOY DE ACUERDO
1. Ya no habrá guerras en el mundo. Gozaremos de paz.	☐	☐
2. Descubrirán una vacuna contra el SIDA.	☐	☐

DENTRO DE CINCUENTA AÑOS	ESTOY DE ACUERDO	NO ESTOY DE ACUERDO
3. Las computadoras podrán pensar como los seres humanos.	☐	☐
4. Ya no se usarán coches particulares: todo el mundo utilizará el transporte público.	☐	☐
5. Nadie se escribirá cartas; todos se comunicarán por correo electrónico.	☐	☐
6. Ya no habrá contaminación ambiental.	☐	☐
7. Gracias a la tecnología, tendremos mucho más tiempo libre.	☐	☐
8. La mayoría de las personas trabajará en el hogar por medio del Internet.	☐	☐
9. Todo ciudadano de los Estados Unidos tendrá acceso a atención médica básica, mediante un plan nacional de seguro médico.	☐	☐
10. ¿ ?	☐	☐

"No te irás a casar conmigo por mi dinero, ¿verdad?"

ACTIVIDAD 2   Preferencias: El futuro, los sueños y las metas

Piense en su futuro y complete cada oración.

1. Me casaré tan pronto como
  a. mi novio me lo pida.
  b. me gradúe en la universidad.
  c. empiece a trabajar.
  d. ¿ ?

2. ...después de que encuentre un buen empleo.
  a. Me casaré
  b. Compraré una casa en _____
  c. Tendré ropa de buena calidad
  d. ¿ ?

3. ...hasta que nazca mi primer hijo.
  a. Trabajaré 60 horas por semana
  b. Seguiré estudiando
  c. Podré salir a bailar y al cine
  d. ¿ ?

4. Seré feliz en cuanto...
  a. me case y tenga hijos.
  b. pueda tener mi propio apartamento.
  c. empiece a ganar dinero.
  d. ¿ ?

5. Compraré un coche de lujo cuando...
  a. gane más de $3.000 al mes.
  b. mis padres me den el dinero.
  c. mejore la economía.
  d. ¿ ?

Act. 2. Preferencias (whole-class, pairs) **Suggestion:** Give students a few minutes to read and complete each item. Encourage them to provide some of their own choices for item d. Model all using your own information before asking for volunteers. After getting at least one volunteer for each item, let students work in pairs to share their answers and converse about their future goals and dreams. Note that items 1, 4, and 5 require answers that use the present subjunctive, and items 2 and 3 require answers using the future tense.

Act. 3. **Narración** (whole-class; partner-pair). **Suggestion:** Have the whole class help you narrate Adriana's future life and then pair students to retell it as you circulate. Suggestions for the series: **1.** *Adriana se casará con un señor alto y guapo.* **2.** *Tendrán una boda muy grande e invitarán a muchas personas.* **3.** *Pasarán su luna de miel en Chile.* **4.** *Se mudarán a Madrid y vivirán en un piso.* **5.** *Adriana trabajará para una compañía de informática.* **6.** *Tendrán (Nacerá) un hijo y Adriana estará muy contenta.* **7.** *Tendrán otro hijo y Adriana ya no trabajará para la compañía de informática.* **8.** *Adriana llevará a sus hijos al parque.* **9.** *Cuando los niños sean más grandes, Adriana buscará empleo otra vez.* **10.** *Conseguirá trabajo en una empresa de informática otra vez.* **11.** *Regresará a casa cansada pero contenta.* **12.** *¿Qué más hará Adriana?*

AA 1 (individual; whole-class). Here are some possibilities for future situations. Have students complete each with a future activity: *Después de graduarse, ¿qué hará?* (*después de conseguir su primer empleo, después de casarse, después de tener hijos, después de jubilarse*).

Act. 4. **Conversación** (whole-class). **Suggestion:** Allow students to read the discussion questions first and ask questions about new vocabulary. Go through the questions one by one, eliciting comments from the whole class and contributing your own opinions. **Expansion:** Change all verbs to the *tú* form and have students interview each other.

Act. 5. **Entrevistas** (whole-class: partner-pair). **Suggestion:** Read questions aloud to the entire class and answer each in turn with your personal information, expanding discussion and adding details as time and interest permit. (Older instructors, as well as older students, can pretend to be 19 or 20 as they answer these questions. This is often very enlightening for the rest of the class.) Write some of your answers and/or other vocabulary on the board for students to use as reference. Several items (1, 2, and 4) require the subjunctive and others the infinitive. Lead students in the right direction without too much explanation by putting patterns for both types of answers on the board: *Después de graduarme quiero _____: Mis padres quieren que (yo) _____.* Fill in the blanks with your personal information. When the subjunctive is required, expect to hear errors since students have not yet acquired it. (We have used the expression *graduarse* as the American equivalent, but the Spanish term varies from country to country: *recibirse, terminar el título, completar el grado,* etc.)

AA 2 (individual). Give students 2 minutes to write down as many future plans and

ACTIVIDAD 3   Narración: El futuro de Adriana Bolini

Adriana consultó a una adivina. Narre la vida de Adriana según la adivina.

ACTIVIDAD 4   Conversación. Las carreras y la felicidad

1. ¿Cuáles son sus metas en la vida? ¿Las podrá alcanzar sin dinero?
2. ¿Qué carrera quiere seguir usted? ¿Por qué escogió esa carrera?
3. ¿Qué cree usted que conseguirá en su carrera? ¿dinero? ¿satisfacción personal? ¿aventuras? ¿Son importantes esas cosas para usted? Explique.
4. ¿Cree usted que trabajará toda la vida en la misma profesión? Explique.
5. ¿Tendrá usted su propio negocio algún día? ¿Piensa tener su oficina en su casa? ¿Se comunicará por medio de la computadora?
6. ¿En qué consiste la felicidad para usted? ¿Hay aspectos de la felicidad que puedan comprarse? ¿Hay alguna clase de felicidad que no pueda comprarse?

ACTIVIDAD 5   Entrevistas: Las metas

1. ¿Qué quieres hacer después de graduarte en la universidad? ¿Qué quieren tus padres que hagas?
2. Si vives ahora con tus padres, ¿quieres seguir viviendo con ellos por un tiempo? ¿por qué? ¿Quieren tus padres que sigas viviendo con ellos?
3. ¿Qué es más importante, seguir los deseos de uno mismo o los de los padres?
4. Si no estás casado/a, ¿quieres casarte? ¿Quieren tus padres que te cases? ¿por qué? Explica.
5. ¿Qué tipo de trabajo buscarás después de graduarte? ¿por qué?

Cuento: ¡Basta de recuerdos!

El cuento a continuación narra los pensamientos de Susana Yamasaki González, una mujer peruanojaponesa de 33 años. Susana es secretaria y los fines de semana trabaja como guía de turismo en Lima. Está divorciada y ha tenido que criar a sus hijos sin su esposo.

Susana escuchó el despertador y lo apagó, aunque ya llevaba tiempo despierta, pensando en Édgar. Cuando su esposo dormía con ella, era él quien apagaba el aparato y luego la despertaba suavemente. Pensar en Édgar en este momento, tan temprano, era una mala manera de comenzar el día.

«¡Basta!», se dijo Susana a sí misma. «No tiene sentido seguir viviendo en el pasado, imaginándome la familia perfecta que Édgar no quiso crear conmigo. ¡Basta de recuerdos!»

Su vida había cambiado mucho desde los días felices de su matrimonio, cuando todavía no existía la sombra del divorcio. Ahora tenía dos empleos, porque uno solo no le alcanzaba para tantos gastos. El cambio más importante, sin embargo, era tener dos hijos que cuidar. Los padres de Susana le ayudaban con la crianza de Armando y Andrés. «Mis hijos», pensó Susana, «tienen dos abuelos tan buenos como el pan.» Pero la obligación, la responsabilidad de criar a esos niños, era sólo de ella.

Le gustaba despertarse temprano, mucho antes que Armando y Andrés; así tenía tiempo para reflexionar en silencio. Sus padres siempre se levantaban con los primeros rayos de sol, ¡aun los fines de semana! Era increíble lo callados que eran los dos. Quizás también ellos disfrutaban de la calma de la mañana, cuando todavía no había empezado el ruido —¡el ciclón!— de los niños. Armando tenía 13 años y Andrés 9, pero cuando estaban juntos, no había diferencia de edad. Jugaban, se peleaban y gritaban como chicos, al fin.

Hoy, sábado, Susana tenía planes para divertirse. Se tomaría libre la mañana del trabajo para ocuparse un poco de sí misma. ¡Ya era hora! Iría a la peluquería y luego haría algunas compras. Compraría un vestido o una blusa de color alegre quizá. En realidad no quería estar aquí, acostada en este cuarto oscuro, recordando el pasado, tratando de visualizar el futuro. Pero no podía evitarlo. Llegaban a su mente imágenes vívidas de su juventud y visiones del porvenir. Lo más gratificador de estos momentos era imaginarse a sus hijos de adultos, dos hombres a su lado, dándole amor y apoyo. El amor y el apoyo que su esposo no tuvo el valor de darle.

¿Qué los separó? ¿Qué factores convirtieron a Susana y a Édgar en dos extraños? Eran demasiado jóvenes cuando se casaron; casi no se conocían. Después, cuando por primera vez hablaron del divorcio, Susana pensó que ella tenía la culpa de este fracaso: «Porque no pude ser la esposa ideal, tradicional, que él buscaba.» Luego trató de encontrar razones que explicaran la conducta de Édgar. Se preguntó si tal vez la causa fuera la diferencia de razas y culturas entre ellos. Él era peruano y ella, pues... ella se sentía peruana de corazón, pero sus raíces estaban en una isla asiática lejana.

Susana había nacido en Lima de padres japoneses y había crecido en un hogar donde se hablaban dos lenguas, y donde las costumbres japonesas convivían con las peruanas. La suya era una casa bilingüe, bicultural, donde un día se comía sushi o sopa misotaki, y otro día ají de gallina o cebiche.* Era una casa en la que nunca se cuestionaba el valor de las

_____
*Vea el Capítulo 8, donde se describen estos platillos.

goals as they can think of. Have them look at their list, pick three goals, and write one sentence for each explaining why they will or will not be able to attain that goal: *Cuando me gradúe, viajaré a Europa. Ya tengo el dinero ahorrado. Cuando me gradúe, tendré mi propio negocio. No sé si será posible, porque cuesta mucho dinero empezar un negocio.* Do not force students to use the formal future; they may continue to use the periphrastic future (*ir a* + inf.). The focus here is on their goals, not on correct future forms.

VOCABULARIO ÚTIL

¡Basta!	*Enough!*
no le alcanzaba	*wasn't enough*
sí misma	*herself*
el apoyo	*support*
el fracaso	*failure*
raíces	*roots*
hasta la médula	*to the core*
cumplir	*comply*
sumisa	*submissive*

Lectura

Suggestions for Effective Reading. Tell students that what they will be reading are the reported thoughts of one of the characters in *Dos mundos.* Encourage them to visualize the memories of this character as they read.

Culture/History. Peru ranks as the third largest country in South America. Since World War I, a large number of Japanese people have settled in Peru. The protagonist of this story is a Japanese Peruvian woman who comments on living within two cultures and laments the traditional expectations for women in what she considers a "macho" society. The development of women's rights has been a slow process in Peru. Peruvian women did not even receive the right to vote until 1956.

Pre-Reading. Preview the reading by asking questions about family relations and divorce: *¿Hay muchos divorcios en nuestra sociedad? ¿Por qué se divorcia la gente? ¿Es posible resolver los problemas antes de buscar el divorcio? ¿Cuál es el efecto que tiene el divorcio en los niños? ¿Qué problemas podría tener una persona que esté criando a sus hijos sola? ¿Hay aspectos positivos en esta situación?* Bring pictures of Peru to class to set the background for the story. Point out major cities such as Lima and Cuzco on a map.

Post-Reading. Have students in pairs jot down answers to *Comprensión*, then go over answers with the class. Use AU as a springboard for whole-class discussion. Assign UPM for homework or as a variation for UPM assign the following activity: *Imagínese que usted es Armando, el hijo mayor de Susana. ¿Cuáles son sus recuerdos sobre el divorcio y sobre su padre? ¿Qué estaría pensando la misma mañana en que Susana se quedó en la cama recordando? Escriba su monólogo.* (Remind students of the two previous readings featuring Armando, in Capítulos 6 and 7.) *Puede usar la siguiente frase para comenzar: No quiero levantarme hoy porque estoy pensando en…*

Answers to *Comprensión*. Possible answers: A. 1. *Jóvenes, ruidosos, ciclones; les gusta jugar.* **2.** *Callados, tranquilos, generosos* **3.** *Macho; no hay comunicación entre él y Susana.* **B. 1.** *Feliz al principio, difícil más tarde; termina en divorcio.* **2.** *No le gusta y no va a permitir que sus hijos sean machistas.* **3.** *Tiene dos, porque uno solo no es suficiente para mantener a sus hijos.* **4.** *Espera tener el apoyo de sus hijos; sueña con tener su propia agencia de viajes.* **5.** *Es optimista: No quiere vivir en el pasado ni seguir recordando su divorcio y su matrimonio.*

dos culturas. Y esta familia no era la excepción; había muchos hogares como el de los Yamasaki en Perú.*

No, la diferencia de culturas no fue la causa del fracaso de este matrimonio. Édgar no era un hombre racista ni prejuicioso, sino un hombre típico: macho hasta la médula.

«¡Qué tontas somos a veces las mujeres!» pensó Susana. «La sociedad nos enseña a ser dependientes, aplaude nuestro sentimentalismo desde que somos niñas; mientras más sentimentales, más femeninas; mientras más tontas y calladas, más atractivas. ¡Y lo aceptamos todo, sonriendo!» Quizás aquel amor que ella sentía por su esposo era sólo necesidad. Necesidad de estar casada, de cumplir con las normas de la sociedad.

Pero Susana no supo ser ni sentimental ni callada. No pudo cumplir. Ella quería trabajar, soñaba con tener su propia agencia de viajes. Édgar, en cambio, quería una esposa sumisa, cocinera, ama de casa, una madre para sus hijos. Quería una mujer sin aspiraciones y sin identidad propia. Cuando él se dio cuenta de que Susana nunca sería esa mujer estereotípica, se fue. Un día desapareció y ella tuvo que enfrentarse a la vida sola, madre ya de un niño y en espera de otro.

Édgar regresó mucho tiempo después, para pedirle el divorcio y desaparecer definitivamente… «¡Basta ya de recuerdos!» se dijo Susana a sí misma. «Es hora de comenzar el día.» Salió de su cuarto y fue directamente al de Armando y Andrés. Hoy pasaría el día con ellos; sus planes personales tendrían que esperar. Despertó a sus hijos con un beso y pensó: «Ustedes no serán machistas.»

Comprensión

A. Describa a los siguientes parientes de Susana.

1. sus hijos
2. sus padres
3. su esposo

B. Comente estos aspectos de la vida de Susana.

1. su matrimonio
2. su opinión del machismo
3. sus empleos
4. sus planes y sueños
5. su visión del futuro

Ahora… ¡usted!

1. En su opinión, ¿por qué cambia de idea Susana al final? ¿Por qué decide posponer sus planes personales?
2. ¿Conoce a alguien que esté en la misma situación de Susana, es decir, una mujer divorciada y con hijos jóvenes? Compare y contraste los dos casos.
3. ¿Qué opina usted del machismo? ¿Cómo lo define?
4. ¿Conoce a un hombre machista? ¡Descríbalo!
5. ¿Cree usted que una mujer puede ser machista también? Explique.

---

*Se estima que entre los 25 millones de habitantes de Perú, poco menos del 5 por ciento es de origen japonés.

Un paso más... ¡a escribir!

Imagínese la vida de Susana de aquí a cinco años. ¿Qué estará haciendo ella? ¿Qué trabajo tendrá? ¿Qué estarán haciendo sus hijos? Escriba una segunda parte del cuento:

Un día, cinco años después, Susana se levantó pensando...

un/una... que... , para que... , antes de que... , hasta que... , con tal de que... , No creo que... ¡Qué bueno que... ! Es dudoso que... . In our experience, students are able to understand these structures, but their ability to produce them in written or spoken language is still several semesters away. Focus on the meaning of the sentences and emphasize that grammatical accuracy will come with many more hours of input.

Cuestiones sociales. This display shows the use of the subjunctive in adjective, adverbial, and purpose clauses, as well to express opinions and reactions.

OGD: Read each caption with students, pointing out the subjunctive markers: *No conozco un/una... , que...* , *Quiero*

Many of the words in this display and in subsequent activities will be new to students. Verify class comprehension of all vocabulary in the display and the activities as you proceed through these materials.

✳ Cuestiones sociales

Lea Gramática 15.3–15.4.

«No conozco ninguna ciudad grande que no se enfrente diariamente con la cuestión de los desamparados.»

«Quiero vivir en un lugar donde pueda respirar aire puro y donde no haya tanta contaminación ambiental.»

«En el centro de muchas ciudades grandes se ha limitado el uso del automóvil para que disminuya el nivel de contaminación.»

«Espero que dejen de construir reactores nucleares antes de que ocurra un accidente grave.»

«La economía de México no será fuerte hasta que se reduzca la tasa del desempleo.»

Tenemos que ofrecer programas de educación sexual para que los jóvenes sepan las consecuencias de tener relaciones sin protegerse.

Nora, estoy de acuerdo, con tal de que los padres puedan participar en esos programas.

Tal vez, Mónica. Pero si se legalizan, más jóvenes se harán drogadictos; ya tenemos demasiado con el abuso de drogas lícitas como el alcohol. Yo no creo que se deba aprobar el uso de ninguna droga.

Si se legalizan todas las drogas las pandillas ya no podrán ganarse la vida traficando con drogas ilegales y habrá mucho menos crimen en las grandes ciudades.

Act. 6. Preferencias (whole-class).
Suggestion: Read each situation
and possible solutions aloud as
students follow along. Explain
new vocabulary as you go. Have
students pick out a response or
invent a new one. Comment on
student opinions.

ACTIVIDAD 6   Preferencias: Condiciones y consecuencias

Seleccione todas las condiciones apropiadas.

MODELO: El problema de los desamparados será más grave cada día a menos que...

       a. se creen más trabajos para la gente desempleada.
       b. se construyan más viviendas para todos.
       c. aumenten los sueldos.

       El problema de los desamparados será más grave cada día a
       menos que *se construyan más viviendas para todos.*

1. Debemos iniciar una campaña de educación sexual para que...
    a. no haya tantos abortos.
    b. no aumente el contagio del SIDA y otras enfermedades venéreas.
    c. haya menos madres adolescentes.
2. Estoy de acuerdo con una reducción en los gastos federales con
    tal de que (no)...
    a. reduzcan los fondos para la educación.
    b. reduzcan los fondos para la defensa del país.
    c. reduzcan los fondos para el bienestar social.
3. El analfabetismo en los Estados Unidos aumentará a menos que...
    a. los padres les lean más a sus hijos.
    b. se inicie una campaña nacional de alfabetización.
    c. los maestros reciban mejor preparación.

4. Vamos a destruir gran parte del medio ambiente a menos que…
   a. dejemos de usar el carro como medio principal de transporte público.
   b. controlemos la población mundial.
   c. empecemos a desarrollar más fuentes de energía renovable.
5. ¿Podemos eliminar las industrias que dañan el medio ambiente sin que…
   a. la economía sufra?
   b. aumente la tasa de desempleo?
   c. haya una crisis en los países en vías de desarrollo?
6. El precio de los seguros médicos debe controlarse de manera que…
   a. todo ciudadano tenga seguro médico.
   b. todo ciudadano tenga acceso a tratamiento médico básico.
   c. los ancianos consigan medicinas a un costo reducido.
7. Busco una ciudad que…
   a. tenga un buen sistema de transporte público.
   b. tenga programas sociales para los pobres.
   c. ofrezca gran diversidad cultural.
8. Quiero vivir en una sociedad donde…
   a. todos tengamos los mismos derechos.
   b. todos tengan la oportunidad de alcanzar sus metas.
   c. no haya ningún tipo de discriminación.

AA 3 (pair). Pair students and give them 3 minutes to think of as many urban issues as they can. Combine pairs into groups of four and ask them to brainstorm solutions to each problem. Bring the class back together and ask for one or two problems and solutions from each group. Write these on the board.

AA 4 (group). Have students write a list of the important political and social issues of the last two years. Give them some of these suggestions to get them started: social programs, defense budget, minority participation, nuclear arms control, labor unions, energy, women's liberation, homelessness, child abuse, gays in the military, gangs, etc. Write these on the board and let groups select 1 or 2 for discussion.

Círculo de Amigas / **Circle of Friends**

¡Usted puede apadrinar a una niña de las familias más pobres de Nicaragua por sólo $25.00 mensuales! Su participación ayudará a acabar con el analfabetismo de las mujeres nicaragüenses. ¡Apadrinar a una niña significa cambiarle la vida! La niña recibirá instrucción escolar y la familia entera comerá y vivirá mejor. Para obtener mayor información, búsquenos en la red mundial (World Wide Web) usando nuestro nombre, Círculo de Amigas.

Una niña del Círulo de Amigas

Use this comic strip as a springboard for a discussion after doing Act. 6 and 7. Point out that it is inevitable that people have different opinions. Comment that as university students they should be able to discuss all issues, no matter how controversial, in class as long as they respect everyone's opinion. Suggest that social problems tend to get worse when people cling stubbornly to their own opinions and refuse to listen to those of others.

AA 5 (group; whole-class). Choose whichever of these controversial topics seem adequate and of interest to your class: *Hay que censurar la violencia y el sexo en los programas de televisión y en las películas. Se debe prohibir que los ciudadanos porten armas de fuego. Hay que ponerle fin a la inmigración ilegal. La ingeniería genética le ofrece grandes beneficios a la humanidad. Los alimentos transgénicos no presentan ningún riesgo a nuestra salud.* Have each student select two of these statements and write down a few ideas/reactions to each one. Then group students who have chosen the same topic together in groups of 4–6 and ask them to come to a consensus that they can report to the class. A fun poll: Choose two or three of the statements. Read a statement to the class and ask students to go to one of the four corners of the room (strongly agree, agree somewhat, disagree somewhat, strongly disagree). Now ask one or two from each group to explain their position. Students who change their minds during the activity should move to the appropriate corner. It is interesting to gauge how persuasive students are by the movement their statements generate.

Act. 7. Intercambios (pairs, whole-class). **Suggestion:** Give students a few minutes to look over these statements regarding social issues. Tell them they must decide whether they agree or disagree with each one and jot down their reasons. (You may also ask them to do this the night before.) Then have them work in groups of 3–4 to share their opinions. Stress that they must not only say whether they agree or not, but explain why. Finally, conduct an in-class discussion. Students will feel more confident after having discussed the issues in groups. If you wish, you may ask each group to be in charge of presenting the group's ideas/opinions regarding 2–3 statements.

Act. 8. Del mundo hispano (whole-class; partner-pair). **Suggestion:** Assign this article taken from the Spanish newspaper *Los domingos de ABC* to be read as homework. In class, review the main points briefly in this way: Give the event (*Va a tener un hijo*) and have a male student read the evaluation of the event for a male (*Necesitará un aumento de sueldo*) and a female student read the evaluation for a female (*Le costará a la empresa*

UN CLUB QUE DA MIEDO			
	Número de cabezas nucleares	Potencia en Megatones	Potencial medido en nº bombas tipo Hiroshima
ESTADOS UNIDOS	7.770	2.160	144.000
RUSIA*	8.500	3.600	240.000
FRANCIA	524	100	6.667
REINO UNIDO	200	88	5.867
CHINA	450	400	26.667
ISRAEL	200 ?	?	
INDIA	?	?	
PAKISTAN	?	?	
TOTAL	17.644 ?	6.348	423.201

*En el arsenal ruso se incluye el armamento nuclear custodiado por Ucrania. Fuente: Bulletin of Atomic Scientist Nuclear Notebook y Natural Resources Defense Council Data.1995

You may use this chart to start a discussion about nuclear testing and nuclear arms.

ACTIVIDAD 7   Intercambios: Problemas actuales

A continuación aparecen varias afirmaciones sobre las cuestiones que la sociedad enfrenta actualmente. Primero lea cada afirmación para decidir si está de acuerdo o no. Luego comparta su opinión con otras tres personas.

(No) Estoy de acuerdo porque...

1. Es urgente luchar para que se apruebe una ley que les garantice a las mujeres los mismos sueldos y derechos que a los hombres.
2. Es dudoso que la guerra contra las drogas reduzca el narcotráfico, a menos que le pongamos fin a la pobreza en el tercer mundo.
3. Es importante establecer buenas guarderías infantiles para que los padres puedan trabajar tranquilos.
4. No se acabará la pobreza en la América Latina hasta que las empresas internacionales establezcan más maquiladoras allí.
5. Es necesario poner detectores de metales en todas las escuelas y universidades antes de que ocurra otra tragedia.
6. A menos que se resuelva el problema de la contaminación de los ríos y los océanos, cada día habrá más escasez de agua.
7. Vamos a permitir el transporte de los desperdicios nucleares con tal de que se usen camiones seguros y choferes responsables.
8. Es dudoso que podamos desarrollar otras fuentes de energía antes de que sea demasiado tarde.
9. Es urgente proteger la capa de ozono si queremos evitar una epidemia de cáncer de la piel.
10. Es importante que se eliminen los programas bilingües para que todos los niños aprendan bien el inglés.

ACTIVIDAD 8   Del mundo hispano: Los estereotipos en el trabajo

Hombre y mujer cuando de trabajo se trata

De derecho[1] la igualdad entre el hombre y la mujer se encuentra reconocida, pero no así de hecho.[2] En el día a día, aunque vivamos en 2002, hasta en los comentarios más nimios,[3] en el trabajo por ejemplo, se continúa apreciando un cierto tufillo[4] machista. Si no, observemos las distintas actitudes tomadas en situaciones iguales según el sujeto de la acción sea varón o hembra.[5]

[1]De... *In theory* [2]de... *in fact* [3]insignificantes [4]actitud [5]varón... hombre o mujer

Así le califican a él en la oficina	De esta manera a ella

Tiene colocadas[6] encima de su mesa las fotos de su esposa/esposo e hijos.

Es un hombre responsable que se preocupa por su familia.   ¡Um! Su familia tiene prioridad sobre su carrera.

Su escritorio está lleno de papeles.

Se nota que es una persona ocupada, siempre trabajando.   Es una desordenada.

Está hablando con sus compañeros de trabajo.

Seguro que está discutiendo nuevos proyectos.   Seguro que está cotilleando.[7]

No está en la oficina.

Habrá ido a visitar a unos clientes.   Debe de haberse ido de tiendas.[8]

Salió a almorzar con el jefe.

Su prestigio aumenta.   Debe de tener un «affaire».

Le gritó a un empleado que no cumplió sus órdenes.

Tiene carácter, sabe imponerse.   Está histérica.

Se va a casar.

Eso le estabilizará.   Pronto quedará embarazada y dejará el trabajo.

Va a tener un hijo.

Necesitará un aumento de sueldo.   Le costará a la empresa la maternidad.

Va a hacer un viaje de negocios.

Es conveniente para su carrera.   ¿Qué opina su marido?

Faltó al trabajo por enfermedad.

Debe de encontrarse muy mal.   Tendrá un catarrito.[9]

[6]puestas   [7]*gossiping*   [8]de... de compras   [9]un... *the sniffles*

1. Según este artículo, ¿cuál es el estereotipo de un hombre que tiene fotos de su familia sobre su escritorio? ¿Y cuando se trata de una mujer? ¿Cree usted que la familia debe tener prioridad sobre la carrera?

2. Si usted ve a un empleado / una empleada ante un escritorio lleno de papeles; ¿cómo lo/la caracteriza, como persona ocupada o desordenada?

3. ¿Cree que es verdad o que es una idea preconcebida que las mujeres chismean (cotillean) más que los hombres? ¿En qué se basa su opinión?

4. Según este artículo, ¿cuál es el estereotipo de la mujer que no está en su oficina durante las horas de trabajo? ¿y el del hombre?

5. Si una jefa les gritara a sus empleados, ¿la consideraría usted una mujer histérica? ¿Y si fuera un hombre?

6. ¿Cuáles son algunos estereotipos negativos del hombre en el mundo del trabajo?

ACTIVIDAD 9   Conversación: La inmigración a los Estados Unidos

Imagínese que usted es campesino/a en un país de América Latina. En su país hay poco trabajo; usted decide irse al «Norte», a los Estados Unidos, en busca de oportunidades. Usted entra sin documentos en este país, pero pronto encuentra donde trabajar. ¿Cómo cambia su vida?

1. La vivienda: ¿Dónde y cómo vive usted ahora? ¿Dónde le gustaría vivir?

2. La comida: ¿Qué come usted ahora? ¿Quién prepara lo que come? ¿Es muy diferente su dieta a la que tenía en su país?

3. El idioma: ¿Habla usted inglés? Si no lo habla, ¿está tomando clases? ¿Cómo y dónde puede aprender el inglés?

la maternidad). Ask students if they agree or disagree with the assessments. Then use the questions as a guide for a whole-class discussion on men and women in the workplace. Or change the questions to the *tú* form and have students work on the questions in pairs.
     Follow-Up: Additional questions: *¿Cree que algunos de estos estereotipos sean válidos? ¿Cuáles? ¿Por qué?*

Act. 9. Conversación (Panel: whole-class; group). **Suggestion:** Read the setup and each parameter with the whole class, then divide the class into groups of 3−4 and have each group come up with one description for each area. Finally ask for a representative from each group to a class panel. This panel will present their descriptions. You may want to function as a moderator, asking the questions from this activity. Students should try to perceive experiences in the United States from the point of view of a *campesino/a*. **Expansion:** The film *El Norte* can be shown in class. This is a readily available commercial film about two young Guatemalan immigrants and their experiences in the United States. It is in Spanish with English subtitles.

Los inmigrantes hacen el importante, aunque agotador, trabajo que muchos residentes de este país se rehúsan a hacer.

4. Las amistades: ¿Con quién se asocia usted ahora? ¿Por qué? ¿Quiénes son sus amigos?
5. Las dificultades: ¿Qué tipo de problemas ha tenido? ¿Cómo los ha resuelto o piensa resolverlos?
6. Los planes: ¿Piensa quedarse a vivir en los Estados Unidos? ¿Va a traer a su familia a este país a vivir con usted? ¿Será fácil hacerlo? Explique.

Trabaje con tres o cuatro compañeros para contestar las preguntas. Estén listos para participar en una discusión con toda la clase.

Ventanas culturales: Nuestra comunidad
Find out if any of your students have ever attended a book fair. Ask: *¿Quién ha asistido alguna vez a una feria del libro? ¿Qué impresión le dio? ¿Compró libros? ¿Escuchó a algún escritor famoso o interesante? ¿Les parece a ustedes importante este tipo de evento? ¿Por qué?* If you are familiar with and enjoy the work of Denise Chávez, share your impressions with the class.

VENTANAS CULTURALES   Nuestra comunidad

Denise Chávez, escritora del pueblo

You could also ask. *¿Alguien en la clase ha leído alguna obra de esta escritora? ¿Qué les pareció? ¿Alguien ha leído la obra de otro escritor hispano / otra escritora hispana de los Estados Unidos?* Then have an informal discussion about these writers. You may also want to refer your students to the Internet to search for other book fairs that feature books in Spanish. Use key words such as *festival de libros* and *Latino book festival.*

Al conversar con la escritora nuevomexicana Denise Chávez, uno se da cuenta de los fuertes lazos que la unen a su comunidad. La novelista habla con entusiasmo de la influencia que ha tenido en su obra el paisaje de Nuevo México; así como también la vida en Las Cruces, ciudad donde nació y se crió, y donde vive todavía. Denise Chávez quiere ayudar a cambiar las actitudes que destruyen nuestra sociedad. Le preocupa la contaminación del medio ambiente, y sobre todo la violencia que hay en todas partes. La generosa escritora se guía por reglas muy básicas para vivir: Nunca hacerle daño a nadie y nunca mentir.

Denise Chávez tiene una carrera exitosa. Ha escrito y producido teatro para niños, ha dirigido talleres de escritura, y ha recibido numerosos premios. Sus muchas publicaciones —poesía, ficción, memorias— demuestran la gran versatilidad de esta escritora. Los dos libros que más fama le han dado son la colección de cuentos *The Last of the Menu Girls* y la novela *Face of an Angel.* Su obra refleja un genuino interés en las relaciones humanas, en la supervivencia de la familia y en la cultura nuevomexicana. Sus personajes más fuertes son las mujeres —gente que sobrevive a pesar de todo tipo de adversidades.

El proyecto que más apasiona a Denise Chávez en estos días es la feria del libro *Border Book Festival of Las Cruces,* que ella fundó en su ciudad natal. La escritora se siente orgullosa del trabajo que hace en este festival, pues la literatura está llegando a su querido pueblo. Mucha gente en Las Cruces está acercándose al mundo de los libros, un mundo que puede transformar la sociedad de manera positiva. Esa es la creencia ferviente de Denise Chávez. Al escuchar a la escritora, uno termina sintiéndose optimista, dispuesto a imaginar un futuro ideal.

VOCABULARIO ÚTIL

se da cuenta	*realizes*
hacer daño	*to harm*
exitosa	*successful*
talleres	*workshops*
premios	*awards*
la creencia	*fervent*
ferviente	*belief*

ACTIVIDAD 10   Entrevista: ¿El inglés o la lengua materna?

En varios estados de los Estados Unidos se han promulgado leyes declarando el inglés como lengua oficial. Hágale preguntas a su compañero/a acerca de los siguientes aspectos de la inmigración y el uso del inglés.

1. ¿Habla más de una lengua tu familia? ¿y tus abuelos? ¿cuál? ¿Qué beneficios hay en poder hablar más de una lengua?
2. Si tuvieras que emigrar a otro país en el cual no se hablara el inglés, ¿aprenderías el nuevo idioma? ¿Hablarías solamente ese idioma o hablarías inglés con tu familia y con tus amigos íntimos?
3. En tu opinión, ¿se debe enseñar a los niños pequeños en su lengua materna o en la lengua de la mayoría? ¿Por qué?
4. Si se ofreciera la educación bilingüe en una escuela cercana, ¿inscribirías allí a tus hijos, o preferirías mandarlos a una escuela donde la enseñanza fuera solamente en inglés? ¿Por qué?
5. ¿Crees que cada país debe tener un solo idioma oficial? ¿Por qué? Explica.

ACTIVIDAD 11   Entrevista: Las drogas

1. ¿Cómo defines la palabra «droga»? ¿Qué tipos de drogas hay? ¿Para qué se usan las drogas? ¿Son drogas el alcohol, la nicotina y la cafeína?
2. ¿Por qué se prohíbe o se restringe el uso de ciertas drogas? ¿Crees que deba legalizarse todo tipo de drogas?
3. ¿Cuáles son las drogas comúnmente usadas como diversión? Describe los peligros de usarlas.
4. ¿Crees que el problema de la drogadicción ha llegado a un punto crítico en nuestra sociedad? ¿Por qué? ¿A qué se puede atribuir este problema?

Act. 10. Entrevista (whole-class; partner-pair). **Suggestion:** Read the questions aloud to the entire class and answer each in turn with your personal information, expanding the discussion and adding details as time and interest permit. Write some of your answers and/or other vocabulary on the board for students to use as reference.
  Follow-Up: Use this activity as a springboard for a discussion of bilingual programs offered in your area.

Act. 11. Entrevista (whole-class; partner-pair). **Suggestion:** Read questions aloud to the entire class and answer each in turn with your personal information, expanding discussion and adding details as time and interest permit. Write some of your answers and/or other vocabulary on the board for students to use as reference.
  Follow-Up: Lead a class discussion of the use and abuse of drugs in our society.

Nota cultural
Culture/History. As the *Nota cultural* indicates, the U.S. Hispanic population is noteworthy for its diversity. You may want to offer students a brief background sketch of U.S. Hispanic history, mentioning Ponce de León's exploration of what is now Florida (1513), in search of the legendary "fountain of youth"; Coronado's wide-ranging travels through modern-day Arizona, New Mexico, Texas, Oklahoma, and Kansas, seeking the rumored "seven golden cities of Cíbola"; and the establishment of Franciscan missions throughout Texas, New Mexico, and California during the 17th and 18th

Los hispanos en los Estados Unidos: ¡Hacia el futuro!

Presentamos aquí el tema de los hispanos en los Estados Unidos, con enfoque en sus contribuciones culturales a la sociedad norteamericana. ¿Sabe usted cuántos hispanos hay en este país? ¿Cuáles son los estados que tienen grandes comunidades hispanas? ¿Quiénes son las personas más conocidas? ¡Lea y entérese!

La tradición hispana en los Estados Unidos data de los tiempos coloniales, después de la llegada de los españoles al continente. Hay estados —California, Nuevo México, Texas y Arizona, por ejemplo— donde la presencia hispana es muy visible. Hoy hay aproximadamente 30 millones de hispanos en este país, y se calcula que para el año 2010, el porcentaje de la población será de un 11 por ciento. Los hispanos formarán el grupo minoritario más grande. Se

NOTA CULTURAL

VOCABULARIO ÚTIL

hacia	*toward*
aportan	*contribuyen*
los medios de comunicación	*mass media*
se destacan	*stand out*
fiscal estatal	*state attorney general*
campañas	*campaigns*
surgiendo	*emerging*

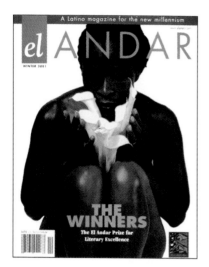

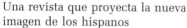

Una revista que proyecta la nueva imagen de los hispanos

Franklin R. Chang-Díaz

Dolores Huerta

centuries (more than 75 missions total). Emphasize the fact that several Hispanic communities were already flourishing when the first English colonists reached this continent (for example, St. Augustine, Florida, was founded in 1565; and Santa Fe, New Mexico, founded in 1609, is the oldest capital city in the United States). A key date to mention is 1848, when the Treaty of Guadalupe Hidalgo was signed following Mexico's surrender to the United States. Under the terms of this treaty, the United States acquired what are now the states of California, Nevada, Utah, Arizona, Colorado, New Mexico, and Texas (nearly 1 million square miles of land for $18 million). As a result of this agreement, the United States border in effect "moved" and tens of thousands of Mexican citizens immediately became U.S. citizens. During the 20th century, waves of Puerto Rican migrants formed vibrant communities in the northeastern U.S. Since the 1959 Cuban Revolution, millions of Cuban exiles have established enclaves in Miami and New Jersey, while other groups of Latin Americans fleeing violence, political oppression, and economic hardship have further diversified the U.S. Hispanic population.

Pre-Reading. Show pictures and/ or slides of Hispanic communities in the United States. Mention that there are several Spanish-language television networks in this country. One of these, Univisión, has affiliated stations in all

trata de un grupo muy diverso, pues además de que lo forman españoles y personas de todos los países latinoamericanos, hay gente de diferentes niveles socioeconómicos, de distintas razas y generaciones.

Como otras minorías, las comunidades hispanas de los Estados Unidos aportan sus costumbres y tradiciones a la sociedad estadounidense, transformando así la vida social, cultural y económica de este país. Los hispanos están presentes en todos los campos: la política, el arte, los medios de comunicación, la ciencia, la educación y la literatura, para mencionar sólo algunos.

Hay escritores muy conocidos, como los chicanos Sandra Cisneros, Rudolfo Anaya y John Rechy, o los cubanoamericanos Óscar Hijuelos y Cristina García. Y varios astronautas hispanos han conquistado el espacio —entre otros, el costarricense Franklin R. Chang-Díaz, la mexicoamericana Ellen Ochoa, y el peruano Carlos Jiménez Noriega. Debemos mencionar también a los deportistas: Rosie Casals, famosa tenista profesional, además de los beisbolistas dominicanos Manny Ramírez, Roberto Alomar y Sammy Sosa, y el mexicano Fernando Valenzuela.

Los hispanos más famosos están en el mundo del cine y de la música, por supuesto. ¡Y son muchos! Entre todos se destacan los actores cubanoamericanos Andy García y Cameron Díaz, y el actor y director chicano Edward James Olmos, entusiasta promotor de la cultura hispana. En la música, la cantante cubanoamericana Gloria Estefan goza de fama internacional, como también el joven puertorriqueño Ricky Martin, el español Enrique Iglesias y el puertorriqueño Marc Anthony.

En el campo de la política hay figuras importantes: Dolores Huerta, quien ayudó a fundar, con César Chávez, la organización *United Farm Workers of America;* también el puertorriqueño Luis V. Gutiérrez, primer congresista hispano de Illinois; la cubanoamericana Katherine Fernández Rundle, fiscal estatal de Florida; y Antonia Hernández, presidenta de la *Mexican American Legal Defense and Educational Fund* (MALDEF).

Las estadísticas proyectan el enorme crecimiento de la población hispana en los Estados Unidos. El impacto de esta población es cada día más fuerte. De hecho, se han observado cambios significativos en los patrones electorales de ciertos estados del país. Esto se debe al número creciente de hispanos que votan hoy en día. Además, las comunidades hispanas en los Estados Unidos tienen ahora un poder económico considerable. Por eso muchas compañías están incluyendo a los hispanos en sus estadísticas y sus campañas publicitarias.

La imagen del inmigrante pobre se está disipando, y en su lugar está surgiendo la de una persona con preparación profesional y con recursos.* La presencia hispana en los Estados Unidos seguirá proyectándose a través de su larga historia, desde los tiempos coloniales hasta el presente, ¡y hacia el futuro!

Comprensión

A. Escoja palabras de la lista para completar las oraciones.

actores	políticos
deportistas	el cine
la minoría	cantantes y músicos
astronautas	la mayoría
inmigrante	coloniales

1. Los hispanos más famosos en los Estados Unidos son...
2. Entre los profesionales hispanos hay...
3. La presencia hispana en los Estados Unidos data de los tiempos...
4. Hay hispanos que trabajan en los medios de comunicación; por ejemplo en...
5. En los Estados Unidos, está cambiando la imagen del...

B. ¿Quiénes son algunos de los hispanos que se destacan en los siguientes campos?

1. la literatura
2. la política
3. el cine
4. la música
5. otras profesiones

Ahora... ¡usted!

1. ¿Tiene usted contacto con alguna comunidad hispana de los Estados Unidos? ¿Disfruta de algún aspecto de esa cultura? ¿De cuál? Descríbalo.
2. Hay varios grupos étnicos que tienen mucha influencia en la sociedad de los Estados Unidos. Mencione algunos. ¿Qué sabe usted de esas culturas?

Un paso más... ¡a escribir!

Describa cinco ejemplos de la presencia hispana en los Estados Unidos. Puede ser, por ejemplo, una revista, un artículo periodístico, una ley del gobierno, un estilo musical, una canción, algo de comer o una prenda de vestir. Si es posible, explique el origen y la importancia de estas contribuciones.

---

*Hay señales de este cambio en muchas áreas de la sociedad. Un ejemplo interesante es la revista *El Andar*, que ofrece ficción, ensayos periodísticos y una variedad de información sobre las comunidades hispanas. Los editores de la revista la describen como «a Latino magazine for the new millennium.» Y la verdad es que *El Andar* refleja la nueva imagen de los hispanos en los Estados Unidos. Para más información, visite la página Web de *El Andar*.

states. Ask personalized questions: *¿Miran ustedes la televisión en español? ¿Qué programas prefieren? ¿Hay actores o actrices hispanos que les gustan? ¿En qué películas o programas de televisión aparecen esas personas? ¿A quién en la clase le interesan los deportes? ¿Hay deportistas hispanos famosos? ¿Cuáles son?*

Post-Reading. Discuss AU question 1 in class, then assign question 2 as group work. Have students do *Comprensión* and UPM at home, and follow up with a review in class based on the *Comprensión* answers. As an additional activity, students could watch a show on Univisión or another Spanish-language network, then engage in a whole-class or group discussion of the programs they watched. (You may want to videotape an episode of one of the very popular *telenovelas* and show scenes from it in class.) Another optional activity is having students explore the Internet to find interesting websites on Hispanic themes and issues.

Answers to *Comprensión*:
A. 1. actores, cantantes y músicos; 2. deportistas, políticos, astronautas; 3. coloniales; 4. el cine; 5. inmigrante. B. 1. La literatura: Sandra Cisneros, Rudolfo Anaya, John Rechy, Oscar Hijuelos, Cristina García; 2. La política: Dolores Huerta, Luis V. Gutiérrez, Katherine Fernández Rundle, Antonia Hernández; 3. El cine: Edward James Olmos, Andy García, Cameron Díaz; 4. La música: Gloria Estefan, Ricky Martin, Enrique Iglesias, Marc Anthony; 5. Otras profesiones: los astronautas Franklin R. Chang-Díaz y Ellen Ochoa; los deportistas Rosie Casals, Manny Ramírez, Roberto Alomar, Sammy Sosa y Fernando Valenzuela.

✳ El futuro y la tecnología: posibilidades y consecuencias

El futuro y la tecnología: posibilidades y consecuencias. Introduce the conditional by setting up a situation in the present tense and then asking: ¿Qué haría usted en esta situación? Allow students to respond in Spanish or English (give Spanish equivalents) and write each on the board. **Example:** Usted va a una fiesta en la casa de un amigo suyo. La casa está en las afueras de la ciudad donde usted vive. Usted sale para la fiesta pero se pierde y ahora va en su coche por un camino rural. De repente se le acaba la gasolina. ¿Qué haría usted en esta situación? Students usually volunteer responses such as: "I would use my car phone. I would take a nap. I would cry, I would walk to the nearest gas station." Continue

Lea Gramática 15.5–15.6.

¿Qué haría Luis Ventura si ganara $1.000.000 en la lotería?

with other hypothetical situations until they have heard about 25 conditional forms. Do not make this a grammar output activity— do not insist on correct production of conditional forms, but rather keep the focus on students' solutions to hypothetical situations.
Conditional forms, especially those of regular verbs, should

Le daría una parte del dinero a su abuela.

Se compraría una computadora, una impresora y un teléfono celular.

Lic. Luis Ventura Rubalcava

Egresado de la Universidad de Texas, San Antonio

Importación y Exportación

Estados Unidos, América Latina y España

Tel. (936) 588-4488
FAX (936) 588-4441   lventurar@lvr.com

Establecería su propio negocio de importación y exportación.

Haría muchos viajes a Europa y América Latina.

Saldría a cenar con más frecuencia.

Tomaría vacaciones más a menudo.

present little or no problem to students, especially now that they have been introduced to the future. On the other hand, all forms of the imperfect (or past) subjunctive will be new to them. Many of the words in this display and in subsequent activities will also be new. Verify class comprehension of all vocabulary in the display and the activities as you proceed through these materials.
See IRK for additional activity: *Las posibilidades y las consecuencias.*

Act. 12. Preferencias (whole-class; partner-pair). **Suggestion:** Read the statements aloud to students or have them read silently. Give them 3–4 minutes to ask about unfamiliar vocabulary, to

ACTIVIDAD 12   Preferencias: Las decisiones

¿Qué haría usted en las siguientes situaciones?

1. Si no fuera estudiante,...
   a. trabajaría en el mismo lugar donde trabajo ahora.
   b. estaría mucho más contento/a.
   c. buscaría otro empleo.
   d. ¿ ?
2. Si arruinara la computadora de un amigo / una amiga,...
   a. le diría: «No fue mi culpa.»
   b. trataría de arreglar la computadora sin decirle nada a mi amigo/a.
   c. le explicaría exactamente cómo pasó y le pediría perdón.
   d. ¿ ?

3. Si pudiera hablar con cualquier persona (viva o muerta) del mundo,...

    a. hablaría con el presidente de _____.

    b. hablaría con _____, la famosa estrella de cine.

    c. hablaría con _____, el/la mejor atleta del mundo.

    d. ¿ ?

4. Si tuviera sólo un año de vida,...

    a. viajaría por todo el mundo.

    b. lo pasaría con mis seres queridos.

    c. no cambiaría nada.

    d. ¿ ?

▶ Y TÚ, ¿QUÉ DICES?

Yo no, yo...	¡Qué buena idea!
¿De veras?	Sería interesante.
¡Yo también!	(No) Estoy de acuerdo.
¿Por qué?	Yo tampoco.

ACTIVIDAD 13   Encuesta: Las posibilidades del futuro

Haga la encuesta a continuación como proyecto de la clase. Responda usando las siguientes letras: **D** = definitivamente; **TV** = tal vez; **N** = nunca.

1. Si no pudieras conseguir trabajo en el estado donde vives,...

    _____ ¿irías a otro estado?

    _____ ¿emigrarías a otro país?

    _____ ¿llevarías a tu familia?

2. Si fuera necesario para controlar la contaminación del medio ambiente,...

    _____ ¿usarías el transporte público?

    _____ ¿caminarías en vez de viajar en coche?

    _____ ¿montarías en bicicleta?

3. Si hubiera en la Tierra menos producción de alimentos y más contaminación ambiental cada día,...

    _____ ¿preferirías no tener hijos?

    _____ ¿vivirías en una colonia espacial?

4. Si fuera necesario,...

    _____ ¿compartirías tu vivienda con otra familia?

    _____ ¿compartirías tu vivienda con tus padres?

5. Si hubiera escasez de electricidad,...

    _____ ¿apagarías las luces durante varias horas cada noche?

    _____ ¿no verías la televisión?

    _____ ¿no usarías la computadora?

    _____ ¿ ?

check their responses, and to write in a personal solution. Then pair students and ask them to retell their solution to their partner: *Si tuviera sólo un año de vida, viajaría por todo el mundo y leería todo lo posible.* The partner reacts using a comment from the *Y tú, ¿qué dices?* section on this page. **Note:** You may want to go back through previous *Y tú, ¿qué dices?* sections and write other appropriate comments on the board.

AA 6 (individual; whole-class). Have students imagine what their life would be like without the following things. *Imagínese su vida sin la electricidad. ¿Cómo cambiaría su estilo de vida? ¿Sería grande el cambio? ¿Se adaptaría usted fácilmente? ¿Es verdaderamente indispensable tener la electricidad? Ahora considere su vida sin las siguientes cosas: un carro propio, las fotocopiadoras, el cine, los aviones, el agua corriente, las computadoras.*

AA 7 (individual; whole-class). Have students speculate on what they would do if they had more time: *Si usted tuviera más tiempo, ¿qué haría?* Have them speculate on what they would do if they had more money: *Si usted tuviera más dinero, ¿qué haría por...* **1.** *sus abuelos?* **2.** *sus hermanos?* **3.** *la sociedad?*

Act. 13. Encuesta (whole-class; group). **Suggestion:** Read these situations and possible solutions aloud or have students read silently. Give them time to formulate answers and to ask about unfamiliar vocabulary. Do this poll with students as a class project and tally responses, or divide the class into groups of 6–8 students and assign a secretary for each group who will report back to the whole class for tabulation of results. You may want to supply the meanings of the past subjunctives: *pudieras* = could, *fuera* = were, *hubiera* = there were.

ACTIVIDAD 14 Narración: ¡Cómo cambiaría la vida de los Ruiz!

¿Qué harían los Ruiz si ganaran el premio gordo de la lotería?

Act. 14. Narración (whole-class; partner-pair). Have the whole class help you narrate how the Ruiz's life would change. Then pair students to narrate as you circulate. Suggestions for the series: **1.** *Comprarían una casa nueva.* **2.** *Comprarían muebles nuevos.* **3.** *Pagarían las cuentas.* **4.** *Llamarían con más frecuencia a sus amigos en Nueva York.* **5.** *Tomarían vacaciones.* **6.** *Irían a cenar en restaurantes de primera clase.* **7.** *Irían al teatro.* **8.** *Ahorrarían dinero para los estudios de su hijas.* **9.** *Pedro sólo trabajaría 4 horas al día.* **10.** *Se harían socios de un club y jugarían al golf.* **11.** *Volarían a España a visitar a sus parientes.* **12.** *¿Qué más harían?* You may wish to point out in frame 1 that *título de propiedad* means "deed."

EL MUNDO HISPANO... LA GENTE

Antonio Galván es salvadoreño y tiene 40 años. Vive en Takoma Park, Maryland.

¿Qué opina usted de la tecnología? ¿De qué manera puede afectar a la sociedad, de manera positiva o negativa?

Hay mucho que decir de la tecnología. Pero en general creo que hay dos tipos: simple y compleja. La agricultura es la tecnología del cultivo de la tierra. La electrónica es la tecnología del control del flujo[1] de electrones. Lo importante en cualquier tecnología es el acceso que tengan los miembros de una sociedad a los medios tecnológicos para el mejoramiento de su vida.

El problema de la «alta tecnología», me parece, es que requiere difíciles sumas[2] de capital para la mayoría de la población del mundo. La alta tecnología demanda que el individuo obtenga educación superior[3] por largo tiempo. El resultado es que la sociedad se divide entre los que han podido comprarse el aprendizaje de la tecnología y los que se quedan carentes[4] de ella. Y ya sabemos que el retraso[5] económico de los que no logran tecnificarse[6] los deja en condiciones mucho más pobres de los que sí lo logran.

Pero, inevitablemente, el desarrollo tecnológico parece incontenible[7] hoy día. La pregunta que hay que hacerse es: «¿A cuántos y a quiénes está beneficiando la tecnología?»

[1]*flow* [2]*cantidades* [3]*higher* [4]*lacking* [5]*underdevelopment* [6]*los... those who can't obtain technology* [7]*unstoppable*

ACTIVIDAD 15   Encuesta: La tecnología y los niños

Imagínese que usted es reportero/a del periódico de la universidad. Entreviste a cuatro compañeros de clase. Escriba sus respuestas y prepárese para compartir los resultados con toda la clase.

1. ¿Crees que los niños de hoy en día pasan demasiado tiempo, el tiempo apropiado o no suficiente tiempo jugando con la computadora?
2. ¿Le comprarías (compras) programas de computadora o juegos electrónicos a tu hijo/a (nieto/a, sobrino/a)?
3. ¿Qué ventajas tiene la tecnología para los niños de hoy? ¿Hay desventajas también? ¿Cuáles son?
4. ¿Es muy importante, algo importante o poco importante que los niños sepan usar la computadora?
5. ¿Qué actividades harán los niños del futuro por medio de la computadora?

Ventanas culturales: La lengua
Show pictures of people in offices or homes writing by hand, and people using computers. Ask: *¿Cuál de las dos maneras de escribir y de comunicarse prefieren ustedes: a mano o a máquina (con la computadora)? ¿Cuáles son las ventajas y desventajas de estos métodos?* Then preview reading by asking personalized questions, which can also be assigned to be discussed in groups: *¿Quién en la clase tiene computadora? ¿Para qué la usa usted? ¿Es necesaria en su trabajo? ¿en sus clases? ¿Cuántas horas al día pasa en el ciberespacio* (on the board: cyberspace)? *¿Por qué? ¿Prefiere usar el correo electrónico, el correo caracol* (snail mail) *o ambos? ¿Por qué? ¿Se quejan algunos miembros de su familia de que usted pasa demasiado tiempo en la computadora? ¿Causa la computadora disputas familiares?*

Act. 15. Encuesta (whole-class; partner-pair). Read these questions aloud as students follow along silently. Answer any vocabulary questions. Then pair students to ask and answer questions. **Follow-Up:** Ask volunteers to report their partner's opinion to the class.

VENTANAS CULTURALES   La lengua

De viaje por el ciberespacio

Vamos a hablar un poco del mundo de las computadoras, y de paso queremos darle algunos consejos amistosos. Pero antes, veamos algunas palabras útiles: **computadora** en español es también **ordenador,** que es la palabra usada en España, y viene del francés *ordinateur.* Tenemos algunos anglicismos, como **formatear** y **computación,** aunque para los españoles la computación es la **informática.** Todos guardamos nuestros documentos en **archivos,** y hay gente que utiliza una **impresora laser** para imprimir sus archivos. Recuerde que es peligroso dejar sus documentos y **directorios** en el **disco duro,** pues éste puede romperse. ¡Haga copia de todo!

¿Ha usado alguna vez un **CD-ROM**? El CD-ROM es un **disco interactivo** con mucha memoria… ¡memoria de elefante, como dice el dicho! Estos discos son muy populares entre los jóvenes, pues algunos ofrecen **videojuegos** con aventuras de todo tipo. Pero el CD-ROM tiene otras aplicaciones. Por ejemplo, hay discos que contienen diccionarios, enciclopedias, libros de texto, archivos con fotos sobre numerosos temas, y hasta novelas ilustradas.

¿Quiere usted **pasear** por las **supercarreteras de información** del Internet? Entonces le sugerimos que use un **navegador.** Pero tenga cuidado con los **bichos.** ¡Y cuídese también de los **piratas**! En el Internet usted tiene muchas opciones. Puede mandar mensajes por **correo electrónico** y visitar **páginas** y **sitios Web.** Además, es fácil **descargar** información necesaria o interesante. A propósito, para conseguir información, use un **buscador.** Si entra en una **ventana de diálogo,** podrá conversar con otros **usuarios** en **tiempo real.** Los usuarios en todo el planeta se comunican unos con otros gracias a un código universal llamado **protocolo.** Este código consigue que una computadora en España

VOCABULARIO ÚTIL	
el ciberespacio	cyberspace
archivos	files
imprimir	print
el disco duro	hard disk
navegador	browser
los bichos	bugs
los piratas	hackers
descargar	to download
el buscador	search engine
el correo caracol	snail mail

o Japón pueda «hablar» con otra en los Estados Unidos. Claro que para hacer todo eso, se necesita un **módem** poderoso y rápido.

¿Sabe usted quién fue el primer presidente estadounidense en tener correo electrónico? Fue Bill Clinton, quien en 1993 anunció su dirección de *e-mail.* Obviamente el Sr. Clinton no quería seguir usando sólo el **correo caracol.** El uso del Internet tal como se conoce hoy día data de los años sesenta. Pero el concepto de **ciberespacio** es más reciente, de los ochenta. El creador de la palabra *cyberspace* es William Gibson, escritor conocido por sus novelas de ciencia ficción.

Por último, vale mencionar que los sistemas de informática, como los seres humanos, pueden sufrir el ataque fatal de un **virus.** Esperamos que su **hardware** y su **software** no se enfermen. En todo caso, le recomendamos que se incorpore al mundo de las computadoras, si no lo ha hecho ya. ¿De qué sirve ser un **dinosaurio?** Pero, por favor, no pase todo su tiempo libre **en línea.** ¡Fuera del ciberespacio le espera el mundo real!

Act. 16. Del mundo hispano (whole-class; partner-pair). Suggestion: Have students scan this list of key words. Answer any vocabulary questions. Then ask them to choose two or three of the key words so they can find the corresponding sites. They should take notes or print several screens so that they will be ready to report on the sites and share interesting information with the class / their partner. The following day, pair them to ask and answer questions about the sites and personal questions. *Viajes* section: Note that the airlines have interesting sites (*Aerolíneas argentinas* even offers a flight simulator). You may also give the following key words for travel: *viajo, urutravel, trotamundos, avión* and *taxi hispano.*

Point out to students that the number of people who read newspapers is declining. Ask what implications this might have for public social awareness. You might use this as a springboard for a discussion of printed versus electronic materials.

ACTIVIDAD 16   Del mundo hispano: Navegando por el Internet

A continuación aparece una serie de palabras clave para buscar sitios Web. Busque algunos de estos sitios. Traiga información y las direcciones de los sitios que le parezcan más interesantes para compartirlas con la clase. **Sugerencia:** Use un buscador como *Google,* y especifique que quiere ver sólo páginas en español.

PARA NAVEGAR EL INTERNET EN ESPAÑOL RECOMENDAMOS...

CINE, ETC.	COMIDA	ESCUELAS	DEPORTES	MUSEOS	VIAJES
Buscacine	Empanadas de carne, Argentina	Ideal Cuernavaca, México	Kayak Patagonia/ Kayak Costa Brava	Museo del Prado	Aerolíneas argentinas
Cine Company	Empanadas de papa, Chile	ICAI, Costa Rica	Buceo Isla Margarita	Museo Guggenheim	Aeroméxico
Ciudad futura	Pupusas, El Salvador	ILEE, Argentina	Trekking los Andes	Museo Nacional de Antropología	Aeroperú
Qué ponen	Tapas, España	Sampere, Ecuador	Surf Perú/Surf Costa Rica	Museo Virtual de Arte	Iberia (España)
La música	Antojitos, México	Sampere, España	Esquí Chile/ Esquí Argentina	Museo del Oro	TACA (Centroamérica)
Mundolatino	Sancocho, Puerto Rico	Nerja, España	Ala Delta Chile/ Ala Delta Colombia	Museo Virtual Diego Rivera	LanChile

Ahora, hágale estas preguntas sobre las computadoras y los sitios Web a su compañero/a.

1. ¿Tienes computadora? ¿Para qué la usas? ¿Cuántas horas al día pasas navegando por el Internet?
2. ¿Usas mucho el correo electrónico? ¿Lo usas para comunicarte con tus colegas en el trabajo o para comunicarte con la familia y los amigos? ¿por qué?
3. ¿Dependes de las computadoras para tu trabajo? Si fuera posible, ¿te gustaría trabajar usando la computadora en tu hogar y no tener que ir al trabajo? Explica.
4. Si fuera necesario, ¿podrías vivir sin computadora? ¿sin televisor? ¿sin horno de microondas? ¿sin teléfono celular? Explica por qué.
5. ¿Tienes tu propia página Web? ¿Qué pones allí? ¿Es fácil mantenerla al corriente?
6. ¿Cuáles son tus sitios preferidos? Y de los sitios que se mencionan arriba, ¿cuáles te gustan? ¿por qué?
7. En general, ¿ha mejorado o empeorado la condición humana la computadora? Menciona tres beneficios que esta invención ha aportado a la vida moderna. ¿Hay algunas desventajas también? ¿Cuáles son?

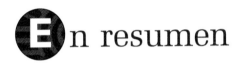

En resumen

De todo un poco

Casos hipotéticos: ¿Qué pasaría?

Piense en sus metas personales y luego lea la descripción de las cuatro personas a continuación. Después de leer, exprese en términos hipotéticos qué pasaría si usted se casara con una de ellas.

MODELO: Si me casara con Juan, yo tendría que hacer todos los quehaceres domésticos y no podría continuar con mi carrera. También…

1. Juan: alto, delgado, bien parecido (guapo), elegante, inteligente, extrovertido y alegre, aunque un poco impaciente y muy agresivo. Es cajero en un banco importante y es muy conservador. Le gusta salir a cenar y bailar; fuma y bebe pero no es alcohólico. No sabe mucho sobre las computadoras ni tiene interés en aprender más. No le gusta leer ni ayudar con los quehaceres de la casa… es un poco perezoso. No quiere tener hijos.
2. Juanita: de estatura mediana, delgada, muy bonita, elegante, inteligente y extrovertida. Normalmente es amable y paciente, pero fácilmente se pone de mal humor. Es gerente de una tienda de ropa (una *boutique*) elegante, por lo que viste muy bien. Es trabajadora, pero prefiere no hacer los quehaceres de la casa. Le gusta ir a las discotecas y comer en restaurantes caros. Quiere tener hijos, pero todavía no; tal vez dentro de unos cinco o seis años.

Diccionario cibernético	
at (@)	la arroba
click	hacer *click*
cyberspace	el ciberespacio
dot (.)	el punto
download	descargar, bajar
electronic mail	el correo electrónico
e-mail	el *e-mail, mail,* "emilio"
hacker	el pirata
home page	la página de entrada
Internet	el *Internet*
link	el enlace
mailbox	la casilla electrónica
modem	el *módem*
mouse pad	el *mouse pad*
mouse	la rata
search engine	el buscador
slash (/)	la raya
snail mail	el correo caracol
Web page	la página *Web*
World Wide Web	la red mundial

De todo un poco (whole-class; individual; group). **Suggestion:** Read these descriptions to the class. Have male students write the consequences if they married Juanita or Carla and have female students write the consequences if they married Juan or Carlos. Ask for volunteers to share their consequences with the whole class or with a group.

¡OJO!

Gracias al científico mexicano Moisés Calderón, existe ya un corazón artificial fácilmente accesible y bastante barato. El doctor Calderón ha creado el «Mexicor» («Corazón Mexicano»), que ya ha tenido gran éxito con animales enfermos del corazón. El Mexicor es un sistema de asistencia ventricular que sólo cuesta alrededor de 1.000 dólares.

3. Carlos: bajo, gordito, ni feo ni guapo, un poco calvo. Es algo introvertido pero simpático en las fiestas, aunque no bebe ni fuma. Es liberal y siempre lleva camisetas y *jeans.* Es ingeniero y tiene mucha paciencia para los detalles, pero es algo aburrido. Es experto en toda clase de programas para la computadora. No sabe bailar ni tampoco quiere aprender. Prefiere ir a la playa o a las montañas y participar en deportes al aire libre. También le encanta leer e ir al cine a ver películas extranjeras. Es un hombre liberado y le gusta compartir todos los quehaceres de la casa, pero no sabe si está listo para tener hijos.

4. Carla: baja, delgadita, inteligente, muy femenina; atractiva aunque no muy bonita. Está siguiendo la carrera de química y piensa obtener el doctorado. No le gusta salir de noche, pero le fascina acampar. Le gusta mucho leer novelas de ciencia ficción. También le encanta pasar tiempo visitando sitios interesantes en el Internet. En cuanto a los quehaceres de la casa... dice que sólo se casará con alguien que quiera compartirlos equitativamente (50%–50%). Le gustaría tener cinco o seis hijos, pero a causa de su carrera no sabe si tendrá tiempo para cuidarlos y criarlos bien.

¡Dígalo por escrito!

¡Sus predicciones, por favor!

Imagínese que usted es una persona muy famosa y la cadena de televisión Telemundo le pide que haga predicciones para el año 2020. Escoja cuatro o cinco puntos de la guía que aparece a continuación para preparar sus predicciones.

- ¿Qué problemas sociales (ya no) habrá entonces?
- ¿Habrá una guerra mundial? ¿Por qué? ¿Dónde? ¿Entre qué países?
- ¿Existirán todavía los alimentos transgénicos? ¿Serán muy comunes o tendremos problemas con ellos?
- ¿Cómo será el transporte público? ¿y el transporte aéreo?
- ¿Podrán los científicos crear seres humanos en el laboratorio?
- ¿Qué podrán hacer los médicos entonces? ¿Qué enfermedades (ya no) habrá?
- ¿Cuántas horas al día tendremos que trabajar? ¿Qué tipo de diversiones preferiremos?
- ¿Tiene otras ideas? ¡Inclúyalas!

¡Dígalo por escrito! Read and explain the situation and the questions to the whole class. Help students generate predictions for each question. If you wish, have them come up with a couple more questions as well. Then formulate and write 3–4 sample predictions on the board. Finally, have students write their predictions for homework to share with the class / in groups the following day. You may wish to give this as an extra-credit assignment.

VIDEOTECA

¿Qué opina usted de la pena de muerte? ¿del aborto? ¿de la eutanasia? ¿Habla usted con sus amigos sobre estos temas controvertibles? En este episodio José Miguel, Paloma y Gustavo hablan de varios temas de importancia actual.

Vea las actividades que corresponden al video en la sección *Videoteca* del *Cuaderno de trabajo.*

Vocabulario

• Los sustantivos — Nouns

el analfabetismo	illiteracy
el buscador	search engine
el camión	truck
la campaña de alfabetización	literacy campaign
el contagio	contagion
la costumbre	custom, habit
la cuestión	issue
la culpa	guilt, blame
los derechos	rights
el desarrollo	development
la empresa	company, firm
la enseñanza	teaching
la felicidad	happiness
los fondos	funds
la fuente de energía	energy source
la guardería infantil	childcare center
la guerra	war
el hogar	home
la lengua materna	mother tongue
la ley	law
la maquiladora	*large factory located in developing country to take advantage of lower wages*
la mayoría	majority
el mensaje	message
la meta	goal
el negocio	business
el nivel	level
la pandilla	gang
la paz	peace
la pobreza	poverty
el porvenir	future
el prejuicio	prejudice
el premio (gordo)	(grand) price
el resultado	result
la (super)población	(over)population
la tasa de desempleo	rate of unemployment
el término	term
la vivienda	housing

PALABRAS SEMEJANTES: el aborto, el abuso, el acceso, la afirmación, el alcohol, el beneficio, la cafeína, la ciencia ficción, la colonia espacial, la consecuencia, el costo, el crimen, la crisis, la decisión, la defensa, el detalle, la detección, el detector, la dificultad, la discriminación, la diversidad, el doctorado, la drogadicción, la educación sexual, la epidemia, el estereotipo, el honor, la importación, la invención, la lotería, la medicina, la nicotina, la preparación, la prioridad, el reactor nuclear, la reducción, la satisfacción, el sector, la tecnología, la tragedia

• Las personas — People

el adivino / la adivina	diviner, fortune teller
el anciano / la anciana	elderly person
el campesino / la campesina	peasant; field worker
el desamparado / la desamparada	homeless person
el jefe / la jefa	boss
el ser humano	human being
el ser querido	loved one

PALABRAS SEMEJANTES: el/la colega, el drogadicto / la drogadicta, el reportero / la reportera

• Las opiniones — Opinions

(no) creer que	to (not) believe that
(no) dudar que	to (not) doubt that
es dudoso que	it is doubtful that
qué bueno que	how great that
qué lástima que	it's too bad that

PALABRAS SEMEJANTES: (no) es (im)posible que

• Las condiciones — Conditions

a menos que	unless
antes de que	before
con tal (de) que	as long as
de manera / modo que	so that, in a way that
después de que	after
en cuanto	as soon as
hasta que	until
para que	in order that
sin que	without
tan pronto como	as soon as

• Los verbos — Verbs

acabar	to finish, put an end to
alcanzar	to reach
aportar	to contribute
aprobar	to approve

cambiar	to change
chismear (cotillear)	to gossip
conseguir (i, i)	to obtain, to get
construir	to build
cuidarse	to take care of oneself
dañar	to damage
destruir	to destroy
empeorar	to worsen
enfrentarse con	to confront (*someone*)
estar a favor de	to be in favor of
estar en contra de	to be against
fascinar	to be fascinating
me/le fascina(n)	(something) fascinates
(+ *noun*)	me/him/her/you (*pol.*)
ganarse la vida	to earn one's living
gozar de	to enjoy
hacerse socio	to become a member
inscribir(se)	to enroll (oneself)
irse	to go away, leave
jubilarse	to retire
lograr	to obtain, achieve
luchar por	to fight for
mudarse	to move (house)
pedir (i, i) perdón	to ask forgiveness
promulgar	to enact, proclaim
proporcionar	to provide
realizar su sueño	to realize/fulfill one's dream
tratarse de	to be about
tener relaciones	to engage in sexual relations

PALABRAS SEMEJANTES: arruinar, atribuir, basarse en, caracterizar, comunicarse, consistir en, declarar, definir, depender de, emigrar, establecer, garantizar, imaginarse, iniciar, legalizar, limitar, mencionar, traficar

• Los adjetivos   Adjectives

ambiental	environmental
bien parecido/a	good-looking
calvo/a	bald
cierto/a	certain
extranjero/a	foreign

PALABRAS SEMEJANTES: adolescente, alcohólico/a, bilingüe, crítico/a, desordenado/a, federal, femenino/a, hipotético/a, histérico/a, ilegal, lícito/a, militar, negativo/a, oficial, particular, personal, puro/a, racial, reducido/a, urgente, venéreo/a

• Adverbios   Adverbs

actualmente	currently, nowadays
comúnmente	commonly, usually
demasiado	too
equitativamente	equally

PALABRAS SEMEJANTES: definitivamente, exactamente

• Palabras y expresiones útiles   Useful Words and Expressions

a causa de	because of
al corriente	up to date
dentro de (+ *time*)	within/in (*time*)
mediante	through, by means of
por medio de	through, by means of
tal vez	perhaps

Gramática y ejercicios

15.1 Talking about the Future: The Future Tense

A. The future tense is formed by adding these endings to the infinitive:
-é, -ás, -á, -emos, -éis, and **-án.***

¿RECUERDA?

In **Gramática 2.1** you learned to use the construction **ir a** + infinitive to express the "informal future."

Esta tarde voy a estudiar.

Spanish also has a future tense, with its own special set of endings, generally used to talk about long-term or important future events.

	FUTURE	
(yo)	jugar**é**	*I will play*
(tú)	terminar**ás**	*you (inf. sing.) will finish*
(usted, él/ella)	escribir**á**	*you (pol. sing.) will write; he/she will write*
(nosotros/as)	lavar**emos**	*we will wash*
(vosotros/as)	comer**éis**	*you (inf. pl., Spain) will eat*
(ustedes, ellos/as)	dormir**án**	*you (pl.) will sleep; they will sleep*

Me jubilaré en dos años. — *I will retire in two years.*
Los políticos nunca **cumplirán** con lo que prometen. — *The politicians will never carry out what they promise.*

B. A few verbs have irregular stems to which the future-tense endings are attached.

caber	→	cabré	poner	→	pondré	decir	→	diré
haber	→	habré	salir	→	saldré	hacer	→	haré
poder	→	podré	tener	→	tendré			
querer	→	querré	valer	→	valdré			
saber	→	sabré	venir	→	vendré			

future = infinitive + { -é, -ás, -á, -emos, -éis, -án }

Mi hermana dice que **podrá** casarse cuando encuentre al hombre perfecto. — *My sister says that she will be able to get married when she finds the perfect man.*

15.1. The formal future tense is not as common as the periphrastic future (*ir a* + inf.) in everyday speech, although it is surprisingly common in the broadcast media, especially newspapers and television. For this reason, we recommend that it be practiced only by advanced first-year students or in the second year. Point out to students that they may continue to use the *ir a* + inf. to express future events. Use of the future to express doubt and the so-called future of probability are in reality the most common functions of this tense.

C. For statements about future events, the **ir + a +** infinitive construction is more frequently used in conversation than are the future-tense verb forms.

Mañana **vamos a escuchar** el noticiero de las 6:00. — *Tomorrow we are going to listen to the 6:00 news.*

When there is doubt or speculation, however, especially in questions, the future tense is common. This is called the "future of probability."

¿A qué hora **llegarán**? — *What time do you think they'll arrive? (I wonder what time they'll get here.)*

*Recognition: **vos hablarás**

The future of probability may also refer to present conditions.

¿Qué **estarán haciendo** ahora?	*What do you think they are doing now? (I wonder what they're doing now.)*
¿Qué hora **será**? ¿**Serán** ya las 7:00?	*What time do you think it is? (I wonder what time it is.) Do you think it's already 7:00?*

EJERCICIO 1

¿Qué pasará durante los próximos quince años?

	SÍ	NO
MODELO: La profesora Martínez *se jubilará* y *viajará* a Sudamérica. (jubilarse/viajar)	☐	☐
1. (Yo) _____ y _____ dos hijos. (casarse/tener)	☐	☐
2. Mi mejor amigo/a y yo _____ e _____ a Europa. (graduarse/ir)	☐	☐
3. Mis padres _____ y _____ en una isla tropical. (mudarse/vivir)	☐	☐
4. Mis compañeros de clase y yo _____ nuestras metas y _____ en la universidad en el año 2020. (lograr/reunirse)	☐	☐
5. El presidente _____ a cenar en mi casa y me _____ que le gustan mis ideas. (venir/decir)	☐	☐

15.2. Gramática ilustrada. Direct students' attention to these drawings. Read the captions aloud. The use of the subjunctive to describe the future after *cuando* was introduced in *Gramática 11.3.* Use of the subjunctive and the indicative after these other time conjunctions follows the same rules. Correct use of the indicative and subjunctive is of less importance here than the meaning and use of the conjunctions themselves.

15.2 Talking about *when*: The Subjunctive in Time Clauses

GRAMÁTICA ILUSTRADA _____

Tan pronto como volvamos a casa, nos acostaremos.

Después de que Amanda y Graciela **terminen** la tarea, irán al cine.

A. As you know, Spanish requires subjunctive verb forms in time clauses whenever the time expressed is in the future (see **Gramática 11.3**). Present indicative forms are used to express habitual activities. (The word **siempre** often indicates a habitual activity, and therefore the indicative is used.)

Voy a ver las noticias cuando **termine** mi trabajo.

Yo siempre veo las noticias cuando **termino** mi trabajo.

I am going to watch the news when I finish my work.

I always watch the news when I finish my work.

B. Although **cuando** is the most common word used to introduce time clauses, similar conjunctions are **hasta que** (*until*), **después de que** (*after*), **tan pronto como** (*as soon as*), and **en cuanto** (*as soon as*).

La madre estará nerviosa **hasta que** su hijo **llegue** de la escuela.

La madre siempre está nerviosa **hasta que** su hijo **llega** de la escuela.

The mother will be nervous until her son arrives home from school.

The mother is always nervous until her son arrives home from school.

> The subjunctive is used in clauses that begin with **cuando, hasta que, después de que, tan pronto como,** and **en cuanto** when they refer to the future. **Antes de que** is *always* followed by the subjunctive.

C. The conjunction **antes de que** (*before*) is always followed by subjunctive verb forms, even when the activity described is habitual.

Voy a comprar un carro **antes de que suban** los precios.

Cada mañana doy un paseo **antes de que** los niños **se despierten.**

I'm going to buy a car before the prices go up.

Every morning I take a walk before the children wake up.

EJERCICIO 2

Ej. 5. Emphasize comprehension of conjunctions.

¿Indicativo o subjuntivo? Siga el modelo.

MODELO: Algunos periodistas dicen que el presidente va a jubilarse cuando (cumple/<u>cumpla</u>) 65 años.

1. Toda mi familia va a dar una gran fiesta después de que me (gradúo/gradúe).
2. Estaremos muy contentos cuando no (hay/haya) más contaminación ambiental.
3. Raúl, ¿siempre hablas con tus abuelos cuando (tienes/tengas) tiempo libre?
4. Mis padrinos siempre preguntan por mí en cuanto (ven/vean) a mis padres.
5. Estaré dispuesto a ayudarte con la tarea esta tarde tan pronto como (llegas/llegues) a mi casa.
6. Voy a arreglar la casa antes de que (vienen/vengan) mis suegros.
7. Los empleados trabajarán hasta que (alcanzan/alcancen) las metas del jefe.
8. Mis primos siempre se pelean hasta que (vuelven/vuelvan) mis tíos del trabajo.
9. La profesora nos tiene que explicar la tarea antes de que (salimos/salgamos) del salón de clase.
10. Después de que me (saludan/saluden), mis tías siempre me invitan a comer.

15.3 Adding Details and Expressing *why* and *how*: More Uses of the Subjunctive

A. Adjective Clauses

1. Adjective clauses modify nouns, just as adjectives do. In English, adjective clauses usually begin with *that, which,* or *who.*

Give me the name of a country that welcomes immigrants in an era of economic decline.
The Spanish Civil War, which was fought in the 1930s, resulted in the loss of political freedom for the Spaniards.
This is the senator who proposed to negotiate a peaceful solution.

In Spanish, adjective clauses normally begin with the conjunction **que,** whether they refer to things or to people.

Señor Presidente, aquí está el grupo pro inmigrantes **que** viene a protestar contra la nueva ley.	*Mr. President, this is the pro-immigrant group that is here to protest against the new law.*
Benito Juárez fue el presidente mexicano **que** se opuso a la ocupación francesa.	*Benito Juárez was the Mexican president who opposed the French occupation.*

2. When an adjective clause is preceded by a preposition (**a, de, con, para**) and modifies a person, **quien,** not **que,** follows the preposition.

Aquí tienen ustedes un cuento escrito por el famoso escritor chicano de **quien** les hablé en la clase pasada.	*Here you have a short story written by the famous Chicano writer about whom I spoke to you in the last class.*

15.3. Most students produce adjective clauses spontaneously without any explicit instruction, because in the most common cases they are virtually identical to English. A few students attempt to form adjective clauses without *que,* since this is permitted in certain cases in English (*The man I saw yesterday is standing beside your cousin*). Although adjective clauses preceded by a preposition are quite different from English, even advanced first-year students need only recognize their meaning. The indicative/subjunctive contrast is relatively easy for students to grasp, but few first-year students ever need to produce these sorts of sentences. Second-year students often manage to use the subjunctive correctly in these contexts after considerable exposure to Spanish. Use of the subjunctive in short adverbial phrases with *como, cuando, donde,* and after *lo que* is very useful even for first-year students.

Preposition + **que** becomes preposition + **quien** when referring to a person.

3. If the person, place, or thing the adjective clause modifies is unknown to the speaker, the verb in the adjective clause must be subjunctive.

If the person or thing is unknown or nonexistent, the verb is in the subjunctive.

Pedro compró **un libro** que **contiene** información sobre la diversidad cultural en México.

Pedro busca **un libro** que **contenga** buenos consejos para convivir con gente de otras culturas.

Pedro bought a book that contains information about cultural diversity in Mexico.

Pedro is looking for a book that contains good advice about how to live peacefully with people from other cultures.

The subjunctive is also used in adjective clauses if the person, place, or thing modified is nonexistent.

Hay varias regiones que **producen** grandes cantidades de café.

No hay ninguna región que **produzca** tanto café como ésta.

There are several regions that produce large quantities of coffee.

There is no region that produces as much coffee as this one (does).

B. Adverbial and nominal expressions.

Following are some common adverbial and nominal expressions containing subjunctive verb forms, used when the speaker is in doubt about the wishes of the person being addressed.

Como usted quiera / tú quieras.	*However you want.*
Cuando usted diga / tú digas.	*Whenever you say.*
Donde usted quiera / tú quieras.	*Wherever you want.*
Lo que usted diga / tú digas.	*Whatever you say.*

—¿Cómo lo vamos a hacer?
—**Como tú quieras.**

—*How are we going to do it?*
—*However you want.*

—¿Cuándo nos vamos?
—**Cuando usted quiera.**

—*When are we leaving?*
—*Whenever you want.*

—¿Adónde vamos mañana?
—**Adonde tú digas.**

—*Where are we going tomorrow?*
—*Wherever you say.*

C. The subjunctive is completely redundant in these structures. However, the conjunctions themselves are quite commonly used, and students need to understand their meaning.

—¿Qué vamos a hacer ahora?
—**Lo que usted diga.**

—*What are we going to do now?*
—*Whatever you say.*

These expressions contain indicative verb forms if what is expressed in the second clause is already known.

Lo que tú **dices** es verdad.

What you are saying is true.

Para que...
Con tal (de) que...
Sin que...
De modo que...
De manera que...
are *always* followed by a verb in the subjunctive.

C. Purpose Clauses

Spanish requires subjunctive verb forms in purpose clauses introduced by conjunctions such as **para que** (*so that, provided that*), **sin que** (*without*), **con tal (de) que** (*provided that*), and **de modo (manera) que** (*so that*).

¡La legislatura va a aprobar la nueva ley **sin que** los ciudadanos lo **sepan**!	*The legislature is going to pass the new law without the citizens knowing it!*
Es necesario reparar ese edificio **para que** no **se caiga** durante un terremoto.	*That building needs to be repaired so that it won't fall down in an earthquake.*

EJERCICIO 3

Adriana y su futuro esposo, Víctor, están planeando su luna de miel. Escoja la forma correcta del verbo: el presente de indicativo o el presente de subjuntivo.

ADRIANA: Prefiero ir a un lugar que no _____[1] muy turístico. (es/sea)

VÍCTOR: Pero, Adriana, en agosto no hay ningún lugar que no _____[2] lleno de gente. (está/esté)

ADRIANA: Tienes razón, Víctor. También busco un lugar que _____[3] mucho para hacer, tanto de día como de noche. (ofrece/ofrezca)

VÍCTOR: Conozco varias ciudades de Europa que _____[4] muchas diversiones. (tienen/tengan)

ADRIANA: ¡Europa, sí! Quiero ir a un lugar donde se _____[5] mucha ropa elegante. (vende/venda)

VÍCTOR: Adriana, tú sabes que en París se _____[6] más ropa fina que en cualquier otra ciudad del mundo. (fabrica/fabrique)

ADRIANA: ¡Perfecto! París es una ciudad donde _____[7] mucha actividad cultural, además de tiendas elegantes. (hay/haya)

VÍCTOR: Pues Adriana, ¿por qué no hacemos una gira por Europa?

EJERCICIO 4

> **¡OJO!**
>
> In each sentence of **Ejercicios 4** and **5,** determine whether the conjunction requires the subjunctive or the indicative, and choose the appropriate verb form.

Los estudiantes de la profesora Martínez expresan sus opiniones. Escoja entre el presente del indicativo y el presente de subjuntivo.

1. Es necesario construir más apartamentos para que _____ suficientes viviendas para todos. (hay/haya)
2. No podemos seguir usando tanta gasolina porque _____ la contaminación ambiental en nuestra ciudad. (aumenta/aumente)
3. Va a haber más crímenes violentos si no se _____ portar armas de fuego. (prohíbe/prohíba)
4. Voy a escribirle una carta al gobernador para que _____ a resolver el problema de las drogas en nuestro estado. (ayuda/ayude)
5. Seguirá el problema de la escasez de atención médica a menos que el gobierno _____ un plan nacional de seguro médico. (adopta/adopte)
6. Debemos controlar lo que los niños ven en la televisión porque _____ en su manera de pensar. (influye/influya)

> **¡OJO!**
>
> **portar armas de fuego =** *to carry firearms (weapons)*

EJERCICIO 5

Alberto y Carmen participan en una discusión en la clase de español. Están discutiendo la pena de muerte. Escoja la forma correcta entre el presente de indicativo y el presente de subjuntivo.

ALBERTO: No podremos controlar la tasa de delitos en este país a menos que se _____ [1] en efecto la pena de muerte. (pone/ponga)

CARMEN: ¿Y tú crees que la pena de muerte resuelva el problema de la delincuencia? Si esperamos reducir la tasa de crímenes violentos en nuestra sociedad, tenemos que reformar nuestro sistema de educación de manera que todos _____ [2] recibir instrucción escolar. (pueden/puedan)

ALBERTO: Es una propuesta excelente, y estoy de acuerdo, con tal de que ningún asesino _____ [3] derecho a la libertad provisional. (tiene/tenga)

PROFA MARTÍNEZ: Creo que todos queremos cambiar la sociedad para que _____ [4] menos violencia. (hay/haya)

¡OJO!

pena de muerte = *death penalty*
tasa de delitos = *crime rate*
libertad provisional = *parole*

15.4 Expressing Opinions and Reactions: Indicative and Subjunctive

A. The most common way to convey opinions is by asserting an idea directly. Assertion is expressed by indicative verb forms.

Los japoneses **son** muy trabajadores.	*The Japanese are very hardworking.*

Another way to convey opinions is to report others' assertions by using verb phrases such as **decir que** (*to say that*) and a second clause. Indicative verb forms are also used in such sentences.

Carmen **dice que** los latinoamericanos **son** optimistas.	*Carmen says that Latin Americans are optimists.*

In addition, it is possible to introduce assertions of opinion with verb phrases such as **creer que** (*to believe that*), **pensar que** (*to think that*), and **es verdad (cierto, seguro, indudable) que** (*it is true, [certain, sure, indubitable] that*). The verb in the second clause of such sentences is still indicative.

Creo que los inmigrantes **tienen** derecho a conservar su lengua y su cultura.	*I believe immigrants have the right to keep their language and their culture.*

Here are some useful short forms of verb phrases of opinion.

Creo que sí. *I think/believe so.*   ¡Ya lo creo! *I should think so!*
Creo que no. *I don't think/believe so.*   ¡Es cierto! *That's true!*
No lo creo. *I don't believe it.*

B. To deny a statement or to cast doubt on it, use a verb phrase like **no creer que** (*not to believe that*) or **dudar que** (*to doubt that*). In such statements, use a subjunctive verb form in the second clause. (See **Gramática 11.2, 11.3,** and **14.4.**)

No creo que los valores humanos **dependan de** una creencia en Dios.	*I do not believe that human values are based on a belief in God.*

15.4. A–B. These sections describe the use of the indicative and subjunctive tenses in statements of opinion. An assertion requires the indicative; a nonassertion (doubt, denial) requires the subjunctive. While in theory any tense may be used in the matrix clause and any logical tense in the dependent clause, we have given examples only with the sequence present-present. It is important for advanced students to learn to use both the matrices of positive opinion (especially short forms) and of doubt to expand their ability to express opinions. With minor exceptions, the subjunctive in these sentences is redundant, and student errors will never confuse native speakers. (On the other hand, students almost never notice the subjunctive used by native speakers in these sentences, and consequently it is acquired very late.)

OGA: You may wish to point out that some native speakers vary their use of the subjunctive after verb phrases like ¿(No) Cree usted que... ? to express greater or lesser doubt. We do not

practice this point because it will be acquired by advanced students in appropriate contexts.

To assert, use the indicative.
To deny or cast doubt, use the subjunctive.
  Es verdad que muchos niños **ven** demasiada televisión.
  Dudo que mis hijos **vean** demasiada televisión.

Here are some verb phrases that require the use of the subjunctive in the second clause; they all express doubt or disbelief.

dudar que	*to doubt that*
no creer que	*not to believe that*
es dudoso que	*it's doubtful that*
es (im)probable que	*it's probable (unlikely) that*
es (im)posible que	*it's (im)possible that*
no es seguro que	*it's not certain that*

C. This section presents expressions used to react emotionally to an idea or a situation. In informal speech most Spanish speakers simply combine these expressions with other sentences, using a coordinating conjunction (*porque, pero*). If they are combined with a dependent clause, however, they require subjunctive forms in that clause: *Me alegro de que vengas.* These constructions are found in written Spanish but are relatively rare in ordinary conversation. Keep in mind that the subjunctive in this context is completely redundant. We recommend that students be encouraged to use the short forms of these expressions.

C. The following expressions are commonly used by Spanish speakers to react to information.

¡Qué bueno!	*How nice!*
(Eso) Es interesante.	*That's interesting.*
Me alegro.	*I'm glad.*
Estoy muy contento/a.	*I'm very happy.*
Lo siento mucho.	*I'm very sorry.*
(Eso) Me sorprende.	*That surprises me.*
¡Qué lástima!	*What a pity!*
¡Qué triste!	*How sad!*

Expressions of reaction:
Use indicative after **porque, y,** and **pero.** Use subjunctive after **que.**
  Eso me sorprende, **porque** generalmente él **es** muy simpático.
  Me sorprende **que** él **sea** tan antipático.

These expressions can stand alone or be combined into longer sentences explaining what the speaker is reacting to. The conjunctions **y, pero,** and **porque,** followed by the indicative, can be used to link the two parts of the sentence.

Estoy muy contenta **porque** mi familia **vive** en un barrio donde hay gente que habla varios idiomas distintos.

I am very happy because my family lives in a neighborhood where there are people who speak several different languages.

Lo siento mucho, **pero** el inglés **es** el idioma oficial de este país.

I am very sorry, but English is the official language of this country.

Another possibility is to join the two parts of the sentence directly with **que;** the verb in the second clause is then in the subjunctive.

Siento mucho **que tengas** esa opinión; a mí me gusta hablar con personas de otras culturas.

I am very sorry that you have such an opinion; I like to speak with people from other cultures.

Es una lástima que no **estemos** de acuerdo.

It's a pity we do not agree.

EJERCICIO 6

Aquí tiene usted algunas opiniones y afirmaciones de varias personas. Seleccione el presente del indicativo o del subjuntivo para completarlas correctamente.

MODELO: ESTELA: La economía va de mal en peor pero no creo que *sea* culpa de los inmigrantes. (es/sea)

1. PEDRO: Es verdad que _____ inmigrantes árabes y judíos en México. (hay/haya)
2. ESTELA: Dudo que _____ más inmigrantes este año. (vienen/vengan)
3. ERNESTO: Es posible que algunos inmigrantes chinos indocumentados _____ al puerto de Ensenada. (llegan/lleguen)
4. ANDREA: Pero no es probable que el gobierno les _____ quedarse. (permite/permita)
5. ESTELA: Sí, pero es dudoso que los agentes de inmigración los _____. (encuentren/encuentran)
6. PEDRO: Tienes razón. Es verdad que nuestros agentes no _____ muy eficientes. (son/sean)
7. ESTELA: Es interesante que _____ eso; ¿no es agente de inmigración tu tío? (dices/digas)
8. PEDRO: Sí, mi tío Gilito es agente de inmigración pero él trabaja en el aeropuerto; no es probable que _____ mucho de esto. (sabe/sepa)
9. ESTELA: Ay, bueno, cambiemos de tema; no creo que no _____ hablar de algo más agradable. (podemos/podamos)
10. ANDREA: Bien. Además, es seguro que nosotros no _____ a resolver estos problemas. (vamos/vayamos)

EJERCICIO 7

Seleccione el presente del indicativo o del subjuntivo para completar las oraciones correctamente.

MODELO: Es interesante que algunos grupos minoritarios *quieran* conservar su lengua y su cultura y otros no. (quieren/quieran)

1. ¡Qué triste que tanta gente _____ que dejar su propio país! (tiene/tenga)
2. Me sorprende que cada día _____ menos cursos de lenguas extranjeras en las universidades. (hay/haya)
3. Me alegro de que en mi barrio todos _____ amigos. (somos/seamos)
4. ¿Por qué? ¿_____ tus vecinos diferentes culturas? (Representan/Representen)
5. Sí, sé que allí _____ gente de cuatro culturas diferentes: mexicanos, japoneses, chinos y norteamericanos. (vive/viva)

15.5. This section introduces forms of the conditional. Its most common use with the imperfect subjunctive is described in *Gramática 15.6.* Our opinion is that the conditional is a topic for second-year students, but some instructors like to introduce it in the first year so that students will recognize its meaning when they hear or read it. It is a relatively simple tense to learn, and students pick it up quickly after being exposed to it.

6. Es una lástima que no _____ representadas también personas de las otras culturas. (están/estén)

7. Es verdad que no _____ a ningún africano americano que viva en mi barrio. (conozco/conozca)

15.5 Expressing Hypothetical Reactions: The Conditional

A. The conditional is formed by adding these endings to the infinitive: **-ía, -ías, -ía, -íamos, -íais,** and **-ían.***

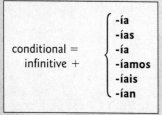

conditional = infinitive +
- -ía
- -ías
- -ía
- -íamos
- -íais
- -ían

CONDITIONAL		
(yo)	jugar**ía**	*I would play*
(tú)	comer**ías**	*you (inf. sing.) would eat*
(usted, él/ella)	dormir**ía**	*you (pol. sing.) would sleep;*
		he/she would sleep
(nosotros/as)	tomar**íamos**	*we would drink*
(vosotros/as)	jugar**íais**	*you (inf. pl., Spain) would play*
(ustedes, ellos/as)	escribir**ían**	*you (pl.) would write; they would write*

Yo **hablaría** con su familia primero.

A Alicia Márquez le **gustaría** ir de luna de miel a Cancún.

I would speak with her family first.

Alicia Márquez would like to go to Cancún on her honeymoon.

B. The verbs that have irregular stems in the future use the same stems in the conditional.

caber	→	cabría	poner	→	pondría	decir →	diría
haber	→	habría	salir	→	saldría	hacer →	haría
poder	→	podría	tener	→	tendría		
querer	→	querría	valer	→	valdría		
saber	→	sabría	venir	→	vendría		

—¡Yo no **sabría** qué decirle!

—Pues yo le **diría** la verdad.

—*I wouldn't know what to tell him!*

—*Well, I would tell him the truth.*

¡OJO!

In some areas of the Spanish-speaking world, the conditional is used very infrequently, being replaced by the imperfect subjunctive: **Si supiera, te lo dijera.** This use is not accepted by the Real Academia or by educational establishments, but it is widespread.

EJERCICIO 8

Aquí aparecen algunas actividades que a los estudiantes de la Universidad de Texas en San Antonio les gustaría hacer en España. Escoja el verbo más lógico y dé la forma del condicional: **acostarse, caminar, comer, comprar, mandar, pasar, practicar, tomar, tratar, usar, visitar.**

---

*Recognition: **vos hablarías**

1. Si tuvieran mucho tiempo libre, Esteban y Carmen _____ los sitios turísticos.
2. Alberto _____ de conocer a nuevos amigos.
3. Si Nora tuviera mucho dinero, _____ zapatos españoles.
4. Pablo y Mónica _____ tapas y _____ cerveza por la tarde.
5. Todos _____ el español.
6. Esteban _____ por el parque del Retiro.
7. Pablo _____ mucho tiempo en el Museo del Prado.
8. Todos _____ el metro para ir de un lugar a otro.
9. Si Mónica y Nora no asistieran a clases, _____ a la 1:00 cada noche.
10. Luis les _____ mensajes electrónicos a sus amigos todos los días.

15.6 Hypothesizing: *If* Clauses and the Past Subjunctive

A. Statements of possibility introduced with the conjunction **si** (*if*) take indicative verb forms in both the *if* clauses and the conclusion.

> **Si** el gobierno **congela** los alquileres, **habrá** menos desamparados.
>
> *If the government freezes rents, there will be fewer homeless people.*
>
> **Si hay** poco trabajo, menos trabajadores sin documentos **cruzan** la frontera.
>
> *If there is little work, fewer workers cross the border illegally.*

B. To imply that a situation is contrary to fact, however, another form, the past subjunctive, must be used in the *if* clause and a conditional verb form in the conclusion. (See **Gramática 15.5.**)

> **Si tuviera** más dinero, **me jubilaría.**
>
> *If I had more money, I would retire.*

Past subjunctive forms of both regular and irregular verbs are based on the stem of the preterite plus these endings: **-ara, -aras, -ara, -áramos, -arais, -aran** for **-ar** verbs and **-iera, -ieras, -iera, -iéramos, -ierais, -ieran** for **-er** and **-ir** verbs.*

PAST SUBJUNCTIVE		
hablar	*comer*	*tener*
habl**ara**	com**iera**	tuv**iera**
habl**aras**	com**ieras**	tuv**ieras**
habl**ara**	com**iera**	tuv**iera**
habl**áramos**	com**iéramos**	tuv**iéramos**
habl**arais**	com**ierais**	tuv**ierais**
habl**aran**	com**ieran**	tuv**ieran**

---

*Recognition: **vos hablaras, comieras, tuvieras**

15.6 This hypothetical construction is almost identical to English in both syntax and meaning. Even so, first-year students' general level of proficiency restricts their conversational range, so they rarely have occasion to use it.

> In "contrary-to-fact" sentences, the verb in the **si** (*if*) clause is in the past subjunctive.

> Si su madre **trabajara**, Marisa y Clarisa **tendrían que estar** todo el día en la guardería.
>
> *If their mother worked, Marisa and Clarisa would have to be at the childcare center all day.*

Verbs like **decir** (**dij-**) and **traer** (**traj-**) differ somewhat from the pattern; they take endings without the initial **-i: dijera, trajera.**

> **Te sorprenderías** si yo **te dijera** la verdad.
>
> *You'd be surprised if I told you the truth.*

C. You can also use the expression **ojalá que** (*I wish that*) followed by the past subjunctive to express a desire that is contrary to fact.

> **Ojalá** que **hubiera** menos contaminación.
>
> *I wish there were less pollution.*

EJERCICIO 9

Amanda está hablando de sí misma, de sus amigos y de sus vecinos. Complete las oraciones con la forma correcta del imperfecto de subjuntivo.

1. Si (yo) _____ este año, podría buscar un trabajo de jornada completa. (graduarse)
2. Si no _____ tan caro, mi padre compraría un coche eléctrico. (ser)
3. Si _____ (nosotros), no tendríamos que manejar distancias tan largas. (mudarse)
4. Si Guillermo y Rafael no _____ a tantas fiestas, sacarían mejores notas en el colegio. (ir)
5. Si más gente _____ la energía verde, no tendríamos que construir más reactores nucleares. (usar)
6. Si no _____ computadora, mi hermano Ernestito no podría usar el CD-ROM para aprender inglés y matemáticas. (tener)

¡OJO!

transgénico = *genetically modified*

EJERCICIO 10

Escriba la forma correcta del verbo entre paréntesis.

1. Si cada persona _____ (tener) una computadora, muchos _____ (trabajar) en su casa en vez de ir a la oficina todos los días.
2. Si los jóvenes _____ (pasar) más tiempo navegando por el Internet, _____ (ver) menos programas violentos en la televisión.
3. Si nosotros _____ (consultar) solamente sitios Web en español, _____ (aprender) mucho.
4. Si las computadoras no _____ (contaminar) el medio ambiente, yo _____ (estar) más contento/a de tenerlas.
5. Si los alimentos transgénicos no _____ (causar) problemas de salud, _____ (ser) la solución perfecta al problema del hambre en el mundo.
6. Pues... si el gobierno _____ (permitir) los alimentos transgénicos, probablemente _____ (haber) problemas ambientales muy graves.

Las fantásticas creaciones de Susana Buyo

Las fantásticas creaciones de Susana Buyo. As a follow-up, ask for students' reactions to the *alebrijes*. Repeat the questions in the last paragraph as students look at the photos: *¿Qué opinan ustedes de los alebrijes? ¿Qué*

Las creaciones de Susana Buyo son hermosas y tienen un nombre muy original: *alebrijes*.* La palabra describe perfectamente estas fantásticas figuras que representan dragones con cabeza de serpiente, sirenas con alas,[1] pájaros con dientes y muchas otras formas. Los alebrijes están hechos de cartón y varios otros materiales. La artista los pinta con acrílico y los termina con laca.[2]

El gran artista mexicano Pedro Linares inventó los alebrijes en 1950. Esta invención hizo muy famoso a Linares, ganándole el Premio Nacional de Artes Tradicionales en 1990. Susana Buyo fue discípula del maestro por un tiempo, y pronto se convirtió en una creadora extraordinaria de alebrijes.

Buyo es argentina pero vive y trabaja en México. En México dirige varios talleres de artesanía[3] y ha tenido exposiciones en museos importantes.[†] Una de las metas profesionales de Susana Buyo es la de estimular el impulso creativo de sus discípulos. Por eso invita a los más talentosos a exponer su obra con ella.

¿Qué opina usted de los alebrijes? Mire las fotos. ¿Qué impresión le producen estas figuras? Para Susana Buyo, los alebrijes son la forma externa que toman sus sueños, la imagen de sus inseguridades[4] y preocupaciones. Gracias al don[5] artístico de esta creadora argentina, las imágenes que la asustan[6] cuando duerme se transforman en bellas criaturas.

impresión les producen? If there are artists in your class, have them share their impressions. They could also talk about

[1] sirenas… *winged mermaids*　[2] *lacquer*　[3] talleres… *arts and crafts workshops*　[4] *insecurities*　[5] *gift, talent*　[6] la… *frighten her*

ated that are similar to the *alebrijes*. As an additional activity, some students can research Susana Buyo on the Internet, report to the class, and bring in photos of other *alebrijes*. Or you may want to assign the following writing project. First, tell

*La palabra *alebrijes* se deriva del verbo *alebrarse*, que se refiere a la acción de tirarse al suelo, como lo haría un conejo con miedo.

[†] Por ejemplo, el Museo Soumaya de la Ciudad de México, el Museo Nacional de Culturas Populares y el Museo de la Ciudad de México. En 1997 Buyo también participó en *Things from Mexico*, una muestra itinerante (*traveling exhibition*) en Dinamarca.

students: *Después de leer este artículo, vamos a hacer un experimento creativo.* Then have them write a composition on this topic: *Apunten uno de sus sueños y traten de darle forma concreta. Luego inventen un nombre especial para su creación. ¿De qué material van a construir su visión? ¿De cartón? ¿barro? ¿piedra? ¿metal? ¿Van a darle color? ¿Refleja esta obra las inseguridades y preocupaciones que ustedes tienen? ¿O refleja otros aspectos de su vida? ¿sus metas personales? ¡Deje volar su imaginación!*

Guinea Ecuatorial, país, hispano de África

Territorio ecuatoguineano.[1] 28.051 kiló-metros cuadrados (17.433 millas cuadradas)
Población: 522.400 habitantes
Capital: Malabo (50.000 habitantes)
Idioma oficial: español
Ubicación[2] geográfica: centro oeste de África

Guinea Ecuatorial es uno de los países más nuevos del mundo, pues no recibió su nombre hasta 1963 ni su independencia hasta 1968. Es también el único país de cultura hispana en el continente africano. En Guinea Ecuatorial se hablan varios idiomas aborígenes,* pero una de las lenguas oficiales es el español.

Esta pequeña nación africana está compuesta de un territorio continental, el llamado Río Muni,

y cinco islas en el Océano Atlántico. Guinea Ecuatorial fue gobernada por Portugal de 1471 a 1778. La primera expedición española llegó en 1778 y el país fue colonizado por España poco después. Es por eso que hay tanta influencia hispana en muchos aspectos de su sociedad. La religión predominante, por ejemplo, es la católica, aunque el gobierno fomenta la libertad religiosa.[†] Desde 1984, año en que se celebró el Primer Congreso Cultural Afrohispano, el gobierno ecuatoguineano busca la convivencia[3] de sus raíces hispanas y africanas.

La cultura de los grupos étnicos en Guinea Ecuatorial es muy rica, especialmente su tradición musical.[‡] El instrumento más popular del país es un arpa  que se hace con bambú. El arte de Guinea Ecuatorial también es impresionante. Las máscaras[4] de madera son las piezas más representativas del arte ecuatoguineano. Se debe mencionar también la cocina de Guinea Ecuatorial, que es sencilla pero muy sabrosa. Muchos platillos llevan carne de res, pollo o pescado, y todos se condimentan con especias que crecen en los bosques del país.[§]

El presidente Teodoro Obiang, elegido en 1996 por un período de siete años, ha enfocado[5] todos sus esfuerzos en programas importantes. Obiang tiene dos metas principales, que son mejorar la economía y reformar el sistema educativo. Entre sus proyectos culturales se encuentra la creación de museos para el arte tradicional y programas de promoción de las lenguas aborígenes. Hasta ahora los planes del presidente han dado fruto. El país afrohispano prospera y se dirige,[6] entusiasmado, hacia el futuro.

[1]*Equato-Guinean* [2]*Location* [3]*coexistence* [4]*masks* [5]*ha... has focused* [6]*se... looks toward*

*Estos idiomas son, entre otros: fang, bubi, combe, bissio, annabonés y pichi (lengua basada en el inglés, *Pidgin English*).

[†]Existen más de veinte religiones en el país; entre otras, la bautista, la evangélica, la adventista y la metodista. El gobierno también acepta la práctica de algunas creencias paganas.

[‡]Los tres grupos étnicos principales son el fang, el bubi y el ndow.

[§]Uno de los platillos que más se come es pollo con salsa de maní (cacahuate), el cual se sirve con plátano hervido y arroz.

Guinea Ecuatorial, país hispano de África. Equatorial Guinea is located in west central Africa, yet the country has many linguistic and cultural elements in common with Spain and Latin America. Geography and economy: The continental region has a strip of mangrove swamps. The inland terrain rises to elevations of up to 1,200 meters (4,000 feet) in the forests of the Crystal Mountains. There are many tropical rain forests in Equatorial Guinea. Since independence in 1968, the country has depended mainly on agriculture for subsistence; it grows rice, cassava, bananas, and palm nuts. Equatorial Guinea exports coffee, cacao, and timber. Since the early 1990s, there has been active exploration of petroleum and natural gas. Government and politics: The major Equato-Guinean political party is the *Partido Democrático de Guinea Ecuatorial* (PDGE), and there are 13 opposition parties. The present government of Equatorial Guinea is collaborating closely with the United Nations, the World Bank, and the International Monetary Fund in order to implement an effective economic plan for the country. An important current issue is the country's investment of its petroleum resources.

For more information, refer students to Equatorial Guinea Websites.

Picasso y el *Guernica*. The history of Spain is one of political strife and ethnic diversity. Some of the cultural groups that have had a major influence on Spain are the Romans (218 B.C.–409 A.D.), the Visigoths (414–711), and the Arabs (711–1492). The efforts of monarchs Fernando and Isabel (known as *los Reyes Católicos*) to unify the peninsula in the fifteenth century resulted in ethnic and religious cleansing; all opposed to the Catholic faith were either exiled or

Picasso y el Guernica

Pablo Picasso (1881–1973) ha pasado a la historia como uno de los grandes genios del siglo XX. Su pintura es sinónimo de revolución y cambio. Desde su llegada a París en 1904, el pintor andaluz[1] comienza a explorar diferentes estilos. Surgen entonces sus «épocas cromáticas»: la azul y la rosa.

Picasso pasa luego al cubismo, un tipo de pintura geometrizada.

Durante toda su vida de artista, Picasso estuvo experimentando y cambiando de estilo. Hombre genial e incansable[2], también se comprometió[3] políticamente. Apoyó la República[4] y en 1937 pintó el cuadro *Guernica,* haciendo así una fuerte denuncia de los crímenes del fascismo. El suceso[5] que inspiró esta obra fue un trágico episodio de la historia española. El 28 de abril de 1937 las fuerzas fascistas alemanas bombardearon el pueblo de Guernica, situado al

Guernica

norte de España. Lo hicieron como experimento. ¡Querían saber si un bombardeo aéreo podía destruir una población completa!

Su famosa pintura critica duramente la guerra y el tratamiento inhumano de los ciudadanos de Guernica. La masacre de este pueblo marca el comienzo de una de las más largas dictaduras de nuestro siglo: el *franquismo*. El general Francisco Franco, después de dirigir un golpe militar contra el gobierno español republicano, triunfó en 1939. Controló el destino de España hasta 1975, año de su muerte.

Picasso pidió en su testamento que el *Guernica* no se exhibiera en España hasta que su país tuviera un gobierno democrático. En 1981, los españoles eligieron un gobierno encabezado[6] por Felipe González, líder popular del Partido Socialista de España (PSOE). Ese mismo año, el *Guernica* fue trasladado por fin al Museo del Prado en Madrid. El pueblo español pudo admirar la obra por primera vez desde que Picasso la creó en 1937.

[1] de Andalucía, región al sur de España [2] *genial... brilliant and tireless* [3] *se... he was involved* [4] Partido que luchaba contra el general fascista Francisco Franco durante la Guerra Civil española (1936–1939). [5] *event* [6] *headed*

subject to punishment by the Inquisition. Francisco Franco's political agenda after the Civil War in the twentieth century may be seen under the same light: Those opposed to the conservative, military government were exiled, incarcerated, or killed. Many artists and writers protested the government by self-exile and by denouncing the dictator in their works. Among them was Pablo Picasso.

Before assigning the reading, show photos or slides of works by Picasso from his different periods. Suggestions: *Mujer vestida de blanco,* one of his early, representational (*realista*) paintings; and *Tres músicos,* which is *cubista.* You may also want to assign a composition on the following topic: *Mire la foto del cuadro* Guernica *y escriba una breve descripción. Por ejemplo, ¿cuántas personas hay y qué están haciendo? ¿Qué les está pasando? ¿Qué animales ve? ¿Puede usted ver los símbolos de la guerra?*

Dos poemas

«Las canciones de mi abuela» de Francisco Alarcón (del libro Jitomates risueños)

compartían
el ritmo
de la lavadora

transformaban
la cocina
en una pista de baile

consolaban
las sillas
patas arriba[1]

alegraban
los retratos[2] colgados
de la familia

arrullaban[3]
las sábanas
en el tendedero[4]

les daban sabor
a los frijoles
de olla

las canciones
que cantaba
mi abuela

eran capaces[5]
de hacer salir
a las estrellas

convertir
a mi abuela
en una joven

que de nuevo
iba por agua
al río

y hacerla
reír y llorar
a la vez[6]

Las canciones de mi abuela. Remind students that they have already been introduced to Francisco Alarcón in *Capítulo 8*. If you wish, provide some basic facts about this poet: *Francisco Alarcón es un famoso poeta chicano que vive en Davis, California. Ha publicado varios poemarios, entre los cuales se encuentra Jitomates risueños (1997), que contiene este hermoso poema sobre su abuela.* Read the poem aloud several times to help students sense the rhythm and hear the melody. Ask students to visualize the words in this poem, picturing the places, objects, and images that the poet associates with his grandmother's songs. As follow-up, help students describe the relationship between the poet and his grandmother: *¿Cómo es esta relación? ¿Cercana? ¿distante? ¿positiva? ¿hermosa? ¿especial? ¿En qué sentido?*

[1]patas... *placed upside down*   [2]*portraits*   [3]*lulled to sleep*
[4]*clothesline*   [5]*capable*   [6]a... *at the same time*

«Nada más» de María Elena Walsh

María Elena Walsh (Argentina, 1930–) es una artista de muchos talentos: poeta, actriz y cantante. También ha escrito obras de teatro para niños. Entre sus canciones publicadas se encuentra «Nada más», que habla de las cosas que no se pueden comprar con dinero.

Con esta moneda
me voy a comprar
un ramo[1] de cielo
y un metro de mar,
un pico[2] de estrella,
un sol de verdad,
un kilo de viento,
y nada más.

[1]*a piece (of sky); lit., a bouquet*   [2]*point*

Nada más. María Elena Walsh wrote *Otoño imperdonable*, her first book, at age 17. She is well known and well loved in Argentina; the songs she has written for children's theater are passed on from generation to generation.

La revista *Vida y cultura* continúa en el sitio Web: **www.mhhe.com/dosmundos**.

Since María Elena Walsh has worked with children's literature, you may want to present the poem as if for children. Draw each concrete element of the poem on a separate piece of paper: a coin, a piece of sky, the sea, a star, a sun, and the wind. Teach these vocabulary words with the visuals before reciting the poem. Distribute the pictures among students; as you recite the poem, have them raise their picture when you pronounce the word for the image they are holding.

APPENDIX ONE

VERBS

A. Regular Verbs: Simple Tenses

INFINITIVE / PRESENT PARTICIPLE / PAST PARTICIPLE	INDICATIVE					SUBJUNCTIVE		IMPERATIVE
	PRESENT	IMPERFECT	PRETERITE	FUTURE	CONDITIONAL	PRESENT	IMPERFECT	
hablar	hablo	hablaba	hablé	hablaré	hablaría	hable	hablara	
hablando	hablas	hablabas	hablaste	hablarás	hablarías	hables	hablaras	habla tú, no hables
hablado	habla	hablaba	habló	hablará	hablaría	hable	hablara	hable Ud.
	hablamos	hablábamos	hablamos	hablaremos	hablaríamos	hablemos	habláramos	hablemos
	habláis	hablabais	hablasteis	hablaréis	hablaríais	habléis	hablarais	hablad
	hablan	hablaban	hablaron	hablarán	hablarían	hablen	hablaran	hablen
comer	como	comía	comí	comeré	comería	coma	comiera	
comiendo	comes	comías	comiste	comerás	comerías	comas	comieras	come tú, no comas
comido	come	comía	comió	comerá	comería	coma	comiera	coma Ud.
	comemos	comíamos	comimos	comeremos	comeríamos	comamos	comiéramos	comamos
	coméis	comíais	comisteis	comeréis	comeríais	comáis	comierais	comed
	comen	comían	comieron	comerán	comerían	coman	comieran	coman
vivir	vivo	vivía	viví	viviré	viviría	viva	viviera	
viviendo	vives	vivías	viviste	vivirás	vivirías	vivas	vivieras	vive tú, no vivas
vivido	vive	vivía	vivió	vivirá	viviría	viva	viviera	viva Ud.
	vivimos	vivíamos	vivimos	viviremos	viviríamos	vivamos	viviéramos	vivamos
	vivís	vivíais	vivisteis	viviréis	viviríais	viváis	vivierais	vivid
	viven	vivían	vivieron	vivirán	vivirían	vivan	vivieran	vivan

B. Regular Verbs: Perfect Tenses

INDICATIVE										SUBJUNCTIVE			
PRESENT PERFECT		PAST PERFECT		PRETERITE PERFECT		FUTURE PERFECT		CONDITIONAL PERFECT		PRESENT PERFECT		PAST PERFECT	
he	hablado	había	hablado	hube	hablado	habré	hablado	habría	hablado	haya	hablado	hubiera	hablado
has	comido	habías	comido	hubiste	comido	habrás	comido	habrías	comido	hayas	comido	hubieras	comido
ha	vivido	había	vivido	hubo	vivido	habrá	vivido	habría	vivido	haya	vivido	hubiera	vivido
hemos		habíamos		hubimos		habremos		habríamos		hayamos		hubiéramos	
habéis		habíais		hubisteis		habréis		habríais		hayáis		hubierais	
han		habían		hubieron		habrán		habrían		hayan		hubieran	

C. Irregular Verbs

INFINITIVE PRESENT PARTICIPLE PAST PARTICIPLE	INDICATIVE					SUBJUNCTIVE		IMPERATIVE
	PRESENT	IMPERFECT	PRETERITE	FUTURE	CONDITIONAL	PRESENT	IMPERFECT	
andar andando andado	ando andas anda andamos andáis andan	andaba andabas andaba andábamos andabais andaban	anduve anduviste anduvo anduvimos anduvisteis anduvieron	andaré andarás andará andaremos andaréis andarán	andaría andarías andaría andaríamos andaríais andarían	ande andes ande andemos andéis anden	anduviera anduvieras anduviera anduviéramos anduvierais anduvieran	anda tú, no andes ande Ud. andemos andad anden
caer cayendo caído	caigo caes cae caemos caéis caen	caía caías caía caíamos caíais caían	caí caíste cayó caímos caísteis cayeron	caeré caerás caerá caeremos caeréis caerán	caería caerías caería caeríamos caeríais caerían	caiga caigas caiga caigamos caigáis caigan	cayera cayeras cayera cayéramos cayerais cayeran	cae tú, no caigas caiga Ud. caigamos caed caigan
dar dando dado	doy das da damos dais dan	daba dabas daba dábamos dabais daban	di diste dio dimos disteis dieron	daré darás dará daremos daréis darán	daría darías daría daríamos daríais darían	dé des dé demos deis den	diera dieras diera diéramos dierais dieran	da tú, no des dé Ud. demos dad den
decir diciendo dicho	digo dices dice decimos decís dicen	decía decías decía decíamos decíais decían	dije dijiste dijo dijimos dijisteis dijeron	diré dirás dirá diremos diréis dirán	diría dirías diría diríamos diríais dirían	diga digas diga digamos digáis digan	dijera dijeras dijera dijéramos dijerais dijeran	di tú, no digas diga Ud. digamos decid digan
estar estando estado	estoy estás está estamos estáis están	estaba estabas estaba estábamos estabais estaban	estuve estuviste estuvo estuvimos estuvisteis estuvieron	estaré estarás estará estaremos estaréis estarán	estaría estarías estaría estaríamos estaríais estarían	esté estés esté estemos estéis estén	estuviera estuvieras estuviera estuviéramos estuvierais estuvieran	está tú, no estés esté Ud. estemos estad estén
haber habiendo habido	he has ha hemos habéis han	había habías había habíamos habíais habían	hube hubiste hubo hubimos hubisteis hubieron	habré habrás habrá habremos habréis habrán	habría habrías habría habríamos habríais habrían	haya hayas haya hayamos hayáis hayan	hubiera hubieras hubiera hubiéramos hubierais hubieran	
hacer haciendo hecho	hago haces hace hacemos hacéis hacen	hacía hacías hacía hacíamos hacíais hacían	hice hiciste hizo hicimos hicisteis hicieron	haré harás hará haremos haréis harán	haría harías haría haríamos haríais harían	haga hagas haga hagamos hagáis hagan	hiciera hicieras hiciera hiciéramos hicierais hicieran	haz tú, no hagas haga Ud. hagamos haced hagan

C. Irregular Verbs (continued)

INFINITIVE PRESENT PARTICIPLE PAST PARTICIPLE	INDICATIVE						SUBJUNCTIVE		IMPERATIVE
	PRESENT	IMPERFECT	PRETERITE	FUTURE	CONDITIONAL		PRESENT	IMPERFECT	
ir yendo ido	voy vas va vamos vais van	iba ibas iba íbamos ibais iban	fui fuiste fue fuimos fuisteis fueron	iré irás irá iremos iréis irán	iría irías iría iríamos iríais irían		vaya vayas vaya vayamos vayáis vayan	fuera fueras fuera fuéramos fuerais fueran	ve tú, no vayas vaya Ud. vayamos id vayan
oír oyendo oído	oigo oyes oye oímos oís oyen	oía oías oía oíamos oíais oían	oí oíste oyó oímos oísteis oyeron	oiré oirás oirá oiremos oiréis oirán	oiría oirías oiría oiríamos oiríais oirían		oiga oigas oiga oigamos oigáis oigan	oyera oyeras oyera oyéramos oyerais oyeran	oye tú, no oigas oiga Ud. oigamos oíd oigan
poder pudiendo podido	puedo puedes puede podemos podéis pueden	podía podías podía podíamos podíais podían	pude pudiste pudo pudimos pudisteis pudieron	podré podrás podrá podremos podréis podrán	podría podrías podría podríamos podríais podrían		pueda puedas pueda podamos podáis puedan	pudiera pudieras pudiera pudiéramos pudierais pudieran	
poner poniendo puesto	pongo pones pone ponemos ponéis ponen	ponía ponías ponía poníamos poníais ponían	puse pusiste puso pusimos pusisteis pusieron	pondré pondrás pondrá pondremos pondréis pondrán	pondría pondrías pondría pondríamos pondríais pondrían		ponga pongas ponga pongamos pongáis pongan	pusiera pusieras pusiera pusiéramos pusierais pusieran	pon tú, no pongas ponga Ud. pongamos poned pongan
querer queriendo querido	quiero quieres quiere queremos queréis quieren	quería querías quería queríamos queríais querían	quise quisiste quiso quisimos quisisteis quisieron	querré querrás querrá querremos querréis querrán	querría querrías querría querríamos querríais querrían		quiera quieras quiera queramos queráis quieran	quisiera quisieras quisiera quisiéramos quisierais quisieran	quiere tú, no quieras quiera Ud. queramos quered quieran
saber sabiendo sabido	sé sabes sabe sabemos sabéis saben	sabía sabías sabía sabíamos sabíais sabían	supe supiste supo supimos supisteis supieron	sabré sabrás sabrá sabremos sabréis sabrán	sabría sabrías sabría sabríamos sabríais sabrían		sepa sepas sepa sepamos sepáis sepan	supiera supieras supiera supiéramos supierais supieran	sabe tú, no sepas sepa Ud. sepamos sabed sepan
salir saliendo salido	salgo sales sale salimos salís salen	salía salías salía salíamos salíais salían	salí saliste salió salimos salisteis salieron	saldré saldrás saldrá saldremos saldréis saldrán	saldría saldrías saldría saldríamos saldríais saldrían		salga salgas salga salgamos salgáis salgan	saliera salieras saliera saliéramos salierais salieran	sal tú, no salgas salga Ud. salgamos salid salgan

C. Irregular Verbs (continued)

INFINITIVE / PRESENT PARTICIPLE / PAST PARTICIPLE	INDICATIVE					SUBJUNCTIVE		IMPERATIVE
	PRESENT	IMPERFECT	PRETERITE	FUTURE	CONDITIONAL	PRESENT	IMPERFECT	
ser siendo sido	soy eres es somos sois son	era eras era éramos erais eran	fui fuiste fue fuimos fuisteis fueron	seré serás será seremos seréis serán	sería serías sería seríamos seríais serían	sea seas sea seamos seáis sean	fuera fueras fuera fuéramos fuerais fueran	sé tú, no seas sea Ud. seamos sed sean
tener teniendo tenido	tengo tienes tiene tenemos tenéis tienen	tenía tenías tenía teníamos teníais tenían	tuve tuviste tuvo tuvimos tuvisteis tuvieron	tendré tendrás tendrá tendremos tendréis tendrán	tendría tendrías tendría tendríamos tendríais tendrían	tenga tengas tenga tengamos tengáis tengan	tuviera tuvieras tuviera tuviéramos tuvierais tuvieran	ten tú, no tengas tenga Ud. tengamos tened tengan
traer trayendo traído	traigo traes trae traemos traéis traen	traía traías traía traíamos traíais traían	traje trajiste trajo trajimos trajisteis trajeron	traeré traerás traerá traeremos traeréis traerán	traería traerías traería traeríamos traeríais traerían	traiga traigas traiga traigamos traigáis traigan	trajera trajeras trajera trajéramos trajerais trajeran	trae tú, no traigas traiga Ud. traigamos traed traigan
venir viniendo venido	vengo vienes viene venimos venís vienen	venía venías venía veníamos veníais venían	vine viniste vino vinimos vinisteis vinieron	vendré vendrás vendrá vendremos vendréis vendrán	vendría vendrías vendría vendríamos vendríais vendrían	venga vengas venga vengamos vengáis vengan	viniera vinieras viniera viniéramos vinierais vinieran	ven tú, no vengas venga Ud. vengamos venid vengan
ver viendo visto	veo ves ve vemos veis ven	veía veías veía veíamos veíais veían	vi viste vio vimos visteis vieron	veré verás verá veremos veréis verán	vería verías vería veríamos veríais verían	vea veas vea veamos veáis vean	viera vieras viera viéramos vierais vieran	ve tú, no veas vea Ud. veamos ved vean

D. Stem-Changing and Spelling Change Verbs

INFINITIVE PRESENT PARTICIPLE PAST PARTICIPLE	INDICATIVE					SUBJUNCTIVE		IMPERATIVE
	PRESENT	IMPERFECT	PRETERITE	FUTURE	CONDITIONAL	PRESENT	IMPERFECT	
pensar (ie) pensando pensado	pienso piensas piensa pensamos pensáis piensan	pensaba pensabas pensaba pensábamos pensabais pensaban	pensé pensaste pensó pensamos pensasteis pensaron	pensaré pensarás pensará pensaremos pensaréis pensarán	pensaría pensarías pensaría pensaríamos pensaríais pensarían	piense pienses piense pensemos penséis piensen	pensara pensaras pensara pensáramos pensarais pensaran	piensa tú, no pienses piense Ud. pensemos pensad piensen
volver (ue) volviendo vuelto	vuelvo vuelves vuelve volvemos volvéis vuelven	volvía volvías volvía volvíamos volvíais volvían	volví volviste volvió volvimos volvisteis volvieron	volveré volverás volverá volveremos volveréis volverán	volvería volverías volvería volveríamos volveríais volverían	vuelva vuelvas vuelva volvamos volváis vuelvan	volviera volvieras volviera volviéramos volvierais volvieran	vuelve tú, no vuelvas vuelva Ud. volvamos volved vuelvan
dormir (ue, u) durmiendo dormido	duermo duermes duerme dormimos dormís duermen	dormía dormías dormía dormíamos dormíais dormían	dormí dormiste durmió dormimos dormisteis durmieron	dormiré dormirás dormirá dormiremos dormiréis dormirán	dormiría dormirías dormiría dormiríamos dormiríais dormirían	duerma duermas duerma durmamos durmáis duerman	durmiera durmieras durmiera durmiéramos durmierais durmieran	duerme tú, no duermas duerma Ud. durmamos dormid duerman
sentir (ie, i) sintiendo sentido	siento sientes siente sentimos sentís sienten	sentía sentías sentía sentíamos sentíais sentían	sentí sentiste sintió sentimos sentisteis sintieron	sentiré sentirás sentirá sentiremos sentiréis sentirán	sentiría sentirías sentiría sentiríamos sentiríais sentirían	sienta sientas sienta sintamos sintáis sientan	sintiera sintieras sintiera sintiéramos sintierais sintieran	siente tú, no sientas sienta Ud. sintamos sentid sientan
pedir (i, i) pidiendo pedido	pido pides pide pedimos pedís piden	pedía pedías pedía pedíamos pedíais pedían	pedí pediste pidió pedimos pedisteis pidieron	pediré pedirás pedirá pediremos pediréis pedirán	pediría pedirías pediría pediríamos pediríais pedirían	pida pidas pida pidamos pidáis pidan	pidiera pidieras pidiera pidiéramos pidierais pidieran	pide tú, no pidas pida Ud. pidamos pedid pidan
reír (i, i) riendo reído	río ríes ríe reímos reís ríen	reía reías reía reíamos reíais reían	reí reíste rió reímos reísteis rieron	reiré reirás reirá reiremos reiréis reirán	reiría reirías reiría reiriamos reiríais reirían	ría rías ría riamos riáis rían	riera rieras riera riéramos rierais rieran	ríe tú, no rías ría Ud. riamos reíd rían

D. Stem-Changing and Spelling Change Verbs (continued)

INFINITIVE PRESENT PARTICIPLE PAST PARTICIPLE	INDICATIVE					SUBJUNCTIVE		IMPERATIVE
	PRESENT	IMPERFECT	PRETERITE	FUTURE	CONDITIONAL	PRESENT	IMPERFECT	
seguir (i, i) (g) siguiendo seguido	sigo sigues sigue seguimos seguís siguen	seguía seguías seguía seguíamos seguíais seguían	seguí seguiste siguió seguimos seguisteis siguieron	seguiré seguirás seguirá seguiremos seguiréis seguirán	seguiría seguirías seguiría seguiríamos seguiríais seguirían	siga sigas siga sigamos sigáis sigan	siguiera siguieras siguiera siguiéramos siguierais siguieran	sigue tú, no sigas siga Ud. sigamos seguid sigan
construir (y) construyendo construido	construyo construyes construye construimos construís construyen	construía construías construía construíamos construíais construían	construí construiste construyó construimos construisteis construyeron	construiré construirás construirá construiremos construiréis construirán	construiría construirías construiría construiríamos construiríais construirían	construya construyas construya construyamos construyáis construyan	construyera construyeras construyera construyéramos construyerais construyeran	construye tú, no construyas construya Ud. construyamos construid construyan
producir (zc) produciendo producido	produzco produces produce producimos producís producen	producía producías producía producíamos producíais producían	produje produjiste produjo produjimos produjisteis produjeron	produciré producirás producirá produciremos produciréis producirán	produciría producirías produciría produciríamos produciríais producirían	produzca produzcas produzca produzcamos produzcáis produzcan	produjera produjeras produjera produjéramos produjerais produjeran	produce tú, no produzcas produzca Ud. produzcamos producid produzcan

APPENDIX TWO

GRAMMAR SUMMARY TABLES

I. Personal Pronouns

SUBJECT	OBJECT OF PREPOSITION	REFLEXIVE	INDIRECT OBJECT	DIRECT OBJECT
yo	mí	me	me	me
tú	ti	te	te	te
usted	usted	se	le	lo/la
él	él	se	le	lo
ella	ella	se	le	la
nosotros/as	nosotros/as	nos	nos	nos
vosotros/as	vosotros/as	os	os	os
ustedes	ustedes	se	les	los/las
ellos	ellos	se	les	los
ellas	ellas	se	les	las

II. Possessive Adjectives and Pronouns

ADJECTIVES		PRONOUNS	
my	mi, mis	mine	mío/a, míos/as
your (inf. sing.)	tu, tus	yours	tuyo/a, tuyos/as
your (pol. sing.)	su, sus	yours	suyo/a, suyos/as
his	su, sus	his	suyo/a, suyos/as
her	su, sus	hers	suyo/a, suyos/as
our	nuestro/a, nuestros/as	ours	nuestro/a, nuestros/as
your (inf. pl.)	vuestro/a, vuestros/as	yours	vuestro/a, vuestros/as
your (pol. pl.)	su, sus	yours	suyo/a, suyos/as
their	su, sus	theirs	suyo/a, suyos/as

III. Demonstrative Adjectives and Pronouns

MASCULINE AND FEMININE	ADJECTIVES AND PRONOUNS	NEUTER PRONOUNS
this, these	este/esta, estos/estas	esto
that, those *(not close to speaker)*	ese/esa, esos/esas	eso
that, those *(farther from speaker)*	aquel/aquella, aquellos/aquellas	aquello

IV. *Por / para*

POR		PARA	
Substitution for	Trabajo por Juan.	*Recipient*	Este regalo es para ti.
In exchange for/paying	por treinta pesos	*Employer*	Mi novio trabaja para la compañía de su padre.
Movement by, through or along a place	por el parque	*Destination*	para Madrid
Length of time (may be omitted)	por doce horas	*Telling time*	Faltan diez para las once.
General time or area	por la noche	*Deadline*	para el viernes
Transportation	por avión	*Purpose*	Un lápiz es para escribir.

V. Past (Preterite) and Imperfect

PAST		IMPERFECT	
completed event	comí	*event in progress*	comía
completed state	estuve	*ongoing state*	estaba
completed series	bailé, canté	*"used to"*	bailaba, cantaba

VI. Indicative and Subjunctive

NOUN CLAUSES			
INDICATIVE		**SUBJUNCTIVE**	
assertion	es verdad que	*possibility*	es posible que
belief	creer que	*doubt*	dudar que
knowledge	saber que	*subjective reaction*	estar contento/a de que
		volition	querer que

ADJECTIVE CLAUSES	
INDICATIVE	**SUBJUNCTIVE**
known antecedent	*unknown antecedent*
Tengo un amigo que sabe…	Busco un amigo que sepa…
existent antecedent	*nonexistent antecedent*
Hay una persona que sabe…	No hay nadie que sepa…

ADVERBIAL CLAUSES: TIME	
INDICATIVE	**SUBJUNCTIVE**
cuando hasta que tan pronto como en cuanto después de que } + *habitual action*	cuando hasta que tan pronto como en cuanto después de que } + *future action*
Siempre cuando trabaja…	Mañana cuando trabaje…

APPENDIX THREE

SYLLABICATION

1. The basic rule of Spanish syllabication is to make each syllable end in a vowel whenever possible.

2. When attempting to divide a word into syllables, it is easier to look for the consonants and do the following:

   a. If the consonants in a word occur singly, each consonant should go with the following vowel: **c**a-**s**a, **d**i-**g**a, ca-**m**i-**n**a

   b. If there are two consecutive consonants, one will go with the preceding vowel and one with the following: (a**l**-**c**o-hol) ca**n**-**t**an-**t**e, e**s**-**c**ue-la, a**c**-**c**ión, i**n**-**n**o-va-ción

   c. If there are three consecutive or more consonants, the first two will remain with the preceding vowel and the third (etc.) will go with the following vowel: o**bs**-**tr**uc-ción, co**ns**-**c**ien-te

   d. The letter **h** always goes with the following vowel: al-co-**h**ol, pro-**h**í-be

   e. The following consonant combinations are never divided: **br**-, **dr**-, **rr**-, **tr**-, **bl**-, **ll**-: a-**br**an, la-**dr**ón, bo-**rr**a-dor, con-**tr**a, ha-**bl**ar, man-te-qui-**ll**a

3. Diphthongs (vowel combinations: two weak ones or a weak one and a strong one) are not divided, unless the weak vowel has an orthographic accent. Weak vowels: **i, u**; strong vowels: **a, e, o**: c**iu**-dad, s**ie**-te, s**ei**s, cin-c**ue**n-ta. But: re-**ú**-no, d**í**-a

STRESS

How you pronounce a specific Spanish word is determined by two basic rules of stress. Written accents to indicate stress are needed only when those rules are violated. Here are the two rules of stress.

1. For words ending in a vowel, **n**, or **s**, the natural stress falls on the next-to-last syllable. The letter **y** is not considered a vowel for stress purposes.

   Es-**te**-ban   **blan**-co   es-**cu**-chen   **ro**-ja   es-**tu**-die

2. For words ending in *any other letter*, the natural stress falls on the last syllable.

   pa-**pel**   ciu-**dad**   es-cri-**bir**   re-**loj**   es-**toy**

   When these stress rules are violated by the word's accepted pronunciation, stress must be indicated with a written accent.

   in-**glés**   e-**léc**-tri-co   es-tu-**dié**   lla-ma-**rán**   sim-**pá**-ti-co
   ár-bol   **Ló**-pez   a-**zú**-car   **hués**-ped   a-**quí**

   Note that words that are stressed on any syllable other than the last or next-to-last will always show a written accent. Particularly frequent words in this category include adjectives and adverbs ending in **-ísimo** and verb forms with pronouns attached.

   gua-**pí**-si-mo   es-pe-**rán**-do-te   **pí**-de-se-las   de-**vuél**-van-se-la

Written accents to show violations of stress rules are particularly important when diphthongs are involved. A diphthong is a combination of a weak (**i, u**) vowel and a strong (**a, e, o**) vowel (in either order), or of two weak vowels together. The two vowels are pronounced as a single sound, with one of the vowels being given slightly more emphasis than the other. In all diphthongs the strong vowel or the second of the two weak vowels receives this slightly greater stress.

    *a*i: b*a*ilar   i*a*: arteri*a*   u*e*: vu*e*lve   i*o*: vi*o*lento   u*i*: cu*i*dado

When the stress in a vowel combination does not follow this rule, no diphthong exists. Instead, two separate sounds are heard, and a written accent appears over the weak vowel or the first of two weak vowels.

    a-í: país   ú-e: continúe   í-o: frío   í-a: tía   e-ú: reúnen   o-í: oído

SE OF WRITTEN ACCENT AS A DIACRITIC

The written accent is also used to distinguish two words with similar spelling and pronunciation but different meaning.

Nine common word pairs are identical in spelling and pronunciation; the accent mark is the only distinction between them.

dé	*give*	**de**	*of*	**sí**	*yes*	**si**	*if*
él	*he*	**el**	*the*	**sólo**	*only*	**solo**	*alone*
más	*more*	**mas**	*but*	**té**	*tea*	**te**	*you*
mí	*me*	**mi**	*my*	**tú**	*you*	**tu**	*your*
sé	*I know*	**se**	*(reflexive pronoun)*				

Diacritic accents are used to distinguish demonstrative adjectives from demonstrative pronouns. Although this distinction is disappearing in many parts of the Spanish-speaking world, you may find it in ***Dos mundos*** and in many other books.

aquellos países	*those countries*	**aquéllos**	*those ones*
esa persona	*that person*	**ésa**	*that one*
este libro	*this book*	**éste**	*this one*

Diacritic accents are placed over relative pronouns or adverbs that are used interrogatively or in exclamations.

cómo	*how*	**como**	*as, since*
dónde	*where*	**donde**	*where*
por qué	*why*	**porque**	*because*
qué	*what*	**que**	*that*
quién	*who (interrogative pronoun)*	**quien**	*who (relative pronoun)*
cuándo	*when (interrogative pronoun)*	**cuando**	*when (relative pronoun)*

    —¿**Cómo** se llama?   *What's his name?*
    —No sé **cómo** se llama.   *I don't know what his name is.*

    Como es niño, tiene que acostarse temprano.
    Since he's a child, he must go to bed early.

 PELLING CHANGES

In general, Spanish has a far more phonetic system than many other modern languages. Most Spanish sounds correspond to just one written symbol. Those that can be written in more than one way are of two main types: those for which the sound/letter correspondence is largely arbitrary and those for which the sound/letter correspondence is determined by spelling rules.

A. In the case of arbitrary sound/letter correspondences, writing the sound correctly is mainly a matter of memorization. The following are some of the more common arbitrary, or *nonpatterned,* sound/letter correspondences in Spanish.

SOUND	SPELLING	EXAMPLES
/b/ + *vowel*	b, v	barco, ventana
/y/	y, ll, i + *vowel*	haya, amarillo, hielo
/s/	s, z, c	salario, zapato, cielo, hace
/x/ + e, i	g, j	general, jefe
		gitano, jinete

Note that, although spelling of the sounds /y/ and /s/ is largely arbitrary, two patterns occur with great frequency.

1. /y/ Whenever an unstressed **i** occurs between vowels, the **i** changes to **y.**

leió → leyó   creiendo → creyendo   caieron → cayeron

2. /s/ The sequences **ze** and **zi** are rare in Spanish. Whenever a **ze** or **zi** combination would occur in the plural of a noun ending in **z** or in a conjugated verb (for example, an **-e** ending on a verb stem that ends in **z**), the **z** changes to **c.**

luz → luces   voz → voces   empez + é → empecé   taza → tacita

B. There are three major sets of patterned sound/letters sequences.

SOUND	SPELLING	EXAMPLES
/g/	g, gu	gato, pague
/k/	c, qu	toca, toque
/gʷ/	gu, gü	agua, pingüino

1. /g/ Before the vowel sounds /a/, /o/, and /u/, and before all consonant sounds, the sound /g/ is spelled with the letter **g.**

gato   gordo   gusto   gratis   Gloria   llego

Before the sounds /e/ and /i/, the sound /g/ is spelled with the letters **gu.**

guerra   guitarra   llegué

2. /k/ Before the vowel sounds /a/, /o/, and /u/, and before all consonant sounds, the sound /k/ is spelled with the letter **c.**

casa   cosa   curioso   creer   club   lección   toco

Before the sounds /e/ and /i/, the sound /k/ is spelled with the letters **qu.**

queso   química   toqué

3. /g^w/ Before the vowel sounds /a/ and /o/, the sound /g^w/ is spelled with the letters **gu.**

guante   anti**gu**o

Before the vowel sounds /e/ and /i/, the sound /g^w/ is spelled with the letters **gü.**

bilin**gü**e   pin**gü**ino

These spelling rules are particularly important in conjugating, because a specific consonant sound in the infinitive must be maintained throughout the conjugation, despite changes in the stem vowels. It will help if you keep in mind the patterns of sound/letter correspondence, rather than attempt to conserve the spelling of the infinitive.

/ga/	= **ga**	lle**ga**r	/ge/	= **gue**	lle**gue** (*present subjunctive*)
/ga/	= **ga**	lle**ga**r	/ge/	= **gué**	lle**gué** (*preterite*)
/gi/	= **gui**	se**gui**r	/go/	= **go**	si**go** (*present indicative*)
/gi/	= **gui**	se**gui**r	/ga/	= **ga**	si**ga** (*present subjunctive*)
/xe/	= **ge**	reco**ge**r	/xo/	= **jo**	reco**jo** (*present indicative*)
/xe/	= **ge**	reco**ge**r	/xa/	= **ja**	reco**ja** (*present subjunctive*)
/g^{w}a/	= **gua**	averi**gua**r	/g^{w}e/	= **güe**	averi**güe** (*present subjunctive*)
/ka/	= **ka**	sa**ca**r	/ke/	= **qué**	sa**qué** (*preterite*)

APPENDIX FOUR

ANSWER KEY FOR GRAMÁTICA Y EJERCICIOS

PASO B

Ej. 1: 1. b 2. b 3. a 4. a 5. b **Ej. 2:** 1. d 2. a 3. e 4. b 5. c **Ej. 3:** 1. No, no es una pizarra. Es una pared. 2. No, no es una oficina. Es un salón de clase. 3. No, no es una silla. Es un escritorio. 4. No, no es un borrador. Es un cuaderno. 5. No, no es una ventana. Es una silla. **Ej. 4:** 1. La 2. El 3. La 4. El 5. El 6. La 7. La 8. El 9. La 10. El **Ej. 5:** 1. Sí, hay libros en la mesa. 2. Sí, hay un reloj en la pared. 3. Sí, hay una profesora. 4. No, no hay un automóvil. 5. No, no hay un profesor. 6. Sí, hay papeles en los pupitres. 7. Sí, hay un bolígrafo en el pupitre de Alberto. 8. Sí, hay muchos cuadernos. 9. No, no hay una bicicleta. 10. Sí, hay una ventana. **Ej. 6:** 1. pares de zapatos. 2. perros nuevos. 3. chaquetas rojas. 4. lápices amarillos. 5. amigas norteamericanas. **Ej. 7:** 1. cuadernos pequeños. 2. gatos negros. 3. fotografías bonitas. 4. relojes bonitos. 5. libros difíciles. 6. amigos divertidos. **Ej. 8:** 1. d, i, k, n 2. b, e, i 3. g, h 4. a, k, n 5. b, e, i, m 6. h, l 7. b, e, i, o

PASO C

Ej. 1: 1. tiene 2. tenemos 3. tienes 4. Tengo 5. tienen **Ej. 2:** 1. El carro es de la profesora Martínez. 2. La camisa es de Luis. 3. El perro es de Nora. 4. Los lentes son de Esteban. 5. El saco es de Alberto. 6. La bicicleta es de Carmen. **Ej. 3:** (Match the possessive pronouns to the subject of the sentence.) 1. su 2. sus 3. tu 4. mis 5. nuestros 6. sus; Nuestras 7. su 8. su 9. tus 10. mi **Ej. 4:** 1. tu; mi 2. tus; mis 3. Su 4. sus; nuestros **Ej. 5:** 1. Adriana Bolini tiene 35 años. 2. Carla Espinosa tiene 22 años. 3. Rubén Hernández Arenas tiene 38 años. 4. Susana Yamasaki González tiene 33 años. 5. Doña María Eulalia González de Saucedo tiene 79 años. 6. Yo tengo (¿ ?) años. **Ej. 6:** 1. Don Eduardo tiene "X" años. 2. Estela tiene "X" años. 3. Ernestito tiene "X" años.

4. Amanda tiene "X" años. 5. Doña Lola tiene "X" años. **Ej. 7:** 1. Es española. 2. Son japoneses. 3. Es alemán. 4. Son francesas. 5. Son italianas. 6. Es china. 7. Es inglés. **Ej. 8:** 1. hablan 2. habla 3. hablan 4. hablas 5. hablo; hablo **Ej. 9:** 1. habla; español 2. hablan español 3. hablan chino 4. Hablan inglés 5. Hablan hebreo 6. hablas ruso

CAPÍTULO 1

Ej. 1: 1. mil ochocientos setenta y seis 2. mil quinientos ochenta y ocho 3. mil setecientos setenta y cinco 4. mil novecientos noventa y uno 5. dos mil 6. mil novecientos cuarenta y cinco 7. mil once 8. mil novecientos veinte y nueve (veintinueve) 9. mil seiscientos quince 10. dos mil veinte y cinco (veinticinco) **Ej. 2:** 1. a 2. b 3. a 4. a 5. a 6. a 7. a 8. a 9. b 10. b **Ej. 3:** 1. leen 2. Lees 3. lee 4. Leo 5. lee **Ej. 4:** 1. vive 2. vivimos 3. viven 4. Vivís 5. Vivo 6. Viven **Ej. 5:** 1. ¿Dónde vive Rubén Hernández? 2. ¿Qué idioma habla Susana? 3. ¿Cómo se llama usted? 4. ¿Cuántos hijos tienen Ernesto y Estela? 5. ¿Qué eres tú? **Ej. 6:** 1. ¿Cuál es tu número de teléfono? 2. ¿Habla italiano? 3. ¿Cuándo es tu cumpleaños? 4. ¿Son sus hijas? 5. ¿Dónde viven ustedes? **Ej. 7:** 1. Son las cuatro y veinte. 2. Son las seis y cuarto. 3. Son las ocho y trece. 4. Es la una y diez. 5. Son las siete y siete. 6. Son las cinco y media. 7. Son las tres. 8. Son las dos menos once. 9. Son las doce y media. 10. Son las cinco y cuarto. **Ej. 8:** 1. La clase de español es a las once. 2. El baile es a las nueve y media. 3. La conferencia es a las diez. 4. La clase de álgebra es a la una. 5. La fiesta del Club Internacional es a las siete y media. **Ej. 9:** 1. te; me 2. te; me 3. les; nos **Ej. 10:** 1. le; comer 2. le; cocinar 3. les; hablar por teléfono 4. le; leer 5. le; correr 6. me; ¿ ?

CAPÍTULO 2

Ej. 1: 1. vas; Voy 2. van; va; va 3. va; va; vamos 4. vas; Voy 5. vas; Voy **Ej. 2:** 1. Ernesto 2. Estela 3. No, Guillermo es la cuarta. 4. No,

Amanda es la quinta. 5. Sí. 6. Ramón 7. No, es la séptima. 8. Ernesto 9. doña Lola 10. No, don Anselmo es el cuarto hombre. **Ej. 3:** 1. quiero; prefiere 2. quiere; prefiere 3. quiere; prefiero 4. quiere; prefieren 5. quiere; prefiere 6. quiere; prefiero 7. quiere; prefiere 8. quiere; prefiero 9. quieren; prefiero 10. quieren; prefiere **Ej. 4:** 1. Quiere jugar al béisbol. 2. Prefiere ver un partido de fútbol en la televisión. 3. Quieren ir de compras. 4. Preferimos estudiar. 5. Prefieren levantar pesas. 6. Quiere viajar. **Ej. 5:** 1. Lan va a estudiar pero prefiere charlar con sus amigas. 2. Carmen va a levantar pesas pero prefiere hablar por teléfono. 3. Esteban va a escribir una composición pero quiere tomar el sol en la playa. 4. Alberto va a montar a caballo pero prefiere andar en motocicleta. 5. Pablo va a hablar con la profesora pero prefiere hablar con su amiga. 6. Mi compañera va a hacer la tarea pero quiere ¿ ? 7. Yo voy a escuchar las «Actividades de comprensión» pero prefiero ¿ ? **Ej. 6:** 1. (c) ¡Vamos a preparar chocolate caliente! 2. (d) ¡Vamos a nadar en la piscina! 3. (a) ¡Vamos a hacer la compra! 4. (e) ¡Vamos a descansar en el parque. 5. (b) ¡Vamos a estudiar esta noche! **Ej. 7:** 1. Hace sol. 2. Llueve. 3. Hace frío. 4. Hace mal tiempo. 5. Hace calor. 6. Nieva. **Ej. 8:** 1. posible 2. posible 3. imposible 4. imposible 5. imposible

CAPÍTULO 3

Ej. 1: 1. estoy 2. están 3. estás 4. estamos 5. está 6. estamos 7. estás 8. está 9. están 10. estamos **Ej. 2:** 1. vamos a la 2. van al 3. Vamos al 4. va a la 5. Voy a la 6. voy a la 7. van al 8. va a la 9. Vamos a la 10. Voy al **Ej. 3:** 1. b 2. d 3. f 4. c 5. a 6. e **Ej. 4:** 1. escribimos 2. lleva 3. limpiamos 4. desayunan 5. lee 6. comen 7. anda 8. Hablo 9. asisten 10. escuchamos **Ej. 5:** 1. Papá, ¿tomas mucho café en el trabajo? 2. Diego, ¿juegan tus amigos y tú al béisbol? 3. Graciela y Diego, ¿tienen ustedes una computadora? 4. Raúl, ¿haces ejercicio en un gimnasio? 5. Pedro Ruiz,

¿trabaja usted por la noche? 6. Don Eduardo, ¿prepara usted café por la mañana? 7. Mamá, ¿cocinas por la mañana o por la tarde? 8. Clarisa, ¿ves la televisión por la noche? 9. Doña Rosita, ¿asiste usted a misa los domingos? 10. Doña Lola, ¿lava usted su ropa en casa o en una lavandería? **Ej. 6:** 1. sale; Salgo 2. juegas; juego 3. hace; hago 4. juegan; jugamos **Ej. 7:** 1. Los Saucedo son de México pero ahora están en Italia. 2. Mayín es de Panamá pero ahora está en Los Ángeles. 3. Rogelio y Carla son de Puerto Rico pero ahora están en Nueva York. 4. Pilar es de España pero ahora está en Guatemala. 5. Ricardo es de Venezuela pero ahora está en España. **Ej. 8:** 1. Está leyendo. 2. Están pescando. 3. Está corriendo. 4. Está cocinando (preparando) la cena. 5. Están viendo (mirando) la televisión. 6. Está fumando. **Ej. 9:** 1. durmiendo 2. jugando 3. leyendo 4. lavando 5. tocando

CAPÍTULO 4

Ej. 1: 1. Duermen; dormimos 2. Almuerzan; almorzamos 3. Vuelven; volvemos 4. Juegan; jugamos 5. Juegan; jugamos 6. Pierden; juegan; perdemos; jugamos 7. Prefieren; preferimos 8. Empiezan; empezamos **Ej. 2:** 1. Traigo 2. pongo 3. digo 4. oigo 5. salgo 6. vengo 7. tengo 8. Hago **Ej. 3:** 1. d 2. b 3. f 4. e 5. c 6. g 7. a **Ej. 4:** 1. No, me baño a las ??:00. 2. No, me lavo el pelo con champú. 3. No, me afeito en el baño. 4. No, me levanto tarde los domingos. 5. No, me quito la ropa en mi recámara (dormitorio). 6. No, me peino en el baño. 7. No, me maquillo en casa. 8. No, me ducho por la mañana. **Ej. 5:** 1. c 2. e 3. d 4. a 5. b **Ej. 6:** 1. e (c) 2. c (a) 3. a (e) 4. b 5. d (e) **Ej. 7:** 1. Antes de preparar la comida, Estela hace la compra. (Después de hacer la compra, Estela hace la comida.) 2. Después de limpiar la casa, Pedro y Andrea invitan a unos amigos. (Antes de invitar a unos amigos, Pedro y Andrea limpian la casa.) 3. Antes/Después de dormir una siesta, Guillermo va al videocentro. (Antes/Después de ir

al videocentro, Guillermo duerme una siesta.) 4. Después de correr, te bañas. (Antes de bañarte, corres.) 5. Antes de salir a bailar, nos ponemos la ropa. (Después de ponernos la ropa, salimos a bailar.) **Ej. 8:** 1. c 2. a 3. d 4. f 5. e 6. b **Ej. 9:** 1. ¿Están tristes Clarisa y Marisa? 2. ¿Está enojado (irritado) Ernesto? 3. ¿Están enamorados (contentos) Amanda y Ramón? 4. ¿Está ocupado Guillermo? 5. ¿Están contentos (alegres) Nacho y Silvia? **Ej. 10:** 1. tiene hambre 2. tienes frío 3. Tenemos calor 4. Tengo sueño 5. tengo prisa 6. tienen sed 7. tengo miedo 8. Tengo sed **Ej. 11:** 1. e 2. c, d 3. f 4. a 5. b

CAPÍTULO 5

Ej. 1: 1. Les 2. les 3. le 4. nos 5. me; te 6. les 7. Le; nos 8. me; te **Ej. 2:** Frame 1: me Frame 2: le Frame 3: le; me Frame 4: te Frame 5: le; nos Frame 6: nos; les **Ej. 3:** 1. sé 2. sabe 3. saben 4. Sabes 5. sabemos **Ej. 4:** 1. Puedes 2. Pueden 3. puede 4. pueden 5. Podemos **Ej. 5:** 1. Esta 2. Estos 3. Estos 4. Estas 5. Este **Ej. 6:** 1. Esas 2. Ese 3. Esa 4. Esos 5. Esos **Ej. 7:** 1. esa 2. este 3. esos 4. este 5. estas **Ej. 8:** 1. Estos 2. Aquellos 3. Esos 4. Esos 5. Aquellas 6. Estas **Ej. 9:** 1. tiene que 2. tienen que 3. tengo que 4. tenemos que 5. tienes que **Ej. 10:** 1. debe 2. debo 3. debes 4. deben 5. debemos **Ej. 11:** 1. quisiera 2. quisiéramos 3. quisieran 4. quisieras 5. quisiera **Ej. 12:** 1. le 2. les 3. le 4. me 5. nos **Ej. 13:** 1. piensa 2. piensas 3. pensamos 4. piensan 5. pienso

CAPÍTULO 6

Ej. 1: 1. El sillón pesa más que la mesa. (La mesa pesa menos que el sillón.) 2. En mi casa viven más personas que en la casa de los vecinos. (En la casa de los vecinos viven menos personas que en mi casa.) 3. La casa de los López tiene más dormitorios que la casa de los vecinos. (La casa de los vecinos tiene menos dormitorios que la casa de los López.) 4. En el patio de mis abuelos hay menos árboles que en nuestro patio. (En nues-

tro patio hay más árboles que en el patio de mis abuelos.) 5. En la casa de los Ruiz hay menos dormitorios que en la casa de los Saucedo. (En la casa de los Saucedo hay más dormitorios que en la casa de los Ruiz.) **Ej. 2:** (Answers may vary.) 1. Vivir en el desierto es peor que vivir en el centro de la ciudad. 2. Vivir en una casa es mejor que vivir en un apartamento. 3. El refrigerador es el más útil de todos. 4. Armando es mayor que Irma. 5. Mi hijo es menor que tu hija. 6. El Rolls Royce es el más caro de todos. **Ej. 3:** (Answers may vary.) 1. La piscina de los Lugo es tan bonita como la piscina de los Montes. 2. El edificio de la avenida Oriente no es tan alto como el edificio nuevo de la avenida del Libertador. 3. La lavandería vieja de la avenida Almendros no es tan limpia como la lavandería nueva de la calle Ebro. 4. Los condominios «San Juan» no son tan modernos como los condominios «Princesa». **Ej. 4:** 1. La sala de su casa no tiene tantas lámparas como la sala de nuestra casa. 2. La casa de los Ruiz no tiene tantos cuartos como la casa de los Saucedo. 3. La casa de al lado tiene tantos baños como la casa de mis padres. 4. El patio de don Anselmo no tiene tantas flores y plantas como el patio de doña Lola. **Ej. 5:** 1. Sí, (No, no) compré un disco compacto. 2. Sí, (No, no) comí en un restaurante. 3. Sí, (No, no) hablé por teléfono. 4. Sí, (No, no) escribí una carta. 5. Sí, (No, no) estudié por cuatro horas. 6. Sí, (No, no) abrí la ventana. 7. Sí, (No, no) visité a un amigo / una amiga. 8. Sí, (No, no) corrí por la mañana. 9. Sí, (No, no) tomé un refresco. 10. Sí, (No, no) lavé los platos. **Ej. 6:** 1. Mi madre no charló con el presidente la semana pasada. 2. El presidente de México no comió tacos en la calle ayer. 3. La profesora de español no salió con Antonio Banderas anoche. 4. No jugué al tenis con Arantxa Sánchez Vicario ayer a medianoche. 5. Fidel Castro no visitó los Estados Unidos el mes pasado. **Ej. 7:** 1. ¿Conoce usted 2. ¿Conoce usted 3.

¿Sabe usted 4. ¿Sabe usted 5. ¿Conoce usted 6. ¿Conoce usted 7. ¿Sabe usted 8. ¿Sabe usted 9. ¿Sabe usted 10. ¿Conoce usted **Ej. 8:** 1. los 2. la 3. lo 4. los 5. lo 6. lo 7. la 8. los 9. lo 10. la

CAPÍTULO 7

Ej. 1: (1) Se levantó a las 7:00. (2) Se bañó. (3) Se preparó un desayuno pequeño. (4) Comió cereal con leche y fruta. (5) Leyó el periódico. (6) Manejó el coche al trabajo. (7) Llegó al trabajo a las 8:30. (8) Almorzó con una colega de su trabajo. (9) Comió una hamburguesa. **Ej. 2:** 1. llegaste 2. Llegué 3. llegamos 4. llegó 5. Leíste 6. leí 7. leyeron 8. leyó 9. leímos **Ej. 3:** a. 7 b. 5 c. 2 d. 1 e. 3 f. 6 g. 4 **Ej. 4:** 1. dio 2. Vinieron 3. traje 4. dijeron 5. vio 6. puso 7. hizo 8. fueron **Ej. 5:** 1. fue; sus; Llegaron; descansó; Bucearon; vieron; hicieron; cocinaron; tocó; cantaron; bailaron 2. fue; su; Llegaron; entró; vio; estudió; saludó; salieron; Bailó; tomó; Regresó **Ej. 6:** (1) Generalmente Pilar asiste a clase, pero ayer durmió toda la tarde y mañana va a visitar a una amiga. (2) Generalmente Andrea y Pedro almuerzan con sus hijas, pero ayer estuvieron en el D.F. todo el día y mañana van a ir de compras. (3) Generalmente Adriana juega al tenis por la tarde, después de salir del trabajo, pero ayer tradujo un documento del italiano al español y mañana va a aprender un nuevo programa de informática. (4) Generalmente doña Lola se queda en casa, pero ayer tomó café con sus amigas y mañana va a cocinar toda la tarde. (5) Generalmente Carla y Rogelio estudian en la biblioteca, pero ayer fueron a la playa y mañana van a lavar el carro. **Ej. 7:** 1. dormiste 2. Dormí 3. duermes 4. duermo 5. sientes 6. siento 7. sentiste 8. sentí 9. divertiste 10. divertí 11. divirtió 12. divirtió 13. mentiste 14. mentí 15. mintió **Ej. 8:** 1. me 2. dijiste 3. Te 4. dije 5. me 6. dijo 7. me 8. dijo 9. le 10. dijiste 11. le 12 dijiste 13. le 14. dije 15. le 16. dije **Ej. 9:** (Answers may vary.) 1. Pero, Es-

tela, limpié el baño hace dos días. (Pero, Estela, lo limpié hace dos días.) 2. Pero, Estela, barrí el patio hace tres horas. (Pero, Estela, lo barrí hace tres horas.) 3. Pero, Estela, pasé la aspiradora hace una hora. (Pero, Estela, la pasé hace una hora.) 4. Pero, Estela, bañé al perro hace tres días. (Pero, Estela, lo bañé hace tres días,) 5. Pero, Estela, te llevé a un restaurante elegante hace una semana. **Ej. 10:** (Answers are for 2002; they will vary depending on the year the book is used.) 1. Alejandro G. Bell inventó el teléfono hace ciento veintiséis años. 2. Gustave Eiffel construyó la Torre Eiffel hace ciento trece años. 3. Pancho Villa murió hace setenta y cinco años. 4. Colón llegó a América hace quinientos diez años. 5. Francisco Franco murió hace veintisiete años. 6. Alemania se unificó hace doce años. 7. Los países de la antigua Unión Soviética se independizaron hace once años.

CAPÍTULO 8

Ej. 1: 1. Lo preparé ayer. 2. La puse en el congelador. 3. Las compré en el supermercado. 4. Lo traje hace diez minutos. 5. La puse en la mesa. 6. Las preparé hace dos minutos. 7. Los puse en el gabinete. 8. Lo compré en la panadería. 9. Las hice cuando me levanté. 10. Los traje esta mañana. **Ej. 2:** 1. las 2. la 3. los 4. lo 5. la **Ej. 3:** 1. Te 2. me 3. ti 4. mí 5. le 6. él 7. mí 8. ti 9. te 10. mí 11. me **Ej. 4:** (Answers will vary.) 1. A mi mejor amigo/a le encantan las fresas. 2. A mis padres les encanta el guacamole. 3. A mi profesor(a) de español le encanta el chocolate. 4. A mi novio/a (esposo/a) le encantan los frijoles. 5. A mí me encanta el pan. 6. A mi mejor amigo/a y a mí nos encantan los dulces. **Ej. 5:** 1. nadie 2. nada 3. nunca 4. nadie 5. ninguna 6. nada 7. Nunca 8. ninguno **Ej. 6:** (Answers will vary.) **Ej. 7:** 1. se cortan 2. se necesita 3. se lava; se pone 4. se preparan 5. se agregan 6. se necesitan 7. Se habla 8. Se baten **Ej. 8:** 1. pedir 2. pedir 3. sirven 4. pedir

5. pides 6. sirven 7. pido 8. pedir 9. pidieron 10. Pedimos 11. sirvieron 12. pedí 13. pidió 14. pediste 15. pedí 16. pidió 17. pidieron 18. pedimos 19. sirvió 20. sirvió

CAPÍTULO 9

Ej. 1: 1. se parece 2. se parecen; me parezco; te pareces 3. me parezco; me parezco 4. nos parecemos; se parece 5. mi *family member* y yo nos parecemos 6. se parece(n) más a mi *family member* que a mi *family member* **Ej. 2:** 1. se llevan 2. te llevas; nos llevamos 3. nos llevamos; me llevo 4. se llevan 5. te llevas; nos llevamos **Ej. 3:** (Answers may vary.) 1. ¿Para ella? ¡No lo creo! ¡No le gustan las corbatas! 2. ¿Para mí? ¡No lo creo! ¡Es muy pequeño! 3. ¿Para ellas? ¡No lo creo! ¡No les gusta la música clásica! 4. ¿Para nosotros? ¡No lo creo! ¡No nos gustan los periódicos! 5. ¿Para él? ¡Imposible! ¡Es muy viejo! 6. ¿Para ti? ¡No lo creo! ¡No te gusta! 7. ¿Para ella? ¡No lo creo! ¡No le gustan las muñecas! 8. ¿Para él? ¡Imposible! ¡A los perros no les gusta la ensalada! **Ej. 4:** 1. a. conmigo b. contigo 2. a. ti b. mí 3. a. él b. él c. él d. mí **Ej. 5:** 1. Guillermo andaba en bicicleta. 2. Amanda y yo jugábamos con muñecas. 3. Andrea leía las tiras cómicas del periódico los domingos. 4. Doña Lola y doña Rosita se bañaban en el mar en Acapulco. 5. Don Eduardo comía muchos dulces. 6. Estela limpiaba su recámara. 7. La familia Saucedo pasaba las vacaciones en Acapulco. 8. Pedro Ruiz escuchaba música rock. 9. Ernesto veía dibujos animados en la televisión. 10. El abuelo de Ernestito cuidaba el jardín. **Ej. 6:** a. 3; jugaban b. 6; iban c. 7; saltaba d. 4; se peleaba e. 2; lloraba f. 1; se llevaba g. 5; se parecían **Ej. 7:** 1. tenía 2. sabía 3. conocíamos 4. era 5. estaba **Ej. 8:** 1. tenía 2. era 3. conocía 4. Queríamos; teníamos 5. estabas 6. tenía 7. supe 8. tuve 9. conocí 10. quise 11. pude **Ej. 9:** (Answers will vary.) 1. Iba a venir, pero mi hermano usaba el carro. 2. Iba a traerlas, pero la tienda cerró a las 8:00. 3. Iba a comprarte un regalo, pero no recibí mi cheque a tiempo. 4. Iba a cenar con ustedes, pero tuve que trabajar tarde. 5. Iba a ir, pero mi novio tuvo que trabajar esa noche. 6. Iba a decirte, pero no tuve la oportunidad. 7. Iba a llegar a tiempo, pero me llamó la abuela. 8. Iba a asistir, pero no hice la tarea.

CAPÍTULO 10

Ej. 1: 1. hemos visto 2. ha escrito 3. he ido (viajado) 4. ha comprado 5. has comido 6. ha hablado 7. has viajado (ido) 8. han limpiado 9. has oído 10. han pasado **Ej. 2:** (Answers will vary.) 1. ¿Cuántas veces has viajado a México? He viajado a México muchas veces. 2. ¿Cuántas veces has esquiado en un lago? Nunca he esquiado en un lago. 3. ¿Cuántas veces has subido a una pirámide? He subido a una pirámide una vez en México. 4. ¿Cuántas veces has acampado en las montañas? He acampado en las montañas muchas veces. 5. ¿Cuántas veces has alquilado un coche? He alquilado un coche tres o cuatro veces. 6. ¿Cuántas veces has cocinado para diez personas? He cocinado para diez personas muchas veces. 7. ¿Cuántas veces has leído tres novelas en un día? Nunca he leído tres novelas en un día. 8. ¿Cuántas veces has corrido 5 kilómetros sin parar? He corrido 5 kilómetros sin parar una o dos veces. 9. ¿Cuántas veces les has dicho una mentira a tus padres? ¡Nunca les he dicho una mentira! 10. ¿Cuántas veces has roto un vaso en un restaurante? He roto un vaso en un restaurante dos veces. **Ej. 3:** 1. ¡Qué país tan (más) interesante! 2. ¡Qué vuelo tan (más) largo! 3. ¡Qué montañas tan (más) altas! 4. ¡Qué selva tan (más) verde! 5. ¡Qué arena tan (más) blanca! **Ej. 4:** 1. ¡Qué impresionantes son las ruinas de Machu Picchu! 2. ¡Qué grande es el lago Titicaca! 3. ¡Qué cosmopolita es la ciudad de Buenos Aires! 4. ¡Qué húmeda es la selva de Ecuador! 5. ¡Qué seco es el desierto de Atacama en Chile! 6.

¡Qué alta es la torre de la Giralda en Sevilla! 7. ¡Qué hermoso es el edificio del Alcázar de Segovia! 8. ¡Qué inmenso es el Parque del Retiro en Madrid! 9. ¡Qué interesante es el Museo del Prado! 10. ¡Qué antiguo es el acueducto de Segovia! **Ej. 5:** 1. por 2. por 3. para 4. por 5. por 6. por 7. por 8. para **Ej. 6:** 1. rápidamente 2. cómodamente 3. puntualmente 4. constantemente 5. inmediatamente **Ej. 7:** (Answers will vary.) 1. a. parece b. importa 2. a. fascinan b. interesan 3. a. encanta b. gusta 4. a. molesta b. gusta 5. a. preocupan b. interesan

CAPÍTULO 11

Ej. 1: (Answers may vary.) 1. Sí, hágalas lo más pronto posible. 2. Sí, cómprelos inmediatamente. 3. Sí, tráigalo mañana. 4. Sí, recójalos el jueves, por favor. 5. Sí, llegue dos horas antes. 6. Sí, consígalo lo más pronto posible. **Ej. 2:** 1. Sí, prepárenlo. 2. Sí, consíganlos. 3. Sí, límpienlas. 4. Sí, háganlas. 5. Sí, duerman. 6. Sí, salgan. **Ej. 3:** 1. comas 2. hables (aprendas) 3. visites (veas) 4. subas (veas) 5. saques 6. aprendas **Ej. 4:** 1. Quiere que recojamos nuestros boletos pronto. 2. Quiere que escribamos una lista de lo que vamos a necesitar. 3. No quiere que llevemos demasiadas cosas en las maletas. 4. Quiere que compremos cheques de viajero. 5. Quiere que comamos en restaurantes buenos y que no comamos en la calle. 6. Quiere que lleguemos al aeropuerto temprano. 7. Quiere que bebamos refrescos o agua mineral y que no bebamos el agua. **Ej. 5:** 1. llegue 2. viajamos 3. suben 4. lea 5. terminen **Ej. 6:** 1. Hijo/a, queremos que hagas las maletas un día antes de la salida. 2. Hijo/a, queremos que duermas ocho horas la noche anterior a la salida. 3. Hijo/a, queremos que te lleves ropa para ocho días. 4. Hijo/a, queremos que vayas directamente a la estación de autobuses. 5. Hijo/a, queremos que pongas el dinero en un lugar seguro. 6. Hijo/a, queremos que le des tu pasaporte al profesor. 7. Hijo/a,

queremos que vuelvas con buenos recuerdos del viaje. 8. Hijo/a, no queremos que pidas comida norteamericana en los restaurantes. 9. Hijo/a, queremos que te diviertas mucho y que traigas regalos para toda la familia. 10. Hijo/a, queremos que nos digas «Adios». **Ej. 7:** 1. llame; c. llegue 2. sirva; d. vayamos 3. oigas; b. vengas 4. traigamos; e. volvamos 5. saques; a. estés **Ej. 8:** 1. durmiendo 2. asistiendo 3. viendo 4. estudiando 5. leyendo (Answers will vary.) 6. estaba enseñando. 7. estaba tomando un examen. 8. estaban comiendo. 9. estaban trabajando. 10. estaba tomando una cerveza. **Ej. 9:** 1. Manejaba 2. Veía 3. Caminaba 4. hablaba 5. Me bañaba **Ej. 10:** 1. era 2. íbamos 3. alquilábamos 4. buceábamos 5. bañábamos 6. salíamos 7. caminábamos 8. tenía 9. fuimos 10. dormían 11. jugaba 12. hablaba 13. conocía 14. miré 15. jugaba 16. vi 17. levantamos 18. corrimos 19. encontramos 20. buscamos 21. pudimos 22. Estaba 23. regresamos 24. teníamos 25. estaba 26. fuiste 27. grité 28. contestó 29. estaba 30. enojé

CAPÍTULO 12

Ej. 1: 1. Tiene que haber 2. Va a haber / Hay 3. había 4. hay; va a haber; Hay 5. haya **Ej. 2:** 1. b 2. a 3. b 4. a 5. a **Ej. 3:** 1. No le muestre su pierna. 2. No me diga si le duele mucho. 3. No le lleve estos papeles a la recepcionista. 4. No le traiga la comida al paciente. 5. No le dé la receta al farmacéutico. **Ej. 4:** 1. Llámeme el miércoles. 2. Tráiganos la medicina. 3. Dígale su nombre al médico. 4. Lléveles la receta a los pacientes. 5. Déme la información. **Ej. 5:** 1. Le recomienda a la enfermera que le ponga la inyección a la paciente. 2. Le recomienda al paciente que le llame mañana. 3. Le recomienda a la enfermera que le explique los síntomas a la señora López. 4. Le recomienda a la recepcionista que les lleve estos papeles a los señores Gómez. 5. Le recomienda al paciente que le cuente a la enfermera cómo occurió el accidente. **Ej. 6:** 1. Se perdió 2. Se rompieron. 3. Se cayó. 4. Se descompuso.   **Ej. 7:** 1. A Lan se le descompuso el carro. 2. Al dentista se le cayó el espejo. 3. Al doctor Rocha se le olvidó el estetoscopio en su coche. 4. A Ernesto y Estela se les quedó la llave dentro de la casa. 5. A las enfermeras se les perdieron los vendajes.   **Ej. 8:** (Answers may vary.) 1. Estela barría cuando Ernesto se cayó de la escalera. 2. Ramón y Amanda patinaban cuando Amanda se cayó. 3. Andrea se maquillaba cuando Pedro se cayó en la bañera. 4. Ernesto manejaba cuando atropelló un perro. 5. Ernestito y sus amigos jugaban al béisbol cuando Ernestito rompió la ventana. 6. Ernesto y Estela veían la televisión cuando ocurrió un terremoto.   **Ej. 9:** 1. trabajé 2. Salí 3. caminé 4. Había 5. esperaba 6. era 7. Pensaba 8. vi 9. caminaba 10. estaba 11. llegó 12. robó 13. empezó 14. desapareció 15. llegó 16. di 17. llegó 18. llegué

CAPÍTULO 13

Ej. 1: Nora, yo prefiero el largo (corto). 2. Alberto, yo prefiero el de cuero (lana). 3. Pablo, yo prefiero el ligero (grueso). 4. Carmen, yo prefiero la azul (blanca). 5. Esteban, yo prefiero la de seda (algodón).   **Ej. 2:** 1. Señora Ruiz, ¿va a comprar una verde o una amarilla? 2. Doña Lola, ¿va a comprar uno eléctrico o uno manual? 3. Paula, ¿vas a comprar uno pequeño o uno grande? 4. Ramón, ¿vas a comprar una grande o una mediana? 5. Pedro, ¿vas a comprar una grande o una portátil?   **Ej. 3:** 1. esta; ésa 2. estos; ésos 3. esas; aquéllas 4. aquel; éste 5. Ese; éste   **Ej. 4:** 1. c: Para buscar un libro que necesito para una clase. 2. e: Para no tener que limpiarlo después. 3. a: Para limpiar la alfombra de la sala. 4. b: Para reparar el coche. 5. d: Para usarlo en la fiesta esta noche.   **Ej. 5:** 1. por 2. Para 3. para 4. para 5. por 6. por 7. por 8. Para 9. para 10. por 11. para   **Ej. 6:** 1. nos; a, b, c 2. le; a, b 3. les; a, c 4. me; a, c, d 5. te; a, c   **Ej. 7:** (Answers will vary.) 1. Sí, se la entregué ayer. 2. Sí, se lo vendí la

semana pasada. 3. Sí, se la di anoche. 4. Sí, se la presté el lunes pasado. 5. Sí, se la llevé el fin de semana pasada. 6. Voy a prestártelas esta tarde. 7. Voy a devolvértelo mañana. 8. Voy a traértelo el sábado que viene. 9. Voy a dártela cuando salga de la escuela. 10. Voy a mostrártelos este fin de semana.   **Ej. 8:** 1. Sí, voy a pedírselo esta noche. 2. Sí, voy a prestárselos mañana. 3. Sí, voy a llevárselas el domingo que viene. 4. Sí, voy a devolvérselas esta tarde. 5. Sí, voy a regalárselo el viernes en la fiesta.   **Ej. 9:** 1. Te la estoy dando ahora mismo. 2. Te la estoy preparando ahora mismo. 3. Te la estoy planchando ahora mismo. 4. Te lo estoy buscando ahora mismo. 5. Te las estoy buscando ahora mismo.   **Ej. 10:** 1. Ya me la regaló ayer. 2. Ya me lo compró la semana pasada. 3. Ya me la prestó anoche. 4. Ya me los trajo el viernes pasado. 5. Ya me lo dio esta tarde.

CAPÍTULO 14

Ej. 1: 1. El señor Ruiz y su suegra se llamaron. 2. Mi ahijada y yo nos escribimos a menudo. 3. Amanda y su novio se hablan todos los días. 4. Mi madre y mi padre se respetan mucho. 5. El abuelo de Guillermo y yo nos conocemos muy bien.   **Ej. 2:** 1. Pues, no está muy amable hoy. 2. Pues, no está muy frío hoy. 3. Pues, no está muy cómico hoy. 4. Pues, no está muy cara hoy. 5. Pues, no está muy eficiente hoy.   **Ej. 3:** 1. es 2. está 3. estoy 4. está; es 5. Son; están 6. son; están   **Ej. 4:** 1. Levántate (Acuéstate) 2. Ven 3. Ten 4. Sal 5. Bájate 6. Habla 7. Acuéstate; apaga 8. Dile 9. Ve; lee 10. Haz   **Ej. 5:** 1. Traiga; dé 2. Muestre; diga 3. espera; te vayas 4. Rebaje; suba 5. Mira; digas   **Ej. 6:** 1. ruega; llegue 2. Espera; saquen 3. Desea; contesten 4. Prefiere; lea 5. Quiere; entreguemos   **Ej. 7:** 1. Guillermo, es mejor que hagas la tarea. 2. Graciela, quiero que hables con Amanda. 3. Amanda, es necesario que llames a Graciela. 4. Clarisa, es muy importante que te quedes en el patio. 5. Marisa, sugiero que juegues

con tu hermanita.   **Ej. 8:** 1. a. vayan b. falten c. hablen d. den; a, c 2. a. fumemos b. durmamos c. consultemos d. comamos; b, d 3. a. jueguen b. limpien c. coman d. vean; b 4. a. haga b. llame c. ayuden d. saque; a, b, c, d 5. a. almuercen b. vengas c. sacudas d. regales; a, b   **Ej. 9:** 1. ¡Que lo bañe Ernestito! 2. ¡Que lo barra Guillermo! 3. ¡Que las pague Ernesto! 4. ¡Que los cuide Ernesto! 5. ¡Que los sacuda Berta! 6. ¡Que lo arregle Ernesto! 7. ¡Que lo envíe Amanda! 8. ¡Que jueguen con la gata los niños! 9. ¡Que la recoja Ernestito! 10. ¡Que las ponga allí Berta!   **Ej. 10:** (Answers will vary.) 1. ¡Que duermas bien! 2. ¡Que lo pases bien! 3. ¡Que tengas buena suerte! 4. ¡Que se mejore! 5. ¡Que tengan buen viaje!   **Ej. 11:** 1. Ojalá (que) reciba muchos regalos. 2. Ojalá (que) haga buen tiempo. 3. Ojalá (que) no tenga que trabajar. 4. Ojalá (que) no esté enfermo/a. 5. Ojalá (que) vengan a visitarme mis amigos.

CAPÍTULO 15

Ej. 1: 1. Me casaré; tendré 2. nos graduaremos; iremos 3. se mudarán; vivirán 4. lograremos; nos reuniremos 5. vendrá; dirá   **Ej. 2:** 1. gradúe 2. haya 3. tienes 4. ven 5. llegues 6. vengan 7. alcancen 8. vuelven 9. salgamos 10. saludan   **Ej. 3:** 1. sea 2. esté 3. ofrezca 4. tienen 5. venda 6. fabrica 7. hay   **Ej. 4:** 1. haya 2. aumenta 3. prohíbe 4. ayude 5. adopte 6. influye   **Ej. 5:** 1. ponga 2. puedan 3. tenga 4. haya   **Ej. 6:** 1. hay 2. vengan 3. lleguen 4. permita 5. encuentren 6. son 7. digas 8. sepa 9. podamos 10. vamos   **Ej. 7:** 1. tenga 2. haya 3. seamos 4. Representan 5. vive 6. estén 7. conozco   **Ej. 8:** 1. visitarían 2. trataría 3. compraría 4. comerían; tomarían 5. practicarían 6. caminaría 7. pasaría 8. tomarían 9. se acostarían 10. mandaría   **Ej. 9:** 1. me graduara 2. fuera 3. nos mudáramos 4. fueran 5. usara 6. tuviera   **Ej. 10:** 1. tuviera; trabajarían 2. pasaran; verían 3. consultáramos; aprenderíamos 4. contaminaran; estaría 5. causaran; serían 6. permitiera; habría

SPANISH-ENGLISH VOCABULARY

This Spanish-English Vocabulary contains all of the words that appear in the text, with the following exceptions: (1) most identical cognates that do not appear in the chapter vocabulary lists; (2) conjugated verb forms, with the exception of certain forms of **haber** and expressions found in the chapter vocabulary lists; (3) diminutives in **-ito/a;** (4) absolute superlatives in **ísimo/a;** and (5) some adverbs in **-mente.** Active vocabulary is indicated by the number of the chapter in which a word or given meaning is first listed (A = **Paso A**); vocabulary that is glossed in the text is not considered to be active vocabulary and is not numbered. Only meanings that are used in this text are given.

The gender of nouns is indicated, except for masculine nouns ending in **-o** and feminine nouns ending in **-a.** Stem changes and spelling changes are indicated for verbs: **dormir (ue, u); llegar (gu).**

The following abbreviations are used:

abbrev.	abbreviation	*irreg.*	irregular
adj.	adjective	*m.*	masculine
adv.	adverb	*Mex.*	Mexico
Arg.	Argentina	*n.*	noun
coll.	colloquial	*obj. of prep.*	object of preposition
conj.	conjunction	*pl.*	plural
def. art.	definite article	*pol.*	polite
d.o.	direct object	*poss.*	possessive
f.	feminine	*p.p.*	past participle
fig.	figurative	*prep.*	preposition
Guat.	Guatemala	*pron.*	pronoun
inf.	informal	*refl. pron.*	reflexive pronoun
infin.	infinitive	*sing.*	singular
interj.	interjection	*Sp.*	Spain
inv.	invariable	*sub. pron.*	subject pronoun
i.o.	indirect object		

A

a to; at; **a la(s)** at (*time*); **al** *contraction of* **a** + **el** to the
abajo de below; under (3)
abandonar to abandon
abarrote *m.*: **tienda de abarrotes** grocery store
abecedario alphabet
abeja bee (10)
abierto/a (*p.p. of* **abrir**) open (B); opened
abogado/a lawyer (4)
abordar to board, get on (11)
abordo on board (11)
aborto abortion (15)
abrazar (**c**) to hug, embrace (12); **abrazarse** to hug each other (14)
abrazo hug
abrelatas *m. sing., pl.* can opener (13)
abreviatura abbreviation
abrigo coat (A)
abril *m.* April (1)
abrir (*p.p.* **abierto**) to open (2)
abrocharse el cinturón de seguridad to fasten one's seatbelt (10)
abstinencia sexual sexual abstinence
abuelo/a grandfather/grandmother (C); **abuelos** *pl.* grandparents (C)
abundancia abundance
abundante abundant
aburrido/a boring; bored (B); **¡qué aburrido!** how boring! (1)
aburrirse to be bored
abuso abuse
acá here
acabar to finish, put an end to; **acabar de** (+ *infin.*) to have just (*done something*)
académico/a academic
acampar to camp (go camping) (1)
acceso access
accesorio accessory
accidente *m.* accident (5)
acción *f.* action (3); **Día** (*m.*) **de Acción de Gracias** Thanksgiving Day (4)
aceite *m.* oil (8)
aceituna olive (8)
aceptar to accept (7)
acerca de about
acercarse (**qu**) (**a**) to approach, come near
acero steel (13)
ácida: lluvia ácida acid rain
acompañar to accompany
acondicionado/a: aire (*m.*) **acondicionado** air conditioning (13)
acondicionador *m.* conditioner
aconsejar to give advice, advise (14)
acostado/a lying down
acostarse (**ue**) to go to bed (4)

acostumbrar to be in the habit of; **acostumbrarse** to get used to, accustomed to
acreditado/a accredited
acrilán *m.* acrylic
actitud *f.* attitude
actividad *f.* activity (1)
activismo activism
activista *n. m., f.* activist
activo/a active (5)
actor *m.* actor (1)
actriz *f.* (*pl.* **actrices**) actress (1)
actuación *f.* acting, performance
actual present-day, current
actualmente at present, nowadays (15)
actuar (**yo actúo**) to act
acuarela watercolor
Acuario Aquarius
acuático/a: polo acuático water polo; **parques** (*m. pl.*) **acuáticos** water parks
acudir to go; to come
acueducto aqueduct
acuerdo agreement; **estar** (*irreg.*) **de acuerdo** to agree; (**no**) **estoy de acuerdo** I (do not) agree (B)
acusado/a *n.* accused (*person*)
acusar to accuse
adaptar to adapt
adecuado/a adequate
adelante *adv.* ahead
adelante: de ahora en adelante from now on; **hacia adelante** forward; **sacar adelante** to carry forward; to rear, nurture
adelgazar (**c**) to lose weight
además moreover; **además de** besides
adentro de inside, within (3)
aderezo (salad) dressing (8)
adiós good-bye (A)
adivinar to guess
adivino/a fortune-teller
adjetivo adjective
administrar to administrate
admirador(a) admirer
admirar (**a**) to admire
admisión *f.* admission
admitir to admit (14)
adolescencia adolescence
adolescente *m., f.* adolescent (15)
¿adónde? to where? (3)
adopción *f.* adoption
adoptar to adopt
adornar to adorn
adosado/a affixed
adquirido/a acquired
aduana *sing.* customs (11); **derechos de aduana** customs duty, tax
aduanero/a customs agent
adulto/a *n.* adult; *adj.* adult, mature
adverbio adverb

adversidad *f.* adversity
aéreo/a pertaining to air (travel) (10); **transporte** (*m.*) **aéreo** air transport (11)
aeróbico/a aerobic
aerolínea airline (11)
aeropuerto airport (3)
afectar to affect
afectuosamente affectionately
afeitarse to shave (4)
aficionado/a fan (*music, sports*)
afirmación *f.* statement
afirmar to affirm
afirmativo/a affirmative
africano/a African (C); **lenguas africanas** African languages (C)
afrikaans *m. sing. a language of South Africa*
afrocubano/a Afro-Cuban
afuera de *adv.* outside (3); **afueras** *n. pl.* outskirts, suburb(s)
agarrado/a a hanging onto
agencia agency; **agencia de viajes** travel agency (11)
agente *m., f.* agent; **agente de bienes raíces** real estate agent; **agente de inmigración** immigration agent; **agente de policía** policeman/woman; **agente de seguros** insurance agent; **agente de viajes** travel agent
agigantado/a gigantic, huge
ágil agile
aglomeración *f.* crowd
agosto August (1)
agotador(a) exhausting
agradable pleasant, nice (6)
agradecer (**zc**) to thank
agregar (**gu**) to add (8)
agresivo/a aggressive
agrícola *adj. m., f.* agricultural
agricultura agriculture (10)
agrimensor *m.* surveyor
agua *f.* (*but* **el agua**) water (4); **agua con sal** salt water (12); **agua dulce/salada** fresh/salt water; **agua mineral** mineral water (8)
aguacate *m.* avocado (8)
aguantar to put up with, endure
águila *f.* (*but* **el águila**) eagle (10)
aguja needle
agujero hole; **agujero en la capa de ozono** hole in the ozone layer (10)
ahí there
ahijado/a godson/goddaughter (14); **ahijados** *pl.* godchildren
ahora now (1); **ahora mismo** right now; **de ahora en adelante** from now on
ahorrar to save (9)
aire *m.* air; **aire acondicionado** air conditioning (13); **al aire libre** outdoors

(7); **contaminación** (*f.*) **del aire** air pollution (10)

aislado/a isolated

ajá aha

ajedrez *m.* chess

ají (*m.*) **de gallina** *chicken in chili sauce*

ajiaco *potato and chili stew*

ajillo: al ajillo *in garlic sauce*

ajo garlic (8)

al *contraction of* **a** + **el** to the; **al** (+ *infin.*) upon (*doing something*)

Alá Allah

ala *f.* (*but* **el ala**) wing

alacena kitchen cupboard

alai: jai alai *m.* Basque ball game

alambrado/a wire-framed

alarma alarm, warning

alarmado/a alarmed

alarmante alarming

alarmarse to become alarmed

albahaca basil

albaricoque *m.* apricot (8)

alberca *Mex.* swimming pool (7)

albergar (**gu**) to give shelter to

albergue *m.* shelter

álbum *m.* album

alcalde, alcaldesa mayor

alcance *m.*: **a su alcance** attainable; within reach

alcanfor *m.* camphor

alcanzar (**c**) to reach

alcaparra caper

alcázar *m.* castle, fortress

alcoba bedroom

alcohol *m.* alcohol (15)

alcohólico/a alcoholic (15)

alegrarse to be glad

alegre happy (4)

alegría happiness

alemán *n. m.* German (language) (C)

alemán, alemana *n., adj.* German (C)

Alemania Germany (C)

alergia allergy (12)

alérgico/a allergic (12)

alergista *m., f.* allergist (12)

alfabetización *f.*: **campaña de alfabetización** literacy campaign

alfabeto alphabet

alfombra rug; carpet (6)

álgebra *f.* algebra

algo something; **algo de comer** something to eat

algodón *m.* cotton (13)

alguien someone

algún, alguno/a some; any; **algún día** someday; **alguna vez** once; ever; **algunos/as** some

alimentar to feed; to nourish

alimenticio/a nutritional

alimento nourishment, food (8)

alistarse to enlist; to get ready

aliviar to alleviate

allá (over) there

allí there (3)

alma *f.* (*but* **el alma**) soul

almacén *m.* department store

almanaque *m.* almanac, calendar

almeja clam (8)

almendra almond (8)

almíbar *m.* syrup (8)

almohada pillow (6)

almorzar (**ue**) (**c**) to have lunch (2)

almuerzo lunch (2)

alocado/a crazy

áloe *m.* aloe

alojamiento lodging (11)

alpaca alpaca wool

alquilar to rent (6)

alquiler *m.* rent (6)

alrededor de *prep.* around (3)

alternativo/a alternating

alto/a tall (A); high; **alta costura** haute couture; **¡alto!** stop! (*Mex.*) (10); **en voz** (*f.*) **alta** in a loud voice; out loud

altura height

aluminio aluminum

alumno/a student

ama *f.* (*but* **el ama**) mistress (*of the house*); **ama de casa** housewife (3)

amable kind; friendly

amado/a *n., adj.* beloved

amante *m., f.* lover

amar to love

amarillo/a yellow (A)

Amazonia Amazon basin

amazónico/a *adj.* Amazon

ambiental environmental; **contaminación** (*f.*) **ambiental** environmental pollution; **movimiento ambiental** environmental movement

ambiente *m.* environment; atmosphere; **medio ambiente** environment

ambos/as *pl.* both (10)

ambulancia: asistente (*m., f.*) **de ambulancia** ambulance attendant (12)

amenazar (**c**) to threaten

América Central Central America (3)

América Latina Latin America (4)

americano/a *adj.* American (C); **fútbol americano** football (1)

amigo/a friend (A); **amigo/a íntimo/a** close friend (14); **mejor amigo/a** best friend

amistad *f.* friendship (14)

amistoso/a friendly

amo/a master/mistress (14); boss

amor *m.* love

amorosa: relación (*f.*) **amorosa** love affair

amparo shelter

ampliar to extend, enlarge

amplio/a ample; roomy

amueblado/a furnished (6)

analfabetismo illiteracy

analgésico/a analgesic

análisis *m. sing., pl.* analysis (12); **análisis de sangre** blood test; **hacer** (*irreg.*) **análisis** to do (medical) tests

ananá *m.* pineapple (8)

anaranjado/a orange (*color*) (A)

ancas de rana frog legs

anciano/a elderly person

andaluz(a) (*m. pl.* **andaluces**) Andalusian (*from southern Spain*)

andar *irreg.* to walk; **andar en bicicleta** to go for a bicycle ride (1); **andar en monopatín/patineta** to skateboard; **andar en motocicleta** to go for a motorcycle ride (2); **andar en velero** to go sailing (3)

andino/a Andean

anécdota anecdote, story

anémona sea anemone

anfiteatro amphitheater

ángel *m.* angel

anglicismo Anglicism

anglohablante *m., f.* English-speaking person

angosto/a narrow

anguila eel

anillo ring (13)

animado/a: dibujos animados cartoons

animal *m.* animal (2); **animal doméstico** pet (9)

animar to encourage

anímico/a: estado anímico mental state (4)

ánimo spirit, energy; **estado de ánimo** state of mind (4)

aniversario de boda wedding anniversary (4)

anoche last night (6)

anónimo/a anonymous

ansiedad *f.* anxiety

ansioso/a anxious

ante before; faced with, in the presence of

anteayer day before yesterday (1)

antena antenna

antepasado/a *n.* ancestor

anterior previous

anterioridad: con anterioridad previously

antes *adv.* before; **antes** (**de**) *prep.* before (4); **antes de que** *conj.* before (15); **cuanto antes** as soon as possible

antibiótico antibiotic (12)

anticipación *f.*: **de anticipación** in advance

anticiparse to anticipate

antigüedad *f.* antiquity

antiguo/a old; antique (B)
Antioquía Antioch (*city in Colombia*)
antipático/a unpleasant (B)
antojito *Mex.* snack, hors d'oeuvres (8)
antropología anthropology
anual annual
anunciar to announce
anuncio comercial advertisement (13)
añadir to add
año year (1); **Año Nuevo** New Year (4); **año pasado** last year (6); **¿cuántos años tiene(s)?** how old are you? (C); **cumplir años** to have a birthday; **de... años** . . . years old (B); **tener... años** to be . . . years old; **todo el año** all year long; **todos los años** every year
apagar (gu) to turn off (*light*); **apagar incendios** to put out fires (5)
aparato appliance (6); **aparato doméstico** household appliance (6)
aparcamiento parking lot
aparcar (qu) to park
aparearse to mate
aparecer (zc) to appear
apartamento apartment (6); **edificio de apartamentos** apartment building
apasionado/a passionate
apasionar to fill with enthusiasm
apellido last name (C)
apenas barely
aperitivo appetizer
apertura opening
apetito appetite
apio celery (8)
aplaudir, applaud; *fig.* to commend, praise
aplicarse (qu) to be used; to apply (*something*) to, employ (a remedy)
aportar to contribute
apoyar to support
apoyo support
apreciar to appreciate
aprender to learn (5)
aprendizaje *n. m.* learning
apretado/a tight (13); **quedar apretado** to fit tightly
aprobar (ue) to approve
apropiado/a appropriate
aprovechar to take advantage of
aproximadamente approximately (7)
aptitud *f.* aptitude, ability
apuntar to point at
apunte *m.* note; **tomar apuntes** to take notes
aquel, aquella *adj.* that (over there); *pron.* that one (over there)
aquí here (3); **aquí lo tiene** here it is (11); **aquí mismo** right here
árabe *n. m.* Arabic (language) (C)
árabe *n. m., f.* Arab; *adj.* Arabic (C)

árbol *m.* tree (4); **árbol de Navidad** Christmas tree (4); **árbol genealógico** family tree
arbusto bush
archivo file
arco arch; **arco iris** rainbow (A)
área *f.* (*but* **el área**) area (2)
arena sand (7)
arete *m.* earring (A)
argentino/a *n., adj.* Argentinian (C)
árido/a arid (10)
aritmética arithmetic
arma *f.* (*but* **el arma**) arm, weapon; **arma de fuego** firearm; **portar armas** to bear arms
armamento armament
armario closet (6)
armonía harmony
arqueología archaeology
arqueólogo/a archaeologist
arquitecto/a architect
arquitectura architecture
arras *pl. coins given by a bridegroom to a bride as a token of his ability to provide*
arrecife *m.* reef
arreglar to arrange; to straighten up, clean; to fix (5)
arrestar to place under arrest
arriba: arriba de on top of (3); above; **hacia arriba** up(ward)
arriesgar (gu) to risk
arroyo stream, brook
arroz *m.* rice (8); **arroz con leche** rice pudding
arruinar to ruin
arte *m.* (*but* **las artes**) art (2); **bellas artes** fine arts; **Facultad** (*f.*) **de Bellas Artes** School of Fine Arts; **obra de arte** work of art
artefacto artefact
arteria artery
artesanal: feria artesanal crafts fair
artesanía *sing.* crafts; craftsmanship
artesano craftsman
artículo article (10)
artificial: fuegos artificiales fireworks (4)
artista *m., f.* artist (3)
artístico/a artistic (B)
arveja green pea
asado/a roasted; **bien asado** well-done (*meat*) (8); **poco asado** rare (*meat*) (8)
asador *m.* barbecue grill; roaster (13)
asar to roast (8)
ascensor *m.* elevator (6)
asco disgust
asegurar to assure; to guarantee
asemejar to make resemble
asesino/a murderer

así thus, so, that way, this way (5)
asiático/a *n., adj.* Asian
asiento seat (10)
asignar to assign
asignatura (school) subject
asimilación *f.* assimilation
asistencia aid, assistance; attendance
asistente *m., f.* assistant (5); **asistente de ambulancia** ambulance attendant (12); **asistente de vuelo** flight attendant (11)
asistir (a) to attend (3)
asociación *f.* association
asociado: estado libre asociado Free Associated State (*Puerto Rico's relationship to the United States*)
asociarse to join in partnership; to associate (4)
asomarse to show up, appear
asombroso/a astonishing
aspecto aspect; appearance
aspiraciones *f. pl.* aspiration
aspiradora vacuum cleaner (6); **pasar la aspiradora** to vacuum (6)
aspirina aspirin (12)
astronauta *m., f.* astronaut
astronomía astronomy
astuto/a astute, shrewd
asunto subject, topic; matter, affair
asustado/a scared
atacar (qu) to attack
ataque *m.* attack; **ataque al corazón** heart attack (12)
atar to tie
ataúd coffin
Atenas *f.* Athens
atención *f.* attention; **llamar la atención (a)** to call attention (to) (10)
atender (ie) to assist (12); **atender mesas** to wait on tables (5)
Atlántico: Océano Atlántico Atlantic Ocean (3)
atleta *m., f.* athlete (9)
atlético/a athletic (B)
atletismo athletics
atmósfera atmosphere
atómico/a atomic
atormentar to torment
atracción *f.* attraction
atractivo/a attractive (2)
atraer (*like* **traer**) to attract
atrapar to trap
atravesar (ie) to cross, go across
atreverse a (+ *infin.*) to dare to (*do something*)
atribuir (y) to attribute
atributo attribute
atropellar to run over with a car
atuendo suit (*of clothes*), outfit
atún *m.* tuna (8)
aumentar to increase

aumento raise, increase; **aumento de sueldo/salario** raise (in pay)
aun even
aún still, yet; **aún más** furthermore
aunque although
ausente absent
auto car
autobiográfico/a autobiographical
autobús *m.* bus (3); **parada del autobús** bus stop (3); **terminal** (*f.*) **de autobuses** bus station
automático/a: cajero automático automatic teller machine
automóvil *m.* automobile, car (10); **seguro de auto(móvil)** car insurance
automovilístico/a of or related to an automobile; **seguro automovilístico** automobile insurance (10)
autónomo/a autonomous
autopista freeway (10)
autor(a) author
autorretrato self-portrait
¡auxilio! help! (7)
avance *m.* advance
avanzar (**c**) to advance
avda. (*abbrev. for* **avenida**) avenue
ave *f.* (*but* **el ave**) bird; fowl
avena oatmeal (8)
avenida avenue (3)
aventón *m.* ride; **dar un aventón** *Mex.* to give (*someone*) a ride
aventura adventure (7)
aventurero/a adventurous
avión *m.* (air)plane (5)
avisar to inform
aviso clasificado classified ad
ayer yesterday (1)
ayuda help (14); **ayuda financiera** financial aid
ayudar to help (5)
ayuntamiento town hall
azahar *m.* citrus blossom
azotea flat-roofed adobe house; terraced roof
azteca *n. m., f.; adj.* Aztec
azúcar *m.* sugar (8); **caña de azúcar** sugar cane
azucarera sugar bowl
azul *n. m.; adj.* blue (A); **azul marino** navy blue
azulejo glazed tile

B

bacteriano/a bacterial
bahía bay (10)
bailable danceable
bailar to dance; **salir** (*irreg.*) **a bailar** to go out dancing
bailarín, bailarina dancer

baile *m.* dance (4); **salón** (*m.*) **de baile** dance hall
bajar to lower; to go down; **bajarse** to get off; to get down
bajo *prep.* under
bajo/a short (*height*) (A); low; **en voz baja** in a low voice
balboa *m. monetary unit of Panama*
balcón *m.* balcony (6)
Baleares *pl.*: **Islas Baleares** Balearic Islands
ballena whale (10)
ballet (*m.*) **folclórico** folkloric ballet
baloncesto basketball (1)
bálsamo balsam
bambú bamboo
banana banana (8)
banco bank (5); bench
bandeja tray
bandera flag
banquete *m.* feast
bañar(se) to bathe (4)
bañera bathtub (6)
baño bathroom (6); **sala de baño** bathroom (6); **traje de baño** bathing suit (7)
bar *m.* bar (3)
barato/a inexpensive, cheap (8)
barba beard
barbacoa barbecue (*food*)
barca small boat; **pasear en barca** to take a boat ride
barco boat (11); **quemar sus barcos** to burn one's ships
barra bar (*of something*)
barranca gully, ravine
barrer to sweep (6)
barrera barrier
barriga belly, tummy (B)
barril *m.* barrel
barrio neighborhood (9)
basarse (**en**) to be based (on)
base *f.* base, foundation
básico/a basic
basílica basilica
básquetbol *m.* basketball (1)
basquetbolista *m., f.* basketball player
basta it's enough, sufficient; **¡basta!** enough!; **basta de** enough
bastante *adj.* enough, sufficient; *adv.* rather, quite
bastón *m.* cane
basura trash; **sacar** (**qu**) **la basura** to take out the trash (6)
basurero garbage can
bata (bath) robe (13)
batalla battle
batata sweet potato, yam
bate *m.* bat
batido (**de leche, de frutas**) (milk, fruit) shake (8)

batir to beat (8)
bautizar (**c**) to baptize
bautizo christening ceremony, baptism
bazar *m.* bazaar; marketplace
bebé *m., f.* baby (3)
beber to drink (7)
bebeleche *m.*: **jugar al bebeleche** *Mex.* to play hopscotch
bebida drink (8)
béisbol *m.* baseball (1)
beisbolista *m., f.* baseball player
belleza beauty
bello/a beautiful (10); **bellas artes** fine arts; **Facultad** (*f.*) **de Bellas Artes** School of Fine Arts (8)
bendecir (*irreg.*) to bless
beneficiar to benefit
beneficio benefit
beneficioso/a beneficial (12)
besar to kiss (12); **besarse** to kiss each other (14)
beso kiss (4); **dar un beso** to (give a) kiss
Biblia Bible
bíblico/a biblical
biblioteca library (3)
bicho bug
bici *f.* bike
bicicleta bicycle (C); **andar** (*irreg.*)/ **pasear en bicicleta** to go for a bicycle ride (1)
bien *adv.* well (A); **bien asado** well-done (*meat*); **bien parecido/a** good-looking; **llevarse bien** to get along well (9); **quedarle bien** to look nice on one
bienes raíces *m. pl.* real estate
bienestar *m.* well-being; **bienestar social** social welfare
bienvenida: dar la bienvenida to welcome
bienvenido/a welcome (11)
bigote *m.* moustache (A)
bilingüe bilingual (15)
bilirrubina bilirubin
billar *m.* billiards, pool
billete *m.* ticket (11)
billetera wallet
biología biology (2)
biósfera biosphere
bióxido dioxide
bisabuelo/a great-grandfather/great-grandmother (14); **bisabuelos** *pl.* great-grandparents
bistec *m.* steak (8)
bizcocho sponge cake; type of pastry
blanco/a white (A); **espacio en blanco** blank (space) (3); **vino blanco** white wine (8)
bloque *m.* block

blusa blouse (A)
boca mouth (B)
bocacalle *m.* intersection
bocadillo sandwich
bocina car horn; **tocar (qu) la bocina** to honk the horn (10)
boda wedding (4); **aniversario de boda** wedding anniversary (4)
bodega grocery store
bodegón *m.* tavern
boleto ticket (11); **boleto de ida y vuelta** round-trip ticket (11)
boliche *m.* bowling
bolígrafo pen (B)
bolívar *m. monetary unit of Venezuela*
boliviano/a *adj.* Bolivian (3)
bolsa bag; purse; sack (7); **bolsa de lona** canvas bag
bolsillo pocket (13); **calculadora de bolsillo** pocket calculator
bolso purse
bomba bomb
bombero/mujer bombera firefighter (5)
bombo bass drum
boniato sweet potato, yam
bonito/a pretty (A)
boquerón *m.* small sardine
bordado embroidered; *n.* embroidery
borde *m.* edge, border; **al borde de** on the verge of
bordo: a bordo on board
borrador *m.* eraser (B)
borrar to erase (4)
bosque *m.* forest (10)
botana *Mex.* appetizer
botas *pl.* boots (A)
botella bottle (8)
botica pharmacy, drugstore
botones *m. sing., pl.* bellhop (11)
boxeo boxing
brasileño/a *adj.* Brazilian (C)
brazalete *m.* bracelet
brazo arm (B)
breve *adj.* brief
brillante bright
brindis *m. sing., pl.* toast (*drink or speech*)
brisa breeze
británico/a British
bróculi *m.* broccoli (8)
bronce *m.* bronze (13)
broncearse to get a tan
bronquitis *f.* bronchitis (12)
bruja witch **Día** (*m.*) **de las Brujas** Halloween (4)
bucear to skin-dive, scuba dive; to snorkel
buceo underwater swimming; diving
buen, bueno/a good (6); **¡buen viaje!** have a nice trip!; **¡buena idea!** good

idea! (3); **buenas tardes/noches** good afternoon/evening (A); **buenos días** good morning (A); **estar** (*irreg.*) **de buen humor** to be in a good mood (4); **hace buen tiempo** it's fine weather; **qué bueno que** how great that (15)
bueno... well . . . ; hello (*answering phone, Mex.*)
bufanda scarf (13)
bullicio noise, hubbub
buñuelo fritter
burbuja bubble
burro/a donkey
busca: en busca de in search of
buscador *m.* search engine
buscar (qu) to look for (5)
búsqueda search (0); **motor** (*m.*) **de búsqueda** search engine
buzo diver

C

caballero gentleman (13)
caballo horse (3); **montar a caballo** to ride a horse (2)
cabaña cabin
cabello hair
caber *irreg.* to fit
cabeza head (B); **dolor** (*m.*) **de cabeza** headache (12)
cabina cabin
cabo cape, promontory; **llevar a cabo** to carry out, fulfill
cabrito kid, young goat
cacahuete *m.* peanut (8)
cada *inv.* each, every (A); **a cada rato** every few minutes; **cada día** each day; **cada vez** each time; **de cada lado** on each side
cadáver *m.* corpse
cadena chain
cadera hip
caer *irreg.* to fall; **caerse** to fall down (11); **dejar caer** to let fall/drop
café *m.* coffee (2); café (13); **color café** brown (A); **tomar café** to drink coffee
cafeína caffeine
cafetera coffee pot (6)
cafetería cafeteria (3)
caída fall; falling
caja box (13); case; cash register
cajero/a cashier (5); teller (*in a bank*); **cajero automático** automatic teller machine (ATM)
calabacita zucchini (8)
calabaza squash
calamar *m.* squid
calambre cramp
calavera skull
calcetín *m.* sock (13)
calcio calcium

calculadora calculator (B); **calculadora de bolsillo** pocket calculator
calcular to add up; to calculate
caldo clear soup; broth
calefacción *f.* heating (system)
calendario calendar
calentador *m.* heater (6)
calentar (ie) to warm up (6)
calentura fever (12)
calidad *f.* quality (13)
caliente hot (4); **chocolate** (*m.*) **caliente** hot chocolate **té** (*m.*) **caliente** hot tea
calificación *f.* grade
calificar (qu) to correct
callado/a quiet (14)
calle *f.* street (1)
calma calm, serenity
calor *m.* heat; **hace calor** it's hot (weather) (2); **tener** (*irreg.*) **calor** to be hot (4)
caluroso/a warm, hot (10)
calvo/a bald
calzada wide road
calzoncillos (men's) underwear (13)
cama bed (6); **cama matrimonial** double bed (6); **tender (ie) la cama** to make the bed (6)
cámara camera; chamber; **cámara digital** digital camara
camarera chambermaid (11)
camarones *m. pl.* shrimp (8)
cambiar to change (money) (9); **cambiar dinero** to change/exchange money; **cambiar un cheque (dinero)** to cash a check (money) (11); **¡Cómo cambia el mundo!** How the world changes!
cambio change (11); **cambios** *pl.* gears (10); **en cambio** on the other hand
camello camel
camilla gurney; cot
caminar to walk (2)
caminata *n.* walk
camino road, path; journey, trip
camión *m.* truck (15)
camioneta van, light truck
camisa shirt (A)
camiseta T-shirt (A)
camisón *m.* nightgown (13)
camote *m.* sweet potato
campamento campground; camp
campaña campaign; **campaña de alfabetización** literacy campaign; **tienda de campaña** tent
campeón, campeona champion
campesino/a peasant; field worker (15)
campestre pertaining to the country
camping *m.* campground
campo country(side) (7); **pista y campo** track and field (7)
campus *m.* campus (2)

Canadá *m.* Canada
canadiense *n., adj.* Canadian (C)
canal *m.* channel
canapé *m.* appetizer
cáncer *m.* cancer (12)
cancha de tenis tennis court (6)
canción *f.* song
cangrejo crab (8)
canoa canoe
cansado/a tired (A); **estoy un poco cansado/a** I am a bit tired (A)
cansancio tiredness, exhaustion
cansar to make tired (12); **cansarse** to get tired (12)
cantante *m., f.* singer (5)
cantar to sing (3)
cantarín, cantarina fond of singing
cantautor singer/songwriter
cantidad *f.* quantity
caña de azúcar sugar cane
cañón *m.* canyon (10)
capa de ozono ozone layer (10); **agujero en la capa de ozono** hole in the ozone layer (10)
caparazón *m.* shell
capilla chapel
capital *m.* capital (*money*); *f.* capital (*city*)
capó hood (*automobile*) (10)
Capricornio Capricorn
caqui: **de color caqui** khaki
cara face (B)
caracol *m.* snail; **correo caracol** snail mail
carácter *m.* (*pl.* caracteres) personality, character (14)
característica characteristic (14)
caracterizar (c) to characterize
carbohidrato carbohydrate
carbón *m.* coal
carbono carbon
carburo fluorado fluorocarbon
carecer (zc) to lack
carente *adj.* lacking
Caribe *m.* Caribbean (3)
caribeño/a Caribbean
caridad *f.* charity
cariño affection; endearment
cariñoso/a affectionate
carmín *m.* carmine, crimson
carnaval *m.* carnival
carne *f.* meat (8); beef; **carne de cerdo/puerco** pork (8); **carne de res** beef (8); **carne molida** ground beef (8)
carnicería meat market (13)
carnívoro/a carnivorous
caro/a expensive (6)
carpa de campaña tent
carpintero/a carpenter
carrera career (5); course of study; race;

seguir (i, i) (g) **una carrera** to have a career
carretera highway (10)
carro car, automobile (C)
carroza float
carta letter; menu (8); **escribir cartas** to write letters (2)
cartel *m.* poster (B)
cartera wallet (13)
cartón *m.* cardboard (13)
casa house (A); **ama de casa** housewife; **casa particular** private home (6); **la casa editorial** publishing house
casado/a married (C)
casamiento marriage
casarse (con) to get married (to) (7); **casarse por lo civil** to get married in a civil marriage ceremony
cascabel *m.* small bell
cáscara rind, peel, skin (8); shell
casco helmet
casi almost; **casi nunca** very rarely
casimir *m.* cashmere
caso case; **en caso de que** in case (14); hacer (*irreg.*) **caso** to pay attention
cassette *m.* audiocassette
castaño/a brown (*hair, eyes*) (A)
castellano Spanish (language)
castigar (gu) to punish
castigo punishment (14)
castillo castle
catarata waterfall
catarro cold (*illness*) (12)
catástrofe *f.* catastrophe
catedral *f.* cathedral
categoría category
católico/a Catholic
catorce fourteen (A)
causa: **a causa de** because of (15)
causar to cause
caza hunt; hunting
cebiche *m. Peruvian national dish of raw fish marinated in lemon juice*
cebolla onion (8)
ceja eyebrow
celebración *f.* celebration (4)
celebrar to celebrate (4)
celular cellular (3)
cementerio cemetery
cemento cement
cena dinner (8)
cenar to have dinner (1)
centavo cent (B); **no tener** (*irreg.*) **ni un centavo** to be broke (13)
centígrado/a *adj.* centigrade
céntrico/a central
centro center; downtown (2); **centro comercial** shopping center (6); **centro estudiantil** student center (3)
centroamericano/a Central American

cepillo brush (6); **cepillo de dientes** toothbrush (6)
cerámica ceramics (13)
cerca *n.* fence; *adv.* near; **cerca de** *prep.* close to (3)
cercano/a near, close by
cerdo pork; **carne** (*f.*) **de cerdo** pork; **chuleta de cerdo** pork chop
cereal *m.* cereal (2)
cerebro brain (12)
ceremonia ceremony (4)
cero zero (A)
cerrado/a closed
cerrar (ie) to close (2); to turn off (*appliance*)
cerveza beer (7)
césped *m.* lawn; **cortar el césped** to cut (mow) the grass
ceviche *see* cebiche
chaleco vest
chamarra *Mex.* jacket
chamba *Mex.* job
chambelán *m.* escort
champaña *m.* champagne
champiñón *m.* mushroom
champú *m.* shampoo (4)
chaqueta jacket (A)
charlar to chat (2)
chatarra: **comida chatarra** *Mex.* junk food
chavo *Puerto Rico* cent
cheque *m.* check; **cambiar un cheque (dinero)** to cash a check (money) (11); **cheque de viajero** traveler's check (11)
chicano/a Chicano
chícharo green pea
chicharrón *m.* pork crackling
chicle *m.* chewing gum (3)
chico/a *n. m., f.* young man/young woman (B); *adj.* small
chile *m.* chili pepper; **chile relleno** stuffed chili pepper
chileno/a *n., adj.* Chilean (3)
chimenea fireplace (6)
china orange (fruit)
chino *n.* Chinese (language) (C)
chino/a *n., adj.* Chinese (C)
chiquillo/a child; *coll. Sp.* darling, beloved
chismear to gossip
chistoso/a funny (14)
chocar (qu) to collide, crash; **chocar con** to crash, run into (*something*)
chocolate *m.* chocolate (8); **chocolate caliente** hot chocolate
chofer *m., f.* driver (5)
choque *m.* crash (12)
chorizo sausage
chuleta chop (8); **chuleta de cerdo/puerco** pork chop (8)

chuparse el dedo to suck one's thumb
ciberespacio cyberspace
cibernético/a cybernetic
cicatriz *f.* (*pl.* **cicatrices**) scar (12)
ciclismo cycling
ciclista *m., f.* cyclist
ciclón *m.* cyclone
ciego/a *n.* blind person; *adj.* blind
cielo sky (10); heaven
cien, ciento one hundred (C); **por ciento** percent
ciencia science; **ciencia ficción** science fiction; **ciencias sociales** social science (2); **Facultad** (*f.*) **de Ciencias Naturales/Sociales** School of Natural/ Social Science
científico/a *n.* scientist (9); *adj.* scientific
cierto/a certain (B); true
ciervo/a deer
cigarrillo cigarette
cigarro cigar
cima top, summit
cinco five (A); **a las cinco** at five o'clock
cincuenta fifty (B)
cincuenta y uno fifty-one (B)
cincuenta y dos fifty-two (B)
cincuenta y ocho fifty-eight (B)
cine *m.* movie theater (1); **estrella de cine** movie star
cinta tape, cassette (5)
cintura waist (12)
cinturón *m.* belt; **cinturón de seguridad** seatbelt (10)
circulación *f.* circulation; traffic
circular to circulate (12)
círculo circle
cirujano/a surgeon (12)
cita appointment; date (12)
ciudad *f.* city (2)
ciudadanía citizenship
ciudadano/a citizen (10)
civil: casarse por lo civil to get married in a civil marriage ceremony; **estado civil** marital status (1)
civilización *f.* civilization
claro/a clear; **claro** of course; **claro que no** of course not (B); **claro que sí** of course (B)
clase *f.* class (B); kind type; **clase turística** tourist class (11); **compañero/a de clase** classmate (A); **después de clases** after school; **salón** (*m.*) **de clase** classroom
clásico/a classical (3)
clasificado/a: aviso clasificado classified ad (5)
claustrofobia claustrophobia
clausura closing
clavado fixed; stuck
clave *adj. inv.* key

claxón *m.* horn
clic: hacer (*irreg.*) **clic en** to "click" on
cliente, clienta customer (5)
clima *m.* weather; climate (2)
climático/a climatic
climatizado/a: piscina climatizada heated pool
clínica *n.* clinic (5)
clínico/a: historial (*m.*) **clínico** medical history (12)
club *m.* club (2); **club nocturno** nightclub (5)
cobre *m.* copper
cocer (**ue**) (**z**) to cook
coche *m.* car, automobile (C); **coche deportivo** sports car
cocido/a cooked; **bien/poco cocido** well-done/rare (*meat*) (8); **huevos cocidos** hard-boiled eggs (8)
cocina kitchen (5); stove
cocinar to cook (1)
cocinero/a cook (5)
cocodrilo crocodile
coctel *m.* cocktail
código code
codo elbow (12)
cognado cognate
coincidencia coincidence; **¡qué coincidencia!** what a coincidence! (11)
coincidir to coincide
cola: hacer (*irreg.*) **cola** to stand in line (11)
colaboración *f.* collaboration
colaborar to collaborate
colada: piña colada *tall mixed drink of rum, cream of coconut, pineapple juice, and ice, usually mixed in a blender*
colador *m.* sieve
colección *f.* collection
coleccionar to collect
colectivo/a *adj.* communal; **colectivo** *n.* (*Arg., Peru*) *passenger vehicle smaller than a bus;* **locomoción colectiva** public transportation
colega *m., f.* colleague
colegio private school (3)
colesterol *f.* cholesterol
coliflor *f.* cauliflower (8)
colina hill (10)
collar *m.* necklace
colocar (**qu**) to place
colombiano/a *adj.* Colombian (3)
colón *m. monetary unit of Costa Rica, El Salvador*
colonia colony; neighborhood; cologne; **colonia espacial** space colony
colonización *f.* colonization
colonizado/a colonized
colonizador(a) *n.* colonizer

color *m.* color; **color café** brown (A); **de color caqui** khaki; **¿de qué color es?** what color is it? (A); **¿de qué color tiene el pelo / los ojos?** what color are your (*pol. sing.*)/his/her hair/eyes?; **impresora a colores** color printer (13); **televisor** (*m.*) **en colores** color TV set
colorado/a: ponerse (*irreg.*) **colorado/a** to turn red
colorante *m.* coloring agent
columna column
comadre *f.* very good friend (*female*); godmother of one's child (14)
combatir to fight
combinación *f.* combination; (woman's) slip
combinar to combine
comedia comedy
comedor *m.* dining room (6)
comentar to comment
comentario comment, commentary (14); **hacer** (*irreg.*) **comentarios** to comment
comenzar (**ie**) (**c**) to begin (14); **comenzar a** (+ *infin.*) to begin to (*do something*)
comer to eat (1); **comer fuera** to eat out (8); **comerse** to eat up, finish up; **comerse las uñas** to bite one's nails; **dar** (*irreg.*) **de comer** to feed (6)
comercial *adj.* commercial, business; **anuncio comercial** TV or radio commercial; **aviso comercial** notice; ad; **centro comercial** shopping center (6)
comercio commerce, business
comestibles *m. pl.* food; groceries
cometa: volar (**ue**) **una cometa** to fly a kite
comezón *f.* rash, itch (12)
cómico/a comical; **tiras cómicas** comic strips
comida food; meal (3); lunch; **comida chatarra** junk food (*Mex.*) (8); **comida preelaborada** convenience food (8)
comienzo beginning
como as; as a; like; since; **como si nada** as if nothing were wrong; **tal y como** exactly the same as; **tan... como** as . . . as (6); **tan pronto como** as soon as; **tanto(s)/tanta(s)... como** as many . . . as (6)
¿cómo? how?; what?; **¡cómo cambia el mundo!** how the world changes!; **¿cómo es él/ella?** what is he/she like? (B); **¿cómo es usted / eres tú?** what are you like? (B); **¿cómo está usted?** how are you? (A); **¿cómo se escribe... ?** how do you spell . . . ?; **¿cómo se llama?** what is his/her name? (A); **¿cómo se va de... a... ?** how does one

get from . . . to . . . ? (11)

cómoda chest of drawers (6)

cómodamente *adv.* comfortably (10)

comodidad *f.* comfort

cómodo/a comfortable (13)

compacto: disco compacto compact disk (CD) (3)

compadre *m.* very good friend (*male*); godfather of one's child (14)

compañero/a companion; **compañero/a de clase** classmate (A)

compañía company (5)

comparación *f.* comparison

comparar to compare (10)

compartir to share (6)

compatriota *m., f.* fellow countryman/countrywoman, fellow citizen

competencia competition

competición *f.* competition (1)

competir (i, i) to compete

complacer (zc) to please

complejo *n.* complex

complemento; pronombre (*m.*) **de complemento directo/indirecto** direct/indirect object pronoun

completamente completely (10)

completar to complete

completo/a complete; **jornada completa** full-time (5); **por completo** totally

complicado/a complicated

comportamiento behavior (14)

composición *f.* composition (4)

compositor(a) composer

compra purchase; grocery shopping; **hacer** (*irreg.*) **las compras** to go grocery shopping (8); **ir** (*irreg.*) **de compras** to go shopping (1)

comprar to buy (3)

comprender to understand; **comprenderse** to understand each other

comprensión *f.* comprehension, understanding; **comprensión auditiva** listening comprehension (5)

comprometido/a: estar (*irreg.*) **comprometido/a** to be engaged (14)

computación *f.* computation; calculation

computadora computer (B); **computadora portátil** laptop computer

común common

comunicación *f.* communication

comunicar (qu) to communicate; **comunicarse** to communicate with each other (15)

comunidad *f.* community

comunión *f.*: **primera comunión** first communion

comúnmente commonly, usually

con with (A); **con tal (de) que** as long as

concentración *f.* concentration (10)

concentrado/a concentrated

concentrar to concentrate

concepción *f.* conception

concepto concept

concha shell

conciencia conscience

concierto concert; **entradas para un concierto** tickets for a concert

concluir (y) to conclude

conclusión *f.* conclusion

condición *f.* condition (12)

condimento condiment (8)

condominio condominium (3)

conducir *irreg.* to drive

conducta conduct, behavior

conductor(a) driver

conferencia conference; lecture

confesión *f.* confession (7)

confianza confidence

confiar (confío) to confide

confirmar to confirm

conflicto conflict

conformarse to make do

confundido/a mixed up

congelador *m.* freezer

congelar to freeze

congestionado/a congested (12)

congresista *m., f.* member of a congress

congreso congress

conmemorar to commemorate

conmigo with me (3)

conmovedor(a) *adj.* moving

conocer (zc) to meet (6); to know (6); **conocerse** to meet each other (14); **gusto en conocerlo/la** nice to meet you (6); **llegar a conocerse** to get to know each other

conocimiento knowledge

conquista conquest

conquistar to conquer

consciente conscious; aware; **ser** (*irreg.*) **consciente de** to be aware of

consecuencia consequence

conseguir (i, i) (g) to obtain, get (15)

consejero/a counselor

consejo advice

conservación *f.* preservation

conservador(a) *n.* preservative; *adj.* conservative (B)

conservar to preserve; to maintain (14)

considerado/a considerate

considerar to consider

consistir en to consist of (15)

constantemente constantly (14)

construcción *f.* construction (13)

construir (y) to build (15)

consulado consulate (11)

consultar con to consult (12)

consultorio doctor's office (5)

consumir to consume

consumo consumption (10)

contacto contact

contador(a) accountant

contagio contagion; **tener** (*irreg.*) **contagio** to be infected

contagioso/a contagious

contaminación *f.* pollution; **contaminación ambiental** environmental pollution; **contaminación del aire** air pollution (10)

contaminar to contaminate

contar (ue) to count; to tell, narrate

contemporáneo/a contemporary

contener (*like* **tener**) to contain (8)

contenido *sing.* contents

contento/a happy (4); **estar** (*irreg.*) **contento/a** to be happy (4)

contestadora telefónica answering machine

contestar to answer (2)

contexto context

contigo *inf. sing.* with you

continente *m.* continent (7)

continuación: a continuación next, following; appearing below

continuar (yo continúo) to continue

continuidad *f.* continuity

continuo/a continual

contra against; **estar** (*irreg.*) **en contra de** to be against (15)

contrabando contraband

contracción *f.* contraction (12)

contraer (*like* **traer**) to contract

contrarrevolución *f.* counterrevolution

contraste *m.* contrast

contribución *f.* contribution

contribuir (y) to contribute (14)

controlar to control (10)

convencer (z) to convince

conveniente convenient

convento convent

conversación *f.* conversation (2)

conversar to converse, talk, chat (3)

convertir (ie, i) to change; **convertirse en** to become

convivir to live together (harmoniously); to coexist

coordinar to coordinate

copa (wine)glass (8); **Copa Mundial** World Cup

copia copy

corazón *m.* heart (12); **ataque** (*m.*) **al corazón** heart attack (12)

corbata tie (*clothing*) (A)

cordero lamb

cordillera mountain range

córdoba *m. monetary unit of Nicaragua*

Corea del Norte/del Sur North/South Korea (C)

coreano/a Korean (C)

corral *m.* yard; stockyard, pen
corrección *f.* correction
correcto/a correct
corregir (**i, i**) (**j**) to correct (10)
correo mail; post office (3); **correo caracol** snail mail; **correo electrónico** e-mail (1)
correr to run (2); **correr riesgo** to run a risk
correspondencia correspondence
corresponder to correspond
correspondiente corresponding
corrida de toros bullfight
corriente *f.* current; **al corriente** up-to-date
corrimiento landslide
cortar to cut (5); **cortarse** to cut oneself (12); **cortar el césped** to cut (mow) the grass; **cortarse el pelo** to cut one's hair, have one's hair cut
corte *f.* court; *m.* cutting; cut, fit (*of clothing*)
cortésmente courteously
cortina curtain; drape (6)
corto/a short (*in length*) (A); **pantalones cortos** shorts (A)
cosa thing (B)
cosecha crop, harvest
cosechar to harvest
coser to sew
cosmopolita *adj. m., f.* cosmopolitan
costa coast (10)
costado side (12)
costar (**ue**) to cost; **¿cuánto cuesta(n)... ?** how much is /are . . . ? (B); **cuesta(n)...** it costs (they cost) . . . (B)
costarricense *n., adj.* Costa Rican
costilla rib (12)
costo cost (15)
costumbre *f.* habit, custom (15)
costura: alta costura haute couture
cotidiano/a *adj.* daily
cotillear *coll.* to gossip
creación *f.* creation
creador(a) creative
crear to create
creativo/a creative
crecer (**zc**) to grow, grow up
creciente growing; increasing
crecimiento growth
crédito credit; **tarjeta de crédito** credit card (8)
creencia belief
creer (**y**) to believe; to think; **creo que no** I don't think so; **creo que sí** I think so; I should think so!; (**no**) **creer que** to (not) believe that (15); **no lo creo** I don't believe it; **ya lo creo** of course
crema cream (8)
crianza upbringing (14)

criar(se) to bring up (be brought up); to grow up (14); to raise (*children, animals*)
crimen *m.* crime (15)
criminal: caso criminal criminal case
crisis *f.* crisis
cristal *m.* crystal (13)
cristalino/a crystalline; clear
crítica criticism
criticar (**qu**) to criticize
crítico/a critical (15)
cronológico/a chronological
crucero cruise ship (11); cruise
crudo/a *adj.* raw (8); severe, harsh (*weather*)
cruel cruel (14)
cruz *f.* (*pl.* **cruces**) cross; **la Cruz Roja** Red Cross
cruzar (**c**) to cross
cuaderno notebook (B)
cuadra block (*street*) (11)
cuadrado/a squared
cuadro box, square; graph; picture (*on the wall*); **de cuadros** checkered, plaid (13)
¿cuál? what?, which? (C); **¿cuál(es)?** which (ones)?; **¿cuál es su nombre?** what is your name? (A)
cualidad *f.* quality, trait
cualquier(a) any; **a cualquier hora** at any time
cuando when
¿cuándo? when?; **¿cuándo nació?** when were you (was he/she) born? (1)
¿cuánto/a? how much?; how long?; **¿cuánto cuesta(n)... ?** how much is/are . . . ? (B); **¿cuánto hace que + present... ?** how long have/has . . . ?; **¿cuánto tiempo hace que... ?** how long has it been since . . . ? (7); **¿cuánto vale?** how much is it?
cuanto: en cuanto as soon as (15); **en cuanto a** as for, as regards; **cuanto antes** as soon as possible
¿cuántos/as? how many?; **¿cuántos/as... tiene(s)?** how many . . . do you have? (C); **¿cuántos/as (hay)?** how many (are there)? (A); **¿cuántos años tiene(s)?** how old are you? (C)
cuarenta forty (B)
cuarenta y cinco forty-five (B)
cuarto room; bedroom; **y/menos cuarto** quarter past/to (*time*) (1)
cuarto/a fourth (2)
cuate/a twin; buddy
cuatro four (A)
cuatrocientos/as four hundred
cubano/a *n., adj.* Cuban (C)
cubanoamericano/a *adj.* Cuban American

cubierto/a (*p.p. of* **cubrir**) covered; **cubiertos** utensils (8)
cubrir (*p.p.* **cubierto**) to cover (8)
cuchara spoon (8)
cucharita teaspoon (8)
cucharón *m.* ladle (8)
cuchillo knife (8)
cuello neck (B); **cuello en V / en pico** V-neck collar
cuenco large serving bowl
cuenta bill, check (8); **darse** (*irreg.*) **cuenta** (**de**) to realize; **tomar en cuenta** to take into account
cuento short story (9); **cuento de hadas** fairy tale
cuerda: saltar la cuerda to jump rope
cuero leather (13)
cuerpo body (B); **las partes del cuerpo** parts of the body
cuestión *f.* question, issue, matter (15)
cuestionar to question
cuidado care; **con cuidado** with care, carefully (7); **¡cuidado!** (be) careful! (10); **cuidado médico** medical care; **tener** (*irreg.*) **cuidado** to be careful (10)
cuidar (**de**) to take care (of) (5); **cuidarse** to take care of oneself (15)
culpa fault, blame (15); **tener** (*irreg.*) **la culpa** to be to blame, be guilty (12)
cultivarse to be cultivated
cultivo cultivation
cultura culture
cultural cultural (15)
cumbre *f.* summit
cumpleaños *m. sing., pl.* birthday (1); **feliz cumpleaños** happy birthday (1)
cumplir (**con**) to fulfill, carry out; **cumplir años** to have a birthday (7)
cuna birthplace; cradle
cuñado/a brother-in-law/sister-in-law (9)
cura *f.* cure; *m.* priest (*Catholic*) (14)
curación *f.* cure, treatment
curar to cure; **curarse de** to cure oneself, be cured of
curativo: poder (*m.*) (*irreg.*) **curativo** healing power
curiosidad *f.* curiosity
curioso/a curious
curita Band-Aid (12)
cursivo: letra cursiva italics
curso course
curva curve (10)
cuyo/a whose

D

dama lady (13)
damas *pl.* checkers
damnificados victims
danza dance
dañar to damage (15)

daño damage; **hacer** (*irreg.*) **daño** to harm

dar *irreg.* to give (4); **dar de comer** to feed (6); **dar la bienvenida** to welcome; **dar miedo** to frighten; **dar permiso** to give permission (9); **dar rabia** to anger, enrage; **dar un aventon** *Mex.* to give (someone) a ride; **dar un beso** to (give a) kiss; **dar un paseo** to take a walk; **dar una fiesta** to give a party; **dar vueltas** to go around; **darle la mano a alguien** to shake someone's hand; **darse una vuelta a alguien** to look in on someone (*invalid or hospital patient*); **darse cuenta (de)** to realize; **darse la mano** to shake hands with each other (14)

datar de to date from

datos *pl.* data; **datos personales** personal data (1)

de *prep.* of; from (A); by; **del, de la** of the; **de nada** you are welcome (B)

debajo de under (3)

deber *n. m.* duty

deber *v.* to owe; **deber** (+ *infin.*) should, ought to (*do something*) (5)

debido a due to

década decade

decidir to decide (12)

décimo/a tenth (2)

decir *irreg.* to say, tell (7); **¡Dígalo por escrito!** Say it in writing! (1); **es decir** that is to say; **¡no me digas!** you don't say!; **querer decir** to mean; **y tú, ¿qué dices?** and you? what do you say? (1)

decisión *f.* decision (15)

declaración *f.* declaration; statement (7)

declarar to declare

decoración *f.* decoration (4)

decorado *n.* decor

decorado/a *adj.* decorated

dedicar (**qu**) to dedicate

dedo finger (12)

defenderse (**ie**) to defend oneself (5)

defensa defense

deficiente deficient

definición *f.* definition (2)

definir to define

definitivamente decisively

dejar to leave; to let (8); to abandon; to allow; **déjame en paz** leave me alone; **dejar** (+ *infin.*) to allow (*someone*) to (*do something*); **dejar caer** to let fall/drop; **dejar de** (+ *infin.*) to stop (*doing something*) (14); **dejar que** (+ *subjunctive*) to allow someone to (*do something*) (14); **dejar una huella** to leave a mark

del (*contraction of* **de** + **el**) of the; from the

delantal *m.* apron

delante de in front of, in the presence of

delegación *f.* delegation

deletrear to spell

delfín *m.* dolphin (10)

delfinario dolphin tank

delgado/a thin (A)

delicioso/a delicious (8)

delincuencia delinquency

delito crime, offense; **tasa de delitos** crime rate

demandar to demand; to ask (for)

demás: lo demás the rest; **los/las demás** the rest, others

demasiado/a *adj.* too many, too much

demasiado *adv.* too (15)

demócrata democratic

demonio devil

demostrar (**ue**) to demonstrate

demostrativo: pronombre (*m.*) **demostrativo** demonstrative pronoun

denso/a dense (10)

dentista *m., f.* dentist (5)

dentro inside; **dentro de** inside; within, in (*time*); **por dentro** on the inside (8)

departamento *Mex.* apartment (6); province

dependencia room (of a house) (6)

depender de to depend on (15)

dependiente, dependienta clerk, salesperson (5)

deporte *m.* sport (1); **practicar un deporte** to play a sport (1)

deportista *n. m., f.* athlete (5); *adj. m., f.* athletic

deportivo/a *adj.* sporting, sport related; **coche** (*m.*) **deportivo** sports car; **ropa** (*sing.*) **deportiva** sports clothes

depósito deposit

deprimido/a depressed (4)

derecha *n.* right side; **a/de la derecha** to/from the right (3)

derecho *n.* right (*legal*) (B); law; straight ahead; **de derecho** by right; **derechos de aduana** customs duty, tax; **Facultad** (*f.*) **de Derecho** School of Law

derecho/a *adj.* right;

derivarse (de) to be derived (from)

derrochar to waste

derrumbar to collapse

desagradable unpleasant

desahogadamente comfortably

desamparado/a homeless person

desaparecer (**zc**) to disappear

desarrollar to develop (10)

desarrollo development (15); **en vías de desarrollo** *adj.* developing

desastre *m.* disaster

desastroso/a disastrous

desayunar to have breakfast (2)

desayuno breakfast (8)

desbordamiento overflow (10)

descafeinado/a decaffeinated (8)

descalzo/a barefooted

descansar to rest (3)

descanso rest; break

descargar (**gu**) to unload

descender (**ie**) to descend

descendiente *m., f.* descendant

descomponerse (*like* **poner**) to break down (12)

descongestionante *m.* decongestant (12)

desconocido/a *n.* stranger; *adj.* unknown

descremado/a skimmed (8)

describir (*p.p.* **descrito**) to describe

descripción *f.* description

descriptivo/a descriptive

descrito/a (*p.p. of* **describir**) described

descubrimiento discovery

descubrir (*p.p.* **descubierto**) to discover (9)

desde *prep.* from; **desde la(s)... hasta la(s)...** from . . . until . . . (*time*) (4); **desde luego** of course; **desde que** *conj.* since

desear to desire, wish

desecho waste

desembocar (**qu**) **en** to flow into

desempleado/a *adj.* unemployed

desempleo unemployment; **tasa de desempleo** unemployment rate

desempolvar to dust

deseo desire, wish

desesperado/a desperate

desfile *m.* parade

desgraciadamente unfortunately

deshabitado/a uninhabited

deshidratación *f.* dehydration

desierto desert (10)

desinflado/a: llanta desinflada flat tire (10)

desmayarse to faint (12)

desnudo/a nude

desobediente disobedient

desordenado/a *n.* disorderly person; *adj.* disorderly, disarranged

despacio *adv.* slowly (10)

despedida good-bye

despedirse (**i, i**) to say good-bye

despensas *pl.* provisions

desperdiciar to waste

desperdicios *pl.* waste; **desperdicios** (*pl.*) **nucleares** nuclear waste (10)

despertador (**reloj** *m.*) *m.* alarm (clock) (7); **radio despertador** alarm clock radio (13)

despertar (**ie**) to wake; **despertarse** to wake up (4)

despierto/a awake; awakened

después *adv.* after (2); **después de** *prep.*

after (4); **después de clases** after school; **después de que** *conj.* after (15); **poco después** a bit later (7)

destacarse (qu) to stand out

destapar to decongest; to unplug

destino destination (11); destiny; **con destino a** to (*a place*)

destrucción *f.* destruction (10)

destructivo/a destructive

destruir (y) to destroy (15)

desventaja disadvantage (14)

desviación *f.* detour

detalle *m.* detail; **en detalle** in detail

detección *f.* detection

detector *m.* detector

detener (*like* **tener**) to detain; to stop; **detenerse** to stop oneself (12); to linger

deterioro decline

determinación *f.* determination

determinar to determine

detestar to hate

detrás de behind (3)

devastado/a devastated

devastador(a) devastating

devoción *f.* devotion

devolver (ue) (*p.p.* **devuelto**) to return (*something*)

día *m.* day (1); **al día siguiente** the next or following day; **buenos días** *pl.* good morning (A); **cada día** each day; **de día** by day; **Día de Acción de Gracias** Thanksgiving Day (4); **día de fiesta** holiday; **Día de la Independencia** Independence Day (4); **Día de la Madre** Mother's Day (4); **Día de la Raza/Hispanidad** *a celebration of Hispanic identity held on October 12*; **Día de las Brujas** Halloween (4); **Día de los Enamorados** Valentine's Day (4); **Día de los Muertos** All Souls' Day (4); **Día de los Reyes Magos** Epiphany, January 6 (*lit.* Day of the Magi) (4); **Día del Padre** Father's Day (4); **día del santo** saint's day (4); **Día de San Valentín** St. Valentine's Day; **Día de Todos los Santos** All Saints' Day (November 1) (4); **día feriado** holiday (4); **día festivo** holiday; **hoy (en) día** nowadays; **todos los días** every day

diablo devil

diagnóstico diagnosis (12)

dialecto dialect

diálogo dialogue

diamante *m.* diamond (13)

diariamente daily (10)

diario/a daily; **rutina diaria** daily routine (4)

diarrea diarrhea (12)

dibujar to draw (5)

dibujo drawing (B); **dibujos animados** cartoons

diccionario dictionary (B)

dicho *n.* saying

dicho/a (*p.p. of* **decir**) said

diciembre *m.* December (1)

dictador(a) dictator

dictadura dictatorship

diecinueve nineteen (A)

dieciocho eighteen (A)

dieciséis sixteen (A)

diecisiete seventeen (A)

diente *m.* tooth (12); **cepillarse los dientes** to brush one's teeth; **cepillo de dientes** toothbrush (6); **lavarse los dientes** to brush one's teeth (4); **pasta de dientes** toothpaste

dieta: estar (*irreg.*) **a dieta** to be on a diet (8)

dietético/a *adj.* diet

diez ten (A)

diferencia difference

diferente different

difícil difficult (B)

dificultad *f.* difficulty (15)

dilema *m.* dilemma

diminutivo diminutive (e.g., **-ito/a**)

dinero money (5); **cambiar dinero** to change/exchange money; **dinero en efectivo** cash (*money*) (11); **ganar dinero** to earn money; **traer** (*irreg.*) **dinero** to be carrying money (13)

dinosaurio dinosaur

dios *m.* god; **Dios** God

diplomático/a diplomat

diputación *f.* delegation; committee

dirección *f.* direction; address (1)

directamente directly

directo/a direct

director(a) (school) principal (6)

directorio directory

dirigir (j) to direct (14)

discernir (ie) to discern

disciplina discipline

disco record; **disco compacto** compact disk (CD) (3)

discoteca discotheque (1)

discriminación *f.* discrimination (15)

disculpar to excuse, pardon; **disculpe** excuse me (7)

discusión *f.* discussion

discutir to discuss; to argue (9)

diseñar to draw; to design

diseño design

disfraz *m.* costume

disfrutar to enjoy (11)

disminuir (y) to diminish, reduce (10); **disminuir la velocidad** to reduce speed

disperso/a dispersed

disponer (*like* **poner**) **de** to have (*at one's disposal*)

disponible available

dispuesto/a willing; **estar** (*irreg.*) **dispuesto/a a** (+ *infin.*) to be willing to (*do something*)

distancia distance

distinto/a different (14)

distracción *f.* distraction

distraído/a distracted

distrito district

diversidad *f.* diversity

diversión *f.* entertainment (6)

diverso diverse

divertido/a fun (B); **¡qué divertido!** how fun! (1)

divertirse (ie, i) to have fun (5)

dividir to divide

divorciado/a divorced (C)

divorciarse to divorce (each other) (14)

divorcio divorce (14)

doblar to fold; to turn (8) (11)

doble sentido two-way (*street*) (10); **habitación** (*f.*) **doble** double room (11)

doce twelve (A)

doctor(a) doctor (B)

doctorado doctorate

documento document (14)

dólar *m.* dollar (B); *monetary unit of Honduras, Ecuador, and El Salvador*

dolencia ailment (12)

doler (ue) to hurt, ache (12)

dolor *m.* pain (12); **dolor de cabeza** headache (12); **dolor de estómago** stomachache (12); **dolor de garganta** sore throat (12); **dolor de muelas** toothache (12)

doméstico/a domestic; **animal** (*m.*) **doméstico** pet (9); **aparato doméstico** appliance (6); **empleado/a doméstico/a** servant (6); **quehacer** (*m.*) **doméstico** household chore (6)

dominante dominant

dominar to dominate

domingo Sunday (1); **Domingo de Pascua** Easter Sunday (4)

dominicano/a of the Dominican Republic (3); **República Dominicana** Dominican Republic (3)

dominio power; authority

dominó *m. sing.* dominoes

don *m.* title of respect used with a man's first name (A)

donación *f.* donation

¿dónde? where? (1); **¿de dónde es usted (eres tú)?** where are you from? (3); **¿dónde nació?** where were you (was he/she) born? (1)

doña title of respect used with a woman's first name (A)

dorado/a golden brown (8)
dormido/a asleep
dormir (ue, u) to sleep (1); **dormir todo el día** to sleep all day; **dormir una siesta** to take a nap; **dormirse** to fall asleep
dormitorio bedroom (6)
dos two (A)
doscientos/as two hundred (1)
drama *m.* drama, play
dramaturgo/a playwright
drástico/a drastic
droga drug (14)
drogadicción *f.* drug addiction
drogadicto/a drug addict
ducha shower
ducharse to shower (4)
duda: sin duda without a doubt
dudar to doubt; **(no) dudar que** to (not) doubt that (15)
dudoso/a doubtful; **es dudoso que** it is doubtful that (15)
dueño/a owner (6)
dulce *adj.* sweet (8); *n. m. pl.* candy (4); **agua dulce** fresh water
dulcería candy store (13)
dúo duo, duet
duplicarse to be duplicated
durable durable (13)
durante during
durar to last
durazno peach (8)
duro: disco duro hard disk

E

e and (*used instead of* **y** *before words beginning with* **i** *or* **hi**)
echar to throw, cast; **echarse la siesta** to take a nap
ecogrupo *m.* ecology group, group of ecologists
ecología ecology (10)
ecológico/a ecological (10)
economía economy (2)
económico/a economic
ecosistema *m.* ecosystem
ecoturismo ecotourism
ecuatorial: línea ecuatorial equator
ecuatoriano/a Ecuadorean (3)
edad *f.* age (C)
edificio building (3); **edificio de apartamentos** apartment building
editorial: la casa editorial publishing house
educación *f.* education (15); **educación sexual** sex education
educar (qu) to educate
educativo/a educational
EE.UU. (*abbrev. for* **Estados Unidos**) United States

efectivo: dinero en efectivo cash (*money*) (11)
efectivo/a effective (14)
efecto effect; **poner (irreg.) en efecto** to carry out
eficacia effectiveness
eficiencia efficiency
eficiente efficient
egipcio/a Egyptian (C)
Egipto Egypt (C)
egoísta selfish (14)
ejecutivo/a *adj.* executive
ejemplo example; **por ejemplo** for example (9)
ejercer (z) to exercise
ejercicio exercise; **hacer (irreg.) ejercicio** to exercise (1)
ejército army
ejote *m.* green bean
el *m. definite article* the (A); **el lunes** on Monday
él *sub. pron.* he; *obj. of prep.* him (B)
elaborar to manufacture, produce
elástico elastic (13)
elección *f.* election
electricidad *f.* electricity (10)
electricista *m., f.* electrician (5)
eléctrico/a electrical; **portero eléctrico** intercom with automatic door-opener; **rasuradora eléctrica** electric razor (4)
electrónica electronics
electrónico/a: correo electrónico e-mail (1); **intercambiar mensajes electrónicos** to exchange e-mail (1); **videos electrónicos** video games (5)
elefante *m.* elephant
elegante elegant (1)
elemento element
elevador *m.* elevator
eliminación *f.* elimination
eliminar to eliminate (10)
ella *sub. pron.* she; *obj. of prep.* her (B)
ellos/as *sub. pron.* they; *obj. of prep.* them (B)
elote *m.* ear of corn (8)
embajador(a) ambassador
embarazada pregnant (14); **quedar embarazada** to become pregnant
embarazo pregnancy
embarcarse (qu) to embark (*on an enterprise*)
embargo: sin embargo however
emergencia emergency; **sala de emergencia** emergency room (12)
emigrante *m., f.* emigrant
emigrar to emigrate
emisora radio station
emoción *f.* emotion (4)
emocionante *adj.* exciting; moving

empacar (qu) to pack (11)
empanada turnover pie or pastry
emparejar to match
empeorar to worsen
emperador, emperatriz emperor/empress
empezar (ie) (c) to begin (5); **empezar a (+ infin.)** to begin to (*do something*)
empinado/a steep
empleado/a employee (11); **empleado/a doméstico/a** servant (6)
emplear to use; to employ
empleo job (5)
emplumado/a feathered
empresa company, firm
empresarial business; managerial
empresario/a manager
en in; on (A); at
enamorado/a (de) in love (with) (4)
enamorados *pl.* sweethearts; **Día (m.) de los Enamorados** Valentine's Day (4)
enamorarse to fall in love (with each other) (14)
encaje *m.* lacework
encantado/a delighted, pleased (*to meet someone*) (6)
encantador(a) *adj.* delightful
encantar to delight, charm (8); **me encanta(n)...** I really like (*something*) (11); **le encanta(n)...** you (*sing. pol.*)/he/she really like(s) (*something*) (11)
encanto enchantment
encarcelamiento imprisonment
encarcelar to imprison, jail
encargarse (gu) to be in charge
encender (ie) to turn on, to light; to set on fire; **encender la luz** to turn on the light
encerar to wax
encerrar (ie) to shut in; to lock up
enchilada *rolled tortilla filled with meat and topped with cheese and sauce, cooked in an oven*
encías *pl.* gums (*anatomy*)
enciclopedia encyclopedia
encima de on top of (3)
encontrar (ue) to find; to meet; **encontrarse con** to meet; to run into
encuesta poll (5)
endovenoso/a intravenous
enemigo/a enemy
energía energy (10); **fuente (f.) de energía** energy source
enérgico/a energetic
enero January (1)
énfasis *m. sing., pl.* emphasis; stress
enfatizar (c) to emphasize
enfermarse to get sick (12)
enfermedad *f.* illness; disease (12);

enfermedad venérea sexually transmitted disease

enfermero/a *n.* nurse (5)

enfermiza unhealthy

enfermo/a *n.* sick person; *adj.* sick (4)

enfocar (qu) to focus

enfoque: con enfoque in focus

enfrentarse con to face; to confront (15); to meet, encounter

enfrente *adv.* in front; **de enfrente** in front; **enfrente de** in front of (3)

engañar to deceive

engaño deceit

engordar to get fat

enlace *m.* link; bond; union, marriage

enlazar (c) to link, connect

enmascarado/a masked

enojado/a angry (4)

enojar: hacer (irreg.) enojar to make angry, anger; **enojarse** to get angry (12)

enojo anger

enorme enormous

enriquecer (zc) to enrich; **enriquecerse** to get rich

ensalada salad (8)

ensaladilla potato salad

ensayo essay

enseñanza teaching

enseñar to teach (5); to show (14)

ensuciar to dirty

entablar to strike up *(correspondence)*

entender (ie) to understand; **no entendí bien** I didn't quite understand

enterarse to find out

entero/a whole

enterrado/a buried

entidad *f.* entity

entonces then

entrada entrance; ticket (1); **entradas para un concierto** tickets for a concert

entrar (en) to enter; **entrar al trabajo** to start work (5)

entre between, among (3); **entre paréntesis** in parentheses; **entre semana** on weekdays, during the week (14)

entregar (gu) to hand in, turn in (9)

entremés *m.* appetizer

entrenamiento training; coaching

entrenar(se) to train

entrevista interview

entrevistarse to interview each other; to be interviewed

entristecer (zc) to sadden; **entristecerse** to become sad

entusiasmado/a excited

entusiasmo enthusiasm

entusiasta *adj. m., f.* enthusiastic (B)

envase *m.* packing, packaging; bottle

enviar (envío) to send (6)

envidia envy; **¡qué envidia!** how I envy you! (7)

envío shipping

envolver (ue) *(p.p.* **envuelto)** to wrap

enyesado/a in a cast (12)

epidemia epidemic

episodio episode

época era, age

equilibrar to balance

equipaje *m.* baggage (11); **reclamo de equipaje** baggage claim (11)

equipo equipment (11); gear; (sports) team (1); **equipo de música** stereo (1)

equitativamente equally

equivocarse (qu) to make a mistake

era era, age

error *m.* error

erupción *f.* eruption

escala stopover

escalar montañas to go mountain climbing

escalera stairway, stairs

escaparse to escape, run away (12)

escarcha frost

escasez *f.* *(pl.* **escaseces)** scarcity; shortage

escena scene

escenario scene

esclavo/a slave

escoba broom (6)

escobilla brush

escoger (j) to choose

escolar of or pertaining to school

esconder to hide

escondite *m.* hiding place; **jugar (ue) (gu) al escondite** to play hide-and-seek

Escorpión *m.* Scorpio

escribir *(p.p.* **escrito)** to write; **¿cómo se escribe... ?** how do you spell . . . ?; **escribir a máquina** to type (5); **escribir cartas** to write letters (2)

escrito/a *(p.p. of* **escribir)** written; **¡dígalo por escrito!** say it in writing! (1)

escritor(a) writer

escritorio desk (B)

escritura *n.* writing

escuchar to listen (to) (1)

escuela school (3); **escuela primaria** elementary school (7); **escuela secundaria** high school (9)

escultura sculpture

escurrido/a drained

ese, esa *pron.* that (one); *adj.* that (5)

esencial essential

esforzar (ue)(c) to strengthen

esfuerzo effort

esmog *m.* smog

eso that, that thing, that fact; **a eso de** *(+ time)* around *(specific time)*; **por eso** for that reason

esos/as *pron.* those (ones); *adj.* those

espacial *adj.* space; **colonia espacial** space colony

espacio space (10); **espacio en blanco** blank (space) (3)

espada sword; **entre la espada y la pared** between a rock and a hard place

espaguetis *m. pl.* spaghetti

espalda back (B)

España Spain (C)

español *n. m.* Spanish (language) (A)

español(a) *n.* Spaniard; *adj.* Spanish (C)

espárragos *pl.* asparagus (8)

especia spice (8)

especial sale

especialidad *f.* specialty; major *(field of study)* (2)

especialista *m., f.* specialist

especialmente especially (4)

especie *f. sing.* species (10)

especificar (qu) to specify

específico/a specific

espectacular spectacular

espectáculo spectacle; show; performance

espectador(a) spectator

espejo mirror (6); **espejo retrovisor** rearview mirror (10)

espera: sala de espera waiting room (11)

esperanza hope

esperar to hope; to wait for (3)

espeso/a thick

espinacas *pl.* spinach (8)

espinado/a pricked; hurt

espíritu *m.* spirit

espiritual spiritual

espléndido/a splendid

esplendor *m.* splendor

esponja sponge

espontáneo/a spontaneous

esposo/a husband/wife (C)

esqueleto skeleton

esquí *m.* skiing; ski

esquiar (esquío) to ski (2)

esquina corner

establecer (zc) to establish

establo stable (13)

estación *f.* station (3); season *(weather)* (1); **estación de metro** subway station (11)

estacionamiento parking lot (3)

estacionar to park (7)

estadio stadium

estadística statistics

estado state; **estado anímico** mental state; **estado civil** marital status (1); **estado de ánimo** state of mind (4); **estado libre asociado** Free Associated State *(Puerto Rico's relationship to* *the United States*); **Estados Unidos** United States (C)

estadounidense *n. m., f.* United States citizen; *adj.* of, from, or pertaining to the United States

estampilla (postage) stamp

estante *m.* shelf (6)

estar *irreg.* to be (4); **está nublado** it is overcast (cloudy) (2); **estar a dieta** to be on a diet (8); **estar a favor de / en contra de** to be for/against (15); **estar comprometido/a** to be engaged (14); **estar congestionado/a** to be congested (12); **estar de acuerdo** to agree; **estar de visita** to be staying; **estar dispuesto/a a** (+ *infin.*) to be willing to (*do something*); **estar hinchado/a** to be swollen (12); **estar internado/a (en el hospital)** to be hospitalized (12); **estar listo/a** to be ready; **estar mareado/a** to be dizzy, seasick, nauseous (12); **estar muerto/a (vivo/a)** to be dead (alive) (9); **estar resfriado/a** to have a cold (12); **estar sentado/a** (to be) seated, sitting down

estatal *adj.* state

estatua statue (6)

estatura height; **estatura mediana** medium height (A)

este, esta *pron.* this (one); *adj.* this (5); **esta noche** tonight, this night; **este...** um . . . (*pause in speech*)

estéreo stereo

estereofónico/a stereophonic

estereotípico/a stereotypical

estereotipo stereotype (15)

estetoscopio stethoscope

estilo style (13)

estimable worth of esteem

estimado/a dear; esteemed (14); **Estimado/a (Profesor/a)** Dear (Professor)

estimarse to be estimated

estimulante stimulating

estímulo stimulus

estirar la pata *coll.* to kick the bucket, die

esto this, this thing, this matter (5)

Estocolmo Stockholm

estómago stomach (B); **dolor de estómago** stomachache (12)

estornudar to sneeze

estornudo sneeze (12)

estos/as *pron.* these (ones); *adj.* these

estrechez *f.* narrowness, tightness

estrecho/a narrow; tight

estrella star; **estrella de cine/de televisión** movie/television star; **estrella (marina)** (sea) star; starfish (10)

estrés *m.* stress

estricto/a strict

estructura structure

estudiante *m., f.* student (A)

estudiantil *adj.* student (3); **centro estudiantil** student center (3); **residencia estudiantil** university dorm (5)

estudiar to study (2)

estudio study; *pl.* studies, schooling

estudioso/a studious

estufa stove (6)

etapa step, stage

etiqueta etiquette; tag, label (8)

étnico/a ethnic

Europa Europe

europeo/a European

evaluación *f.* evaluation

evento event

evidente evident

evitar to avoid

exactamente exactly (15)

examen *m.* (*pl.* **exámenes**) test (4)

examinar to examine (5)

excavar to excavate

excelencia excellency

excelente excellent (8); **¡excelente idea!** excellent idea! (4)

excepción *f.* exception

excepcional exceptional

excepto *adv.* except

excesivo/a excessive (10)

exceso excess; **exceso de velocidad** speeding

exclamar to exclaim

exclusivo/a exclusive

excursión *f.* tour, field trip (11); **hacer** (*irreg.*) **excursiones** to go on outings

exhibición *f.* exhibition (3)

exhibirse to be exhibited

exigir (j) to demand

exilio exile

existir to exist (10)

éxito success; **tener** (*irreg.*) **éxito** to be successful

exitoso/a successful

expansión *f.* expansion

expedición *f.* expedition

experiencia experience (5)

experimentado/a experienced

experto/a *n., adj.* expert

explicación *f.* explanation

explicar (qu) to explain (5)

explorador(a) explorer

explorar el Internet to explore the Internet (2)

explotación *f.* exploitation

explotar to exploit

exponerse (*like* **poner**) to open oneself; to expose oneself

exportación *f.* export (10)

exportar to export (13)

exposición *f.* exhibition

expresar to express

expresión *f.* expression

expresivo/a expressive

expuesto/a exposed

exquisito/a exquisite

extender (ie) to extend

extensión *f.* extension

extenso/a extensive

exterior *adj.* foreign; exterior

exterminado/a exterminated

extinción *f.* extinction (10)

extranjero/a *n.* foreigner; *n. m.* abroad; *adj.* foreign (15)

extrañar to miss, long for

extraño/a *adj.* strange; *n. m.* stranger

extraordinario/a extraordinary

F

fábrica factory (5)

fabricación *f.* making, manufacture

fabricar (qu) to manufacture, make

fabuloso/a fabulous

fachada facade

fácil easy (B)

fácilmente easily (12)

factor *m.* factor (14)

facturar (la maleta) to check (baggage) (11)

facultad *f.* school (*of a university*); **Facultad de Bellas Artes** School of Fine Arts; **Facultad de Ciencias Naturales** School of Natural Science; **Facultad de Derecho** School of Law; **Facultad de Filosofía y Letras** School of Humanities; **Facultad de Medicina** School of Medicine

faja waist band

fajita *a dish served in Mexican-style restaurants in the United States made of grilled meat, onions, and green peppers rolled in a tortilla*

falda skirt (A)

fallecer (zc) to die

falso/a false (B)

falta lack; **hacer** (*irreg.*) **falta** to be necessary

faltar to be missing, lacking; to be absent

fama fame

familia family (A)

familiar *n. m., f.* member of the family; *adj.* family; **relaciones** (*pl.*) **familiares** family relationships (9)

famoso/a famous (A)

fantástico/a fantastic

farmacéutico/a pharmacist (12)

farmacia pharmacy (3)

faro headlight (10)

fascinante fascinating

fascinar to fascinate (8)

fase *f.* phase
favor: estar (*irreg.*) **a favor de** to be for (15); **favor de** (+ *infin.*) please (*do something*); **por favor** please (1)
favorito/a favorite (1)
fe *f.* faith
febrero February (1)
fecha date; **fecha de nacimiento** date of birth (1); **hasta la fecha** up to now
federal federal (15)
felicidad *f.* happiness; *pl.* congratulations (1)
feliz (*pl.* **felices**) happy (12); **feliz cumpleaños** happy birthday (1)
femenino/a feminine (15)
fenicio/a Phoenician
fenómeno phenomenon
feo/a ugly (A)
feria fair; **feria artesanal** crafts fair
feriado: día (*m.*) **feriado** holiday (4)
feroz ferocious
fértil fertile
fertilizar (**c**) to fertilize
ferviente: creencia ferviente fervent belief
festejado/a entertained
festejo party
festival *m.* festival
festividad *f.* celebration, holiday
festivo: día (*m.*) **feriado** holiday
fibra fiber
ficción *f.*: **ciencia ficción** science fiction
fideos *pl.* noodles, pasta
fiebre *f.* fever (12); **fiebre del heno** hay fever; **tener** (*irreg.*) **fiebre** to have a fever (12)
fiel faithful
fiesta party; **dar** (*irreg.*) **una fiesta** to give a party (2); **día** (*m.*) **de fiesta** holiday; **ir** (*irreg.*) **a fiestas** to go to parties (1)
figura figure
fijarse to notice
fijo/a fixed
filosofía philosophy; **Facultad** (*f.*) **de Filosofía y Letras** School of Humanities
filosófico/a philosophical
fin *m.* end; purpose, goal; **a fines** (*pl.*) **de** at the end of; **en fin** in short, in brief; **fin de semana** weekend (1); **ponerle** (*irreg.*) **fin a** to put an end to; **por fin** finally
final *n. m.* end; *adj.* final; **al final** in the end; **al final de** at the end of
finalmente finally (2)
financiera: ayuda financiera financial aid
finanzas *pl.* finances
finca farm
fino/a fine; of good quality (13)
firma signature (1)

firmar to sign
firme solid (10)
fiscal *m., f.* public prosecutor
física physics (2)
físicamente physically
físico/a physical
fisiculturismo body building
flamenco flamenco (dance)
flan *m.* sweet custard (8)
flauta flute
flojo/a lazy
flor *f.* flower (2)
florero flower vase
flotar to float
flujo flow
fluorado: carburo fluorado fluorocarbon
fogata bonfire
folclórico/a: ballet (*m.*) **folclórico** folkloric ballet
folleto brochure
fomentar to foster, encourage
fondo fund; **plato de fondo** main dish
fontanero/a plumber
forestal pertaining to forests; **repoblación** (*f.*) **forestal** reforesting
forma form
formación *f.* formation
formal formal (14)
formar to form
formatear to format
formulario form, application
forrado/a lined; wealthy
fortalecer (**zc**) to fortify
fortaleza fortress
foto *f.* photo; **sacar** (**qu**) **fotos** to take pictures (1)
fotografía photography; picture (7)
fotógrafo/a photographer
fotonovela photonovel
fracaso failure
fractura fracture, break
fracturarse to fracture, break
fragmento excerpt
francés *n. m.* French (language) (C)
francés, francesa *n., adj.* French (C); **pan tostado** (**a la francesa**) (French) toast (8)
Francia France
franco *monetary unit of Ecuatorial Guinea*
frase *f.* sentence, phrase (3)
frecuencia frequency; **con frecuencia** frequently (2); **¿con qué frecuencia?** how often? (5)
frecuentado/a frequented
frecuente frequent
fregadero kitchen sink (6)
freír (**frío**) (**i, i**) to fry (8)
freno brake (10)
frente *m.* front; *f.* forehead (12)

fresa strawberry (8)
fresco/a fresh (6); cool; **hace fresco** it's cool (weather) (2)
frigorífico refrigerator
frijol *m.* bean (8)
frío/a cold (4); **hace frío** it's cold (weather) (2); **tener** (*irreg.*) **frío** to be cold
frito/a (*p.p. of* **freír**) fried; **huevos fritos** fried eggs (8); **papas fritas** French fries (7); **pollo frito** fried chicken (8)
frondoso: sendas (*pl.*) **frondosas** shaded paths
frontera border, frontier
frustrado/a frustrated (12)
fruta fruit (8)
frutal *adj.* fruit
frutería fruit store (13)
frutilla strawberry
fuego fire; **arma de fuego** firearm; **fuegos artificiales** fireworks (4)
fuente *f.* source; fountain; **fuente de energía** energy source; **fuente de sopa** soup tureen (8)
fuera out, outside; **comer fuera** to eat out (8); **por fuera** on the outside (8)
fuerte strong (10)
fuerza strength
fumar to smoke (3); **sección** (*f.*) **de (no) fumar** (no) smoking section
función *f.* function (12)
funcionamiento functioning, working
funcionar to function, work (13)
fundación *f.* foundation
fundado/a founded
fundar to found
furioso/a furious
fútbol *m.* soccer (1); **fútbol americano** football (1)
futbolista *m., f.* soccer player
futuro *n.* future (5)
futuro/a *adj.* future

G

gabardina gabardine (*type of cloth*)
gabinete *m.* cabinet (*government*); cabinet (6); cupboard
galería gallery; balcony
gallego/a from or characteristic of Galicia (*northwest region of Spain*)
galleta biscuit; cracker (8); cookie
galletita cookie (8)
gallina hen; fowl
gallo: misa de gallo midnight Mass
galón *m.* gallon
gamba prawn
ganadería cattle ranching
ganado cattle
ganador(a) winner
ganancias *pl.* earnings

ganar to earn; to win (7); **ganar dinero** to earn money (5); **ganarse la vida** to earn one's living

ganas *pl.*: **tener** (*irreg.*) **ganas de** (+ *infin.*) to feel like (*doing something*) (5)

ganga bargain; **¡qué ganga!** what a bargain! (13)

garaje *m.* garage (6); **venta de garaje** garage sale

garantizar (**c**) to guarantee

garganta throat (12); **dolar** (**ue**) **de garganta** sore throat (12)

gárgaras *pl.*: **hacer** (*irreg.*) **gárgaras** to gargle (12)

garza heron

gas *m.* gas (13)

gasolina gasoline

gasolinera gas station

gastar to spend (*money*) (13); to consume

gasto expense, waste (14)

gato/a cat (A); **jugar** (**ue**) (**gu**) **al gato** to play tag

gemelo/a twin

Géminis *m. sing.* Gemini

genealógico/a genealogical; **árbol genealógico** family tree

generación *f.* generation

general *adj.* general; **en general** in general (2); **por lo general** in general

generalmente usually, generally (3)

generar to generate

género gender

generosidad *f.* generosity

generoso/a generous (B)

genial brilliant; agreeable

genio genius

gente *f. sing.* people

genuino/a genuine

geografía geography (2)

geográfico/a geographical

gerente *m., f.* manager (5)

gesto gesture

gimnasia: hacer (*irreg.*) **gimnasia** to do gymnastics

gimnasio gymnasium (3)

gira tour; **hacer** (*irreg.*) **una gira** to take a tour (10)

girar to spin around

gitano/a gypsy

globalización *f.* globalization

globo globe

glorioso/a glorious

gobernador(a) governor

gobernar to govern

gobierno government

gol *m.* goal (*sports*)

golf *m.* golf

golfo gulf (10)

goma rubber (13)

gordo/a *adj.* fat (A); **premio gordo** grand prize

gorila *m.* gorilla (10)

gorra cap (13)

gota drop; **gotas para la nariz** nose drops (12)

gozar (**c**) **de** to enjoy (15)

grabar to record

gracias thank you (A); **Día** (*m.*) **de Acción de Gracias** Thanksgiving Day (4); **gracias a** thanks to; **muchas gracias** thank you very much

grado degree

graduarse to graduate (5)

gramática grammar (A)

gran, grande big, large (A); great; **en gran parte** to a large degree; **quedarle grande** to be too big (13)

grano grain

grasa *n.* fat (8)

gratificador(a) gratifying, pleasurable

gratis *inv.* free (*of charge*)

gratuito/a free (*of charge*)

grave serious (12)

griego/a *n.* Greek; *adj.* Grecian

grifo faucet

gripa *Mex.* flu; **tener** (*irreg.*) **gripe** to have the flu (12)

gripe *f.* flu (12)

gris gray (A)

gritar to yell, shout, scream; **gritarse** to yell at each other

grito shout, scream (7)

grueso/a thick, heavy (13)

grupo group (3); **grupos minoritarios** minorities

guacamayo macaw

guacamole *m.* dip or sauce made of avocados

guagua *Cuba, Puerto Rico* bus

guante *m.* glove (13)

guapo/a good-looking (A)

guaraní *m.* Guaraní (*indigenous language of Paraguay*); *monetary unit of Paraguay*

guardafangos *m. sing., pl.* fender (10)

guardar to keep; to save; **guardar ropa** to put away clothes

guardería (**infantil**) childcare center

guardia *m., f.* guard

guatemalteco/a *adj.* Guatemalan (3)

guayabera *embroidered shirt of light material worn in tropical climates*

guerra war (15); **Segunda Guerra Mundial** Second World War

guerrero soldier

guía guide(book); **guía** (*m., f.*) **de turistas** tourist guide

guiar (**guío**) to guide

guión *m.* script

guisante *m.* pea (8)

guitarra guitar (3)

guitarrista guitar player

gustar to be pleasing; **a mí (sí/no) me gusta...** I (do/don't) like to . . . ; **le gusta...** you (*pol. sing.*) like to . . . ; he/she likes to . . . (1); **les gusta...** you (*pl.*) like to . . . they like to . . . (1); (**no**) **me gusta...** I (don't) like to . . . (1); **¿qué le gusta hacer?** what do you (*pol. sing.*) like to do?; what does he/she like to do? (1); **¿qué te gusta hacer?** what do you (*inf. sing.*) like to do? (1); **te gusta...** you (*inf. sing.*) like to . . . (1)

gusto taste (14); pleasure, delight (14); **a gusto** comfortable; **con gusto** with pleasure (8); **gusto en conocerlo/la** nice to meet you (6); **mucho gusto** pleased to meet you (A); **¡qué gusto!** what a pleasure!

H

Habana: La Habana Havana

haber *irreg.* (*infin. of* **hay**) to have (*auxiliary*); to be; to exist (12); **no hay paso** no entrance

había (*infin.* **haber**) there was/there were

habichuela green bean (8)

habilidad *f.* ability (5); skill

habitación *f.* room (11); **habitación doble** double occupancy (11); **habitación sencilla** single room, occupancy (11)

habitante *m., f.* inhabitant

habitar to inhabit

hábitat *m.* habitat (10)

hablante *m., f.* speaker

hablar to speak, talk (C); **hablar por teléfono** to speak on the phone (1)

habrá (*infin.* **haber**) there will be

habría (*infin.* **haber**) there would be

Habsburgo Hapsburg

hacer *irreg.* (*p.p.* **hecho**) to do; to make (1); **¿cuánto hace que** + *present...* **?** how long have/has . . . ?; **¿cuánto tiempo hace que...** **?** how long has it been since . . . ?; **hace...** (+ *time*) **que** it has been (+ *time*) since (7); **hace** + *time* **que** + *present* (I) have been (*doing something*) for + *time*; **hace buen/mal tiempo** it's fine/bad weather (2); **hace calor/fresco/frío/sol/viento** it's hot/cool/cold/sunny/windy (weather) (2); **hacer análisis** to do (medical) tests; **hacer caso** to pay attention; **hacer clic en** to "click" on; **hacer cola** to stand in line (11); **hacer comentarios** to comment; **hacer daño** to harm; **hacer ejercicio** to exercise

(1); **hacer el papel (de)** to play the role (of); **hacer falta** to be necessary; **hacer gárgaras** to gargle (12); **hacer investigaciones** to research; **hacer las compras** to go grocery shopping (8); **hacer las maletas** to pack (11); **hacer preguntas** to ask questions (5); **hacer ruido** to make noise; **hacer transbordo** to change (*trains etc.*); **hacer una gira** to take a tour; **hacer una limpieza** to clean; **hacer viajes** to take trips, travel (10); **¿qué tiempo hace?** what is the weather like? (2)

hacia toward (10); **hacia adelante** forward; **hacia arriba** up(ward)

hada: cuento de hadas fairy tale

hambre *f.* (*but* **el hambre**) hunger; **tener** (*irreg.*) **hambre** to be hungry (4)

hamburguesa hamburger (4)

harapiento/a ragged; unkempt

harina flour (8)

hasta *prep.* up to, until (2); *adv.* even; **desde la(s)... hasta la(s)...** from . . . to . . . (*time*) (4); **hasta la fecha** up to now; **hasta la medula** to the core; **hasta luego** see you later (A); **hasta mañana** see you tomorrow; **hasta que** *conj.* until (15)

hay there is, there are (A); **hay que** (+ *infin.*) one has to (*do something*) (5)

hebreo Hebrew (language) (C)

hecho *n.* fact; event (7); **de hecho** in fact

hecho/a (*p.p. of* **hacer**) made; **¿de qué está hecho/a?** what is it (made) of?; **hecho/a a mano** handmade (13)

hectárea hectare (2.471 acres)

heladera refrigerator

heladería ice cream parlor (13)

helado ice cream

hembra female

hemisferio hemisphere (10)

heno: fiebre (*f.*) **del heno** hay fever

heredar to inherit

herencia inheritance

herida wound (12)

herido/a *n.* wounded person (12); *adj.* wounded

hermanastro/a stepbrother/stepsister (9)

hermano/a brother/sister (B); **medio hermano / media hermana** half brother / half sister (9)

hermoso/a beautiful (11)

héroe *m.* hero (5)

heroico/a heroic

herramienta tool (13)

hervir (**ie, i**) to boil

hidroeléctrico/a hydroelectric

hidrofobia hydrophobia

hielo ice; **patinar en el hielo** to ice-skate (1)

hierba grass

hierbatero/a herb doctor

hierro iron (13)

hígado liver (8)

hijastro/a stepson/stepdaughter (9)

hijo/a son/daughter (C); **hijo/a único/a** only child (C); **hijos** *pl.* children (sons, sons and daughters) (C)

hilo thread; linen; **hilo dental** dental floss

hinchado/a swollen (12)

hipotético/a hypothetical

hispanidad *f.* Hispanic identity; Hispanic world; **Día de la Hispanidad** *a celebration of Hispanic identity held on October 12*

hispano/a Hispanic (1)

Hispanoamérica Spanish America

hispanohablante *m., f.* Spanish speaker

histérico/a hysterical

historia story; history (2)

historial (*m.*) **clínico** medical history

histórico/a historical (7)

historieta short story, anecdote, comic book, comic strip

hogar *m.* home

hoja leaf

hola hi, hello (A)

hombre *m.* man (A); **hombre de negocios** businessman

hombro shoulder (B)

hondo: plato hondo soup plate, bowl (8)

hondureño/a *adj.* Honduran (3)

honestidad *f.* honesty

hongo mushroom (8)

honor *m.* honor (14)

honrar to honor

hora hour; time (1); **a cualquier hora** at any time; **¿a qué hora (es)... ?** at what time (is) . . . ? (1); **a última hora** last minute; **perdón, ¿qué hora es?** excuse me, what time is it? (1); **¿qué hora tiene?** what time do you (*pol. sing.*) have? (1)

horario schedule

horizonte *m.* horizon

hornear to bake

horno oven (6); **horno de microondas** microwave oven (6); **papa al horno** baked potato (8)

horóscopo horoscope

hortaliza *Mex.* vegetable garden

hospedaje *m.* lodging

hospedarse to stay

hospital *m.* hospital (3)

hospitalidad *f.* hospitality

hotel *m.* hotel (3)

hotelero/a *adj.* hotel

hoy today (1); **hoy (en) día** nowadays

hueco/a hollow

huella: dejar una huella to leave a mark

huérfano/a orphan

huerto vegetable garden

hueso bone (12)

huevo egg (8); **huevos rancheros** *eggs, usually fried or poached, topped with a spicy tomato sauce and sometimes served on a fried corn tortilla*; **huevos cocidos, fritos, revueltos** hard-boiled, fried, scrambled eggs (8)

humanidad *f.* humanity

humanitario/a humanitarian

humano/a *n., adj.* human (B); **ser** (*m.*) **humano** human being (15)

humedad *f.* humidity (10)

húmedo/a humid (10)

humilde humble

humo smoke

humor *m.* humor; mood; **estar** (*irreg.*) **de buen/mal humor** to be in a good/bad mood (4); **ponerse** (*irreg.*) **de buen/mal humor** to get into a good/bad mood (12); **sentido del humor** sense of humor

humorístico/a humoristic

hundirse to sink

huracán *m.* hurricane (10)

I

ida: boleto de ida y vuelta round-trip ticket (11)

idea idea (2); **¡Excelente idea!** Excellent idea! (4)

idealista *adj. m., f.* idealistic (B)

idéntico/a identical

identificación *f.* identification

identificar (**qu**) to identify (10)

idioma *m.* language

iglesia church (3)

igual equal

igualdad *f.* equality

igualmente *interj.* same here (A)

ilegal illegal (15)

iluminación *f.* illumination

ilustración *f.* illustration

ilustrar to illustrate (13)

imagen *f.* image

imaginación *f.* imagination (B)

imaginarse to imagine

impaciencia impatience

impaciente impatient

impacto impact

imperfecto *n.* imperfect

imperio empire

imponerse (*like* **ponerse**) to dominate, impose one's authority (10)

importación *f.* importing, importation; **de importación** imported

importado/a imported (13)

importancia importance (14)

importante important (2)
importar to matter, be important
imposible impossible (14)
impresión *f.* impression
impresionante impressive (10)
impresionar to impress
impresora printer; **impresora a colores** color printer (13)
imprimir to print
impuesto tax
impulsivo/a impulsive
impulso impulse
inauguración *f.* inauguration
incaico/a Incan
incendio fire; **apagar incendios** to put out fires
incluido/a included (11)
incluir (y) to include
incluso *adv.* even; including
incomodidad *f.* discomfort; inconvenience
incómodo/a uncomfortable
incondicional unconditional
inconsciente unconscious (12)
incontenible unstoppable
incorporar to incorporate
incorrecto/a incorrect
increíble unbelievable
indagación research
independencia independence; **Día** (*m.*) **de la Independencia** Independence Day (4)
independiente independent
indicar (qu) to indicate (12)
indicativo/a indicative
índice (*m.*) **de natalidad** birthrate
indiferente indifferent
indígena *n. m., f.; adj.* Indian; indigenous, native (7)
indio/a *n.* Indian
indirecto: pronombre (*m.*) **de complemento indirecto** indirect object pronoun
indiscreto/a indiscreet
indispensable essential
individuo person, individual
indocumentado/a illegal, without papers
indubitable doubtless
indudable doubtless
industria industry (10)
industrial: obrero/a industrial industrial worker
infancia infancy; childhood
infante *m.:* **jardín** (*m.*) **de infantes** kindergarten
infantil *adj.* infant; child's; children's; **guardería infantil** childcare center
infarto heart attack
infección *f.* infection (12)
infectado/a infected

infértil unfertile
infinitivo infinitive
infinito/a infinite
inflamación *f.* inflammation
influencia influence
influir (y) to influence
información *f.* information (1)
informal informal (14)
informar to inform
informática data processing (2)
informativo/a informative
informe *m.* report (7); (*pl.*) information
ingeniería engineering (2)
ingeniero/a engineer (5)
Inglaterra England (C)
inglés *n. m.* English (language) (C)
inglés, inglesa *n., adj.* English (C)
ingrediente *m.* ingredient
ingresos *pl.* income
inhalación (*f.*) **de vapor** steam inhalation
iniciación *f.:* **ritos de iniciación** rites of passage
inicial *adj.* initial; *n. f.* initial
iniciar to initiate
iniciativa initiative
injusticia injustice
inmediato/a immediate
inmejorable unsurpassable
inmenso/a immense
inmersión *f.* immersion, dive
inmigración *f.* immigration (11); **agente** (*m., f.*) **de inmigración** immigration agent
inmigrante *m., f.* immigrant
inmobiliario/a *adj.* real-estate; property
innumerable innumerable
inocente innocent (5)
inodoro toilet (6); **taza del inodoro** toilet bowl (6)
inolvidable unforgettable
inquisición *f.* inquisition
inscribir(se) (*p.p.* **inscrito**) to enroll (oneself) (15)
inscripción *f.* inscription
inscrito/a (*p.p. of* **inscribir**) registered, enrolled
insecto insect (10)
insistente insistent (14)
insistir to insist
insomnio insomnia
inspiración *f.* inspiration
inspirar to inspire
instalación *f.* installation
instantáneo/a instantaneous
institución *f.* institution
instituto institute
instrucción *f.* instruction; **instrucciones** directions (11); **seguir (i, i) (g) las ins-trucciones** to follow directions (3)

instrumentación *f.* instrumentation
instrumento instrument
intacto/a intact
intelecto intellect
inteligencia intelligence (14)
inteligente intelligent (B)
intensivo/a intensive
interactivo/a interactive
intercambiar (mensajes electrónicos) to exchange (e-mail) (1)
intercambio *n.* interaction (2)
interés *m.* interest
interesado/a interested, concerned
interesante interesting (B); **¡qué interesante!** how interesting!
interesar to interest, be interested in
interferir (ie, i) to interfere
interior *m., adj.* interior, inside (12); **ropa interior** underwear (13)
internacional international
internado/a (en el hospital) hospitalized
Internet: navegar (por) el Internet to surf the Internet (1)
interno/a internal; **órgano interno** internal organ
interpretar to interpret (14)
interrogar (gu) to interrogate
interrumpir to interrupt
íntimo/a close, intimate; **amigo/a íntimo/a** close friend (14)
intuitivo/a intuitive
inundación *f.* flood (10)
invadir to overrun; to invade
invasión *f.* invasion
inventar to invent (9)
inventor(a) inventor (7)
invernar to hibernate
investigación *f.* research; **hacer** (*irreg.*) **investigaciones** to research
invierno winter (1)
invitación *f.* invitation (2)
invitado/a guest
invitar to invite (4)
inyección *f.* injection (12)
ir *irreg.* to go (1); **ir a** (+ *infin.*) to be going to (*do something*) (2); **ir de compras** to go shopping; **ir de vacaciones** to go on vacation (11); **irse** to go away, get away (15)
Irlanda Ireland
irlandés, irlandesa *n.* Irishman/Irish-woman; *adj.* Irish
irritable irritable (12)
irritado/a irritated
irritante irritating
irrompible unbreakable
isla island (10)
islámico/a Islamic
israelí *n. m., f.; adj.* (*pl.* **israelíes**) Israeli (C)

istmeño/a Panamanian (from the isthmus)

Italia Italy (C)

italiano *n.* Italian (language) (C)

italiano/a *n., adj.* Italian (C)

itinerario itinerary

izquierda *n.* left-hand side; **a/de la izquierda** to/from (on) the left (3)

izquierdo/a *adj.* left (B)

J

jabón *m.* soap (4)

jai alai *m.* Basque ball game

jalar *Mex.* to pull

jalea jelly (8)

jamás never

jamón *m.* ham (8)

Jánuca *m.* Hanukkah (4)

Japón *m.* Japan (C)

japonés *m.* Japanese (language) (C)

japonés, japonesa *n., adj.* Japanese (C)

jarabe *m.* **(para la tos)** (cough) syrup (12)

jardín *m.* garden; yard; **jardín de infantes** kindergarten **jardín zoológico** zoo (7)

jardinero/a gardener (6)

jarra pitcher, jug (8)

jaula cage

jeans *m. pl.* (blue) jeans

jefe, jefa boss, chief (15)

jengibre *m.* ginger

jitomate *m.* tomato (8)

jonrón *m.* home run

jornada day's work; **jornada completa** full-time (5); **media jornada** part-time (5)

jornalero/a day laborer

joven *n. m., f.* youth (C); *adj.* young (A)

joya jewel; *pl.* jewelry (13)

joyería jewelry store (13)

jubilarse to retire (15)

judía verde green bean (8)

judío/a *n.* Jewish person; *adj.* Jewish; **Pascua Judía** Passover (4)

juego game (1); **juegos de video / electrónicos** video games (5)

jueves *m. sing. pl.* Thursday (1)

juez (*pl.* **jueces**) judge (5)

jugador(a) player (7)

jugar (ue) (gu) to play (1); **jugara a la / al** + *sport* to play (*a sport*); **jugar a la rayuela** to play hopscotch; **jugar al escondite** to play hide-and-seek; **jugar al gato** to play tag

jugo juice; **jugo natural** fresh-squeezed juice (8)

juguete *m.* toy

julio July (1)

junio June (1)

junto a *prep.* next to

juntos/as *pl.* together (3)

jurar to swear

justamente *adv.* just, exactly

justicia justice (5)

justificar (qu) to justify

justo/a fair

juventud *f.* youth (9)

K

kayac *m.* kayak

kilo kilogram, kilo

kilómetro kilometer (7)

kínder *m.* kindergarten (14)

L

la *def. art. f.* the; *d.o.* her, it, you (*pol. sing.*)

labio lip (12)

labor *f.* labor, work

laboratorio laboratory (2)

lacio/a straight (hair) (A)

lado side; **al lado de** next to, to the side (3); **de al lado** next door; **de cada lado** on each side

ladrar to bark

ladrillo brick (13)

ladrón, ladrona thief (7)

lagarto alligator

lago lake (2)

laguna pool; lagoon (10)

lamentablemente unfortunately

lámpara lamp (6)

lana wool (13)

lancha launch

langosta lobster (8)

lanzar (c) to launch; to fire

lápiz *m.* (*pl.* **lápices**) pencil (A)

largo/a long (A)

las *def. art. f. pl.* the; *d.o. f. pl.* them, you (*pol. pl.*)

lasaña lasagna

lástima compassion; shame; **¡qué lástima!** what a pity!; **¡qué lástima que... !** what a pity that . . . ! (15)

lastimar to harm, injure; to pity

lata can (8)

latino/a *n., adj.* Latin

Latinoamérica Latin America

latinoamericano/a Latin American

lavabo bathroom sink (6)

lavadora washing machine (6)

lavandería laundromat (3)

lavaplatos *m. sing., pl.* dishwasher (6)

lavar to wash (2); **lavarse el pelo** to wash one's hair (4); **lavarse los dientes** to brush one's teeth (4)

lazo lasso, lariat; tie

le *i.o.* to/for him, her, it, you (*pol. sing.*)

lealtad *f.* loyalty

lección *f.* lesson (3)

leche *f.* milk (4); **arroz** (*m.*) **con leche** rice pudding; **batido de leche** milk shake

lechón *m.* piglet

lechuga lettuce (8)

lector(a) reader

lectura *n.* reading (1)

leer (y) to read (1); **leer el periódico** to read the newspaper

legalizar (c) to legalize

legislatura legislature

legumbre *f.* vegetable (8)

lejano/a distant, remote

lejos *adv.* far away; **lejos de** *prep.* far from (3)

lempira *former monetary unit of Honduras*

lengua tongue (12); language; **lengua materna** mother tongue; **lenguas africanas** African languages (C)

lenguaje *m.* language

lentamente slowly (10)

lentes *m. pl.* (eye)glasses (A)

león, leona lion/lioness; **león marino** sea lion (10)

les *i.o.* to/for them, you (*pol. pl.*)

lesión *f.* injury

letanía litany

letra letter (*of the alphabet*); *pl.* literature; **Facultad** (*f.*) **de Filosofía y Letras** School of Humanities; **letra cursiva** italics

letrero sign (10)

levantamiento de pesas weight lifting

levantar to lift, raise up; **levantar pesas** to lift weights (2); **levantarse** to get up (4)

ley *f.* law (15)

leyenda legend

libanés, libanesa Lebanese

liberado/a liberated, freed

libertad *f.* liberty, freedom; **libertad de palabra** freedom of speech

libertador(a) liberator

libra pound (8); **Libra** Libra

libre free (to act); available; **al aire** (*m.*) **libre** outdoors; **Estado Libre Asociado** free associated state (*Puerto Rico's relationship to the United States*); **tiempo libre** free time (2)

librería bookstore (3)

libro book (A)

lícito/a lawful

licor *m.* liquor

licuadora blender (13)

licuar (licúo) to blend, liquefy

liderazgo leadership

liga league

ligero/a light (*not heavy*) (8)

limitar to limit (15)

limón *m.* lemon (8)
limonada lemonade (4)
limpiaparabrisas *m. sing., pl.* windshield wiper (10)
limpiar to clean (2)
limpieza cleaning; **hacer** (*irreg.*) **una limpieza** to clean
limpio/a clean
lindo/a pretty (7)
línea line; **en línea** on line
lingüista *m., f.* linguist
lino linen
liquidación *f.* closing sale
líquido liquid (8)
lista list (2)
listo/a ready (8); prepared; **estar** (*irreg.*) **listo/a** to be ready; **ser** (*irreg.*) **listo/a** to be smart, clever
literalmente literally
literario/a literary
literatura literature (2)
llamada (telephone) call
llamar to call (4); **¿cómo se llama?** what is his/her name? (A); **¿cómo se llama usted? / ¿cómo te llamas?** what is your name? (A); **llamar la atención (a)** to call, attract attention (to) (10); **llamar por teléfono** to phone; **llamarse** to be called, named; **me llamo...** my name is . . . (A); **se llama...** his/her name is . . . (A)
llano *n.* plain
llanta (desinflada) flat tire (10)
llanto *n.* weeping, crying
llave *n. f.* key (12)
llegada arrival (11)
llegar (gu) to arrive (2); **llegar a conocerse** to become known; **llegar a tiempo** to arrive/be on time; **llegar tarde** to arrive/be late
llenar to fill (9)
lleno/a full (13)
llevar to wear; to take (*someone or something somewhere*); to carry (3); **llevar + *time* + -ndo** to have been (*doing something*) for + *time*; **llevar a cabo** to carry out, fulfill; **llevarse** to carry off, take away; **llevarse bien** to get along well (9); **me lo/la llevo** I'll take (buy) it
llorar to cry
llover (ue) to rain (2)
llovizna drizzle (10)
lluvia rain (10); **lluvia ácida** acid rain
lo *d.o. m.* him, it you (*pol. sing.*); **lo + *adj.*** the + *adj.* part, thing, that which is + *adj.*; **lo que** that which, what (7); **lo siento** I'm sorry (13)
lobo wolf (10)
local *m.* place; premises

localizar (c) to locate
loco/a *n.* crazy person; *adj.* crazy; **volverse loco/a** to go crazy (12)
locomoción *f.* locomotion; **locomoción colectiva** public transportation
locomotora locomotive
lógicamente logically
lógico/a logical; **en orden lógico** in logical order
lograr to achieve, obtain (15); **lograr (+ *infin.*)** to manage to (*do something*), succeed in (*doing something*)
loma hill
lona canvas; **bolsa de lona** canvas bag
Londres *m. sing.* London
los *def. art. m. pl.* the; *d.o.* them, you (*pol. pl.*)
lote *m.* share, portion
lotería lottery
lucha fight, struggle
luchar to fight, struggle; **luchar por** to fight for (15)
luego then (2); **desde luego** of course; **hasta luego** see you later (A); **luego de** after
lugar *m.* place (2); **lugar de nacimiento** place of birth (1); **tener** (*irreg.*) **lugar** to take place
lujo luxury (11); **de lujo** deluxe
lujoso/a luxurious
luna moon (7); **luna de miel** honeymoon (14)
lunar *m.*: **de lunares** polka-dotted (13)
lunes *m. sing., pl.* Monday (1)
luz *f.* (*pl.* **luces**) light (B); electricity; **apagar (gu) la luz** to turn off the light; **encender (ie) la luz** to turn on the light; **prender la luz** to turn on the light (6)

M

machismo male pride
machista *adj. m., f.* chauvinistic
macho *n.* male
madera wood (10)
maderero/a *adj.* relating to wood or timber (10)
madrastra stepmother (9)
madre *f.* mother (C); **Día** (*m.*) **de la Madre** Mother's Day (4)
madrileño/a resident of Madrid
madrina godmother; bridesmaid (14)
madrugada dawn
madrugar (gu) to get up early
madurar to mature
maduro/a mature; ripe (8)
maestro/a *n.* teacher (5); *adj.* masterly, expert
mágico/a *adj.* magic

magnífico/a magnificent; great
Mago: Día (*m.*) **de los Reyes Magos** Epiphany, January 6 (*lit.* Day of the Magi) (4)
maíz *m.* corn (8); **mazorca de maíz** ear of corn; **palomitas** (*pl.*) **de maíz** popcorn (8)
mal *n. m.* evil; *adv.* badly
mal, malo/a *adj.* bad (6); **estar** (*irreg.*) **de mal humor** to be in a bad mood (4); **quedarle mal** to look bad on one
malentendido *n.* misunderstanding
malestar *m.* malaise, indisposition
maleta suitcase (11); **facturar la maleta** to check baggage (11); **hacer** (*irreg.*) **las maletas** to pack (11)
maletero trunk (10)
maltratado/a ill-treated
mamá mother (B)
mamífero mammal
manatí *m.* (*pl.* **manatíes**) manatee
mandar to send (3); to order, command
mandato command
manejar to drive (2)
manera manner, way; **de esta manera** in this way; **de manera que** so that (15); in such a way that; **manera de pensar** way of thinking
manga sleeve
manglares mangroves
maní *m.* (*pl.* **maníes**) peanut
mano *f.* hand (B); **a mano** by hand; **darse** (*irreg.*) **la mano** to shake hands with each other; **hecho/a a mano** handmade (13)
mantel *m.* tablecloth (8)
mantener (*like* **tener**) to maintain (10); **mantenerse** to maintain oneself (12)
mantequilla butter (8)
manzana apple (8); **puré** (*m.*) **de manzana** apple sauce
manual manual (13)
mañana *n.* morning; tomorrow (1); **hasta mañana** see you tomorrow; **pasado mañana** day after tomorrow; **por la mañana** in the morning (1); **de la mañana** A.M.
mapa *m.* map (B)
maquiladora *large factory located in developing country to take advantage of lower wages*
maquillarse to put on makeup (4)
máquina machine; **escribir a máquina** to type (5)
mar *m., f.* sea, ocean (2); **buey** (*m.*) **del mar** sea cow
maravilla wonder, marvel; **¡qué maravilla!** how marvelous!
marca brand
marcado/a strong, pronounced

marcar (qu) to indicate, show; to dial (*telephone*)

marcha march; speed (gear)

mareado/a dizzy, nauseated, seasick (12)

marearse to get sea-/carsick, dizzy

mareo seasickness, nausea (12)

margarina margarine

margarita daisy

marido husband

marino/a sea; **azul** (*m.*) **marino** navy blue; **estrella (marina)** (sea) star; starfish; **león** (*m.*) **marino** sea lion (10)

mariposa butterfly (10)

marisco shellfish, seafood (8)

mármol *m.* marble

martes *m. sing., pl.* Tuesday (1)

martillo hammer (13)

marzo March (1)

más more (6); **lo más pronto posible** as soon as possible; **más o menos** more or less; **más que (de)** more than (6); **más vale** (+ *infin.*) it is better to (*do something*)

mascota pet (9)

masculino/a masculine

masticar (qu) to chew

matanza slaughter

matar to kill

matemáticas *pl.* mathematics (B)

materia subject (*school*) (9); **materia prima** raw material

material *m.* material

materialista *m., f.* materialist

maternidad *f.* maternity

materno/a maternal; **lengua materna** mother tongue

matrícula (school) registration fees

matricular(se) to enroll

matrimonial: cama matrimonial double bed (6)

matrimonio matrimony, marriage; couple (14)

mausoleo mausoleum

máximo/a maximum; high, highest (*temperature*)

maya *n. m., f.; adj.* Maya(n)

mayo May (1)

mayonesa mayonnaise (8)

mayor *adj.* older (C); oldest; major, main; greater; **mayores** *m. pl.* adults

mayoría majority (15)

mayúscula capital letter

mazorca de maíz ear of corn (8)

me *d.o.* me; *i.o.* to/for me; *refl. pron.* myself

mecánico/a *n.* mechanic (5); *adj.* mechanical

mecedora rocking chair (13)

medalla medal

mediado: a mediados de in the middle of

mediano/a medium (*length*) (A); average; **estatura mediana** medium height (A)

medianoche *f.* midnight (1)

mediante by means of, through

medias *pl.* nylons, stockings (13); *Caribbean* socks

medicamento medicine

medicina medicine (12); **Facultad** (*f.*) **de Medicina** School of Medicine

médico *n.* doctor (5); *adj.* medical; **cuidado médico** medical care; **receta médica** medical prescription (12); **seguro médico** health insurance (12)

medida *sing.* means, measure (10); measurement (8)

medio *n. sing.* means; middle; **en medio de** in the middle of (3); **medio ambiente** environment (10); **por medio de** by means of, through (15)

medio/a *adj.* half (1); middle; **es la una y media** it's one-thirty (half past one) (1); **media jornada** part-time (5); **medio hermano / media hermana** half brother / half sister (9)

mediodía *m.* noon, midday (1)

Mediterráneo *n.* Mediterranean (Sea)

mediterráneo/a *adj.* Mediterranean

médula (medula): hasta la médula to the core

mejilla cheek

mejor better (B); best (B); **mejor amigo/a** best friend; **es mejor que...** (+ *subjunctive*) it is better that . . .

mejoramiento improvement

mejorar(se) to improve; to get better (9)

mellizo/a *n., adj.* twin

melocotón *m.* peach (8)

melodía melody

melón *m.* melon (8)

memoria memory

mencionar to mention

menor younger (C); youngest

menos less (6); least; **a menos que** unless (15); **más o menos** more or less; **menos que (de)** less than (6); **por lo menos** at least; **son las nueve menos diez (minutos)** it's ten (minutes) to nine (1)

mensaje *m.* message (15); **intercambiar mensajes electrónicos** to exchange e-mail (15)

mensual monthly

mente *f.* mind

mentir (ie, i) to lie

mentira lie

mentiroso/a liar; **¡qué mentiroso/a!** what a liar! (9)

menú *m.* menu (8)

menudo/a small; insignificant; **a menudo** often (6)

mercado market (3); **mercado al aire libre** open-air market (13)

mercancía merchandise

merendar (ie) to have a picnic; **merendar en el parque** to have a picnic in the park

merengue *m. popular dance/music of the Dominican Republic*

merluza hake (*type of fish*)

mermelada marmalade

mes *m.* month (1); **¿en qué mes nació?** in what month were you (*pol. sing.*) (was he/she) born?; **mes pasado** last month (6)

mesa table (B); **atender (ie) mesas** to wait on tables

mesero/a waiter/waitress (5)

mesita coffee table (6); **mesita de noche** night table, nightstand

meta goal (15)

metal *m.* metal (13)

meter to put; **meterse en líos** to get into trouble (9)

método method

metro subway (3); meter; **estación** (*f.*) **de metro** subway station (11)

mexicano/a Mexican (C)

México Mexico (C)

mexicoamericano/a Mexican American

mezcla mixture

mezclar to mix (13)

mezclilla denim

mi *poss.* my (A)

mí *obj. of prep.* me; **¿a mí qué?** what is it to me?

microbio germ

microondas *pl.*: **horno de microondas** microwave oven (6)

miedo fear; **dar** (*irreg.*) **miedo** to frighten; **tener** (*irreg.*) **miedo** to be afraid (4)

miel *f.* honey (8); **luna de miel** honeymoon

miembro member

mientras meanwhile; while (4); **mientras más... más...** the more . . . the more . . . ; **mientras que** while

miércoles *m. sing., pl.* Wednesday (1)

mil thousand, one thousand; **mil millones** billion (13)

milagro miracle

militar *n. m.* soldier; *adj.* military (15)

milla mile (6)

millón *m.* million (13)

millonario/a millionaire (5)

mina mine

mineral *adj.*: **agua** (*f. but* **el agua**) **mineral** mineral water (8)

minero miner
minifalda miniskirt
mínimo *n.* minimum
mínimo/a *adj.* minimum; **mínima** low, lowest (*temperature*)
ministro minister; **primer ministro** prime minister
minoría minority
minoritario/a minority; **grupos minoritarios** minorities
minuto minute; **palabras por minuto** words per minute
mío/a *poss.* my, (of) mine
mirar to look at (3), watch
misa Mass (2); **misa de gallo** midnight Mass
misión *f.* mission
mismo/a *pron.* same (one); *adj.* same; self; **da lo mismo** it doesn't matter; **el/la mismo/a** the same (5); **sí mismo/a** oneself; **tú mismo/a (usted mismo/a)** yourself; **uno/a mismo/a** oneself; **ahora mismo** right now; **aquí mismo** right here
misterio mystery
misterioso/a mysterious
mitad *f.* half
mitigar (qu) to mitigate, alleviate
mixto/a mixed
mochila backpack (1)
moda fashion (13); **de moda** fashionable (13); **estar** (*irreg.*) **de moda** to be in fashion
modelo model
módem *m.* modem
moderado/a moderate
moderno/a modern (B)
modesto/a modest
módico/a moderate (in price) (6)
modificado/a modified
modo way, manner; **de modo que** so that (15)
mojar to dip; to wet
mole *m. Mexican casserole prepared with chicken or turkey and chile sauce*
molestar to bother (10); **me molesta que** it bothers me when
molesto/a upset (12)
molido/a: carne (*f.*) **molida** ground beef
molinillo whisk, beater
molusco mollusk
momento moment (3)
momia mummy
monarca *m., f.* monarch
monasterio monastery
moneda currency; coin
monetario/a monetary, financial
monogamia monogamy
monolingüe monolingual

monolingüismo monolingualism
monopatín *m.* skateboard; **andar** (*irreg.*) **en monopatín** to skateboard
montaña mountain (2); **escalar montañas** to go mountain climbing
montar a caballo to ride a horse (2); **montar en bicicleta** to ride a bike; **montar en motocicleta** to ride a motorcycle (2)
monte *m.* mount, mountain
monumento monument
morado/a purple (A)
morder (ue) to bite
moreno/a brown-skinned, dark-skinned (A)
moribundo moribund, dying
morir(se) (ue, u) (*p.p.* **muerto**) to die (9)
morisco/a Moorish
mosca fly
Moscú *f.* Moscow
mostaza mustard (8)
mostrador *m.* counter
mostrar (ue) to show (13)
motivo motive, reason
moto *f.* motorcycle
motocicleta motorcycle; **andar** (*irreg.*) / **montar en motocicleta** to ride a motorcycle (2)
motor *m.* motor, engine; **motor de búsqueda** search engine
movimiento movement (12); **movimiento ambiental** environmental movement
muchacho/a boy/girl; young man / young woman (A)
mucho *adv.* a lot; much (C)
mucho/a *adj.* much; *pl.* many (C); **muchas gracias** thank you very much; **muchas veces** many times (5); **mucho gusto** pleased to meet you
mudarse to move (to another home)
mueble *m.* piece of furniture; *pl.* furniture (5); **sacudir los muebles** to dust the furniture
mueblería furniture shop
muela molar (tooth) (12); **dolor (ue)** (*m.*) **de muelas** toothache (12)
muerte *f.* death; **pena de muerte** death penalty
muerto/a *n.* dead person; *adj.* dead (C); *p.p. of* **morir** died; **Día** (*m.*) **de los Muertos** All Souls' Day (4); **estar** (*irreg.*) **muerto/a** to be dead (9)
muestra sample
mujer *f.* woman (A); **mujer bombera** firefighter (5); **mujer de negocios** businesswoman; **mujer policía** policewoman (5)
muleta crutch (12)
multa fine; traffic ticket (7)

multicolor multicolored
múltiple multiple
mundial *adj.* of or pertaining to the world; **Copa Mundial** World Cup; **red** (*f.*) **mundial** World Wide Web (15); **Segunda Guerra Mundial** Second World War
mundialmente worldwide
mundo world; **¡cómo cambia el mundo!** how the world changes!; **Tercer Mundo** Third World
municipio town, city
muñeca wrist (12); doll
muralismo painting of murals
muralista *m., f.* muralist
muralla wall; rampart
muro wall
musculación *f.* bodybuilding
músculo muscle (12)
museo museum (3)
música music (2); **equipo de música** stereo
músico/a musician
muslo thigh
musulmán, musulmana *n., adj.* Moslem
mutación *f.* mutation, change
muy very (B); **muy bien** very well, very good

N

nacer (zc) to be born; **¿en qué mes nació?** in what month were you (*pol. sing.*) (was he/she) born?; **recién nacido/a** newborn
nacimiento birth; **fecha de nacimiento** date of birth (1); **lugar** (*m.*) **de nacimiento** place of birth (1)
nación *f.* nation
nacional national (3)
nacionalidad *f.* nationality
nada nothing (C); **como si nada** as if nothing were wrong; **de nada** you are welcome (B)
nadador(a) swimmer
nadar to swim (1)
nadie no one, nobody, not anybody (3)
nalga buttock
nana grandma
naranja orange (*fruit*) (A)
narcótico narcotic
narcotráfico drug traffic
nariz *f.* (*pl.* **narices**) nose (B); **gotas para la nariz** nose drops (12); **nariz tapada** stuffy nose (12)
narración *f.* narration (2)
narrar to narrate
natación *f.* swimming
natal *adj:* **país natal** native country
natalidad *f.* birthrate; birth; **control** (*m.*) **de la natalidad** birth control; **índice**

(*m.*)/**tasa de natalidad** birthrate
nativo/a native
natural: jugo natural fresh-squeezed juice (8); **recurso natural** natural resource
naturaleza nature
náuseas: tener (*irreg.*) **náuseas** to be nauseated (12)
navaja (razor)blade (4)
navegador *m.* browser
navegante *m., f.* navigator
navegar (gu) to sail; **navegar (por) el Internet** to surf the Internet (1)
Navidad *f.* Christmas (4); **árbol** (*m.*) **de Navidad** Christmas tree (4)
neblina fog (10)
necesario/a necessary (5)
necesidad *f.* necessity
necesitado/a needy
necesitar to need (5); **necesitar** (+ *infin.*) to need to (*do something*); **se necesita** is needed
negativo/a negative (15)
negocio business (15); **hombre / mujer de negocios** businessman/business-woman; **viaje** (*m.*) **de negocios** business trip
negrilla boldface
negro *n.* black
negro/a *n.* African-American; *adj.* black (A)
nene, nena baby, infant
neoyorquino/a New Yorker
nervio nerve (12)
nervioso/a nervous (B)
nevada snowfall
nevado snowy
nevar (ie) to snow (2)
nevera refrigerator
ni neither; nor; even; **ni... ni** neither . . . nor
nicaragüense *adj. m., f.* Nicaraguan (3)
nicotina nicotine
nido nest
nieblina: hay nieblina it's foggy
nieto/a grandson/granddaughter (C); **nietos** *pl.* grandchildren
nieve *f.* snow
ningún, ninguno/a none, not any
niñera baby-sitter
niñez *f.* childhood (9)
niño/a boy/girl (A); child; **de niño/a** as a child (9)
nivel *m.* level (15)
no no; not (A)
Nóbel: Premio Nóbel Nobel Prize
noche *f.* night; **buenas noches** good evening; good night (A); **de noche** at night; **esta noche** tonight, this night (2); **mesita de noche** night table,

nightstand; **por la noche** in the evening, at night (1); **salir** (*irreg.*) **de noche** to go out at night; **de la noche** P.M.
Nochebuena Christmas Eve (4)
Nochevieja New Year's Eve (4)
nocturno/a nighttime; **club** (*m.*) **nocturno** nightclub (5)
Noel: Papá Noel Santa Claus
nombrar to name
nombre *m.* name; **¿cuál es su nombre?** what is your name? (*pol. sing.*) (A); **mi nombre es...** my name is . . . (A)
nordeste *m.* northeast
noreste *m.* northeast
normal normal (3)
normalmente normally
noroeste *m.* northwest
norte *m.* north (10); **al norte** to the north (3)
Norteamérica North America
norteamericano/a North American (C)
nos *d.o.* us; *i.o.* to/for us; *refl. pron.* ourselves
nosotros/as *sub. pron.* we (B); *obj. of prep.* us
nota note; grade (*academic*) (4); **sacar** (**qu**) **buenas/malas notas** to get good/bad grades (9)
notar to note, notice
noticia(s) news
noticiero newscast
novecientos/as nine hundred
novedad *f.* novelty
novela novel (1)
novelista *m., f.* novelist
noveno/a ninth (2)
noventa ninety (C)
noviazgo courtship, engagement (14)
noviembre *m.* November (1)
novio/a boyfriend/girlfriend (3); fiancé(e); groom/bride (14)
nube *f.* cloud (10)
nublado/a cloudy (2); **está nublado** it is overcast (cloudy) (2); **parcialmente nublado** partly cloudy
nuclear nuclear; **desperdicios** (*pl.*) **nucleares** nuclear waste (10); **reactor** (*m.*) **nuclear** nuclear reactor
núcleo nucleus, core
nudibranquio nudibranch (*type of mollusk*)
nudo knot
nuera daughter-in-law (9)
nuestro/a *poss.* our
nueve nine (A)
nuevo/a new (A); **Año Nuevo** New Year (4); **de nuevo** again
nuevomexicano/a New Mexican
nuez *f.* (*pl.* **nueces**) nut (8)
numeración *f.* numbering

numérico/a numerical
número number (2); **número ordinal** ordinal number (2)
numeroso/a numerous
nunca never (3); **casi nunca** very rarely
nutrición *f.* nutrition (8)
nutriente *m.* nutrient
nutritivo/a nourishing

O

o or
obediente well behaved, obedient (9)
objetivo objective
objeto object (6)
obligación *f.* obligation
obligar (gu) to oblige
obra work; **obra de arte** work of art
obrero/a worker (5); **obrero/a industrial** industrial worker
obsequio: de obsequio free, complimentary
observar to observe, watch (10)
obstáculo obstacle
obstante: no obstante nevertheless, however
obtener (*like* **tener**) to obtain, get
obviamente obviously
ocasión *f.* occasion (4)
occidental western
océano ocean (7)
ocelote *m.* ocelot
ochenta eighty (C)
ocho eight (A)
ochocientos/as eight hundred
octavo/a eighth (2)
octubre *m.* October (1)
ocupación *f.* occupation
ocupado/a busy (4)
ocupar to occupy; **ocuparse** to be busy
ocurrencia: ¡qué ocurrencia! what a silly idea!
ocurrir to occur
oeste *m.* west
oferta: en oferta on sale
oficial official (15)
oficina office (B)
oficio job, profession; trade
ofrecer (zc) to offer
ofrenda offering
oído (inner) ear (12)
oír *irreg.* to hear (12); **oye...** hey . . .
ojalá (que) I hope (that)
ojo eye (A); **¡ojo!** attention!; **¿de qué color tiene los ojos?** what color are your (*pol. sing.*)/his/her eyes?
ola wave (ocean)
óleo: pintura al óleo oil painting
oler *irreg.* to smell
olfato sense of smell
olimpíadas *pl.* Olympics

olímpico/a Olympic
oliva olive
olivo olive tree
olla pot
olvidar(se) to forget (11)
ómnibus *m.* bus
once eleven (A)
onza ounce (8)
opción *f.* option
ópera opera
operación *f.* operation
operador(a) operator (1)
operar (a) to operate (on)
opinar to think, believe
opinión *f.* opinion (B)
oponerse a (*like* **ponerse**) to oppose
oportunidad *f.* opportunity, chance (14)
opresión *f.* oppression
optimista *n. m., f.* optimist; *adj.* optimistic
opuesto/a opposite (14)
oración *f.* sentence (3)
oratoria public speaking; debate
orden *m.* order (*chronological*); *f.* order, command (14); **en orden lógico** in logical order; **poner** (*irreg.*) **en orden** to order, put in order
ordenador *m. Sp.* computer
ordenar to arrange, put in order (11)
ordinal: número ordinal ordinal number (2)
oreja (outer) ear (B)
orgánico/a organic (10)
organismo organism
organización *f.* organization
organizador(a) organizer
organizar (c) to organize
órgano organ; **órgano interno** internal organ
orgullo pride
orgulloso/a proud
oriente *m.* east
origen *m.* origin
original original (13)
originar to cause
originario/a originating
orilla bank, shore
oro gold (13)
os *d.o.* (*Sp.*) you (*inf. pl.*); *i.o.* (*Sp.*) to/for you (*inf. pl.*); *refl. pron.* (*Sp.*) yourselves (*inf. pl.*)
oscilar to fluctuate
oscuro/a dark
oso bear
ostra oyster
otoño autumn (1)
otro/a other; another (2); **otra vez** again (2)
oveja sheep
oxígeno oxygen

ozono: capa de ozono ozone layer (10); **agujero en la capa de ozono** hole in the ozone layer (10)

P

paciencia patience (14)
paciente *n. m., f.; adj.* patient (5)
pacífico/a peaceful; **Océano Pacífico** Pacific Ocean (3)
padecer (zc) to suffer (from)
padecimiento ailment
padrastro stepfather (9)
padre *m.* father (C); priest; *pl.* parents (C); **Día** (*m.*) **del Padre** Father's Day (4)
padrino godfather; best man in wedding (14)
pagar (gu) to pay (7)
página page (A)
país *m.* country (C)
paisaje *m.* countryside
pájaro bird (3)
pala shovel
palabra word (A); **procesador** (*m.*) **de palabras** word processor
palacio palace
paletilla shoulder blade
palma palm (*botanical*)
palo stick
palomitas (*pl.*) **de maíz** popcorn (8)
pampa pampa, prairie; **La Pampa** region of Argentina
pan *m.* bread (3); **llamar al pan pan y al vino vino** to call a spade a spade; **pan tostado** *Sp.* toast (7) **pan tostado (a la francesa)** (French) toast (8)
pana corduroy
panadería bakery (3)
Panamá *m.* Panama
panameño/a *n., adj.* Panamanian (3)
panamericano/a Panamerican
pandilla gang
panecillo roll, bun (8)
panfleto pamphlet
panorámico/a panoramic
panqueque *m.* pancake (8)
pantaletas *pl.* women's underpants
pantalón, pantalones *m. sing., pl.* pants (A); **pantalones cortos** shorts (A); **pantalones de campana** bell bottoms; **pantalones vaqueros** jeans (13)
panteón *m.* mausoleum, graveyard
pantimedias *pl.* nylons, pantyhose
pantorrilla calf (*of leg*)
pantufla slipper
pañuelo handkerchief
papa potato (8); **papa al horno** baked potato (8); **papas fritas** French fries (8); **puré** (*m.*) **de papas** mashed potatoes

papá *m.* papa, dad (B); **Papá Noel** Santa Claus
papalote *m. Mex.* paper kite; **volar** (**ue**) **un papalote** to fly a kite
papel *m.* paper (B); role; **hacer** (*irreg.*) **el papel de** to play the role of; **papel picado** perforated paper
papelería stationery store (3)
paperas mumps
paquete *m.* package (8)
par *m.* pair (13)
para for; in order to; **para que** in order that (15); **¿para qué sirve?** what is it used for? (6); **para servirle** you (*pol. sing.*) are welcome
parabrisas *m. sing. pl.* windshield (10)
parachoques *m. sing. pl.* bumper (10)
parada del autobús bus stop (3)
parador *m.* state (tourist) hotel
paraguas *m. sing., pl.* umbrella (13)
paraguayo/a *n., adj.* Paraguayan (3)
paralizar (c) to paralyze
paramédico *m., f.* paramedic (12)
parar to stop
parcialmente partially; **parcialmente nublado** partly cloudy
parecer (zc) to look; seem; **parecerle (a uno)** to seem (to one); **parecerse** to look alike (9); **¿qué te/le parece... ?** what do you think of . . . ?
parecido/a: bien parecido good-looking
pared *f.* wall (B); **entre la espada y la pared** between a rock and a hard place
pareja couple, pair (6); **en parejas** in pairs
paréntesis *m. sing., pl.:* **entre paréntesis** in parentheses
pariente, parienta relative (4)
París *m.* Paris
parque *m.* park (2); **merendar (ie) en el parque** to have a picnic in the park; **parques** (*m.pl.*) **acuáticos** water parks
parrilla: a la parrilla grilled, charbroiled (8)
parrillada grilled meat
parte *f.* part; **en gran parte** to a large degree; **las partes del cuerpo** parts of the body; **por todas partes** everywhere
Partenón *m.* Parthenon
partera midwife
participación *f.* participation
participante *m., f.* participant
participar to participate (5)
participio participle
particular particular (is); private; **casa particular** private home
partida departure
partidario/a supporter, advocate

partido party (*political*); game, match (1); **ver** (*irreg.*) **un partido de...** to watch a game of . . . (1)

partir to leave; to divide; **a partir de** + *time* starting from + *time*

parto childbirth

pasa raisin (8)

pasado *n.* past

pasado/a *adj.* past, last; **el mes** (*m.*)/**año pasado** last month/year (6); **la semana pasada** last week; **pasado mañana** day after tomorrow (1)

pasaje *m.* passage; fare, ticket (11)

pasajero/a passenger (10)

pasaporte *m.* passport (1); **sacar (qu) el pasaporte** to get a passport (11)

pasar to pass; to happen; to come in; to spend (*time*); **pasar la aspiradora** to vacuum (6); **pasar por** to go through; **pasar tiempo** to spend time; **¿qué pasa?** what's wrong? (7); **¿qué pasó?** what happened? (7); **¿qué te/le pasa?** what's the matter with you?

pasatiempo hobby

Pascua Easter; **Domingo de Pascua** Easter Sunday (4); *pl.* Easter; **Pascua Judía** Passover (4)

pasear to go for a walk; to take a ride; **pasear en barca** to take a boat ride; **pasear en bicicleta** to go for a bicycle ride

paseo walk, stroll; **dar** (*irreg.*) **un paseo** to take a walk

pasiflora passionflower

pasillo *m.* hallway (5)

pasión *f.* passion

paso step; **no hay paso** no entrance

pasta de dientes toothpaste

pastel *m.* cake (3)

pastilla tablet

pata: estirar la pata *coll.* to kick the bucket, die

patacón *m.* fried banana

patata *Sp.* potato

paterno/a paternal

patinaje *m.* skating

patinar to skate (1); **patinar en el hielo** to ice-skate (1)

patineta skateboard; **andar** (*irreg.*) **en patineta** to skateboard (1)

patio patio (6); **patio de recreo** playground

pato duck

patria country, homeland, native land

patriota *m., f.* patriot

patrón: santo patrón patron saint

pavo turkey

paz *f.* (*pl.* **paces**) peace (15); **déjame en paz** leave me alone

peatón, peatona *n.* pedestrian (10)

pecho chest (12); breast

pediatra *m., f.* pediatrician

pediatría *sing.* pediatrics

pedir (i, i) to ask for, request (4); **pedir(se) perdón** to ask forgiveness (15); **pedir prestado/a(s)** to borrow (13)

pegado/a close together

peinarse to comb one's hair (4)

Pekín *m.* Beijing

pelar to peel (8)

pelear to fight; **pelearse** to fight with each other (9)

película movie (1); **rollo de película** roll of film (13)

peligro danger (10)

peligroso/a dangerous (5)

pelo hair (A); **cortarse el pelo** to cut one's hair, have one's hair cut; **¿de qué color tiene el pelo?** what color is your (*pol. sing.*)/his/her hair?; **lavarse el pelo** to wash one's hair (4); **secador** (*m.*) **de pelo** hair dryer (6); **secarse (qu) el pelo** to dry one's hair (4)

pelota ball (9)

peluquería beauty parlor (5)

peluquero/a hairdresser (5)

pena de muerte death penalty

península peninsula (10)

pensamiento thought (12)

pensar (ie) to think (5); **manera de pensar** way of thinking ¡**ni pensarlo!** don't even think about it!; no way! (4); **pensar** (+ *infin.*) to plan to (*do something*) (5); **pensar en** to think about (*something/someone*) (5); **pensar que** to think that; **pensarlo** to think about it

pensativo/a thoughtful

peor worse, worst (6)

pepino cucumber (8)

pequeño/a small (A); **quedarle pequeño** to be too small (13)

pera pear (8)

percibir to perceive

percusión *f.* percussion

perder (ie) to lose; **perderse** to get lost (12)

perdón *m.* pardon; *interj.* pardon/excuse me (C); **pedir(se) (i, i) perdón** to apologize (to each other)

perdonar to excuse

perezoso/a lazy (B)

perfecto/a perfect (2)

perfil *m.* profile

perfume: ponerse (*irreg.*) **perfume** to put on perfume (4)

periódicamente periodically

periódico newspaper (1); **leer (y) el periódico** to read the newspaper

periodismo journalism

periodista *m., f.* journalist

periodístico/a journalistic

período period

periquito parakeet; little parrot

perjudicar (qu) to damage, harm

permanente permanent

permiso permission; **dar** (*irreg.*) **permiso** to give permission (9)

permitir to allow (9); **permítame** allow me; **permitirse** to be allowed (9)

pero but (C)

perro/a dog (A)

persistencia persistence

persistente persistent

persona person (A)

personaje *m.* character (*fictional*)

personal: datos (*pl.*) **personales** personal data (1)

personalidad *f.* personality (14)

personalmente personally; in person

personificar (qu) to personify

perspectiva perspective

pertenecer (zc) to belong

pertinente pertinent

Perú *m.* Peru

peruano/a *n., adj.* Peruvian (3)

pesa: levantar pesas to lift weights; **levantamiento de pesas** weight lifting

pesado/a heavy

pesar *v.* to weigh; **a pesar de** (*prep.*) in spite of

pesca fishing; **red** (*f.*) **de pesca** fishing net

pescado fish (*caught*) (8)

pescador(a) *m., f.* fisherman

pescar (qu) to fish (1)

peseta *monetary unit of Spain* (3)

pesimista *n. m., f.* pessimist; *adj.* pessimistic

peso *monetary unit of Mexico, Colombia, Cuba, etc.* (13); weight (1)

pestaña eyelash

pesticida *m.* pesticide (10)

pétalo petal

petróleo petroleum; oil (10)

pez *m.* (*pl.* **peces**) fish (*live*) (3)

pezuña hoof

picado: papel (*m.*) **picado** perforated paper

picante spicy (8)

picar (qu) to mince, cut finely; to prick

pícaro/a *n.* rogue, scoundrel; *adj.* scheming, mischievous; ¡**qué pícaro/a!** what a rascal!

pico point; **cuello en pico** V-neck collar

pie *m.* foot (B); *pl.* feet; **a pie** on foot; (**estar** [*irreg.*]) **de pie** (to be) standing; **ponerse** (*irreg.*) **de pie** to stand up

piedra (preciosa) (gem)stone (13)

piel *f.* skin; leather (13)

pierna leg (B)
pieza piece
pijama *m. sing.* pajamas (4)
píldora pill (12)
pileta *Arg.* swimming pool
piloto *m., f.* pilot (5)
pimentero pepper shaker (8)
pimienta pepper (8)
pimiento bell pepper
pinacoteca art gallery
pintar to paint
pintor(a) painter
pintoresco/a picturesque
pintura painting
piña pineapple (8); **piña colada** *tall mixed drink of rum, cream of coconut, pineapple juice, and ice, usually mixed in a blender*
pionero/a pioneer
pirámide *f.* pyramid (7)
pirata hacker
Pirineos *pl.* Pyrenees
piscina swimming pool (1); **piscina climatizada** heated pool
Piscis *m. sing., pl.* Pisces
piso floor (B); *Sp.* apartment
pista hint, clue; **pista y campo** track and field (7)
pizarra (chalk)board (B)
placa *Mex.* license plate (10)
placer *n. m.* pleasure
plan *m.* plan (2)
planchar to iron
planear to plan (11)
planeta *m.* planet (10)
planificar (**qu**) to plan
plano plan, diagram; map (of a room or city) (3)
planta nuclear nuclear plant (10)
plantación *f.* plantation
plantar to plant
plástico plastic (10)
plata silver (13)
plátano banana (8)
platillo dish (*food*) (8); saucer (8)
platino platinum
plato plate (6); culinary dish; **plato de fondo** main dish; **plato hondo** soup plate, bowl (8)
playa beach (1)
playera *Mex.* T-shirt
plaza town square
pleno/a full
plomero/a plumber (5)
pluma feather; *Mex.* pen (B)
población *f.* population
poblador(a) settler; colonist; inhabitant
poblar (**ue**) to populate
pobre *n. m., f.* poor person; *adj.* poor (5)
pobreza poverty

poco/a little; *pl.* few; **de todo un poco** a bit of everything; **poco a poco** little by little; **poco asado** rare (*meat*) (8); **poco cocido** rare (*meat*) (8); **poco después** a little later (7); **un poco de** a little
poder *n. m.* power; **poder curativo** healing power
poder *v. irreg.* to be able (5); **poder** (+ *infin.*) to be able to (*do something*); **¿en qué puedo servirle?** how may I help you? (11)
poderoso/a powerful
poema *m.* poem
poesía poetry
poeta *m., f.* poet
polen *m.* pollen
policía, mujer policía *m., f.* policeman/policewoman (5); *f.* police force; **agente** (*m., f.*) **de policía** policeman/policewoman
polideportivo sports complex
poliéster *m.* polyester
política *sing.* politics; policy
político/a *n.* politician; *adj.* political
pollera *Arg., Uruguay* skirt
pollo chicken (8); **pollo frito** fried chicken (8)
polvo dust
pomelo grapefruit (8)
poner *irreg.* to put, place (3); to put on; to put up; to show (*film*); **poner discos compactos / una película** to play CDs/to show a movie (3); **poner en efecto** carry out; **poner en orden** to order, put in order; **ponerle fin a** to put an end to; **ponerse** + *adj.* to get, become + *adj.*; **ponerse a** (+ *infin.*) to begin to (*do something*); **ponerse colorado/a** to turn red; **ponerse de buen/mal humor** to get into a good/bad mood (12); **ponerse de pie** to stand up; **ponerse la ropa** to put on clothes (4); **ponerse perfume** to put on perfume (4); **ponerse rojo/a** to blush (7)
popularidad *f.* popularity
por by; through; because of; for; per; around, about; on; because of, on account of; **por ciento** percent; **por completo** totally; **por ejemplo** for example (9); **por eso** that's why; **por favor** please (1); **por fin** finally; **por fuera** on the outside; **por la mañana/tarde/noche** in the morning/afternoon/evening/at night; **por lo general** in general; **por lo menos** at least; **por lo tanto** therefore; **por medio de** through, by means of (15); **¿por qué?** why? (2); **¿por qué no?** why not? **por supuesto** of course (9); **por último** finally, lastly (2)

porcelana porcelain
porcentaje *m.* percentage
porción *f.* serving (10)
porque because
portar to carry; **portar armas** to bear arms; **portarse** to behave
portátil portable; **computadora portátil** laptop computer; **radiocassette (portátil)** (portable) radio cassette player
portavoz *m.* (*pl.* **portavoces**) spokesperson
portero eléctrico *intercom with automatic door-opener*
portugués *m.* Portuguese (language) (C)
portugués, portuguesa *n., adj.* Portuguese (C)
porvenir *m.* future
posada inn
poseer (**y**) to possess
posesivo/a possessive
posibilidad *f.* possibility (5)
posible possible (2)
positivo/a positive
posponer (*like* **poner**) to postpone
postal: tarjeta postal postcard
postre *m.* dessert (8); **de postre** for dessert
postular to run for office
potencia power, force
p.p.m. (*abbrev. for* **palabras por minuto**) words per minute
práctica practice
practicar (**qu**) to play (*sport*); to practice; **practicar un deporte** to play a sport (1)
práctico/a practical (B)
precavido/a cautious
precio price (8); **a precios regalados** inexpensively priced, "given away"
precioso/a precious, cute; **piedra** (**preciosa**) (gem)stone (13)
precipicio cliff
precipitación *f.* rainfall
precolombino/a pre-Columbian
preconcebido/a preconceived
predicción *f.* prediction
predicar (**qu**) to preach
predominante predominant
predominar to predominate
pre-elaborada: comida pre-elaborada convenience food
preferencia preference (1)
preferido/a favorite
preferir (**ie, i**) to prefer (2)
pregunta *n.* question; **hacer** (*irreg.*) **preguntas** to ask questions (5)
preguntar to ask (questions); **pregúntele a...** ask . . .
prejuicio prejudice
prejuicioso/a prejudiced

premiado/a awarded

premio prize; premium; **premio gordo** grand prize; **Premio Nóbel** Nobel Prize

prenda de ropa/vestir garment (13)

prender (la luz) to turn on (the light) (6)

prensa *f.* press (media)

preocupación *f.* worry

preocupado/a worried (4)

preocupar to worry (10); **me preocupa que** it worries me that

preparación *f.* preparation (8)

preparar to prepare (2)

preparativos *pl.* preparations

preparatoria *n.* prep school; high school (2)

preparatorio/a *adj.* preparatory

presencia presence

presentación *f.* presentation; introduction (5)

presentar to present; to introduce (6)

presente *n. m.; adj.* present (2)

preservación *f.* preservation

preservar to preserve

preservativo condom

presidente, presidenta president (1)

presión *f.* pressure (12)

préstamo loan

prestar to lend (13)

prestigio prestige

prestigioso/a prestigious

presupuesto budget

pretérito preterite

pretexto pretext

prevención *f.* prevention

prevenir (like venir) to prevent

preventivo/a preventive

prima: materia prima raw material

primaria: (escuela) primaria elementary school (7)

primavera spring (1)

primer, primero/a first (2); **por primera vez** for the first time; **primer ministro** prime minister; **primera clase** first class (11); **primera comunión** first communion

primo/a cousin (C)

princesa princess

príncipe *m.* prince

principio beginning; principle; **al principio** at the beginning

prioridad *f.* priority

prisa: tener (irreg.) prisa to be in a hurry (4)

prisionero/a prisoner

privado/a private

probador *m.* dressing room

probar(se) (ue) to try (out); to prove; to taste; to try on (13)

problema *m.* problem (10)

procesador (m.) de palabras word processor

proceso process; trial

prodigioso/a excellent, wondrous

producción *f.* production (10)

producir (like conducir) to produce

producto product (10)

profesión *f.* profession (1)

profesor(a) professor (A)

profundidad *f.* depth

profundo/a deep (10)

programa *m.* program (1)

programador(a) programmer (5)

programar to program (5)

progresar to make progress; to progress

progreso progress

prohibido/a forbidden (10)

prohibir (prohíbo) to prohibit (14)

prolongar (gu) to prolong

promedio average

prometer to promise

promulgar (gu) to proclaim, enact

pronombre *m.* pronoun; **pronombre de complemento directo/indirecto** direct/ indirect object pronoun; **pronombre demostrativo** demonstrative pronoun

pronosticar (qu) to forecast (*weather*) (10)

pronóstico del tiempo weather forecast (2)

pronto soon (7); **de pronto** suddenly; **lo más pronto posible** as soon as possible; **tan pronto como** as soon as

pronunciar to pronounce

propagación *f.* propagation, spreading

propano propane

propiedad *f.:* **título de propiedad** deed

propina tip (*for a service*) (8)

propio/a own (6); typical, characteristic

proponer (like poner) to propose

proporción *f.* proportion

proporcionar to furnish, provide

propósito purpose

propuesta proposal

propuesto/a (*p.p. of* **proponer**) proposed

proseguir (i, i) (g) to continue

prosperidad *f.* prosperity

próspero/a prosperous

protección *f.* protection

proteger (j) to protect (10)

proteína protein

protesta protest

protestar to protest

protocolo protocol

proveedor(a) provider, supplier

proveer (y) to provide

provincia province, region

provocar (qu) to provoke

próximo/a next (2); **la próxima semana** next week

proyectar to project

proyecto project; plan (14)

prueba test

psicodélico/a psychedelic

psicología psychology (2)

psicólogo/a psychologist (12)

psiquiatra *m., f.* psychiatrist (12)

ptas. (*abbrev. for* **pesetas**) *monetary unit of Spain*

pubertad *f.* puberty

publicación *f.* publication

publicar (qu) to publish

público *n.* public (5)

público/a *adj.* public

pueblo town (6); people

puente *m.* bridge (10)

puerco pork; **carne** (*f.*) **de puerco** pork

puerta door (A); **tocar (qu) a la puerta** to knock

puerto (sea)port

puertorriqueño/a *n., adj.* Puerto Rican (C)

pues… well . . .

puesta del sol sunset

puesto *n.* job; market stall, small shop (13)

puesto/a (*p.p. of* **poner**) put, placed; turned on (*appliance*) (12)

pulgada inch

pulgar *m.* thumb

pulmón *m.* lung (12)

pulmonía pneumonia

pulpería grocery store (*Central America*)

pulpo octopus

pulsera bracelet

pulso pulse (12)

puma *m.* American panther

punto point; period; **a punto de** about to; **al punto** medium rare (*meat*) (8)

puntual punctual

pupitre *m.* student's desk (B)

pupusa (*Honduras*) *corn and cheese or meat turnover*

puré de manzana apple sauce; **puré** (*m.*) **de papas** mashed potatoes

puro/a pure

Q

que that, which; than; **lo que** that which, what; **más/menos que** more/ less than; **ya que** since

¿qué… ? what . . . ? (A); **¿a mí qué?** what is it to me?; **¿de qué está hecho/a?** what is it (made) of? (13); **¿qué tal?** how's it going?; how are you? (6); **¿qué tal si… ?** how about if . . . ?; **¡qué va!** no way!

quebrar (ie) to break

quechua *m.* Quechua (language) (*indigenous to Peru, Bolivia, etc.*)

quedar(se) to remain, stay; to get left behind (12); to fit; to be, be situated; to be, get; **quedar embarazada** to become pregnant; **quedar apretado/ suelto** to fit tightly/loosely (13); **quedarle bien/mal** to look nice/bad on one (13); **quedarle grande/pequeño** to be too big/small (13); **quedarse en casa** to stay home (4)

quehacer doméstico *m.* household chore (6)

queja complaint (14)

quejarse to complain

quemadura burn (12)

quemar to burn (7); **quemar sus barcos** to burn one's ships

quena flute

queque *m.* bun, cake (*Colombia*)

querer *irreg.* to want (1); to love; **querer decir** to mean; **quererse** to love each other (14)

querido/a *n.* dear; *adj.* dear; beloved; **ser** (*m.*) **querido** loved one

quesadilla (*Mex., Honduras*) cornmeal or tortilla pie filled with cheese

queso cheese (8)

quetzal *m.* monetary unit of Guatemala

quien(es) who, whom

¿quién(es)? who?, whom? (A); **¿de quién es/son... ?** whose is/are . . . ? (C); **¿quién es? / ¿quiénes son?** who is it? / who are they? (A)

química chemistry (2)

químico/a *adj.* chemical

quince fifteen (A)

quinceañera fifteenth-birthday party

quinientos/as five hundred

quinto/a fifth (2)

quitar to take away (7); **quitar(se)** to remove; **quitarse la ropa** to take off one's clothes (4)

quizá(s) perhaps

R

rábano radish

rabia: dar (*irreg.*) **rabia** to anger, enrage

racimo cluster, bunch

ración *f.* portion, helping

racista *adj. m., f.* racist (14)

radiación *f.* radiation

radiactividad *f.* radioactivity

radiactivo/a radioactive

radio *m.* radio (*receiver*); *f.* radio (*broadcasting*) (2); **radiocassette (portátil)** (portable) radio cassette player; **radio despertador** alarm clock radio (13)

radiografía X-ray

raíz *f.* (*pl.* **raíces**) root

rallar to grate (8)

Ramadán *m.* Ramadan (4)

ramo cut branch; bouquet; piece (*fig.*)

rana: ancas de rana frog legs

rancheros: huevos rancheros *eggs, usually fried or poached, topped with a spicy tomato sauce and sometimes served on a fried corn tortilla*

rápidamente fast, rapidly (4)

rapidez *f.* rapidity

rápido *adv.* fast; quick (4)

rápido/a *adj.* rapid, fast, quick; **restaurante de servicio rápido** fast-food resturant (8)

raqueta racket

ráquetbol *m.* racketball

raro/a strange; rare; **raras veces** rarely

rasguño scratch

rastrillar to rake

Rastro *Madrid flea market*

rasuradora eléctrica electric razor (4)

rato a while (7); little while, short time; **a cada rato** every few minutes

raya: de rayas striped (13)

rayo ray

rayuela hopscotch; **jugar (ue) (gu) a la rayuela** to play hopscotch (9)

raza race; **Día de la Raza** *a celebration of Hispanic identity held on October 12*

razón *f.* reason (8); **tener (irreg.) razón** to be right

reacción *f.* reaction

reaccionar to react

reactor nuclear *m.* nuclear reactor

real real; royal

realidad *f.* reality

realizar (c) to attain, achieve; to carry out; to realize; **realizar su sueño** to realize/fulfill one's dream

rebajado/a reduced (*price*) (13)

rebajar to reduce a price (13)

rebanada slice (8)

rebelde rebellious

recámara *Mex.* bedroom (6)

recepción *f.* reception; lobby (11)

recepcionista *m., f.* receptionist (B)

receta recipe (8); **receta médica** medical prescription (12)

recetar to prescribe

rechazar (c) to reject

recibir to receive (4); **recibir visitas** to have company

reciclaje *m.* recycling (10)

reciclar to recycle (10)

recién recently; **recién nacido/a** newborn

reciente recent

recipiente *m.* container (8)

recíproco/a reciprocal

reclamo claim; **reclamo de equipaje** baggage claim (11)

recoger (j) to pick up, gather (3)

recolección *f.* collection; harvest

recomendable recommendable; commendable

recomendación *f.* recommendation (8)

recomendar (ie) to recommend

recompensa recompense

reconocer (zc) to recognize

reconocimiento recognition

reconstruir (y) to reconstruct

recordar (ue) to remember (9)

recorrer to tour, travel across

recortar to cut out

recreo recess; **patio de recreo** playground; **sala de recreo** recreation room (13)

recto/a straight

rectoría office of the president (**rector**) of a university (3)

recuerdo souvenir; *pl.* memories (9)

recuperar to recuperate, get back

recurrir (a) to appeal (to)

recurso resource; **recurso natural** natural resource

red *f.* net; network; **red de pesca** fishing net; **red mundial** World Wide Web (15)

redondearse to grow round

reducción *f.* reduction

reducido/a reduced (15)

reducir (like conducir) to reduce (10)

referencia reference

referirse (ie, i) a to refer to (12)

reflejar to reflect

reflexionar to reflect on, think about

reforma reform

reformar to reforma

reforzar (ue) (c) to reinforce

refrán *m.* saying (1)

refrescar (qu) to cool; to refresh

refresco soft drink (3)

refrigerador *m.* refrigerator (6)

refrigerio snack

refugio refuge, shelter

regalado/a: a precios regalados inexpensively priced, "given away"

regalar to give as a gift

regalo gift; **tienda de regalos** gift shop (3)

regaño scolding

regar (ie) (gu) to water

regatear to bargain (13); **a regatear** let's bargain

regateo *n.* bargaining (13)

régimen *m.* (*pl.* **regímenes**) regime; diet

región *f.* region

regla rule; ruler (*measurement*) (12)

regresar to return (3)

regreso return; **de regreso** *adj., adv.* return, while returning

regular fair, so-so
rehusar to refuse
reina queen
Reino Unido United Kingdom
reír(se) (yo río) (i, i) to laugh
relación *f.* relationship; **relación amorosa** love affair; **relaciones** (*pl.*) **familiares** family relationships (9); **tener relaciones** to engage in sexual relations
relacionado/a related
relacionar to relate
relajador(a) *adj.* relaxing
relajante relaxing
relámpago lightning (10)
religioso/a religious
relleno *n.* filling
relleno/a *adj.* stuffed; **chile** (*m.*) **relleno** stuffed chili pepper
reloj *m.* watch; clock (A); **reloj despertador** alarm clock
remedio remedy (12)
remojar to soak, steep
remoto/a remote
renovado/a remodeled
renovar (ue) to renovate
renunciar to renounce
reparación *f.*: **taller** (*m.*) **de reparación** (mechanic's) garage (5)
reparar to repair, fix
repartidor person who delivers (*something*)
repartir to divide; to distribute
repaso review
repente: de repente suddenly
repetir (i, i) to repeat
repoblación (*f.*) **forestal** reforesting
repoblar (ue) to reforest
reponer (*like* **poner**) to put back
reportaje *m.* report
reportero/a reporter (15)
represa dam
representante *m., f.* representative
representar to represent (12)
reproducción *f.* reproduction
reproducir (*like* **conducir**) to reproduce
reproductor (*m.*) **para discos compactos** CD player (1)
reptil *m.* reptile (10)
república republic; **República de Sudáfrica** South Africa (C); **República Dominicana** Dominican Republic (3)
republicano/a Republican
repuesto/a (*p.p. of* **reponer**) replaced; **de repuesto** replacement (*part*)
reputación *f.* reputation
requerir (ie, i) to require
res *f.* head of cattle; **carne** (*f.*) **de res** beef
resbaloso/a slippery

reserva reserve
reservación *f.* reservation (8)
reservado/a reserved (B)
reservar to reserve
resfriado *n.* cold (*illness*) (12); **estar** (*irreg.*) **resfriado/a** to have a cold (12)
resfriarse to catch a cold (12)
resfrío cold (*illness*) (12)
residencia residence (6); **residencia estudiantil** university dorm (5)
residencial residential
residente *m., f.* resident
residir to reside
resistencia resistance
resistente resistant
resistir to resist
resolver (ue) (*p.p.* **resuelto**) to solve (10)
respecto: con respecto a with respect to; **respecto a** with respect to
respetar to respect
respeto respect
respirar to breathe (12)
responder to respond, answer (12)
responsabilidad *f.* responsibility
responsable responsible (14)
respuesta answer (3)
restante *m.* remainder
restaurante *m.* restaurant (1); **restaurante de servicio rápido** fast-food restaurant (8)
resto rest; *pl.* remains (14)
restricción *f.* restriction
restringir (j) to restrict
resuelto/a (*p.p. of* **resolver**) resolved, solved
resultado result (15)
resultar to turn out, result
resumen *m.*: summary; **en resumen** to sum up (B)
resurrección *f.* resurrection
retirarse to pull out, pull back
reto challenge, dare
retornable: no retornable nonreturnable
retraso backwardness, underdevelopment
retratista *m., f.* portrait painter
retrovisor(a): espejo retrovisor rearview mirror (10)
reunión *f.* meeting
reunirse to get together
revisar to check
revista magazine (1)
revolución *f.* revolution
revuelto/a: huevos revueltos scrambled eggs (8)
rey *m.* king; **Día** (*m.*) **de los Reyes Magos** Epiphany, January 6 (*lit.* Day of the Magi) (4)
rezar (c) to pray (3)
rico/a rich; delicious (8)

ridículo/a ridiculous (7)
riesgo risk; **correr riesgo** to run a risk
rincón *m.* corner
riñón *m.* kidney (12)
río river (2)
riqueza *sing.* riches, wealth
rítmico/a rhythmic
ritmo rhythm
rito rite; ceremony; **ritos de iniciación** rites of passage
rizado/a curly (A)
robar to rob, steal
roble *m.* oak
robo theft
robot *m.* robot (B)
rocío dew
rocoso/a rocky
rodaja slice
rodeado/a surrounded (10)
rodear to surround
rodilla knee (12)
rogar (ue) (gu) to beg
rojo/a red (A); **la Cruz Roja** Red Cross; **ponerse** (*irreg.*) **rojo/a** to blush
rollo roll; **rollo de película** roll of film (13)
romance *m.* romance
romancero collection of ballads
romano/a Roman
romántico/a romantic (2)
romper(se) (*p.p.* **roto**) to break (11)
ropa *sing.* clothes, clothing (A); **guarder ropa** to put away clothes; **ponerse** (*irreg.*) **la ropa** to put on clothes (4); **quitarse la ropa** to take off clothes (4); **ropa interior** underwear (13)
rosa rose
rosado/a pink (A)
roto/a (*p.p. of* **romper**) broken
rubio/a blond(e) (A)
rueda wheel
ruido noise (14); **hacer** (*irreg.*) **ruido** to make noise
ruidoso/a noisy
ruina ruin (11)
ruso Russian (language) (C)
ruso/a *n., adj.* Russian (C)
rústico/a rustic
ruta route
rutina routine; **rutina diaria** daily routine (4)

S

sábado Saturday (1)
saber *irreg.* to know (4); to find out about; **saber** (+ *infin.*) to know how to (*do something*) (5)
sabiduría wisdom
sabor *m.* flavor, taste (8); **de sabores** flavored

sabroso/a delicious, tasty (8)

sacar (qu) to take out; to get, receive (*grade*); **sacar adelante** to carry forward; to rear, nurture **sacar buenas/ malas notas** to get good/bad grades (9); **sacar fotos** to take pictures; **sacar el pasaporte (la visa / el visado)** to get a passport (visa) (11); **sacar la basura** to take out the trash (6)

sacerdote *m.* priest

saco bag; jacket, sports coat (A)

sacrificar (qu) to sacrifice

sacrificio sacrifice

sacudir to dust; to shake off; **sacudir los muebles** to dust the furniture

Sagitario Sagittarius

sagrado/a sacred, holy

sal *f.* salt (8); **agua** (*f. but* **el agua**) **con sal** salt water

sala room; living room (6); **sala de baño** bathroom (6); **sala de emergencias** emergency room (12); **sala de espera** waiting room (11); **sala de recreo** recreation room (13); **sala de urgencias** emergency room (12)

salado/a *adj.* salt, salted; **agua salada** salt water

salchicha sausage, frankfurter, hot dog (8)

salero saltshaker

salida departure; exit (11)

salir *irreg.* to leave; to go out (1); **salir a** (+ *infin.*) to go or come out to (*do something*); **salir a bailar** to go out dancing (1); **salir de noche** to go out at night; **salir de vacaciones** to go on vacation; **salir del trabajo** to get off work

salón *m.* room; **salón de baile** dance hall; **salón de clase** classroom (B)

salsa salsa (*music*); sauce (8)

saltar to jump; to jump up; **saltar la cuerda** to jump rope

salto waterfall

salud *f.* health; **¡salud!** bless you! (*after a person sneezes*); to your health! (12); **salud mental** mental health (12)

saludable healthy (8)

saludar to greet, say hello (7); **saludarse** to greet each other

saludo greeting

salvadoreño/a *n., adj.* Salvadoran

salvar to save (*from danger*) (10)

san, santo/a saint; **día** (*m.*) **del santo** saint's day (4); **Día de San Valentín** St. Valentine's Day; **Día** (*m.*) **de Todos los Santos** All Saints' Day (4); **santo patrón** patron saint; **Semana Santa** Holy Week (4)

sandalia sandal

sandía watermelon (8)

sándwich *m.* sandwich (8)

sangre *f.* blood (12); **análisis** (*m.*) **de sangre** blood test

sangriento/a bloody

sano/a healthy

sarampión *m. sing.* measles (12)

sardina sardine

sartén *f.* (frying) pan (8)

satisfacción *f.* satisfaction

sazonar to season, flavor

se (impersonal) one; *refl. pron.* herself, himself, itself, themselves, yourself (*pol. sing.*) yourselves (*pol. pl.*)

sea cual sea whatever it might be

secador (*m.*) **de pelo** hair dryer (6)

secadora (clothes) dryer (6)

secar (qu) to dry; **secarse** to dry off, dry oneself; **secarse el pelo** to dry one's hair (4)

sección (*f.*) **de (no) fumar** (no) smoking section

seco/a dry (8)

secretario/a secretary (B)

secreto secret

secuencia sequence

secundaria: (escuela) secundaria (junior) high school (9)

sed *f.* thirst; **tener** (*irreg.*) **sed** to be thirsty (4)

seda silk (13)

segmento segment

seguida: en seguida immediately

seguir (i, i) (g) to follow; to continue; **seguir las instrucciones** to follow directions (3); **seguir + -ndo** to go on (*doing something*); **seguir una carrera** to have a career

según according to

segundo *n.* second; *adv.* secondly

segundo/a *adj.* second (2); **Segunda Guerra Mundial** Second World War

seguridad *f.* safety; **cinturón** (*m.*) **de seguridad** seatbelt (10); **con toda seguridad** with absolute certainty

seguro *n.* insurance; **agente** (*m., f.*) **de seguros** insurance agent; **seguro de auto(móvil) / seguro automovilístico** car insurance (10); **seguro médico** health insurance (12)

seguro/a *adj.* sure; safe

seis six (A)

seiscientos/as six hundred

selección *f.* selection, choice

seleccionar to select, choose

selectivo/a selective

selva jungle; **selva tropical** tropical jungle (10)

selvático/a *adj.* jungle

semáforo signal; traffic light (10)

semana week (1); **entre semana** on weekdays, during the week (14); **fin**

(*m.*) **de semana** weekend (1); **la próxima semana** next week; **la semana pasada** last week; **Semana Santa** Holy Week (4)

sembrar (ie) to sow

semejante similar

semejanza similarity

semestre *m.* semester (2)

semilla seed (8)

seminario seminar

semiprecioso/a semiprecious

senador(a) senator

sencillo/a simple; **habitación sencilla** single room, occupancy (11)

senda path; **sendas** (*pl.*) **frondosas** shaded paths

sendero trail

sensualidad *f.* sensuality

sentado/a seated; **(estar [irreg.]) sentado/a** (to be) seated, sitting down

sentarse (ie) to sit down

sentido sense; **doble sentido** two-way (*street*) (10); **sentido del humor** sense of humor (14); **un solo sentido** one-way (*street*)

sentimentalismo sentimentality

sentimiento *n.* feeling

sentir(se) (ie, i) to feel (7); **lo siento** I'm sorry (13); **sentirse bien/mal** to feel good/bad, ill

señal *f.* sign; signal (10)

señalar to indicate, show; to point out

señor (Sr.) *m.* man; Mr. (A); **los señores...** Mrs. and Mrs. . . .

señora (Sra.) woman; Mrs., Ms. (A)

señorita (Srta.) young woman; Miss (A)

separar to separate; **separarse** to resign; to get separated

septiembre *m.* September (1)

séptimo/a seventh (2)

sequía drought (10)

ser *n. m.* being; **ser humano** human being (15); **ser querido** loved one

ser *v. irreg.* to be (7); **¿cómo eres (tú)?** what are you (*inf. sing.*) like?; **¿cómo es usted/él/ella?** what are you (*pol. sing.*) / is he/she like?; **¿cómo son ustedes/ellos/ellas?** what are you (*pol. pl.*)/they like?; **¿de qué (material) es/son... ?** what (material) is/are it/they made of?; **¿de quién(es) es/son?** whose is/are it/they? **ser consciente de** to be aware of

serenata serenade

serie *f. sing.* series

serio/a serious (6)

serpiente *f.* serpent (10)

servicio service; **restaurante de servicio rápido** fast-food restaurant (8)

servilleta napkin (8)
servir (**i, i**) to serve (5); **¿en qué puedo servirle?** may I help you? (*pol. sing.*); **¿para qué sirve?** what is it used for? (6); **para servirle** you (*pol. sing.*) are welcome (11)
sesenta sixty (B)
sesenta y nueve sixty-nine (B)
sesión *f.* meeting; conference
setecientos/as seven hundred
setenta seventy (C)
seudónimo pseudonym
sexo sex
sexto/a sixth (2)
sexual: educación (*f.*) **sexual** sex education; **relaciones sexuales** sexual relations
sexualidad *f.* sexuality
si if
sí yes (A)
sí: en sí in itself; **sí mismo/a** oneself
SIDA *m. sing.* (*abbrev. for* **síndrome de inmunodeficiencia adquirida**) AIDS (12)
siembra *n.* sowing
siempre always (3)
sierra mountain range (10)
siesta: dormir (**ue**) (**u**) **una siesta** to take a nap; **echarse la siesta** to take a nap; **tomar una siesta** to take a nap (2)
siete seven (A)
siglo century (7)
significado meaning
significar (**qu**) to mean
significativo/a significant
signo sign
siguiente following, next (1)
silencio silence
silla chair (B)
sillón *m.* easy chair (6)
símbolo symbol (14)
simpático/a pleasant, nice (B)
simplificado/a simplified
sin without; **sin duda** without a doubt; **sin embargo** however; **sin que** *conj.* without
sinceridad *f.* sincerity
sincero/a sincere (B)
síndrome *m.* syndrome; **síndrome de inmunodeficiencia adquirida** (**SIDA**) AIDS (12)
sino but (rather)
sintético/a synthetic
síntoma *m.* symptom (12)
sísmico/a seismic
sistema *m.* system (10)
sitio place, site
situación *f.* situation (4)
situado/a located
sobre on, on top of; above (3); about (1); **sobre todo** above all, especially

sobremesa after-dinner conversation
sobrepoblación overpopulation
sobresalir (*like* **salir**) to stand out
sobresaltarse to be startled
sobreviviente *m., f.* survivor
sobrevivir to survive
sobrino/a nephew/niece (7)
social: bienestar (*m.*) **social** (social) welfare; **ciencias sociales** social science (2) **trabajador(a) social** social worker
sociedad *f.* society (9)
social social (14)
socio/a member
socioeconómico/a socioeconomic
sociología sociology (2)
socorro help (12)
sofá *m.* sofa (6)
sol *m.* sun; *monetary unit of Peru*; **hace sol** it's sunny (weather) (2); **tomar el sol** to sunbathe
solamente *adv.* only
soleado/a sunny (10)
soler (**ue**) to be accustomed to (*doing something*)
sólo *adv.* only
solo/a alone (4); **un solo sentido** one-way (*street*)
soltero/a single, unmarried (C)
solución *f.* solution (5)
sombra shadow; shade
sombrero hat (A)
sonar (**ue**) to ring, go off (*alarm clock*)
sonido sound
sonreír (**yo sonrío**) (**i, i**) to smile
sonrisa smile
soñar (**ue**) **con** to dream about
sopa soup (8); **fuente de sopa** soup tureen
soportar to stand, endure, put up with
sorprender to surprise
sorpresa surprise
sos (*Arg.*) *form of* **ser** *that goes with* **vos** (**tú eres, vos sos**)
sospechar to suspect
sostén *m.* bra
sostener (*like* **tener**) to hold up, support
soviético/a Soviet
Sr.: señor *m.* Mr.
Sra.: señora *f.* Mrs., Ms.
Srta.: señorita *f.* Miss
su *poss.* his, her, its, their, your (*pol. sing., pl.*) (B)
suave soft
subir to rise; to go up (7); **subir a** to board (*train, plane, bus*); **subirse a los árboles** to climb trees (9)
subjuntivo subjunctive
submarino/a *adj.* submarine, underwater
subsistencia subsistence

subterráneo/a subterranean (10)
subvencionado/a subsidized
sucio/a dirty
sucre *m. former monetary unit of Ecuador*
sucursal *f.* branch office
Sudáfrica: República de Sudáfrica South Africa (C)
sudafricano/a *n., adj.* South African (C)
Sudamérica South America (3)
suegro/a father-in-law/mother-in-law (9)
sueldo salary (5); **aumentar de sueldo** raise (in pay)
suelo floor; ground (10)
suelto/a loose (13); **quedar suelto** to fit loosely
sueño dream; **realizar** (**c**) **su sueño** to realize/fulfill one's dream; **tener** (*irreg.*) **sueño** to be sleepy (4)
suerte *f.* luck; lot, fate
suéter *m.* sweater (A)
suficiente sufficient
sufrir to suffer (12)
sugerencia suggestion
sugerente *adj.* thought-provoking; full of suggestions
sugerir (**ie, i**) to suggest (14)
Suiza Switzerland
sujetar to hold up, to attach
sujeto *n.* subject
sujeto/a (*adj.*) **a** subject to
suma sum
sumar to add up
sumergirse (**j**) to dive; to submerge
sumiso/a submissive
supercarretera de información del Internet Internet superhighway of information
superficie *f.* surface (10)
supermercado supermarket (3)
superpoblación *f.* overpopulation
supervisar to supervise
supervisor(a) supervisor (5)
supervivencia survival
suponer (*like* **poner**) to suppose
supuesto/a (*p.p. of* **suponer**) supposed; **¡por supuesto!** of course! (9)
sur *m.* south (10); **al sur** to the south (3)
suramericano/a South American
sureste *m.* southeast
surfeador(a) surfer
surfear to surf
surgir (**j**) to arise
suroeste *m.* southwest
surrealista *adj. m., f.* surrealistic
surtir (**una receta**) to fill (a prescription) (12)
susceptible susceptible
suspiro sigh
sustantivo noun

suyo/a *poss.* your, of yours (*pol. sing., pl.*); his, of his; her, of hers, their, of theirs

T

tabaco tobacco
tabla table (graph), chart
tablista *m., f.* surfer
tacaño/a stingy
taco (*Mex.*) *rolled or folded tortilla filled with meat and beans* (7)
tacón *m.* heel (*shoe*); **zapatos de tacón alto** high-heeled shoes (13)
tacto sense of touch
tal such, such a; **con tal (de) que** provided that; **¿qué tal?** how's it going? how are you?; **tal vez** perhaps (15); **tal y como** exactly the same as
talento talent (5)
talentoso/a talented
talla size; **¿qué talla usa?** what size do you wear? (13)
tallarín spaghetti, noodle
taller (*m.*) **de reparación** (mechanic's) garage (5)
tamal *m. Mex.* tamale (*dish of minced meat and red peppers rolled in cornmeal wrapped in corn husks or banana leaves*)
tamaño size (8)
también also (B); **a mí también** I do too (1)
tampoco neither, not either; **a mí tampoco** I don't . . . either (1)
tan so; **tan… como** as . . . as (6); **tan pronto como** as soon as
tanque *m.* tank
tanto *adv.* so much; as much; **por lo tanto** therefore; **tanto como** as much as
tanto/a *adj.* so much *pl.* so many; **tanto(s) /tanta(s)… como** as many . . . as (6)
tapado/a stuffed up, congested; **nariz** (*f.*) **tapada** stuffy nose (12)
tapar to cover (8)
tapas *pl. Sp.* hors d'oeuvres
tapir *m.* tapir
tardar to take time
tarde *n. f.* afternoon; *adv.* late (4); **buenas tardes** good afternoon (A); **de/por la tarde** in the afternoon (1); **llegar tarde** to arrive/be late; **más tarde** later (2); **toda la tarde** all afternoon long
tarea homework (3); task
tarifa fare (11)
tarjeta card; **tarjeta de crédito** credit card (8); **tarjeta postal** postcard
tarro jar (8)
tarta pastry

tasa rate, level; **tasa de delitos** crime rate; **tasa de desempleo** unemployment rate; **tasa de natalidad** birthrate
tasca *coll.* bar, tavern
tata granddad
Tauro Taurus
taxi *m.* taxi
taza cup, mug (6); **taza del inodoro** toilet bowl
te *d.o.* you (*inf. sing.*); *i.o.* to/for you (*inf. sing.*); *refl. pron.* yourself (*inf. sing.*)
té (caliente, frío, helado) *m.* (hot, cold, iced) tea (8)
teatral theatrical
teatro theater (3)
techo roof (B)
técnico/a *n.* technician; *adj.* technical
tecnificarse (qu) to become more technological
tecnología technology (15)
tecnológico/a technological
Tehuacán *m. Mex. brand of mineral water and carbonated juices*
tel. (*abbrev. for* **teléfono**) telephone
tela cloth, material
tele *f.* television
telefónico/a *adj.* telephone; **contestadora telefónica** answering machine
teléfono telephone; **hablar por teléfono** to speak on the phone (1); **llamar por teléfono** to phone; **por teléfono** on the telephone, by telephone (A)
telégrafo telegraph
teleguía television guide
telenovela soap opera (1)
televisión *f.* television; **estrella de televisión** television star; **ver** (*irreg.*) **la televisión** to watch television (1)
televisor *m.* TV set; **televisor en colores** color TV set
tema *m.* theme, topic
temático/a thematic
temperatura (máxima/mínima) (maximum/minimum) temperature (2)
tempestad *f.* storm
templado/a mild, temperate
templo temple
temporada season (sports)
temprano early (1)
tendencia tendency
tender (ie) to extend; **tender a** (+ *infin.*) to tend to, have a tendency to (*do something*); **tender la cama** to make the bed (6)
tenedor *m.* fork (8)
tener *irreg.* to have (C); **¿cuántos años tiene(s)?** how old are you? (C); **¿de qué color tiene los ojos?** what color are your (*pol. sing.*)/his/her eyes?; **no**

tener ni un centavo to be broke (13); **tener… años** to be . . . years old; **tener calor/frío/hambre/miedo/prisa/sed/sueño** to be hot/cold/hungry/afraid/in a hurry/thirsty/sleepy (4); **tener calentura** to have a fever; **tener catarro** to have a cold (12); **tener contagio** to be infected; **tener cuidado** to be careful (10); **tener de todo** to be well-stocked; **tener diarrea** to have diarrhea (12); **tener en vista** to have in mind; **tener éxito** to be successful; **tener fiebre** to have a fever (12); **tener ganas de** (+ *infin.*) to feel like (*doing something*) (5); **tener gripe** to have the flu (12); **tener interés en** to be interested in; **tener la culpa** to be to blame, be guilty (12); **tener la nariz tapada** to have a stuffy nose (12); **tener lugar** to take place; **tener miedo** to be afraid (4); **tener náuseas** to be nauseated (12); **tener que** (+ *infin.*) to have to (*do something*) (5); **tener razón** to be right; **tener relaciones** to engage in sexual relations; **tener tos** to have a cough (12)
teniente *m.* lieutenant
tenis *m.* tennis (1); **cancha de tenis** tennis court (6); **zapato de tenis** tennis shoe (A)
tenista *m., f.* tennis player
teoría theory
terapeuta *m., f.* therapist (5)
terapéutico/a therapeutic
tercer, tercero/a third (2); **Tercer Mundo** Third World
terminación *f.* ending
terminal: terminal (*f.*) **de autobuses** bus station
terminar to finish (5)
término term
ternera veal
ternura tenderness
terraza terrace
terremoto earthquake (10)
terreno ground, terrain
terrible terrible (7)
territorio territory
tesoro treasure
testamento will, testament
testigo *m., f.* witness (12)
tetera teapot (6)
texto text
textura texture
ti *obj. of prep.* you (*inf. sing.*)
tibio/a lukewarm, tepid (10)
tiempo time; weather (2); **a tiempo** on time (5); **¿cuánto tiempo hace que… ?** how long has it been since . . . ? (7); **llegar a tiempo** to arrive/be on time;

pasar tiempo to spend time; **pronóstico del tiempo** weather forecast (2); **¿qué tiempo hace?** what is the weather like? (2); **¡tanto tiempo sin verte!** I haven't seen you (*inf. sing.*) in ages!; **tiempo libre** free time (2)

tienda store (3); **tienda de abarrotes** grocery store; **tienda de campaña** tent; **tienda de regalos** gift shop (3)

tierra earth; land (10)

tijeras *pl.* scissors

tímido/a timid, shy (B)

tinto/a: vinto tinto red wine (8)

tintura dye

tío/a uncle/aunt (9)

típico/a typical (1)

tipo type; *coll.* guy, character; **todo tipo de** all kinds of

tirantes *m. pl.* suspenders

tirar to throw

tiras (*pl.*) **cómicas** comic strips

titular to title, entitle

título title; **título de propiedad** deed

tiza chalk (B)

toalla towel (6)

tobillo ankle (12)

tobogán *m.* toboggan, sled

tocacompactos CD player

tocador *m.* dresser (6)

tocar (qu) to touch (14); to play (*musical instrument*) (3); **tocar la bocina** to honk the horn (10); **tocar a la puerta** to knock

tocino bacon (8)

todavía still, yet (9)

todo/a all; every; **de todo un poco** a bit of everything; **todos** everyone

todo/a *adj.* all, all of; **con toda sequridad** with absolute certainty; **por todas partes** everywhere; **sobre todo** above all, especially; **tener** (*irreg.*) **de todo** to be well-stocked; **toda la vida** one's whole life; **todo el año** all year long; **todo el día** all day (long); **todos los años** every year

Tokio Tokyo

tomar to take; to drink; to eat; **tomar apuntes** to take notes; **tomar café** to drink coffee; **tomar el sol** to sunbathe; **tomar en cuenta** to take into account; **tomar una siesta** to take a nap (2)

tomate *m.* tomato (8)

tonelada ton

tono tone

tonto/a *n.* fool; *adj.* silly, foolish; dumb, not too smart (B)

toque *m.* touch

torcido/a twisted, sprained (12)

tormenta storm (10)

tornado tornado (10)

torneo tournament

toro bull; **corrida de toros** bullfight

toronja grapefruit (8)

torre *f.* tower

torta cake; sandwich (*Mex.*)

tortilla (*Mex.*) *thin bread made of cornmeal or flour;* **tortilla española** *Spanish omelette made of eggs, potatoes, and onions* (8)

tortuga tortoise (10)

torturado/a tortured

tos *f.* cough; **jarabe** (*m.*) **para la tos** cough syrup (12)

toser to cough (12)

tostada (*Mex.*) *dish with beans, meat, lettuce, etc., on a crisp, fried tortilla;* toast (*Sp.*)

tostado/a: pan (*m.*) **tostado** (*Sp.*) toast (7)

tostador *m.* toaster (6)

total *m.* total (8)

totalidad *f.* totality

tóxico/a toxic (10)

trabajador(a) *n.* worker (5); *adj.* hardworking (B); **trabajador(a) social** social worker

trabajar to work (1)

trabajo work (5); job; **entrar al trabajo** to start work (5); **jornada de trabajo** workday; **salir** (*irreg.*) **del trabajo** to get off work

tradición *f.* tradition

tradicional traditional (2)

traducir (*like* **conducir**) to translate

traer *irreg.* to bring (4); **traer dinero** to be carrying money (13)

traficar (qu) to traffic, deal (*drugs*)

tráfico traffic

tragedia tragedy (15)

trágico/a tragic

traje *m.* suit (A); **traje de baño** bathing suit (7)

tranquilamente peacefully

tranquilidad *f.* tranquility, calm

tranquilo/a calm, peaceful (12)

transatlántico/a transatlantic

transbordador *m.* ferry (10)

transbordo transfer; **hacer** (*irreg.*) **transbordo** to change (*trains, etc.*) (11)

transformar to transform

transfusión *f.* transfusion

transgénico genetically modified (organism)

transición *f.* transition

transitar to travel

tránsito traffic (10)

translúcido/a translucent

transmitir to transmit

transparente transparent

transportación *f.* transportation

transportar to transport

transporte *m.* transportation; **transporte aéreo** air transport (11)

tranvía *m.* cable car (10)

trapo rag

tras *prep.* after

trasladarse to move

traslado transfer; **traslado de... a...** transportation from . . . to . . . (11)

tratamiento treatment (12)

tratar to treat; to deal with; **tratar de** (+ *infin.*) to try to (*do something*); **tratarse de** to be about (15)

trato agreement

través: a través de through, by means of

travieso/a mischievous

trayecto trip

trece thirteen (A)

treinta thirty (A)

treinta y uno thirty-one (A)

treinta y dos thirty-two (A)

treinta y nueve thirty-nine (A)

tremendo/a tremendous

tren *m.* train (2)

tres three (A)

trescientos/as three hundred

triángulo triangle

tribu *f.* tribe

triciclo tricycle

trigo wheat

trimestre *m.* trimester, quarter (2)

triplicarse (qu) to triple

tripulación *f.* crew

triste sad (4)

triunfar to triumph

triunfo triumph

trompeta trumpet

tropezar (ie) (c) to trip, stumble

tropical *adj.* tropical; **selva tropical** tropical jungle (10)

trópico *n.* tropic

trozo piece, chunk

trucha trout

trueno thunder (10)

tu *poss.* your (*inf. sing.*) (B)

tú *sub. pron.* you (*inf. sing.*) (B); **y tú, ¿qué dices?** and you? what do you say?

tubería *sing.* pipes

tucán *m.* toucan

tufillo *coll.* odor

tumba tomb, grave

túnel *m.* tunnel

turbio/a cloudy (*liquid*)

turismo tourism

turista *n. m., f.* tourist (11); **guía** (*m., f.*) **de turistas** tourist guide

turístico/a *adj.* tourist; **clase** (*f.*) **turística** tourist class (11)

tuyo/a *poss.* your, of yours (*inf. sing.*)

U

u or (*used instead of* **o** *before words beginning with* **o** *or* **ho**)

ubicado/a located

ubicar (qu) to place, put, to locate

Ud.: usted *sub. pron.* you (*pol. sing.*); *obj. of prep.* you (*pol. sing.*)

Uds.: ustedes *sub. pron.* you (*pl.*); *obj. of prep.* you (*pl.*)

últimamente lately

último/a last; latest; **a última hora** last minute; **la última vez** the last time; **por último** finally, lastly (2)

un, uno/a *indefinite article* a, an; one (A); *pl.* some

único/a *adj.* only; unique; **hijo/a unico/a** only child (C); **lo único** the only thing

unidad *f.* unit

unido/a united; attached; **Estados Unidos** United States

unión *f.* union

unir to unite, join

universidad *f.* university (B)

universitario/a of or pertaining to the university

universo universe

uña fingernail (12); **comerse las uñas** to bite one's nails (4)

uranio uranium

urgencia emergency; **sala de urgencias** emergency room (12)

urgente urgent (15)

urgir (j) to be pressing, be really necessary

uruguayo/a *n., adj.* Uruguayan (3)

usar to use (12)

uso use

usted (Ud., Vd.) *sub. pron.* you (*pol. sing.*) (B); *obj. of prep.* you (*pol. sing.*); **¿y usted?** and you (*pol. sing.*)?

ustedes (Uds., Vds.) *sub. pron.* you (*pl.*) (B); *obj. of prep.* you (*pl.*)

usuario/a user

utensilio utensil (6)

útil useful

utilizar (c) to utilize, use (13)

uva grape (8)

V

vaca cow

vacaciones *f. pl.* vacation (1); **ir** (*irreg.*) **de vacaciones** to go on vacation; **salir** (*irreg.*) **de vacaciones** to go on vacation

vacío/a empty

vacuna vaccination (11)

vagón *m.* car (*train*)

vainilla vanilla (8)

valenciano/a *adj.* from Valencia (*Spain*)

Valentín: Día (*m.*) **de San Valentín** St. Valentine's Day

valer *irreg.* to be worth (13); to cost; **¿cuánto vale?** how much is it (worth); how much does it cost? (13); **más vale** (+ *infin.*) it is better to (*do something*)

valija suitcase

valioso/a valuable

valle *m.* valley (10)

valor *m.* value (11)

valorar to value

vals *m.* waltz

vanidad *f.* vanity

vapor *m.* steam

vaquero/a cowboy/cowgirl; **pantalones** (*m. pl.*) **vaqueros** jeans (13)

variado/a varied (14)

variante varying

variar (yo varío) to vary

varicela chicken pox (12)

variedad *f.* variety

varios/as *pl.* several

varón *m.* male

vasco/a *adj.* Basque

vasija container

vaso (drinking) glass (4)

vasto/a vast, huge

Vd.: usted *sub. pron.* you (*pol. sing.*); *obj. of prep.* you (*pol. sing.*)

Vds.: ustedes *sub. pron.* you (*pl.*); *obj. of prep.* you (*pl.*)

vecindad *f.* neighborhood

vecindario neighborhood (6)

vecino/a neighbor (B)

vegetación *f.* vegetation

vegetal *m.* vegetable; plant

vegetariano/a vegetarian

vehículo vehicle

veinte twenty (A)

veinticinco twenty-five (A)

veinticuatro twenty-four (A)

veintidós twenty-two (A)

veintinueve twenty-nine (A)

veintiocho twenty-eight (A)

veintiséis twenty-six (A)

veintisiete twenty-seven (A)

veintitrés twenty-three (A)

veintiuno twenty-one (A)

vejez *f.* old age

vela *n.* candle

velación *f. ceremonial covering of the bride and groom with a veil in nuptial Mass*

velero sailboat; **andar** (*irreg.*); **en velero** to go sailing (3)

velocidad *f.* speed; **disminuir (y) la velocidad** to reduce speed; **exceso de velocidad** speeding

vena vein

vencer (z) to conquer

vendaje *m.* bandage

vendedor(a) salesperson, seller (13)

vender to sell

venéreo/a: enfermedad (*f.*) **venérea** sexually transmitted disease

venezolano/a *adj.* Venezuelan (3)

venir *irreg.* to come (4)

venta sale (13); **venta de garaje** garage sale

ventaja advantage (14)

ventana window (B)

ventanilla window (*car, train, etc.*)

ventilación *f.* ventilation

ventilador *m.* (electric) fan (6)

ventricular *adj.* ventricular

ver *irreg.* to see; to watch (1); **a ver** let's see; **nos vemos** we'll be seeing each other; see you; **¡tanto tiempo sin verte!** I haven't seen you (*inf. sing.*) in ages!; **vamos a ver** let's see; **ver la televisión** to watch television (1); **ver una telenovela** to watch a soap opera (1); **ver un partido de...** to watch a game of . . . ; **verse** to see oneself; to look, appear

veranear to spend the summer

verano summer (1)

veras *pl.*: **¿de veras?** really? (3)

verbo verb

verdad *f.* truth; **de verdad** truly, really (3); **es verdad** that's right (true); it's true; **¿verdad?** (is that) true? really? (A)

verdadero/a true, truthful, genuine

verde green (A)

verduras *pl.* (green) vegetables

versátil versatile

versatilidad *f.* versatility

versión *f.* version

verso verse, rhyme

vestido dress (A)

vestir (i, i) to dress; **vestirse** to get dressed (4)

veterinario/a veterinarian (12)

vez *f.* (*pl.* **veces**) time; **a la vez** at the same time (5); **a veces** sometimes (C); **alguna vez** once; ever; **algunas veces** sometimes; **cada vez** each time; **de vez en cuando** once in a while; **dos veces** twice; **en vez de** instead of (7); **la última vez** the last time; **muchas veces** many times (5); **otra vez** again; **por primera vez** for the first time; **por última vez** for the last time; **raras veces** rarely; **tal vez** perhaps (15); **una vez** once

vía road; way; **en vías de desarrollo** developing

viajar to travel (C)

viaje *m.* trip; **agencia de viajes** travel agency (11); **agente** (*m., f.*) **de viajes** travel agent; **hacer** (*irreg.*) **viajes** to take trips, travel; **viaje de negocios** business trip

viajero/a traveler (11); **cheque** (*m.*) **de viajero** traveler's check (11)

vibrante vibrant

vicio vice, bad habit

víctima *m., f.* victim

vida life (3); **ganarse la vida** to earn one's living; **toda la vida** one's whole life

videocasetera VCR (13)

videocentro video store (3)

videojuego video game

videoteca film (video) library

vidrio glass (*material*) (10)

viejo/a *n.* old person; *adj.* old (A)

viento wind; **hace viento** it's windy (2)

viernes *m. sing., pl.* Friday (1)

vietnamés *m.* Vietnamese (language) (C)

vietnamita *m., f.* Vietnamese (C)

vigencia relevance

vigilar to keep an eye on; to watch (out) for

VIH *m.* (*abbrev. for* virus [*m.*] **de la inmunodeficiencia humana**) HIV (12)

vinagre *m.* vinegar (8)

vino wine (8); **llamar al pan pan y al vino vino** to call a spade a spade; **vino blanco/tinto** white/red wine (8)

violencia violence

violento/a violent (2)

violeta *adj. m., f.* violet

violín *m.* violin (5)

Virgen *f.* Virgin (Mary)

Virgo Virgo

virreinal viceregal

virus *m. sing., pl.* virus

visa visa (11); **sacar (qu) la visa** to get a visa (11)

visado visa (11); **sacar (qu) el visado** to get a visa (11)

visión *f.* vision

visionario/a *n.* visionary

visita visit; **de visita** visiting; **recibir visitas** to have company

visitante *m., f.* visitor

visitar to visit (3)

vista view (6); **tener** (*irreg.*) **en vista** to have in mind

visto/a (*p.p. of* ver) seen, viewed

vitamina vitamin (8)

viudo/a widower/widow

vivienda housing

vivir to live; **¡viva... !** long live . . . ! hooray (for) . . . ! (9)

vivo/a alive; vibrant

vocabulario vocabulary

volante *m.* steering wheel (10)

volar (ue) to fly; **volar una cometa / un papalote** *Mex.* to fly a kite

volcán *m.* volcano

voleibol *m.* volleyball (1)

voluntario/a volunteer; *adj.* voluntary

volver (ue) (*p.p.* **vuelto**) to return, go back (4); **volverse** to turn into, become (14); **volverse loco/a** to go crazy (12)

vos *sub. pron.* (*Arg., Guat. Uruguay*) you (*inf. sing.*)

vosotros/as *sub. pron.* (*Sp.*) you (*inf. pl.*); *obj. of prep.* (*Sp.*) you (*inf. pl.*)

voz *f.* (*pl.* **voces**) voice; **en voz alta/baja** in a loud/low voice

vuelo flight (7); **asistente** (*m., f.*) **de vuelo** flight attendant (11)

vuelta *n.* turn; **boleto de ida y vuelta** round-trip ticket (11); **dar** (*irreg.*) **vueltas** to go around; **darle** (*irreg.*) **una vuelta a alguien** to look in on someone (*invalid or hospital patient*); **una vuelta más** another time around

vuelto/a (*p.p. of* volver) returned

vuestro/a *poss.* (*Sp.*) your (*inf. pl.*), of yours (*inf. pl.*)

Y

y and (A); plus

ya already; **ya es tarde** it's late already

yacimento deposit

yate *m.* yacht

yerno son-in-law (9)

yo *sub. pron.* I (B)

yogur *m.* yogurt (8)

Z

zanahoria carrot (8)

zapatería shoe store (3)

zapatilla slipper (13)

zapato (de tenis) (tennis) shoe (A); **zapatos de tacón alto** high-heeled shoes (13)

zócalo *Mex.* plaza, town square

zona zone

zoológico zoo (7); **jardín zoológico** zoo (7)

zumo *Sp.* juice

INDEX

This index is divided into two parts. "Grammar" covers grammar, structure, and usage; "Topics" lists cultural and vocabulary topics treated in the text. Topics appear as groups; they are not cross-referenced. Any abbreviations in the index are identical to those used in the end vocabulary.

TOPICS

CREDITS

Photos

Page 1 © Gene Fitzer; *4* © Peter Menzel; *7* © Bernard Wolf/Monkmeyer; *17* © 2002 Banco de México Diego Rivera & Frida Kahlo Museums Trust; *18* © Robert Frerck/Odyssey/Chicago; *34* © Fernando Botero, courtesy, Marlborough Gallery, New York; *40* (*left*) © Reuters NewMedia Inc./Corbis, (*right*) © Clive Brunskill/Allsport USA; *52* Photo Courtesy of Casimiro González. All rights reserved; *59* AP/Wide World Photos; *60* © Owen Franken/Stock Boston; *66* Polly Hodge; *78* © 2002 Salvador Dali, Gala-Salvador Dali Foundation/Artist Rights Society, NY; © 1998 Demart Pro Arte (R), Geneva/Artists Rights Society (ARS), New York; *82* Miguel Art/Miguel Suárez-Pierra; *89* © Stuart Cohen; *94* © Bob Daemmrich/Stock Boston; *98* (*top*) Courtesy of Carmen Zapata/Bilingual Foundation of the Arts, (*bottom*) © Pablo Corral V/Corbis; *110* © SuperStock; *117* (*left*) AP/Wide World Photos, (*right*) © Beryl Goldberg; *125* (*top*) © Robert Fried/Stock Boston, (*bottom*) © Beryl Goldberg; *126* (*left*) AP/Wide World Photos, (*right*) Mario Algaze; *129* AP/Wide World Photos; *130* © SuperStock; *144* *Mercadito*, by Rafael González y González, ca. 1989, 16"x20", (www.artemaya.com/thumraf.html); *148* (*left*) © Piko/Agencia Comesaña; *149* (*left*) © Suzanne Murphy-Larronde/D. Donne Bryant Stock, (*right*) © David Simson/Stock Boston; *150* © Joe Viesti/The Viesti Collection, Inc.; *154* © David Young-Wolff/PhotoEdit; *158* © Paul Conklin/PhotoEdit; *175* (*top*) © Alyz Kellington/DDB Stock Photo, (*left*) © 2000 Ann Murdy, (*right*) © 2000 Ann Murdy; *176* (*top*) © Dave G. Houser/Corbis (*right*) Reuters NewMedia Inc./Corbis, (*bottom*) © Tony Arruza/Corbis; *177* (*top*) © Simón Silva, www.SilvaSimon.com; (*bottom*) © Emilia García; *178* Chip & Rosa María de la Cueva Peterson; *187* © SuperStock; *192* Ulrike Welsch; *193* (*top*) Larry Luxner, 1999, (*bottom*) D. Donne Bryant Stock Photography; *196* Paul Conklin Photoedit; *210* © Dino Ghirardo; *217* © Peter Menzel; *218* (*top*) © Oliver Benn/Tony Stone Images, (*bottom*) © Peter Menzel; *226* John H. Bowen; *228* Ann Murdy; *240* Guillermo Alio of La Boca, Buenos Aires; *245* Robert Frerck/Odyssey/Chicago; *247* (*center left*) Robert Frerck/Odyssey/Chicago, (*center*) Chip & Rosa María de la Cueva Peterson, (*center right*) Ramón Surroca i Nouvilas, (*top margin*) © Peter Menzel, (*bottom margin*) Chip & Rosa María de la Cueva Peterson; *249* Courtesy of Librería Martínez Books & Art Gallery, Santa Ana, CA; *250* Andy Jillings/Tony Stone Images; *253* © Larry Luxner; *268* Antonio Vinciguerra Rodríguez; *272* (*top*) © Wolfgang Kaehler/Corbis, (*bottom*) © Stuart Cohen, Reproducción autorizada por el Instituto Nacional de Bellas Artes y Literatura; *275* © Peter Menzel; *281* Stuart Cohen; *282* (*left*) Jerry Bauer, 1995, (*right*) Jeff Shaw; *286* © SuperStock; *301* Oliver Rebbot/Stock Boston; *302* Walter Solón Romero, *Salud para Todos*; *306* (*left*) H. Huntly Hersch/D. Donne Bryant, (*right*) D. Donne Bryant; *311* Robert Frerck/Odyssey/Chicago; *313* © AFP/Corbis; *314* © Beryl Goldberg; *317* © SuperStock; *318* Chip & Rosa María de la Cueva Peterson; *332* Patricia McCully, Círculo de Amigas; *333* (*left*) © Craig Lovell/Corbis, (*right*) FoodPix; *334* Paul Leonor; *337* (*clockwise from top left*) Alpamayo/D. Donne Bryant, © Roberto Bunge/D. Donne Bryant, © Thomas R. Fletcher/Stock Boston, Catherine Noren/Stock Boston, Dave Bartruff/Stock Boston, © Ulrike Welsch; *340* (*top and bottom*) Jeff Rotman; *351* © SuperStock; *352* Jim Oetzel/Comstock; *355* Will & Deni McIntyre/Photo Researchers, Inc.; *368* Rafael Cabella (from www.arteuruguay.com); *371* Chip & Rosa María de la Cueva Peterson; *376* Dave Bartruff/Stock Boston; *380* AP/Wide World Photos; *381* (*left*) © SuperStock, (*right*) Beryl Goldberg; *383* © Isaac Hernández/MercuryPress.com; *387* © Photo Disc; *391* Chip & Rosa María de la Cueva Peterson; *399* Chip & Rosa María de la Cueva Peterson. Reproducción autorizada por el Instituto Nacional de Bellas Artes y Literatura; *404* Colección Museo Nacional de Bellas Artes, Santiago de Chile; *408* © Beryl Goldberg; *410* Helena Hernández/MercuryPress.com; *418* © Beryl Goldberg; *420* AP/Wide World Photos; *437* Stuart Cohen; *438* © Haydée Mendizábal, (http://members.aol.com/indivi/mihra/mihradep.html); *442* © Stephanie Maze/Corbis; *447* © Owen Franken/Stock Boston; *448* © Darren Modricker/Corbis; *452* © Jeff Greenberg/Photo Researchers, Inc.; *466* © Bettman/Corbis; *470* © D. Donne Bryant; *471* © Catherine Karnow; *478* © SuperStock; *500* © Estate of David Alfaro Siqueiros/Licensed by VAGA, New York, NY, Courtesy of Sala de Arte Público Siqueiros/Instituto Nacional de Bellas Artes/Consejo Nacional para la Cultura y las Artes; *509* Patricia McCully, Círculo de Amigas; *512* (*top*) © Robert Frerck/Odyssey/Chicago, (*bottom*) © Daniel Zolinsky; *514* (*center*) AP/Wide World Photos; (*right*) AP/Wide World Photos; *518* © D. Donne Bryant; *537* (*left*) © Pedro Linares, (*right*) Susan Buyo; *538* David Gala/MercuryPress.com; *539* (*top*) Philadelphia Museum of Art/Corbis, © 2001 Estate of Pablo Picasso/Artist Rights Society, NY, (*bottom*) Giraudon Bridgeman Art Library, © 2001 Estate of Pablo Picasso/ARS, NY

Realia

Page 38 Cambio 16; *62 Guía del Ocio*; *80* Reprinted with permission of Dunlop-Slazeng, Inc.; *93* Copyright *El Semanal*; *121* © Quino/Quipos; *148* © Quino/Quipos; *229* © Quino/Quipos; *252* © *Muy Interesante*; *301* © Quino/Quipos; *310* (*left*) Pilar Gómez/*Semana*, (*right*) *Tedi*, Editorial Armonia; *346* © Robert Bosch GmbH. Reprinted with permission; *373* © AAA. Reproduced by permission; *374 Geomundo*; *379 Geomundo*; *383 Geomundo*; *384 Geomundo*; *398 Biba*, Editorial América Ibérica; *414* (*top*) *Noticias de la Semana*, (*bottom*) Adapted from *People en español*; *417 Vivir*; *419* ALI. All rights reserved; *436* Courtesy of Tadin Herb & Tea Company; *470* Reprinted with special permission of King Feature Syndicate; *473 Clara*; *476 Ser Padres Hoy*; *478* © Quino/Quipos; *503* © 1983 S. Gross; *509* (*top*) Círculo de Amigas/Circle of Friends, (*bottom*) © Quino/Quipos; *510 Cambio 16*; *514* (*left*) Photographer: Janjaap Deeker. Used by permission of the photographer and *El Andar* magazine

Literary credits

Page 275 Jitomates risueños, in *Laughing Tomatoes and Other Spring Poems* by Francisco X. Alarcón. San Francisco: Children's Book Press (1997) p. 12. Used by permission of the publisher, Children's Book Press, San Francisco, CA. © 1997 by Francisco Alarcón.; *540 Las canciones de mi abuela*, in *Laughing Tomatoes and Other Spring Poems* by Francisco X. Alarcón. San Francisco: Children's Book Press (1997) p.8. Used by permission of the publisher, Children's Book Press, San Francisco, CA. © 1997 by Francisco Alarcón; *540 Nada más*, from *Tutú Marambá* by María Elena Walsh, Editorial Espasa Calpe, Buenos Aires, 1996. Reprinted with permission of María Elena Walsh

ABOUT THE AUTHORS

Tracy D. Terrell (*late*) received his Ph.D. in Spanish linguistics from the University of Texas at Austin and published extensively in the areas of Spanish dialectology, specializing in the sociolinguistics of Caribbean Spanish. Professor Terrell's publications on second language acquisition and on the Natural Approach are widely known in the United States and abroad.

Magdalena Andrade received her first B.A. in Spanish/French and a second B.A. in English from San Diego University. After teaching in the Calexico Unified School District Bilingual Program for several years, she taught elementary and intermediate Spanish at both San Diego State and the University of California, Irvine, where she also taught Spanish for Heritage Speakers and Humanities Core Courses. Upon receiving her Ph.D. from the University of California, Irvine, she continued to teach there for several years and also at California State University, Long Beach. Currently an instructor at Irvine Valley College, Professor Andrade has co-authored *Mundos de fantasía: Fábulas, cuentos de hadas y leyendas* and *Cocina y comidas hispanas* (McGraw-Hill) and is developing two other language books.

Jeanne Egasse received her B.A. and M.A. in Spanish linguistics from the University of California, Irvine. She has taught foreign language methodology courses and supervised foreign language and ESL teachers in training at the University of California, Irvine. Currently, she is an instructor of Spanish and coordinates the Spanish Language Program at Irvine Valley College. In addition, Professor Egasse leads children's literature circles and read-aloud sessions at a local public school. She also serves as a consultant for local schools and universities on implementing the Natural Approach in the language classroom. Professor Egasse is co-author of *Cocina y comidas hispanas* and *Mundos de fantasía: Fábulas, cuentos de hadas y leyendas* (McGraw-Hill).

Elías Miguel Muñoz is a Cuban American poet and prose writer. He has a Ph.D. in Spanish from the University of California, Irvine, and he has taught language and literature at the university level. He is the author of *Viajes fantásticos, Ladrón de la mente,* and *Isla de luz* (all by McGraw-Hill), titles in The Storyteller's Series of Spanish readers, which he created in collaboration with Stephen Krashen. Dr. Muñoz has published four other novels and two poetry collections. His stories, poems, and essays have appeared in numerous anthologies, including W. W. Norton's *New Worlds of Literature.* An entry on Muñoz's creative work also appears in Continuum's *Encyclopedia of American Literature.* The author resides in California with his wife and two daughters.

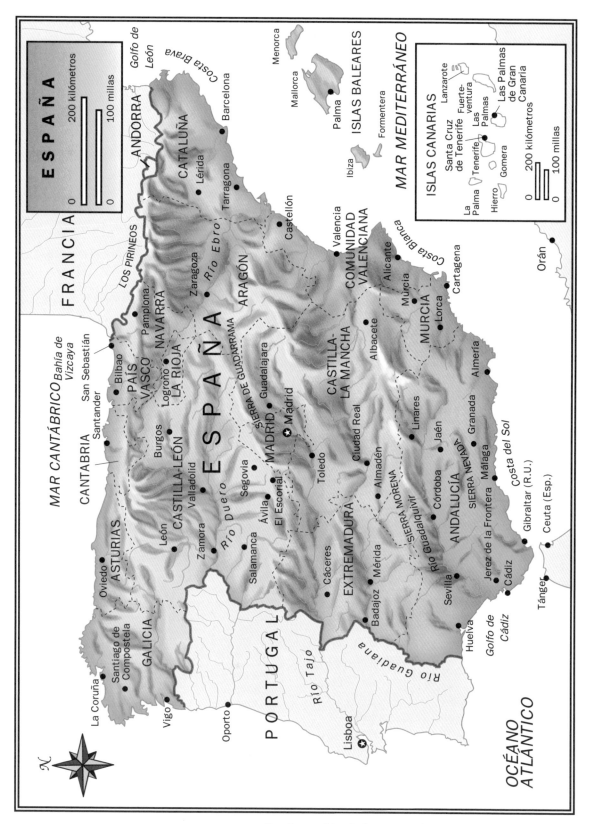

ESPAÑA

0   200 kilómetros

0   100 millas

ANDORRA

FRANCIA

Golfo de León

Costa Brava

Barcelona

CATALUÑA

Lérida

Tarragona

LOS PIRINEOS

Río Ebro

Zaragoza

Pamplona

NAVARRA

ARAGÓN

Castellón

Valencia

COMUNIDAD VALENCIANA

Costa Blanca

Alicante

San Sebastián

Bahía de Vizcaya

Bilbao

PAÍS VASCO

Logroño

LA RIOJA

E S P A Ñ A

SIERRA DE GUADARRAMA

Guadalajara

MADRID

Madrid

Murcia

MURCIA

Lorca

Cartagena

Orán

MAR CANTÁBRICO

Santander

CANTABRIA

Burgos

Segovia

Ávila

El Escorial

Toledo

CASTILLA-LA MANCHA

Albacete

Almería

Santander

León

CASTILLA-LEÓN

Valladolid

Zamora

Río Duero

Salamanca

Linares

Jaén

Granada

SIERRA NEVADA

Costa del Sol

Málaga

Ciudad Real

Almadén

SIERRA MORENA

Córdoba

Río Guadalquivir

ANDALUCÍA

Oviedo

ASTURIAS

GALICIA

Santiago de Compostela

La Coruña

Vigo

CÁCERES

EXTREMADURA

Badajoz

Mérida

Sevilla

Jerez de la Frontera

Cádiz

Huelva

Golfo de Cádiz

Gibraltar (R.U.)

Ceuta (Esp.)

Tánger

P O R T U G A L

Río Tajo

Río Guadiana

Lisboa

OCÉANO ATLÁNTICO

Menorca

Mallorca

Palma

ISLAS BALEARES

Formentera

Ibiza

MAR MEDITERRÁNEO

ISLAS CANARIAS

Lanzarote

Santa Cruz de Tenerife

Fuerte-ventura

Tenerife

Las Palmas

Las Palmas de Gran Canaria

La Palma

Gomera

Hierro

0   200 kilómetros

0   100 millas

N

See front of book for maps of Central and South America.

El mundo hispano a su alcance

Argentina

población	37.032.000
capital	Buenos Aires
moneda	el peso
idiomas	el español, el italiano
alfabetización	96%
exportación principal	cereales
agricultura	caña de azúcar, trigo, ganadería

Bolivia

población	8.329.000
capitales	La Paz y Sucre
moneda	el peso boliviano
idiomas	el español, el aimará, el quechua
alfabetización	80%
exportación principal	gas natural
agricultura	café, caña de azúcar, papa

Brasil

población	165.561.000
capital	Brasilia
moneda	el real
idiomas	el portugués, el alemán, el japonés
alfabetización	83%
exportación principal	metales
agricultura	café, soya, caña de azúcar

Colombia

población	38.905.000
capital	Bogotá
moneda	el peso
idiomas	el español, el chibcha, el arauaco
alfabetización	91%
exportación principal	café
agricultura	café, plátano, flores

Costa Rica

población	3.673.000
capital	San José
moneda	el colón
idiomas	el español, el inglés-criollo
alfabetización	95%
exportación principal	café
agricultura	café, plátano, maíz, arroz

Cuba

población	11.201.000
capital	La Habana
moneda	el peso
idioma	el español
alfabetización	96%
exportación principal	azúcar
agricultura	caña de azúcar, arroz, café

Chile

población	15.211.000
capital	Santiago
moneda	el peso
idiomas	el español, el mapuche
alfabetización	95%
exportación principal	metales
agricultura	frutas, trigo, cebada

Ecuador

población	12.646.000
capital	Quito
moneda	el dólar
idiomas	el español, el quechua
alfabetización	90%
exportación principal	petróleo
agricultura	plátano, café, algodón, caña de azúcar

España

población	39.466.000
capital	Madrid
moneda	la peseta
idiomas	el español, el catalán, el gallego, el vascuence
alfabetización	97%
exportación principal	equipos de transporte
agricultura	trigo, cebada, remolacha azucarera

Guatemala

población	11.385.000
capital	Ciudad de Guatemala
moneda	el quetzal
idiomas	el español, varios idiomas mayas
alfabetización	56%
exportación principal	café
agricultura	café, plátano, caña de azúcar, maíz